Manuel Menrath
Unter dem Nordlicht

i Nation
James Bay
oiskat
shechewan
Fort Albany
Moose Cree
(Moose Factory)
Moose River
Mocreebec Council
of the Cree Nation
Abitibi River
Quebec
Taykwa
Tagamou
Wahgoshig
Flying
Post
Beaverhouse
Matachewan
Mattagami
Brunswick
House
Sudbury
Ottawa
Lake Huron
45°N
75°W

Manuel Menrath

UNTER DEM NORDLICHT

Indianer aus Kanada erzählen von ihrem Land

Galiani Berlin

Aus Verantwortung für die Umwelt hat sich der *Verlag Galiani Berlin* zu einer nachhaltigen Buchproduktion verpflichtet. Der bewusste Umgang mit unseren Ressourcen, der Schutz unseres Klimas und der Natur gehören zu unseren obersten Unternehmenszielen.
Gemeinsam mit unseren Partnern und Lieferanten setzen wir uns für eine klimaneutrale Buchproduktion ein, die den Erwerb von Klimazertifikaten zur Kompensation des CO_2-Ausstoßes einschließt.

Weitere Informationen finden Sie unter *www.klimaneutralerverlag.de*

Weitere Informationen, Berichte und Bilder:
www.unterdemnordlicht.de

FSC www.fsc.org
MIX
Papier aus verantwortungsvollen Quellen
FSC® C014496

Verlag Kiepenheuer & Witsch, FSC® N001512

2. Auflage 2020

Verlag Galiani Berlin

Lektorat Wolfgang Hörner
Karte in Vor- und Nachsatz Marco Jann
Bild auf dem hinteren Umschlag Manuel Menrath mit Chief Bart Meekis (l) und Deputy-Chief Robert Kakegamic (r)
Gesetzt aus der PT Serif Pro
Satz Buch-Werkstatt GmbH, Bad Aibling
Druck und Bindung GGP Media GmbH, Pößneck
ISBN 978-3-86971-216-1

Weitere Informationen zu unserem Programm finden Sie unter *www.galiani.de*

Inhalt

Für Aram Mattioli und Leo Schelbert,
denen ich vieles verdanke.

»Ein Indianer macht ein kleines Feuer und alle setzen sich nahe hin, um sich zu wärmen. Der weiße Mann macht ein großes Feuer und alle setzen sich weit weg, damit sie nicht verbrennen.«[1]

Willie Wesley, Cree-Elder aus Moose Factory

ᐊᐧᒋᔾ

WACHYIE

Willkommen

Unbekannte Welt

»Nicht du bist es, der die Geschichten findet. Es sind die Geschichten, die dich finden«, sagte mir die indianische Filmemacherin Michelle Derosier während eines Spaziergangs. Damit brachte sie etwas auf den Punkt, wofür mir bislang die Worte gefehlt hatten. Es war an einem sonnigen Vormittag im Sommer 2018. Wir befanden uns auf einer begrünten Anhöhe in der kanadischen Stadt Thunder Bay. Die Aussicht auf den tiefblauen Gitchi Gamie, wie die Ojibwe den meeresähnlichen Oberen See nennen, war inspirierend. Draußen in der Bucht lag Nanabush – der legendenumwobene Sleeping Giant oder Schlafende Riese. Die sanften Wellen, die die Halbinsel umspülten, erweckten den Eindruck, als atme er ruhig. Bereits vor Jahrtausenden zogen Menschen in Kanus an seinen Ufern vorüber. Später, aber immer noch vor langer, langer Zeit, fischten Cree und Ojibwe an Flüssen, die ein schier endloses Land durchzogen und in die Donnerbucht oder ins Eismeer mündeten, jagten in den tiefen Wäldern, trieben Handel und feierten große Sommerfeste. Manchmal kam es zu kriegerischen Konflikten mit Irokesen oder Sioux, die von Süden kamen. Auch ihre Kultur wandelte sich. Erzählungen und Traditionen veränderten sich, Bündnisse wurden geschlossen, zerbrachen und wurden wiederum erneuert. Doch insgesamt war es eine relativ sichere Welt. Die Menschen waren eins mit dem Land. Sie lebten auf dem vom Ozean umgebenen Panzer einer riesigen Schildkröte, der ihnen Schutz bot. Aber dann, und das ist erst ein paar wenige Lebensalter her, tauchten bärtige Männer auf. Sie hatten Werkzeuge aus Metall dabei und paddelten in hölzernen Booten, die viel wuchtiger waren als die leichten, aus Birkenrinde angefertigten Kanus der Ojibwe. Einige nannten sie deshalb scherzhaft ›Wemitigowuk‹ – in schweren, aus Holz hergestellten Kanus rudernde

Menschen. Die Wellen des Oberen Sees schlugen etwas höher, aber es blieb noch eine Weile ruhig.

Die Ojibwe handelten mit den Neuankömmlingen, halfen ihnen, sich zu orientieren und die harten Winter zu überstehen. Aber dann kamen immer mehr dieser Männer und zunehmend auch Frauen und Kinder aus der fremden Welt. Sie wollten bleiben und erklärten das indianische Land zu ihrem Eigentum und zu ihrer neuen Heimat. Eigenartige Medizinmänner in schwarzen Roben und glänzenden Kreuzen auf der Brust reisten bis zu den Cree am Eismeer. Sie hielten in ihren Händen einen in Leder gebundenen Gegenstand, der sich öffnen ließ. Innen waren Blätter mit geheimnisvollen Zeichen, die aussahen wie aufgereihte Kohlensplitter im Schnee. Sie nannten sie ›Heilige Schrift‹. Und sie sei das festgehaltene Wort von ›Gitchi Manitou‹, dem Großen Geist. Dann änderte sich die Witterung. Die Wellen im Oberen See stiegen an, türmten sich auf und überschlugen sich. Ein gewaltiger Orkan braute sich über der Donnerbucht zusammen und entlud sich in einem noch nie da gewesenen Gewittersturm. Tosend fegte er über das weite Land hinweg und brachte Unheil von Küste zu Küste und bis in den hohen Norden zu ›Wabusk‹, dem weißen Bären. Die indianische Welt zerbrach. Krankheiten löschten ganze Gemeinschaften aus.

Die Gier der Neuankömmlinge war grenzenlos. Ihr Landraub drängte die Cree und Ojibwe in bittere Armut, Orientierungslosigkeit und schließlich in triste Reservate. Kinder wurden ihren Eltern entrissen und in Internate verschleppt. Die christliche Umerziehung, begleitet von seelischem, körperlichem und sexuellem Missbrauch, zerrüttete die ganze Gesellschaft. Alkohol und Drogen zerstörten Familien. Viele, darunter auch Kinder, sahen keinen Ausweg mehr und suchten verzweifelt den Tod. Sprachen, seit Jahrtausenden die Seele des Landes, verstummten für immer. Gleichzeitig entstanden für die Menschen mit den farbigen Augen neue Dörfer, große Städte und weitläufige Siedlungsräume. Wo einst Büffel grasten, weideten Rinderherden quadratisch angelegter Megafarmen. Eisenbahnen und Highways durchschnitten das Land. Kanada war geboren, doch die große Schildkröteninsel drohte für immer zu versinken.

Nanabush schlief weiterhin. Das war sein Schicksal. Aber er spürte das Leid der Ojibwe. Er konnte nichts für sie tun, außer ihnen durch seine reine Anwesenheit Kraft verleihen. Sein Schmerz war unerträglich. Dann nahm er jedoch wahr, dass die Trommel, der Herzschlag indianischer Kultur, weiterhin in Gebrauch war. Anfänglich nur im Verborgenen und zögerlich, inzwischen wieder laut, von traditionellen Gesängen begleitet und überall. Auch die Tänze kehrten zurück. Vielfältiger und farbiger als je zuvor. Der Duft der heiligen Medizin aus Tabak, Salbei, Zeder und Süßgras lag wieder in der Luft. Indianische Frauen, Männer und sogar Kinder im ganzen Land erhoben ihre Stimme, forderten Anerkennung und kämpften für ihre Rechte. Künstler aus zahlreichen Reservaten begannen zu malen, zu dichten, zu schreiben und komponierten Lieder. Dadurch machten sie die indigene Realität auch in der kanadischen Dominanzgesellschaft, die die ersten Menschen des Landes bereits fast vergessen hatte, wieder sichtbar. All dies tröstete Nanabush und ließ ihn zuversichtlich eine bessere Zukunft erhoffen. Doch noch immer hört er das Wehklagen, das sich täglich in entlegenen Dörfern der Cree und Ojibwe weit weg der öffentlichen Wahrnehmung abspielt.

Ja, Geschichten können jemanden finden. Als ich mich mit Michelle, die der Nation der Ojibwe angehört, an jenem Sommermorgen über meine Erlebnisse mit den Menschen im hohen Norden Ontarios unterhielt, wurde mir klar, wie mich die Geschichten ihres Landes angezogen hatten. Aus westlicher Perspektive würden wir wohl sagen, dass ich mich, meiner geistigen Freiheit bewusst, dafür entschieden hatte, in entlegene indigene Gebiete Kanadas zu reisen, um mehr über die mir bislang unbekannten Kulturen zu erfahren. Aus indigener Sichtweise könnte man teilweise zustimmen, würde aber noch eine weitere Dimension miteinbeziehen. Da sind immer auch die Geister der Ahnen dabei, die bei einigen Entscheidungen im Leben eine wichtige Rolle spielen und die manchmal unverhofft Dinge bewirken, die nicht rational erklärbar sind. Dies lehrten mich Michelle und viele Cree und Ojibwe, die ich während meiner Reisen kennenlernen durfte. Nach Kanada zu fliegen, war zwar eine bewusste Entscheidung. Doch wie rasch ich in der indianischen Welt unterhalb der Hudson Bay willkommen geheißen wurde und wie sehr sich jeweils alles zum Guten fügte, war nicht absehbar. Als ich meinen Blick über Gitchi Gamie zu Nanabush schweifen ließ, erinnerte ich mich an viele Begegnungen, die mir in den letzten beiden Jahren einen tiefen Einblick in eine mir bis anhin völlig verborgene Lebenswelt ermöglicht hatten.

Im Sommer 2014 bereiste ich mit zwei befreundeten Historikern Quebec und Ontario. Wir hatten uns vorgenommen, neben der Besichtigung der Flora und Fauna in den Laurentinischen Bergen und entlang des Sankt-Laurenz-Stroms bis zu den Großen Seen, unsere Aufmerksamkeit auch auf die indigenen Aspekte der kanadischen Geschichte zu richten. Den nördlichsten Punkt unserer Route erreichten wir, als wir von der Stadt Saguenay nach Val-d'Or fuhren. Etwa auf halber Strecke übernachteten wir in der kleinen Ortschaft Chapais. Am nächsten Morgen passierten wir nach gut einer Fahrtstunde die Cree First Nation von Waswanipi. Ich war erstaunt. Denn ich hätte nicht damit gerechnet, dass wir in dieser abgeschiedenen Gegend auf eine indianische Siedlung stoßen würden. Irgendwie hatte ich die offensichtlich falsche Vorstellung gehabt, dass alle heutigen Indianer* im südlichen Kanada lebten, danach ein riesiges, leeres Land käme, das erst ab dem Polarkreis wieder von den Inuit besiedelt wäre. Vom historischen Pelzhandel und der Hudson's Bay Company hatte ich zwar schon gehört. Ich dachte aber, dass das gleichnamige Meer lediglich von europäischen Schiffen zum Verladen von Waren angesteuert worden wäre.

Als wir mit dem Auto eine Runde in der Ortschaft Waswanipi drehten, bemerkten wir, dass auf den Straßenschildern die Namen sowohl mit indianischen Silbenzeichen als auch mit lateinischen Buchstaben

* Der Begriff ›Indianer‹ für kanadische Indigene, die keine Inuit und Métis sind, birgt eine koloniale Problematik. Dennoch scheint er in deutscher Sprache vertretbar. Er ist weder negativ noch rassistisch aufgeladen und unterscheidet sich von ›Inder‹. Dies ist beim englischen Wort ›Indian‹ nicht der Fall, was dazu führte, dass zur Unterscheidung in Anlehnung einer rassistischen Hautfarbenlehre ›Red Indian‹ oder ›Red Skins‹ gebraucht wurde. Alternativen wie ›Native American‹ oder ›American Indian‹ sind unbefriedigend, weil sie auf den florentinischen Seefahrer Amerigo Vespucci referieren. Bezeichnungen wie ›First Nations‹ oder ›First Peoples‹ werden nicht von allen indianischen Menschen akzeptiert. Gemäß ihrer Weltanschauung sind sie nicht einfach zuerst gekommen, sondern in Nordamerika erschaffen worden. Zudem impliziere ›First Nations‹, dass man zwar innerhalb des kanadischen Staats einen Sonderstatus habe, aber keine souveräne Nation sei. Im Text werden meist die indianischen Selbstbezeichnungen verwendet, auch wenn diese oft anglisiert sind. Wenn von einer indianischen Gemeinde die Rede ist, findet ›First Nation‹ Verwendung. Auf koloniale Begriffe wie ›Stamm‹, ›Eingeborene‹ oder ›Urbevölkerung‹ wird verzichtet. Anstelle des fraglichen Begriffs ›Häuptling‹, der grammatikalisch nur maskulin ist und mit dem Suffix ›-ling‹ eine Verniedlichung darstellt, wird ›Chief‹ gebraucht.

beschriftet waren. Dabei gingen mir einige Fragen durch den Kopf. Gab es in Quebec und Ontario weitere Indianerdörfer, die sogar noch nördlicher gelegen waren und zu denen eventuell nicht einmal Straßen hinführten? Wenn diese existierten, könnten denn die dortigen Menschen, da sie fern der westlich geprägten kanadischen Welt wohnten, noch nach traditioneller Weise von der Jagd und vom Fischfang leben? Wie würde es wohl in diesen Dörfern oder Regionen aussehen? Würden dort Tipis stehen und gäbe es sogar noch Indianer, die weiterhin als Nomaden umherzogen und die wegen der Abgeschiedenheit gar nicht von der Assimilationspolitik tangiert worden wären? Gäbe es also noch Indigene in Nordamerika, die gar kein Englisch sprechen würden und immer noch relativ unbeeinflusst von der Globalisierung in ihrer traditionellen Kultur verwurzelt wären? Fragen über Fragen. Ich notierte sie mir in mein Reisetagebuch, kam aber nicht dazu, ihnen nachzugehen. Als ich jedoch im Sommer 2015 im Schwarzwald um den Schluchsee mit seinen dunklen Tannen wanderte, fühlte ich mich für einen Augenblick in eine kanadische Landschaft versetzt. Ich erinnerte mich an Waswanipi und die offenen Fragen. Zudem kam mir wieder in den Sinn, dass ich einst von einem Dokumentarfilm über einen Schweizer gehört hatte, der im Norden Ontarios mit indianischen Jugendlichen arbeitete.

Zurück in der Pension fand ich in einem Dokument auf meinem Laptop tatsächlich den Hinweis auf die Reportage *Stünzi und die Indianer* des Schweizer Fernsehens. Ich schaute sie mir gleich in der Online-Mediathek des Senders an.[2] Werner Stünzi lebt mit seiner Frau Heidi seit 1991 im Städtchen Sioux Lookout. Als Unterstützungslehrer half er indianischen Jugendlichen, die aus isolierten, also nur mittels Kleinflugzeug erreichbaren Reservaten stammten, in der Highschool Fuß zu fassen und ihren Abschluss zu machen. Für die Schüler aus den kleinen Indianersiedlungen mit lediglich ein paar Hundert Menschen ähnelt die etwas über 5000 Einwohner zählende Gemeinde zunächst einer Großstadt, in der sie lernen müssen, sich zu orientieren. Anders als in ihren Dörfern gibt es in Sioux Lookout mehrere Restaurants, ein großes Einkaufszentrum und Spirituosenläden. Viele Schüler brechen wegen akutem Heimweh ihre Ausbildung ab. Jene, die ihre seelischen Schmerzen in Alkohol ertränken, mit Drogen betäuben oder aus anderen Gründen illegales Zeugs konsumieren und dabei erwischt werden, erhalten Verwarnungen und werden, wenn sich ihr Verhalten nicht bessert, von der Schule verwiesen. Zurück im Reservat, haben sie ohne Schulabschluss bei der sowieso schon geringen Aussicht auf einen Job noch schlechtere Chancen. Dank der Einführung von Stünzis Unterstützungsprogramm erhöhte sich die Quote der indianischen Highschool-Absolventen jedoch deutlich.

In der Reportage erfuhr ich zwar nicht viel über die indianische Kultur. Dennoch erhielt ich einen ersten, skizzenhaften Einblick in die Welt der isolierten Reservate. Neben Werner Stünzi wurden auch die beiden Jugendlichen Gregory und seine jüngere Schwester Kristen porträtiert. Sie kamen aus Kasabonika, einer Oji-Cree-Gemeinde, 440 Kilometer nördlich von Sioux Lookout. Werner kümmerte sich um Gregory, der bereits verwarnt war, und ließ ihn bei sich wohnen. Doch die einfühlsame Fürsorge fruchtete nicht und sein Schützling flog wegen Alkoholproblemen von der Schule. Kristen hingegen meisterte ihr erstes Jahr in der Highschool und sollte diese später auch erfolgreich abschließen. Ich wollte mit Werner Stünzi Kontakt aufnehmen, um mehr über das Leben in den nördlichen Indianerreservaten zu erfahren. Er war damals aber noch nicht auf Facebook und seine E-Mail-Adresse oder eine Postanschrift waren auf Anhieb nicht erhältlich. Auch Gregory fand ich nicht auf einem sozialen Netzwerk, dafür aber seine Schwester. Ich schrieb ihr eine Nachricht und stellte mich als Schweizer Historiker vor, der sich für indianische Geschichte und Kultur interessiere. Zudem würde ich ihr gerne ein paar Fragen stellen und mich daher auf ihre Antwort freuen.

Monate vergingen, ohne dass ich etwas von Kristen hörte. Ich hatte die Mail schon vergessen, als sie sich Ende 2015 meldete. Sie habe die Nachricht erst jetzt gesehen und ja, ich dürfe ihr einige Fragen stellen. Durch unsere Korrespondenz lernte ich viel darüber, wie eine Jugendliche aus einem abgelegenen Indianerreservat die Außenwelt wahrnahm. Sie identifizierte sich mit ihrer traditionellen Kultur, schätzte aber genauso wie gleichaltrige Kanadier aus urbanen Zentren die moderne Technik. Eines Tages erzählte sie mir, dass sich gerade eine ihrer besten Freundinnen das Leben genommen hatte. Die regelmäßigen Selbstmorde bei Kindern und Jugendlichen in den Reservaten waren ebenfalls ein Teil dieser für mich bislang unbekannten Welt – einer, der mich schockierte und mir sehr zu schaffen machte.

Einmal schickte mir Kristen einen Internetlink zu einer Dokumentation über Schüler aus isolierten Reservaten, die in Thunder Bay die Highschool besuchten. Sie meinte, ich sollte mir diese Sendung ansehen, um zu verstehen, was sie und ihre Altersgenossen in der Fremde durchmachten. Shawnda, die im Film vorkomme, sei ihre Freundin aus der Kingfisher First Nation.[3] Der Film zeigt, wie diese 15-jährige Schülerin aus ihrem vertrauten Umfeld herausgerissen wird und wie sie sich in der Großstadt zunächst verloren fühlt. Die neue Umgebung ist für sie unglaublich laut und verwirrend, auch rassistischen Vorfällen ist sie ausgesetzt. Als sie einmal im Einkaufszentrum ein paar Pommes bestellen will, fordert die Verkäuferin sie auf, wegzugehen, und nennt sie »dreckige Indianerin«. Bei einem Volleyballspiel gegen ein anderes Highschool-Team werden sie und ihre Mitspielerinnen von einem Mädchen als »Wilde« bezeichnet.

Meine Dissertation hatte ich über die Bekehrung der Sioux in den USA durch Schweizer Benediktiner geschrieben, daraus war das Buch *Mission Sitting Bull* geworden.[4] Jetzt beschloss ich, wieder ein Buchprojekt anzugehen – eines über die Geschichte der First Nations im hohen Norden Ontarios. Auf dem großen Globus, den ich seit Kindheit habe, war mir der riesige Raum unterhalb der Hudson Bay immer als menschenleere, aber faszinierende Natur vorgekommen. Plötzlich tauchten da wie aus dem Nichts Ortschaften mit Namen und Gesichtern auf und mir wurde bewusst, dass in diesem Land seit Jahrtausenden eine Zivilisation gelebt hatte. Ich wollte mich einlesen und suchte ein Buch darüber, das mir einen Überblick geben konnte – fand aber nichts. Es gab nur wissenschaftliche Publikationen, die einzelne Aspekte abhandelten. Lediglich zwei Bücher schienen mir als Grundlageninformationen geeignet: eines war *Children of the Broken Treaty* des kanadischen Parlamentariers Charlie Angus, der die Benachteiligung indianischer Kinder im kanadischen Bildungssystem untersucht.[5] Zum anderen wollte ich Edmund Metatawabins Biografie *Up Ghost River* lesen.[6] Er wurde 1948 geboren und war von 1988 bis 1996 Chief der Fort Albany First Nation an der westlichen James Bay. Als Siebenjähriger wurde er von seiner Familie getrennt und kam in die katholische Residential School St. Anne's. In diesem Internat geriet er ins staatlich verordnete System der Zwangsassimilation und wurde furchtbar misshandelt.

Ich erhoffte, mithilfe der beiden Bücher genügend Hinweise zu erhalten, um vor Ort Kontakte knüpfen und mit Indianern Interviews führen zu können. Denn es war mir ein echtes Anliegen, der mündlichen Tradition indianischer Geschichtsvermittlung so weit wie möglich zu folgen. Im Nachhinein konnte ich dann immer noch nachrecherchieren, um gewisse Aussagen historisch zu kontextualisieren. Mir schien aber die ungewöhnliche Methode, zuerst ohne großes, und vor allem wissenschaftliches, Hintergrundwissen an ein neues Thema heranzutreten, in diesem Fall ideal. Dadurch konnte ich nämlich relativ unvoreingenommen auf die Indianer zugehen und ihnen die Möglichkeit geben, mir zu erzählen, was ihnen als relevant erschien.

Nach der Lektüre der Bücher und einiger Zusatzinfos aus dem Internet war es Zeit, nach Ontario zu reisen und vor Ort zu recherchieren. Ich wusste nun, dass sich die Cree und Ojibwe im nördlichen Teil der Provinz 1973 zu einer politischen Organisation zusammengeschlossen hatten. Sie heißt Nishnawbe Aski Nation (NAN), wird von einem Grand Chief geführt, versteht sich als politisches Hauptorgan einer souveränen Nation und hat ihren Hauptsitz in Thunder Bay. Ihr Zweck ist es, den ihr beigetretenen 49 First Nations bei den Regierungen Kanadas und Ontarios eine geeinte und starke Stimme zu geben. Insgesamt gehören ihr 45 000 Indianer an, deren einzelne Reservatssiedlungen auf ihrem traditionellen Territorium verstreut sind, das größer ist als die gemeinsame Fläche Deutschlands, Österreichs, der Schweiz, der Niederlande und Belgiens und etwa zwei Drittel der Provinz Ontario abdeckt. 30 Indianerdörfer befinden sich im direkten Einzugsgebiet der südlichen Hudson Bay und westlichen James Bay. Sie sind nur mittels Kleinflugzeug oder ein paar Winterwochen lang auf einer Eisstraße erreichbar. Die Menschen im NAN-Gebiet lassen sich grob in drei ethnische Gruppen mit eigenen Sprachen einteilen. Ganz im Norden leben Cree, etwas weiter südlich Oji-Cree und in der südlichsten Region Ojibwe. Erstere haben ihre Siedlungen hauptsächlich an Flüssen in Küstennähe, die beiden anderen in der Regel an Seen.

Vollmondzeremonie

Ich wählte Thunder Bay als Ausgangspunkt meiner Forschungsreise, da dort die NAN-Mitarbeitenden anzutreffen sind und die indianische Gemeinde etwa zehn Prozent der über 100 000 Einwohner zählenden Stadtbevölkerung ausmacht. Bei Charlie Angus hatte ich über die Aktivistin und Journalistin Joyce Hunter gelesen. Sie kommt aus dem Cree-Dorf Peawanuck an der Hudson Bay und lebt in Thunder Bay. Ihr älterer Bruder Charlie war ein Schüler der St. Anne's Residential School in Fort Albany, wo er 1974 im Alter von 13 Jahren einen tödlichen Unfall hatte. Die Behörden überführten seinen Leichnam nach Moosonee an der südlichen James Bay und ließen ihn dort bestatten. Die Familie, die etwa 500 km weiter nördlich an der Hudson Bay lebte, erhielt nie eine Erklärung dafür. Nachdem die Eltern dreieinhalb Jahrzehnten lang vergeblich versucht hatten, ihren toten Sohn zurückzuholen, und sich nun zu alt dafür fühlten, baten sie ihre jüngste Tochter Joyce, sich der Sache anzunehmen. Sie setzte alle Hebel in Bewegung, kontaktierte Anwälte und einen Gerichtsmediziner und rief sogar den Minister für indianische Angelegenheiten an. Doch erst als sie einem Reporter des *Toronto Star* davon erzählte, kam die Sache ins Rollen. Leser der auflagenstärksten Zeitung Kanadas zeigten sich schockiert, dass es einer indianischen Familie verwehrt blieb, ihren vor 37 Jahren verstorbenen Sohn auf dem Friedhof ihres Dorfs zu beerdigen. Einige meldeten sich spontan und spendeten Geld für die Exhumierung, einen Sarg und den teuren Rücktransport der sterblichen Überreste. Schließlich wurde Charlie im Sommer 2011 auf dem Luftweg von Moosonee nach Peawanuck überführt und im Beisein seiner betagten Eltern, Geschwister, Verwandten und Freunde in der Erde seiner Heimat beigesetzt.[7]

Joyce Hunters E-Mail-Adresse war im Internet leicht zu finden. Damals arbeitete sie für die Stadt Thunder Bay in der Abteilung für indigene Beziehungen. Ich schrieb ihr, dass ich gerne mehr über die indigenen Menschen und ihr Leben im hohen Norden Ontarios erfahren würde. Auch würde ich die kanadische Geschichte praktisch nur aus europäischer Perspektive kennen und wollte diese Schlagseite durch Kenntnisse der indianischen Sichtweise korrigieren. Joyce antwortete umgehend, gab mir ihre Handynummer und meinte, ich solle mich melden, wenn ich in Thunder Bay sei. Es wäre ihr eine Freude, mir weiterzuhelfen.

Bei unserem ersten Treffen an einem schönen Julinachmittag 2016 hieß mich Joyce mit dem Gruß ›Wachyie‹ willkommen. Wir verstanden uns auf Anhieb gut und sie wurde während meiner Recherchen eine wichtige Stütze. Sie schenkte mir eine DVD-Box mit fünf Filmen, die die indianische Lebenswelt für die nicht-indigenen Gemeindemitglieder besser verständlich machen.[8] Nachdem wir uns ausführlich unterhalten hatten und sie mir Namen weiterer Kontaktpersonen genannt hatte, machte sie von uns ein Selfie. Sie postete es auf Facebook mit dem Kommentar, sie habe einen Historiker aus der Schweiz getroffen, der sich für die Geschichte des NAN-Gebiets interessiere, und es solle sich doch melden, wer mit ihm sprechen wolle. Aufgrund dieses Posts lernte ich später tatsächlich einige interessante Gesprächspartner kennen. Während wir uns verabschiedeten, sagte sie: »Bevor du dieses Projekt richtig beginnst, ist es wichtig, dass die Geister der Ahnen eingeweiht sind und dich dabei begleiten. Ich werde einen Elder bitten, eine Zeremonie für dich durchzuführen, und gebe dir Bescheid.«

Tags darauf teilte mir Joyce mit, dass mich der Elder Sam Achneepineskum am nächsten Tag um halb zwei in der Victoriaville Mall treffen wolle. Ich solle in meinem Medizinbeutel genügend Tabak mitbringen, damit er seine Heilige Pfeife stopfen könne. Es sei eine Ehre, dass er dieses Ritual für mich mache. Doch was genau meinte sie mit ›Medizinbeutel‹ und was für Tabak sollte ich denn besorgen? Ich wollte auf keinen Fall gleich zu Beginn meiner Reise in einen Fettnapf treten.

Im Giftshop der Thunder Bay Art Gallery fand ich leider keinen Medizinbeutel. Die Dame an der Kasse half mir jedoch weiter und verwies mich an die Ahnisnabae Art Gallery von Louise Thomas. Dort begrüßte mich ein stattlicher schwarzer Hund, der sich brav vor meine Füße legte. Während er schwanzwedelnd an mir emporschaute und sich ein Leckerli oder Streicheleinheiten erhoffte, musterte ich den ansprechenden Ausstellungsraum. Alle Bilder, Fotografien und Skulpturen waren von indigenen Künstlern. Es duftete nach Salbei. Dann betrat die Galeristin den Raum. Sie fragte mich, was sie für mich tun könne. Ich erklärte ihr, dass ich auf der Suche nach einem Medizinbeutel sei und auch Tabak benötige. Erstaunt fragte sie nach, weshalb ich beides denn brauche. »Wissen Sie, ich komme aus der Schweiz und interessiere mich für indianische Geschichte und Kultur.« »Ach, ich wunderte mich schon, woher dieser Akzent stammt. Aber warum brauchen Sie einen Medizinbeutel und Tabak?« Es war mir etwas unangenehm, denn ich hatte keine Ahnung, um was für ein Ritual es sich genau handelte. Daher sagte ich: »Ein Elder wird für mich irgendeine Zeremonie durchführen.« »Ein Elder? Wie heißt er denn?« »Sam, A…, Achne…« »Sam Achneepineskum?« »Ja, genau so heißt er.« »Und woher kennen Sie Sam?« »Ich kenne ihn nicht.« »Aber wie kommen Sie auf ihn?« Da sie ihn anscheinend kannte, vermutete ich, dass sie auch wusste, wer Joyce war, und sagte: »Joyce Hunter, vielleicht kennen Sie sie ja auch, hat ihn gebeten, mich zu treffen, um dieses Ritual zu machen.« »Ja, Joyce kenne ich gut. O. k. Ich bin übrigens Louise. Und wie heißt du?« Ich stellte mich vor. Dann beschrieb sie mir, wo ich in der Nähe den Tabak, und zwar jenen zum Selberdrehen, besorgen könne. Sie suche inzwischen einen Medizinbeutel.

Als ich zurückkam, lag auf der Ladentheke ein Säcklein aus buntem Stoff, das sich mit einer Kordel zubinden ließ. »Darin kannst du deinen Tabak aufbewahren«, meinte Louise. Dann blickte sie mich nochmals skeptisch an und fragte: »Interessierst du dich wirklich für unsere Kultur?« »Ja. Glaubst du denn, ich hätte mich von der Schweiz aus verfahren und wäre rein zufällig in Thunder Bay gelandet?« Sie musste schmunzeln und fuhr fort: »Weißt du, dass heute Nacht Vollmond ist?« Ich schüttelte den Kopf. »Wir treffen uns am Abend im Reservat der Fort William First Nation zu einer Vollmondzeremonie. Wenn du es mit deinem Interesse an unserer Kultur ernst meinst, dann lade ich dich dazu ein. Ich muss allerdings noch mit der Zeremonieleiterin Rücksprache halten. Aber sie wird bestimmt einverstanden sein. Wir brauchen noch einen Feuerwächter. Bist du dabei?« Ich hatte noch nie von einer solchen Zeremonie gehört und wusste auch nicht, was meine Aufgabe sein würde, doch ich zögerte keinen Augenblick und sagte zu. Ich war noch keine drei Tage in Thunder Bay und die indianische Welt schien sich bereits einen Spaltbreit zu öffnen.

Auf der Fahrt ins nahe gelegene Reservat war ich reichlich nervös – ich wusste ja nicht, was mich erwartete. Aber ich erfuhr auch mehr über Louise. Sie war eine Cree aus Alberta. Seit dem Tod ihres Mannes Roy Thomas 2004 kümmerte sie sich um dessen künstlerischen Nachlass und führte ihre eigene Kunstgalerie, in der sie ausschließlich indigene Künstler unter Vertrag nahm. Sie wollte damit das indianische Kunstschaffen fördern und der kommerziellen Ausbeutung kultureller Motive durch nicht-indigene Menschen entgegenwirken. Regelmäßig organisierte sie Ausstellungen und lud mich gleich zu der nächsten ein, um mir dort einige Künstler persönlich vorzustellen. Auf der weiteren Fahrt erzählte sie mir, dass die Vollmondzeremonie ein uraltes Heilritual für Frauen sei. Doch lange sei sie wegen des Verbots indianischer Spiritualität in Kanada nur heimlich durchgeführt worden.

Unser Ziel, ein Haus in der Nähe des Seeufers, bot eine schöne Aussicht auf eine vorgelagerte Insel. Rita, die Zeremonieleiterin, empfing uns und erklärte mir den Ablauf. Meine Aufgabe war es, das Heilige Feuer mit einem Streichholz zu entfachen und während des ganzen Abends immer genügend Holz nachzulegen, damit es gut brannte. Ich war aber auch Teil der Zeremonie und durfte bei gewissen Ritualen mitmachen. Als Feuerwächter verkörperte ich die männliche Energie. Rita wies mich auf zwei Dinge hin. Der Sitzkreis um das Heilige Feuer sei stets im Uhrzeigersinn zu verlassen und Tabak in der linken Hand zu halten, da diese näher beim Herz sei. Alles andere ergebe sich von selbst. Wichtig sei, dass alle Geschichten, die im Kreis um das Heilige Feuer erzählt würden, schließlich in der Glut blieben und nicht nach außen getragen würden.

Die Teilnehmerinnen saßen bereits um die auf dem Rasenplatz angelegte Feuerstelle. Rita gab mir drei Streichhölzer. Beim Anfachen eines heiligen Feuers durfte man weder Brandbeschleuniger noch Papier verwenden. Es waren lediglich Holzscheite aufgetürmt, die leider auch nach meinem zweiten Versuch nicht brennen wollten. Mir lief der Schweiß von der Stirn. Ich hatte nur noch ein Streichholz übrig und alle sahen mir mit gespanntem Stillschweigen zu. Louise bemerkte meine missliche Lage, kam zu mir und flüsterte mir ins Ohr: »Entferne vom Birkenholz etwas Rinde und zünde diese an.« Das wirkte Wunder. Die Flammen stiegen auf und die Zeremonie konnte beginnen.

Rita ging mit einer Handschale, in der sie zuvor getrocknete Salbeiblätter angezündet hatte, im Kreis umher und wehte den Teilnehmenden den wohlduftenden Rauch mit einer Adlerfeder entgegen. Nach diesem ›Smudging‹ genannten Räucherritual stimmten die Frauen mit Handtrommeln begleitete Lieder in der Sprache der Ojibwe an. Als noch vor der Dämmerung ein Weißkopfseeadler über unsere Köpfe hinweg zum See hinausflog, fühlte ich mich in dieser mir eigentlich völlig fremden Welt geborgen. Die Trommelklänge, die Gesänge, der sanft durch die Blätter naher Bäume streifende Wind und das lodernde Feuer in der Mitte bildeten mit dem über uns wachenden Vollmond eine harmonische Einheit. Doch auf einen Schlag tauchten Tausende Moskitos auf und ich merkte: Auch sie sind Teil dieser Welt. Und sie schienen sich besonders über eine Schweizer Delikatesse zu freuen. Nach Mitternacht begaben wir uns in Ritas Haus zu einem Festmahl, bei dem wir uns entspannt unterhalten konnten. Ich war glücklich, dass mich alle als Gast herzlich willkommen geheißen hatten und an einer Zeremonie teilhaben ließen, die in ähnlicher Weise schon seit Menschengedenken und lange vor Ankunft der Europäer an jenem Ort stattgefunden haben mag.

Sam Achneepineskum ist eine eindrückliche Erscheinung. Er ist groß und von kräftiger Statur, hat lange, zusammengebundene graue Haare und trägt einen silbernen Schnurr- und einen dünnen Spitzbart. Wie ich später erfahren sollte, war er als Kind in drei verschiedenen Residential Schools, darunter auch in der berüchtigten St. Anne's. Er kommt aus der isolierten Marten Falls First Nation, einer Ojibwe-Gemeinde am Albany River. Als ich die Mall betrat, sah ich Sam schon von Weitem. Er bestellte Kaffee und ich eine Cola. Dann setzten wir uns an einen Tisch. Ich überreichte ihm als Mitbringsel eine Tafel Schweizer Schokolade und legte den Medizinbeutel daneben. »Bitte nimm dir doch so viel Tabak, wie du für das Ritual brauchst, von dem mir Joyce erzählt hat«, bat ich ihn. Er holte sich eine Papierserviette und streute eine Handvoll der heiligen Pflanze drauf, faltete sie zusammen und steckte sie in seine Brusttasche. Dann fragte er: »Du bist also vor drei Tagen nach Thunder Bay gekommen. Hattest du denn neben Joyce auch schon mit anderen indigenen Personen Kontakt?« »Ja. Gestern Nacht war ich Feuerwächter an der Vollmondzeremonie in der Fort William First Nation.« »Oh! Dann brauchen wir die Geister der Ahnen gar nicht mehr zu kontaktieren, weil sie dich bereits gefunden haben und begleiten.« Er schwieg kurz und meinte dann lachend: »Den Tabak behalte ich aber trotzdem.« Genauso wie Joyce wurde auch Sam ein wichtiger Ansprechpartner, der mir in verschiedenen Belangen weiterhalf.

In den nächsten Tagen erkundete ich Thunder Bay und machte Ausflüge in die nahe Umgebung, wie etwa zu den tosend über 40 Meter in die Tiefe stürzenden Kakabeka Falls. Dabei folgte ich auch indianischen Spuren. Kunstwerke von indigenen Malern zierten Gebäudefassaden, und in Parks konnte ich Skulpturen bestaunen. Beim Jachthafen stieß ich auf einen traditionellen Heilkräutergarten und auf dem Campus der Lakehead University war ein indigener Lernort mit Tipi, Schwitzhütte und Medizinrad eingerichtet. Es tat gut zu sehen, dass das weitgehend nordamerikanische Erscheinungsbild der Stadt auch durch das künstlerische Schaffen ihrer indianischen Gemeinde bereichert wurde.

Inzwischen hatte ich erfahren, dass mich Grand Chief Alvin Fiddler sehen wollte. Obwohl bislang alle Indianer, denen ich begegnet war, meinem Vorhaben wohlgesinnt gegenüberstanden, war ich vor dem Treffen nervös. Schließlich repräsentierte der Grand Chief sozusagen als politisches Oberhaupt eine indianische Nation mit etwa 45 000 Menschen auf einem Gebiet, das um ein Vielfaches größer ist als mein Heimatland. Sollte er mir seinen Segen nicht geben, müsste ich das Projekt wohl begraben. Doch er verstand mich sofort, als ich ihm sagte, dass ich mich für den mir noch unbekannten indianischen Kulturraum unterhalb der Hudson Bay interessiere. Es ginge mir nicht nur darum, in Bibliotheken und Archiven Materialien zusammenzutragen, um diese wissenschaftlich auszuwerten. Ich würde vor allem gerne das Land sehen, die Menschen kennenlernen – und dann ein Buch darüber schreiben, das die Möglichkeit biete, dieses Land anders als aus Perspektive der europäischen Siedler kennenzulernen. Dann sagte ich zu Alvin, dass ich mir nach der Lektüre der Autobiografie von Edmund Metatawabin des kanadischen Kolonialsystems bewusst sei. Mir sei klar, dass die Europäer den Indianern unglaublich viel angetan hatten und ich nicht einfach mit kolonialer Selbstverständlichkeit ihre Geschichte recherchieren könne. Ich würde es akzeptieren, wenn er nicht wolle, dass ein weißer Historiker aus Europa die indianische Geschichte interpretiere.

Alvin, der geduldig meinen Ausführungen gefolgt war, lehnte sich zurück und meinte: »Doch, das ist eine gute Sache. Ich schätze es, dass du hergekommen bist. Wir werden dich unterstützen.« Dann rief er Travis Boissoneau, den leitenden Beamten der NAN, herein und informierte ihn darüber, was ich vorhatte. Travis erklärte sich bereit, mir künftig als Ansprechperson zur Verfügung zu stehen und sich auch um Flüge in abgelegene Reservate oder den Zugang zu Archiven zu kümmern. Das war mehr, als ich erwartet hatte.

Im Sommer 2017 kehrte ich für sechs und im Folgejahr für drei Monate nach Kanada zurück. In diesen insgesamt neun Monaten besuchte ich mit dem Einverständnis der jeweiligen Chiefs und Gemeinderäte die nur mit dem Flugzeug erreichbaren First Nations Attawapiskat, Fort Albany, Fort Severn, Kitchenuhmaykoosib Inninuwug, Muskrat Dam und Sandy Lake. Zudem fuhr ich mit dem Auto unter anderem in die Reservate Lac Seul, Matagami und Taykwa Tagamou. Um mir ein Bild von der Situation der Cree in Quebec machen zu können, reiste ich nach Waskaganish an der östlichen James Bay. Recherchen führten mich in die Metropolen Ottawa, Toronto und Winnipeg. Wichtig und ausgiebig waren die Besuche des Wawatay-Archivs in Sioux Lookout, des Ojibway and Cree Cultural Center in Timmins sowie das Northern Studies Resource Centre der Lakehead Universität in Thunder Bay, wo ich indigene Dokumente einsehen konnte. Insgesamt führte ich über hundert Interviews mit Indianern aus dem hohen Norden Ontarios. Ich sprach mit Jugendlichen, Elders, Medizinmännern und -frauen, Chiefs, Ratsmitgliedern, Überlebenden der Residential Schools, Repräsentanten der NAN, Künstlern, Filmschaffenden, Musikern, Buchautoren, Aktivisten, sowie Frauen und Männern, denen ich teilweise zufällig begegnete. Sie haben mich in ihrem Land gefunden, mich als Gast aufgenommen und mir ihre Geschichten erzählt.

Geteiltes Land

Stellen Sie sich vor, Sie sitzen am Schreibtisch. Ihr Stuhl befindet sich auf dem Gebiet der USA und die Tischfläche symbolisiert Kanada. Wenn Sie nun von der unteren Tischkante einen Streifen ziehen, der Ihrer Handbreite entspricht, dann erhalten Sie den Hauptsiedlungsraum des Landes. Tatsächlich leben die meisten der 37 Millionen Kanadier nicht weiter als 100 Kilometer von den USA entfernt. Der riesige nördliche Rest des Landes ist äußerst dünn und in der Regel von Indigenen besiedelt. Europäische Reisende kommen nur selten in diese abgelegenen Gebiete und bewegen sich meist innerhalb des verhältnismäßig schmalen Landstreifens nahe der US-kanadischen Grenze. Dort liegen auch die Großstädte Toronto, Montreal, Vancouver und Winnipeg. Einzig Calgary und Edmonton in Alberta sowie die von dort in kurzer Zeit erreichbaren, im Sommer massentouristisch überlaufenen Nationalparks Banff und Jasper befinden sich etwas nördlicher. In der Gesamtbetrachtung liegen sie jedoch ebenfalls deutlich am unteren Rand der Landfläche. Die Touristen lernen ein Kanada kennen, das vor allem seine französisch und britisch geprägte Geschichte erzählt und sich heute dank der Einwanderung und Integration von Menschen aus aller Welt offen und multikulturell präsentiert. Mit der indianischen Bevölkerung kommen nur die wenigsten in Kontakt. Dabei leben auf dem kanadischen Territorium 634 vom Staat anerkannte indianische »Stammesgemeinschaften«, die offiziell als First Nations bezeichnet werden und die etwa 3000 Reservate besitzen. Ungefähr eine Million Menschen gehört den First Nations an, 600 000 zählen zu den Métis, also in der Regel Nachfahren von europäischen Pelzhändlern und indianischen Frauen, und 65 000 sind Inuit. Die First Nations, Métis und Inuit bilden zusammen die Indigenous Peoples, welche etwa fünf Prozent der Gesamtbevölkerung ausmachen.

In der euro-kanadischen Erinnerungskultur treten die Indianer kaum in Erscheinung. Dies zeigt sich schon daran, dass indigene Geschichte für die Prüfung, die jeder ablegen muss, der im Alter von 18 bis 54 die kanadische Staatsbürgerschaft erwerben will, keine Rolle spielt. Auf einer staatlichen Webseite, die zur Vorbereitung dient, enthält die Rubrik ›Geschichte‹ nur einen winzigen Abschnitt zu den Indigenous Peoples.[9] Dann folgt eine sehr, sehr lange Ausführung über die Besiedelung und den Aufbau des Landes durch die Europäer, mit deren Ankunft die tatsächliche Geschichte anscheinend erst beginnt. So entsteht der Eindruck, alles, was vorher gewesen war, sei bedeutungslos. Das ist bezeichnend. In breiten Kreisen der Gesellschaft fehlt es an einem tiefgehenden Verständnis für die Situation der Indigenen. Dafür gibt es mehrere Ursachen. Unwissen, Ignoranz oder Rassismus sind einige davon. Alle nicht-indigenen Kanadier sind Einwanderer oder stammen von solchen ab. Zentral für sie sind daher der Bezug zum Herkunftsland und die Integration im Zielland. Als ich weiße Kanadier kennenlernte, kamen diese oft auf ihre Vorfahren aus Deutschland, England, Finnland, Italien, Polen oder der Schweiz zu sprechen. Ein derartiges Gesprächsthema gab es bei Begegnungen mit Indianern nicht, es sei denn, sie hatten noch einen europäischen Pelzhändler in ihrer Ahnenreihe. Ihre historische Referenz war nie ein anderer Kontinent, sondern stets das Land, auf dem sie leben und mit dem sie eine jahrtausendealte Geschichte verbindet.

In jüngster Zeit wurde zwar auf Druck von indianischer Seite die Geschichtsschreibung etwas ausbalanciert. 2008 entschuldigte sich Premierminister Stephen Harper offiziell bei den Indigenous Peoples für das staatliche Zwangsassimilationssystem in den Residential Schools. Im gleichen Jahr machte sich auch die Truth and Reconciliation Commission an die Aufarbeitung dieses kulturellen Völkermords, der die indigenen Gesellschaften unvorstellbar traumatisiert hatte. 2015 publizierte sie ihren erschütternden Abschlussbericht.[10] Landesweit wurden zwischen den 1880er- und 1990er-Jahren insgesamt 139 vom Staat finanzierte und von Kirchenpersonal geleitete Residential Schools betrieben. Etwa 150 000 indigene Kinder im Alter von vier bis 16 Jahren, teils mit Gewalt ihren Eltern entrissen, waren in diesen Internaten nach westlichem Muster »umerzogen« worden. Sie hatten ihre indigene Sprache nicht mehr verwenden dürfen und die Erzieher versuchten, alles Indianische an ihnen auszumerzen. Tausende sind dabei gestorben und unzählige nach ihrer Schulzeit daran zerbrochen.

Bis das Thema der Indianerinternate im Mainstream der kanadischen Gesellschaft angekommen ist, muss noch einige Aufklärungsarbeit geleistet werden. Zudem stellt es nur die Spitze des Eisbergs dar. Zwei weitere koloniale Tragödien werden ebenfalls erst seit Kurzem historisch aufgearbeitet. Die eine wird als ›Sixties Scoop‹ bezeichnet. Die Kinderfürsorgebehörden der kanadischen Provinzen gaben zwischen 1960 und 1984 etwa 20 000 Indianerkinder zur Zwangsadoption frei und platzierten sie in weißen Mittelklassefamilien in Kanada, den USA, Westeuropa und Neuseeland. Viele Sozialarbeiter hielten dies für eine effiziente Maßnahme zur Armutsbekämpfung in den Reservaten und eine Erfolg versprechende Möglichkeit, die Indianer zu assimilieren. Für die Kinder bedeutete es jedoch totale Entwurzelung. Sie verloren ihre Namen, ihre Sprache und die Verbindung zu ihrer Kultur.[11] Bisher entschuldigten sich die Regierungen der Provinzen Manitoba (2015), Alberta (2018) und Saskatchewan (2019) offiziell bei den Opfern. Bei der zweiten Tragödie handelt es sich um die ›Missing and Murdered Indigenous Women‹. In Kanada werden prozentual zwölfmal mehr indigene Frauen ermordet oder verschwinden spurlos als nicht-indigene. Die Bundespolizei RCMP geht davon aus, dass von 1980 bis 2012 etwa 1200 Morde an Indianerinnen verübt wurden. Aktivisten sprechen hingegen von 4000 Opfern. Die genauen Zahlen liegen im Dunkeln. Doch Fakt ist, dass indigene Frauen diejenige kanadische Gesellschaftsgruppe bilden, die am stärksten von Gewaltverbrechen betroffen ist. Der 2019 publizierte Bericht einer nationalen Untersuchungskommission zeigt detailliert und ungeschönt die kolonialen Ursachen für diese Katastrophe auf.[12]

Die Kolonialisierung Kanadas durch Menschen aus Europa hatte für die indigene Bevölkerung fatale Folgen, die weiterhin heftig nachwirken. Die entsprechende Aufarbeitung kommt erst langsam in Gang. Doch sie ist dringend notwendig. Zu glauben, offizielle Entschuldigungen für das an den Indigenen verübte Unrecht würden nun Versöhnung bedeuten, wäre ein krasser Trugschluss. Sie schufen erst die Voraussetzungen, dass der Dialog zwischen den beiden grundverschiedenen Gesellschaften weitergeführt werden kann, und leiten lediglich einen langen und beschwerlichen Aussöhnungsprozess ein.

Auch 2020 fühlen sich die First Nations nach wie vor systematisch diskriminiert. Arbeitslosigkeit, Armut, Obdachlosigkeit, Selbstmorde, Drogen- und Alkoholabhängigkeit, verschiedene Krankheiten wie Diabetes und limitierte Bildungsmöglichkeiten liegen bei den Indianern im Vergleich mit der nicht indigenen Bevölkerung prozentual um ein Vielfaches höher. Während Kanada einer der reichsten Staaten der Welt ist, erinnern die Zustände in einigen Reservaten an die in Drittweltländern. So manche rassistische Aussage auf sozialen Netzwerken schiebt die Schuld dafür den Indianern selbst in die Schuhe. Die miserablen Zustände werden einer angeblich »angeborenen Faulheit« und »korrupten Chiefs« zugeschrieben. Solche grobschlächtigen Äußerungen sind nicht nur bei Wutbürgern aus der Unterschicht verbreitet, die jeden Dollar zugunsten der Indigenen als zum Fenster hinausgeschmissenes Geld betrachten. Als ich auf einem Blueskonzert in Thunder Bay mit einer jungen weißen Ärztin ins Gespräch kam, behauptete diese allen Ernstes, Indianer seien halt »von Natur aus faul«. Das ließ mich eine Weile sprachlos zurück. Eine solche absurde Theorie sagt rein gar nichts über die Indigenen aus. Doch sie entlarvt schonungslos, dass ein in der Kolonialzeit geprägtes Denken in der Mehrheitsgesellschaft weiterhin unreflektiert vorhanden ist.

Auf dem internationalen Parkett versteht es Kanada hervorragend, sich von seiner Sonnenseite zu zeigen. Es präsentiert sich als weltoffenes, modernes, buntes Land voller Naturschönheiten. Ganz im Gegensatz zu seinem mächtigen Nachbarn im Süden, von dem es sich demonstrativ abgrenzt, kann es sich weltweiter Sympathien erfreuen. Die Formel »nimm die USA, ziehe alles Negative ab und erhalte Kanada« hat sich bestens bewährt und die Außenwahrnehmung zementiert. Als kleiner Makel haftet ihm lediglich die Quebec-Frage an. Doch um die bis Ende des 20. Jahrhunderts oftmals schlagzeilenbestimmenden Unabhängigkeitsbestrebungen der französischsprachigen Provinz ist es inzwischen ruhiger geworden. Kanada scheint geeinter denn je, was sich positiv auf seine globale Reputation auswirkt. In einem internationalen Ranking, das Indikatoren wie Vertrauen, Bewunderung, Wertschätzung und allgemeine Eindrücke berücksichtigt, ist das Land neben Norwegen, Schweden und der Schweiz stets in den Top Ten zu finden. Von 2012 bis 2015 und nochmals 2017 belegte es sogar den ersten Rang. Viele Menschen von anderswo würden gerne in Kanada wohnen, arbeiten oder studieren. Denn es bietet alles, was beste Lebensqualität verspricht: ein stabiles Regierungssystem, eine solide Wirtschaft und atemberaubende Landschaften.

Die internationale Fremdwahrnehmung deckt sich auch mit der Selbstdarstellung. In kanadischen Medien werden seit den 1990er-Jahren verschiedene Stereotype wie kulturelle und bereichernde Vielfältigkeit, allgegenwärtige Toleranz, respektvoller Umgang mit der Umwelt und eine tief verwurzelte Naturverbundenheit popularisiert.[13] Wie sich Kanada selbst offiziell sieht, durfte ich im Rahmen des 150. Geburtstags der Konföderation eindrücklich erleben. 2017 wurden anlässlich dieses Jubiläums landesweit unzählige Events, Ausstellungen und Spektakel organisiert. Höhepunkt der Feierlichkeiten bildete der Canada Day, der jeweils am 1. Juli mit Paraden, Festivals und Feuerwerken begangen wird. Dieser Nationalfeiertag erinnert an den British North America Act von 1867, der durch den Zusammenschluss der damaligen Provinzen Ontario, Quebec, Nova Scotia und New Brunswick der Nationalstaatsgründung den Weg bahnte. Bereits im Vorfeld des Jubiläumsjahres kündigten verschiedene Veranstaltungen eine Mega-Party an. Ab 2015 wurde über die Sommermonate hinweg die spektakuläre Licht- und Musikshow *Northern Lights* auf dem Parliament Hill in Ottawa inszeniert.[14] Dabei diente das Parlamentsgebäude nach Einbruch der Dunkelheit eine halbe Stunde lang als Projektionsfläche einer farbgewaltigen Zeitreise durch die kanadische Geschichte.

Das brillant orchestrierte Spektakel, das auch in den Folgejahren wiederholt wurde, zog weit über eine Million Besucher aus Kanada und aller Welt an. Gegen Ende der fulminanten Lichtshow wurde es still. Dann erhellte eine kindliche Frauenstimme mit *O Canada* die Nacht. Als der letzte Ton der eingängigen Nationalhymne verklungen war, stand ich mitten in einer klatschenden Menschenmenge. Doch ich fühlte mich allein und konnte dieser Inszenierung keinen Beifall zollen. Denn ich hatte inzwischen eine andere Seite des Landes kennengelernt, die ganz und gar nicht zu den auf das Parlamentsgebäude projizierten Freudenbildern passte. Den Zuschauern wurde in faszinierender Verpackung eine mitreißende Erfolgsgeschichte präsentiert, die ihren Erwartungen entsprach. In patriotischer, schon fast US-amerikanischer Manier wurde der Aufbau einer neuen Welt gefeiert, ohne der Zerschlagung der alten zu gedenken. Das Narrativ, das hier vermittelt wurde, war weiß, männlich und europäisch. Die Indianer und Inuit erhielten je etwa eine halbe Minute Aufmerksamkeit. Erstere jagten in endlosen Weiten den Büffeln hinterher und fertigten Totempfähle an. Letztere machten sich ein unwirtliches Gebiet zu ihrer Heimat. Dann tauchte aus dem Nichts ein mächtiges Segelschiff auf und schon schossen erste Häuser wie Pilze aus dem Boden. Der Anspruch der Neuankömmlinge auf dieses weite Land blieb als Selbstverständlichkeit unkommentiert. Fortan stand die europäische Erzählung im Mittelpunkt mit ihren britischen und französischen Gründervätern. Erst als das Land von diesen heroisch wirkenden Europäern aufgebaut worden war, erhielten die Indianer und Inuit wieder einen kurzen Auftritt. Gemeinsam mit Migranten unterschiedlicher Hautfarben winkten sie den Besuchern lachend zu, als seien sie dankbar, Teil dieser großartigen Nation zu sein.

Als sich der Platz auf dem Parliament Hill geleert hatte, quälten mich einige Fragen. Wie hätten wohl meine indianischen Freunde aus dem nördlichen Ontario auf diese effektvolle Geschichtslektion reagiert? Könnten sie sich mit einer solchen Selbstdarstellung Kanadas überhaupt identifizieren? Warum hörte man zur Show nur Kommentare auf Englisch und Französisch, nicht aber auch wenigstens ein paar Sätze einer indigenen Sprache? Und schließlich, was war Kanada eigentlich und was feierte es genau? 150 Jahre wirken im Vergleich zu den mindestens 40 000 Jahren indianischer Präsenz auf dem amerikanischen Kontinent banal. Auch wurden 1867 kein neuer Staat gegründet und keine neue Nation geboren. Als am 1. Juli der zuvor von Königin Victoria unterzeichnete British North America Act in Kraft trat und aus vier britisch beherrschten Kolonien das ›Dominion of Canada‹ schuf, war dies erst eine Wegmarke unter vielen. Weitere Etappen zu einer eigenstaatlichen Entwicklung waren das Statut von Westminster, das dem Parlament in Ottawa gesetzgeberische Unabhängigkeit von London gewährte (1931), das Hissen des roten Ahornblatts anstelle des Union Jacks (1965), die Ablösung von *God Save the Queen* durch die Nationalhymne *O Canada* (1980) und das Recht, die Verfassung ohne britische Zustimmung zu ändern (1982).[15] Ein eindeutiges Geburtsdatum Kanadas als Nationalstaat lässt sich historisch nicht dingfest machen und damit auch nicht feiern. Zumal es 1867 vor allem darum ging, die tief greifenden Konflikte zwischen Quebec und Ontario zu überwinden und die Kolonialisierung der enormen Landmassen nach britischem Muster voranzutreiben. Gleichzeitig sollte das unter Schutzmacht der Krone stehende quasistaatliche Gebilde einer weiteren Expansion der kontinentalimperialistisch agierenden USA Einhalt gebieten.[16]

Kanada ist politisch betrachtet ein seltsam anmutendes Konstrukt aus föderal-parlamentarischer Demokratie und konstitutioneller Monarchie mit britischer Königin oder britischem König als Staatsoberhaupt. Während die Konzepte der Kulturnation und der Staatsnation mangels gemeinsamer Sprache beziehungsweise Geschichte nicht passen, lässt sich das Land wohl am ehesten als Willensnation bezeichnen. Wie an der *Northern Lights Show* pathetisch präsentiert, will Kanada all seine Bürger unterschiedlicher Herkunft zu einer einzigen Gemeinschaft vereinen. Dieses Konzept funktioniert für die englischsprachige Mehrheit und auch für jene Millionen Kanadier, die im Ausland geboren wurden, als Migranten kamen und nun eingebürgert sind. Doch einige ethnische

Gruppen lassen sich trotz vieler staatlicher Bemühungen nicht vollständig integrieren: die Frankokanadier, First Nations, Inuit und Métis. Sowohl in Quebec als auch in vielen Indianergebieten wurde das 150-Jahr-Jubiläum nur zögerlich oder überhaupt nicht begangen. Die Ablehnung entsprang der Interpretation, dass nicht die nationale Einheit, sondern vor allem der Erfolg der seit 1867 vorangetriebenen Anglisierungspolitik Grund für diese Feier war.[17]

Doch es gab auch First Nations, die dem Jubiläum etwas Positives abgewinnen konnten und an den Feierlichkeiten mitwirkten. Im August 2017 äußerte sich Perry Bellegarde, der als National Chief alle First Nations repräsentiert, an einer Konferenz dazu: »Am 1. Juli 2017 haben wir gerade 150 Jahre beendet. Kanadas 150. Geburtstag. Und ich fragte mich: Können wir das feiern? Warum sollten wir Unterdrückung und Kolonialisierung feiern? Und wollen wir feiern, dass es ›zivilisierte und integrierte Indianer‹ gibt? Als ich Kanada bereiste, fragte mich etwa die Hälfte unserer Leute, warum ich dies feiern könne. Und ich sagte ihnen, sie müssten es anders betrachten. Ich werde nicht feiern. Aber ich werde teilnehmen und dadurch etwas zum Ausdruck bringen. Ich werde daran teilnehmen, denn trotz all der Verletzungen, die wir als First Nations erfahren haben, trotz Kolonialisierung und Genozid durch die Residential Schools, trotz Kontrollverlust durch das koloniale Indianergesetz, den Indian Act, und die damit verbundene Unterdrückung, trotz alldem sind wir immer noch hier als First Nations! Und wir werden stärker! (…). Es geht nicht um die letzten 150 Jahre. Wir müssen den Fokus auf die kommenden 150 Jahre legen und wie wir dieses Land in dieser Welt gemeinsam weiterbauen, und zwar basierend auf unseren Werten, unseren Lehren und unserer Weltanschauung!«[18]

Während es Bellegarde darum ging, im Jubiläumsjahr dem Land und der Welt zu zeigen, dass die Indianer immer noch existierten, sahen andere in den zahlreichen Festivitäten einen Affront gegenüber der indigenen Gesellschaft. Nach einem Aufruf der Regierung, Menschen sollten kreative Bilder von sich mit der kanadischen Flagge auf einer extra dafür eingerichteten Internetseite teilen, antwortete eine indigene Aktivistengruppe mit dem Wettbewerb *Fuck the Flag*. In der Ausschreibung forderte sie dazu auf, Fotos einzusenden, auf denen mit der Fahne demonstriert würde, was man tatsächlich von Kanada halte: »Verbrennt sie! Beschreibt sie! Hängt sie an einen geschmacklosen Ort!« Es gab zahlreiche solche Aktionen im ganzen Land und Indianer führten eine rege Debatte, ob und wie man das Jubiläum überhaupt begehen oder dagegen Stellung beziehen könnte.

Eindrücklich war der stille Protest einiger indianischer Kulturschaffender. Als die Künstlerin Elizabeth Buset von der Art Gallery Thunder Bay angefragt wurde, ein Werk für eine Ausstellung einzureichen, die das Jubiläum aus der Perspektive der Indianer des nördlichen Ontarios thematisierte, sandte sie einen mit dem roten Ahornblatt verzierten Trinkhalm aus Plastik ein. Das Museum stellte diesen mit ihrem Begründungsschreiben aus. Darin stand: »Ich habe dieses Jubiläum mit all der Geldverschwendung für Feuerwerke, Gedenkfeiern und schwachsinnige Gemeindeprojekte so was von satt. Über eine halbe Milliarde Dollar wird ausgegeben, um die Kolonialisierung dieses Landes zu zelebrieren, obschon es nichts zu feiern gibt. Dieser Jahrestag ist derart irrelevant und abstoßend, dass ich weder Zeit noch Energie in ein Kunstwerk zu seiner Verherrlichung investieren wollte. Der Trinkhalm hat mich 1,41 Dollar gekostet. Bis er sich zersetzt, könnten 15 000 Jahre vergehen. Vor 150 Jahren gab es noch kein Plastik. Kanada hatte keine Deponien, keinen Ölsand und keine Liste bedrohter Arten. Eine Wegwerfkultur existierte ebenfalls noch nicht. Als ich den Trinkhalm kaufte, fragte mich die Verkäuferin, ob ich eine Plastiktüte haben möchte.«[19]

Schon als Kanada seinen 100. Geburtstag feierte, hatten Indianer ihre Stimme erhoben. Am Canada Day 1967 hielt Chief Dan George (1899–1981) an der offiziellen Feier im Empire Stadium in Vancouver eine Rede, mit der er 32 000 Besucher zum Schweigen brachte: »Wie lange kenne ich dich schon, oh Kanada? Seit hundert Jahren? Ja, seit hundert Jahren und so vielen, vielen Monden mehr. Und heute, wenn du deine hundert Jahre feierst, oh Kanada, dann trauere ich mit all den indianischen Menschen im ganzen Land. Denn ich habe dich gekannt, als deine Wälder meine waren, als sie mich mit Fleisch und Kleidern versorgten. Ich habe dich gekannt, als in deinen Strömen und Flüssen Fische leuchteten und in der Sonne tanzten und die Gewässer sagten: ›Komm, komm und ernähre dich von unserer Fülle.‹ Ich habe dich gekannt, als die Winde der Freiheit wehten und mein Geist mit ihnen über dieses gute Land streifte. Aber in den langen hundert Jahren seit Ankunft des weißen Mannes ist meine Freiheit genauso seltsam verschwunden wie der Lachs, wenn er ins Meer hinausschwimmt. Die fremden Bräuche des weißen Mannes, die ich nicht verstand, wurden mir aufgebürdet, bis ich nicht mehr atmen konnte. Als ich mein Volk anführen wollte, wurde mir meine Autorität entrissen. Meine Nation wurde in deinen Geschichtsbüchern ignoriert, sie war in der kanadischen Geschichte nur ein klein wenig wichtiger als die Büffel, die die Prärie durchwanderten. In deinen Filmen und auf deinen Theaterbühnen wurde ich verspottet. Wenn ich dein Feuerwasser zu mir nahm, wurde ich betrunken – sehr, sehr betrunken. Und ich vergaß. Oh Kanada, wie kann ich mit dir diese Hundertjahrfeier begehen? Soll ich dir für die Reservate danken, die mir als Überrest meiner wunderschönen Wälder geblieben sind? Für Fische in Konservendosen aus meinen Flüssen? Für den Verlust meines Stolzes und meiner Autorität, selbst unter meinen eigenen Leuten? Nein! Ich muss vergessen, was Vergangenheit und vorbei ist.«[20] Doch Georges Rede war nicht nur eine Wehklage, sondern auch eine kämpferische Vision einer indianischen Kulturerneuerung: »Wie der Donnervogel aus der alten Zeit werde auch ich wieder aus dem Meer emporsteigen. Ich werde mir die Instrumente, die der weiße Mann für seinen Erfolg benutzt, zu eigen machen: seine Bildung und seine Fähigkeiten. Mit diesen neuen Werkzeugen werde ich mein Volk zum stolzesten Teil deiner Gesellschaft aufrichten.«[21]

Chief Dan George, der der nördlich von Vancouver beheimateten Nation der Küsten-Salish angehörte und als Schauspieler etwa im Western *Little Big Man* neben Dustin Hoffmann mitwirkte, war ein Protagonist des aufstrebenden indianischen Aktivismus der 1960er-Jahre. Auf den ersten Blick scheint es jedoch, dass sich in den 50 Jahren nach seiner Rede für die Indianer und ihre Lebenssituation wenig geändert hat. Denn noch immer leben sie in teils trostlosen Reservatssiedlungen, während ihr traditionelles Land reicher Bodenschätze wegen ausgebeutet und durch Pipelines bedroht wird, weiterhin fühlen sie sich vom kanadischen Staat bevormundet, ohne sich unabhängig von Ottawa selbst verwalten zu dürfen, und nach wie vor haben sie, vor allem in den abgelegenen Reservaten im Norden, keinen Zugang zu sauberem Trinkwasser und ausreichend gesunder Ernährung. Dennoch hat sich gerade durch den unermüdlichen indianischen Aktivismus der letzten fünf Jahrzehnte auf politischer und gesellschaftlicher Ebene einiges getan. Das Residential School-System wurde abgeschafft, historisch aufgearbeitet und das unermessliche Leid der Opfer mit einer offiziellen Entschuldigung der Regierung sowie Entschädigungszahlungen anerkannt. Einzelne First Nations aus der jeweils gleichen Region des Landes schlossen sich zu ernst zu nehmenden politischen Organisationen zusammen, die mit geeinter Stimme für ihre Anliegen einstehen. Zudem zogen immer mehr indianische Politiker als Abgeordnete in die Parlamente der Provinzen und des Bundesstaats ein. Schließlich konnten First Nations auch vor Gericht viele ihrer eingereichten Klagen für sich entscheiden. Diese Emanzipationsfaktoren haben gemeinsam mit indigenen Kunstschaffenden, Filmemachern, Musikern und Autoren dazu beigetragen, dass die Indianer heute in der kanadischen Gesellschaft sichtbarer sind als noch vor einem halben Jahrhundert. Dass viele von ihnen jedoch am sogenannten 150. Geburtstag Kanadas nicht zum Feiern zumute war, legt offen, wie tief der Graben zwischen der nach Einheit strebenden großen Willensnation und den First Nations noch immer ist.

Armut im Land der Diamanten

Hinter dem weltweit beliebten Kanada gibt es noch ein anderes Kanada, in dessen verschatteten Gebieten die Abgründe der kolonialen Unterdrückungsgeschichte fortbestehen. In den abgelegenen Gemeinden im hohen Norden Ontarios spielen sich fern der öffentlichen Wahrnehmung teils dramatische Ereignisse und humanitäre Katastrophen ab. Herzzerreißend ist die Tatsache, dass sich dort regelmäßig Kinder und Jugendliche das Leben nehmen. In der etwa 2000 Einwohner zählenden Attawapiskat First Nation an der James Bay versuchten zwischen September 2015 und April 2016 gegen hundert Kinder und Jugendliche Suizid zu begehen. Es gibt in dieser Gemeinde keine Familie, die nicht mindestens einen Todesfall durch Selbstmord zu beklagen hätte. Dies gilt auch für die meisten anderen Reservate in der Region. Die zahlreichen Suizidfälle haben ihre Wurzeln im kanadischen Kolonialsystem, das sich schamlos am indigenen Land bereicherte, die indigenen Menschen mit Gewalt ›zivilisieren‹ wollte und sie letztlich in Armut und Perspektivlosigkeit zurückließ.

Kanada hat die elftgrößte Volkswirtschaft der Welt. Sie basiert auf dem Abbau und Export riesiger Rohstoffvorkommen wie Erdöl, Gold, Silber, Diamanten oder Holz und deren Weiterverarbeitung. Im Norden Albertas liegen beispielsweise einige der weltweit größten Erdölreserven. In Ontario betrieb der weltgrößte Diamantenförderer De Beers zehn Jahre lang eine Mine. Als sie 2019 geschlossen wurde, waren über sieben Millionen Karat Diamanten abgebaut, was einem Gegenwert mehrerer Milliarden kanadischer Dollar entspricht. Die Mine befand sich auf dem traditionellen Land der Attawapiskat First Nation. Wären die Indianer im Besitz der Nutzungsrechte dieses Gebiets gewesen, das sie aus ihrer Sicht nie abgetreten haben, hätten sie allein durch Lizenzeinnahmen und Gewinnbeteiligungen pro Kopf so viel Geld verdient wie die Scheichs reicher Ölstaaten. Stattdessen erhielt die Gemeinde während der Betriebszeit der Mine jährlich etwa zwei Millionen Dollar und konnte von den insgesamt 500 Minenarbeitern deren 100 stellen. Im Vergleich zur riesigen Wertschöpfung von De Beers, von der auch die Provinz Ontario und der kanadische Staat in Form von Steuern und Lizenzgebühren profitierten, sind dies lediglich ein paar Brosamen. Auch wenn zwei Millionen Dollar pro Jahr nach viel Geld für eine kleine Gemeinde aussehen, muss man bedenken, dass in Attawapiskat wegen der isolierten Lage alles um ein Vielfaches teurer ist als im urbanen Süden Kanadas. Das jährliche Extrageld reichte höchstens aus, um etwa vier der vielen dringend benötigten Häuser zu bauen. Die Wohnungsnot blieb trotz De Beers akut. Über 300 Personen standen nach Schließung der Mine weiterhin auf einer Warteliste für eine eigene Wohnung. Als ich Attawapiskat im Sommer 2018 besuchte, konnte ich mich vor Ort vergewissern, dass manchmal bis zu 17 Personen in einem Vierzimmerhaushalt lebten. Alkohol- und Drogenmissbrauch in den völlig überbelegten kleinen Reservatunterkünften führten teilweise zu häuslicher Gewalt. Kinder hatten keinen Rückzugsort. Es liegt auf der Hand, dass die Wohnungsnot zu einer gravierenden Stresssituation führt und folglich auch mitverantwortlich für die immer wiederkehrenden Suizidfälle ist.

Attawapiskat zählt trotz der großen Diamantvorkommen auf seinem traditionellen Territorium weiterhin zu den ärmsten Gemeinden in ganz Kanada. Exemplarisch steht es für die ökonomische Zweiteilung des Landes. In Ontario gibt es einen wohlhabenden, urbanen Süden, der einen erheblichen Teil seines Reichtums aus jenen Gebieten im Norden der Provinz generiert, in denen Indianer in Armut und von Sozialhilfe leben. Unterschiedlicher könnten die Kontraste der beiden Lebenswelten in derselben Provinz nicht sein. Hier das hippe, multikulturelle Toronto mit all seinen unbegrenzten Möglichkeiten einer pulsierenden Metropole. Dort das triste, ethnisch homogene Indianerdorf mit seiner Perspektivlosigkeit und tiefen Schlaglöchern in den staubigen, unasphaltierten Straßen.

Als ich mich mit dem kanadischen Parlamentarier Charlie Angus über die Situation im nördlichen Ontario unterhielt, kamen wir auch auf Attawapiskat zu sprechen. Er wurde 2004 für die New Democratic Party ins Unterhaus gewählt und setzt sich seither unermüdlich für die Rechte der Indianer und gegen ihre systematische Diskriminierung ein. Zum Gefälle zwischen dem reichen Süden und dem armen Norden der Provinz hielt er fest: »Es besteht eine Kluft zwischen den Regionen, wo die meisten Kanadier leben, und Regionen, aus denen ihr Reichtum herkommt. Dieser Graben wird dadurch vertieft, dass nur sehr wenige Kanadier Erfahrungen mit indigenen Völkern haben. Es gibt jetzt zwar jede Menge indigener Kultur in den Medien und eine Reihe indigener Stimmen, die vorher nicht präsent waren. Aber die Realität ist nach wie vor, dass das Leben in Attawapiskat den Kanadiern ebenso fremd ist wie ein abgelegenes Dorf irgendwo in Afghanistan. Es ist eine ganz andere Welt. Zum Beispiel ist es billiger, für ein Wochenende von Toronto nach Portugal und zurück zu fliegen, als nach Attawapiskat. Zudem ist es viel wahrscheinlicher, dass jemand nach Portugal reist. Niemand geht nach Attawapiskat.«[22]

Für die meisten in Ontario lebenden Kanadier sind die weit entfernten Reservate der Nishnabwe Aski Nation tatsächlich eine unbekannte Welt. Ich wollte daher vom 1962 geborenen Charlie wissen, wann er erstmals von der tatsächlichen Situation der First Nations gehört habe. Er antwortete: »In der Schule war das nie ein Thema. Ich denke, wenn wir überhaupt etwas über die Indianer erfahren haben, dann war es über die Sioux. Dabei ging es um dieses stereotype Bild, das die Amerikaner haben. Ich erinnere mich daran, wie die Geschichten der Residential Schools zum ersten Mal auftauchten, also die Horrorgeschichten von der katholischen Schule St. Anne's in Fort Albany und was dort an der James Bay vor sich ging. Es gab Anfang der 1990er-Jahre einen Strafprozess. Und ich dachte, na gut, damals war es anders. Auch wir wurden von Nonnen geschlagen und von Lehrern herumgeschubst. Daher dachte ich, dass es sich bloß um solche Dinge handelte. Ich hatte ja keine Ahnung, welchem Ausmaß an Missbrauch diese Kinder ausgesetzt waren. Und ich denke, die meisten Kanadier hatten davor auch nie etwas davon gehört. Wir wussten wirklich nicht, dass solche Dinge passiert sind, bis die TRC (Truth and Reconciliation Commission of Canada) ihre Arbeit aufnahm und die offizielle Entschuldigung des Staats sie uns vor Augen hielt.« Die Kanadier hätten erst in jüngster Zeit, also etwa ab 2008, langsam und zögerlich begriffen, dass ihr Land an den Indianern einen kulturellen Genozid verübt habe. »Das ist also unsere Geschichte, mit der wir plötzlich direkt konfrontiert werden und mit der wir niemals zuvor im Geringsten gerechnet hätten.«[23]

Die Aufarbeitung eines der dunkelsten Kapitel der kanadischen Geschichte durch die TRC dürfte jene Kanadier, die wie Charlie Angus davon Kenntnis nahmen und bereit waren, sich eingehend damit auseinanderzusetzen, wachgerüttelt haben. Zahlreiche nicht-indigene Menschen halten jedoch seither krampfhaft an der bereits in ihrer Schulzeit implementierten eurozentrischen Meistererzählung fest. Regelmäßig kann man Kommentare auf sozialen Netzwerken lesen, in denen kanadische Bürger ihr Unverständnis gegenüber dem als fremd empfundenen neuen Geschichtsverständnis ausdrücken. Auf einer Facebook-Seite fragte Anfang 2019 eine Frau: »Wie lange und oft müssen wir uns noch entschuldigen? Wie lange müssen wir noch den Protesten gegen Pipelines nachgeben, die Arbeitsplätze für Kanadier schaffen und die kanadische Wirtschaft stärken?«[24] Dass es einen direkten Zusammenhang zwischen Arbeitsplätzen in der Ölindustrie und der Misere von First Nations geben könnte, zog sie nicht in Erwägung. Ihre Aussage scheint auf einem einseitigen Geschichtsbild zu beruhen, das sich lediglich darauf beschränkt, wie europäische Siedler durch harte Arbeit auf angeblich brachliegendem Land Kanada geschaffen haben.

Dieses und ähnliche Narrative bleiben wie massive Bollwerke im öffentlichen Raum stehen. Sie mögen zwar einige Kratzer und manchmal auch Risse bekommen, erodieren aber nur unglaublich langsam und versperren auch im Ausland den kritischen Blick auf das kanadische Kolonialsystem. Wenn nämlich von europäischem Kolonialismus die Rede ist, denkt man an Afrika oder Asien, nicht aber an Kanada. 2009 hielt der damalige kanadische Premierminister Stephen Harper, der sich erst noch ein Jahr zuvor für den kulturellen Genozid an den Indigenen entschuldigt hatte, auf einer Pressekonferenz am G-20-Gipfel in Pittsburgh fest: »Wir haben keine Kolonialgeschichte. Wir haben lediglich das, was viele Menschen an den Großmächten bewundern, aber nichts von dem, was sie bedroht oder beunruhigt.«[25] Im Vergleich mit Kolonialmächten wie Frankreich und Großbritannien, die die Kolonialisierung des späteren Kanadas entscheidend prägten, hegte das Land auf den ersten Blick in internationaler Hinsicht nie imperialistische Ambitionen. Doch was bedeutet eigentlich ›international‹ bezogen auf Begriffe wie ›kolonial‹ und ›imperial‹? Wenn man statt der herkömmlichen Begriffsdefinition, die zwischenstaatliche Beziehungen beschreibt, die indianischen

Ethnien als souveräne Nationen betrachtet, die mit der britischen Krone seit dem 18. Jahrhundert Verträge zur gemeinsamen Landnutzung unterzeichneten und trotzdem um ihr Land gebracht wurden, dann verfolgte Kanada ganz eindeutig eine Kolonialpolitik.

Man braucht sich nur die enorme Größe Kanadas zu vergegenwärtigen. Während die Entfernung von St. John's an der Ostküste Neufundlands nach Berlin lediglich 4600 Kilometer beträgt, ist die Luftlinie vom gleichen Ausgangspunkt nach Vancouver Island an der Westküste 5100 Kilometer. Neufundland liegt also geografisch näher an Deutschland als am westlichen British Columbia. Kanada ist flächenmäßig betrachtet praktisch ein Kontinent. In imperialistischer Manier war die Regierung in Ottawa seit Gründung der Konföderation von 1867 bestrebt, ein fast 10 Millionen Quadratkilometer großes, bereits besiedeltes Territorium bis in den hinterletzten Winkel zu kontrollieren und nach eigenen Interessen zu formen. Nach und nach unterwarf sie alle indigenen Nationen einer kolonialen Gesetzgebung. Das durch den Indian Act von 1876 konstituierte Reservats- und Zwangsassimilationssystem zielte darauf ab, das riesige Gebiet von Küste zu Küste und bis in den hohen Norden von allen Indigenen zu säubern, um ungehindert an schier endlose Bodenschätze zu kommen. Bezeichnend dafür ließ Duncan Campbell Scott (1862–1947) als Leiter des Amts für Indianerangelegenheiten 1920 verlauten: »Unser Ziel ist es, so lange weiterzumachen, bis es in Kanada keinen Indianer mehr gibt, der nicht vom Staatswesen aufgesogen worden ist.«[26]

Das nach innen gerichtete kanadische Kolonialsystem hat sich zwar in den letzten 150 Jahren gewandelt und die Indigenen haben gewisse Rechte wiedererlangt. Während die Menschen in ihren Reservaten bis in die 1960er-Jahre durch von Ottawa entsandte Indianeragenten, die die Staatsgewalt ausübten, direkt kolonialisiert waren, durften sie sich danach selbst verwalten. Die Chiefs und ihre Ratsmitglieder unterstanden jedoch weiterhin dem Indian Act und wurden höheren Staatsinteressen unterworfen. Von souveräner Selbstverwaltung kann keine Rede sein. Nach wie vor müssen sich die First Nations gegen Bevormundung, Diskriminierung und Unterdrückung zur Wehr setzen. Besonders in den abgelegenen Reservaten im nördlichen Kanada wird das Fortwirken kolonialer Mechanismen deutlich sichtbar. Wenn es wegen Pipelines, Wohnungsknappheit oder ungleichen Bildungschancen zu politischen Kundgebungen und Aktivismus kommt, deutet dies darauf hin, dass aus Sicht der Betroffenen vieles im Argen liegt.

Das offizielle Kanada hat sich im Fall der Residential Schools zwar bei den ehemaligen Schülern entschuldigt und Entschädigungszahlungen entrichtet. Beurteilt wird es aber einst dafür werden, ob es ihm auch gelingt, in der Gesellschaft ein tief gehendes Verständnis für die indianische Geschichte und Kultur zu schaffen. Sicherlich ist dies keine leichte Aufgabe und ein langwieriger Prozess. Zu hoffen bleibt aber, dass die Regierungen der Provinzen und des Bundesstaats die von der TRC bei der Publikation ihres Berichts herausgegebenen »94 Aufforderungen zum Handeln« ernst nehmen und umsetzen. Eine dieser Aufforderungen lautet, dass Lehrpersonen in Zusammenarbeit und Absprache mit Residential-School-Überlebenden[27] einen vom Kindergarten bis zur zwölften Klasse jeweils altersgerechten und obligatorischen Lehrplan erstellen sollen, in dem die Geschichte der Indianerinternate sowie historische und zeitgenössische Beiträge der First Nations beim Aufbau Kanadas behandelt werden.[28] Einen ersten Schritt in diese Richtung hat die Royal Canadian Geographical Society 2018 mit der Publikation des vierbändigen *Indigenous Peoples Atlas of Canada* gemacht.[29] Der vom kanadischen Staat finanzierte Atlas soll landesweit an Schulen verteilt werden. Das informative Nachschlagewerk, das in Zusammenarbeit indigener Organisationen mit der Geografischen Gesellschaft entstanden ist, enthält Informationen über indigene Territorien, Sprachen, Gemeinschaften, Verträge und Kulturen und greift Themen wie das Residential-School-System, Rassismus und kulturelle Aneignung auf. Einerseits finden indigene Schulkinder darin eine respektvolle Darstellung ihrer eigenen Kultur und Geschichte. Andererseits kommen nicht-indigene Schüler mit authentischen Stimmen der Indigenous Peoples in Berührung.

Eine grundlegende Problematik, die die Teilung der kanadischen Gesellschaft festigt, ist die Tatsache, dass die deutliche Mehrheit nicht-indigener Menschen zu den Indigenous Peoples keinerlei oder nur flüchtige Beziehungen hat. Man sieht zwar betrunkene oder obdachlose Indianer mitten in der eigenen Stadt. Erfolgreiche indianische Geschäftsleute, Ärzte, Anwälte oder Akademiker nimmt man hingegen nicht wahr. Daher müsste man auch die Medien in die Pflicht nehmen. Denn der Fokus bei der Berichterstattung über indigene Menschen konzentriert sich in der Regel auf negative Ereignisse wie Kriminalität, Wohnungsnot und Suizidkrisen. Über prosperierende indianische Unternehmen und Projekte wird nicht geschrieben.[30] So entsteht ein einseitiges Bild, das bereits festgefahrene Vorurteile weiter zementiert. Dazu kommt, dass den meisten nicht-indigenen Kanadiern auch die Realität des Reservatsalltags verborgen bleibt. Charlie Angus erinnert sich, dass er erst als Erwachsener eine First-Nation-Gemeinde besuchte: »Ich war 37 Jahre alt, als ich zum ersten Mal ein Reservat betrat. Es handelte sich dabei um eine Algonquin First Nation. Praktisch niemand von uns hatte mit ihnen dort Kontakt. Man sah sie vielleicht im Laden an der Ecke oder in der Schule. Aber mit ihrer Gemeinschaft hat sich niemand beschäftigt. Man ging nicht ins Reservat. Dieser Besuch hat mich sehr verändert.«[31] Gemäß einer 2018 erhobenen Umfrage verbringen nur gerade vier Prozent der nicht-indigenen Bevölkerung regelmäßig Zeit in einer First-Nation-Gemeinde. 26 Prozent gaben an, bereits einmal eine solche besucht und einige Dinge gesehen zu haben. Die Mehrheit hat jedoch keinen Bezug dazu. 32 Prozent sagten, sie seien bloß auf der Durchfahrt vorbeigekommen, während 38 Prozent noch nie ein Reservat betreten haben. Insgesamt 68 Prozent der Umfrageteilnehmer kennen keine Indianer oder begegnen ihnen nur flüchtig an öffentlichen Orten. Die Frage, ob für Indianer ausgegebene Gelder eine nachhaltige Wirkung hätten, beantworteten 66 Prozent mit Nein.[32] Diese Zahlen bestätigen die Zweiteilung Kanadas in eine indigene und eine nicht-indigene Hemisphäre.

Der Graben, der sich durch die kanadische Gesellschaft zieht, ist tief. Wenn man berücksichtigt, dass die meisten der 634 First-Nation-Gemeinden ans Straßennetz angeschlossen sind und dennoch nur von einer Minderheit der nicht-indigenen Gesellschaft betreten werden, so lässt sich daraus schließen, dass die Zahl derjeniger, die ein nur auf dem Luftweg erreichbares Reservat im Norden Ontarios besuchen, schwindend klein sein muss. Die dortige Wirklichkeit lässt sich auch nicht mit derjenigen in weiter südlich liegenden Indianergemeinden vergleichen. Bezeichnend dafür ist auch, dass Justin Trudeau, als er im Januar 2018 die abgelegene Pikangikum First Nation auf dem NAN-Gebiet besuchte, der erste amtierende Premierminister Kanadas war, der sich in ein solches isoliertes Reservat begab. Vor Ort konnte er sich selbst ein Bild über die Alltagsprobleme mit verunreinigtem Trinkwasser, Wohnungsnot und Selbstmorden machen. Als er sich den Fragen der versammelten lokalen Schülerschaft stellte, meldete sich ein Mädchen mit zittriger Stimme zu Wort: »Mein ganzes Leben habe ich darunter gelitten, dass sich Freunde und Familienmitglieder von mir in Pikangikum umgebracht haben. Viele junge Leben gingen in dieser Gemeinde durch Selbstmord verloren. Was machen Sie gegen die zunehmende Selbstmordrate in dieser Gemeinde, besonders unter uns Jugendlichen?« Nach diesen Worten brach sie in Tränen aus. Justin Trudeau gab sich sichtlich betroffen und versprach, kurz- und langfristig alles Mögliche zu unternehmen, dass Kinder und Jugendliche in Situationen der Hoffnungslosigkeit Ansprechpersonen hätten und ihnen Zukunftsperspektiven geboten würden.[33]

Doch lassen sich solche Versprechen tatsächlich einhalten oder sind sie nur schöne politische Antworten auf hochkomplexe Probleme, deren Lösung erst durch ein ganzheitliches Verständnis der indianischen Lebenswelt angegangen werden kann? Wie weit kann Justin Trudeau die Indianer überhaupt verstehen, wenn sie, wie Anfang 2020, gegen den Bau einer Ölpipeline auf ihrem traditionellen Land protestieren? Wird das kanadische Wirtschaftswachstum auch hier die politische Agenda bestimmen und die indianischen Anliegen zur Seite schieben? Was ist, wenn es zu einem Regierungswechsel kommt, in der der Premierminister weniger Empathie für die First Nations hat? Dies sind einige der Befürchtungen, die die Indianer ständig mit sich tragen. Denn ihre Geschichte hat sie gelehrt, dass zu viele Versprechen gebrochen wurden und zu vielen schönen Worten keine Taten folgten. Denn da oben im fernen Norden wird man rasch wieder vergessen.

Vor meinem ersten Aufenthalt in Thunder Bay im Sommer 2016 war ich bereits mehrmals in Kanada. Ich hatte aber noch nie einen Cree oder Ojibwe aus dem hohen Norden Ontarios kennengelernt. Meine ersten wirklichen Begegnungen kommen mir daher rückblickend wie folgende Parabel vor: Ein hübsches Mehrfamilienhaus steht mitten in einer idyllischen Landschaft. Bislang war ich jedoch immer nur bei der einen befreundeten Familie auf Besuch, habe an ihrem Tisch gegessen und ihren Erzählungen zugehört. Lange Zeit dachte ich, sie würde allein dieses große Haus bewohnen. Doch einmal begegnete mir ein freundlicher Mann mit dunklen Augen und schwarzen Haaren im Treppenhaus. Er kam mir bekannt vor und ich vermutete, dass er ebenfalls hier wohnte. Ich fragte daher meine Bekannten, wer denn dieser Mann sei. Sie schienen etwas verunsichert und meinten, sie wüssten nicht allzu viel über ihn. Nach und nach erfuhr ich aber einige Details: »Ja, wir haben Nachbarn. Sie wohnen in der obersten Etage. Sie waren zwar schon vor uns hier. Aber aus dem Haus haben sie nichts gemacht. Sie haben es sogar verlottern lassen, denn die meiste Zeit waren sie abwesend und haben sich irgendwo in der Ferne herumgetrieben. Für uns waren es jedenfalls eigenartige, äußerst einfache Leute. Wir mussten das Haus total sanieren und alles neu einrichten, bevor wir endlich einziehen konnten. Und du hättest erst einmal den verwilderten Garten sehen sollen. Furchtbar hat der ausgesehen. Wir haben Bäume gefällt, Hecken gestutzt, Unkraut gejätet, den Boden begrünt, Wege angelegt und eine Katze wegen der vielen Mäuse angeschafft. Als unsere alten Nachbarn eines Tages plötzlich wieder vor der Tür standen, schien es ihnen nicht zu gefallen. Auch haben sie unsere harte Arbeit nicht gewürdigt. Dabei wollten wir ihnen doch nur helfen. Wir dachten, sie würden sich freuen, wie schön sauber nun alles aussah. Aber leider haben wir uns getäuscht. Sie haben uns nicht einmal Danke gesagt.«

Als ich das Haus meiner Bekannten verließ, sah ich den Mann von vorhin Richtung Wald spazieren. Da ich die Gelegenheit nutzen wollte, ihn kennenzulernen, rief ich ihm hinterher. Wir kamen ins Gespräch. Ich fragte ihn, wie er denn zu seinen Nachbarn stehe. »Ja, diese Familie hat sich vor einigen Jahren bei uns eingemietet. Wir hatten genügend Platz und sagten, dass wir den Wohnraum mit ihnen teilen könnten. Wir machten einen Mietvertrag und sie bezahlten uns regelmäßig den vereinbarten Betrag. Doch eines Tages kam der Familienvater zu uns und meinte, er habe genug bezahlt, daher sei er jetzt der rechtmäßige Hauseigentümer. Weil sein Bruder der höchste Richter im Land war, konnten wir nichts dagegen tun. Wir dürfen nur noch die kleine Mansarde ganz oben bewohnen und leben nun von Sozialhilfe. Aber komm doch mal vorbei. Wir haben hinter dem Haus immer noch einen wunderschönen Wald, mit grünen Auen, Flüssen und Seen, die sich bis zum Horizont erstrecken. Die angeblichen Hausbesitzer sagen zwar, all dies gehöre ihnen. Dabei kennen sie es gar nicht und haben keinen Bezug dazu. Es gab Zeiten, da mussten wir sie sogar um Erlaubnis bitten, wenn wir in Flüssen, die noch unsere Namen tragen, fischen wollten. Auch schrieben sie uns vor, wo und wann wir jagen dürfen, an welchen Gott wir glauben sollten, welche Sprache wir gebrauchen mussten. Dann nahmen sie uns die Kinder weg, um sie nach ihren Regeln zu erziehen. Auch bekamen wir furchtbare Krankheiten. Es war schlimm. Viele von uns starben. Aber unsere Familie ist immer noch da. Diese Tatsache wissen wir auch richtig zu feiern. Zudem werden wir täglich stärker. Wir setzen uns zur Wehr und lassen uns schon lange nicht mehr alles gefallen.«

ᐊᐢᑭ

ASKI
Land

Beim ersten Licht gebar O-ma-ma-ma, die Mutter Erde, die Geisterwesen der Welt. Ihr Erstgeborener ist der mächtige Binay-sih, der Donnervogel. Er beschützt die anderen Landtiere vor Genay-big, der geheimnisvollen und zerstörerischen Meeresschlange. Das zweite Geschöpf, dem O-ma-ma-ma Leben schenkte, ist Oma-ka-ki, der Frosch. Er besitzt Zauberkräfte und kümmert sich darum, dass die Insekten auf der Erde nicht überhandnehmen. Der Drittgeborene heißt Wee-sa-kay-jac, ein übermenschlicher Indianer mit magischen Kräften. Er besitzt die Fähigkeit, das Aussehen anderer Wesen anzunehmen. O-ma-ma-mas Viertgeborener ist Ma-heegun, der Wolf. Oft durchstreift er mit seinem größeren Bruder Wee-sa-kay-jac die Wälder. Gemeinsam erleben sie viele Abenteuer. Auf Ma-heegun folgte Amik, der Biber. Danach gebar O-ma-ma-ma die Fische, das Gras, die Bäume und die Steine. Lange lebten nur Geisterwesen und Tiere auf der Erde.[34]

Doch auf einmal stiegen die Flüsse und Seen an und setzten die Wälder unter Wasser. Einige Tiere dachten, sie hätten O-ma-ma-ma erzürnt. Andere glaubten, Mishipizhiwin, die einem Luchs gleichende Unterwasserkatze, hätte auf dem Grund eines großen Sees gegraben und den wassergefüllten Erdkern geöffnet. O-ma-ma-ma müsse daher verbluten. Die meisten Geschöpfe ertranken. Doch einige Vögel und Landtiere fanden Zuflucht auf einer kleinen Insel, auf der Wee-sa-kay-jac wohnte. Gemeinsam bauten sie ein großes Kanu. Die Biber fällten Bäume, Bisamratten banden die Stämme mit Wurzelschnüren zusammen und die Frösche dichteten mit festem Schlamm die Zwischenräume ab. Die Vögel machten ein riesiges Nest im Kanu, damit es alle bequem hatten, und Wee-sa-kay-jac stellte ein schützendes Dach darüber. Durch den Dauerregen wurde auch die Insel bald überschwemmt und die Flut trug das Kanu in den Ozean hinaus. Viele Jahre lang trieben die Tiere und Wee-sa-kay-jac auf dem stürmischen Meer.[35]

Eines Tages hörte es auf zu regnen und der Wind ließ nach. Wee-sa-kay-jac stellte entsetzt fest, dass er vergessen hatte, ein Stück Erde mitzunehmen, um die Welt neu zu erschaffen. Jemand musste daher zum Meeresgrund tauchen und Lehm holen. Zuerst schickte er Gitchi-Amik, den Riesenbiber. Als dieser leblos ohne Erde auftauchte, zog ihn Wee-sa-kay-jac ins große Kanu zurück. Dann bat er Nin-gig, den Otter. Doch auch dieser konnte den Grund nicht erreichen und ertrank. Wee-sa-kay-jac sandte schließlich Wa-jusk, die Bisamratte. Nach einiger Zeit schwamm auch sie tot auf der Wasseroberfläche auf und er holte sie ins Kanu. Als sie reglos dalag, sah er jedoch, dass zwischen ihren winzigen Pfötchen etwas Lehm steckte. Wee-sa-kay-jac freute sich sehr darüber und gab den drei Tauchern ihr Leben zurück. Dann kochte er in einem Topf den Lehm, bis dieser über den Rand des Kanus ins Meer quoll und dort das Land formte.[36]

Wee-sa-kay-jac bat am nächsten Tag Geen-go-hongay, den Vielfraß, er solle die Erde bereisen, um zu sehen, wie groß sie geworden war. Doch als dieser nach zwei Tagen zurückkehrte, wusste Wee-sa-kay-jac, dass sie noch viel zu klein war. Abermals kochte er Lehm, und fügte ihn dem Land an. Geen-go-hongay machte sich zum zweiten Mal auf die Reise. Es dauerte etwas länger, bis er müde zurückkam. Doch Wee-sa-kay-jac war nicht zufrieden und kochte noch mehr Lehm. Dann sandte er den Vielfraß wieder aus. Dieses Mal kam er nicht mehr. Die Welt war groß genug.[37]

Nachdem alle Lebewesen das Kanu verlassen hatten, träumte Wee-sa-kay-jac von Wesen, die genauso aussahen wie er. Sie sangen, tanzten und schlugen die Trommel. Als er am Morgen aufwachte, entschied er sich, solche Leute zu erschaffen. Er nahm aus dem Topf eine Portion vom übrigen Lehm und formte auf dem Panzer von Misqua-day-sih, der Schildkröte, einen ersten Menschen. Dieser war schwarz und Wee-sa-kay-jac erkannte in ihm keinen Indianer. Daher ließ er ihn vom Wind über das große blaue Wasser in ein unbekanntes Land tragen. Wee-sa-kay-jac nahm einen weiteren Lehmklumpen in die Hände und formte ihn auf der Schildkröte. Dieses Mal erschien ein bleicher und ungesund wirkender Mensch. Auch dieser glich keinem Indianer und er schleuderte ihn über die große Flut hinweg. Den letzten Lehm gestaltete er mit Sorgfalt. Der Mensch, der nun entstand, besaß eine olivbraune Haut. Wee-sa-kay-jac war zufrieden.[38] Auf diese Weise hatte er die Indianer auf der großen Schildkröteninsel erschaffen. Doch Wee-sa-kay-jac war für sie nicht nur ein Beschützer, sondern er trieb auch allerhand Schabernack mit ihnen. Er konnte intelligent auftreten und sich dumm stellen, war gut und böse, hatte Stärken und Schwächen, gab sich einmal ehrlich und dann wieder hinterlistig. Wee-sa-kay-jac verkörperte die Gegensätze des Lebens und hatte diese auch auf die Menschen übertragen.[39]

Als es auf der großen Schildkröteninsel noch unbesiedelte Gebiete gab, wanderten zwei Freunde, ein Mann und eine Frau, durch eine schier endlose Ebene. Dabei trafen sie auf Ehep, die Riesenspinne. Sie fragte: »Wohin geht ihr?« »Wir suchen ein Gebiet, in dem wir leben können.« »Ein solches liegt da unten«, meinte Ehep und wies die Richtung. »Es ist ein weites Land. Im Winter schneit es und wird sehr kalt. Im Sommer regnet es und wird sehr heiß. Aber dieses Land ist sehr gut.« Die Riesenspinne bot ihnen an, sie dorthin zu bringen, und ließ sie in einen aus ihrem Faden gewobenen Korb steigen. Sie mahnte die beiden aber: »Wenn ich euch hinunterlasse, blickt nicht über den Korbrand, bis dieser auf dem Boden aufgesetzt hat. Solltet ihr es dennoch tun, wird es gefährlich. Haltet eure Köpfe unten, bis ihr gelandet seid.«

Der Mann und die Frau fuhren nun im Korb in die Tiefe. Es schien ihnen unglaublich langsam zu gehen und so kam es, dass einer der beiden den Kopf über den Rand streckte, um zu sehen, wie weit es noch war. In diesem Moment endete die Fahrt abrupt in einem Adlernest auf einem hohen Baum. Erschrocken sahen die beiden, dass der Stamm unter dem Nest keine Äste hatte, man nicht hinunterklettern konnte und es zu hoch war, um einen Sprung auf den Boden zu wagen. Als sie in der Ferne einige Karibus erspähten, riefen sie sie um Hilfe. Doch diese sagten, sie könnten nicht klettern, und zogen weiter. Dann näherte sich ein Bär, den sie ebenfalls um Hilfe ersuchten. Er blickte kurz nach oben und zottelte uninteressiert weiter. Schließlich tauchte ein Vielfraß auf. Verzweifelt riefen sie hinunter, er möge sie doch vom Baum holen. Ohne zu zögern, kletterte er hinauf und trug die beiden hintereinander sicher zu Boden. Sie bedankten sich bei ihm und freuten sich, in ihrer neuen Heimat angekommen zu sein. Dort entdeckten sie, wie sie auf diesem Land überleben konnten, bekamen Kinder und diese vermehrten sich wiederum. Bald lebten ihre Nachkommen überall. Sie ehrten und dankten dem Schöpfer, dass er ihnen dieses weite Land anvertraut hatte, wurden darin heimisch und kümmerten sich um alle Lebewesen, die ihnen Nahrung gaben. Dies ist die Geschichte, die sich die Menschen, die heute als Cree und Ojibwe bezeichnet werden, seit vielen Generationen erzählen.[40]

»Nein!«, sagte Chris Koostachin, der Deputy Chief von Fort Severn an der Hudson Bay. Ich hatte wissen wollen, ob ich ihn heute interviewen konnte, und hakte nach: »Oder morgen?« Wiederum schüttelte der wortkarge, kräftige Mann, den seine Freunde auch ›Nachteule‹ nennen, den Kopf. »Und übermorgen?« »Nein, es passt mir nie!« Ich hatte bereits mit dem Chief und den anderen Councilors im Band Office Interviews geführt. Doch es war mir wichtig, mich auch mit dem Deputy Chief zu unterhalten, und ich bat ihn: »Komm schon Chris, du bist der zweitwichtigste Mann in diesem Dorf und ich bin von der Schweiz aus eigens Tausende Kilometer angereist, um dich zu interviewen.« »Nein!« Das galt es wohl zu akzeptieren. Nach einer kurzen Pause fragte er: »Was machst du am Samstag?« »Ein Interview mit dir?«, meinte ich scherzend. »Nein, aber wenn du noch nichts zu tun hast, nehme ich dich mit aufs Land. Sei vor Sonnenaufgang mit warmen, wasserfesten Kleidern bereit.«[41]

Die Sonne war zwar an diesem 12. August 2017 schon aufgegangen, aber es war dennoch früh, als es an meine Tür pochte. Chris hatte ein Quad, ein vierrädriges Geländemotorrad, auf dem Vorplatz meiner Unterkunft abgestellt und schritt zu seinem Haus zurück. Der Motor lief. Ich eilte hinaus, setzte mich drauf und hatte keine Ahnung, wie ich das Ding bedienen sollte. Obschon ich Motorrad fahre, fand ich mich auf Anhieb nicht zurecht und rief Chris hinterher. Er kam zurück und erklärte mir etwas mürrisch die Schaltung. Nachdem ich vor seiner Hauseinfahrt geparkt hatte, drückte er mir ein Gewehr in die Hand: »Aber schießen kannst du wenigstens? Da draußen gibt's ne Menge Eisbären und vielleicht musst du mal einen Warnschuss abgeben.« Mir wurde mulmig zumute, doch ich nickte. Im Militärdienst hatte ich oft geschossen, wenn auch nur mit einer Pistole. Chris fixierte die Waffe auf der Haube meines Quads. Dann hängte er sich sein Gewehr um, stieg auf seine Maschine und brauste davon. Ich folgte ihm auf der staubigen Schotterstraße Richtung Hudson Bay.

Nachdem die Baumgrenze hinter uns lag, bog Chris, für mich überraschend, links ab, fuhr eine steile Böschung hinunter und durchquerte einen seichten Fluss. Ich tat es ihm gleich und versuchte, mit seinem Tempo mitzuhalten. Nachdem ich allmählich ein Fahrgefühl für die mir unvertraute Maschine entwickelt hatte, gefiel es mir immer besser. Wir fuhren über Stock und Stein durchs Gebüsch und das sumpfige Grasland der Tundra an der Küste der Hudson Bay. Nie zuvor hatte ich eine so weite, menschenleere und eindrückliche Landschaft gesehen, durch die keine Straße führt. Sie war alles andere als eintönig, und überall, wo ich hinsah, entdeckte ich für mich unbekannte Pflanzen- und Vogelarten. Plötzlich stoppte Chris und stieg von seinem Quad. Als ich bei ihm war, zeigte er auf riesige Tatzenspuren im lehmigen Boden. Ich stellte meinen linken Fuß neben einen Abdruck. Das Profil meines Gummistiefels fand dreimal darin Platz. Wir fuhren ein wenig weiter ins Landesinnere, bis auf einer leichten Anhöhe ein Eisbär auftauchte. Mein Herz raste. Der war ja riesig! Chris meinte seelenruhig: »Näher gehen wir nicht ran. Du wirst noch viele auf unserem Weg sehen. Sie harren an der Küste aus, bis die Bay im Herbst gefriert und sie wieder Robben jagen können.« Mir war es recht, näherten wir uns nicht weiter. Der Bär witterte uns und reckte seinen Kopf. Ich schaltete in den Rückwärtsgang. Chris machte ein Zeichen und das gewaltige Raubtier legte sich friedlich hin. Der ›Wabusk‹, wie die Cree den weißen Bären nennen, war ein Männchen und einige Hundert Kilo schwer. Wir bekamen auf unserer weiteren Fahrt noch über 30 Eisbären zu sehen, auch Mütter mit ihren Jungen. Sie waren alle wohlgenährt, da der letzte Winter lang gewesen war, wie mir Chris erklärte. Doch er verwies auch darauf, dass die globale Erwärmung für die Tiere eine Gefahr darstelle, da sie bei kürzeren Wintern nicht lange genug jagen könnten.

Fast 100 Kilometer nordwestlich von Fort Severn rasteten wir an einer Flussmündung. Chris, den ich bislang nicht oft reden gehört hatte, erzählte mir von seiner Kindheit: »Damals fuhren wir mit den Kanus hierher, um Karibus zu jagen. Da ich ein guter Läufer war, setzten mich die Jäger als Treiber ein. Mit ein paar anderen Jungs scheuchte ich die Herde in ihre Richtung. Wir waren jeweils mehrere Tage in dieser Gegend. Wenn wir genügend Tiere erlegt hatten, brachten wir das Fleisch und die Felle nach Fort Severn zurück.« Nachdem wir unsere Sandwichs verzehrt hatten, ging es weiter. Chris hielt an einigen Stellen und berichtete mir, was sich dort einst zugetragen hatte. Es waren Geschichten über seinen Vater, seine Großeltern und weitere Ahnen. Ich spürte, wie das Land durch Chris zu mir sprach und sich mir offenbarte. Diese auf den ersten Blick unberührte und endlos weite Wildnis war voller Erinnerungen, Mythen und Legenden. Es war eine jahrtausendealte Heimat einer mir noch unbekannten Zivilisation.

An einem Flüsschen mit glasklarem Wasser warf Chris seine Angel aus. Sofort biss ein Fisch an. Innerhalb kürzester Zeit zog Chris zwanzig weitere heraus und meinte dann: »Jetzt haben wir genug zu essen und für die Familie bleibt auch noch was übrig.« Während wir die Fische einpackten, ergänzte er nachdenklich: »Wenn jemand eines Tages weiter flussaufwärts Gold findet, ist es um dieses Paradies geschehen.« Seine Worte trafen mich. Auf einen Schlag wurde mir die ganze Problematik, mit der die Indigenen in Kanada konfrontiert waren, bewusst.

Die Sonne stand bereits tief am Horizont. Wir ließen sie hinter uns und fuhren zurück nach Fort Severn. Dabei kamen wir nochmals an den Eisbären vorbei, deren Felle nun rötlich im Abendlicht schimmerten. Als es dunkel war, wurde mir klar, weshalb Chris den Spitznamen ›Nachteule‹ trug. Während ich fast nichts mehr sah, navigierte er sicher durch die mit Büschen und Gewässern durchzogene Tundra. Ich war froh, dass ich seinen Rücklichtern folgen konnte, denn allein wäre ich verloren gewesen. Nachdem wir um Mitternacht im Dorf eingetroffen waren, sagte Chris: »Ich glaube, du weißt jetzt, warum ich dir das Land gezeigt habe. Dieses Reservat gleicht einem Gefängnis. Dort draußen aber ist das wahre Leben, sind unsere Geschichten und unsere Ahnen. Wenn du nur im Ort Interviews führst, das Land aber nicht siehst, dann wirst du nie verstehen, wer wir eigentlich sind.«

Chris Koostachin hatte mir mit diesem Ausflug gezeigt, was die Cree und Ojibwe meinen, wenn sie sagen, sie seien eins mit ›Aski‹, dem Land. Seit Menschengedenken bildete es die Essenz ihrer Zivilisation und hat ihre Kultur hervorgebracht. Nach ihrem Verständnis wurde es ihnen vom Schöpfer anvertraut, um sich darum zu kümmern und es unversehrt an die ungeborenen Generationen weiterzugeben. Daher können sie es weder besitzen noch verkaufen. Später fiel mir in den Gesprächen mit Indigenen auf, wie oft sie vom Land sprachen. Auch in anderen Reservaten nahmen mich die Leute in ihre Jagdgründe mit. Wenn ich mit Elders dort draußen war, berichteten sie gelegentlich davon, wie die Welt vor der Ankunft der Europäer ausgesehen hatte. In solchen Momenten wurde das Land zu einem großen Geschichtsbuch, aus dem sie mir vorlasen. Oft aber schwiegen sie und überließen es mir, dem Land selbst zuzuhören.

Der ehemalige Chief Edmund Metatawabin, dessen eindrückliche Autobiografie *Up Ghost River* ich gelesen hatte, holte mich am Vormittag des 4. Septembers 2017 am Flugplatz der Fort Albany First Nation an der James Bay ab. Er gab sich noch wortkarger als Chris Koostachin. Zuerst brachte er mich zur Unterkunft, damit ich mein Gepäck verstauen konnte. Dort meinte er: »Du brauchst gute Schuhe, eine warme Jacke und genügend Wasser.«[42] Ich wusste nicht, was er vorhatte, als ich wieder in seinen Wagen stieg. Wir fuhren durchs Dorf und parkten etwas außerhalb bei einem Blockhaus, das in einer Waldlichtung stand. Ed gab mir eine Kühlbox und zwei Beile: »Lade das ins Boot beim Steg!« Ich musste raten, wo die Anlegestelle war, da ich den Albany River noch nicht gesehen hatte, und folgte einem Fußpfad. Bald entdeckte ich durch die Büsche hindurch zwei Boote unten am Ufer. Ich lud alles in jenes, in dem einige Seile lagen. Ed kam mit einem Benzinkanister und einer Kettensäge herunter, wies mich an, im vorderen Teil des Boots Platz zu nehmen, und startete den Motor. Wir fuhren durch dunkle Waldlandschaften, an Flussinseln vorbei hin zur James Bay. Kurz vor der Mündung lenkte Ed das Boot in einen Nebenfluss und schaltete den Motor aus. Es war wunderschön. Wir saßen da, ohne zu sprechen, während wir leicht schaukelnd gemächlich am Schilf vorbeitrieben. Zwischen den tief hängenden Wolken leuchtete der hellblaue Himmel. Hie und da schnatterte irgendein Wasservogel. In der Ferne kreiste ein Adler. Nach einer Weile startete Ed den Motor und steuerte in den Hauptfluss zurück.

Wir legten am Ufer an und stiegen eine Böschung hoch. Oben angekommen, sagte Ed: »Die Jacken lassen wir hier, es ist ziemlich warm da drin.« Als wir im Wald waren, fühlte es sich für mich sogar tropisch heiß an. Schließlich kamen wir zu einer Lichtung, an deren Rand zwei Hütten standen. Ich nahm an, dass es das Camp von Eds Familie war. Etwas weiter weg befand sich eine Aussichtsplattform. Wir kletterten die Leiter empor und blickten weit ins Land hinaus. Vor uns lag eine grüne Wiese, die einen großen Teich umschloss. Dann stieg Ed kommentarlos hinunter und ließ mich allein. Die Aussicht war atemberaubend. Die Stille wurde nur kurz von vorbeifliegenden Insekten, Vogelgezwitscher oder dem Knacken eines Astes in der Ferne unterbrochen. Ich begann mit offenen Augen zu träumen und sah einen Schwarzbären, der sich seinen Weg durch das hohe Gras bahnte. Dann trat ein kapitaler Elch aus dem Dickicht, um sich an der Wasserstelle zu laben. Rechts hinter dem Gebüsch tauchten geräuschlos zwei Cree-Jäger auf, die sich geduckt mit Pfeil und Bogen an das Tier heranpirschten. »Let's go!«, weckte mich Ed und ich stieg zu ihm hinunter.

Auf der Rückfahrt machten wir einen Zwischenhalt, um einen ans Ufer geschwemmten, aber trockenen Baumstamm zu zersägen. Die Holzstücke luden wir ins Boot. Einen weiteren Stamm zogen wir im Schlepptau mit. Als wir wieder beim Steg ankamen, war es bereits Abend. Nachdem wir alles ausgeladen hatten, lud mich Ed ein, mit ihm und seiner Frau Joan zu essen. Dann erklärte er mir: »Ich habe absichtlich nicht viel gesprochen, weil ich wollte, dass du vorausdenkst. Das ist in unserer Welt unerlässlich, um zu überleben. Wir müssen immer gut beobachten und vorausdenken. Zudem verscheucht das Gerede die Tiere. Früher hattest du nur eine einzige Chance, wenn du im kalten Winter in der Ferne einen Elch sahst. Wenn er dir entwischt ist, litt deine Familie Hunger. Du musstest dich also still verhalten und geduldig sein. Ich habe dich auf der Aussichtsplattform zurückgelassen, damit du die Möglichkeit hattest, in der Stille das Land zu hören.« Als ich ihm darauf für diesen einzigartigen Ausflug dankte, entgegnete Ed: »Du brauchst dich nicht zu bedanken. Ich habe dich mitgenommen, dass du etwas vom Land siehst, und du hast mir geholfen, den großen Baumstamm zu zersägen. Jeder hat etwas bekommen.« Dann lachte er und ergänzte: »Das war ein guter Tausch; und alles ohne Geld, das im Busch nämlich nichts zählt. Stell dir vor, du bist viele Tagesmärsche von irgendeinem Dorf entfernt mitten auf dem Land. Was willst du dort mit einem 100-Dollar-Schein? Wenn es ums Überleben geht, kannst du ihn höchstens dazu verwenden, ein Feuer schneller zu entfachen. Das ist sein einziger Wert im Busch.«[43]

Wir unterhielten uns, bis es draußen dunkel war. Dabei erfuhr ich einiges über das überlieferte Weltbild der Cree. Ed führte aus, dass alle Lebewesen auf dem Land miteinander verbunden seien und somit auch die Menschen mit ihnen in einer Beziehung stünden. Für das Eichhörnchen sei ein Baum eine wichtige Nahrungsquelle und dieser brauche es, weil es ihn säubere und seine Saat im fruchtbaren Boden vergrabe. Dadurch gäbe es kräftige Bäume und einen gesunden Wald, der wiederum allen anderen Lebewesen diene. Da mich gerade einige Moskitostiche juckten, stellte ich infrage, dass irgendein Wesen diese Plagegeister tatsächlich brauchte. Darauf entgegnete Ed: »Wenn du diese Verbindung nicht verstehst, bist du nicht spirituell genug. Du magst zwar spirituell sein, aber was ich unter Spiritualität verstehe, bedeutet mehr. Es ist nicht, dass man die ganze Zeit betet, sondern es ist die Beziehung, die man mit den anderen Wesen in seiner Umgebung hat. Wir sind alle Teil desselben Lebens. Du hast deine Aufgabe, das Eichhörnchen hat seine Aufgabe, der Baum hat seine Aufgabe und auch die Moskitos haben ihre.

Wenn du diese Beziehung verstehst, dann ist ein Stich auch nicht mehr so schmerzhaft. Es ist dann bloß ein kleines Brennen, und das ist in Ordnung. Nach einer Weile spürst du es nicht mal mehr. Zudem schulst du deinen Geist.«[44]

Als ich nachts in der Unterkunft den Tag Revue passieren ließ, wurde mir bewusst, wie grundverschieden die westliche Kultur von der indigenen ist. Während wir meistens drauflosreden, selbst wenn wir nichts zu sagen haben, gibt es bei den Cree und Ojibwe viele Redepausen. Schweigen ist nichts Unangenehmes. Auch geben die Elders auf gewisse Fragen keine eindeutigen Antworten, sondern regen stets zum Nachdenken an. Adam Fiddler, ein ehemaliger Chief aus Sandy Lake, erklärte es mir einmal so: »Die Elders werden dir nie genau sagen, was du machen musst. Wenn du eine Frage stellst, wirst du keine direkte Antwort erhalten. Sie erzählen dir aber eine Geschichte. Und es kommt auf dich an, ob du aufmerksam zuhörst und die Kernbotschaft herausnimmst. Es ist immer eine Lektion. Meine Großmutter hat mir nie gesagt, wie ich dies oder das machen solle. Aber ich habe ihr zugehört, wenn sie mit ihren Freunden gesprochen hat, und dadurch habe ich Dinge aus der Vergangenheit gelernt. Diese Art von Bildung war für mich sehr wichtig, als ich jung war.«[45]

Ein Elder nimmt in der indianischen Gesellschaft eine zentrale Rolle ein und wird mit großem Respekt behandelt. Die deutsche Übersetzung ›Ältester‹ wird seinem Ansehen nicht gerecht. Denn jemand wird nicht allein aufgrund seines Alters als ›Elder‹ bezeichnet, sondern vor allem wegen seiner reichen Erfahrung, seines Wissens, seiner Weisheit und seiner bisherigen Taten zum Wohl der Gemeinschaft. Zudem muss berücksichtigt werden, dass indianische Geschichtsvermittlung auch heute noch größtenteils auf mündlichen Überlieferungen beruht. Als die Indianer noch nicht über eigene Bücher verfügten, waren die Elders sozusagen wandelnde Enzyklopädien. Als Wissenshüter wurden sie bei allen wichtigen Entscheidungsprozessen beigezogen. Dies hat sich bis heute in der indianischen Gesellschaft gehalten. Die Elders gelten daher, wenn es etwa um historische Interpretationen und politische Beziehungen zum kanadischen Staat geht, als die höchsten Autoritäten. Nie darf man einem Elder ins Wort fallen, sondern muss abwarten, bis er ausgeredet hat. Zu Beginn war mir dies nicht bewusst und ich stellte oft Zwischenfragen, bis ich einmal freundlich darauf hingewiesen wurde. Zudem sollte man beim Zuhören direkten Augenkontakt vermeiden, denn auch dies gilt, wie in den meisten Kulturen auf der ganzen Welt auch, als unangebracht. Wenn die Cree und Ojibwe mit Weißen sprechen, passen sie sich zwar deren Gepflogenheiten an. Ich merkte jedoch, dass es für einige Elders angenehmer war, wenn wir beim Gespräch etwa in einem Auto oder auf einer Sitzbank nebeneinandersaßen.

Die Vorfahren der Cree und Ojibwe besiedelten seit Menschengedenken die von Flüssen durchzogenen subarktischen Tundra-, Wald- und Moorlandschaften mit ihren etwa zweihunderttausend Seen unterhalb der Hudson Bay. Heute leben Erstere in Küstennähe. Der Sümpfe wegen in ihrem Gebiet bezeichnen sie sich selbst als ›Mushkegowuk‹ beziehungsweise ›Swampy-Cree‹. Die Ojibwe siedeln südlicher in den bewaldeten Seenlandschaften. Dazwischen befinden sich die Oji-Cree, die linguistisch mit den Ojibwe verwandt sind, sich kulturell aber als Cree betrachten. Durch archäologische Funde lässt sich die Besiedelung des nördlichen Ontarios seit mindestens 5000 Jahren nachweisen. 2010 entdeckten indianische Fischer unweit der Oji-Cree-Siedlung Kitchenuhmaykoosib Inniniwug am Big Trout Lake ein Skelett in einer Grabstätte. Es stammte von einem Menschen, der gemäß Untersuchungen vor 4600 Jahren gelebt hatte.[46] Indianer und Archäologen fanden an mehreren Orten auch jahrtausendealte Pfeil- und Speerspitzen, Werkzeuge und Felszeichnungen.

Das Überleben in dieser unwirtlichen Region mit extrem langen Wintern erforderte eine genaue Kenntnis der verschiedenen Ökosysteme mit ihren Ressourcen und innovative Fertigkeiten, sie mit wenigen Werkzeugen optimal zu nutzen.[47] Das Wissen über das Land und dessen Veränderungen im Jahreskreis spielten dabei die entscheidende Rolle. Christopher Metatawabin, ein jüngerer Bruder von Ed, erklärte mir, dass die Cree sechs Jahreszeiten hätten. Diese seien Frühling (März, April), Eisschmelze (Mai, Juni), Sommer (Juli, August), Herbst (September, Oktober), Gefrieren der Gewässer (November, Dezember) und Winter (Januar, Februar). Während der Eisschmelze und des Gefrierens des Wassers seien die Flüsse nicht mehr befahrbar. Zudem gelte es, stets vorausschauend zu handeln: »Du musst in jeder einzelnen dieser sechs Jahreszeiten jeweils an die nächste oder übernächste denken und Vorkehrungen dafür treffen. Wenn du im Herbst kein Holz geholt hast, wirst du den eiskalten Winter nicht überstehen. Während des Gefrierens der Gewässer musst du manchmal bis zu sechs Wochen an einer Stelle bleiben. Denn du kannst weder mit dem Schlitten noch mit dem Kanu unterwegs sein. Daher sammeln die Leute das Holz im Herbst. In der Gefrierzeit stellen sie damit Schneeschuhe, Ruder oder Zeltstangen her und haben Brennholz für den Winter.«[48]

Die Indigenen im Norden Ontarios zogen seit Jahrtausenden als Jäger, Fischer und Sammler durchs Land. Roy Morris aus Muskrat Dam, der auf dem traditionellen Land geboren wurde, schilderte mir, wie er als Kind das Umherziehen erlebt hatte: »Wir blieben nie an einem Ort. Doch keinesfalls durchstreiften wir die Gegend willkürlich. Oft denken die Leute, dass Nomaden planlos umherwandern. So ist es natürlich nicht. Wir kannten alle Orte und suchten sie für bestimmte Gelegenheiten auf. Es gab immer gute Gründe, an einem bestimmten Ort zu sein. Als ich ein Kind war und wir irgendwo waren, sagten meine Eltern: ›Hey, lasst uns dorthin gehen, denn die Beeren sind nun reif und auch die Fische sollten dort sein.‹ Dann paddelten wir hin. Wenn wir dort waren, legten sie ihre Fischnetze aus und pflückten die Beeren. Dann errichteten wir das Lager und blieben etwa eine Woche. Danach entschieden sie, weiterzuziehen, denn etwas anderes war inzwischen an einem anderen Ort bereit. Und sie wollten hingehen, um es zu ernten, was auch immer es war. Wir sind nie planlos umhergezogen. Das Land ist wie ein Haus. Darin hast du dein Schlafzimmer, eine Küche, das Wohnzimmer und das Bad. Du irrst nicht einfach grundlos im Haus umher. Du gehst aus einem bestimmten Grund in die Küche. So ist es auch mit dem Land. Zudem schreibt es uns vor, wann wir ernten können. Wenn die Rebhühner vorbeifliegen, dann ist es die richtige Zeit, sie zu jagen. Aber während des restlichen Jahres machen wir das nicht mehr. Dasselbe ist mit den Gänsen. Die kommen eine Woche vorbei und danach gehen sie wieder. Auch mit den Karibus verhält es sich so. Die kommen zu einer bestimmten Zeit. Die Gesellschaft denkt immer, wir seien die ganze Zeit am Jagen und würden überjagen. Doch das machen wir nicht. Alles hat seine Zeit und das Land bestimmt sie.«

Die Cree und Ojibwe konnten das Land lesen. Sie lernten durch exaktes Beobachten und gaben ihr komplexes Wissen von Generation zu Generation weiter. Christopher Metatawabin hielt dazu fest: »Die Kraft zum Überleben kommt aus dem Busch. Die Umwelt gibt sie dir. Es kommt darauf an, wie empfänglich du bist und ob du die Sprache der Natur verstehst. Wenn du aufs Land hinausgehst, sprechen die Bäume zu dir. Der Fluss spricht zu dir. Die Luft spricht zu dir und auch die Vögel und alle Tiere. Du kannst verstehen, was sie sagen. Wenn ein einsamer Wolf in die Gegend kommt und heult, dann eilt das ganze Rudel herbei. Denn er hat ihnen mitgeteilt: ›Ich habe Nahrung gefunden, kommt her.‹ Dasselbe machen die Vögel. Wenn ein Fremder in dein Gebiet kommt, teilen es dir die Vögel mit: ›Etwas geht vor sich. Jemand kommt.‹ Nun weißt du, dass jemand im Anmarsch ist, und kannst dich vorbereiten. Mit dem Fluss ist es dasselbe. Wenn du ihm zuhörst, wird er dir sagen, ob der Wasserstand plötzlich steigt. Und wenn du den Donner hörst, bedeutet dies, dass das Eis bald bricht. Selbst die Stromschnellen machen viele Geräusche. Wenn du paddelst, dann weißt du, dass vor dir eine Stromschnelle liegt und ob du sie befahren kannst oder sie an Land umgehen musst. Alles spricht zu dir, wenn du weißt, wie man zuhört.«[49]

Peggy Beardy aus Muskrat Dam erinnerte sich, wie ihr Vater die Zeichen der Natur deutete: »Mein Vater konnte das Wetter bestimmen, indem er abends den Himmel beobachtete. Er pflegte nach Westen zu schauen und sagte zum Beispiel: ›O. k., morgen ist ein schöner Tag.‹ Er konnte nämlich die Formationen der Wolken lesen. So wusste er Bescheid. Auch hörte er zu. Der Wind bringt viele Informationen, wie das Wetter sein wird. Er hat uns beigebracht, auf die Blätter im Sommer zu achten. Wenn sie sich leicht umdrehen, dann bedeutet dies, dass das Wetter schlecht wird. Südlich von hier fließt der Windigo River. Wenn man ihn richtig laut hört, als wäre er gleich hier unten, dann bedeutet dies, dass es wirklich sehr schlechtes Wetter gibt. Das sind nur einige Beispiele, es gibt aber viele mehr davon.«[50] Die Elders berichteten mir auch, dass sie ihre Informationen zur Wettervorhersage durch Beobachten der Nordlichter, des Mondes oder der Sonne erhielten. Um die Tage der Monate oder nachts die Zeit zu bestimmen, orientierten sie sich an den Sternen.

Ignace Gull, Chief aus Attawapiskat, nannte zudem eine spezielle Fähigkeit, die das Überleben sicherte: »Wenn man auf dem Land aufwächst, ist alles von Bedeutung. Man braucht gute Augen, ein gutes Gehör, einen guten Geruchssinn und einen guten Geschmackssinn. Auch das Gefühl ist wichtig. Zudem entwickelten wir einen zusätzlichen Sinn. Auf Cree nennen wir ihn ›Mooneseewin‹. Es ist eine Art Vorahnung, dass etwas passieren wird. Man kann es bereits sehen oder hören. So wurde ich im Busch erzogen, denn das Überleben war das Wichtigste. Wenn sich etwas unter dem Gras bewegte, musste man es sehen können. Die Tiere, wie etwa die Zugvögel, haben diesen Sinn auch. Die Kanadagänse zum Beispiel schwingen sich im Spätherbst in die Lüfte empor und kommen wieder herunter. Sie spüren, dass das kalte Wetter naht und sie weiterziehen müssen. Genau das bedeutet Mooneseewin. Man spürt etwas. All dies wurde uns von unseren Vorfahren beigebracht, als wir im Busch aufwuchsen. Denn wenn du alleine im Busch bist und dir etwas zustößt, ist niemand in der Nähe, der dir helfen kann. Daher musst du die Überlebensfähigkeit besitzen.«[51]

Das Land versorgt die Menschen

Das Land versorgte die Menschen mit allerlei Medizin. Traditionell benutzten die Cree und Ojibwe weit über 50 Pflanzenarten als Arzneimittel.[52] Die Elders zeigten mir auf Ausflügen verschiedene Heilkräuter, wie etwa den fein duftenden Labrador-Tee, und beschrieben ihre Verwendung. Ignace Gull berichtete mir zum Beispiel von einem Unfall: »Einmal verletzte ich mich mit einer Axt schwer. Meine Großmutter kümmerte sich darum. Sie suchte Weiden im Busch und entnahm etwas vom Material unterhalb der Rinde. Sie kochte es im heißen Wasser und trug es mir auf. Dann stabilisierte sie mit einem Holzstück mein Bein. Nach einem Monat war alles verheilt. So haben es die Leute damals gemacht. Damit du aber den Schmerz ertragen konntest, musstest du gesund und fit sein. Man musste mental, physisch und spirituell stark sein. Das war sehr wichtig, um zu überleben.«[53] Auch ich wurde auf einem Ausflug an der James Bay einmal mit Naturmedizin versorgt. Als ich mich in den Finger geschnitten hatte, ging ein Cree mit mir zu einem tannenartigen Baum und schabte etwas Harz ab. Er trug ihn vorsichtig auf meine Wunde auf. Dieses natürliche Pflaster wirkte desinfizierend, schmerzlindernd und die Schnittstelle heilte rasch. Neben Pflanzen galten auch Humor und Heilrituale als beste Arznei der Medizinmänner und -frauen.

Die Sprache der Cree und Ojibwe wurde ebenfalls vom Land geprägt. Ein Elder bezeichnete sie sogar als Seele des Landes. Adam Fiddler erklärte mir den Hauptunterschied zum Englischen: »Unsere Sprache ist visuell. Wenn du jemandem zuhörst, wie er spricht, dann siehst du, wie er ein Bild malt. ›Tasse‹ heißt beispielsweise in meiner Sprache ›Minkwagun‹. Das bedeutet ›etwas, woraus du trinkst‹. ›Tisch‹ heißt ›Weesineewinatik‹. Man kann es mit ›eine Konstruktion, auf der du das Essen zu dir nimmst‹ übersetzen. Es handelt sich also um eine beschreibende Sprache. Es gibt keine Nomen wie ›Tasse‹, sondern nur ›etwas, woraus du trinkst‹. Daher wird es so lang, wenn man es ins Englische übersetzt. Der Elder Sidney Fiddler aus Sandy Lake hat mir erzählt, dass er als Kind oft seinen Großeltern zugehört habe, wie sie Legenden erzählten. Er sagte dazu, es sei wie im Kino gewesen. Wenn man jemandem zuhört, dann sieht man nämlich jedes Detail und man kann es auch fühlen. Ich weiß nicht, ich kann den Unterschied nicht wirklich beschreiben. Ein Gespräch zwischen zwei Menschen ist eine Sache. Aber wenn du jemandem in seiner Sprache zuhörst, wie er etwas beschreibt, dann erhältst du eine Verbindung damit. Man verbindet sich mit dem, was er sagt, und mit allem, das einen umgibt. Man wird eins mit seiner Umgebung. Daher kommt dieses Konzept, dass man eins mit dem Land ist. Es ist also nicht du und das Land, sondern du bist ein Teil davon. Wenn du jemandem zuhörst, verstehst du es und du fühlst es. Es ist ein Gefühl, eine Denkweise. Es sind nicht bloß Worte.«[54] Spätestens nach diesen Ausführungen wurde mir bewusst, weshalb man einen Elder nie unterbricht, wenn er spricht.

Wie die Cree und Ojibwe mir gegenüber stets betonten, können sie in ihrer Sprache exakte Angaben machen, wo sich ein Flusslauf, eine heilige Stätte oder ein bestimmtes Waldstück befindet. Denn es gibt zahlreiche landschaftsbezogene Ausdrücke, die auf Englisch nicht existieren. Der Cree-Ausdruck ›Kaskaywae‹ bedeutet beispielsweise: »Da oben steht ein Elch. Spring aus dem Kanu und treibe ihn auf die andere Seite der Flussschleife, während ich dorthin paddle und ihn abfange.«[55] So wie das Land die Sprache prägte, formte es auch das Weltbild der Indigenen und ihre Gesellschaft. Für Joe Wheesk aus Attawapiskat ist das Land das bedeutendste Lehrbuch, da es alles veranschaulicht: »Alles, was unsere Sprache beschreibt, dreht sich um die Natur. Wenn Elders sprechen, hört es sich an, als wären sie Poeten. Wenn man zum Beispiel über die letzten Tage eines Menschen spricht, dann verwendet man das Bild der untergehenden Sonne. Wenn ein Mensch geboren wird, nennen wir es einen Sonnenaufgang. Das Kind erblüht im Frühling. Alles beginnt und macht sich bereit. Im Sommer ist viel Kraft vorhanden. Er entspricht der Jugend, die viel Energie hat. Dann kommt der Herbst und alles wird langsamer. Die Kraft schwindet und man wird ruhiger. Die Leute in ihren Fünfzigern sind wie der Herbst. Sie haben keine Kinder mehr und sie sind nicht mehr so beschäftigt. Dann kommt der Winter und macht mit dem Schnee alles weiß. Er ist wie die alten Menschen mit ihren weißen Haaren. Sie bewegen sich kaum noch. Doch sie denken an das, was hinter ihnen liegt. Sie erinnern sich daran, als sie Kinder und Jugendliche waren und als Erwachsene auf dem Höhepunkt ihres Lebens standen. Daher ist der Winter jene Zeit, in der uns die alten Leute von früher erzählen. Diese Elders haben all diese Lebensabschnitte hinter sich und können uns lehren, wie man eine Katastrophe verhindert, wie man ein gutes Leben führt, wie man Kinder großzieht und wie man jagt.«[56]

Joe erklärte mir ferner, dass auch die indigenen Gesetze, die das Zusammenleben regeln, direkt vom Land stammen: »Als unsere Vorfahren, die die Schrift der Europäer nicht kannten, einen Vertrag mit einem X unterzeichneten, hatte dies für sie eine Bedeutung. Für die Weißen stand das X wohl dafür, dass jemand ungebildet ist. Aber für die Cree repräsentierte es die vier Himmelsrichtungen, die mit den vier Gesetzen verbunden sind. Denn das X steht für Aufrichtigkeit, Freundlichkeit, körperliche Kraft und Spiritualität. Dies macht den Menschen aus, der ein psychisches, emotionales, körperliches und spirituelles Wesen ist. Die Aufrichtigkeit findet sich in den Bäumen wieder, da sie aufrecht stehen. Die Freundlichkeit wird durch Süßgras repräsentiert. Unser Kopf erinnert uns an sprießende Pflanzen. Daher trugen wir lange Haare und flochten sie zu Zöpfen, wie wir es mit dem Süßgras tun. Und alles, was du siehst, all die Vögel, das ist körperlich. Das Gestein steht für die Spiritualität, weil es hart ist. Darauf basieren die Naturgesetze, die den vier Elementen entsprechen: Sonne beziehungsweise Feuer, Wasser, Luft und Erde. Diese müssen geteilt werden, denn sie ermöglichen das Leben. Daher haben die Elders verstanden, dass man das Land miteinander teilt. Denn alle sollten gleich sein. Wenn wir alles, was wir hier machen, miteinander teilen, dann kommen wir auch miteinander aus. Wir helfen einander. Das ist das Gesetz. Teilen bedeutet, einander zu helfen.«[57]

Vor Ankunft der Europäer zogen die Indigenen im heutigen Norden Ontarios in Gruppen mit etwa einem Dutzend Personen durchs Land. Oft reisten zwei verwandte Familien gemeinsam. Sie folgten einer jährlichen Route und begaben sich zu bestimmten Jahreszeiten an bestimmte Orte, in denen sie für eine gewisse Zeit ihre Lager einrichteten. Während des Sommers versammelten sich mehrere Familien. Diese Tradition blieb bis weit ins 20. Jahrhundert bestehen. Die heutigen Reservatssiedlungen sind meist an solchen Versammlungsorten entstanden, die während der Phase des Pelzhandels auch als Handelsposten dienten. Roy Morris aus Muskrat Dam berichtete mir von diesen Zusammenkünften: »Die Leute aus der Umgebung versammelten sich am Big Trout

Lake. Dort errichteten wir während des Sommers eine Tipi-Stadt. Sogar Leute von der Hudson Bay-Küste und den Prärien kamen hierher. Dabei erledigten wir viele Geschäfte. Wir trafen verschiedene Entscheidungen, wie beispielsweise wer sich verheiraten sollte. Auch entschieden wir, wer mit wem im Herbst zum Trappen ging und wohin die einzelnen Gruppen ziehen sollten. Es gab allerhand gesellschaftliche Entscheidungen zu fällen. Natürlich haben wir auch unsere Zeremonien durchgeführt. Während wir dort waren, mussten wir auch sicherstellen, dass alle Leute mit genügend Fisch versorgt waren. Es gab verschiedene Verantwortungen. Gleichzeitig war es ein sozialer Anlass, da man einander besuchte und sich austauschte. Im Spätsommer brachen wir wieder auf und zogen zu unseren traditionellen Lagern oder zu jenen Orten, die wir für die Jagd und das Trappen in dieser Jahreszeit aufsuchten. Gleichzeitig wurden die Neuverheirateten einem verheirateten Paar anvertraut. Mit diesem mussten sie für etwa ein Jahr zusammenleben, damit sie lernten, wie man zusammenarbeitet. Das war eine Art Schulung für neu verheirateten Paare.«[58]

Die Eltern arrangierten die Heirat ihrer Kinder, wie Stan Beardy, Chief aus Muskrat Dam, festhielt: »Seit Menschengedenken achteten wir auf die Blutlinien. Denn wir mussten Inzucht verhindern. Daher bestimmten die Eltern, wen ihre Kinder heirateten. Sie wählten jemand Passendes aus einer entfernten Großfamilie, einem Clan. Danach verließ die Frau ihren Clan, um sich jenem ihres Mannes anzuschließen. Unsere Gesellschaft besteht im Prinzip aus einer Vielzahl verschiedener Clans. Noch heute gibt es in jeder Reservatsgemeinde die dominierenden Familiennamen, die auf einen Clan zurückgehen. So ist dies strukturiert. Doch arrangierte Hochzeiten sind nicht mehr Praxis. Aber in der Vergangenheit war man sehr vorsichtig und musste sicherstellen, dass die Blutlinie nicht gekreuzt wurde. Denn wenn man in einer rauen Umgebung überleben will, muss man physisch und mental fit sein. Es gab keine Möglichkeit, sich um Leute zu kümmern, die nicht gesund waren.«[59]

Das Clansystem bildete bis ins 19. Jahrhundert das Rückgrat der indianischen Gesellschaft unterhalb der Hudson Bay. Während bei den Cree die Clans inzwischen keine Rolle mehr spielen, haben die Oji-Cree und Ojibwe weiterhin fast 20 verschiedene. Diese tragen Tiernamen wie Bär, Biber oder Fuchs. Auf Ojibwe wird ein Clan ›Doodem‹ genannt. Davon leitet sich das deutsche Wort ›Totem‹ ab. Im Reservat der Sandy Lake

First Nation sind beispielsweise fünf Doodems vertreten: Stör, Saugkarpfen, Pelikan, Kranich und Karibu. Mit ihrem Doodem-Tier fühlten sich die Menschen spirituell verbunden. Die Tiere galten allgemein als Lehrer, die Stärken und Schwächen hatten. Je besser man diese kannte, desto einfacher kam man durchs Leben. Das entsprechende Tiersymbol tätowierten die Menschen gelegentlich auf ihr Gesicht, ihren Arm oder ihre Brust. Wenn sich zwei Fremde begegneten, begrüßten sie sich mit der Frage: »Von welchem Doodem stammst du?« Stellte sich dabei heraus, dass sie den gleichen Clan-Namen hatten, behandelten sie einander wie Brüder oder Schwestern, auch wenn sie nicht miteinander verwandt waren. Zwischen einzelnen Clans kam es hin und wieder zu Konflikten, andere verbündeten sich. Vertreten wurden sie nach außen von einem Chief, der aber kein Anführer war, sondern eher die Funktion eines Sprechers einnahm. Menschen, die keinem Doodem angehörten, weil sie beispielsweise einen europäischen Pelzhändler als Vater hatten, konnten durch eine Zeremonie aufgenommen werden.[60]

Auch wenn die indianische Gesellschaft keine ausgeprägte Hierarchie kannte, so waren dennoch neben den Elders einige Individuen besonders angesehen. Dazu zählten Schamanen, Medizinmänner und -frauen, Heilerinnen, Hebammen und Menschen, die Kunstgegenstände schufen oder als ausgezeichnete Jäger galten. Erstere konnten ihre Kräfte zum Nutzen, aber auch zum Schaden der Gemeinschaft einsetzen. Die Cree und Ojibwe kennen viele Geschichten, in denen ein Schamane jemanden bloß durch seine Gedanken tötete. Doch es gab auch spirituelle Abwehrmöglichkeiten wie Zeremonien und Amulette gegen solche Angriffe. Denn im indianischen Weltverständnis existierte zu jeder Kraft eine Gegenkraft. Wenn eine überhandnahm, herrschte Ungleichgewicht und die Menschen mussten die Welt wieder ins Lot bringen.[61]

Auf diesem Grundsatz basierte auch das indigene Rechtssystem, das integrativ konzipiert war. Hatte jemand gegen die Gesetze der Gemeinschaft verstoßen, so verurteilte ihn nicht ein Richter, sondern die Betroffenen brachten ihn dazu, sich selbst eine Strafe aufzuerlegen. Dies geschah, indem der Täter und das Opfer mit ihren jeweiligen Angehörigen in einem Kreis saßen und miteinander die Auswirkungen der Tat besprachen. Dabei legte die geschädigte Person oder Gruppe ihren Verlust dar. Im Kreis, der alle miteinander verband, war der Täter einem Gefühl der Scham ausgesetzt, weil er gegen diesen Bund verstoßen hatte. Im Gespräch kristallisierte sich allmählich das Strafmaß heraus, das der

Täter schließlich selbst aussprach und das das Gleichgewicht wiederherstellen sollte. Hatte er beispielsweise jemanden verletzt, sodass dieser nicht mehr jagen konnte, musste er fortan auch für dessen Familie sorgen.[62]

Die Zuständigkeitsbereiche der Männer und Frauen waren getrennt, jedoch nicht strikt. Männer erlegten als Jäger das Großwild und brachten Brennholz herbei. Frauen fischten, stellten Hasenfallen und kümmerten sich um die Kinder. Da jedoch jede Arbeit für das Überleben der Gemeinschaft wichtig war, gab es hinsichtlich der Tätigkeiten kein hierarchisches Gefälle. Besonders den Großmüttern kam eine zentrale Rolle zu, wie ich aus vielen Gesprächen mit Cree und Ojibwe entnahm. Sie waren nicht nur als Elders angesehen, sondern auch für den familiären Zusammenhalt besorgt. Cathleen Sutherland aus Fort Albany erinnerte sich gerne an ihre ›Nokum‹, wie ›Großmutter‹ auf Cree heißt: »Frauen und Männer haben ihre eigenen Rollen. Und als ich aufwuchs, hat meine Großmutter dafür gesorgt, dass alle genährt waren. Sie kümmerte sich um die Kinder und die Enkelkinder. Die Männer erfüllten ihre Rolle. Sie sammelten Holz oder trugen schwere Sachen zum Lager. Sie sorgten dafür, dass die Tipis aufgebaut waren. Meine Großmutter war eine Netzfischerin. Das war ihre Passion und auch das Pflücken von Beeren bereitete ihr Freude. Sie sammelte Medizin wie etwa Labrador-Tee. Als ich aufwuchs, sah ich, wie meine Großmutter all dies machte. Zudem war sie eine Koordinatorin. Sie mochte es, Leute zu delegieren. Beispielsweise beim Netzfischen holte sie ihre Enkelkinder, um ihr zu helfen. Dann nahm sie die Fische aus und kochte sie für alle. Und eigentlich ist das witzig, denn das mache ich jetzt auch. Auch mag ich es, zu delegieren. Wenn ich zurückblicke, denke ich: ›Oh, ich trete in die Fußstapfen meiner Großmutter.‹ Sie war mein Vorbild. Sie rauchte und trank nicht. Und sie war sehr spirituell. Sie erzählte uns die Geschichten und Legenden unseres Landes. Ich denke, sie ist diejenige, die mich stark prägte.«[63]

Die Cree und Ojibwe waren in den warmen Monaten mit aus Birkenrinde hergestellten Kanus unterwegs. Diese waren leicht und konnten gut an Land transportiert werden, falls gefährliche Stromschnellen umgangen werden mussten. Wenn Schnee lag und die Gewässer gefroren waren, ließen sie die Waren auf einem Schlitten von ihren Hunden ziehen. Auch wenn sich die Familien erst jeweils im Sommer wieder trafen, so machten dennoch Nachrichten die Runde. »Wenn die Menschen umherzogen, hinterließen sie an gewissen Stellen, die auch von anderen passiert wurden, einige Zeichen«, sagte der Elder Allan Beardy aus Muskrat Dam. »Das waren Botschaften, damit die Leute wussten, was alles in einem Lager geschehen war. Es war ein ausgeklügeltes Kommunikationssystem. Doch die nachfolgenden Leute erhielten die Nachrichten erst ein paar Wochen später, wenn sie die markierten Stellen passierten.«[64] Die Markierungen, die teilweise farbig waren, enthielten Informationen über die genaue Position einer Gruppe, die Richtung, in der sie weitergezogen war, die Distanz zum nächsten Lager und den allgemeinen Zustand, also beispielsweise ob jemand krank oder gestorben war. Manchmal setzten die Menschen auch Rauchzeichen ab, die in der flachen Landschaft kilometerweit sichtbar waren.[65]

In Sandy Lake hielt mir der Elder Sidney Fiddler einmal einen getrockneten Baumpilz entgegen. Er war einiges größer als seine Hand. Ich kannte diesen Pilz, den man etwa an Birkenstämmen findet. Sidney fragte mich: »Schön, nicht? Weißt du, wozu dieser gebraucht wurde?« Ich erinnerte mich an den Gletschermann Ötzi, der zwei Baumpilze bei sich trug und antwortete: »Ich nehme an, das ist Medizin.« Sidney entgegnete: »Das könnte sein. Doch unsere Vorfahren brauchten diese Pilze, um ihr Feuer auf der Wanderung mitzutragen. Das war praktischer, als mit Feuerstein oder einem kleinen Pfeil von Hand Feuer zu entfachen, wenn es kalt war. Die leicht glimmende Glut im Innern hält sehr lange. Man musste den Pilz nur aus der Tasche nehmen, blasen, etwas Birkenrinde hinhalten und dann gab es eine Flamme.«[66]

Die Indigenen im Norden Ontarios errichteten verschiedenen Behausungen, die ihnen Schutz vor der extremen Witterung boten. Es handelte sich dabei um kegelförmige Tipis, ovale Wigwams oder kleine Blockhütten. Die Tipis, die im eiskalten Winter verwendet wurden, bestanden aus mit Wurzelschnüren zusammengebundenen Holzstangen. Die Menschen isolierten die Zwischenräume mit Moos und verkleideten das Gerüst mit Birkenrinde, um alles wasserdicht zu machen. Für den Bau eines Wigwams bogen sie Äste oder Stämme junger Bäume, verankerten sie im Boden, banden sie aneinander fest und überzogen das Gerüst ebenfalls mit Rinde. Um angenehm zu schlafen, legten sie Zedernzweige auf dem Boden aus. Wenn sie weiterzogen, ließen sie das Holz zurück und nahmen lediglich die Birkenrinde mit, die man gut einrollen konnte.[67] Gelegentlich benutzten sie für den Überzug der Behausungen auch Tierhäute. Das Land spendete alles, was sie brauchten.

Während die Männer manchmal tagelang auf der Jagd waren,

verrichteten die Frauen neben der Kinderbetreuung verschiedene Arbeiten im Lager. Sie konservierten Fleisch durch Trocknen und Räuchern, stellten Fischmehl, Öl und Fett her, bearbeiteten die eingebrachten Tierfelle, bauten Kanus, machten Körbe aus Birkenrinde oder Schneeschuhe. Aus rauchgegerbtem Elch-, Karibu- oder Hirschleder und Pelzen von Bibern, Hasen oder Ottern fertigten sie Kleider, Handschuhe und Mokassins an. Für die Kleidungsstücke nahmen sie das Fell und die Haut jener Tiere, die die Jäger im Herbst erlegt hatten, weil diese qualitativ am besten waren. Sie nähten mit Sehnen- und Nesselfasern und einer Nadel aus Knochen. Die braunen Kleider wurden an gewissen Stellen mit bearbeiteten Stacheln des Stachelschweins bestickt und manchmal mit Farben wie Blau, Gelb, Rot oder Grün bemalt, die aus Beeren, Blüten und Wurzeln gewonnen wurden.[68]

Die Cree und Oijbwe sahen sich keineswegs als Krone der Schöpfung. Der Umstand, dass sie die Tiere und Pflanzen zum Überleben brauchten, diese aber ohne den Menschen auskamen, lehrte sie Ehrfurcht vor allen Wesen. Zudem waren die Menschen den indianischen Mythen zufolge erst nach den anderen Geschöpfen erschaffen worden. Daher waren sie nicht bedeutender oder unbedeutender als diese. Wenn ein Jäger ein Tier mit Pfeil und Bogen oder der Lanze tötete, brachte er ein Opfer dar. Cathleen Sutherland erinnerte sich an Erzählungen über ihren Urgroßvater: »Unsere Leute lebten von Elchen, Karibus, Gänsen oder Fischen. Sie opferten immer etwas für das Leben der Tiere. Als die Leute ins Reservat mussten, ging dies etwas verloren, doch es kehrt wieder zurück. Meine Generation opfert immer Tabak, bevor sie ein Tier erlegt. Gemäß den Erzählungen in meiner Familie hat mein Urgroßvater nur ein paar Gegenstände mitgenommen, bevor er hinausging, um Karibus oder Elche zu jagen. Zu jener Zeit war das Leben anders. Es war hart. Meine Urgroßmutter pflegte zu sagen: ›Ich weiß nicht, wie er das macht. Er nimmt nur ein paar Gegenstände mit, ist dann wochenlang weg und kehrt mit viel Nahrung für die ganze Familie zurück.‹ Ich denke, also mein Onkel hat mir dies gesagt, er führte dort draußen Zeremonien durch. Mit diesen konnte er mit den Tieren eine Verbindung aufbauen, damit sie ihm ihr Leben schenkten und er seine Familie ernähren konnte.«[69]

Die indigenen Menschen unterhalb der Hudson Bay lebten ihre Spiritualität im Alltag aus. Gebete und Rituale waren allgegenwärtig. Auch gab es zahlreiche von Gesängen und Trommelmusik begleitete

Zeremonien. Sie sollten die Gemeinschaft stärken und schützen, ihr Glück bei der Jagd bringen und sie mit den Tieren, die sie töten musste, versöhnen. Verstorbene wandelten zudem nicht in einem entfernten Jenseits, sondern begleiteten ihre Verwandten weiterhin. Sie erschienen ihnen in Träumen und Visionen und gaben ihnen Ratschläge für die Gegenwart und Zukunft. Gewisse Orte auf dem Land, an denen Menschen spirituelle Erfahrungen gemacht hatten, waren von besonderer Bedeutung. Die Cree und Ojibwe suchten sie auf, um Zeremonien abzuhalten. Sie führten dort etwa ein mehrtägiges Fastenritual durch und begaben sich auf Visionssuche, um Antworten für entscheidende Fragen zu erhalten. Zentral war auch das sogenannte Wackelzelt. Dabei versammelten sich ein paar Menschen um ein kleines, geschlossenes Zelt, in dem beispielsweise ein Schamane saß. Die Außenstehenden begannen zu singen und zu trommeln, bis der in Trance geratene Schamane mit der Geisterwelt Kontakt aufnahm. Tierstimmen kündigten die Geisterwesen an und das Zelt bewegte sich rasch hin und her. Dann stellten die Außenstehenden ihre Fragen und erhielten meist eine Antwort. Die Zeremonie konnte auch nur von einer Einzelperson durchgeführt werden. Diese konnte dadurch unter anderem mit weit entfernten Menschen kommunizieren. Das Wackelzelt, das auch heute gelegentlich benutzt wird, wurde auch zur Heilung von Krankheiten und vor allem zum Schutz gegen Zauberei eingesetzt.[70] Denn die Gemeinschaft war hin und wieder von dämonischen Kreaturen bedroht, die großes Unheil über sie brachten. Ein solches Monster war der allseits gefürchtete ›Wendigo‹. Dieses Geisterwesen konnte von einem Menschen Besitz ergreifen und ihn derart in den Wahnsinn treiben, dass er zum Kannibalen wurde. Der zum Wendigo gewordene Besessene musste daher getötet und sein Herz verbrannt werden.[71]

Die indigene Kultur war im Laufe der Jahrhunderte stets im Wandel. Dennoch haben viele Kernelemente überdauert, die die Indigenen schon seit Menschengedenken prägten. Dazu gehören, wie in der bisherigen Darstellung wohl deutlich geworden ist, die Verbundenheit mit dem Land und den Ahnen, die Spiritualität und die Gastfreundschaft, die auf dem Prinzip des Teilens basiert. Als ich im Norden Ontarios bei den Cree und Ojibwe zu Gast sein durfte, konnte ich all dies erleben. Einmal war ich mit Mike Metatawabin aus Fort Albany an einem sonnigen Sommertag unterwegs und sagte: »Wir haben Glück, es ist herrliches Wetter.« Er antworte ruhig: »Für uns mag das Wetter schön sein.

Doch für die Tiere ist es zu heiß und sie leiden. Daher ist es für uns Cree eigentlich schlechtes Wetter, weil wir mit den Tieren mitfühlen.« Ein anderes Mal konnte ich in einem Reservat geräuchertes Elchfleisch kosten. Es war sehr lecker und ich fragte meinen Gastgeber: »Warum bekommt man eigentlich dieses feine Fleisch in keinem Laden?« Seine Antwort lautete: »Der Schöpfer hat uns den Elch gegeben, damit wir keinen Hunger leiden, aber nicht, um ihn zu verkaufen.«

Auch lernte ich, dass es eine sogenannte ›Indian Time‹, also eine indianische Zeit, gibt. In Muskrat Dam wollte ich an einem Sonntag die anglikanische Messe besuchen, um zu sehen, wie ein Gottesdienst im Reservat gestaltet wird. Irgendwo las ich, dass sie um zehn Uhr beginnt. Als pünktlichkeitsneurotischer Schweizer fand ich mich bereits zehn Minuten vorher bei der Kirche ein und war erstaunt, dass sich die Tür nicht öffnen ließ. Kurz nach zehn Uhr kam Roy Morris, der in der Gemeinde Rektor und zugleich Priester ist. Ich fragte ihn, ob denn die Kirche nicht um zehn beginne, und er antwortete: »Doch, doch. Zehn Uhr stimmt schon.« »Aber es ist ja bereits fünf nach.« »Ja, das mag sein. Weißt du, in unserer Kultur möchte sich niemand vordrängen. Das wird als unanständig angesehen. Daher will niemand der Erste sein. Du wirst sehen, die Leute kommen bald gemeinsam.« Er sollte recht behalten und um Viertel nach zehn konnte die Messe pünktlich nach Indian Time beginnen.

Eine ähnliche Erfahrung machte ich in Fort Severn. Eigentlich wollte ich den Jugendlichen Ian Kakekaspan um elf Uhr vormittags im Band Office interviewen. Wir hatten den Termin am Vorabend ausgemacht. Als ich zur besagten Zeit eintraf, war die Türe erstaunlicherweise verschlossen. Ich versuchte es beim Eingang des Chiefs, aber auch dieser war zu. Das war eigenartig, denn normalerweise war immer jemand da. Nach gut einer Stunde des Wartens auf der Holztreppe kam ein Councilor vorbei. Ich fragte ihn: »Weißt du, wo Ian ist? Ich hätte eigentlich bereits um elf Uhr mit ihm ein Interview machen sollen.« »Ja, das weiß ich.« »Wo ist er denn?« »Der ist mit ein paar anderen draußen auf der Jagd.« »Was, er ist auf der Jagd? Davon hätte er mir doch gestern etwas gesagt.« Der Councilor lachte schelmisch und klärte mich auf: »Nein, das hätte er nicht. Denn er wusste gestern noch gar nicht, dass heute ein guter Tag zum Jagen ist.«

Als mich Joe Wheesk aus Attawapiskat im August 2018 mit dem Boot auf die Insel Akimiski in der James Bay mitnahm, um mir zu zeigen, wo er geboren wurde, kam es mir vor, als sei dort Kanada ganz weit weg. Ich erinnerte mich dabei an Roy Morris, der mir in einem Gespräch gesagt hatte: »Ich wurde auf dem Land draußen geboren und bin auch dort aufgewachsen. Ich habe die Bäume, die Seen, die Flüsse und die Felsen gesehen. Das war meine Welt. Daher stamme ich vom Land. Ich hatte zu dieser Zeit keine Vorstellung von Kanada. Alles, was ich sah, war das Land, auf dem ich lebte. Ich habe die Fische und alle Tiere gesehen. Und wir machten dieselben Dinge, wie sie meine Vorfahren bereits vor Jahrtausenden gemacht hatten. Erst in der Residential School tauchte aus heiterem Himmel dieses Kanada auf. Aber Kanada blieb lediglich eine Hintergrundgeschichte. Ich hatte nie eine Verbindung damit, obschon ich aus den Lehrbüchern wusste, was es war. Doch die wirkliche Verbindung, die ich habe, ist das Land selbst.«[72]

ᐍᒥᐢᑎᑯᔥ

WEMISTIGOSH

Europäer

»Hey! Einen ›Wemistigosh‹, also einen Europäer, könnten wir in unserer Runde auch brauchen. Komm, mach doch auch mit.« Oje, auf was würde ich mich da einlassen? Ich war noch gar nicht richtig wach und konnte es noch immer nicht fassen. Denn in dieser frischen Septembernacht hatte ich erstmals in meinem Leben Nordlichter gesehen. Sie wehten magisch als grün schimmernde, teils durchsichtige feine Seidenbänder über den sternenklaren Himmel der James Bay. Ich war derart fasziniert, dass ich, auch als das einzigartige Naturschauspiel schon längst vorüber war, noch lange zur hell leuchtenden Milchstraße emporblickte. Mir war es so vorgekommen, als seien die Ahnen der gerade auf der Flussinsel in Zelten übernachtenden Cree für einen kurzen Augenblick über das Firmament getanzt, um ihre Freude über das gemeinsame Fest der beiden First Nations Fort Albany und Kashechewan auszudrücken. Diese bildeten nämlich noch vor wenigen Jahrzehnten eine einzige Gemeinde. Ihr wirtschaftliches Zentrum war der 1679 auf einer Insel im mächtigen Albany River von der Hudson's Bay Company (HBC) gegründete Handelsposten, auf dessen Gelände die drei Tage dauernden Festivitäten stattfanden. An diesem heute ›Old Post‹ genannten Ort tauschten die Cree früher Tierfelle gegen aus Europa importierte Waren ein, verrichteten während der Sommermonate wichtige Arbeiten für die Unterhaltung des Postens, lieferten Nahrung für die Angestellten der HBC und zogen dann wieder für den Rest des Jahres aufs weite Land hinaus. Gewiss hatten sich Indigene an dieser Stelle schon viele Jahrhunderte vor Ankunft der Europäer versammelt, um gemeinsam einige warme Sommerwochen zu verbringen.

Im 19. Jahrhundert kamen die ersten Missionare. Einige Cree schlossen sich den Katholiken, andere den Anglikanern an. Bald standen zwei Kirchen auf der kleinen Insel. In den 1950er-Jahren traten vermehrt konfessionelle Spannungen auf. Als schließlich eine Flut großen Schaden anrichtete, zog die katholische Mission ein paar Kilometer südwestlich und errichtete dort eine neue Niederlassung. Die Anglikaner blieben zunächst noch beim Posten, mussten sich aber auf Drängen des kanadischen Staats 1957 am Nordufer des Albany River niederlassen. In der Folge wuchsen allmählich die beiden heutigen Siedlungen Fort Albany und Kashechewan heran, die noch bis 1977 eine einzige Gemeinde bildeten, der ein Chief vorstand. Dann kam es nach der konfessionellen und räumlichen auch zur politischen Trennung und es entstanden zwei eigenständige First Nations. Das Fest auf dem Old Post war insofern mehr als nur eine Zusammenkunft von zwei indianischen Gemeinden, deren Mitglieder von ihren Siedlungen aus mit Booten angereist waren und ein kleines Zeltdorf errichtet hatten. Es war auch eine Rückkehr zur gemeinsamen Geschichte und eine Demonstration, dass die durch Missionierung und Kolonialisierung vollzogene Trennung größtenteils überwunden war. Diese Tatsache feierte man ausgelassen mit Musik, Tänzen, Gesängen und über der Glut zubereitetem Wildfleisch, Fisch und Bannockbrot. Regelmäßig bezogen sich Elders auf mündliche Überlieferungen von diesem geschichtsträchtigen Ort, an dem 1905 das Abkommen zwischen den Cree und der kanadischen Regierung im Namen König Edwards VII. geschlossen wurde, das unter dem Namen ›Treaty Nummer 9‹ in die Geschichtsbücher und kollektive Erinnerung der Indianer eingehen sollte.

Auf dem Vormittagsprogramm des zweiten Tags stand ›Blanket Ceremony Teaching by Norman & Jean Wesley‹. Unter einer ›Deckenzeremonie‹ konnte ich mir wenig vorstellen und überlegte, dem Geschehen als Beobachter beizuwohnen. Als ich mich dem offenen Festzelt mitten auf dem Gelände näherte, rief mich der Leiter der Zeremonie, Norman Wesley, herbei und lud mich ein, mitzumachen. Die gegen 30 indianischen Anwesenden standen bereits barfuß auf etwa badetuchgroßen Decken, die auf dem Boden ausgebreitet einen bunten Flickenteppich bildeten. Jeder hielt eine zugeschnürte Papierrolle in den Händen. Zuerst zögerte ich, denn ich hatte keine Ahnung, worum es ging. Norman, um dessen Hals ein Schild mit der Aufschrift ›European‹ hing, redete mir aber aufmunternd zu. Es wäre doch schön, wenn ich als richtiger Europäer, also als jemand, der aus Europa hier zu Besuch war, ebenfalls mitmachen würde. Er bat mich, meine Schuhe auszuziehen und mich auf eine freie Decke zu stellen. Alles Weitere ergebe sich von selbst. Da mich einige Cree lachend begrüßten und meinten, sie wüssten auch nicht, auf was sie sich eingelassen hätten, schloss ich mich gerne an und Norman gab mir ebenfalls eine Schriftrolle. Was nun folgte, war die eindrücklichste Geschichtslektion, die ich je erlebt habe. Denn sie stellte gleichsam einen spirituellen Bezug zum Land und den dort verstorbenen Menschen her. Normans Frau Jean wirkte als Erzählerin, während er die kanadische Geschichte aus europäischer Perspektive erläuterte. Die Teilnehmenden wurden jeweils aufgefordert, ihre Schriftrolle zu öffnen und laut vorzulesen. Dabei erfuhr man, welche Konsequenzen historische Ereignisse oder koloniale Entscheide für die Indigenen hatten.

Jean begann mit den Worten: »Die Decken, auf denen ihr steht, stellen den nördlichen Teil der großen Schildkröteninsel beziehungsweise Nordamerikas dar. Es ist das Land, das heute Kanada genannt wird. Lange vor Ankunft der Europäer war diese Schildkröteninsel Heimat Millionen indigener Menschen, die in Tausenden verschiedenen, sich selbst verwaltenden Gesellschaften lebten und Hunderte Nationen bildeten. Sie lebten als Fischer, Jäger oder Bauern und hatten eigene Sprachen, Kulturen und Traditionen. Ebenso besaßen sie eigene Gesetze und Regierungsformen.«[73] Sie hielt kurz inne und sprach die Teilnehmenden dann direkt an: »Als Nationen habt ihr zusammengearbeitet. Ihr wart in ein Handelssystem eingebunden, das sich über ein Weg- und Wasserroutennetz mehrere Tausend Kilometer weit erstreckte. Auch hattet ihr gelernt, Konflikte und Streitigkeiten über Länder und Ressourcen durch Verträge beizulegen. Eure Beziehung zum Land bestimmte eure Identität. Denn es versorgte euch mit allem, was ihr brauchtet: Nahrung, Kleidung, Unterkunft, Kultur und spirituelle Erfüllung. Im Gegenzug habt ihr eure Verantwortung gegenüber dem Land wahrgenommen.«

Anschließend zitierte Norman als ›Europäer‹ eine Passage aus einer Bulle, die Papst Alexander VI. 1493 erlassen hatte. Sie sollte die Voraussetzung für einen legitimen Herrschaftsanspruch christlicher Nationen auf neu ›entdeckte‹ und ›heidnische‹ Länder schaffen: »Durch Unsere apostolische Machtbefugnis, die der allmächtige Gott durch den heiligen Petrus auf Uns übertragen hat, schenken und gewähren Wir dem spanischen Königshaus sowie deren Nachfolger auf alle Zeit sämtliche Inseln und Länder mit all ihren Herrschaften, Städten und Dörfern, die gefunden wurden und noch entdeckt werden, und zwar im Westen vom arktischen bis zum antarktischen Pol. Und wir statten Euch und Eure Erben mit uneingeschränkter und freier Macht, Autorität und Gerichtsbarkeit jeder Art aus.«[74]

Nun folgte die Geschichte der ersten Kontakte zwischen Indigenen und Europäern. Norman trat in die Mitte, reichte einigen Anwesenden die Hände als Zeichen von Vertragsabschlüssen und verteilte Kärtchen in verschiedenen Farben. Dann faltete er einige Decken nach innen und verkleinerte erstmals die symbolische Landfläche. Denn inzwischen hatten sich zahlreiche europäische Siedler niedergelassen. Dabei wurden die auf Neufundland lebenden Beothuk ausgelöscht. Ferner breiteten sich unbekannte Krankheiten als Epidemien aus – mit verheerenden Auswirkungen für die indigene Bevölkerung. Dazu gab Jean folgende Anweisung: »Alle Leute, die weiße Kärtchen haben, bitte ich, ihre Decken zu verlassen. Ihr vertretet die Millionen indigener Menschen, die an verschiedenen Krankheiten starben, gegen die sie nicht immun waren. Wir werden eine Schweigeminute einlegen und der Toten gedenken.«

Im weiteren Verlauf wurden immer mehr Decken gefaltet oder gar eingezogen, unter anderem durch die drei Hauptinstrumente indianischer ›Zwangsassimilation‹ – Indian Act von 1876, Reservate und Residential Schools – und ihre fatalen Auswirkungen wie Verelendung, Alkohol- und Drogenabhängigkeit und Selbstmorde. Auch schieden regelmäßig Teilnehmende aus und traten in den immer größer werdenden Kreis außerhalb des Geschehens zurück. Auch ich musste die Bühne verlassen, als Jean sagte: »Ich bitte all jene mit einer blauen Karte, von der Decke zu treten. Ihr repräsentiert die Menschen, die an Unterernährung starben, nachdem man sie von ihren traditionellen Gebieten und ihren Jagdgründen vertrieben hatte.« Schließlich standen nur noch ein paar wenige Cree auf winzigen, auf die Größe ihrer Füße zusammengeschrumpften Inseln. Vom einstigen riesigen Territorium war lediglich ein Tausendstel in Form von Reservaten geblieben.

Die Anzahl der Indianer in Nordamerika vor Ankunft der Europäer kann nicht genau bestimmt werden. Plausible Schätzungen liegen zwischen sieben und 15 Millionen. Ende des 19. Jahrhunderts lebten in Kanada lediglich noch etwa 125 000 und in den USA etwa 237 000 Indigene. Auch in Mittel- und Südamerika wurde die indianische Bevölkerung seit der Ankunft von Christoph Kolumbus um zahlreiche Millionen dezimiert. Dieser dramatische und historisch unvergleichliche Bevölkerungsrückgang ist eine der schlimmsten Tragödien der Menschheitsgeschichte. Er steht im direkten Zusammenhang europäischer Landnahme und gründet auf eingeschleppten Krankheiten, Kriegen, gezielten Ausrottungen, ethnischen Säuberungen, Hungersnöten und Entwurzelung.[75] Die

Architekten der neuen Welt ließen die Trümmerfelder der Zivilisationen, die über Jahrtausende gewachsen waren, wegwalzen und schufen für Siedler nutzbares Land. Der kanadische Nationalstaat wurde auf den Gräbern indianischer Kulturen errichtet, und die letzten Überlebenden dieser alten Zivilisation sollten durch Zwangsassimilation und anschließende Einschmelzung in die Siedlergesellschaft ganz zum Verschwinden gebracht werden. Im Verlauf des 20. Jahrhunderts sollten ihre verbliebenen Ländereien in Staatsbesitz übergehen und sie selbst nur noch als museale Relikte und zur folkloristischen Vergnügung in Erscheinung treten. Doch das Land ließ seine Hüter nicht im Stich. Es schenkte ihnen Kraft und stärkte die indigenen Gemeinschaften. Seither erheben sie ihre Stimmen für ihre Rechte und erinnern die Regierung an ihre vertraglich festgelegten Verpflichtungen. Als Norman und Jean Wesley all dies thematisierten, zeigten sie einige positive Entwicklungen der letzten Jahre auf. Sie zitierten einen Ausschnitt aus der Entschuldigungsrede des ehemaligen Premierministers Stephan Harper und betonten, dass Kanada inzwischen auch die Deklaration der Vereinten Nationen über die Rechte der indigenen Völker anerkenne. Es bleibe jedoch noch viel zu tun. Denn während Kanada hinsichtlich Lebensqualität auf einer internationalen Rangliste ganz oben aufgeführt werde, müsste man die First Nations aufgrund ihrer immer noch teils katastrophalen Lebensbedingungen auf demselben Maßstab im unteren Bereich eintragen.

Norman lud uns Außenstehende ein, zurück in den inneren Kreis zu kommen. Dann sprach er zu den Anwesenden und blickte zu mir: »Ich bin dankbar, dass du als Europäer heute anwesend bist und bei dieser Zeremonie mitgewirkt hast. Denn nur durch gegenseitigen Respekt und Verständnis können wir weiterkommen. Es geht nicht um Schuldzuweisungen, sondern darum, aus der Geschichte zu lernen, um gemeinsam in die Zukunft zu schreiten. Einer meiner engsten Freunde war ein Weißer. Ich bezeichne ihn sogar als Bruder. Sein Name war John Long. Traurigerweise ist er kürzlich verstorben. Er war Lehrer und Historiker und hat unsere Anliegen verstanden. Stets war er bemüht, Brücken zwischen den First Nations und der kanadischen Siedler-Gesellschaft zu bauen. Er hielt Vorträge und verfasste Bücher. Darin plädierte er für eine echte Zusammenarbeit Kanadas mit den First Nations, deren Vorfahren die Treaties unterzeichnet hatten. Er forderte, dass diese Abkommen so umgesetzt werden, damit sie den Indigenen Selbstständigkeit sowie gute Infrastruktur und Bildungsmöglichkeiten garantieren.«

John Long (1948–2016) lebte zwischen 1972 und 2000 in Moose Factory an der James Bay. Dort war er als Lehrer und Rektor an der Schule der Moose Cree First Nation tätig. Vor allem sein 2010 veröffentlichtes Buch *Treaty No. 9* war für den öffentlichen Versöhnungsdialog wegweisend.[76] Darin beleuchtet er die indianische Perspektive des Abkommens und zeigt auf, wie interkulturelle Verständnisprobleme falsche Annahmen verursachten, die der Staat einseitig zu seinen Gunsten auslegte. »Alle, die John Long kannten, vermissen ihn schmerzlich«, fuhr Norman fort und blickte nochmals zu mir. »Aber wer weiß, vielleicht ist dieser Europäer in unserer Mitte jemand, der die Arbeit unseres Bruders fortsetzt und uns eine weitere Stimme in der Welt da draußen gibt.« Darauf folgte ein Gebet in indigener Sprache.

Ich war bewegt. Eine spirituelle Komponente hatte ich bislang in keiner Geschichtslektion erlebt. Unzählige Male hatte ich Referate an Universitäten über den Holocaust und andere Völkermorde gehört, in denen Unrecht und unermessliches Leid wissenschaftlich erörtert wurden. Doch nie wurde im Vorlesungssaal auch nur eine einzige Minute innegehalten, um gemeinsam der Opfer zu gedenken. So etwas macht man in der Schweiz höchstens bei offiziellen Gedenkveranstaltungen oder wenn sich unmittelbar zuvor eine Tragödie ereignet hat. Im westlichen Wissenschaftskontext spielen die Geister der Verstorbenen, deren Geschichte man untersucht, keine Rolle. Entscheidend für die historische Interpretation sind lediglich ihre Taten und die entsprechenden Auswirkungen auf die Nachwelt. Im Gegensatz dazu sind die Ahnen in der indianischen Geschichtserzählung keine toten historischen Objekte. Sie bleiben stets Teil der Gemeinschaft und daher kann man sie jederzeit und an jedem Ort mit einer Räucherzeremonie oder einem Gesang ehren. Denn in der indigenen Welt, bei der ich im nördlichen Ontario zu Gast sein durfte, gibt es keine Trennung zwischen dem sakralen und profanen Bereich. Diese Einheit fand auch dadurch einen visuellen Ausdruck, dass während des Fests auf dem Old Post ununterbrochen ein Heiliges Feuer brannte, um das sich ein ausgewählter Feuerwächter mit seinen Helfern kümmerte. Auch wurden die Tage mit einer Sonnenaufgangszeremonie begonnen und mit einem gemeinsamen Gebet beendet.

Ich denke, dass eine der größten interkulturellen Verständnisschwierigkeiten zwischen westlich geprägten und indigenen Menschen in Kanada darin besteht, dass sie grundverschiedene Konzepte von Spiritualität haben. Während Erstere aufgrund einer durch europäische

Aufklärung, Französische Revolution und Liberalismus vollzogenen Säkularisierung die Religion in den Privatbereich und an sakrale Orte zurückbinden, ist bei Letzteren gerade das Gegenteil der Fall. An jeder politischen Versammlung von Indianern, sei dies an einem Kongress, an einer Ratsversammlung im Band Office oder an einer Kundgebung auf Parliament Hill in Ottawa, spielt Spiritualität in Form von Gebeten und Zeremonien eine zentrale Rolle. Entsprechend ist für die Cree und die Ojibwe die Geschichte nicht einfach ein in die Gegenwart hineinwirkender Aspekt der Vergangenheit, der sich wissenschaftlich objektivieren lässt. Nein, in ihrem Verständnis ist Geschichte etwas Heiliges, das der Wahrheit entspricht, weil die Lebenden durch sie direkt mit den Geistern der Ahnen verbunden sind. Als ich Stan Beardy, den ehemaligen Grand Chief der Nishnawbe Aski Nation und Chief von ganz Ontario, in meinem ersten Interview bat, sich vorzustellen, hat er nicht etwa seine politischen Ämter und Auszeichnungen als Würdeträger genannt, sondern seine durch Geschichte geprägte spirituelle Identität hervorgehoben: »Ich bin ein Anishinaabe, ein Mensch dieses Landes. Damit du verstehen kannst, was das ist, muss ich dir von den Legenden erzählen. Denn sie bilden mein Fundament. Sie sind meine Existenz und was ich bin. Dies ist meine kulturelle Identität und mein innerstes Wesen. Ich sage das, weil wir nicht nur physisch sind. Wir sind sehr spirituelle Menschen. Und die spirituelle Verbundenheit kommt vom Erzählen der Geschichten. Wir sind mit allem verbunden, was uns umgibt. Auch wenn wir es nicht sehen können, sind wir Teil eines Plans größerer Dinge.«[77]

Gemäß dem Verständnis vieler meiner Gesprächspartner besteht jeder Mensch aus einem physischen, emotionalen, mentalen und spirituellen Teil. Erst das harmonische Zusammenspiel dieser vier Komponenten ermögliche ein gesundes Leben. Das aktive Eingebunden-Sein in eine spirituelle Weltanschauung ist somit Teil indigener Identität und wirkt sich direkt auf das körperliche und seelische Wohlbefinden aus. Dabei spielt es keine entscheidende Rolle, ob jemand einer christlichen oder anderen Religion angehört, den traditionellen Weg beschreitet oder beides in Einklang bringt. Doch der Bezug zum Land und den Ahnen muss gewährleistet sein. Denn dies ist die Quelle der gesamten Existenz. Ist dies der Fall und stehen die vier menschlichen Grundelemente damit in einer Balance, lässt sich nach eigener Art und Weise ein gutes Leben in dieser Welt führen. Für dieses ganzheitliche Konzept haben die Cree und die Ojibwe die Bezeichnung ›Bimaadiziwin‹. Gemeint ist mit diesem Ausdruck die Suche nach einem langen Leben, das frei von Hunger, Krankheit und Feinden ist und auf den eigenen Legenden und Gesetzen basiert, die ihren Ursprung im Land haben.[78] Zudem bedeutete es, dass man sich mit traditioneller Nahrung versorgen kann. Denn die Tiere wie etwa Elche, Karibu, Biber, Gänse und Fische sind ebenfalls Teil des Lands und des darin fließenden Wassers. Sie werden als Geschwister betrachtet. Wenn man sie tötet, bittet man ihre Geister um Verzeihung und betet für sie. Man zollt ihnen Respekt, indem man all ihre körperlichen Bestandteile verwertet und nichts wegwirft. Als vom Großen Geist bestimmte Hüter der Erde halten die Cree und Ojibwe das Gleichgewicht auf dem Land aufrecht und sorgen dafür, dass die Tiere in Freiheit ihrer inneren Lebensbestimmung nachgehen können. Diese wiederum danken es den Menschen, indem sie ihnen Nahrung und Materialien für Werkzeuge, Kleider und Zelte schenken und ihnen auch in Träumen, Visionen und Legenden spirituell zur Seite stehen.

Gewiss war die Welt der Cree und Ojibwe vor Ankunft der Europäer kein Garten Eden. Es gab Krankheiten, gelegentliche Hungersnöte, Konflikte mit benachbarten Nationen über Jagdgebiete und Streitereien in den eigenen Familien. Die Vorstellung von Bimaadiziwin gab den Menschen jedoch Orientierung und veranlasste sie, wo immer möglich, ein gutes Leben mit allen Wesen ihrer Umgebung zu führen. Auch hatten sie es stets selbst in der Hand, Gegensteuer zu geben, wenn etwas nicht mehr in der Balance war, und konnten freie Entscheidungen treffen, die dem Wohl ihrer Gemeinschaft dienten. Diesem Grundsatz verpflichtet, bemühten sie sich auch um ein ausgewogenes Verhältnis mit den ersten Europäern, die an den Ufern der Hudson und James Bay ihre Handelsposten errichteten. Sie halfen ihnen, in dieser für sie ungewohnten und harschen Umgebung zu überleben, lieferten ihnen Pelze für den Export in ihre Herkunftsländer und erhielten im Gegenzug neue Produkte wie Gewehre, Metallkessel oder eiserne Äxte, die ihnen das Leben bedeutend erleichterten.

Während sich alle indianische Nationen der Great Plains wie die Sioux oder die Blackfoot im Mittleren Westen der USA und Kanada durch Krankheiten, Kriege und drastisch schwindende Büffelherden völlig geschwächt ergeben mussten und spätestens im letzten Drittel des 19. Jahrhunderts in Reservate eingepfercht waren, konnten die Cree und Ojibwe im Norden noch weitere hundert Jahre ihr traditionelles Leben einigermaßen fortführen. Ihre Reservatssiedlungen entstanden erst in den 1960er-Jahren. Bis dahin lebten viele weiterhin auf dem Land, wo sie auf genau bestimmten, seit Menschengedenken existierenden und dem Jahreszyklus angepassten Routen den verschiedenen Tierarten nachzogen. Die meisten Indianer mit Jahrgang 1960 und älter, die ich im nördlichen Ontario traf, berichteten mir, dass sie noch im Tipi geboren wurden. Auch konnte ich mit vielen Elders nur mithilfe eines Dolmetschers kommunizieren, da sie kein Englisch sprachen. Einige hatten sicherlich gewisse Kenntnisse, wollten aber aus verständlichen Gründen diese in der Residential School aufgezwungene Kolonialsprache nicht mehr verwenden oder haben sie inzwischen wieder vergessen. Andere wurden als Kinder von ihren Eltern im ›Busch‹, wie sie den borealen Wald nennen, versteckt. Somit entgingen sie der Verschleppung durch Indianeragenten und lernten nie Englisch. Die Cree und Ojibwe haben ihr Land weder durch einen Krieg verloren noch verkauft. Weshalb aber wurden sie zunehmend vom kanadischen Staat abhängig und schließlich vor wenigen Jahrzehnten in die Sesshaftigkeit getrieben? Könnten sie denn heute kein freies und unabhängiges Leben mehr führen? Denn das von ihnen bewohnte traditionelle Territorium ist beinahe so groß wie Frankreich, aber nur von wenigen Tausend Menschen besiedelt. Es würden also mehr als genügend Ressourcen zur Verfügung stehen.

Im hohen Norden Ontarios präsentiert sich uns ein koloniales System, das auf den ersten Blick harmlos erscheint. Oberflächlich betrachtet, wirkt es sogar human. Denn es floss kein Blut und es kam nicht zu kriegerischen Massakern, wie dies bei der teilweise von genozidalen Abschlachtungen begleiteten Ausdehnung der USA der Fall war, worüber Aram Mattioli in seinem ergreifenden und lesenswerten Buch *Verlorene Welten* schreibt.[79] Nein, im kanadischen Norden wirkte der Kolonialismus subtil. Man verhandelte mit den Indigenen und schloss Verträge, die man mit einem gemeinsamen Festmahl feierlich besiegelte. Dabei versprach man ihnen, sie dürften weiterhin wie gewohnt überall jagen, fischen und Fallen stellen. Zudem erhielten sie jährliche Geldzahlungen. Doch das stetig wachsende und immer gieriger werdende koloniale Machtzentrum besaß zahlreiche, für viele zunächst unsichtbare, aber äußerst kraftvolle Tentakel, mit denen es auf unterschiedliche Art und Weise tief ins Land der Cree und Ojibwe eingriff und selbst die Erde durchwühlte. Jener lange Greifarm, der die Kinder von ihren Eltern und Verwandten entriss, war zwar vermutlich der schrecklichste und zerstörerischste, aber dennoch nur einer unter vielen. Denn dies sei bereits vorweggenommen: All diese Eingriffe zusammengefasst hatten fatale Auswirkungen auf die indigene Gesellschaft im nördlichen Ontario und zwangen die Menschen schließlich zur Sesshaftigkeit in den ihnen zugewiesenen Reservaten.

Zu Beginn des 20. Jahrhunderts wurden Staudämme errichtet und traditionelles Land überschwemmt, ohne die Betroffenen vorher zu informieren. Staatsbeamte konfiszierten Fischernetze und entführten Menschen, von denen seither jede Spur fehlt. Später flogen sie mit Wasserflugzeugen über das Land, verscheuchten die Tiere und verbreiteten Angst und Schrecken, sodass sich Familien im Dickicht verstecken mussten, da sie gemäß den unlängst von den Kolonialherren erlassenen Gesetzen unerlaubterweise zu viele Biber gejagt hatten, um nicht zu verhungern. Gleichzeitig stellten die Beamten Lizenzen für Euro-Kanadier aus, damit sie kommerziellen Fischfang betreiben und ganze Seen leer fischen konnten. Dann leiteten Ingenieure Flüsse nach Süden um, sodass Fischbestände für immer verschwanden. Mineure bauten Edelmetalle ab und verseuchten dadurch mit giftigen Chemikalien die Gewässer, aus denen die Menschen tranken. Als sich 2008 ein Chief und seine Ratsmitglieder dagegen wehrten, dass ein Rohstoffkonzern von der Provinz Ontario die Erlaubnis erhalten hatte, auf ihrem traditionellen Gebiet Edelmetalle abzubauen und dadurch ihren lebenserhaltenden See zu verschmutzen, ließ man die Aktivisten umgehend wie Schwerkriminelle verhaften und brachte sie für Monate hinter Gitter. Schließlich gab es noch diesen anglikanischen Priester, der in den 1970er- und 1980er-Jahren mit seinem Wasserflugzeug von Reservat zu Reservat flog und in den völlig abgelegenen indianischen Dörfern seine seelsorgerischen Dienste anbot. Gut aussehend, charismatisch und charmant, wurde er von den Indianern als Mann Gottes geschätzt. Was sie nicht erkennen konnten und nie im Traum für möglich gehalten hätten, war, dass er geschützt in der Isolation des nördlichen Ontarios ihre Kinder missbrauchte und sexuell ausbeutete. Schätzungsweise 500 Knaben waren seine Opfer, von denen einige nie darüber hinwegkamen und sich umbrachten. Für seine Schandtaten saß der Geistliche lediglich eine fünfjährige Gefängnisstrafe ab.

Über all das und vieles mehr haben mir die Menschen im nördlichen Ontario berichtet. Zusammengefasst zeichnen ihre Erzählungen ein klares Bild, wie der kanadische Kolonialismus in seiner gesamten Breiten- und Tiefenwirkung konzipiert ist und was seine unterschiedlichen

Mechanismen für die Betroffenen selbst bedeuten. Die Nationalstaatswerdung Kanadas ist eine Geschichte von Landraub, Vertreibungen, demonstrativer Machtausübung gepaart mit eifriger Missionstätigkeit, die kulturelle Verständnisschwierigkeiten zum eigenen Vorteil nutzte und unter Vortäuschung falscher Versprechen zu maßloser Ausbeutung und totaler Entwurzelung führte. Dabei hatte im Norden alles relativ friedlich begonnen, als die ›Wemistigosiwak‹, also die ersten Männer in Schiffen aus Holz, im 17. Jahrhundert an der James Bay auftauchten. Sie brauchten die Cree und Ojibwe, um in dieser unwirtlichen Gegend zu überleben, und gaben ihnen im Gegenzug Gegenstände für mehr Komfort. Doch gut 200 Jahre später, als viele Hundert Kilometer weiter südlich das Dominion Kanada geschaffen war, sollte der ultimative Herrschaftsanspruch der Weißen auch in den indianischen Lebensraum im Norden vordringen. Dabei ignorierten die aus Ottawa gesandten Beamten seit Menschengedenken bestehende Regeln, führten koloniale Gesetze ein und versuchten die Indigenen mit allen ihnen zur Verfügung stehenden Mitteln von ihrem traditionellen Land zu trennen. Dadurch störten sie das Konzept von Bimaadiziwin derart, dass für die meisten das gute Leben komplett aus dem Ruder lief. Für die neuen Kanadier zählte weder die inzwischen schon jahrhundertealte Partnerschaft mit indigenen Menschen, noch wussten sie deren Kultur wertzuschätzen. Ihr wahres Interesse galt vielmehr dem Abbau gigantischer Ressourcenvorkommen in Form von Diamanten, Edelmetallen, Erdöl, Wasserkraft und Holz. Die Neuankömmlinge fanden reichlich viel davon, aber die Spiritualität des Landes blieb ihnen verborgen.

Pelzhandel

»Du solltest unbedingt mit Louis Bird sprechen«, empfahl mir Joyce Hunter, als mir gerade der scharfe Curry auf der Zunge brannte und Schweißperlen auf die Stirn trieb. Wir aßen in einem indischen Restaurant in Thunder Bay zu Mittag. Immer, wenn ich Joyce traf, gab sie mir wertvolle Hinweise für meine weiteren Recherchen. Als ehemalige Journalistin und politisch tätige Cree-Aktivistin verfügte sie in der indianischen Gemeinde über ein großes Netzwerk und wusste mir stets mit Rat und Tat weiterzuhelfen, wenn ich eine Frage hatte oder etwas nicht genau verstand. »Louis ist einer unserer angesehensten Historiker. Bereits in den 1970er-Jahren hat er damit begonnen, Elders zu interviewen und ihre Geschichten auf Tonband aufzuzeichnen.«

Es war mir sehr wichtig, mich mit einem indianischen Historiker zu unterhalten, der mit der mündlichen Überlieferung seiner Nation bestens vertraut war und mir die für ihn relevanten Aspekte aufzeigen konnte. Über den Pelzhandel in Kanada existiert zwar reichlich Literatur. Manager der HBC-Handelsposten hatten nämlich akribisch Journale geführt. Diese und eine Vielzahl weiterer historischer Dokumente sind im Archiv von Manitoba in Winnipeg einsehbar. Da jedoch all diese schriftlichen Zeugnisse von Europäern verfasst wurden, geben sie in erster Linie deren Sichtweise wieder. Erst die jüngere Forschung seit den 1990er-Jahren hat mittels Einbezug indigener Überlieferung dieser Einseitigkeit entgegengewirkt und neue Erkenntnisse gewonnen.[80] Wenn man sich mit der Geschichte des Zusammentreffens zweier verschiedener Kulturen beschäftigt, empfiehlt sich, die jeweiligen Überlieferungsmethoden ergänzend miteinander in Bezug zu setzen. Ich hatte mich dazu entschieden, erst zuzuhören und dann zu lesen. Denn nur dadurch erhält man einen einigermaßen ausgewogenen Einblick in eine Welt, die heute indigenen wie nicht-indigenen Menschen in Kanada fremd geworden ist. Schriftliche Dokumente haben den Vorteil, dass sie betreffend zeitlicher und quantitativer Angaben relativ präzise sind. Doch aufgrund von Tippfehlern oder beschönigten Darstellungen ist auch bei ihnen Vorsicht geboten. Sie können aber beispielsweise das genaue Datum eines Ereignisses angeben und beschreiben, wer daran beteiligt war oder wie viele Biberpelze in einer Saison gehandelt wurden. Diese Exaktheit vermögen mündliche Erzählungen nicht zu liefern. Dafür geben sie Einsichten in die qualitative Bedeutung eines Ereignisses für die damaligen Menschen und auch über deren Befindlichkeiten hinter den bloßen Fakten. Beide Methoden historischer Vermittlung haben ihre Vor- und Nachteile. Kombiniert jedoch ermöglichen sie ein einigermaßen ausgeglichenes Geschichtsverständnis.

»Wo lebt denn Louis Bird?«, wollte ich nun von Joyce wissen. »Er gehört, wie ich auch, der Winisk First Nation an und wohnt in Peawanuck an der Hudson Bay auf unserem traditionellen Land.« Ich wusste, dass Peawanuck die abgelegenste Destination in ganz Ontario war. Sie ist nur auf dem Luftweg mit mehreren Zwischenstopps und in der kalten Jahreszeit während einiger Wochen auf der längsten Winterstraße der Welt erreichbar. Die Reise dorthin würde ein Vermögen kosten und viel Zeit in Anspruch nehmen. Als hätte sie meine Gedanken gelesen, ergänzte Joyce: »Vielleicht hast du Glück und triffst ihn irgendwo im Süden Ontarios.« Fortuna erwies sich mir, wie so oft in der indianischen Welt, tatsächlich hold. Nur wenige Wochen später lernte ich Louis am *National Treaty Gathering* persönlich kennen. Dieser indianische Großanlass fand in der letzten Augustwoche 2017 auf dem Gelände der Taykwa Tagamou Nation in der Nähe von Cochrane, Ontario, statt. Vertreter von First Nations aus dem ganzen Land waren anwesend. Sie diskutierten über die Geschichte der nationalen Vertragsschließungen mit der britischen Monarchie seit 1871 sowie über die aktuellen Beziehungen zum kanadischen Staat.

Mike Metatwabin, ein ehemaliger Chief von Fort Albany, war bei der Veranstaltung als Dolmetscher für Cree-Elders tätig und übersetzte für sie die englischen Referate simultan. Wir hatten uns im Sommer 2016 in Ottawa kennengelernt und waren miteinander in Kontakt geblieben. Wie Joyce Hunter half mir Mike bei meinen Recherchen. Er hatte mich auch auf das *Treaty Gathering* aufmerksam gemacht und mich als Beobachter eingeladen. Vor Ort stellte er mir viele Chiefs und Elders vor, mit denen ich mich austauschen konnte. Der Kongress wurde mit einem lebensfrohen Cree-Fest abgeschlossen, an dem ich erneut die indianische Gastfreundschaft mit Tanz, Musik und traditionellen Speisen genießen durfte. Mike veranlasste, dass ich beim Essen neben Louis Bird sitzen konnte. Er war mit seiner Frau und weiteren Elders mit einem Charterflugzeug aus Peawanuck angereist. Seine historischen Ausführungen fesselten mich sofort. Viele Elders sind großartige Geschichtenerzähler. Doch da sie meist kein Englisch sprechen, musste ich oft auf die Unterstützung eines Übersetzers zurückgreifen. In solchen Momenten habe ich mir immer gewünscht, ich hätte Cree oder Ojibwe gelernt. Denn auf Englisch geht vieles verloren, vor allem was die bildliche Beschreibung des Lands betrifft. Oft wurde mir mitgeteilt, dass Elders eine visuelle, plastische Sprache benutzen, mit der sie lebendige Gemälde in allen Farbtönen vor dem geistigen Auge der Zuhörer in den Raum projizieren können. Da Louis Englisch sprach, erhielt ich eine eindrückliche Kostprobe indianischer Erzählkunst. Seine sympathische Gestik, sein angenehmer Tonfall gepaart mit spitzbübischem Lachen, dann wieder dramatische Episoden, in denen er seine variationsreiche Stimme senkte, leiser wurde und schließlich überraschend ein einziges Wort in den Raum warf – all dies zog mich sofort in seinen Bann. Als ich später erfuhr, dass er am International Storytelling Festival 1999 im US-amerikanischen Bundesstaat Kentucky mit einem Preis ausgezeichnet worden war, erstaunte mich dies keineswegs.

Louis Bird wurde am 4. März 1934 auf dem moorähnlichen Gebiet, das die Cree ›Mushkeg‹ nennen, zwischen den damaligen HBC-Handelsposten Fort Severn und Winisk geboren.[81] Seine Familie führte, abgesehen vom katholischen Glauben, den sie im 19. Jahrhundert von Missionaren übernommen hatte, den traditionellen Lebensstil weiter. Sie wanderte durch das Land, jagte, fischte und handelte mit Tierfellen. Als Knabe verbrachte Louis Anfang der 1940er-Jahre insgesamt vier Jahre in der St. Anne's Indian Residential School in Fort Albany. Nach seiner Rückkehr erhielt er von seinen Eltern und Elders eine indianische Ausbildung. Aufgrund praktischer Erfahrungen eignete er sich ein breites Wissen über die Küste und das Flachland der Hudson Bay an. Auch lernte er, wie man unter klimatischen Extrembedingungen auf dem Land überlebt. Bereits als Junge interessierte er sich für die alten Überlieferungen. Stetig bat er die Elders, ihm Geschichten zu erzählen, von denen schon die Großeltern ihrer Großeltern berichtet hatten. Diese prägte er sich fest ein.

Mitte der 1950er-Jahre erlebte Louis die gewaltigen Veränderungen, die die kleine inzwischen um den Handelsposten entstandene Siedlung Winisk betrafen. Auf einmal war der sich global ausbreitende Kalte Krieg mitten im abgelegenen indianischen Gebiet angelangt. Kanada errichtete auf dem der Siedlung gegenüberliegenden Ufer des Winisk River eine Radarfrühwarnstation. Für den Aufbau wurden etwa 1000 Arbeiter angeworben, deren Präsenz das indigene Leben stark beeinflusste und belastete. Gleichzeitig bot es den Cree aber auch neue Erwerbsmöglichkeiten. Louis heuerte bei der Radarstation als Handwerker an. Später verrichtete er verschiedene Jobs, etwa als Baumaschinenführer, Holzfäller oder Vermessungsassistent, die ihn in verschiedene indianische Gemeinden an der westlichen Hudson und James Bay führten. Dort nutzte er jede Gelegenheit, den historischen Erzählungen der Elders zuzuhören. Da er sich nicht mehr alle Geschichten merken konnte, kaufte er sich zu Beginn der 1970er-Jahre ein Aufnahmegerät. Die meisten Elders wollten sich jedoch nicht aufnehmen lassen. Folglich musste er ihnen wie gewohnt weiterhin aufmerksam zuhören, sprach aber unmittelbar danach zu Hause ihre Erzählungen auf Band. Auf diese Weise entstanden zahlreiche Tonbänder mit Legenden, Mythen und Geschichten der Swampy-Cree im Einzugsgebiet der Hudson und James Bay. 2003 ermöglichten finanzielle Mittel von Canadian Heritage und weiteren Institutionen die Transkription von etwa 80 englisch- und creesprachigen Aufzeichnungen, die auf einer Internetseite der Allgemeinheit zur Verfügung stehen.[82]

Nach dem Essen wurde Louis mit seiner Reisegruppe abgeholt und mit einem Kleinbus nach Cochrane ins Motel gebracht. Obschon er nach dieser langen Woche sehr müde war, lud er mich ein, am späteren Abend vorbeizukommen, damit ich ihn interviewen könne. Da er bereits am nächsten Tag abreiste, war ich sehr dankbar für diese einmalige Gelegenheit. Ich hatte viele Fragen im Kopf und war gespannt, was er mir auch über den Pelzhandel erzählen würde. Denn der erste Kontakt zwischen Indianern und Europäern auf dem Gebiet, das bald Kanada heißen sollte, war historisch betrachtet außergewöhnlich. Während der europäische Kolonialismus in Übersee meist zu Eroberungen und Vertreibungen führte, waren die interkontinentalen Beziehungen am Sankt-Lorenz-Strom und an der Hudson und James Bay hauptsächlich durch die für beide Seiten nützliche Zusammenarbeit in der Fischerei und im Pelzhandel geprägt. Die Europäer, die mehrheitlich aus Frankreich und England stammten, waren an Tierfellen interessiert und die Indianer an Objekten aus Metall wie Gewehre, Kessel oder Beile. Der darauffolgende Austausch entwickelte sich zu einem Handel, der während 200 Jahren zum wichtigsten Wirtschaftszweig in der besagten Region wurde.[83] Überschattet wurde diese ökonomische Zusammenarbeit jedoch durch die von Europa eingeschleppten Krankheitserreger, die auch in Kanada unter der indigenen Bevölkerung verheerende Auswirkungen hatten. Besonders schlimm traf es zunächst die Mi'kmac, die an der Ostküste als Erste Handelsbeziehungen mit den Europäern eingegangen waren. Sie wurden bereits in der zweiten Hälfte des 16. Jahrhunderts von drei heftigen Pockenepidemien heimgesucht, denen etwa 9000 der insgesamt 12 000 Mi'kmac zum Opfer fielen.[84]

Das historisch Neue seit Christoph Kolumbus war, dass der Atlantik durch den zunehmenden Güter- und Personentransport zwischen Afrika, Amerika und Europa zu einem Binnenmeer wurde. Ansonsten muss aber angemerkt werden, dass das Prinzip des Fernhandels nicht von Europa nach Nordamerika exportiert wurde. Ebenso sind Städte keine europäische Erfindung. Die Indianer kannten bereits ein uraltes Netz von

Handelsrouten, das sich über weite Teile Nordamerikas erstreckte. In der vorkolumbianischen Zeit bildete die Stadt Cahokia, beim Zusammenfluss von Missouri und Mississippi in der Nähe des heutigen St. Louis, einen zentralen Knotenpunkt für den kontinentalen Austausch von Gütern wie Kupfer, Feuerstein, Obsidian, Muscheln, Tonwaren, Körbe, Trockenfleisch oder Schmuck. Sie war mit einer Mauer befestigt und zählte um das Jahr 1250 vermutlich etwa 40 000 Einwohner. Damit war sie damals größer als London und übertraf bezüglich Einwohnerzahl die meisten europäischen Städte nördlich der Alpen. Warum sie Ende des 14. Jahrhunderts schließlich nach einem längeren Niedergang ganz aufgegeben wurde, ist nicht restlos geklärt. Doch Fundgegenstände an der Ausgrabungsstätte, wo man die eindrücklichen Pyramidenhügel bestaunen kann, belegen, dass sie ein wichtiges Handelszentrum war, dessen Einfluss von den Großen Seen bis zum Golf von Mexiko reichte.[85]

Der Güteraustausch mit den Europäern war für die Indianer also keine Innovation, sondern lediglich eine Erweiterung ihres bereits bestehenden Fernhandelssystems. Man könnte auch sagen, dass sie die Europäer einfach an ihrem Handel teilhaben ließen.[86] Dabei verhält es sich interessanterweise so, dass zu Beginn der gegenseitigen Beziehungen in Kanada die Indianer die angereisten Europäer stärker beeinflussten, als dies umgekehrt der Fall war. Denn Letztere waren mit dem für sie neuen Lebensraum überhaupt nicht vertraut und mussten sich, wenn sie den ersten harten Winter überleben wollten, auf indianisches Wissen verlassen und sich den lokalen Bedingungen anpassen. Dies galt insbesondere für die ›Coureurs de Bois‹, also die französischen Waldläufer, die in der Frühphase des Pelzhandels eigenständig aufs Land hinauszogen und dort mit den Indianern zusammenlebten.[87] Ohne indianische Schneeschuhe und Proviant wären sie in den harten Wintermonaten nicht weit gekommen. Auch mussten sie auf die Ortskundigkeit der lokalen Bevölkerung zählen, wollten sie sich nicht in der Weite des Lands verirren oder mit dem Kanu bei Stromschnellen in Felsen krachen und havarieren.

Biberpelze waren für die europäischen Händler, die nach Nordamerika kamen, ein äußerst wertvolles Gut, das sie von den Indianern günstig erwerben konnten. Sie waren leicht zu transportieren und erzielten in Europa große Gewinne, weil man dort die Tiere aufgrund der großen Nachfrage und Trockenlegungen ihrer Habitate für landwirtschaftliche Nutzung beinahe ausgerottet hatte. Beliebt war ihr Pelz in einer Zeit, als es noch keine Regenschirme gab, besonders wegen seiner Wasserundurchlässigkeit. Zudem war er ideal für die Herstellung von hochwertigen Filzhüten.[88] An der kanadischen Ostküste hatte der Pelzhandel im frühen 16. Jahrhundert begonnen und sollte sich in den nächsten Dekaden rasant nach Westen ausdehnen. Der erste Europäer, der auf dem Wasserweg ins Landesinnere vordrang, war der französische Seefahrer Jacques Cartier (1491–1557). Er erkundete auf mehreren Exkursionen zwischen 1534 bis 1542 den Sankt-Lorenz-Golf und den gleichnamigen Strom. Dabei gelangte er bis zu den mit Palisaden befestigten Irokesen-Dörfern Hochelaga und Stadacona, an deren Stellen im 17. Jahrhundert Montreal und Quebec gegründet werden sollte. Neben Irokesen traf er auf seinen Reisen auch Mi'kmaq, Montagnais und Algonquin, mit denen er erste Tauschgeschäfte tätigte. Die Franzosen hofften jedoch, eine Westpassage in den Fernen Osten zu finden, um allenfalls in den neuen Ländereien das Modell, das die Spanier in Südamerika errichtet hatten, kopieren zu können. Dieses basierte nicht auf Handel, sondern auf Siedlungskolonisation und der Ausbeutung der indigenen Bevölkerung, die als Arbeitskräfte in der Landwirtschaft und für den Abbau wertvoller Rohstoffe versklavt und gleichzeitig missioniert wurden.

Cartier hatte von Indianern von einem sagenumwobenen Königreich Saguenay gehört, in dem Gold und Silber in rauen Mengen vorkommen sollten. Diese Erzählung ließ ihn von einem bevölkerungs- und rohstoffreichen Land träumen, und er war überzeugt, im Hinterland des Sankt-Lorenz-Stroms beste Voraussetzungen für die Kolonisation vorzufinden. Voller Hoffnung auf die Entdeckung eines neuen El Dorado gründete er mit 350 Siedlern 1541 auf dem Gebiet der heutigen Stadt Quebec die erste französische Niederlassung in Nordamerika. Zu Ehren des Herzogs Charles von Orléans, dem jüngsten Sohn des französischen Königs François I., nannte er sie Charlesbourg-Royal. Die Kolonie wurde aber bereits nach zwei Jahren wieder aufgegeben. Denn erstens hatten sich das angebliche Gold und die Diamanten, die Cartier seinen Geldgebern in Frankreich vorgelegt hatte, um das enorme Potenzial des neuen Siedlungsgebiets zu beweisen, als Pyrit beziehungsweise Narrengold und hundsgemeinen Quarz herausgestellt. Zweitens hatten die extrem harten Winter, gelegentliche Angriffe von Irokesen, die sich durch die französische Präsenz bedrängt fühlten, sowie zahlreiche Todesfälle aufgrund von Skorbut die Siedler entmutigt.[89]

Trotz Abbruch der ersten europäischen Siedlung sollte der Pelzhandel, der ohne große Infrastruktur auskam, weiter aufblühen. Die Umgebung von Tadoussac, wo das Süßwasser des Saguenay in den salzigen Sankt-Lorenz fließt, bot seit Menschengedenken beste Voraussetzungen, um Wale und Robben zu jagen. Lange bevor die Europäer auftauchten, tauschten die dort ansässigen Innu, später von den Franzosen aufgrund ihrer hügeligen Wohngebiete ›Montagnais‹ genannt, mit Vertretern anderer indigener Nationen von der James Bay oder den Großen Seen an dieser Stelle ihre Waren. Die Europäer brauchten nur hinzusegeln, um sich ebenfalls am dort stattfindenden Handel zu beteiligen.[90] Ihre zunehmende Präsenz und der Anreiz der Indianer auf neue Produkte etablierten Tadoussac um etwa 1580 schließlich als wichtigstes Handelszentrum der Region. Dass der Ort an einer ausgeprägten indianischen Handelsroute lag, sieht man daran, dass dort erworbene europäische Gebrauchsgegenstände bereits ein Vierteljahrhundert vor den ersten Europäern zu den Großen Seen gelangten.[91]

Die dauerhafte französische Besiedelung des Gebiets entlang des Sankt-Lorenz-Stroms ist mit den Forschungsreisen von Samuel de Champlain (1574–1635) verbunden. 1608 legte er den Grundstein für die spätere Stadt Quebec und 1611 für Montreal. Mit diesen beiden zunächst als Handelsposten betriebenen Siedlungen sollte der Pelzhandel am Sankt-Lorenz-Strom monopolisiert werden.[92] Champlain schloss mit den Huronen und Algonquin-Nationen Bündnisse gegen die mit ihnen verfeindeten Irokesen. Der sich zunehmend nach Westen verlagernde Handel und die dadurch mittransportierten europäischen Krankheitserreger hatten erheblich dazu beigetragen, dass sich die Kräfteverhältnisse unter den indianischen Nationen entscheidend veränderten. Einerseits wurden die Gesellschaften durch weitere Epidemien geschwächt. Als 1634 und 1639 erneut die Pocken ausbrachen, wurden zuerst die Montagnais am Sankt-Lorenz-Strom und später die etwa 1000 Kilometer weiter westlich lebenden Huronen bei den Großen Seen stark in Mitleidenschaft gezogen.[93] Andererseits verschafften europäische Waffen und Werkzeuge denen, die sie besaßen, militärische Vorteile und sorgten für bessere Produktionsbedingungen im Ackerbau oder beim Schlagen von Feuerholz. Da diese Güter jedoch nur für die von den Europäern begehrten Pelze von Bibern, Ottern oder Nerzen erworben werden konnten, musste die Jagd danach intensiviert werden. In der Folge wurden ganze Tierpopulationen derart dezimiert, dass man das Jagdgebiet ausdehnen musste und zwangsläufig mit benachbarten Nationen in Konflikt geriet.

Mit der Zeit kam es zu immer heftigeren kriegerischen Auseinandersetzungen, die schließlich in den sogenannten Biberkriegen gipfelten. Dabei versuchten die fünf Nationen der Irokesenföderation Ende der 1630er-Jahre, nach Westen und Süden ins Gebiet der mit Frankreich verbündeten indianischen Nationen, wie Huronen oder Ottawa, einzudringen. Die Irokesen pflegten seit dem 16. Jahrhundert Handelsbeziehungen mit Holländern und Briten, die sich weiter südlich ansiedelten, und waren ebenfalls im Besitz von Gewehren und Schießpulver. In der Folge wandelte sich das Gebiet der Großen Seen bis zum Sankt-Lorenz-Strom zu einer blutigen Kriegszone und sollte erst 1701 mit dem Frieden von Montreal wieder zur Ruhe kommen. Das Abkommen, das von 39 indianischen Chiefs und den Franzosen, die als Schiedsrichter auftraten, unterzeichnet wurde, beendete sämtliche kriegerische Auseinandersetzungen in der Region und sorgte für Stabilität, indem es allen Parteien freien Zugang zum Güteraustausch gewährte. Zudem erklärten sich die Irokesen einverstanden, sich bei künftigen Konflikten zwischen Engländern und Franzosen neutral zu verhalten.[94] Dies sicherte Frankreich für sein neu erschlossenes Territorium nördlich der britischen Kolonien für die nächsten Jahrzehnte die Vorherrschaft von der Küste Labradors über den Sankt-Lorenz-Strom bis zum Gebiet um die Großen Seen. Erst 1763, nach dem Ende des Siebenjährigen Kriegs, der in Nordamerika als ›French and Indian War‹ ausgefochten wurde, mussten die Franzosen ihre kolonialpolitischen Ambitionen in der nordwestlichen Hemisphäre definitiv begraben und bahnten durch ihren erzwungenen Rückzug dem britischen Empire den Weg.[95]

Louis Bird erwartete mich schon und öffnete die Tür seines Motelzimmers, als er mich mit dem Mietwagen vorfahren hörte. Wir setzten uns an einen kleinen Tisch und ich machte mein Aufnahmegerät bereit. Sobald die Aufzeichnung lief, erfuhr ich, dass die Cree an der Hudson Bay auch bereits vor Ankunft der Europäer an der Küste oder an Flussufern ständig fremden Menschen begegnet waren. Einige kamen in friedlicher Absicht und wollten handeln, andere entführten Leute: »Mohawks und Mi'kmaq kamen hierher. Sie nahmen unsere Söhne und Töchter mit in den Süden, um sich mit ihnen zu verheiraten. Dadurch wollten sie frisches Blut in ihre Familien bringen, um Krankheiten zu verhindern.«[96] Doch manchmal konnten Entführungen auch andere, undurchschaubare Gründe haben. Louis erwähnte beispielsweise die Geschichte eines jungen Cree, der von unbekannten Kriegern gekidnappt und in ein Dorf weit unten im Süden verschleppt wurde. Dort sollte er eines nachts rituell geopfert werden. Mit List und schamanischen Kräften gelang ihm aber kurz vor seiner Hinrichtung auf geheimnisvolle Weise die Flucht und er konnte an die Hudson Bay zurückkehren.[97]

Wer hinter der Entführung steckte, bleibt im Dunkeln. Das Auftauchen der Irokesen an der Hudson und James Bay ist hingegen tief im kollektiven Gedächtnis der Cree verankert. Als ich in Kitchenuhmaykoosib Inniniwug war, also bei den Menschen am Big Trout Lake, berichtete man mir, besonders die Mohawk hätten in der Region Angst und Schrecken verbreitet. Elders in Fort Albany wussten von einer Begebenheit zu berichten, der zufolge hundert Irokesen in zehn großen Kanus den Sturgeon River flussabwärts gepaddelt seien. Dort, wo dieser in den Albany mündet, hätten die Cree sie jedoch überrascht und allesamt getötet. Weil man an besagter Stelle nach der nächsten Eisschmelze menschliche Knochen im Wasser habe treiben sehen, hätte man den Fluss in Ghost River, also Geisterfluss, umbenannt. Es lässt sich zwar nicht mit Sicherheit beantworten, weshalb die Irokesen auf ihren Streifzügen derart weit in den Norden vordrangen. Gewiss lag es aber unter anderem daran, dass sie in der Mitte des 17. Jahrhunderts den Pelzhandel stärker kontrollieren und den Einfluss der Franzosen zurückbinden wollten. Zudem benötigten sie mehr Pelze und jene der Tiere weiter nördlich wiesen diesbezüglich aufgrund des kälteren Klimas eine besonders hohe Qualität auf. Um 1680 stellten sie ihre langen Kriegs- und Erkundungszüge ein, weil sich diese aufgrund logistischer Probleme, Schwächungen durch Krankheiten und Kriege nicht mehr fortsetzen ließen.[98]

Die mündlichen Überlieferungen der Cree beinhalteten auch Prophezeiungen, die den Zeitgenossen jedoch oft als codierte Botschaften mitgeteilt wurden. Louis Bird gab folgende Geschichte wieder, die verschlüsselt bereits auf die Ankunft der Europäer hindeutete. Wenn ein Elder merkte, dass seine Zeit gekommen war, bat er seine Familie, ihn im Busch zurückzulassen, um sterben zu können. Er traf diese Entscheidung, damit er seinen Nächsten wegen seiner Gebrechen nicht zur Last fiel und diese, vor allem wenn Hunger drohte, sorglos weiterziehen und Nahrung suchen konnten. Genauso verhielt sich ein alter blinder Mann, der sich nicht mehr imstande fühlte, mit der Gruppe weiterzureisen. Er verabschiedete sich und begab sich an einen bestimmten Ort, um sich auf den Tod vorzubereiten. Doch er überlebte auf wundersame Weise. Stets fand er etwas Fleisch vor und hatte reichlich Trinkwasser.

Er konnte sich dieses Mysterium nicht erklären, wusste aber, dass seine Stunde noch nicht gekommen war. Einige Zeit später, es war an einem warmen Nachmittag, hörte ein junger Trapper von Weitem einen Gesang. Als er sich näherte, sah er den alten Mann, der sich am Bachufer sonnte. Er war von hohen, weißstämmigen Pappeln umgeben und sang: »Ich kann von diesen, ich kann von diesen We-mis-ti-go-si-wak nichts haben.« Er nannte also jene Bäume mit der weißen Rinde, deren Laubkronen im Wind hin- und herwehten, ›We-mis-ti-go-si-wak‹. Dieses Wort hatte der junge Trapper noch nie gehört, doch er prägte es sich ein und erzählte die Begebenheit weiter. Dies war lange bevor die Europäer kamen. Als sie dann viele Monde später mit ihren Schiffen erstmals in der Bucht auftauchten, erinnerten sich die Elders sofort an die Geschichte des alten Mannes. Sie nannten die Fremden fortan ›Wemistigosiwak‹, also Menschen in hölzernen Booten, die mit Segeln im Wind getragen werden. Denn genau dies war das Bild, das zur Überlieferung passte. Der alte Mann hatte nämlich vorausgesehen, dass sie kommen würden, aber er selbst nicht mehr mit ihnen Handel treiben könnte.[99]

Als die ersten Engländer kamen, war dies, abgesehen von den großen Segelschiffen, nichts Außergewöhnliches für die Cree an der James und Hudson Bay. Denn auch durch das sogenannte Buschtelefon, dessen direkte Verbindungslinie entlang der Handelsrouten bis zu den Montagnais in Tadoussac reichte, wussten sie längst Bescheid über die bärtigen, bärenähnlich wirkenden Männer, die besonders harte und scharfe Tomahawks und donnernde Waffen brachten. Aber im Gegensatz zu den anderen Fremden, die zuvor in ihr Gebiet gekommen waren, sollten sie ihre Welt für immer verändern. Louis Bird nannte mir die vier aus seiner Sicht entscheidenden historischen Faktoren in chronologischer Reihenfolge, die den kulturellen Wandel der Swampy-Cree unwiderruflich herbeiführten: den Pelzhandel, die Missionierung, das Abkommen mit Ottawa betreffend traditionellem Land und die Residential School. Zudem erwähnte er den Indian Act von 1876, mit dem die Weißen ihre sogenannte ›Zivilisierungsmission‹ gesetzlich definierten. Er nannte es einen vierfachen kulturellen Clash, also einen Zusammenprall oder Konflikt. Denn diese vier von den Europäern gesteuerten Phänomene liefen in ihrer Intention und Auswirkung dem Weltbild der Indianer völlig zuwider, ohne dass diese es zunächst realisieren konnten. Louis begann seine Ausführungen dazu mit einer auf den ersten Blick einfachen Beschreibung: »Im Jahr, als ich geboren wurde, gab es nur zwei Gebäude in Winisk: dasjenige der Hudson's Bay Company und eine Kirche. Diese zwei großen Bauten gehörten den weißen Menschen. Die Hudson's Bay Company wurde von einem Geschäftsmann geführt und in der Kirche war der Priester, der versuchte, die Leute hineinzulocken, o. k.?«[100]

Mir wurde erst nach dem Gespräch mit Louis vollumfänglich bewusst, wie brillant er dieses einfache Bild gewählt hatte und mir damit den Zusammenstoß zweier Kulturen, denen ganz andere Grundverständnisse zu eigen waren, mit nur wenigen Worten erklärte. Da standen also diese beiden Gebäude am Winisk River nahe der Meeresbucht als unverrückbare Symbole einer sesshaft konzipierten Welt, die sich, aus Übersee gekommen, auch über den amerikanischen Kontinenten ausbreitete und dessen Land als Besitz beanspruchte. Gleichzeitig legten die Cree nach wie vor jedes Jahr Hunderte Kilometer zurück und lebten etappenweise an verschiedenen Orten. Dann gab es den HBC-Manager, der im Posten als Geschäftsmann wirkte und seinen Lebensunterhalt damit verdiente, im Auftrag seiner Gesellschaft europäische Waren gegen Tierfelle einzutauschen, die er mit einer erheblichen Marge in den globalen Markt einspeiste. Dieses Erwirtschaften von möglichst hohem Gewinn war einer der wesentlichen Unterschiede zur indianischen Praxis. Louis sagte dazu: »Es war ein kulturell anderes Handelssystem, o. k.? Es tauchten Leute auf, die reine Händler waren und aus einer anderen Kultur kamen. Unser Handelssystem war anders, denn es gab kein Geld. Es war eher ein Austausch.«[101]

Natürlich profitierten die Swampy-Cree von neuen, durch den Handel erworbenen Gebrauchsgegenständen, da sie ihnen das Leben erleichterten und ihnen erlaubten, mehr Tiere unter einfacheren Bedingungen zu jagen. Sie behielten diese jedoch in der Regel für sich und verkauften sie nicht an Dritte weiter, um Mehrerträge zu erzielen. Grundlegend für ihr Handelsverständnis war das Gleichgewichtsprinzip. Wenn man einen Handel tätigte, ging es nicht primär darum, einen Gewinn zu erzielen, sondern jemandem etwas zu geben, das dieser benötigte. Im Gegenzug erhielt man etwas Gleichwertiges zurück, das man selbst gerade gebrauchen konnte. Gewiss gab es auch Swampy-Cree oder Oji-Cree, die am Zwischenhandel beteiligt waren und dadurch einen kleinen Gewinn machten. Ihr Anreiz mag aber primär darin bestanden haben, den Zugang sowohl zu wichtigen Nahrungsmitteln als auch zu europäischen Waren zu verbessern. Doch weder kam es dabei zur Aufgabe der traditionellen Lebensweise noch zu einer überdurchschnittlichen persönlichen

Bereicherung. Stets ging es um die Gemeinschaft, mit der praktisch alles geteilt wurde. Individueller Besitz blieb auf einige persönliche Objekte beschränkt. Darunter waren einige sakrale Gegenstände, die im Medizinbeutel mitgeführt wurden, Schmuck, Waffen und die Kleider, die man trug.

Selbst wenn der Pelzhandel bei den Indianern in den nördlichen Wald- und Moorlandschaften auch das Verlangen weckte, ökonomische Profite zu steigern, so kam es nie zu einer vergleichbaren Anhäufung von Privatbesitz wie in kapitalistischen Gesellschaften. Denn die Cree konnten nur beschränkt Waren auf ihrer Wanderschaft mitführen und deshalb waren ihnen schon aufgrund ihrer Lebensweise ökonomische Wachstumsgrenzen gesetzt. Hinzu kam, dass es Landbesitz in einem rein wirtschaftlichen Verständnis nicht gab und daher auch keine Spekulationen auf irgendwelche Bodenpreisentwicklungen oder auf andere Güter aus der Natur betrieben wurden. Land, Luft und Gewässer sowie alles, was darauf und darin existierte, wurden von allen zum Überleben gebraucht, folglich geteilt und waren die Quelle ihrer gesamten Existenz. Besitzen konnte man nur etwas, das man auch auf die Wanderschaft mitnehmen konnte: ein Beil, ein Messer, ein Gewehr. Wie aber sollte man etwa einen ganzen Fluss oder einen Wald transportieren? Privater Landbesitz war in der Vorstellung der Cree genauso absurd wie das exzessive Anhäufen von materiellen Gütern.

Das zweite Element in Louis' Bild war der Priester in der Kirche, die neben dem Handelsgebäude stand. Es verdeutlichte, wie eng koloniale Wirtschaftsinteressen mit Missionierungsbestrebungen Hand in Hand gingen. Während die HBC die Cree wirtschaftlich abhängig machen wollte, um weiterhin günstig an Pelze zu kommen, versuchten die Missionare, sie geistig an sich zu binden, damit ihre jeweilige christliche Religionsgemeinschaft weltweit weiterwachsen konnte. Die Konsequenzen für die Cree durch den Kontakt mit der HBC und der Kirche erläuterte Louis anhand folgender Ausführungen: »Sobald sich unsere Leute auf diesen Handel eingelassen hatten, der ihnen Äxte und besonders Gewehre in Aussicht stellte, waren sie am Haken. Denn sie brauchten von nun an diese Dinge. Und egal, wie viele Pelze dieser Händler wollte, du gingst aufs Land, tötetest alles und gabst es ihm, damit du diese Dinge haben konntest.«[102] Über die neue Religion sagte er: »Wenn man die Geschichte der Europäer liest, sieht man, dass sie auch wegen der Religion gegeneinander Kriege führten. Das gab es bei uns nicht. Unsere

Leute kannten keinen Gott, für den man töten muss. Auch gebrauchten sie das Wort ›Gott‹ nicht, sondern sagten eher ›Schöpfer‹ oder ›Großer Geist‹. Einige haben auch andere Bezeichnungen verwendet. Für sie war es nämlich eine alles durchströmende Kraft. Und sie wussten, Gott ist nicht dazu da, dass man sich an der Schöpfung bereichert und andere benachteiligt. Aber die Europäer instrumentalisierten die Religion, weil sie das wirksamste Mittel war, unsere Vorfahren zu manipulieren, die eins mit dem Land gewesen waren. Sie nannten es ›Mutter Erde‹. Durch das Land waren die Menschen mit dem Großen Geist verbunden. Der Schöpfer hatte ihnen dieses Land und die Sonne geschenkt. Alles blühte auf. Dies schätzten sie voller Respekt und töteten nie ein Tier ohne Grund. Auch haben sie nichts verschwendet. Alles war ein Geschenk des Großen Geistes. Er war es, der ihnen das Land anvertraute, und nicht jemand anderes.«[103]

Louis schien kurz zu überlegen und fügte laut lachend hinzu: »Er oder sie oder was auch immer! Es ist der Große Geist und braucht kein Geschlecht.« Dann fuhr er ernsthaft, aber dennoch irgendwie unverständnisvoll schmunzelnd fort: »Die Europäer haben mindestens 3000 Jahre an ihrem Gott gebastelt. Jedenfalls haben unsere Elders dies so interpretiert und gesagt: ›Die Weißen haben ihren Gott so geformt, wie sie ihn haben wollten, also bis er ihnen passte. So etwas machten wir nie.‹ Es war eben ein wirklich anderes Denken, ein anderes Konzept bezüglich dieser religiösen Dinge. Als die Europäer hierherkamen, erkannten sie, dass man die Indianer nicht von ihrem Land trennen kann. Man musste die Leute also ändern, um es in Besitz zu nehmen. Und daher haben sie die Religion gebracht, um das da zu verändern.«[104] Dabei tippte Louis mit dem Zeigefinger an seinen Kopf.

1670: Gründung der Hudson's Bay Company

1610 steuerte Kapitän Henry Hudson (ca. 1565–1611) die *Discovery* unter englischer Flagge als erstes europäisches Schiff in die später nach ihm benannte See. Er war mit seinen Leuten auf der Suche nach einer Passage, die den Atlantik mit dem Pazifik verband und die auch die Franzosen bereits gesucht hatten. Nachdem die Crew von London kommend südlich an Island und Grönland vorbeigesegelt war, die Labradorsee und eine längere nach Westen ziehende Meerestraße passiert hatte, war die

Freude Anfang August groß, da man sich fälschlicherweise bereits im Pazifik wähnte. Während der nächsten drei Monate erkundeten die Engländer das östliche Küstengebiet und einige Inseln. Im November versperrte aber erstes Eis an der Südspitze der James Bay dem Schiff die Weiterfahrt. Hudson und seine Leute waren gezwungen, die *Discovery* in der Nähe des einmündenden Rupert River an Land zu setzen, damit sie nicht durch Eisschollen beschädigt wurde und als Winterquartier dienen konnte. Obwohl sie wochenlang Ausschau nach Indianern hielten, tauchte erst im Frühjahr 1611, als das Eis bereits wieder brach, ein einziger Cree-Jäger beim festsitzenden Schiff auf. Hudson versuchte sich mit Zeichensprache zu verständigen und gab ihm ein Messer, einen kleinen Spiegel und ein paar Knöpfe. Der Jäger nahm die Gegenstände und machte eine Geste, mit der er andeutete, er werde, nachdem er geschlafen habe, zurückkehren. Sein Nachtlager musste sich in der Nähe befinden, denn er kam tatsächlich am nächsten Tag wieder. Auf einem Schlitten brachte er zwei Karibufelle und zwei Biberpelze und breitete Letztere vor sich aus. Dann legte er das Messer auf den einen und den Spiegel und die Knöpfe auf den anderen. Stillschweigend nahm er die europäischen Waren wieder an sich und überließ Hudson die beiden Pelze. Dieser zeigte ihm dann eine Hacke, wofür der Indianer bereit war, ein Karibufell einzutauschen. Doch Hudson bestand auf beiden Fellen. Auf diesen Handel wollte sich der Jäger aber nicht einlassen. Er machte einige Zeichen, welche die Engländer so interpretierten, dass im Norden und Süden weitere Indianer lebten. Zudem deutete er darauf hin, womöglich mit diesen zurückzukommen, um weitere Tauschgeschäfte zu tätigen. Dann ging er seines Weges, kam jedoch nicht wieder.

Hudson und seine Leute hielten verzweifelt Ausschau nach weiteren Einheimischen, da ihnen die Nahrung auszugehen drohte. Doch sie bekamen niemanden zu Gesicht, obwohl sie in der Ferne Feuer sahen und andere Spuren vorfanden. Die Reaktion des Cree lässt den Schluss zu, dass er Bescheid wusste, welchen Gegenwert er für seine Felle erwarten durfte. Informationen wie diese musste er von Montagnais erhalten haben. Sie machten seit einigen Jahrzehnten in der Umgebung von Tadoussac mit den Franzosen Geschäfte und gelangten von dort aus auf einer alten Handelsroute regelmäßig bis an die James Bay, um dort Handel zu treiben. Schon vor Ankunft der Europäer hatten sie den Swampy-Cree Kupfer, Quarz, Obsidian und Keramikwaren gebracht und dafür Pelze bester Qualität und Trockenfleisch erhalten. Durch sie waren auch erste europäische Waren an die James Bay gelangt. Der Cree-Jäger konnte also annehmen, dass er ohne Schwierigkeiten an verschiedene neue Waren kam, und war nicht auf den direkten Handel mit den Europäern angewiesen. Vielleicht fühlte er sich aber auch wegen Hudsons unhöflicher Verhandlung beleidigt. Oder er musste wegen der Frühlingsjagd weiterziehen und kehrte daher nicht mehr zur *Discovery* zurück. Als das Eis endlich die James Bay wieder freigab, wollte Henry Hudson die Gegend weiter erkunden und Richtung Westen segeln. Nach dem extrem harten Winter sehnte sich die Mehrheit seiner Crew jedoch nach Hause. Am 24. Juni kam es nach heftigen Streitigkeiten schließlich zur Meuterei. Der Kapitän, sein Sohn und sechs weitere, ihm loyal ergebene Crewmitglieder wurden in einem Rettungsboot ausgesetzt. Die restliche Mannschaft kehrte nach England zurück. Über Hudsons weiteres Schicksal ist nichts bekannt.[105]

Auf den in den folgenden Jahren stattfindenden Expeditionen in die Hudson Bay begegneten die Engländer keinen Indianern mehr. Weder Thomas Button, der 1612/13 erfolglos nach Henry Hudson suchte, noch Thomas James, der 1631/32 auf einer Insel im Süden jener nach ihm benannten Bay überwinterte, hatten Kontakte mit Einheimischen. Dies darf jedoch nicht darüber hinwegtäuschen, dass die Cree nicht genau wussten, was sich in ihrem Küstengebiet abspielte. In der mündlichen Überlieferung finden sich nämlich einige Erzählungen, die darauf verweisen, dass die Europäer genau beobachtet wurden. Denn die Cree kannten ihr Land und fuhren regelmäßig zu den Inseln hinaus, um Wasservögel zu jagen und zu fischen. Im Gegensatz zu den Seefahrern, denen die Hudson Bay mit dem Hinterland alles andere als lebensfreundlich erschien, war dies ihre Heimat, die ihnen Schutz bot und sie ernährte. Sie hörten die Geschütze der Fremden, sahen ihre Signalfeuer und großen Segelschiffe und dürften sich ziemlich gewundert haben, wenn diese eigenartigen Männer gelegentlich irgendwo auf einer Klippe ein großes Kreuz in den Boden rammten. Gewiss haben sich die Cree auch köstlich darüber amüsiert, wie die Fremden im Winter ohne Schneeschuhe tief in der weißen Pracht einsanken und mühsam umherirrten.[106] Aber mit ihnen in Kontakt treten wollten sie vorerst nicht.[107]

Obschon den Engländern bei ihren bisherigen Expeditionen in der Hudson Bay beim Pelzhandel kein Erfolg beschieden war, unternahmen sie 1668 einen weiteren Versuch. Angespornt von zwei französischen Pelzhändlern, die überzeugend darlegten, dass zur Zeit der Biberkriege im Land nordwestlich des von Neufrankreich kontrollierten Sankt-Lorenz-Stroms ein neuer Markt für Felle erschlossen werden konnte, entsandte der englische Prinz Ruprecht von der Pfalz (1619–1682) die beiden Schiffe *Nonsuch* und *Eaglet* nach Kanada. Letzteres musste jedoch nach einem Sturmschaden vor der Küste Irlands nach England zurückkehren. Als die Crew der *Nonsuch* schließlich im Süden der James Bay an Land ging, realisierte sie, dass die Indianer, die einst jeden Kontakt vermieden hatten, bereitwillig Waren tauschen wollten.[108] Denn durch die Kriege im Süden hatten sie inzwischen nicht mehr die gleichen Handelskonditionen und erhielten oft nur qualitativ schlechte Produkte zu einem höheren Gegenwert. Daher war es für sie nun attraktiv, mit den Engländern direkt zu handeln.[109] Diese wiederum bauten, motiviert durch gute Geschäftsbedingungen, bei der Mündung des Rupert River den Handelsposten Fort Charles, der später den Namen Rupert House trug und in dessen Umgebung heute die Cree-Siedlung Waskaganish steht.

Im nächsten Frühjahr tauchten über 300 Indianer auf, um ihre Felle zu tauschen. Die *Nonsuch* konnte ein paar Monate später voll beladen zurück nach England segeln.[110] Die Fracht ließ sich bei den angesehensten Pelzhändlern Londons absetzen. Sie brachte viel Geld ein und machte klar, dass sich das Geschäft im kanadischen Norden lohnte. Am 2. Mai 1670 unterzeichnete der englische König Karl II. eine Urkunde und gründete damit die Hudson's Bay Company (HBC). Sein Vetter, Prinz Ruprecht von der Pfalz beziehungsweise Prince Rupert of the Rhine, wurde zum ersten Gouverneur ernannt. Als könne er einfach über das Land verfügen, weil kein anderer europäischer Monarch seinen Anspruch darauf geltend gemacht hatte, gestattete Karl II. durch eine königliche Charta dem neuen Unternehmen das Monopol auf den Pelzhandel mit den Indianern im gesamten Einzugsgebiet aller Gewässer, die in die Hudson und James Bay fließen. Dieses riesige Territorium war fast vier Millionen Quadratkilometer groß und wurde nach dem ersten Gouverneur der Gesellschaft ›Rupert's Land‹ genannt. Zudem stattete der König die HBC auch mit der Gerichtsbarkeit und sämtlichen Fischerei-, Jagd- und Rohstoffabbaurechten aus. Dafür sollte die Gesellschaft ihm und seinen Erben oder Nachfolgern jeweils »zwei Hirsche und zwei schwarze Biber« entrichten, wenn sie in die Region kamen.[111]

Von Rupert House ausgehend erkundeten Angestellte der HBC das Ufer der James Bay und bauten die beiden Handelsposten Moose Factory

(1673) und Fort Albany (1679) nahe der entsprechenden Flussmündungen. Die Wahl dieser Standorte war keineswegs Zufall. Denn die Flüsse dienten den Indigenen seit Menschengedenken als Highways durch ihr weites Land. Viele Plätze, an denen sie im Sommer jeweils ihre Zusammenkünfte abhielten, befanden sich bei den Mündungen. Dort gab es während einiger Wochen genügend Nahrung, um gemeinsam die warme Jahreszeit mit Feiern, Zeremonien und Ratsversammlungen zu verbringen. Ausgrabungen an diesen Orten haben Artefakte zutage gefördert, die etwa 3000 Jahre alt sind und belegen, dass das Gebiet mindestens seit dieser Zeit von Vorfahren der Cree besiedelt war.[112] 1684 gründete die HBC mit York Factory ihren ersten Posten an der Westküste der Hudson Bay, der später zum Hauptquartier werden sollte. Diesem folgten 1689 Fort Severn und schließlich 1717 Fort Churchill.

Die Etablierung der HBC stellt einen entscheidenden Wendepunkt in der Geschichte des kanadischen Pelzhandels dar. Denn ab nun herrschte Konkurrenzkampf zwischen den Engländern, die das nördliche Gebiet Kanadas kontrollierten, und den Franzosen, die ihren Hoheitsanspruch vom Sankt-Lorenz-Strom bis zu den Großen Seen ausübten. Letztere erachteten vor allem die drei englischen Handelsposten in der James Bay als wirtschaftliche und militärische Bedrohung und schickten daher Chevalier de Troyes (1645–1688) mit einer hundert Mann starken Truppe aus Montreal in die Region. Diesem gelang es mittels Überraschungsangriffen im Sommer 1686, die drei Posten zu erobern und fortan zu besetzen. Moose Factory wurde in Fort St. Louis, Rupert House in Fort St. Jacques und Fort Albany in Fort Ste. Anne umbenannt. Auch wenn die Franzosen die Engländer nicht durch Blutvergießen, sondern durch Präsenz ihrer Truppenstärke und Gewehrsalven zur Kapitulation zwangen, wurden die beiden Länder von 1688 bis 1697 in Europa durch den Pfälzischen Erbfolgekrieg zu offiziellen Gegnern. Somit wurde auch Rupert's Land in Nordamerika zum Kriegsschauplatz zwischen Neufrankreich und Neuengland. Die Engländer konnten 1693 Fort Albany zurückerobern, mussten vier Jahre später jedoch York Factory in der Schlacht in der Hudson Bay unter Kanonenbeschuss aufgeben. Während die James Bay nach Kriegsende wieder in englischer Hand war, blieb York Factory an der Hudson Bay weiterhin in französischem Besitz. Erst 1713 durch den Frieden von Utrecht mussten sich die Franzosen endgültig aus den Küstengebieten rund um die Hudson und James Bay zurückziehen und sie den Engländern überlassen. Fortan konnte die HBC ihre Monopolstellung im nördlichen Pelzhandel wieder einnehmen und weiterwachsen.[113]

Während der nächsten sechzig Jahre bestand die Hauptstrategie der Hudson's Bay Company darin, die bestehenden Posten instand zu halten und an wichtigen Flussmündungen neue zu errichten. Dort warteten die Manager und ihr Personal auf Indianer, die die gewünschten Pelze vorbeibrachten.[114] Damit ihnen diese die Treue hielten und ihre Waren nicht an französische Händler lieferten, die weiterhin im Landesinnern präsent waren, mussten sie ihnen großzügige Tauschgeschäfte anbieten und gewisse Rituale einhalten. Ein gemeinsames Festmahl, das Überbringen von Geschenken oder das Rauchen der Heiligen Pfeife bauten Vertrauen auf und festigten die Beziehungen. Dies war auch deshalb wichtig, weil die Engländer die Swampy-Cree als Verbündete brauchten.[115] Bislang hatten sich diese nämlich während kriegerischen Auseinandersetzungen mit den Franzosen im Küstengebiet neutral verhalten.[116] Dies lag daran, dass die Indigenen an der Hudson Bay, im Gegensatz zu den indianischen Nationen weiter südlich, schon wegen der extremen klimatischen Bedingungen in ihrem Lebensraum Kriegszüge, wenn immer möglich, vermieden. Aber was den Handel anbelangte, standen sie ihren südlichen Nachbarn in nichts nach. Genauso wie diese mit den Franzosen ein interkontinentales Wirtschaftssystem etabliert hatten, errichteten die Cree mit den Engländern einen neuen, wachsenden Markt. Sie brachten ihnen nicht nur Pelze, sondern zeigten ihnen neue Techniken, wie die Herstellung von Schneeschuhen oder die Verwendung von Hundeschlitten, und besorgten ihnen Lebensmittel. Auch retteten die Indianer einige der teils unbeholfenen europäischen Männer buchstäblich vor dem sicheren Tod, indem sie ihnen grundlegende Überlebensfähigkeiten beibrachten und ihnen zeigten, wo man in der für sie unwirtlichen Gegend überall Nahrung finden konnte.[117] Ohne Beteiligung der Indigenen wäre kein Pelzhandel, der neben dem Walfang an der Ostküste die wirtschaftliche Grundlage für die ersten europäischen Niederlassungen auf kanadischem Boden bildete, möglich gewesen. Daher liegt es auf der Hand, dass sie neben Engländern und Franzosen genauso zu den Gründernationen Kanadas zählen, auch wenn dies erst zögerlich ins öffentliche Geschichtsbewusstsein dringt.

Indigene und Europäer teilten sich den Lebensraum, ohne gleichzeitig ihre jeweilige Kultur aufzugeben, sondern um gegenseitig voneinander zu profitieren und zu prosperieren. Dadurch entstand im Raum der

Hudson und James Bay ein transkultureller ›Middle Ground‹, also eine Kontaktzone, in der man handelte, voneinander lernte, teilweise mehr oder weniger in gegenseitige Abhängigkeiten geriet, aber letztlich die eigene Identität bewahren und die Zukunft selbst bestimmen konnte. Doch wie der Historiker Louis Bird bemerkte, verfingen sich die Cree bereits damals an einem zunächst unsichtbaren Angelhaken, an dem sie immer näher an die euro-kanadische Zivilisation gezogen wurden. Dabei veränderte sich die indianische Welt um die Hudson und James Bay nicht ruckartig während nur einer Generation, sondern kontinuierlich und größtenteils autonom. Doch ab dem 19. Jahrhundert kippte das lange Zeit ausbalancierte Abhängigkeitsverhältnis zu Ungunsten der Cree und die einstige Kontaktzone wandelte sich in eine von Europäern bestimmte Kontrollzone, in der das indianische Selbstbestimmungsrecht ernsthaft infrage gestellt war.

Wenn Cree mit ihren aus der letzten Jagdsaison eingebrachten Pelzen im 18. Jahrhundert während der Sommerzeit zur York Factory paddelten, wurden sie mit Gewehrsalven begrüßt. Den jeweiligen Anführern, das waren Männer, die in einem gewissen Gebiet aufgrund besonderer Fähigkeiten von ihren Leuten als Chiefs respektiert wurden und oft Großfamilien vorstanden, übergaben die Engländer eine britische Flagge, die sie am Kanu anbringen konnten, ein schönes Kleidungsstück, andere Mitbringsel und Alkohol. Dafür erhielten sie im Gegenzug ein Geschenk aus Pelz. Während der nächsten paar Tage folgte der eigentliche Handel, der stets von Zeremonien begleitet war. Wenn alles unter Dach und Fach war, wurde ein Festmahl angerichtet und die Chiefs, von den Engländern ›Handelskapitäne‹ genannt, wurden nochmals beschenkt. Dadurch wurden Allianzen gefestigt und die Absicht bekräftigt, auch zukünftig miteinander Geschäfte zu tätigen. Schließlich brachen die Cree auf, um in ihre Winterjagdgebiete zurückzukehren. Die Chiefs teilten ihre im Posten erhaltenen Präsente in der Regel mit ihren Leuten. Denn ihre zeitlich begrenzte und auf eine jeweilige Aufgabe beschränkte Führungsrolle beruhte nicht auf Machtausübung und persönlichem Besitz, sondern auf spezifischen Fähigkeiten. In diesem Sinne wurde von ihnen auch erwartet, dass sie sich stets um die Gemeinschaft kümmerten. Es wäre also falsch, anzunehmen, dass Chiefs durch persönliche Geschenke und Auszeichnungen von den europäischen Pelzhändlern ein anderes Rollenverständnis entwickelten. Zudem verlieh etwa ein schöner Mantel während der fünfzig Wochen, die man vom Handelsposten entfernt auf dem Land verbrachte, keinen höheren Status. Ansehen konnte man sich nur durch konkrete Taten, die dem Wohl der Gemeinschaft dienten, erwerben.[118]

Durch den direkten Handel kam es im ausgehenden 17. Jahrhundert im ganzen indianischen Gebiet an der Hudson und James Bay zur rasanten Verbreitung zahlreicher Gebrauchsgegenstände aus Metall wie Schusswaffen, Äxten, Hacken, Eismeißeln, Sägen, Kochkesseln, Messern, Feilen, Scheren, Angelhaken oder Nähnadeln. Diese neuen Produkte ermöglichten es den Cree, viele Dinge, die sie mit ihren herkömmlichen aus Knochen, Steinen oder Holz hergestellten Werkzeugen oder Waffen erledigten, zeitsparender und mit größerer Effizienz zu verrichten. Zudem erhielten sie Woll- und Baumwollstoffe, Garne und verschiedene Dekorationsartikel wie farbige Glasperlen und Schmuckbänder. Dadurch veränderten sich etwa die Konsistenz und das Aussehen gewisser Kleidungsstücke. Anstatt der Stachelschweinborsten zierten nun leuchtende Glasperlen die Mokassins, Medizintaschen und Jacken. Ebenfalls beliebt waren Nahrungsmittel wie Tee und Mehl, die sich leicht transportieren ließen. Aus Letzterem bereiteten sie ein ursprünglich aus den schottischen Highlands stammendes, als ›Bannock‹ bezeichnetes Grillbrot zu, das heute aus der indianischen Küche nicht mehr wegzudenken ist. Das Rezept dafür hatten sie vermutlich von Schotten erhalten, die sie in den HBC-Posten trafen. Für all diese Handelswaren tauschten die Cree vor allem Tierfelle ein, aber nicht nur. Sie lieferten unter anderem auch behandeltes Elch- und Karibuleder für Zelte, Mokassins und Schneeschuhe, Enten- und Gansfedern für Matratzen oder Schreibstifte, Birkenrinde für Schindeln, Fett für Kerzen oder Öl vom Störfisch für Lampen.[119] Durch die Präsenz der HBC in den Küstengebieten gaben die Cree jedoch den innerindianischen Handel keineswegs ganz auf. Sie agierten etwa als Zwischenhändler für die Oji-Cree, die weiter im Landesinnern ihre Jagdgebiete hatten. Medizinmänner beider indianischer Nationen, die ein fundiertes Wissen über Heilpflanzen besaßen, tauschten miteinander getrocknete Kräuter oder Wurzeln, die sie in ihrer jeweiligen Region nicht reichlich zur Verfügung hatten. Auch europäische Arzneimittel, die in Kombination mit traditionellen Mitteln für die Behandlung gewisser Krankheiten eingesetzt wurden, fanden auf diese Weise den Weg zu den Oji-Cree.[120]

Nach der Gründung der HBC wurden die Waren im direkten Tausch gehandelt. Aus dieser Zeit stammt auch eine bei den Cree allseits bekannte mündliche Überlieferung, wonach ein Gewehr abgegeben wurde, wenn es vertikal aufgestellt der Höhe angehäufter Pelze entsprach. Dazu erzählte James Wesley, ein Elder aus Kashechewan an der James Bay, in den 1980er-Jahren folgendes: »Als sich die Hudson's Bay Company (1679) in Fort Albany niederließ, brachte sie eine Waffe mit, die sechs Fuß (zwei Meter) lang war. Das war die erste Feuerwaffe. Sie wurde aber nicht nur als Jagdgewehr verwendet, sondern auch als Standardmaß für den Handel mit Pelzen. Die Waffe wurde senkrecht hingehalten und neben ihr wurden Felle aufgestapelt: zuerst Biberpelze, dann die Felle der Nerze, Füchse, Luchse, Fischotter und zuoberst diejenigen der Marder. Als die Höhe des Gewehrs erreicht war, und nur dann, wurde es gegen diese Felle getauscht. Mein Großvater hat mir das so erzählt, wie er es von seinem Großvater gehört hatte. Die Gesellschaft pflegte diese Praxis zehn Jahre lang, danach wurde eine andere Messgröße verwendet.«[121] Diese Geschichte, in leicht unterschiedlichen Varianten, hörte ich oft im nördlichen Ontario, wenn ich mich mit Elders über den Pelzhandel unterhielt. Auch Louis Bird erzählte sie mir.

Jeder Posten legte zu Beginn die eigenen Austauschraten fest. Daher kam es vor, dass Indianer ihre Waren nur noch dorthin brachten, wo sie mehr dafür erhielten. Um dem entgegenzuwirken und um eine genaue Buchhaltung führen zu können, führte die HBC schon bald den ›Made Beaver‹ (MB) als Einheitswährung ein. Ein MB entsprach einem einwandfreien Pelz, der einem ausgewachsenen männlichen Biber im Winter abgezogen und für den Handel präpariert worden war. Für die europäischen Händler galten Biberpelze dann als erstklassig, wenn sie, nachdem sie auf runden Holzrahmen gespannt an der Sonne getrocknet waren, mit natürlichen Ölen behandelt waren und keine langen Schutzhaare mehr aufwiesen. Die Indianer bewerkstelligten dies mühelos, indem sie sie längere Zeit am Leib trugen oder auf ihnen schliefen, damit diese ihren Schweiß aufsogen und die langen Haare abgewetzt wurden. Bei den Handelsposten war es für sie jedes Mal von Neuem amüsant, wenn sie für die aus ihrer Sicht am stärksten abgenutzte Ware die besten Eintauschmöglichkeiten erzielten.[122] Der Vorteil für die europäischen Pelzhänder war jedoch, dass sich die fettige Biberwolle leicht von der Haut ablösen und zu feinstem Filz für die Hutherstellung verarbeiten ließ.[123] Die anderen Tierfelle wurden in Made Beaver umgerechnet. Zwei Fischotterpelze entsprachen beispielsweise einem MB. 1733 erhielten die Cree in Fort Albany für einen MB entweder einen Lederhut, eine Decke, ein drei viertel Pfund Glasperlen, zwanzig Anglerhaken, zwölf Nadeln, eineinhalb Pfund Schießpulver oder zwei Pfund brasilianischen Tabak. Eine Pistole kostete hingegen vier und ein Gewehr zwischen zehn bis zwölf MB.[124] Später gab die HBC auch verschiedene Messingmünzen im Wert von einem, einem halben, einem viertel und einem achtel MB heraus.

Zweifelsohne zählten Feuerwaffen und Äxte für die Cree zu den begehrtesten Gütern aus Europa. Enorm wertvoll war auch der Kupfer- oder Messingkessel, den man für einen MB erhielt. Früher war das Kochen von Wasser relativ aufwendig. Man musste zuerst Steine im Feuer erhitzen, bis sie glühten, und diese dann vorsichtig in einen mit Wasser gefüllten, dichten Behälter geben, der in der Regel aus Birkenrinde angefertigt war. Der Kessel aus Metall hingegen ließ sich bequem in die Glut stellen und hatte zudem im Vergleich mit den herkömmlichen Kochgeräten eine weitaus längere Lebensdauer. Die Europäer konnten bestens nachvollziehen, dass die Nachfrage der Indianer nach nützlichen Metallwaren sehr hoch war. Was sie hingegen nicht richtig verstanden, war deren Vorliebe für Spiegel und farbige Glasperlen. Diese hatten jedoch in der indianischen Sichtweise eine spirituelle Bedeutung und ersetzten die oft nur schwer erhältlichen glänzenden Metalle, Kristalle, Edelsteine, Ziermuscheln und Perlen, in denen sich die mystischen Kräfte des Kosmos offenbarten.[125] Die Cree haben sich alle europäischen Produkte, die sie durch den Pelzhandel erwarben, immer innerhalb ihres eigenen kulturellen Rahmens zu eigen gemacht. Dadurch hat sich weder ihre Lebensweise noch ihre Weltanschauung grundsätzlich geändert. Neue Technologien, Gebrauchsgegenstände oder Utensilien für Stickereien und Schmuckherstellung führten keinesfalls zu einem Identitätsverlust, sondern ermöglichten ihnen mehr Lebensqualität und erfüllten somit Bimaadiziwin, also ihre traditionelle Vorstellung eines guten Lebens.[126]

Der Pelzhandel bot aufgrund interkultureller Missverständnisse oder unbeholfenen Umgangs mit neuen Produkten regelmäßig Stoff für Witze oder Anekdoten, von denen sich einiges in der mündlichen Überlieferung der Cree erhalten hat. Louis Bird berichtete etwa von einem Cree, der einst einen Taschenspiegel erworben hatte. Dieser war zwar ein guter Jäger, aber nicht sonderlich intelligent. Jedenfalls gefiel ihm, was er im Spiegel sah. Er verstaute das neue, wertvolle Objekt in seinem Medizinbeutel, den niemand außer ihm öffnen durfte. Von nun an betrachtete er sich jeden Morgen im Spiegel. Dabei schnitt er Grimassen, machte allerhand Faxen und verstaute ihn danach mit einem zufriedenen Lächeln wieder im Beutel. Seine Frau, die ihn jeweils aus den Augenwinkeln beobachtete, konnte sich keinen Reim darauf machen, was er in der Hand hielt. Auch war es ihr rätselhaft, weshalb er sich so eigenartig verhielt, wenn er dieses Ding ansah. Doch eines Tages kam ihr eine düstere Vermutung und sie glaubte, es müsste das Gemälde einer anderen Frau sein. Ihre Eifersucht, aber auch die Neugierde, wie diese Rivalin aussehen könnte, ließen ihr keine Ruhe mehr. Auch wenn es sich keineswegs geziemte, jemandes Medizinbeutel zu öffnen, fasste sie sich, als ihr Mann kurz weg war, ein Herz und holte den unbekannten Gegenstand heraus. Als sie in den Spiegel blickte, entfuhr ihr ein spontaner Schrei: »Igitt! Was für ein Schreckgespenst! Wie kann er nur so eine hässliche Frau bewundern?« Hastig legte sie den Spiegel zurück und setzte sich an ihren Platz. Sie war erleichtert und dachte: »Nein, das ist wirklich keine Schönheit, die er sich ansieht.«[127]

Diese Anekdote bezeugt, dass es einige aus Europa importierte Objekte gab, die den Cree unbekannt waren und die somit auch neue Erfahrungen zuließen. Die meisten anderen Gebrauchsgegenstände waren jedoch in ihrer Funktion und teilweise in ihrem Aussehen den traditionellen ähnlich. Louis Bird machte mich beispielsweise darauf aufmerksam, dass man für gewisse Sachen folglich auch die gleichen Namen verwendete: »Als uns die Europäer dieses Gerät mit einem Stahlkopf und einem Holzstiel zeigten, war es uns nicht fremd. Wir nannten es Tomahawk. Wir haben es nämlich auch bereits vorher mit einem Stein so genannt, also Steinaxt.«[128] Andere Dinge, wie etwa Schusswaffen, dienten zwar wie die Lanze oder Pfeil und Bogen für die Jagd oder den Kampf, waren aber derart anders konstruiert, dass neue Begriffe dafür verwendet wurden. Diesbezüglich bediente man sich in der Regel aus dem bereits bestehenden Vokabular. Louis erklärte, dass man das Gewehr, aufgrund des Effekts bei der Schussabgabe, ›Feuerstab‹ nannte.

Oftmals verweist die Literatur darauf, europäische Produkte hätten die indianischen für immer verdrängt. Mit den Feuerwaffen seien Pfeil und Bogen verschwunden oder der Kupferkessel hätte die Behälter aus Birkenrinde ersetzt.[129] Diese Annahme stimmt meines Erachtens nur bedingt. Denn da die Erzeugnisse aus Rinde um einiges leichter waren als die Kessel aus Metall, kamen nach wie vor Tragkörbe aus diesem Material, etwa beim Beerenpflücken, zum Einsatz. Zudem hielten sich gewisse Lebensmittel, wie etwa Fischmehl, darin länger frisch. Das Wissen, wie man Birkenrinde zu Behältern verarbeitet, verschwand folglich nicht. In Sandy Lake erklärte mir der ungefähr neunzigjährige Elder Percy Rae die einzelnen Arbeitsschritte und schenkte mir am Schluss eine gerade selbst gemachte Birkenrindenschale. Ich war beeindruckt, wie leicht und zugleich stabil dieser wasserdichte Rohstoff ist. Die Schale hat auch den Flug in meinem vollgestopften Koffer über den Atlantik unbeschadet überstanden und ziert seither gefüllt mit Früchten oder Nüssen mein Wohnzimmer.

Louis Bird, dessen Vater noch einen Pfeilbogen benutzt hatte, zeigte auf, dass auch die Gewehre die traditionellen Waffen keineswegs sofort nutzlos machten, sondern bis ins 20. Jahrhundert verwendet wurden. Auch Elder Tommy Spade aus Mishkeegogamang erinnerte sich, dass sein Vater beispielsweise Elche bloß mit Pfeil und Bogen sowie mithilfe einer Falle gejagt habe.[130] Die Annahme, die Cree hätten durch den Erwerb von Feuerwaffen den Pfeilbogen nicht mehr gebraucht und bald das Wissen verloren, wie dieser qualitativ hochwertig hergestellt wird, und seien somit von europäischem Schießzubehör völlig abhängig geworden, ist daher nicht haltbar. Louis betonte zwar, dass das Gewehr mehr Vorteile als Nachteile habe. Aufgrund der Reichweite konnte man etwa zielsicher Seetaucher erlegen, was mit Pfeil und Bogen äußerst schwierig war. Zudem war es einfacher, große Tiere wie Eisbären, Elche oder Karibus zu töten. Dank Schrot war es ferner möglich, mehrere fliegende Gänse auf einmal zu schießen. Während man für die Herstellung eines treffsicheren Pfeils manchmal einen ganzen Tag brauchte, erhielt man von der HBC die Munition relativ günstig und musste eine abgeschossene, ihr Ziel verfehlte Kugel auch nicht im Busch suchen gehen.

Doch perfekt waren die neuen Schusswaffen mitnichten, wie Louis konstatierte: »Das erste Gewehr, das sie hatten, war nicht so gut. Sie wussten, dass es nicht zuverlässig war. Daher behielten sie ihren Bogen und Pfeil für den Fall der Fälle.«[131] Tatsächlich waren die ersten Feuerwaffen alles andere als zuverlässig. Bei den eisigen Temperaturen im subarktischen Winter funktionierten sie oftmals nicht, weil die Mechanik nicht ganz kälteresistent war, sodass etwa der Abzug klemmte. Doch auch der Bogen erwies sich bei diesen Extrembedingungen nicht als ideal, da er bei tiefen Temperaturen schon bei geringer Spannung leicht brechen konnte. Verlass war dagegen in der kalten Jahrezeit stets auf den Wurfspeer. Das Gewehr hatte aber noch weitere Nachteile. So kam es bei unsachgemäßer Handhabung hin und wieder zu Unfällen mit schlimmen Folgen. Ein Schuss konnte nicht nur das Gehör eines Jägers schädigen, sondern bei Trockenheit im Sommer auch einen verheerenden Waldbrand auslösen. Man musste deshalb viel mehr Vorsicht walten lassen als beim Umgang mit Pfeil und Bogen. Schusslärm war zudem für die Jagd nicht optimal, wie Louis noch anmerkte: »Lärm verhindert leises Jagen. Wenn man Pfeil und Bogen auf der Herbstjagd dabeihat, besteht, egal zu welcher Tageszeit, die Chance, ein Tier still zu töten und sich dann etwas weiter weg an ein anderes, das nichts gehört hat, anzuschleichen.«[132] Ein Gewehrknall konnte in der flachen Landschaft, besonders im Küstenhinterland, oft kilometerweit gehört werden und sämtliche Beute verscheuchen. Zur Zeit, als noch Schwarzpulver in Gebrauch war, stieg nach der Schussabgabe über dem Schützen ein Rauchwölkchen auf. Wenn die Tiere es sahen, flohen sie in die entgegengesetzte Richtung.

Unter den indigenen Nationen im subarktischen Kanada gab es zwar keine ausgedehnten Kriegszüge wie etwa bei den Indianern in den Great Plains. Dennoch kam es auch dort regelmäßig zu territorialen Kämpfen. Die Swampy-Cree waren schon vor Ankunft der Europäer oft mit den Dene im Nordwesten und den Inuit im Norden aneinandergeraten. Da die Cree an der Westküste der Hudson Bay vor ihren Nachbarn Feuerwaffen besaßen, konnten sie diese militärisch zurückdrängen und ihr Jagdgebiet stark erweitern. Wegen der verschobenen Kräfteverhältnisse stellten die Inuit in den 1680er-Jahren ihre Überfälle auf Cree-Gemeinschaften ein und vermieden weitere Territorialkämpfe. Sie wurden aber nach wie vor gelegentlich von ausschwärmenden Cree-Gruppen attackiert, die dadurch ihrer Expansion nach Süden definitiv Einhalt gebieten wollten. Erst als die Inuit in den 1770er-Jahren selbst an Gewehre kamen, stellten die Cree ihre Angriffe ein.[133] Die einzelnen Dene-Gruppen, die teilweise ebenfalls miteinander wegen familiären Fehden Konflikte austrugen, hatten in den Cree einen ernst zu nehmenden gemeinsamen Feind und schlossen ein Bündnis gegen sie. Sie wollten ihre Widersacher, die zunehmend in ihrem Territorium wegen ihres steigenden Bedarfs an Fellen für den Handel Tiere jagten, vertreiben und selbst mit den Europäern in Geschäftsbeziehungen treten. Weil die Dene waffentechnisch unterlegen waren, mussten sie taktisch klug vorgehen. Daher schlichen sie sich an Lager der Cree heran und umzingelten sie unbemerkt. Auf ein stilles Zeichen eines Anführers lancierten sie blitzschnell einen Überraschungsangriff aus dem Dickicht heraus und versuchten alle Männer zu töten. Frauen und Kinder verschonten sie zuweilen und integrierten sie in ihre Gemeinschaft, wie dies die Cree umgekehrt auch zu tun pflegten. Zudem nahmen sie sämtliche wertvolle Güter mit, die sie im überfallenen Lager vorfanden, und gelangten auf diese Weise an Feuerwaffen. Doch sobald die Munition aufgebraucht war, hatten die Gewehre keinen Nutzen mehr. Also mussten sie für Nachschub zwangsläufig freien Zugang zum europäischen Markt haben.[134]

James Knight, der Gouverneur der HBC, wollte um 1715 auch mit den Dene ins Geschäft kommen und plante, dafür etwa 250 Kilometer nördlich von York Factory an der Mündung des Churchill River einen neuen Handelsposten zu errichten. Er versprach sich, dort nicht nur reichlich Felle erwerben zu können, sondern auch wertvolle Metalle vorzufinden. Um jedoch erfolgreich mit den von ihm als ›Nordindianer‹ bezeichneten Menschen geschäftliche Beziehungen aufzubauen, mussten die Scharmützel zwischen ihnen und den Cree beendet werden. Seine Hoffnung ruhte daher auf der jungen Thanadelthur (ca. 1697–1717), deren Name in der Sprache der Dene ›Springender Marder‹ bedeutet. Sie war im Frühling 1713 mit anderen Frauen von Cree entführt worden. Im Herbst gelang ihr mit einer Schicksalsgenossin jedoch die Flucht und die beiden versuchten zu ihrem Volk zurückzukehren. Sie schlugen sich selbstständig ein Jahr lang durch und ertrugen dabei Hunger und extreme Kälte. Im November 1714 starb Thanadelthurs Gefährtin. Glücklicherweise entdeckte sie wenige Tage nach deren Tod Spuren im Schnee, die sie zu einem Zelt von HBC-Gänsejägern führten. Diese brachten sie nach York Factory. Die junge, äußerst intelligente und aufgeweckte Frau, die sich neben ihrer Muttersprache auch auf Cree verständigen konnte, lernte rasch Englisch. James Knight wollte sie daher als Dolmetscherin, Expeditionsleiterin und Friedensstifterin zwischen den beiden verfeindeten indianischen Nationen einsetzen. Sie erklärte sich dazu bereit, auch weil sie zu ihren Leuten zurückkehren wollte. Knight sandte sie im Juni 1715, gemeinsam mit 150 Cree und einem Angestellten der HBC, auf die Friedensmission. Diese drohte zu scheitern, weil andere Cree-Gruppen inzwischen ein Lager der Dene angegriffen und viele getötet hatten. Thanadelthur erwies sich jedoch als hervorragende Vermittlerin, die schließlich beide Parteien vom Friedensschluss überzeugen konnte, indem sie ihnen die jeweiligen Vorteile eines Abkommen deutlich machte. Der Friede wurde mit dem gemeinsamen Rauchen der Heiligen Pfeife und einem Fest besiegelt. Das Abkommen zwischen den Dene und den Cree ebnete der HBC den Weg, ihren Handel nach Norden auszudehnen. James Knight konnte 1717 den geplanten Handelsposten an der Mündung des Churchill River bauen lassen. Thanadelthur, die er nach der Mission mit allen Ehren ausgezeichnet hatte, sollte jedoch nicht mehr erleben, wie ihre Landsleute dort erstmals ihre Felle eintauschten. Sie starb am 5. Februar desselben Jahres nach einer mehrwöchigen Krankheit. Einige Bewohner der heutigen Siedlung Churchill im Norden Manitobas bewahren ihr ein würdiges Andenken und betrachten sie als eigentliche Gründerin ihrer Ortschaft.[135]

Der Pelzhandel mit den Europäern hat die indigenen Kulturen, die genauso wie die europäischen niemals statisch waren, nicht radikal verändert. Der Wandel vollzog sich innerhalb des eigenen kulturellen Rahmens und war selbstbestimmt. Indianische Nationen integrierten neue Produkte und Technologien, die sie als nützlich erachteten, in ihren Alltag und versuchten dadurch, an Lebensqualität zu gewinnen. Der transatlantische Handel wirkte sich jedoch auf die territorialen Verhältnisse der indianischen Welt aus. Jene Nationen, die als Erste vom Handel profitierten, gerieten in den Sog, ständig mehr Felle liefern zu müssen, und überjagten ihre heimischen Gebiete. Daher mussten sie ihre Jagdgründe stetig erweitern. Mit den neu erworbenen Feuerwaffen besaßen sie militärische Vorteile und konnten damit ihre dort ansässigen, noch nicht mit Gewehren ausgerüsteten Nachbarn vertreiben. Ein weiteres Motiv, das Feindschaften verursachte, war der Wettstreit um einen direkten, optimalen Zugang zu europäischen Handelsgütern und die Kontrolle des Warenaustauschs. So kam es unter anderem zu den sogenannten Biberkriegen. Es gab aber auch Nationen, die sich als Zwischenhändler auf den Warentransport spezialisierten. Diese brachten die Güter an von alters her bekannte Umschlagplätze, wo man sich im Sommer traf und gemeinsam Zeremonien durchführte. Ein solcher Ort befand sich dort, wo heute die Stadt Sault Ste. Marie in Ontario liegt. Da sich hier drei der Großen Seen praktisch berühren, liefen bei diesem zentralen Knotenpunkt indianische Handelsrouten aus allen Himmelsrichtungen zusammen. Für die Ojibwe, die sich ursprünglich am Sankt-Lorenz-Strom als Zwischenhändler bei den östlich und westlich von ihnen lebenden indianische Nationen betätigt hatten, war dies der ideale Ort, um den Sommer zu verbringen. Es gab genügend Fisch und Wildfleisch für alle. Wann sie die Umgebung von Sault Ste. Marie zu ihrem Zentrum machten, lässt sich nicht genau datieren. Verbürgt ist, dass dort Europäer 1623 erstmals auf Ojibwe trafen, mit denen sie in den direkten Handel traten.[136] Fortan trafen sich dort jeden Sommer Indianer verschiedener Nationen, tauschten Waren aus, hielten verschiedene Zeremonien ab und feierten miteinander.[137]

Indianische Gemeinschaften spalteten sich regelmäßig in verschiedene Gruppen auf, durchmischten sich wieder und formten schließlich neue Nationen. Beispielsweise hatten die Huronen und Irokesen, die sich im 17. Jahrhundert bis aufs Messer bekämpften, eine gemeinsame Vergangenheit. Die Ojibwe bildeten einst mit den Odawa und Potawatomi eine Konföderation, die sich im Laufe der Zeit ebenfalls teilte, aber danach durch den ›Rat der drei Feuer‹ weiterhin als Allianz fortbestand. Von den Ojibwe, die sich im Sommer jeweils in Sault Ste. Marie trafen, wanderten in den 1680er-Jahren einige nach Nordwesten an den Oberen See, andere wiederum zogen Richtung Süden.[138] Einige Historiker gehen davon aus, dass sich die Vorfahren der heute unter der Bezeichnung ›nördliche Ojibwe‹, ›Severn Ojibwe‹ oder ›Oji-Cree‹ bekannten Nationen erst zwischen den 1740er- und 1770er-Jahren vermehrt Richtung Hudson Bay aufmachten und sich einige Hundert Kilometer von der Küste entfernt im Landesinnern ansiedelten.[139] Wenn man jedoch die mündliche Überlieferung der Ojibwe berücksichtigt, kann man annehmen, dass sie bereits um 1530 in die Region nördlich des Lake Superior gelangten und sich von dort einige Clans während der nächsten 200 Jahre kontinuierlich über die subarktischen Seen- und Waldlandschaften ausbreiteten.[140] In die nähere Umgebung der großen Meeresbucht scheinen sie aber in dieser Zeit nicht gekommen zu sein, weil das Küstengebiet mit seinem Hinterland von den Cree als Lebensraum beansprucht wurde. Letztere paddelten aber nach der Errichtung der HBC-Posten als Zwischenhändler mit ihren Kanus flussaufwärts, um mit ihnen Handel zu treiben. Sie selbst orientierten sich jedoch bis auf Weiteres in kultureller und wirtschaftlicher Hinsicht Richtung Sault Ste. Marie und waren mehrheitlich mit Franzosen im Geschäft.

Nachdem der Handel an der Hudson Bay zunehmend attraktiver geworden war, zogen die Ojibwe vermehrt selbst an die inzwischen stattlich ausgebauten Handelsposten der HBC wie etwa York Factory. In den Journalen der HBC tauchen sie ab den 1740er-Jahren als neue ethnische Gruppe auf, mit der man Geschäfte tätigte.[141] Allmählich bildete sich in den überlappenden Gebieten, welche die Cree von Norden und die Ojibwe von Süden her auf ihren jährlichen Wanderungen passierten, eine ausgeprägte Kontaktzone dieser beiden zur Algonquin-Sprachfamilie gehörenden indianischen Nationen. Man heiratete untereinander und die Ojibwe integrierten viele Wörter aus dem Cree-Vokabular in ihre Sprache, sodass ein neuer Dialekt entstand. Genauso wie derjenige, der ihn spricht, wird er als ›Oji-Cree‹ bezeichnet. Er ist jedoch Sprachforschern zufolge dem Ojibwe zuzuordnen.[142] Betreffend Kultur haben die Oji-Cree, die sich selbst in ihrer Sprache ›Anishinaabe‹, aber auf Englisch oft ›Cree‹ nennen, eine eigenständige Identität entwickelt und besiedeln die subarktische Zone zwischen dem traditionellen Land der Cree im Norden und jenem der Ojibwe im Süden.

Die Pelzhändler der Hudson's Bay Company, die in den Handelsposten an der Küste arbeiteten, waren von der körperlichen Kondition und der Gesundheit der Swampy-Cree beeindruckt. Auch berichtete keiner dieser Händler in einem Journal über Krankheitsfälle wie Masern, Keuchhusten oder Pocken bei den Indianern, mit denen sie Geschäfte abwickelten. Es ist dennoch möglich, dass einige, die in York Factory ihre Pelze eingetauscht hatten, dort 1721 mit Pocken infiziert wurden. Auch konnten Todesfälle durch Grippe oder Tuberkulose vorkommen. Aber es gab bis 1782 keine hochinfektiöse und virulente Krankheit, die sich zu einer Epidemie ausweitete, wie dies zum Beispiel in den 1630er-Jahren am Sankt-Lorenz-Strom und an den Großen Seen der Fall war und verheerende Auswirkungen unter anderem auf die Montagnais und Huronen hatte.[143] Von den relativ winzigen europäischen Enklaven in Form von verstreuten Handelsposten an der Küste der Hudson und James Bay ging für die Cree in gesundheitlicher Hinsicht keine wesentliche Gefahr aus. Die lange Überfahrt der Europäer und der zeitlich nur auf wenige Tage pro Jahr begrenzte direkte Handelskontakt mit ihnen schufen eine Art Quarantäne und minimierten das Infektionsrisiko. Hin und wieder kam es auf beiden Seiten zu sexuell übertragenen Krankheiten, obwohl intime Beziehungen zwischen den HBC-Angestellten und indianischen Frauen von der Firma offiziell verboten waren. Es blieb jedoch bei Einzelfällen, weil die HBC solche Interaktionen möglichst begrenzte. Die Cree waren zudem vor einer breiten Ansteckungsgefahr geschützt, da sie sich in der kalten Jahreszeit, wenn Krankheitskeime besonders aktiv sind, in viele kleinere Familiengruppen aufteilten und sich in ihre weit voneinander entfernten Winterlager in den borealen Wäldern begaben. Gefährlicher war es für sie, wenn sich im Sommer Hunderte Menschen an einem Ort, wo es reichlich Nahrung gab, versammelten und gemeinsam feierten.[144]

Ab 1779 breitete sich ein tödliches Pockenvirus über Nordamerika aus. Es stammte vermutlich aus Mexiko, wanderte den indianischen Handelsrouten entlang und wurde auch für die nördlichen Ojibwe und Swampy-Cree zur Katastrophe. Nach zwei Jahren waren einige indigene Nationen in den Great Plains, wie etwa die mit Pferden den Bisonherden nachziehenden Plains-Cree, drastisch dezimiert worden.[145] Im Winter 1781/82 verbreitete sich die Krankheit weiter nach Nordosten über den Lake Winnipeg und die Großen Seen und erreichte auch jene Ojibwe, die in der subarktischen Region ihren Lebensraum hatten. Unbewusst trugen einige Infizierte das Virus bis an die Hudson Bay, wo es im Sommer unerbittlich zuschlug. Praktisch alle Indianer, die nach York Factory kamen, waren infiziert oder bereits erkrankt. Die Angestellten dort stellten die Kranken in Zelten unter Quarantäne, um die Ausbreitung auf die sich in der Nähe befindenden Swampy-Cree-Gemeinschaften zu verhindern. Doch es war bereits zu spät. Es kam zum tragischen Massensterben, das ganze Familien auslöschte. Etwa die Hälfte der zwischen zwei- und dreitausend an der Hudson Bay lebenden Cree erlag bis im Frühjahr 1783 der heimtückischen Krankheit, gegen die die Europäer immun waren.

Ähnlich verheerende Ausmaße hatten zuvor die nördlichen Ojibwe erlitten. Die Überlebenden der beiden indigenen Nationen kamen aber wieder zu Kräften und sorgten dafür, dass die Bevölkerung wieder wuchs. Vereinzelt tauchten zwar noch Krankheiten auf, aber keine führte zu einer derartigen Bevölkerungsdezimierung wie das Pockenvirus. Im Winter 1792/93 wurden die Swampy-Cree in der Nähe von York Factory von einer unbekannten Krankheit heimgesucht, die eine Reihe von Todesfällen verursachte. Zwei Jahre später ereignete sich am Albany River Ähnliches. Auch kam es 1819 zu einer Masern- und Keuchhustenepidemie, die jedoch größtenteils lokal auf das Gebiet um York Factory beschränkt blieb. Trotz dieser gesundheitlichen Rückschläge wuchs die indianische Bevölkerung weiter an, sodass 1820 wieder ungefähr so viele Swampy-Cree an der westlichen Hudson und James Bay lebten wie vor dem Ausbruch der tödlichen Pocken.[146]

Louis Bird hielt kurz inne. Die ersten Europäer an der Küste der Hudson Bay und der Pelzhandel hatten neben den vielversprechenden Aussichten auf ein weiterhin gutes Leben der Gemeinschaft, von den Cree

›Bimaadiziwin‹ genannt, doch auch viel Unheil über die Menschen und deren Geschwister, die Tiere, gebracht. Louis wirkte nachdenklich. Sein Blick unter den buschigen Augenbrauen schien in eine ferne, aber dennoch unmittelbar nahe Vergangenheit zu schweifen. Vielleicht dachte er in diesem Moment an den weißen Fuchs, von dem ihm die Elders erzählt hatten. Einst war einem Jäger dieses wunderschöne Tier vor die Flinte gekommen und er wollte es wegen seines wertvollen Fells erlegen. Doch bevor er abdrücken konnte, war der flinke Fuchs schon im Busch entwischt, was den Jäger erzürnte. Als er im nächsten Sommer zusammen mit zwei Gefährten einen Fuchs fangen konnte, rächte er sich und zog ihm bei lebendigem Leib das Fell über die Ohren. Dann ließ er das Tier nackt davonspringen. Als es wieder Winter wurde, kamen der Jäger und seine beiden Freunde eines Tages nicht mehr von der Jagd in ihr Camp zurück. Ihre Angehörigen sollten sie nie mehr sehen. Doch im Sommer beobachteten sie einmal, wie ein paar Füchse mit Menschenknochen spielten.[147] Diese Erzählung mahnte die Cree, der Natur immer mit Respekt zu begegnen. Denn alles, was man ihr antat, fiel letztlich auf einen zurück. Das war das universale Prinzip des Ausgleichs. Wie schlimm es während des Pelzhandels aus den Fugen geraten war und wie die Menschen letztlich darunter zu leiden hatten, beschrieb Louis mit den Worten: »Unsere Leute fingen plötzlich an, sich zu bestehlen, genauso wie es die Weißen taten. Und sie hörten auf, der Natur Respekt zu zollen. Sie töteten nun Tiere im Übermaß, töteten so viele Biber wie nur möglich und ließen die Kadaver liegen. In der Folge wurden die Tiere derart dezimiert, dass sie beinahe ausstarben. Bei den Bibern geschah das mindestens zweimal während des Pelzhandels. Als die Händler kamen und kulturelle Wesenszüge der Omushkegowuk (Swampy-Cree) durchschauten, wussten sie dies zu ihren Gunsten zu nutzen. Sie spornten die Jäger an, miteinander in Wettstreit zu treten, sodass jeder mehr Felle beschaffen wollte als sein Nachbar. Auf diese Weise säten sie Feindschaft.«[148]

Für die Cree war es nicht nur Tradition, alles zu teilen, sondern überlebensnotwendig. An einem Tag hatte der eine Jäger Glück und brachte reiche Beute heim, während der andere mit leeren Händen zurückkehrte. An einem anderen Tag konnte es gerade umgekehrt sein. Folglich teilte man, damit immer alle etwas zu essen hatten. Doch diese kulturelle Praxis wurde nun durch die neue individuelle Gier und den ständigen Konkurrenzkampf um möglichst viele Pelze, der zuvor nicht ausgeprägt war, infrage gestellt. Die europäischen Händler wussten genau, welche

Anreize sie bei den Indianern schaffen mussten, um ihrerseits höchste Gewinne zu erzielen. Das war schließlich auch der ökonomische Antrieb der ganzen HBC. Dadurch war jedoch nicht nur die indianische Gemeinschaft, die bislang noch nie in einen derartigen kapitalistischen Sog geraten war, bedroht, sondern brachte auch die Biber an den Rand der Ausrottung. Wenn Zwietracht und Neid den Zusammenhalt schwächen und Familien trennen konnten, hatte die Gesellschaft der Cree eine Achillesferse und war verwundbar. Die Europäer, die im subarktischen Raum zu dieser Zeit noch keine Ambitionen für ein Siedlungsimperium in Kanada erahnen ließen, würden sich diese Schwächung einst zunutze machen und mit dem Teile-und-Herrsche-Prinzip Kontrolle ausüben. Wie man aber der für Menschen und Tieren schädlichen Entwicklung entgegenwirken sollte, war eine neue Herausforderung, der sich die Leute stellen mussten. Der weiße Fuchs hatte die Cree bereits gewarnt und versuchte ihnen gleichzeitig eine Antwort zu geben.

1783–1821: North West Company

Die Beinahe-Ausrottung der Biber in manchen Gebieten und die starke Dezimierung anderer Tiere, wie etwa Karibu, muss in engem Zusammenhang mit einer neuen Phase des kanadischen Pelzhandels betrachtet werden. Dieser brachte den Swampy-Cree und vor allem den nördlichen Ojibwe zunächst Vorteile, ließ sie aber noch mehr Pelztiere erlegen und vermehrt in Alkoholabhängigkeit schlittern. Die Rede ist von der Gründung der North West Company (NWC) in den 1770er-Jahren, die ab 1783 ihren Hauptsitz in Montreal bezog. Es handelte sich dabei um einen Zusammenschluss verschiedener Pelzhandelsgesellschaften. Diese hatten ursprünglich miteinander in Konkurrenz gestanden, wollten sich aber nun gemeinsam gegen die immer stärkere Marktdominanz der HBC zur Wehr setzen.[149] In der Folge kam es zu einem unerbittlichen Konkurrenzkampf der beiden Unternehmen und gleichzeitig zur Ausbildung eines von Europäern kontrollierten Handelsimperialismus. Das Geschäft mit Pelzen wurde um 1800 zum bedeutendsten Markt in Kanada. Praktisch jeder immigrierte Europäer von Rang und Namen war daran beteiligt. Die Methoden der NWC waren aggressiv und teilweise auch skrupellos. Ihr schien jedes Mittel recht, um möglichst viele Pelze zu beschaffen. Sie dehnte ihre Handelsaktivitäten nicht nur von der kanadischen Atlantikküste zum Pazifik bis in die Arktis aus, sondern auch südlich des 49. Breitengrads, in das Gebiet der Richtung Westen expandierenden USA. Im ganzen Land schossen ihre neuen Handelsposten wie Pilze aus dem Boden. 1803 gründete sie beispielsweise am Kaministiquia River auf dem Territorium der Ojibwe, mit denen sie fünf Jahre zuvor einen Vertrag geschlossen hatte, eine Niederlassung. Dieser Posten, der heute eine bedeutende Tourismusattraktion der Stadt Thunder Bay ist, wurde 1807 nach dem damaligen Direktor der Gesellschaft, William McGillivray, Fort William genannt und entwickelte sich zu einem wichtigen Zentrum.[150]

Um nicht in Rückstand zu geraten, musste die HBC reagieren. Sie gründete daher ebenfalls überall auf dem von ihr beanspruchten riesigen Gebiet neue Handelsstationen. Zuvor hatte sie lediglich vier Posten im Landesinnern betrieben. Zuerst wurde 1741 Henley House gebaut. Dieser lag am Albany River etwa 240 Kilometer vor dessen Mündung in die James Bay entfernt. Damit sollte Präsenz markiert und das weitere Eindringen französischer Pelzhändler verhindert werden.[151] 1778 gründete die HBC 280 Kilometer von Henley House flussaufwärts den Posten Gloucester House. Acht Jahre später folgte Osnaburgh House, wo sich heute das Reservat Mishkeegogamang befindet. 1794 wurde in seiner Nähe Martin Falls House in Betrieb genommen und 1815 entstand Fort Lac Seul unweit der heutigen Gemeinde Sioux Lookout.

Diese neuen Posten mitten in ihrem Territorium kamen den Ojibwe zugute, weil sie fortan keine großen Entfernungen mehr zurücklegen mussten, um ihre Pelze einzutauschen. Zudem konnten sie von der Rivalität der beiden großen Gesellschaften profitieren, indem sie lernten, die Händler gegeneinander auszuspielen. Wollte ein Posten des einen Unternehmens nicht gleich eine ganze Indianergruppe an die Konkurrenz verlieren, musste er ihr Zugeständnisse machen und die Waren preiswert abgeben. Die Europäer ihrerseits versuchten die Indianer ebenfalls auszutricksen. Sie erkannten, dass diese durch die regelmäßige Abgabe von Brandy zunehmend abhängiger wurden. Als die meisten Posten für die Ojibwe, die sich einige Hundert Kilometer nördlich des Lake Superior angesiedelt hatten, noch weit entfernt lagen, war das Risiko der Alkoholsucht gering. Zudem konnten sie nur kleine Mengen mit sich führen. Nun gab es aber in unmittelbarer Nähe Feuerwasser, was verheerende Folgen haben sollte. Schon bald wurde praktisch kein Handel mehr abgeschlossen, ohne dass Alkohol mit im Spiel war. Wenn einem Posten der Brandy ausgegangen war, drohte ihm, dass die Indianer ihn mieden und mit ihren Waren zum nächsten weiterzogen. Durch die gewachsene Anzahl Handelsposten standen auch diese miteinander in Konkurrenz, auch wenn sie zum selben Unternehmen gehörten. Aus diesem Grund wurde in York Factory 1791 eine eigene Brennerei eingerichtet. Tragischerweise führte der erhöhte Alkoholkonsum, der für viele Indianer bald zum Hauptmotiv für den Pelzhandel wurde, zu zahlreichen sozialen Problemen. Längerfristig hatten die europäischen Händler deshalb die besseren Karten in der Hand. Denn je mehr Indianer süchtig geworden waren, desto mehr Made Beaver konnten sie für das begehrte Feuerwasser verlangen, das in den ersten hundert Jahren der HBC an der Küste zuerst kostenfrei als Geschenk abgegeben worden war.[152]

Der Pelzhandel in Kanada erreichte zwischen 1790 und 1810 seinen Höhepunkt. In dieser Zeitspanne kam es zu vielen Neugründungen von Handelsposten und zahlreiche Händler waren in diesem Geschäft aktiv. Diese spornten die Indianer wegen der großen Marktkonkurrenz mit attraktiven Versprechungen an, so viele Pelze wie möglich zu beschaffen. Aber auch einzelne indianische Gruppen und Individuen standen inzwischen teilweise in einem harten Wettbewerb miteinander. Diese Faktoren wirkten sich auf die Biberpopulation aus, die in den frühen 1800er-Jahren drastisch schrumpfte.[153] Auch die Bestände anderer Tierarten gingen dramatisch zurück. Die Swampy-Cree, die bislang die HBC-Posten an der Küste nur im Frühling und Herbst mit Karibufleisch und -fellen versorgt hatten, wurden in der Konkurrenzphase des Pelzhandels dazu angehalten, auch während des restlichen Jahres diese Ware zu liefern. Die Folge war, dass die Herden immer kleiner wurden und bis 1815 so wenige übrig blieben, dass die Cree im Umland von York Factory und anderen Posten ihren Eigenbedarf nicht mehr decken konnten.[154] In einigen abgelegenen Regionen bestanden jedoch weiterhin gesunde Tierpopulationen. So kamen etwa Karibus oder auch Elche im Attawapiskat-Gebiet an der westlichen James Bay, das entfernt von den wichtigsten Handelsposten lag, weiterhin reichlich vor.[155]

Die Überjagung der Biber- und Karibubestände durch die Cree und Ojibwe steht eigentlich im Widerspruch zu den vielen historischen Berichten über ihren aufrichtigen Respekt den Tieren gegenüber, die sie seit jeher als ihre Geschwister bezeichneten.[156] Es scheint jedoch der Fall zu sein, dass sie den Rückgang verschiedener Populationen zunächst nicht mit ihrer intensivierten Jagd und entsprechendem Fallenstellen in Verbindung brachten. Gemäß ihrer Weltanschauung, die sich auf uralte Erfahrungen stützte, gingen sie von einem sich stets regenerierenden natürlichen Gleichgewicht aus. Sie nahmen daher an, dass sich die Bestände jeweils proportional zur erlegten Anzahl Tiere erholten. Je mehr Biber erlegt wurden, desto mehr wurden auch wieder geboren.[157] Dies ist eine mögliche Erklärung, die auf einem kulturell geprägten Weltverständnis gründet. Sie zeigt auf, dass den Indianern die Konsequenzen des durch neue Technologien herbeigeführten Gesellschaftswandels noch nicht vollständig bewusst waren. Mir scheint es in diesem Zusammenhang jedenfalls wichtig, die damaligen Denkmuster der Cree und Ojibwe miteinzubeziehen. Aus heutiger Sicht und in der historischen Rückschau ist es einfach, die Umweltfolgen des Pelzhandels analytisch zu betrachten. Doch damals waren das Ausmaß der Veränderungen und die Folgen nicht klar absehbar, zumal den Indianern entsprechende Erfahrungen fehlten. Handel war ihnen seit Menschengedenken bekannt. Aber eine derartige kapitalistische Ausprägung, die zudem mit einer unbekannten und gleichzeitig abhängig machenden Substanz in Form von Alkohol sowie verheerenden Krankheitserregern gekoppelt war, stellte in ihrer Welt ein absolutes Novum dar.

Außerdem gingen die Cree und Ojibwe davon aus, dass sich die Tiere, solange man betete und sich beim Geist eines erlegten Elchs, Karibus oder Bibers entschuldigte, weiterhin jagen und mit Fallen fangen ließen. Denn genauso wie Menschen bestanden sie nicht nur aus einem physischen Körper, sondern auch aus einem spirituellen. Zu Knappheit kam es schließlich nur, wenn man sich ihnen gegenüber respektlos verhalten oder ihnen unnötiges Leid zugefügt hatte. Dazu erzählte mir Joe Crow, der ehemalige Chief aus Fort Severn: »Diese Geschichte handelt von einem Elder. Er war eigentlich ein guter Fallensteller, aber es gelang ihm auf einmal nicht mehr, Füchse zu fangen. Obwohl er einen ganzen Winter seine Fallen an guten Orten ausgelegt hatte, war er erfolglos. Lange grübelte er darüber nach, doch er konnte sich keinen Reim darauf machen, weshalb kein einziger Fuchs mehr in eine seiner Fallen geriet. Weil er die Ursache kennen wollte, bat er jemanden, eine Zeremonie mit dem Wackelzelt durchzuführen. Davon erhoffte er sich eine erklärende Antwort. Dieser tat wie ihm geheißen. Plötzlich begann das kleine Zelt zu zittern und der Fuchs sprach zum Elder: ›Einmal hast du mir eine Falle gestellt. Doch sie war nicht gut befestigt und die Kette ist gerissen. Ich musste sie daher den ganzen Winter an meinem Bein mitschleppen. Sie setzte Eis an und es schmerzte, wenn ich mich fortbewegte. Nachdem das Eis im Frühjahr auf dem Fluss getaut war, wollte ich frisches Wasser trinken. Als ich jedoch einen Schluck nahm, rutschte die schwere Falle an meinem Bein in den Fluss und zog mich in die Tiefe, sodass ich ertrank. Deshalb kannst du mich nicht mehr fangen.‹ Nachdem der Elder gelobt hatte, in Zukunft die Fallen gut zu überprüfen, bevor er sie auslegte, fand er wieder Füchse darin.«[158]

Der Glaube der Cree und Ojibwe, gemäß dem sich die Tiere durch respektvolle Behandlung zahlreich jagen ließen, und der gleichzeitig von den europäischen Handelsposten erzeugte Druck, immer mehr Felle und Fleisch zu beschaffen, führten zu einer Knappheit an Wild. Dadurch liefen die Indianer Gefahr, Hunger zu leiden und gleichzeitig stärker von den Handelsposten, die Lebensmittelrationen verteilen konnten, abhängig zu werden. Doch nicht alle indianischen Gruppen in den borealen Wäldern im Einzugsgebiet der Hudson und James Bay überjagten die Biber. Es gab auch solche, die sich vom Pelzhandel möglichst fernhielten oder sich nur beschränkt daran beteiligten, sodass ihre traditionelle Subsistenzwirtschaft nicht beeinträchtigt wurde.[159] Es existierte also kein einheitliches Verhaltensmuster, dem alle indianischen Gruppen folgten, sondern eine große Bandbreite von unterschiedlichen Haltungen gegenüber dem neuen Markt. Außerdem hatte der drastische Rückgang der Biber und anderer Pelztiere nicht nur menschliche Ursachen, obschon die Überjagung hauptverantwortlich war. In der Hochphase des Pelzhandels herrschten auch ungewöhnliche Wetterverhältnisse. Ab 1793 gab es eine mehrjährige Dürreperiode, in der jedoch ständig auch große Überflutungen auftraten. Durch enorme Waldbrände und Hochwasser kamen viele Tiere um, was den Beständen ebenfalls stark zusetzte.[160]

Durch den Konkurrenzkampf im Pelzhandelsgeschäft wurden auch die Europäer zunehmend von den Indianern abhängig. Sie waren nicht nur darauf angewiesen, dass diese möglichst viele Felle lieferten, sondern brauchten sie auch zur Nahrungsbeschaffung. In den vielen Posten mussten nämlich immer mehr Leute versorgt werden. Die Lieferung von Lebensmitteln auf dem Seeweg war kostspielig und somit versuchte man möglichst viel Wildfleisch von indianischen Jägern zu beziehen.[161] Diese halfen auch beim Aufbau der neuen Handelsposten mit und verrichteten verschiedene Arbeiten. Sie entfernten beispielsweise

Baumstrünke und trugen Stämme weg. Die Indianer lieferten den europäischen Händlern außerdem Schneeschuhe oder reparierten diese für sie. Zudem bauten sie ihnen leichte Kanus, die ideal waren, um auf den Flüssen zwischen den einzelnen Posten zu verkehren.[162] Die Swampy-Cree, die hervorragende Kanuten waren und die gefährlichen Stromschnellen bestens kannten, verdienten sich einige Made Beaver (MB), indem sie ab Ende der 1770er-Jahre die Waren von den Posten im Landesinnere zu jenen an der Küste transportierten. Der Güterumschlag zwischen Cumberland House und York Factory wurde zeitweise praktisch ausschließlich von den Cree betrieben.[163] Diese konnten sich auch als Boten an der Küste etwas verdienen, indem sie Pakete und Briefe von Posten zu Posten brachten. Für eine Postsendung von Churchill Fort nach York Factory (210 km) erhielten sie etwa 24 MB oder 30 MB von dort nach Severn House (240 km). Eine Lieferung von letztgenannter Destination nach Fort Albany (610 km) konnte sogar 50 MB einbringen.[164] Mir haben einige Oji-Cree und Cree, die ich in den Reservaten getroffen habe, von Vorfahren erzählt, die als Postboten unterwegs waren. Manchmal legten diese die Strecke möglichst rasch zurück, aber meist ließen sie sich reichlich Zeit, nahmen ihre ganzen Familien mit und verbanden die Reise mit der Jagd, Fischen und gesellschaftlichen Aktivitäten.

An der westlichen Hudson und James Bay errichteten einige wenige Swampy-Cree bereits ab Mitte des 18. Jahrhunderts ihre Lager in der Nähe von den Handelsposten. Ihnen folgten in der Blütezeit des Pelzhandels immer mehr Indianer, was mit der gestiegenen Nachfrage an Wild- und Geflügelfleisch sowie an Fisch zu tun hatte. Während bei Posten im Süden Kanadas, etwa auf Höhe der Großen Seen, Landwirtschaft und Viehzucht betrieben wurden, war dies in der Subarktis nur sehr beschränkt möglich. Diese Region stellte aufgrund der extremen klimatischen Bedingungen für die Europäer die größte Herausforderung dar, sich anzupassen. Auch wäre es ihnen nicht möglich gewesen, so erfolgreich zu jagen wie die Cree, die mit diesem Land seit Menschengedenken verbunden waren und genau wussten, wie man in den borealen Wäldern und in den tundraähnlichen Moorlandschaften überleben konnte. Die europäischen Händler waren daher auf die indianischen Lebensmittellieferungen angewiesen.[165] Jene Cree, welche regelmäßig beim Posten präsent waren, wurden von den Angestellten der HBC ›Homeguard Cree‹ genannt. Dabei ist auffällig, wie selten sie in den Journalen der

Gesellschaft als ›Wilde‹ bezeichnet wurden, obschon dieser rassistische Begriff für Indigene zur damaligen Zeit bei den Siedlern gang und gäbe war.[166] Auch wenn die Engländer in den Posten aufgrund ihrer eurozentrischen Prägung die Cree und Ojibwe nicht auf gleicher Augenhöhe respektierten, zollten sie ihnen dennoch Respekt für ihre beeindruckenden Leistungen. Zudem wussten sie, dass ohne deren Unterstützung ihr Überleben in dieser Region auf Dauer nicht möglich war. Das aus der Heimat mitgebrachte Überlegenheitsgefühl wurde durch die realen Umstände der Abhängigkeit und direkte Kontakte relativiert. Diese Einstellung sollte sich jedoch ab dem 19. Jahrhundert wieder ändern, als die Indianer zunehmend von der HBC abhängig wurden, der Sozialdarwinismus eine populäre Weltsicht wurde und die ersten Missionare bei den Handelsposten ihre Kirchen errichteten.

Durch die vielfältigen Geschäftsbeziehungen waren Engländer und Indianer aufeinander angewiesen. Die Posten nahmen daher bei Krankheitsfällen oder Notlagen auch indianische Trapper und deren Familien vorübergehend auf und versorgten sie. Noch zwei Jahre nach der Pockenepidemie von 1782 versorgten die Angestellten von Moose Factory täglich achtzig und jene in Fort Albany hundert indigene Menschen. Auch reisten Posten-Manager manchmal Hunderte Kilometer, um sich um Kranke oder Sterbende zu kümmern. Dies wurde von den Indianern aufgrund der Partnerschaft auch erwartet und war folglich im Eigeninteresse der HBC.[167] Die Zusammenkünfte zwischen Engländern und Indianern in den Handelsposten, die sich zu Beginn des Pelzhandels auf höchstens ein paar Wochen im Jahr beschränkten, wurden nun ständig länger. Da die HBC in der Konkurrenzphase mit der North West Company immer mehr Homeguard Cree für diverse Aufgaben einstellte, waren diese praktisch während des ganzen Jahres für sie im Einsatz.[168] Dabei spielten auch die indianischen Frauen eine wichtige Rolle. Sie erledigten für die Händler gelegentlich die Wäsche, stellten Kleider, Stiefel, Mokassins und Schneeschuhe her, die sie auch reparierten, hackten Holz, fischten mit Netzen und konservierten Lebensmittel, indem sie diese trockneten oder räucherten.[169]

Der intensivierte Kontakt führte schließlich zu einer Zunahme fester Beziehungen zwischen Engländern und Indianerinnen, die fortan in den Handelsposten bei ihren Männern blieben und mit ihnen Familien gründeten. Eine erste solche Verbindung wurde in den Journalen der HBC bereits 1750 erwähnt, sollte aber aus Sicht der Gesellschaft eine Ausnahme bleiben.[170] Denn eigentlich hatte die HBC ihren Angestellten eine klare Weisung erteilt, gemäß der sie sich nicht auf intime Beziehungen mit indigenen Frauen einlassen durften. Da gleichzeitig auch europäische Frauen von Rupert's Land ferngehalten wurden, hätte dies für die englischen Pelzhändler bedeutet, fortan ein ›militärisches Mönchsdasein‹ zu fristen.[171] Dass dieses in London erdachte Konzept realitätsfern war, zeigte die stetige Zunahme registrierter Beziehungen in den einzelnen Handelsposten und eine dadurch kontinuierlich im Wachsen begriffene euro-indigene Kolonialgesellschaft, wie sie sich in Amerika verschiedentlich ausbildete. Auch die französischen Pelzhändler hatten sich bereits indigene Frauen gesucht. Durch gemeinsame Nachkommen entstand in Neufrankreich eine neue Ethnie, die als ›Métis‹ bezeichnet wurde. Dieser Begriff, der sich mit ›Mischling‹ übersetzen lässt, wurde auch für die gemeinsamen Kinder der Engländer und Cree-Frauen in den Handelsposten der HBC verwendet. Die Métis verstehen sich heute als Nation mit eigener Identität, die sich jedoch nicht auf biologische Kriterien reduzieren lässt, sondern vor allem sozial, politisch, kulturell und historisch geprägt ist.[172]

Die Swampy-Cree erachteten Verbindungen zwischen HBC-Angestellten und indigenen Frauen als Festigung bereits bestehender Handelsbeziehungen. Hatte etwa ein Postenchef eine Indianerin geheiratet, musste er folglich auch seinen Verpflichtungen gegenüber ihren Verwandten nachkommen. Wenn er diese nicht erfüllte, belastete er die Beziehungen und ging ein beträchtliches Risiko ein, wie der Fall des Postens Henley House im Jahr 1755 zeigt. Nachdem der Chef bei den Cree in Ungnaden gefallen war, töteten sie die vier Engländer des Postens und plünderten ihn.[173] Dieser Vorfall war zwar eine der wenigen Ausnahmen, aber er machte den HBC-Angestellten klar, dass die Indianer ihre Regeln hatten, die man einhalten musste, wollte man nicht ernsthafte Konsequenzen in Kauf nehmen.

Ende des 18. Jahrhunderts konnte die große Anzahl indianisch-englischer Familien, die sich an der westlichen Hudson und James Bay gebildet hatte, von der HBC-Leitung in London nicht mehr ignoriert werden. Daher entwarf die Gesellschaft neue Pläne, um das Beste aus der Situation zu machen. Aus den Métis sollte eine Kolonie nützlicher Arbeitskräfte entstehen.[174] Für die Kinder wurden in den Posten erste Tagesschulen eingerichtet, in denen sie neben Mathematik- und Schreibunterricht auch eine christliche Erziehung erhielten.[175] Während die

Frauen vor allem Hausarbeiten verrichteten, bauten und fuhren die Männer hauptsächlich Kanus. Dies deutet darauf hin, dass sie von indianischen Verwandten darin ausgebildet worden waren. Bald wurden sie für den Binnenhandel zwischen den einzelnen Handelsposten unerlässlich. Zudem erledigten sie zahlreiche weitere Arbeiten für den Unterhalt und die Versorgung der Posten als Jäger, Fischer, Schreiner, Zimmerleute oder Schlosser. Daneben wurden sie auch als Dolmetscher eingesetzt, weil sie sowohl Englisch wie eine indigene Sprache konnten. Die Firmenstruktur der HBC war strikt hierarchisch gegliedert. Dabei gab es zwei Gruppen. Die Offiziere übernahmen die Führung, beispielsweise als Posten-Manager oder Chef-Händler. Die Bediensteten, als ›Servants‹ bezeichnet, erledigten die grundlegenden Arbeiten für den Unterhalt und die Logistik. Dazu zählte auch der Postenchef, der sich sozusagen als höchster Bediensteter um den Betrieb kümmerte. Die Métis blieben in der Regel auf der untersten Hierarchiestufe. Offiziersränge konnten sie nicht einnehmen, aber gelegentlich wurden einige wenige von ihnen befördert und durften das Amt eines Postenchefs ausüben.[176]

1821: Monopolstellung der Hudson's Bay Company

Weil der Konkurrenzkampf zwischen der Hudson's Bay Company und ihrer Widersacherin, der North West Company, zu Beginn des 19. Jahrhunderts derart hart ausgefochten wurde, dass sogar Händler ums Leben gekommen waren und eine hohe Verschuldung drohte, verordnete das britische Kriegs- und Kolonialministerium eine Zwangsfusionierung der beiden Firmen, die 1821 vollzogen wurde. Die NWC ging dabei vollständig in der HBC auf, deren Namen beibehalten wurde. Vorausgegangen waren neben der Biberknappheit auch große Verluste der NWC während des Britisch-Amerikanischen Kriegs von 1812. So wurden beispielsweise ihr zentraler Handelsposten in Sault Ste. Marie und viele ihrer Schiffe auf den Großen Seen von amerikanischen Truppen zerstört. Auch hatten kanadische Händler nach dem Krieg keinen freien Zugang mehr auf das von den USA beanspruchte Territorium, was der Gesellschaft einen herben Rückschlag versetzte. Die NWC drang daher noch stärker in das von der HBC beanspruchte Rupert's Land ein. Dadurch wurde der Wettstreit zu einem regelrechten Handelskrieg.[177] Die HBC hatte 1811 dem britischen Lord von Selkirk westlich von Fort William, dem heutigen Thunder Bay, ein großes Landstück vermacht, auf dem sich schottische Kleinbauern in der Gegend von Red River niederlassen konnten. Die Siedlung entstand jedoch auf einem Gebiet, welches die NWC sowohl für ihre Handelsrouten als auch für die Büffeljagd brauchte. Ihre Trapper waren nämlich auf ›Pemmikan‹, wie man die indianische Zubereitung von Trockenfleisch nannte, als Reiseproviant angewiesen. In der Folge kam es zu verschiedenen gewalttätigen Auseinandersetzungen zwischen den beiden rivalisierenden Pelzhandelsunternehmen und ihren jeweiligen Verbündeten sowie angeworbenen Söldnern. Diese Konflikte wurden als Pemmikan-Krieg bezeichnet. Nachdem am 19. Juni 1816 Händler der NWC mit verbündeten Métis in der Schlacht von Seven Oaks 22 Siedler getötet hatten, holte Lord Selkirk mit Unterstützung durch Schweizer Söldner, die sich ebenfalls am Red River ansiedeln wollten, zum Gegenschlag aus und nahm Fort William ein. Dadurch wurde der Pelzhandel der NWC weiter beeinträchtigt und zunehmend sprangen wichtige Investoren ab, was bald zu einer großen Verschuldung führen sollte. Die verbliebenen Aktionäre hatten schließlich keine andere Wahl mehr, als der Fusion zuzustimmen.[178]

Für die Cree und Ojibwe hatte die Neuorganisation des Pelzhandels in Kanada schwerwiegende Folgen. Als Erstes begann die neue Hudson's Bay Company im ganzen Land zahlreiche Handelsposten zu schließen. Von ihren ursprünglich 175 Posten, von denen 57 aus dem Bestand der NWC übergegangen waren, sollten lediglich etwas mehr als 50 übrig bleiben. Die Indianer waren daher gezwungen, vermehrt größere Distanzen für den Handel zurückzulegen und sich in kleinere Gruppen aufzuteilen, um genügend Nahrung zu erhalten. Auch waren sie erstmals an ein Monopol gebunden und konnten nicht mehr selbst entscheiden, mit wem sie ihre Waren tauschen wollten. Die Posten-Manager hatten folglich mehr Einfluss, konnten die Preise willkürlich erhöhen und die indianischen Trapper zunehmend abhängig machen. Das Unternehmen entwickelte sich bald zu einer quasistaatlichen Regierung, die im riesigen von ihr beanspruchten Gebiet immer mehr Kontrolle auszuüben begann.[179] Verantwortlich für diese Reorganisation zeichnete der kurz zuvor von London nach York Factory entsandte neue Generalgouverneur der HBC Sir George Simpson (ca. 1786–1860). Er sollte den Kurs der Gesellschaft während der nächsten 40 Jahre bestimmen. Wie sich in dieser Zeitspanne das indianische Leben verändern könnte, ließ er bereits zu Beginn seiner Karriere in einem Statement verlauten: »Meine

Befehle sind nicht verhandelbar. (…). Ich habe es mir zur Aufgabe gemacht, die Natur und den Charakter der Indianer zu studieren. Ich bin überzeugt, dass sie mit eiserner Hand regiert werden müssen, um sie in einen Zustand absoluter Unterordnung zu bringen und zu halten. Der sicherste Weg diesbezüglich ist es, dass sie ihre Abhängigkeit von uns spüren.«[180] Dies ließ für die Cree und Ojibwe nichts Gutes erahnen, zumal mit Simpson als Leiter der HBC auch ein neuartiger, radikaler Rassismus Einzug erhielt. Dieser gründete auf den Rassenideologien des 19. Jahrhunderts, attestierte den Briten auf einer eurozentrisch konstruierten Hierarchiestufe die Spitzenposition als überlegenste ›Rasse‹ und legitimierte deren Herrschaft über die ›farbigen Völker‹ der Erde.[181]

Die HBC zeigte sich aufgrund ihrer Monopolstellung nicht mehr in gleicher Weise fürsorglich, wie es die Trapper gewohnt waren. Verhandelt wurde in der Regel nur noch mit Einzelpersonen und nicht wie früher mit ganzen Gruppen, denen ein Chief als Ansprechperson vorstand.[182] Zudem waren die Indianer erstmals mit Maßnahmen konfrontiert, die ihre Selbstbestimmung einschränkten. 1822 wurde das ansonsten reichlich fließende Feuerwasser rationiert und in manchen Posten gar nicht mehr abgegeben.[183] 1839 erließ Generalgouverneur Simpson eine Proklamation, die es verbot, Alkohol an Indianer im Albany-Bezirk an der James Bay zu verkaufen. Er begründete es damit, den regelmäßig stattfindenden Trinkgelagen in der Nähe der Handelsposten Einhalt gebieten zu wollen.[184] Wenn es etwas zu feiern gab, kam es nämlich bei indianischen Trappern, genau wie bei europäischen, gelegentlich zum gemeinsamen Rauschtrinken. Allerdings lässt sich der in der Literatur gelegentlich suggerierte Zusammenhang zwischen Brandy und der Abhängigkeit der Indianer von den Europäern nicht immer wirklich nachweisen. Das Handelsvolumen im Posten Nipigon House von 1828 bis 1838 zeigt beispielsweise keinen quantitativen Unterschied zwischen Brandy und anderen Waren. Trotzdem wurde die Abgabe von Spirituosen in diesem nördlich des Großen Sees gelegenen Posten 1836 untersagt.[185] Ein Verbot ist jedoch noch kein eindeutiger Hinweis für das wirkliche Vorhandensein eines Problems, auch wenn Alkoholismus gewiss in einigen Gemeinschaften zu einem starken Abhängigkeitsverhältnis führte und das berüchtigte Feuerwasser hie und da zum wichtigen Handelsgut wurde. Dies verdeutlicht das Beispiel einiger Ojibwe von Lac Seul, die nach dem Alkoholverbot von 1839 im nördlichen Ontario ihre Waren ins südlich gelegene Rainy River brachten, wo sie nach wie vor Brandy erhielten.[186] Gleichzeitig verweist ihre Reaktion aber auch darauf, dass sie sich nicht bevormunden ließen und – was den Handel anbelangte – ihre eigenen Entscheidungen treffen wollten. Eine weitere Regulierung, die die Indianer betraf, war die Einführung eines Fangquotensystems für Biber, das 1841 noch verschärft wurde, bis sich die Population nach einigen Jahren wieder erholte.[187]

Die einzelnen Gruppen der Cree und Ojibwe reagierten jeweils unterschiedlich auf die neue Situation, die sich nach der Fusion der HBC und der NWC allmählich einstellte. Ein tragischer Vorfall, der mehreren Menschen das Leben kostete, ereignete sich im Januar 1832 in Hannah Bay, einem kleinen Vorposten von Moose Factory. Etwa zwölf Cree, die an Hunger litten, suchten dort Unterstützung. Aufgrund der jahrelangen Handelsbeziehungen und dem dadurch beschlossenen Bündnis erwarteten sie vom Postenchef, der ein Métis war, dass er ihnen helfen würde, wie dies jeder indianische Chief auch für seine Leute gemacht hätte. Er gab ihnen zwar zunächst etwas Proviant, muss sie dann aber schroff abgewiesen haben. Jedenfalls kehrten sie zwei Tage später zurück, brachten den Chef und seine Frau sowie sieben Angestellte um, darunter Métis und Indianer, und plünderten den Posten. Vier Überlebende konnten entkommen und nach Moose Factory fliehen. Dort berichteten sie vom schrecklichen Ereignis. Die Täter wurden im Frühjahr gefasst. Sechs Männer wurden hingerichtet, Frauen und Kinder am Leben gelassen.[188]

Dieser Vorfall, genauso wie jener von Henley House einige Jahrzehnte zuvor, bildet in seiner Brutalität eine Ausnahme. Auch sind die genaueren Umstände, die zur Tat führten, nicht restlos geklärt. Es gibt verschiedene Interpretationen.[189] Dennoch verweist er auf eine extrem angespannte Situation, die durch Hungersnot und enttäuschte Erwartungen in Gewalt umschlagen konnte. Gelegentlich setzten sich die Indianer gegen die strengeren Regeln der HBC auch mittels Drohungen zur Wehr. Dies musste George McPherson, Postenchef von Osnaburgh House, 1848 erfahren. Wie sein ermordeter Kollege in Hannah Bay war auch er ein Métis. Die Stelle des Postenchefs war der höchste Rang, den ein Métis zu jener Zeit innerhalb der Gesellschaft erreichen konnte. Jemand, der dazu befördert worden war, hatte dem Unternehmen besonders treue Dienste erwiesen und war loyal. Jedenfalls versuchte McPherson die neuen Weisungen der HBC strikt zu befolgen und ließ sich nicht auf Diskussionen mit den Indianern ein. Eines Tages tauchte eine

Gruppe erzürnter Ojibwe bei ihm auf und fuchtelte mit ihren Messern herum. Dies verängstigte ihn derart, dass er fortan um sein Leben fürchtete. Seine Vorgesetzten gingen aber davon aus, die Indianer hätten ihn lediglich einschüchtern wollen. Er solle doch in Zukunft zwar standhaft, aber freundlich bleiben. Zudem sei ein Geschenk in Form von Tabak ein kleiner Preis für die Friedenswahrung.[190]

Durch den in den 1820er-Jahren deutlich spürbaren Rückgang des Großwilds in vielen Gebieten an der westlichen Hudson und James Bay waren die dort lebenden Indianer gezwungen, ihre Versorgungsstrategien umzustellen. Für viele Gruppen wurden nun Fische und Hasen, aus deren Fell man auch Kleider anfertigte, die überlebenswichtigsten Grundnahrungsmittel.[191] Die Cree und Ojibwe, die nach wie vor die verbleibenden Handelsposten mit Gansfleisch und Fisch versorgten, versuchten nun während der Sommermonate zusätzliche Arbeitsmöglichkeiten zu erhalten, um besser über die Runden zu kommen. Inzwischen waren in den südlicher gelegenen Posten an der James Bay erste kleinere Farmbetriebe entstanden. Dort wurden beispielsweise Rinder und Schweine gehalten und Kartoffeln angebaut. Die Indianer waren als Hilfskräfte willkommen und erhielten für ihre Leistungen etwas Lohn. Sie mähten Gras, machten Heu, halfen bei der Ernte, kümmerten sich um das Vieh oder reparierten Zäune. Im Herbst verließen sie den Posten wieder und kehrten zu ihren Winterlagern zurück. Jede Familie hatte ihr eigenes Territorium, in dem sie jagte und Fallen stellte. Später wurde es als ›Trapline‹ bezeichnet. Die Cree und Ojibwe waren zwar durch ihre Dienste während des Sommers näher an die HBC gebunden, konnten aber dadurch während des restlichen Jahrs ihre traditionelle Lebensweise fortführen, ohne Hunger leiden zu müssen. Denn aufgrund des bescheidenen Einkommens, das sie etwa in Form von Made-Beaver-Münzen erhielten, konnten sie zusätzlichen Proviant und Munition kaufen.[192]

Schließlich gab es noch indianische Gruppen, die sich praktisch ganz aus dem Pelzhandelsgeschäft zurückzogen. Sie betrieben wieder Subsistenzwirtschaft und brachen ihre Kontakte zur HBC weitgehend ab. Der englische Pelzhändler Thomas Vincent (1776–1832) berichtete in diesem Zusammenhang 1825, dass einige Familien der Swampy-Cree am Winisk River ein angenehmes Leben führten, ohne mit der HBC Handel zu treiben. Er schilderte, dass ihnen das Gehabe der Angestellten im Handelsposten Severn House, beim heutigen Fort Severn an der Hudson Bay, vor drei Jahren zuwider gewesen sei und sie seither am Fluss lebten, wo sie reichlich Fische zur Verfügung hätten: »Sie haben warme Pelze und nur selten zu wenig Nahrung.«[193] Gut zehn Jahre später hatte sich ihre Situation kaum geändert und sie waren weiterhin unabhängig von der HBC.[194] Auf ähnliche Weise versuchten die Ojibwe in der Nähe von Nipigon House ihre Autonomie zu bewahren. Seit die HBC das Monopol im Pelzhandel ausübte, zogen sich viele vom intensiven Fallenstellen zurück und konzentrierten sich wieder vermehrt auf Selbstversorgung. Da ihnen der Rückgang des Großwilds bewusst war, fokussierten sie sich auf eine nachhaltige Fischerei, die ihnen das längerfristige, selbstständige Überleben ermöglichte.[195] Auch die Cree am Attawapiskat River an der James Bay konnten lange ihre Unabhängigkeit bewahren. Noch 1905, als etwa 100 Kilometer weiter südlich in Fort Albany Treaty Nummer 9 unterzeichnet wurde, gründete ihr Bimaadiziwin, also ihre Vorstellung von einem guten Leben, fast vollständig auf den Ressourcen des Landes und des Wassers. Sie galten den Zeitgenossen zwar als arm, weil sie sich keine westliche Kleidung leisten konnten. Doch sie waren kulturell reich, frei und trafen ihre Entscheidungen noch selbst.[196]

All diese Beispiele zeigen, dass die Indianer nach 1821 jeweils unterschiedlich auf die neuen Voraussetzungen reagierten. Einige rückten noch näher an die HBC, während andere sich aus ihrem Einflussbereich und der damit verbundenen Abhängigkeit möglichst zurückzogen. Jene, die jedoch während der Monopolphase näher an die Handelsgesellschaft gebunden waren, machten dies nicht unbedingt freiwillig. Gerade wenn sie viele Kinder zu ernähren hatten und in Gebieten lebten, in denen Nahrung knapp geworden war, blieb ihnen oft keine andere Wahl. Zudem waren sie auf Munition und Ausrüstung der HBC angewiesen, wollten sie weiterhin genügend Jagdbeute einbringen. Die Handelsposten ihrerseits versuchten, die Cree und Ojibwe stark zu binden, waren ihre Gewinne doch wie gewohnt von deren Pelzerträgen abhängig. Sie lockten daher die indianischen Trapper mit einem garantierten Warenbestand. Außerdem führten sie Mitte des 19. Jahrhunderts Made-Beaver-Münzen ein, mit denen die Indianer für Dienstleistungen oder auch Felle bezahlt wurden. Da sie jedoch nur in den firmeneigenen Geschäften gültig waren, waren sie gezwungen, sie auch dort wieder auszugeben. Schließlich operierte das Unternehmen auch mit einem Schuldensystem. Die Trapper konnten vor jeder Saison ihre Ausrüstung, bestehend aus Fallen, Waffen, Munition, Proviant und Kleidung, gegen Kredit in einem Posten beziehen. Dafür verpflichteten sie sich, nach dem Trappen mit ihren

Pelzen dorthin zurückzukehren, um ihre Schulden zu begleichen. Falls jedoch jemand in einer schlechten Saison nur wenige Pelze beschaffen konnte, war es ihm nicht möglich, den Kredit zurückzubezahlen. Dann verschuldete er sich noch mehr und war nicht mehr motiviert, weiterhin für die Gesellschaft zu trappen. Das Schuldensystem wurde dann zeitweise wieder aufgehoben und Waren nur noch im direkten Tausch entgegengenommen, bis wieder alles beglichen war.[197] Für die Trapper war es jedoch schwer, sich aus der Schuldenfalle und von der Abhängigkeit der HBC zu befreien. Denn wenn diese ihnen die wichtige Ausrüstung verweigerte, konnten sie auch nicht mehr genügend Beutetiere für Felle und Nahrung beschaffen. Zunehmend war ihnen bewusst, dass sie gegenüber der Gesellschaft am kürzeren Hebel saßen.

Das 19. Jahrhundert stellte nach der Fusion der HBC und der NWC von 1821 für die meisten Cree und Ojibwe im nördlichen Ontario eine Zeit voller Entbehrungen und Leid dar. Biber und Großwild waren teilweise fast gänzlich verschwunden. Die Bestände erholten sich erst in den 1880er-Jahren wieder. Gleichzeitig versuchte die HBC die indianische Gesellschaft zunehmend zu kontrollieren, und zudem wurde sie wieder von verheerenden Krankheiten wie Masern, Keuchhusten, Tuberkulose und Grippewellen heimgesucht, an denen viele starben. Dies hatte vor allem mit dem stetig steigenden Zustrom von Siedlern zu tun, welche die Krankheitserreger einschleppten. Die Öffnung des Oregon Territoriums (1846) beispielsweise verbreitete Viren entlang der Handelsrouten über die Great Plains bis hinauf zu abgelegenen Orten wie York Factory an der Hudson Bay.[198] Schließlich wurde Rupert's Land von der HBC 1870 an die drei Jahre zuvor gegründete kanadische Konföderation abgetreten, ohne dass dabei die Indianer, die dieses Gebiet seit Menschengedenken als Lebensraum nutzten, konsultiert wurden. Was sich bereits in den Jahrzehnten zuvor durch die neuen Regelungen und Praktiken der HBC abgezeichnet hatte, sollte durch diesen Transfer ihr weiteres Schicksal im 20. Jahrhundert besiegeln: Die indigenen Menschen an der westlichen Hudson und James Bay wurden nicht mehr als Partner oder gleichberechtigte Verbündete betrachtet, mit denen man das Land und die Ressourcen teilte, um gemeinsam zu prosperieren, sondern als Mündel, die man ausbeuten konnte. Während die HBC in erster Linie an Geschäften mit den Indianern interessiert war, wollten kanadische Beamte, die in ihnen lediglich die ›exotisch anderen‹ sahen, sie bald zur Seite schieben, sie mittels ›Zivilisierungsprogrammen‹ in der Siedlergesellschaft verschwinden lassen und ihr Land für den Rohstoffabbau in Beschlag nehmen.[199]

Bei den Cree und den Ojibwe war das Teilen ein zentrales Element ihrer traditionellen Kultur. Wenn jemand Hunger hatte, gab man ihm zu essen, wenn jemand ein Dach über dem Kopf brauchte, lud man ihn ins Tipi oder Wigwam ein, auch wenn nur noch wenig Proviant übrig oder der Platz knapp war. Noch heute hat das Teilen eine wichtige Bedeutung für die Ojibwe, Oji-Cree und Cree, wie ich dies bei meinen Besuchen in den abgelegenen Reservatssiedlungen im nördlichen Ontario so oft erfahren durfte. Mit genau diesem Verständnis des gemeinsamen Teilens tätigte man auch mit den ersten Wemistigosiwak, die an der Küste auftauchten, Geschäfte. Es ging den Indianern nicht primär darum, sich zu bereichern, sondern sich gegenseitig zu ergänzen und voneinander zu profitieren. Entsprechend war der Pelzhandel auch in einen spirituellen Rahmen eingebunden. Man tauschte zuerst Geschenke aus, hielt Zeremonien ab, betete und feierte gemeinsam. Dadurch bekräftigte man den Willen, auch in Zukunft einander beizustehen. Ein solches Bündnis ging in indianischer Sichtweise stets über den reinen Handel hinaus. Wenn einer der Partner schlechte Zeiten erlitt, war man für ihn da, bis er wieder selbst gehen konnte.

Wie oft hatten Indianer einem von einem Schneesturm oder Packeis überraschten Wemistigosh aus der Patsche geholfen, ihn am Feuer gewärmt, ein saftiges Fleischstück gereicht und ihm einen Schlafplatz angeboten! Wie oft hatten sie ihm den Weg gewiesen, wenn er nicht mehr wusste, wo er war und wo er hinmusste! Diese Erinnerungen wurden zunehmend getrübt, als die indigenen Menschen realisierten, dass Manager der HBC ihre Notlage dazu ausnützten, um noch mehr Gewinne zu erzielen. Statt den Leidenden ernsthaft wieder auf die Beine zu helfen, wie dies noch zu Beginn des Handels etwa beim Ausbruch einer Epidemie der Fall war, damit sie wieder auf Augenhöhe miteinander die Beziehung weiterführen konnten, drückten sie sie noch weiter zu Boden. Was waren das bloß für Menschen, denen man einst vertraut hatte? Hatte man nicht vor langer Zeit jeden Leiter eines Handelspostens als ›Okimaaw‹, als Chief, anerkannt? Warum schikanierte er nun die Trapper, statt ihnen zu dienen, wie dies von jedem indianischen Anführer erwartet wurde? Auch hatte man ihnen versprochen, nachdem Rupert's Land auf Kanada übertragen worden war und sie anschließend 1905 die ersten Verträge unterzeichneten, dass jenseits des Atlantiks ein großer

Okimaaw sei, der sie beschützen wolle. Daran glaubten die Cree, wie mir Louis Bird erklärte: »Als die Weißen von diesem großen Vater in Übersee sprachen, dachten unsere Leute: ›Der große Vater ist beinahe wie der Schöpfer. Das klingt nach einem Schöpfer. Der große Vater?‹«[200] Wie konnte er nur schlecht sein und ihre Welt aus dem Gleichgewicht bringen? Doch im Verlauf des 20. Jahrhunderts zeigte sich, dass die Kinder dieses großen Vaters immer gieriger nach allem griffen, was ihnen irgendwie wertvoll erschien, er aber die Cree und Ojibwe nicht wirklich beschützen konnte. Stattdessen begannen sie zu realisieren, welche unermesslichen Gewinne die HBC aufgrund ihrer harten Arbeit erzielt hatte und wie Kanada durch die Bodenschätze ihres Landes reicher und reicher wurde, während sie außer Krankheiten und verseuchtes Trinkwasser in elenden Reservaten praktisch nichts erhielten und in einer Armutsfalle gefangen waren.

Das einst durch rituelle Bündnisse geschaffene Vertrauen war endgültig gebrochen. Aus den ehemaligen Partnern waren Kolonialherren geworden. Diese drangen tiefer und tiefer in das indianische Land ein. Sie durchwühlten die Erde und diktierten den Einheimischen ihre Gesetze, die einseitig dazu dienten, ihren Anspruch auf das gesamte Territorium und ihren Wohlstand auf Kosten der indianischen Lebensweise zu sichern. Die Cree und Ojibwe fühlten sich aufs Schlimmste betrogen. Ihnen erging es wie vielen anderen indigenen Nationen in ganz Kanada. Arthur Manuel von den Secwepemc im Westen des Landes hielt die Erfahrung seines Volkes mit den Europäern wie folgt fest: »In den frühen 1800er-Jahren tauchten erstmals europäische Händler und Pioniere wie Simon Fraser an unseren Flüssen auf. In den ersten fünfzig Jahren wurden sie auf unserem Land als Gäste betrachtet und auch so behandelt. (…). Aber allmählich begann die Zahl dieser ungebetenen Gäste zu steigen, und sie benahmen sich immer weniger wie Gäste, führten sich aber zunehmend wie Herren auf.«[201] Die missbrauchte Gastfreundschaft und die gebrochenen Bündnisse spiegeln sich in der indianischen Erinnerung an den Pelzhandel als schmerzliche Enttäuschung wider, die weit in die Gegenwart hineinragt. Elders der Cree und Ojibwe beziehen sich im Rückblick auf diese Geschichte vor allem auf die bitteren Erfahrungen, die sie als Kinder selbst noch erlebt oder von ihren Eltern gehört haben. Denn nicht die einstigen Beziehungen auf Augenhöhe mit den Wemistigosiwak prägen ihre Lebenswelt, sondern der Missbrauch ihrer Arbeitskraft, die Ausbeutung ihres Landes und die schamlose Verletzung ihrer Menschenwürde. All dies hat tiefe Wunden gerissen, deren Narben noch für viele nachkommende Generationen sichtbar sein werden.

Wenn ich mich mit Elders in den Reservaten über den Pelzhandel unterhielt, dann tauchte in ihren Erzählungen oftmals das berüchtigte Gewehr auf, das ein Trapper erhielt, wenn die Höhe seiner aufgehäuften Felle dessen Länge entsprach. Eigentlich war dies zu Beginn des Handels Praxis, bevor die Made-Beaver-Währung eingeführt wurde. Aber in dieser Version, die ich gehört hatte, war das Motiv leicht abgeändert. Auch bezog es sich auf die Zeit, als die HBC im 19. Jahrhundert das Monopol ausübte. Ein Trapper, der glaubte, er habe nach wochenlanger mühsamer Arbeit endlich genügend Pelze beisammen, um die Waffe zu erhalten, wurde auf billige Art und Weise getäuscht, wie mir Edmund Metatawabin aus Fort Albany erzählte: »Jeden Morgen stand dieser Trapper vor Sonnenaufgang auf und kontrollierte seine Fallen. Dafür musste er einen langen Weg gehen, weil sich diese in großer Entfernung voneinander befanden. Gleichzeitig legte er weitere Fallen aus. Jeden Biber, den er fand, musste er auf der ganzen Tour mitschleppen. Abends kehrte er erst nach Sonnenuntergang zu seinem Lager zurück. Nachdem er etwas gegessen hatte, versuchte er die Biber, so gut er konnte, zu säubern. Seine Frau erledigte am nächsten Morgen den Rest. Sie spannte den Pelz zum Trocknen in einen Ring, als der Trapper wieder fort war und seine Fallen kontrollierte. Das war alles, was er machte. Für etwas anderes blieb kaum Zeit. Um ein einziges Gewehr zu erhalten, musste er extrem viel Arbeit auf sich nehmen. Er war die meiste Zeit allein im Busch unterwegs und besorgte sich ein Fell nach dem anderen. Auch konnte er sich nicht um seine Kinder kümmern oder bei seiner Frau sein. Als er schließlich zum Posten der Handelsgesellschaft kam, wurde er aufs Übelste übers Ohr gehauen. Nachdem er seine Felle aufgeschichtet hatte, erklärte ihm der Manager, dass dies nicht reiche. Man würde nun nämlich eine Pelzpresse verwenden und die Länge des Gewehrs müsse der Höhe der gepressten Felle entsprechen.«[202]

Der Trapper in dieser Geschichte hatte gar keine andere Wahl, als noch mehr Pelze zu beschaffen, wenn er ein neues Gewehr benötigte. Durch die Monopolstellung der HBC konnte er seine Ware nicht andernorts eintauschen. Es geht in dieser Erzählung weniger darum, wie und wann genau sie sich abgespielt hat. Die Botschaft dahinter ist, dass sich die Indianer betrogen fühlten, sich Bedingungen verschlechterten und Abmachungen nicht mehr eingehalten wurden. Edmund stellte dazu fest: »Das System, in das sie uns hineinzwängten, war nicht gerecht. Sie sandten uns einen Haufen Betrüger, Lügner und unehrliche Leute ohne irgendwelche Spiritualität. Und sie gaben uns das Schlimmste, das du jemandem geben kannst. Diese Betrüger machten alles, um die Trapper zu bestehlen.«[203] Zudem forderte Edmund mich auf, ich solle doch einfach mal darüber nachdenken, was den Händler ein Gewehr im Ankauf gekostet habe und wie viel Geld er mit all den Pelzen, die er dafür erhielt, erwirtschaften konnte. Als kleiner Junge in den 1950er-Jahren erlebte er selbst, wie abhängig die Leute vom HBC-Manager waren, wie er in seiner Biografie *Up Ghost River* festhielt: »Papa hatte mir bereits gesagt, dass man den Manager auch ›den Boss‹ nannte und man nett zu ihm sein müsse. (…). Dann präsentierte Papa zwei Marderpelze, die so groß wie magere Katzen waren. ›Diese sind aber wunderschön‹, sagte der Manager. (…). ›Aber wissen Sie, wie hoch Ihre Schulden sind?‹ ›Jawohl.‹ ›Wie hoch sind sie denn?‹ ›Vierhundertzwanzig Dollar und fünfzehn Cent. Das ist ohne den Dachziegel. (…). Können Sie mir etwas Zucker und Schmalz geben?‹ ›Nein. Es gibt neue Regeln. Das Unternehmen will, dass alle ihre bestehenden Schulden beglichen haben, bevor sie neue Vorräte erhalten.‹ ›Ich habe Kinder‹, sagte Papa. ›Ich mache nur meinen Job, Mister Metatawabin. Das sind die Weisungen der Firma.‹«[204]

Solche und ähnliche Berichte hört man im nördlichen Ontario wohl in jedem Reservat. Während sich die Cree und Ojibwe in mehrfacher Weise hintergangen fühlten, stellte die Hudson's Bay Company die Sachlage ganz anders dar und sah sich sogar in der Rolle eines Wohltäters. 1920 richtete sich ein Kadermann anlässlich der 250-Jahr-Feier des Unternehmens an die Cree aus Big Trout Lake, Fort Severn und Winisk. Darin resümierte er die gemeinsame Geschichte: »Seit 250 Jahren weilt die Gesellschaft unter euch und sie war in guten wie in schlechten Zeiten wie ein Vater. Sie hat euch und euren Vorfahren nicht nur seit Jahrhunderten Waffen, Tabak und Kleidung gebracht, damit ihr jagen und leben konntet, sondern auch den Segen der Kirche. Die Missionare haben euch gelehrt, wie man Gut und Böse sowie Richtig und Falsch voneinander unterscheidet. Als die Gesellschaft zum ersten Mal zu euch kam, wart ihr die wilden Kinder der Wildnis, aber heute seid ihr alle gute Indianer, daher war die Gesellschaft ein großer Gewinn für euch.«[205]

50 Jahre später hatte sich am 300-Jahr-Jubiläum noch nicht viel hinsichtlich dieser herablassenden und paternalistischen Einstellung geändert, auch wenn es nicht mehr derart explizit zum Ausdruck kam.

Doch die Feierlichkeiten, an denen auch Queen Elizabeth II. zu Gast war, bildeten einen starken Kontrast zu den Erfahrungen der Indianer, deren Biografien mit der HBC verbunden gewesen waren. Dieses Mal konnten sie mittels moderner Medien wenigstens erstmals ihre Sicht der Dinge einer breiteren Öffentlichkeit darlegen. George Manuel (1921–1989), der damalige Chief der National Indian Brotherhood (NIB), der Vorläuferorganisation der Assembly of First Nations, wirkte als Sprecher des Dokumentarfilms *The Other Side of the Ledger. An Indian View of the Hudson's Bay Company.*[206] Gleich zu Beginn dieses Films wird die wegen Regenwetters etwas trüb wirkende Feier von 1970 gezeigt. Die Queen erhält, so wird im Gründungsprotokoll der HBC vermerkt, zwei Hirschfelle und zwei quicklebendige schwarze Biber geschenkt, die zur Freude Ihrer Majestät genüsslich und unbeschwert von jeglicher historischen Last in einem Becken auf dem Festgelände planschten. Dazu kommentiert Chief Manuel: »Dies repräsentiert einen unglaublichen Handel zwischen der Krone und der Gesellschaft. Ein Geschäft, von dem wir glauben, dass es zu Elend, Entbehrung und Ausbeutung der indigenen Völker Kanadas geführt hat.«[207] Anschließend drückt der Métis-Aktivist Howard Adams (1921–2001) sein völliges Unverständnis darüber aus, dass ein englischer König damals mit nur wenigen Worten einen Großteil Kanadas einer Handvoll Engländer vermachen konnte. Dem fügte der Cree und Gründungs-Chief der NIB, Walter Deiter (1916–1988), hinzu: »Ich sehe nichts, was die Hudson's Bay Company zur Entwicklung dieses Landes beigetragen hätte, außer Ausbeutung, besonders der Indianer.«[208]

Auch wenn die Indigenen in der ersten Phase des Pelzhandels nachweislich profitiert hatten, ist von dieser Ära für sie nichts mehr übrig geblieben. Im indianischen Geschichtsverständnis, so scheint mir, ist stets jene Vergangenheit besonders relevant, die direkte Auswirkungen auf die Gegenwart hat. Vor diesem Hintergrund hat der Pelzhandel sowohl den Cree und Ojibwe wie auch vielen anderen First Nations in Kanada weder eine glückliche Zukunft noch Prosperität beschert, während die HBC und der Staat unermesslich reich wurden. Der Gegensatz zwischen der ökonomischen Erfolgsgeschichte Kanadas und der Armutssituation vieler Indigener landesweit, besonders jener im nördlichen Ontario, ist derart frappierend, dass er einer historischen Erklärung bedarf. Ich wollte von Louis Bird wissen, wie er die Entstehung dieses enormen Kontrasts, dieser Ungleichheit interpretierte, und erhielt folgende

Antwort: »Das Ganze war ein Clash, ein Zusammenprall. Die Europäer und die Indigenen haben nicht zueinandergepasst. Denn sie hatten nicht dieselbe Ideologie. Weißt du, was ich meine?« Ich hatte mir diese Worte seither oft durch den Kopf gehen gelassen. Louis hatte vollkommen recht. Die europäische und die indianische Kultur waren derart verschieden, dass ein interkulturelles Verständnis praktisch unmöglich war. Während für die Europäer Landbesitz, Privateigentum und Gewinnmaximierung kapitalistische Wirklichkeiten waren, stellten sie für die Indianer Elemente einer fremden Welt dar, die sie zunächst nicht einordnen konnten. Auch wollten die Cree und Ojibwe ihre traditionelle Lebensweise nicht aufgeben. Dies wiederum konnten sich die europäischen Händler und später die kanadischen Politiker zunutze machen. Sie versuchten die Indianer mit den von ihnen bestimmten Regeln zu kontrollieren, ließen sie ständig in die Schuldenfalle laufen, machten ihnen dann winzige Zugeständnisse, aber nur so weit, dass sie nicht selbst den Markt bestimmen und reich werden konnten. In ihren Augen waren die ›guten Indianer‹ die ›abhängigen Indianer‹, die man nur noch vollständig zu ›zivilisieren‹ brauchte, damit sie ihr Land verließen und für immer verschwanden.

Aller Entbehrlichkeit zum Trotz blieben die Cree und Ojibwe weiterhin so lange wie möglich auf dem Land. Denn das Umherziehen in ihren Wäldern, entlang ihrer Flüsse und Seen sowie Jagen, Trappen und Fischen, all dies waren essenzielle Grundpfeiler ihrer Kultur, die nach wie vor bestanden. Der Pelzhandel sicherte ihnen wenigstens ein minimales Grundeinkommen, um ihrer traditionellen Lebensweise weiterhin nachgehen und magere Zeiten überbrücken zu können. Auch nahmen sie während der Sommermonate allerhand Jobs bei den Handelsposten, in der Holzwirtschaft oder in Minen an. Den Rest des Jahres verbrachten sie dann gemeinsam mit ihren Familien auf der Trapline. Zwischendurch war ihnen das Glück für eine kurze Dauer hold. Die 1890er-Jahre waren einigermaßen lukrativ. Während der Belle Époque und der durch die zunehmende Industrialisierung ausgelösten Konjunktur kam es in Europa und Nordamerika zu einer großen Nachfrage nach Pelzen. Vertreter anderer Handelsgesellschaften gingen in dieser Zeit manchmal direkt auf die Trapper zu und umgingen dadurch das Monopol der HBC. Weil diese die Indianer mit Bargeld bezahlten, konnten sie fortan auch an anderen Orten als beim offiziellen Handelsposten einkaufen, was ihnen bessere Konditionen einbrachte.[209] Während des Ersten Weltkriegs kam der

Pelzmarkt mehrheitlich zum Erliegen. In den 1920er- und 1930er-Jahren stieg zwar der Pelzpreis wieder an, doch es sollte den Cree und Ojibwe nicht sonderlich nützen. Denn inzwischen wurde ein Großteil der wertvollen Silberfuchsfelle und Nerze durch Zuchtbetriebe abgedeckt. In den 1940er-Jahren drangen zunehmend nicht-indigene Trapper ins indianische Territorium ein. Dies war einer der Gründe, weshalb die Provinz Ontario 1947 ein Trapline-System einführte. Dadurch erhielten indianische Familien kartografisch genau zugeordnete Gebiete, in denen nur sie ihre Fallen stellen durften. Diese Maßnahme kam jedoch bei den Betroffenen nicht nur gut an, weil es das Land, das ursprünglich alle miteinander geteilt hatten, nun in quasieigentumsrechtliche Parzellen zerstückelte, was sich mit ihrer kulturellen Tradition nicht vereinbaren ließ und zu Konflikten führte. Bis in die 1960er-Jahre bildete das Trappen aber weiterhin für die Indianer des nördlichen Ontarios die Hauptbeschäftigung.[210]

1970 bis heute: Das Ende des Pelzhandels

Als Tierschutzaktivisten in Nordamerika und Europa Anfang der 1970er-Jahre eine Kampagne gegen die Robbenjagd der Inuit lancierten, waren auch bald die Cree und Ojibwe davon betroffen. Während zunächst nur die Schlachtung der als besonders niedlich empfundenen Robbenbabys angeprangert wurde, richtete sich der Protest bald auch gegen den gesamten Pelzhandel und das Trappen. Es gelang den Aktivisten, die berühmte französische Schauspielerin Brigitte Bardot als Zugpferd für ihre Antipelzkampagne zu gewinnen, was weltweit für Aufsehen sorgte. Empört rief sie 1977 bei einem Kanadabesuch ins Mikrofon: »Kanadier! Mörder!«[211] Ihr Auftritt verfehlte seine weltweite Wirkung nicht. 1983 verhängte die Europäische Wirtschaftsgemeinschaft ein Einfuhrverbot für Robbenfelle. Bis dahin war die Nachfrage an Pelz durch breit angelegte Kampagnen bereits zusammengebrochen. Die Tierschützer verhalfen nebenbei auch neuen, wärmenden Kunstfasern zu reißendem Absatz, die das natürliche Material zunehmend verdrängten.[212] Für die Inuit, Dene, Cree oder Ojibwe, die in der kargen, abgelegenen Umwelt des kanadischen Nordens praktisch nur durch den Verkauf von Tierfellen ihr Einkommen noch einigermaßen unabhängig erwirtschaften konnten, war dies verheerend. Organisationen wie Indigenous Survival

International, der Indigene aus Alaska, Grönland und Kanada beitraten, wollten den von einigen Tierschutzorganisationen verbreiteten plakativen, aber effizienten Falschmeldungen entgegentreten. Sie versuchten aufzuzeigen, wie die Tiere tatsächlich gejagt wurden, und erklärten, dass ihnen das Trappen ermögliche, ihre selbstständige Lebensweise, die sie seit Jahrtausenden pflegten, weiterzuführen, ohne vollends in einem armutsfördernden Wirtschaftssystem unterzugehen.[213] Doch die Aufklärungsversuche sollten nichts nützen. Im Gegensatz zu den vielen illustren Prominenten, die mit öffentlichen Voten gegen das Tragen von Pelz auch Imagepflege betrieben, konnten sich die indigenen Stimmen kaum Gehör verschaffen.

Ignace Gull, der Chief aus Attawapiskat, erinnerte sich an den Zusammenbruch des Pelzmarkts und die Konsequenzen für die Cree an der James Bay: »In unserer Weltsicht glauben wir an ein Gleichgewicht. Tiere stehen in einem ausgeglichenen Verhältnis zu den Menschen und umgekehrt. Wir betrachteten das Trappen nicht als Grausamkeit, sondern als Voraussetzung unseres kulturellen Fortlebens. Aber als Tierschützer wie Brigitte Bardot, diese Schauspielerin … .«[214] Er hielt kurz inne. Ich merkte, wie sehr es ihn auch jetzt noch beschäftigte. Er fand keine Antwort darauf, weshalb sich so viele internationale Stars, teilweise mit einem falschen Verständnis und Unkenntnis der indigenen Situation, für gewisse Tiere einsetzten, während die First Nations täglich ums kulturelle, aber auch ums physische Überleben kämpften. Wie konnten diese Prominenten, die ohne Existenzsorgen ein Luxusleben führten, nur gegen das Trappen protestieren, das den Indigenen im kanadischen Norden praktisch als letzte kulturelle Existenzmöglichkeit noch geblieben war? »Das Fallenstellen war unser Überleben. Denn das Land ist *unser* Supermarkt. Von dort erhalten wir unsere Fische, große und kleine Wildtiere. Wir können uns nicht alles im Dorfladen leisten, wo Kosten enorm hoch sind, da alles eingeflogen werden muss. Zudem sind die meisten Produkte im Laden nicht gesund und wir haben mehr Fälle von Diabetes, Fettleibigkeit, Nierenversagen und so weiter.«[215]

Fast in jedem Reservat gibt es einen sogenannten Northern Store, der vom Unternehmen The North West Company geführt wird. Diese hat sich 1987 als eigenständige Firma von der HBC abgespalten und deren Läden in den nördlichen Siedlungen übernommen. Sie hat beinahe ein Monopol inne, denn nur in den wenigsten Reservaten werden Geschäfte von indianischen Kleinunternehmern geführt, welche die Grundversorgung an Lebensmitteln abdecken können.[216] Im Northern Store ist der Manager meist ein Weißer und Produkte kosten etwa das Zwei- bis Vierfache wie im urbanen Kanada. Ich erinnerte mich, dass ich in Fort Severn einen Liter Milch für etwa zehn Dollar gesehen hatte.

In den 1990er-Jahren arbeiteten einige Topmodels mit der Tierrechtsorganisation People for the Ethical Treatment of Animals (PETA) zusammen und ließen sich beispielsweise unter dem Protestslogan *Lieber nackt als im Pelz* ablichten. Vermutlich ahnten sie nicht, dass sie damit die indigene Lebensweise in nördlichen Gebieten stark gefährdeten.[217] Der in dieser Kampagne kolportierten einseitigen Sichtweise begegneten Indigene aus Kanada mit einer Gegeninitiative. Ignace Gull führte dazu aus: »Als ich Chief war, ging ich in den 1990ern sogar nach Europa. Damals bildeten wir eine Delegation mit Ovide Mercredi, dem National Chief. Wir waren 15 kanadische Indigene, darunter auch Inuit, und wir gingen nach Amsterdam, nach Brüssel, nach Bonn. Überall sprachen wir über das Fallenstellen und wie das Pelzverbot unsere Leute betraf.«[218] Trotz dieser Bemühungen wurde das Trappen im nördlichen Ontario nicht mehr rentabel. Stan Beardy, der Chief von Muskrat Dam, führte dazu aus: »Im Winter haben wir Biber geholt und ihr Fleisch gegessen und auch die Pelze verkauft. Doch die Tierschutzverbände haben unseren Markt zerstört. Das hat uns stark getroffen. Viele unserer Leute konnten ab nun nicht mehr auf dem Land sein. Denn es braucht Geld, um vom Dorf aufs Land hinauszugehen. Man braucht eine Ausrüstung. Im Frühjahr bis Herbst braucht man ein Motorboot. Man braucht Vorräte und Zubehör. Im Winter braucht man ein Schneemobil und eine geeignete Ausrüstung. Dadurch, dass der Markt für unsere Pelze wegbrach, waren wir gezwungen, in den Reservatssiedlungen zu bleiben.«[219]

Früher, als die Indianer noch nahe ihrer Trapline lebten, mussten sie keine allzu großen Strecken an einem Stück zurücklegen, um Tiere erlegen zu können. Doch vom Reservatdorf aus waren die Distanzen zu den ertragreichen Gebieten viel weiter und ohne motorisierte Fortbewegungsmittel in nützlicher Frist nicht mehr zu bewältigen. Der Unterhalt von Motorboten und -schlitten war teuer. Auch kostete der Liter Benzin viermal so viel wie im südlichen Kanada. Da die Haupteinkommensquelle der Trapper aus dem Pelzmarkt stammte, der nun nichts mehr einbrachte, konnten sie sich dies nicht mehr leisten. Die schlimmste Konsequenz war, dass die Menschen dadurch immer weniger selbst erworbenes und gesundes Wildfleisch erhielten und folglich ihren Speiseplan zunehmend mit westlichen Tiefkühlprodukten, die im Northern Store am billigsten angeboten wurden, ergänzen mussten. Die gesundheitlichen Folgen waren und sind nach wie vor gravierend, wie Ignace Gull anmerkte. Was sich durch die Pelzboykotte im Norden abspielte, könnte man je nach Perspektive sogar als eine neue Form von Imperialismus betrachten, welche Wertvorstellungen einer westlichen Wohlstandsgesellschaft global durchsetzen will, ohne Rücksichtnahme auf periphere Gebiete und die dortigen Gesellschaften. Problematisch war gewiss auch, dass betreffend Herkunft von Tierfellen keine Differenzierung stattgefunden hatte.[220]

2014 vollzog Greenpeace hinsichtlich kommerzieller, aber nachhaltiger Robbenjagd der Inuit eine Kehrtwende. Die Umweltschutzorganisation ließ verlauten, man habe erkannt, dass zwischen dem Preiszerfall für Robbenerzeugnisse und der Zunahme von Alkoholismus, Depressionen und Selbstmorden in den abgelegenen Inuit-Dörfern ein direkter Zusammenhang bestehe. Greenpeace entschuldigte sich bei den Betroffenen und versucht seither mit ihnen zusammenzuarbeiten.[221] Den letzten vollberuflichen indianischen Trappern sollte diese mindestens 25 Jahre verspätete Einsicht nichts nutzen. Sie hatten sich schon längst im Reservat niedergelassen und sich dort um einen der spärlich vorhandenen Gelegenheitsjobs bemüht. Solange es irgendwie ging, hatten sie versucht, draußen auf dem Land einer Beschäftigung nachzugehen, traditionelle Nahrung zu beschaffen und somit die Lebensweise ihrer Ahnen fortzusetzen. Doch nun war all dies bedroht. Dennoch werden die Cree und Ojibwe, die noch stark in ihrer Kultur verwurzelt sind, alles unternehmen und jede Möglichkeit nutzen, aufs Land hinauszugehen, um gelegentlich ein paar Fallen zu stellen, zu jagen, zu fischen, Blaubeeren zu pflücken oder Heilkräuter zu sammeln, so wie es einst ihre Großmütter und Großväter getan hatten. Denn die Nahrung da draußen ist nicht einfach ein käufliches Massenprodukt, sondern etwas Spirituelles, das die Menschen mit dem Land verbindet und die Grundlage für Bimaadiziwin bildet, also ein gesundes und gutes Leben erst ermöglicht.

Es war bereits dunkel, als ich durch das Fenster des Motelzimmers blickte. Louis Birds Frau schien zu schlafen. Er selbst wirkte nach wie vor hellwach, auch wenn er sicherlich sehr müde war. Mir gingen viele Dinge durch den Kopf. Eigentlich hätte ich zahlreiche weitere Fragen gehabt, die mir zwar auf der Zunge brannten, aber diese gleichsam betäubten, sodass ich mich sprachlos fühlte. Da saß dieser bescheiden und zufrieden wirkende Mann vor mir und berichtete aus einem reichen Leben, das er einst als Trapper auf dem traditionellen Land seiner Vorfahren an der Hudson Bay begonnen hatte. Er war in der letzten und wohl schwierigsten Phase des Pelzhandels geboren, hatte die Zwangserziehung in der Residential School überlebt und wusste, was seine Familienangehörigen damals alles durchgemacht hatten. Auch kannte er die tragische und schicksalsbehaftete Geschichte seines Volkes. Wie kaum ein anderer hat er zahlreichen Elders zugehört und anschließend ihre Erzählungen aufgezeichnet. Ich war mir bewusst, dass er mir an diesem Abend nur einen kleinen Einblick in seine Lebenswelt eröffnen konnte. Dennoch hat mich seine Erzählung beeindruckt. Auch war ich gespannt darauf, seine Bücher zu lesen und seine auf einer Webseite zugänglich gemachten Legenden zu hören, um mehr über seinen kulturellen Hintergrund zu erfahren und damit die ersten Menschen im nördlichen Ontario etwas besser zu verstehen.[222]

Neues Weltbild: Missionare

»Schnell noch einen großen Beutel Tabak besorgen«, dachte ich, als ich die Sachen für meine erste Reise an die Hudson Bay gepackt hatte. Morgen würde ich bereits in Fort Severn sein. Dieses Cree-Reservat ist die nördlichste Gemeinde Ontarios. Von den vielen Powwows und Zeremonien in Thunder Bay und in den nahe gelegenen Ojibwe-First-Nations inspiriert, malte ich mir aus, dass mir im hohen Norden die traditionelle Spiritualität allgegenwärtig in Form von Schwitzhütten oder Wackelzelten begegnen würde. Denn schließlich lebten die Menschen dort in Abgeschiedenheit vom restlichen Kanada und pflegten daher gewiss ihre alte Tradition. Vermutlich gab es täglich Rituale und vielleicht hatte ich sogar Gelegenheit, einen Schamanen zu treffen. Ich war schon ganz aufgeregt – auch weil es meine erste Reise in ein so entlegenes und isoliertes Reservat war. Alle Indianerdörfer, die ich bisher besucht hatte, waren ans Straßennetz angebunden. Jederzeit hätte ich mit dem Auto wieder wegfahren können, wenn ich gemerkt hätte, dass meine Präsenz unerwünscht gewesen wäre. Dieses Mal war es anders. Einfach abhauen war nicht möglich, da ich von einem Kleinflugzeug abhängig war. Ich wollte daher auf alle Fälle genügend Tabak dabeihaben, um den Elders meine

Ehre erweisen zu können und nicht ahnungslos mit leeren Händen dazustehen. Denn für die Indianer, die ich in Thunder Bay kennengelernt hatte, war diese Pflanze etwas vom Heiligsten und sie setzten sie bei allen Zeremonien ein.

Ich reagierte zunächst verdutzt, als mich Paul Burke, der Chief von Fort Severn, darauf hinwies, dass die Gemeinde sehr christlich geprägt sei. Man trommle nicht, halte keine Powwows ab und ich solle den Elders nach einem Interview auf keinen Fall Tabak anbieten. Ich musste ihn bitten, seine Aussage zu wiederholen, weil ich zunächst glaubte, ich hätte ihn nicht richtig verstanden. Doch er lachte laut und meinte: »Du hast schon richtig gehört. Ich weiß, im Süden machen sie solche Dinge. Aber hier sind wir noch so fest mit dem Land verbunden, dass uns gar nichts fehlt.« Bald merkte ich, dass alle Leute, mit denen ich im Reservat sprach, gläubige und teilweise auch bibelfeste Christen waren. Nur eine einzige Jugendliche vertraute mir während eines Interviews an, sie interessiere sich sehr für die traditionelle Spiritualität ihrer Ahnen. Auch würde sie Tabak oder Salbei für Rituale verwenden. Doch sie erzähle es niemandem im Dorf, denn sonst würde man sie für verrückt halten. Wie ich später bei meinen Besuchen in anderen Reservaten erfahren sollte, orientieren sich tatsächlich viele Gemeinden an der christlichen Lehre, während in anderen Dörfern ein Nebeneinander von Christentum und traditionellen Zeremonien existiert. Ich habe auf meinen Reisen im nördlichen Ontario Menschen getroffen, die entweder nur das Christentum akzeptierten, und andere, die christliche und traditionelle Elemente verbanden, oder solche, die die von den Wemistigosiwak gebrachte Religion strikte ablehnten. Alle Menschen, die mir begegneten, waren jedoch äußerst spirituell und niemand gab sich mir gegenüber als Atheist zu erkennen. Die verschiedenen Weltanschauungen haben innerhalb der indianischen Gemeinschaft große Gräben aufgerissen. Vor allem dadurch, dass in einigen Dörfern mit lediglich ein paar Hundert Einwohnern fünf verschiedene christliche Denominationen eifrig um Mitglieder warben und einige gleichzeitig versuchten, den traditionellen Weg zu gehen. Auch wenn heute mehr gegenseitiges Verständnis herrscht, kommt es ab und zu immer noch zu interreligiösen Spannungen.

Wie ist es möglich, dass viele Cree, Oji-Cree und Ojibwe im Norden derart stark im Christentum verwurzelt sind? Hatten nicht gerade sie während der kanadischen Assimilationspolitik und der damit verbundenen Umsetzung des Indian Acts am eigenen Leib traumatisch erfahren, wie exklusiv und intolerant die Bibel ausgelegt werden kann? Waren nicht gerade sie auf schlimmste Art und Weise von Geistlichen in den Internaten missbraucht, erniedrigt und teilweise in den Selbstmord getrieben worden? Und hatten die christliche Lehre und der damit einhergehenden *Doctrine of Discovery* den Kolonialherren nicht zuletzt auch die Legitimation gegeben, ihnen ihr Land und somit ihre Identität als indigene Menschen zu entreißen, weil sie sie als ›Heiden und Wilde‹ einstuften? Diese Fragen ließen mir keine Ruhe. Es war für mich nicht nachvollziehbar, wie ein indianischer Mensch aufgrund der Kolonialgeschichte, bei der die Missionare eine entscheidende Rolle hinsichtlich Eroberung und Entwurzelung indigener Völker spielten, weiterhin den christlichen Glauben praktizieren konnte. Zunächst zweifelte ich sogar, ob ich das Thema überhaupt ansprechen sollte. Denn ich wollte niemandem zu nahe treten, da der Glaube etwas sehr Persönliches ist. Doch in Muskrat Dam lernte ich Roy Morris kennen. Er war Mitte 60, Rektor der Gemeindeschule, anglikanischer Priester und Künstler. Nachdem ich ihn bereits einige Male getroffen hatte, war ich überzeugt, dass er der richtige Gesprächspartner war. Ich hatte gemerkt, dass er sowohl die christliche wie auch die traditionelle Weltanschauung verinnerlicht hatte und darin keine Gegensätze sah.

»Oh ja, ich glaube, ich kann dir deine Frage beantworten«, sagte Roy. »Nicht weil ich inzwischen ein Priester bin, sondern weil ich traditionell gelebt habe. Ich wurde nicht als Christ geboren, sondern wurde als Kind dieses Landes großgezogen. In jeder Jahreszeit hatten wir eine bestimmte Route und zogen von Camp zu Camp. Mir wurde gelehrt, zu beten, dem Morgen zu danken, dem Abend zu danken, für das Essen zu danken und für alles zu danken, was uns das Land geschenkt hat. Wir beteten zu Gitchi Manitou, dem Großen Geist. Das ist der Erschaffer all dessen, was wir sehen und was ist. Genauso ist der christliche Gott. Denn er hat alles erschaffen. Daher kann man die beiden Konzepte vergleichen. Ich sage den Leuten immer, der wahre Schöpfer heißt Allah, er heißt Gott und er heißt Gitchi Manitou. Der wahre Schöpfer hat so viele Namen, wie es verschiedene Völker unter dem Himmel gibt, wie es Sprachen in dieser Welt gibt. Manche Leute sagen, Gott und Gitchi Manitou sei nicht dasselbe. Gut, das ist o. k. Wir menschlichen Wesen definieren die Dinge gern unterschiedlich, damit sie zu uns passen, so wie wir sind. Wenn jemand sagt, er habe Gott mit bestimmten Begriffen definiert, dann geht das für mich in Ordnung. Solange er auch zugesteht, dass unsere Definition von Gott kulturell zu unserem Volk und unserer Lebensweise passt.«[223]

Er hielt kurz inne. Ich schwieg und stellte keine Nachfrage. Dann blickte er durch das Fenster seines Schulleiterbüros. Es hatte begonnen zu schneien. Er sah einen Moment den großen Flocken zu, die zu Boden schwebten, und fuhr fort: »Du willst wissen, weshalb es für unser Volk so leicht war, die christliche Botschaft der Liebe anzunehmen? Ich erzähle dir gerne eine Geschichte darüber. Unsere Ahnen hatten ihre Zeremonien und Praktiken, um dieser Welt einen Sinn zu geben und eine Vorstellung davon zu erhalten, um was es eigentlich geht. Eine dieser Zeremonien ist das Wackelzelt. Damit war es ihnen möglich, spirituelle Reisen anzutreten. Sie konnten beispielsweise mit ihrem Geist aufs Land hinausschweben und sehen, was dort vor sich ging, um nicht von unerwarteten Ereignissen überrascht zu werden. Eines Tages hielt einer meiner Ururgroßväter eine solche Zeremonie in einem Wackelzelt, bei der er ein Licht mitten in der Hudson Bay aufsteigen sah. Er wollte genauer nachsehen, was es ist, doch er kam einfach nicht näher heran. Als er von seinem spirituellen Ausflug zurückgekehrt war, erzählte er den anderen Teilnehmern der Zeremonie davon: ›Ich habe ein Licht gesehen. Es leuchtete in der Mitte des Ozeans. Könnt ihr euch ebenfalls dorthin begeben und nachsehen?‹ Sie machten, wie ihnen geheißen, und kamen mit derselben Erfahrung zurück: ›Wir können uns ihm nicht nähern, aber es kommt auf uns zu.‹ In der nächsten Zeit folgten sie während ihren Zeremonien dem Licht und beobachteten, wohin es wanderte. Zuerst kam es zu jenem Ort, der heute Fort Severn heißt. Dort blieb es etwa fünf Tage stehen. Dann zog es flussaufwärts. Sie behielten es weiterhin im Auge. Das Licht folgte dem Flusslauf bis nach Big Trout Lake, dem großen Forellensee, wo es drei Tage am Firmament schien. Dann wanderte es gegen Westen Richtung Bearskin Lake, dem Bärenfellsee. Das war in ihrer Nähe. Gemeinsam machten sie sich dorthin auf. Dann sahen sie das Licht mit ihren eigenen Augen und sagten: ›Gut, jetzt ist es über dem Land auf dem gegenüberliegenden Ufer. Und es kommt langsam zu uns herüber.‹ Sie setzten sich ans Ufer, um darauf zu warten. Plötzlich näherten sich ihnen Leute in Kanus, die ihnen entgegenpaddelten. Als sie aufeinandertrafen, bemerkten sie, dass sie von einem Fremden begleitet wurden, einem Jesuitenpater. Die Elders begriffen nun, was das Licht gewesen war und dass es etwas mit diesem Pater zu tun hatte. Es war die Botschaft der Liebe, Jesus Christus. Die

Leute erkannten, dass dies etwas Mächtiges war. Es fiel ihnen leicht, es anzunehmen. Auch wussten sie, dass es nicht von dieser Welt kam. Doch es war nicht der Jesuit, den sie haben wollten. Er war nur der Bote. Die Leute wussten bereits, wer Gott war, was Liebe war und was Respekt bedeutete. Sie kannten all diese höheren Ideale, um als Volk ein gutes Leben zu führen. Wenn es nachher in den kanadischen Geschichtsbüchern hieß, dass wir Wilde waren, so ist dies reine Propaganda. Vermutlich waren wir näher bei den höheren Wesen als diejenigen, die solche Dinge über uns schrieben.«[224]

Mit dieser schönen Legende hatte mir Roy Morris gleich mehrere Fragen beantwortet. Die Indianer unterschieden also die Botschaft vom Botschafter. Auch schien die Missionierung an der Hudson Bay viel friedlicher verlaufen zu sein, als dies etwa in den Great Plains bei den Sioux im letzten Drittel des 19. Jahrhunderts der Fall war. Dort wurden die Menschen zuerst durch die US Army in Kriege verwickelt und anschließend mit Gewalt in Reservate gepfercht, wo sich dann Scharen von Missionaren verschiedener Denominationen über sie hermachten, um ihnen zu ›helfen‹ und gleichzeitig ihre ›Seelen zu retten‹.[225] Ins nördliche Ontario kamen im 19. Jahrhundert nur ein paar vereinzelte Geistliche. Die Cree und Ojibwe sahen in der Lehre der Heiligen Schrift, die ihnen gebracht wurde, viele Parallelen zu ihrer eigenen spirituellen Weltanschauung. Sie fanden für sie zentrale Motive und Elemente, wie den Stern von Bethlehem oder das Teilen von Essen, wieder. Zudem hatten Schamanen in ihrer Kultur das höchste Ansehen. Der Jesuit in seiner schwarzen Robe und mit dem glänzenden Kreuz auf der Brust war für sie zwar ein Fremder, doch sie erkannten in ihm einen heiligen Mann einer anderen Kultur und brachten ihm daher den nötigen Respekt entgegen. Doch ab wann hatten sie gemerkt, dass sie zwar die Botschaft verstanden, aber der Botschafter sie wiederum nicht? Roy Morris fuhr fort, als ahnte er, was ich als Nächstes fragen würde: »Dieser erste Priester war ein Mann mit einem bestimmten kulturellen Hintergrund und er sah nun etwas anderes, das er nicht einordnen konnte. Daher erachtete er unsere Lebensweise als etwas Böses und sagte: ›Wir müssen diese Kultur zerstören.‹ Er glaubte, sie sei satanisch. Doch er wusste nicht, dass diese Kultur, die uns gegeben wurde, ein Geschenk Gottes war, und so machte er sich im Namen des Christentums daran, unsere Sprache, unsere Gepflogenheiten und unseren Glauben zu zerstören. Aber unsere Leute haben zwischen seinen Taten und der Heiligen Schrift einen Unterschied gemacht. Sie haben ihn sogar von Ort zu Ort mitgenommen, da er nicht alleine reisen konnte. Auch hätte er ohne uns gar nicht gewusst, wohin er gehen sollte und wo wir uns jeweils versammelten. Leider hat dieser Priester unsere große Unterstützung nie anerkannt und sich dafür bedankt.«[226]

Von weiteren Gesprächspartnern im nördlichen Ontario erfuhr ich später Ähnliches. Auch sie erklärten mir, dass sie zwischen der sogenannten Frohen Botschaft und denjenigen, die sie verkündeten, einen großen Unterschied machten. Schon die damaligen Elders hätten dies erkannt. Zudem seien die meisten Grundsätze aus der Bibel mit den eigenen Lehren und Erfahrungen vergleichbar gewesen. Die beiden Weltanschauungen hätten sich somit wunderbar ergänzt. Roy führt diesbezüglich aus: »Als die Missionare kamen und mit uns Weihnachten feiern wollten, war das für uns nichts Neues. Auf der ganzen Welt realisieren die Menschen, dass jedes Jahr um den 21. Dezember etwas Bedeutsames geschieht. Es ist der kürzeste Tag und alles beginnt von Neuem. Das hatte für uns eine große Bedeutung und daher feierten wir es. Bereits die Kelten jenseits des Ozeans hatten dies gefeiert. Überall im Norden, wo Menschen lebten, war dies etwas Wesentliches. Soweit ich weiß, wurde Jesus nicht am 25. Dezember geboren, sondern irgendwann im Frühjahr. Doch als man den Kalender machte, legte man seinen Geburtstag auf dieses Datum, an dem die Sonne zurückkehrt. Das war naheliegend. Wir kennen in unserer Sprache kein Wort für ›Weihnachten‹, sondern nennen das Fest nach wie vor ›Sonnenwende‹.«[227] Auch Adam Fiddler, ehemaliger Chief von Sandy Lake, hielt entsprechend fest: »Weihnachten war immer eine spezielle Zeit. Es war der kürzeste Tag des Jahres. Die Leute versammelten sich. Sie waren zwar auf dem Land draußen, kamen aber dann zusammen, um die Sonnenwende zu feiern und Dank zu sagen. Wie du siehst, gibt es bestimmte Elemente aus dem Christentum, die gleich sind, wie unsere traditionellen Feste. Es geht ums Miteinander-Teilen, Sich-zu-Versammeln und an Weihnachten als Gemeinschaft zusammenzukommen.«[228]

Die ersten französischen Missionare in Kanada waren Mitglieder eines franziskanischen Reformordens, die man Rekollekten nannte. Sie versuchten zwischen 1615 und 1629 Indianer im Gebiet des Sankt-Lorenz-Stroms bis zu den Großen Seen zu bekehren. Ihnen folgten bald die Jesuiten, von denen 1672 Pater Charles Albanel als erster katholischer Geistlicher bis zur James Bay reiste. Nachdem die Franzosen 1686 die Handelsposten der Hudson's Bay Company erobert hatten, wollten die Jesuiten an der Mündung des Albany River eine erste Mission aufbauen. Doch als die Engländer sieben Jahre später wieder die Oberhand in der Region gewannen, mussten sie ihr Unternehmen abbrechen.[229] Während der nächsten 150 Jahre kam es zu keiner weiteren missionarischen Niederlassung an der Hudson und James Bay. Doch die Cree und Ojibwe hatten in dieser Zeit mit den Métis Kontakt, die in den Posten arbeiteten und christlich erzogen waren. Mit ihnen konnten sie sich in ihrer Muttersprache verständigen und erfuhren dabei einiges über den neuen Glauben. Zudem war der Einfluss des Christentums auch ohne Geistliche in den Posten spürbar, da dort beispielsweise sonntags die Liturgie der anglikanischen Kirche gefeiert wurde. Die Indianer, die sich schon aus reiner Neugierde für die ihnen unbekannte Religion interessierten, hatten also bereits erste Vorstellungen darüber aufgrund ihrer Handelbeziehungen mit den Christen. Durch die Monopolstellung der HBC ab 1821 zogen sie vermehrt zu den weniger, aber gleichsam größer gewordenen Handelsposten, um dort während des Sommers verschiedene Arbeiten zu verrichten. Das Unternehmen, das sich auch für die eigene Belegschaft in den Handelsposten geistlichen Beistand wünschte, lud 1840 die Wesleyan Methodist Church of England ein, Missionen in Rupert's Land zu gründen.[230]

Im selben Jahr traf Reverend George Barnley (1816–1904) in Moose Factory ein. Dort machte er sich jedoch nicht gerade beliebt. Anstatt Indianer zu bekehren, maßregelte er die Angestellten und versuchte ihnen, sehr zu deren Missfallen, wieder Gottesfürchtigkeit beizubringen. In seinen Augen waren sie nämlich durch geistliche Vernachlässigung in der Abgeschiedenheit auf Abwege geraten und mussten dringend wieder auf den rechten Weg finden. Kurz vor Weihnachten warnte er seine neue Gemeinde mit Nachdruck vor den negativen Folgen allzu ausgelassener Feierlichkeiten, die er als ›Teufelswerk und Höllenweg‹ bezeichnete. Zu seinem Ärger musste er dennoch mitansehen, dass seine Mahnungen nichts bewirkten und die Leute nach gewohntem Brauch die Festtage mit reichlich Alkohol begossen.[231] Auch in anderen Handelsposten bereitete die Anwesenheit der Geistlichen den Managern große Mühe. Obschon sie die Ankunft der Missionare zunächst begrüßt hatten, mussten sie bald erkennen, dass zwischen der Belegschaft und den Glaubensboten ein kultureller Graben verlief. Letztere brachten nämlich die Wertvorstellungen der viktorianischen Gesellschaft mit und setzten damit auch die Métis im kleinen, aber eigenständigen Soziotop des Postens mit strengen Maßregelungen stark unter Druck.[232]

Reverend Barnley rang aber bald mit eigenen Problemen. Obschon ihm seine Oberen in der Heimat noch ins Gewissen geredet hatten, er solle vor attraktiven Métis-Frauen und Indianerinnen auf der Hut sein und sich um Gottes willen nicht verführen lassen, war es für ihn gar nicht so einfach, deren Anziehung zu widerstehen. Die Versuchung, ›sich körperlich zu beflecken‹, muss derart unerträglich geworden sein, dass er im Herbst 1844 nach England zurückkehrte. Dort heiratete er eine Frau namens Jane und nahm sie im folgenden Jahr mit nach Moose Factory. Anscheinend jammerte sie bereits bei ihrer Ankunft über Zahnschmerzen und gab einen Vorgeschmack auf die vielen weiteren Klagen, die man von ihr noch hören sollte. Weiße Frauen, die von der HBC lange Zeit aus Rupert's Land ferngehalten worden waren, kamen erst ab 1840 in die James Bay. Jane Barnley erregte als eine der ersten Europäerinnen in Moose Factory nicht nur Aufsehen, sondern betrachtete sich als ›Lady‹ und bestand darauf, standesgemäß mit ›Mam‹ angesprochen zu werden. Denn in ihrer rassistischen Weltanschauung nahm sie unter allen Frauen im Posten den höchsten Rang ein und forderte von der Belegschaft den entsprechenden Respekt ihr gegenüber. Der Manager, Robert Miles, der die Hierarchie des Postens anführte, dachte jedoch seiner Frau Betsy diese Rolle zu. Jane akzeptierte das jedoch nicht, weil diese eine Métis war. Dies wiederum führte zu heftigen Auseinandersetzungen zwischen den beiden Familien. Zu allem Übel mussten sie sich auch noch während ein paar Monaten dasselbe Haus teilen, weil die neue Missionarsunterkunft nicht fertiggestellt war. Die Barnleys beschwerten sich über die lauten Kinder der Miles und diese störten sich am Glockengebimmel, mit dem ›Lady Jane‹ ihre Hausangestellten rief. Die Situation eskalierte derart, dass der Missionar den Manager exkommunizierte und in einer wutentbrannten Predigt seine Verachtung ihm gegenüber kundtat.

Die in der Umgebung von Moose Factory lebenden Cree hatten sicherlich vom Zwist der beiden Familien erfahren und erzählten diese tragisch-komischen Geschichten zur allgemeinen Erheiterung weiter. Statt christianisiert zu werden, wurden ihnen nun regelmäßig neue Anekdoten geliefert, über die sie sich köstlich amüsierten. Jane Barnley manövrierte sich aufgrund ihres rassistischen Überlegenheitsgebarens bald ins Abseits. Sie hatte die Métis-Frauen gehörig verärgert und wurde von ihnen gemieden. Da ansonsten keine Engländerinnen vor Ort waren, mit denen sie eine standesgemäße Gesellschaft hätte pflegen können, sah sie sich bald vollständig isoliert und fühlte sich einsam. Hinzu kam eine Fehlgeburt. Später hat sie aber glücklicherweise doch noch eine gesunde Tochter geboren. Für ihren Mann wurde die Situation ebenfalls immer ungemütlicher. Als schließlich im Sommer 1847 katholische Missionare die James Bay besuchten, platzte ihm der Kragen und er verfasste ein Protestschreiben an die HBC. Womöglich war die Antwort darauf unbefriedigend und die Spannungen mit den Miles hatten sich noch weiter zugespitzt. Jedenfalls verließ er mit seiner Familie im September den, wie er notierte, ›zermürbenden Despotismus‹ in Moose Factory und kehrte nach England zurück. Er und seine Frau hatten zwar die Tagesschule für die Kinder der Mitarbeiter weitergeführt, hielten regelmäßig Gemeinschaftsgebete und Gottesdienste ab und führten den methodistischen Katechismus ein. Aber ihr Versuch, die gesellschaftlichen Gepflogenheiten der Pelzhändler, wie Tanzen und Trinken, zu reformieren, scheiterte kläglich. Wenn Missionare in Zukunft erfolgreich sein wollten, mussten sie sich dem Leben in den abgelegenen Handelsposten anpassen.[233]

Die Missionsstation in Moose Factory blieb während der nächsten vier Jahre verwaist, weil die Methodisten keinen Nachfolger für George Barnley fanden. Erst 1851 konnte sie erneut besetzt werden. Diesmal kam der anglikanische Geistliche John Horden (1828–1893) mit seiner Frau Elizabeth. Ihre Missionsgesellschaft, die Church Missionary Society, wollte mit ihrer Entsendung aus England verhindern, dass die Katholiken, die ein Jahr zuvor ihr Interesse an Moose Factory angemeldet hatten, ihren Einflussbereich in der James Bay ausweiten konnten. Horden hatte sich in England mit Barnley getroffen und war daher einigermaßen gut vorbereitet auf das, was ihn erwarten würde. Auch wusste er, welche Fehler es zu vermeiden galt. Vor Ort gelang es ihm und seiner Frau, die Tagesschule für die Kinder der HBC-Angestellten zu einer dauerhaften Bildungseinrichtung zu machen. Diese war jeweils vom Spätsommer bis Ende Frühjahr für sie geöffnet. Während des Sommers konnten die indianischen Kinder der zum Posten gekommenen Trapper und Jäger den Unterricht besuchen. Die Beamten in Ottawa, die Horden regelmäßig um finanzielle Unterstützung anfragte, waren jedoch von dieser Institution nicht sonderlich überzeugt. Ihrer Meinung nach war der Bildungserfolg beziehungsweise der ›Zivilisierungsprozess‹ nur beschränkt nachhaltig, wenn Kinder abends wieder zu ihren ›ungebildeten‹ Eltern zurückkehrten. Daher waren sie von der Idee des geschlossenen Internats viel stärker angetan.[234] Ein solches sollten die Katholiken bald in Fort Albany einrichten. Ab 1847 hatten die Oblaten der Unbefleckten Jungfrau Maria regelmäßig die James Bay besucht, um die Cree zu bekehren. Diese katholischen Priester und Laienbrüder traten militant auf und hatten es sich zum Ziel gesetzt, die Präsenz der Anglikaner und anderer protestantischer Denominationen aus Rupert's Land zurückzudrängen.[235] 1892 ließen sie sich schließlich in Fort Albany nieder und gründeten ihre erste dauerhafte Missionsstation. Dort errichteten sie die St. Anne's Indian Residential School, die als erstes Indianerinternat in der Region und mit staatlicher Finanzierung 1906 den Betrieb aufnahm. Die Oblaten hatten für den Lehrbetrieb die Grey Nuns, einen Schwesternorden aus Montreal, verpflichtet. In dieser Institution, die erst 1976 geschlossen wurde, sollten zahlreiche indianische Kinder den finstersten Abschnitt ihres Lebens erleiden.

Bevor jedoch Staatsbeamte und Kirchenvertreter durch Zwangsassimilation der indigenen Bevölkerung Kanadas einen kulturellen Völkermord begingen, verlief die Christianisierung der Cree und Ojibwe an der westlichen Hudson und James Bay nicht in einer einseitigen von den Europäern diktierten Richtung. Die Indianer interessierten sich sehr für die fremden ›Schamanen‹ und deren neuen Glauben, wie aus der von Roy Morris erzählten Legende hervorgeht. An dieser Stelle gilt es anzumerken, dass die meisten christlichen Denominationen im 19. Jahrhundert, das in Europa von politisch-religiösen Kulturkämpfen geprägt war, ihre Lehre exklusiv vertraten. Sie bestanden darauf, den alleinig selig machenden Weg zu beschreiten, und glaubten im Besitz der absoluten Wahrheit zu sein. Dies führte zu Intoleranz, Gehässigkeiten, Konflikten untereinander bis hin zu Kriegen. Während Protestanten im Papst den Antichristen erkannten, erachteten die Katholiken Luther als Werkzeug des Teufels. Einig war man sich jedoch, dass alle Nichtchristen ›Heiden‹ waren und bekehrt werden mussten. Als Kämpfer an der christlichen Front wollten Missionare daher den ihrer Meinung nach einzig wahren Glauben unter die indigenen Völker bringen und arbeiteten dabei mit den Eroberern zusammen. In ihrer verengten Weltsicht versuchten sie die indigene Spiritualität erst gar nicht zu verstehen, sondern erachteten diese als rückständig und primitiv.

Dagegen hatten Cree und Ojibwe ein inklusives Glaubensverständnis und waren weltoffen. Für sie gab es keine ›absolute Wahrheit‹. Auch existierte keine höhere Zivilisation, die eine angeblich minderwertigere unterwerfen und bekehren musste. Kulturen waren zwar verschieden, aber letztlich gleichwertig. Der Große Geist war ein Mysterium und konnte sich in unendlicher Art und Weise offenbaren. Im Gegensatz zur Heiligen Schrift waren die indianischen Schöpfungsgeschichten und spirituellen Erzählungen, die mündlich überliefert wurden, auch stets wandelbar und passten sich rasch neuen Situationen in der Gegenwart an, ohne dabei ihre ursprüngliche Quintessenz zu verlieren. Die Indianer prüften die christliche Lehre, integrierten die daraus für sie wertvollen Erkenntnisse, um damit ihre eigene spirituelle Weltanschauung ergänzend zu bereichern. Auch konnte es der Fall sein, dass sie sich als ›Christen‹ ausgaben, wenn sie mit Europäern zusammen waren, aber auf der Jagd im Busch ihre traditionelle Spiritualität praktizierten, die zu ihrem Land gehörte. Gemäß ihrer Sicht war im Kosmos genügend Platz für verschiedene spirituelle Welten, zu denen man je nach Ort und Situation Beziehung aufnehmen konnte.[236]

Der Weg in den Himmel

Als die Cree und Ojibwe durch den Pelzhandel verschiedene Metallwerkzeuge und Feuerwaffen erhielten, gebrauchten sie diese nicht, um sich den Europäern anzupassen, sondern um sie in ihren eigenen kulturellen Kontext zu integrieren. Genauso machten sie es mit Aspekten der christlichen Religion. Dankend nahmen sie von den Missionaren Dinge an, die sie als vorteilhaft betrachteten, und wiesen anderes zurück, für das sie keine Verwendung fanden. Besonders willkommen war eine Silbenschrift, die der Methodist und Missionar James Evans (1801–1848) entwickelt hatte. Die Schrift bestand ursprünglich aus neun verschiedenen Zeichen mit je vier Varianten. Je nach Form und Ausrichtung stellte sie einen einzelnen Vokal oder eine Silbe dar. Die phonetischen Zeichen verkürzten das Schriftbild eines indianischen Wortes gegenüber deren Umsetzung durch das lateinische Alphabet und ließen sich innert Kürze lernen. Im Herbst 1840 unterrichtete Evans erstmals einige Cree in Norway House nördlich des Lake Winnipeg in Manitoba. Von dort aus breitete sich seine Erfindung rasch bis in die fernen Jagdlager aus, und zwar mittels Texten, die die Indianer in Birkenrinde eingeritzt hatten.

Gleichzeitig kam die Legende in Umlauf, diese Rinde könne sprechen und die Worte des Großen Geistes verkünden. Unterdessen richteten Evans und seine Konvertiten mit einer umfunktionierten Pelzpresse eine einfache Druckerei ein und begannen in Cree übersetzte Hymnen zu vervielfältigen. Die gedruckten Blätter banden sie in Hirschleder ein und stellten somit die ersten Bücher her, die von den Indianern gelesen werden konnten. Bereits im Frühjahr 1842 zeigte sich Evans beeindruckt, wie viele Cree, die von weit her ihre Pelze nach Norway House brachten, die Silbenschrift beherrschten und weiterverbreiteten. Im Herbst desselben Jahres wussten auch die Cree in der Umgebung von Moose Factory, das über 1000 Kilometer entfernt an der südlichen James Bay lag, über das neue Kommunikationssystem Bescheid.[237] Die Weiterverbreitung der Silbenschrift ging mit rasanter Geschwindigkeit voran, sodass Ende des 19. Jahrhunderts und Anfang des 20. Jahrhunderts die Cree und Oji-Cree im Norden von Manitoba, Ontario und Quebec eine der weltweit höchsten Alphabetisierungsraten hatten.[238] Diese Schrift, die später einige weitere Zeichen und Punktationen erhielt, ist heute noch in Gebrauch und wird zudem beim Inuktitut, der Sprache der Inuit, verwendet.

Da zunächst ausschließlich eine auf Cree übersetzte Bibel und religiöse Texte gedruckt wurden, verbreiteten sich mit der Silbenschrift gleichzeitig zentrale Elemente des Christentums. Diesbezüglich meinte Louis Bird: »Auch ich habe gelernt, in meiner Sprache zu lesen und zu schreiben. Aber damals gab es nur christliche Texte. Über ein anderes Thema wurde in unserer Sprache nicht geschrieben, weil die Missionare es als unpassend für uns erachteten. Mit der Zeit haben wir dann einige Vorstellungskonzepte unserer traditionellen Spiritualität vergessen.«[239] Die Heilige Schrift in gedruckter Form faszinierte die Menschen im nördlichen Ontario also derart, dass sie sogar eigene Praktiken vernachlässigten. Es war schließlich etwas völlig Neues, das sich jedoch gut in ihre Kultur einbetten ließ. Nola Keno, eine über achtzigjährige Elder aus Sandy Lake, erzählte mir dazu: »Meine Großmutter hatte immer ihre Bibel dabei. Wenn sie etwas Bestimmtes wissen wollte, blätterte sie darin, bis sie eine Antwort fand. Sie wusste die darin enthaltenen Geheimbotschaften zu deuten und mit Dingen, die uns gerade zustießen, zu vergleichen. Mit der Bibel konnte sie die Welt erklären und tat das auch jedes Mal, wenn sie mit uns sprach. Auch konnte sie sehen, was uns in unserem zukünftigen Leben passieren wird.«[240] Die Bibel diente der Großmutter also auch als eine Art Medium, um Visionen zu erhalten, die sie auf traditionelle Art vielleicht durch das Beobachten von Zeichen in der Natur gesehen hätte. Doch während man für gewisse Rituale zuerst ein Wackelzelt aufbauen oder einen heiligen Ort aufsuchen musste, war die Bibel jederzeit griffbereit, um damit die Antworten auf verschiedene Fragen direkt vom Großen Geist zu erhalten. Dies ist einer der Gründe ihrer Erfolgsgeschichte bei den Cree und Ojibwe.

Wie stark die Indianer Botschaften aus der Bibel mit ihren traditionellen Legenden verschmelzen und daraus etwas Eigenes konzipieren konnten, zeigt die Geschichte des Cree-Propheten Abishabis. Sein rascher Aufstieg zu einem indianischen Messias stand im direkten Zusammenhang mit den sich gerade in Silbenschrift verbreitenden christlichen Lobliedern. Nachdem er einiges gelesen und eine Vision erlebt hatte, mischte er Elemente aus dem Christentum mit Glaubensvorstellungen der Cree. Er begann an der westlichen Hudson und James Bay zu predigen und lehrte seine immer zahlreicher werdenden Anhänger das Singen von Psalmen. Im Winter 1842/43 erreichte die Bewegung ihren Höhepunkt. Die Indianer glaubten, Abishabis und sein Gehilfe Wasiteck seien bereits einmal in den Himmel aufgestiegen. Sie seien aber wiedergekehrt, um die Menschen zu lehren und zu segnen, damit sie selbst einst dorthin gelangen konnten. Gleichzeitig warnten sie vor der Lebensweise der Europäer. Grund für den Zulauf war auch der Umstand, dass es in den vorausgegangenen beiden Wintern wegen äußerst schlechten Wetters geringe Jagderträge gegeben hatte und man sich durch die neue Gebetsweise Besserung erhoffte. Abishabis wurde fortan ›Jesus Christus‹ genannt und zeichnete Karten, die den Weg in den Himmel wiesen. Dafür verlangte er von seinen Anhängern Abgaben in Form von Waffen, Munition und Kleidung. Der Erfolg stieg ihm jedoch allmählich zu Kopf und bald wollte er sie auch verpflichten, ihm ihre Frauen und Töchter zu überlassen. Diese Forderung kam jedoch nicht gut an und viele wandten sich von ihm ab. Im Juli 1843 stieß er geschwächt und hungrig in der Nähe von York Factory auf eine vierköpfige Trapper-Familie. Es kam zu einer heftigen Auseinandersetzung, in der er alle tötete, ihre Habseligkeiten entwendete und mit ihrem Kanu nach Severn House paddelte. Dort wurde er wenig später von Engländern verhaftet. Am 30. August beschlossen drei Cree, die von seiner Schreckenstat erfahren hatten, ihn nach eigenen Sitten zu bestrafen und somit wieder Gerechtigkeit herzustellen. Sie verschleppten ihn, schlugen mit einer

Axt sein Gehirn aus seinem Kopf heraus und verbrannten seinen Körper auf einer nahe gelegenen Insel. Damit wollten sie vermeiden, dass er als ›Wendigo‹ zurückkehrte und kannibalistisches Unwesen trieb.[241]

Abishabis' interreligiöse Bewegung war nicht einzigartig. Ähnliche Phänomene tauchten besonders in schweren Zeiten bei indianischen Gemeinschaften öfter auf. Damit versuchten sie ihrer misslichen Lage wieder Herr zu werden. Schon 1807 hatte sich bei den Saulteaux am südlichen Lake Winnipeg ein Kult verbreitet, der auch antieuropäische Animositäten schürte, weil man annahm, die Weißen seien für mancherlei Übel verantwortlich. Ein weiterer Cree-Prophet, der Abishabis kannte, war nach dessen Tod nordwestlich des Lake Winnipeg aktiv. Auch auf dem Gebiet der USA kam es hin und wieder zu ähnlichen Bewegungen, wovon die größte der sogenannte Geistertanz war. Der Paiute-Prophet Wovoka erlebte 1889 während einer Sonnenfinsternis eine Vision und sah, wie eine große Flut alle Weißen mit sich riss und danach die Wildbestände zurückkehrten. Damit dies in Erfüllung ging, forderte er seine Anhänger auf, im Kreis zu tanzen und dazu traditionelle Lieder zu singen. Der Kult gelangte über die Rocky Mountains in die Great Plains, wo er vor allem bei den Sioux auf großen Anklang stieß. Weil die US Army jedoch das eigentlich friedfertige Tanzen als Bedrohung und Provokation wahrnahm, wurde die Lage zwischen tanzenden Indianern und bereitstehenden Soldaten zunehmend angespannter. Schließlich kam es im Dezember 1890 zur Katastrophe. Sitting Bulls Ermordung und das Massaker von Wounded Knee, bei dem 300 wehrlose indianische Kinder, Frauen und Männer von der 7. Kavallerie niedergeschossen wurden, stehen damit im Zusammenhang.

Sowohl bei Abishabis' Himmelslehre als auch bei Wovokas Geistertanz handelte es sich um Formen des indianischen Widerstands und eigentliche Krisenkulte. Die Sioux waren spätestens seit den 1880er-Jahren in totale Abhängigkeit der US-amerikanischen Kolonialherren geraten. Man hatte sie nach zahlreichen Schlachten in Reservate gepfercht, ihnen die Pferde entrissen, sie entwaffnet, und auch die Büffel waren verschwunden. Den Swampy-Cree, etwa eineinhalbtausend Kilometer weiter nordöstlich, blieb zwar eine derartige Katastrophe erspart. Aber auch ihre Welt war bedroht. Die Hudson's Bay Company hatte inzwischen das Monopol inne, es zeichnete sich ab, dass immer mehr Weiße in den indianischen Lebensraum eindringen würden, die Tierbestände waren drastisch geschrumpft, was wiederum Hoffnungslosigkeit nach sich zog.[242] Abishabis Geschichte zeigt aber, dass die Cree Elemente aus der neuen Religion in ihren eigenen sozialen und kulturellen Rahmen integrierten, kreativ damit umgingen und sie mit ihrer Tradition ergänzten, damit sie ihnen von Nutzen war. Nachdem der Prophet jedoch seine Macht auf eine Weise missbraucht hatte, die sowohl für Indianer als auch Europäer inakzeptabel war, und damit zur gesellschaftlichen Bedrohung wurde, richteten sie ihn nach ihren eigenen Gesetzen und demonstrierten gleichzeitig ihre Souveränität.[243]

Einige Elders erzählten mir, dass die Christianisierung der Gesellschaft, neben der rasanten Verbreitung der Cree-Bibel, vor allem über die Frauen lief. Der Grund dafür liegt darin, dass sie oft im Camp zurückblieben, um Felle zu bearbeiten und sich um die Kinder zu kümmern, während ihre Partner auf der Jagd oder beim Trappen waren. Die Missionare erreichten sie folglich besser. Wenn eine Frau Christin war und ihr Mann weiterhin dem traditionellen Weg folgte, konnte dies zu Spannungen innerhalb der Familie führen, wie eine Episode aus dem Leben von Edmund Metatawabin aus Fort Albany zeigt. Als seine kleine Schwester Rita Anfang der 1950er-Jahre unerwartet starb, war die Familie auf der Trapline unterwegs. Die Mutter bestand auf einem katholischen Begräbnis, während der Vater das Kleinkind sogleich nach alter Sitte bestatten wollte. Zudem waren sie viele Meilen von der Kirche beim Handelsposten Ghost River entfernt. Der Vater schlug daher vor, ein Heiliges Feuer zu entfachen, das während drei Tagen brennen sollte. Auch könne er als Geisterführer die Tochter auf ihrer Reise begleiten. Die Mutter vermochte dies jedoch nicht zu überzeugen, zumal Rita katholisch getauft worden war. Die Metatwabins traten darauf den langen Weg nach Ghost River an, wo das Mädchen schließlich vom Priester beerdigt wurde. Dieser fragte nach der Beisetzung den Vater, ob er noch ein paar Worte sagen möchte. Er verneinte, bat aber darum, Pemmikan in den Sarg legen zu dürfen, damit Rita während ihrer langen Reise in die Geisterwelt etwas Nahrung hätte. Der Geistliche wollte davon jedoch nichts wissen und ließ das Grab umgehend mit Erde zuschütten. Bei Sonnenuntergang nahm der Vater Edmund nochmals mit zum Friedhof. Dort legte er eine Handvoll Tabak in die noch lose Erde des Grabs.[244]

Louis Bird begründete die Skepsis der Männer gegenüber der neuen Religion mit der Überlegung: »Sie wollten das Christentum nicht annehmen, weil sie sich fest auf ihre eigenen Überzeugungen und Praktiken verließen, die auf die Natur abgestimmt waren.«[245] Sie hätten befürchtet, durch die Hinwendung zum neuen Glauben ihre für die Jagd notwendigen spirituellen Fähigkeiten zu verlieren. »Die Männer, die in der rauen Natur ums Überleben kämpfen mussten, wussten einfach – dieses Christentum funktioniert hier nicht. Also widersetzten sie sich. Aber die Priester waren sehr klug. Sie nahmen sich ihrer Frauen und sogar Kinder an und überzeugten die Männer auf diese Weise. Aber lange Zeit wurden die Männer keine Christen, sondern nur ihre Frauen.«[246]

Dann erzählte Louis eine Geschichte von seiner Urgroßmutter, die Sophia die Ältere hieß. Sie wurde etwa 50 Meilen unterhalb der Hudson Bay an einem Ort geboren, den die Cree Kas-ska-ta-ma-gan nannten, ›einen Platz, wo man etwas essen oder fangen kann‹. Als junges Mädchen verbrachte Sophia viel Zeit in der Nähe von Attawapiskat. Dort kamen regelmäßig katholische oder anglikanische Missionare auf ihren Reisen vorbei. Sie brachten strenge religiöse Lehren in die Gemeinschaft. Sophia nahm schließlich den Katholizismus an und lehnte die traditionellen spirituellen Praktiken ab. Später gründete sie eine Familie und gebar die beiden Töchter Christine, Louis' Großmutter, und Sophia. Weil ihre zweite Tochter denselben Namen wie sie hatte, wurde sie nun von den Cree Grand Sophia, also Sofia die Ältere genannt. Nachdem ihr erster Mann früh gestorben war, heiratete sie den Oji-Cree John Anishinaabe, der ein guter Karibu-Jäger war. Wenn er auf der Jagd war, rezitierte sie die Bibel und betete zum christlichen Gott, damit ihr Mann Erfolg haben würde. Auch sonst pflegte sie regelmäßig Loblieder zu singen. Ihre religiöse Praxis wurde ihr jedoch einmal beinahe zum Verhängnis.

John war mit einem alten Schamanen auf die Jagd gegangen. Dabei erlegte er 15 Karibus und überließ dem alten Mann sämtliche Felle, damit dieser sein Tipi neu bespannen konnte. Dieser war sehr beeindruckt und wollte John daher eine seiner Töchter zur Frau geben, obschon dieser bereits mit Sophia verheiratet war. Auch wollte er den Jagderfolg seines neuen Gefährten feiern und errichtete ein Wackelzelt. Doch die Zeremonie misslang. Als er Sophia christliche Hymnen singen hörte, machte er sie dafür verantwortlich. Nach einiger Zeit errichtete er erneut ein Wackelzelt. Aber es funktionierte immer noch nicht. Wiederum hörte er Sophia singen. Erzürnt eilte er zu ihr und bedrohte sie: »Wenn du noch einmal singst, werde ich dich töten, weil du meine Zeremonie störst!« Sophia hatte große Angst, denn sie konnte sich nicht erklären, weshalb er so wütend war und wusste auch nicht, dass er ein Wackelzelt machen wollte. Daher betete sie weiter. Doch nun war der

Schamane fest entschlossen, seine Drohung in die Tat umzusetzen, und weihte seine Frau ein. Diese hatte sich aber mit Sophia angefreundet und wollte nicht zulassen, dass ihr Mann zum Mörder wurde. Als die beiden Männer wieder auf Jagd waren, warnte sie Sophia und empfahl ihr, mit ihren Kindern zu fliehen. Dann legte sie eine falsche Fährte, damit ihr Mann ihr nicht nachfolgen konnte. John Anishinaabe fand jedoch bald zu Sophia und den Kindern zurück. Gemeinsam kehrten sie in ihre Heimat im Küstengebiet zwischen Fort Severn und York Factory zurück. Dort war Sophia in Sicherheit. Ihr Mann starb jedoch bald nach diesem Vorfall. Sie lebte bis 1913 und wurde in Attawapiskat beerdigt, wo die Missionare seit 20 Jahren eine permanente Niederlassung hatten.[247]

Der Schamane erachtete das Christentum ganz offensichtlich als ernsthafte Bedrohung. Er wollte Sophia töten, weil sie seine Welt gestört hatte. Sie hatte seine spirituellen Kräfte mit ihren fremden Gesängen aus dem Gleichgewicht gebracht. Dadurch war er machtlos und sah es als sein Recht an, sie zu töten. Zudem erachtete er die Kirchen, die er in den Handelsposten gesehen hatte, als etwas Sonderbares. Das waren eigenartige Gebäude, die man auf der jährlichen Route nicht mitnehmen oder errichten konnte, wie etwa eine Schwitzhütte oder ein Wackelzelt. Das Christentum passte jedenfalls nicht zu seiner kulturellen Vorstellung. Im Gegensatz dazu stellte diese neue Religion für Sophia eine willkommene Alternative zur traditionellen Spiritualität dar. Sie lebte genauso wie ihre Ahnen auf dem Land und hatte einen Weg gefunden, die Gebete und Lobgesänge dafür einzusetzen, damit ihr Mann eine erfolgreiche Jagd hatte. Louis ergänzte, dass Sophia sich vor den schamanistischen Praktiken fürchtete. Sie habe sich zum Christentum bekannt, weil sie darin eine sanftere Lehre gesehen habe. »Liebe deinen Nächsten. Das hat sie überzeugt. Denn sie hat viele beängstigende Situationen erlebt und wollte daher etwas anderes ausprobieren, etwas, das sie leichter mit Körper und Geist aufnehmen konnte. Daher versuchte sie es mit dem Christentum.«[248]

Auch andere Elders berichteten mir, dass sich die Leute daher taufen ließen, weil sie sich oftmals vor den Schamanen gefürchtet hätten. Diese hätten nämlich ihre Kräfte nicht nur für Gutes eingesetzt, sondern auch schlechte Taten begangen. Einige Schamanen, so der Glaube, seien derart mächtig gewesen, dass sie jemanden töten konnten, selbst wenn dieser weit entfernt war. Menschen waren fehlbar. Da machten die Indianer zwischen sich und den Europäern keinen Unterschied.

Genauso wie einzelne Priester und Nonnen die Lehre der Liebe in Residential Schools missbrauchten, konnten auch Schamanen Böses mit ihren Kräften bewirken. Roy Morris führt dazu aus: »Als die Jesuiten kamen, herrschte bei uns Hass und das Böse vor. Das kam bei allen Völkern in ihrer Geschichte vor. Die Kelten hatten solche Phasen genauso wie die Hebräer. Damals steckte auch unser Volk in einer dunklen Zeit, in der Menschen Dinge machten, die nicht gut waren. Sie setzten ihre Gaben für schlechte Zwecke ein. Daher haben meine Elders das Licht gesehen, das der Jesuit brachte. Sie wussten, dass es besonders war und dass die Botschaft der Liebe den Menschen helfen würde. Weihnachten reinigt die Herzen der Menschen. Damit sie ihre Gaben für gute Zwecke einsetzen können. Denn jemand, der Böses tun will, kann auch die Trommel dafür missbrauchen. Doch derjenige, der ein reines Herz hat, wird die Trommel benutzen, um Gutes zu bewirken.«[249]

Nachdem die Missionare Ende des 19. und Anfang des 20. Jahrhunderts mehrere permanente Niederlassungen bei den Handelsposten an der westlichen Hudson und James Bay bezogen hatten, begannen sie auch zunehmend Einfluss auf das kulturelle Leben der Indianer zu nehmen. Sie flößten den Leuten Angst vor dem Teufel ein und erklärten ihnen, dass das Praktizieren ihrer traditionellen Rituale direkt in die Hölle führen würde. Damit versuchten sie die Schamanen und Medizinleute zu verdrängen und ihre Zeremonien zu desavouieren. Jeremiah Sainnawap beschrieb, was am Big Trout Lake passierte, nachdem sich die Missionare dort einquartiert hatten: »1904, sobald diese Religion kam, wurden Gesetze erlassen und Zelte und Plattformen, die für die Visionssuche verwendet wurden, verbrannt, abgerissen und zerstört. Das ist wahr. (…). Diese Traditionen wurden abgeschnitten und zerstört – so ist das abgelaufen. Es gab keine Plattformen mehr und keine Trommeln mehr.«[250]

Die Zeremonien wurden zwar nach wie vor durchgeführt, aber nur noch nachts weit draußen im Busch, wo keine Missionare hinkamen. Donny Morris, der Chief von Kitchenuhmaykoosib Inninuwug (KI), erklärte mir diesbezüglich: »Meine Großeltern haben noch die Schwitzhütte und das Wackelzelt benutzt, auch wenn es bereits durch den Indian Act vom Staat verboten war. Doch meine Elders sagten mir eines Tages: ›Weißt du, wir werden älter. Wir müssen ehrlich mit dir sein und dir sagen: Folge Jesus Christus!‹ Je mehr ich mich mit dem Ratschlag beschäftige, desto mehr verstehe ich ihn. Und es ist gar nicht so unterschiedlich von unserer Religion.«[251] Ähnliches berichtete auch die fast 90-jährige Ila Miles aus Fort Severn an der Hudson Bay: »Mein Vater lebte noch nach traditionellen Glaubensvorstellungen. Doch als er eine Familie gründete, wollte er sie nicht daran teilhaben lassen. Er lehrte uns Kinder deshalb, zu beten und die Bibel zu lesen. Wegen des Glaubens gab es damals große Auseinandersetzungen unter den Leuten und er wollte nicht, dass wir da hineingezogen würden. Später hat man uns gesagt, es sei verboten, über die alte Spiritualität zu sprechen. Man müsse dem christlichen Gott folgen, denn er habe alles erschaffen: die Erde und die Tiere. Trotzdem gab es noch Leute, die im Verborgenen, also an einem geheimen Ort irgendwo da draußen auf dem Land, Zeremonien durchführten.«[252]

Bei den Cree und Ojibwe widerspricht man einem Elder in der Regel nicht. Daher konnten diese hinsichtlich Missionierung einen großen Einfluss ausüben. Einige Elders taten dies aus innerer Überzeugung, andere wiederum wollten die Einheit ihrer Gruppe bewahren oder ihre Kinder keinen unnötigen Gefährdungen aussetzen. Man muss sich auch vergegenwärtigen, dass die vorletzte Jahrhundertwende eine für die Indianer äußerst schwierige Zeit war, die ihre gewohnte Welt immer stärker infrage stellte. Aber Missionare wurden nicht unbedingt als schlechte Menschen wahrgenommen. Viele waren den Indianern sympathisch und halfen ihnen auch in der Not. Als beispielsweise der junge Anglikaner Leslie Garrett 1923 nach Big Trout Lake kam, machte er sich bei einigen Einheimischen sofort beliebt. Die Zeitzeugin Tillia McKay berichtete, dass er sogar einmal einen Ochsen geschlachtet und das Fleisch mit allen geteilt habe. Doch nicht jeder in der Gemeinschaft war zufrieden mit ihm. Andere berichteten nämlich, dass er versucht habe, die Indianer von ihren traditionellen Praktiken abzuhalten. Zunächst habe er die Oji-Cree zwar auf dem Kirchengelände Fußball spielen lassen, es dann jedoch verboten, als er merkte, dass Frauen und Männer in gemischten Mannschaften spielten. Denn nach seiner Meinung hätten sich diese nach einem Match in den Busch zurückgezogen und etwas gemacht, das nichts mit Fußball zu tun gehabt hätte.[253]

Über einen allseits beliebten katholischen Missionar wusste der fast neunzigjährige Elder Percy Ray aus Sandy Lake zu berichten: »Zuerst hat er den Chief gefragt, ob er ein Camp errichten dürfe. Er hat also um Erlaubnis gebeten, hierbleiben zu dürfen. Dann verteilte er Mehl an die Leute, die sehr glücklich waren, dass sie von diesem Priester etwas bekommen hatten.«[254] Er habe sich wirklich um Sandy Lake gekümmert. Dass er wusste, wann er sterben musste, habe die Menschen außerdem beeindruckt: »Wenn ein Elder dem Sterben nahe war, wusste er im Voraus, ob seine Zeit in der Nacht oder am Tag kommen wird. Er sagte dann, seine Arbeit sei getan. Aus irgendeinem Grund konnte er das vorhersehen. Genauso hat es dieser Priester angekündigt: ›Ich werde kein weiteres Tageslicht mehr sehen.‹ Und so hat es sich dann zugetragen. Der Priester starb am nächsten Morgen vor Sonnenaufgang. Dies wurde von den Leuten als eine Art Wunder aufgefasst.«[255]

Wenn ein Indianer beim Handelsposten und später im Reservat in der dortigen Kirche getauft worden war und vorgab, ein christliches Leben zu führen, so lässt sich nicht daraus schließen, dass er seine traditionelle Spiritualität vollständig aufgegeben hatte. Die Cree und Ojibwe hatten ein inklusives Weltbild, das ihnen erlaubte, Elemente aus anderen Glaubensrichtungen zu integrieren und daraus aufgrund eigener kultureller Präferenzen etwas Neues zu formen. Dieses Phänomen wird als Synkretismus bezeichnet. Dadurch, dass traditionelle Praktiken durch den Indian Act offiziell verboten wurden, mussten die Indianer eine besondere Strategie entwickeln. Wenn sie mit Euro-Kanadiern bei den Handelsposten zusammenkamen, gaben sie vor, gläubige Christen zu sein. Draußen auf dem Land pflegten sie aber weiterhin ihre eigenen Rituale. Da diese direkt mit der Natur verbunden waren, konnten sie in Siedlungen sowieso nur bedingt durchgeführt werden. Dass die Indianer also je nach Standort auf eine andere Weltanschauung zurückgreifen konnten, fiel mir auch in einigen Gesprächen auf. Jemand erklärte mir beispielsweise, als guter Christ habe er keine Ahnung von den alten Bräuchen. Nachdem ich das Aufnahmegerät ausgeschaltet hatte und wir uns auf einer Landkarte die Trapline seiner Familie ansahen, erzählte er mir einige Geschichten, die sich auf diesem Land abgespielt hatten. Als er auf eine bestimmte Stelle zeigte, meinte er, hier sei sein Großvater verstorben. Mindestens einmal im Jahr würde er dorthin gehen und Tabak niederlegen. Er hatte also doch eine Ahnung von traditionellen Ritualen und verband sie mit dem Gedächtnis an seinen Großvater, der diese gewiss praktiziert hatte.

Ab den 1950er-Jahren wurden die Menschen im nördlichen Ontario zunehmend sesshaft und lebten fortan in Häusern im Reservat. Dort waren sie unter strenger Aufsicht von sogenannten Indianeragenten und Geistlichen. Hinzu kamen die furchtbaren Erlebnisse in den Residential

Schools, wo alles Indianische vernichtet werden sollte. Wer seine traditionelle Spiritualität unter diesen schweren Bedingungen ausleben wollte, musste dies zwangsläufig im Verborgenen und weit draußen im Busch tun. Wenn er ins Dorf zurückkehrte, verschwieg er dies jedoch. Es erstaunt daher nicht, dass noch heute Indianer in den abgelegenen Reservaten nicht über ihr Verhältnis zur traditionellen Spiritualität sprechen möchten. Entweder sie hatten tatsächlich nie irgendwelche Zeremonien oder Rituale praktiziert und betrachteten sie als etwas Gefährliches, so wie ihnen die Missionare und Internatserzieher glaubhaft gemacht hatten. Oder sie führten sie trotz Verbote im Verborgenen durch, konnten es aber niemandem mitteilen. Denn die Christianisierung hatte die indianische Gesellschaft auch gespalten. Es gab in den Reservatssiedlungen einige, die die Ansicht der Missionare teilten und es folglich nicht akzeptierten, dass jemand sich noch am alten Glauben orientierte.

Vereinzelt und besonders zu Beginn der Missionszeit gab es Chiefs, die zwar das Christentum annahmen, aber nach wie vor an ihrer traditionellen Spiritualität festhielten und dies auch öffentlich zeigten. Einer von ihnen war Adam Fiddler (1865–1959), über den sein Urenkel, der denselben Namen trägt, erzählte: »Ich glaube, dass um 1907 die Kirche auf ihrem Weg Richtung Norden zu uns kam. Mein Urgroßvater nahm als Erster in unserer Gegend das Christentum an. Vorher hatte er eine Vision, in der ein Mann aufgetaucht ist. Als die Missionare kamen, realisierte er, dass es Jesus gewesen ist. Aber mein Urgroßvater war auch Medizinmann und spiritueller Anührer. Er führte traditionelle Zeremonien durch, wie etwa das Wackelzelt. Als er sich zum Christentum bekehrte, waren dies die guten Dinge: die Fürsorge, das Teilen, die Liebe, das Mitgefühl. Mir wurde aber berichtet, dass er in der einen Hand die Bibel hielt und in der anderen die Adlerfeder und die Pfeife. Er zündete die Pfeife an und rauchte, während er betete. Der Tabak stieg zum Schöpfer auf, der sein Gebet hörte. Er gab also seinen traditionellen Glauben nie auf, obwohl er eine Kirche gebaut hatte. Er war ein religiöser und spiritueller Anführer zugleich.«[256] Der Urgroßvater sei in Sandy Lake der presbyterianischen Kirche beigetreten, die heute den Namen United Church of Canada trägt. Als nach seinem Tod auch katholische Missionare kamen, seien die traditionellen Praktiken stark in Bedrängnis geraten. Doch die Leute hätten diese teils im Untergrund weitergeführt. Durch Adam Fiddlers Vorbild war ihnen aber bewusst, dass es einen Weg gab, christliche und traditionelle Vorstellungen miteinander zu verbinden. In Sandy Lake sind dadurch gewisse Zeremonien bis heute erhalten geblieben.

Abschließend lässt sich festhalten, dass die Cree und Ojibwe die Missionare als Medizinmänner einer anderen Kultur betrachteten und ihnen Respekt zollten. Begingen sie jedoch schlechte Taten, distanzierten sie sich von ihnen, ohne gleich ihre mitgebrachte Lehre zu verurteilen. Denn diese war einleuchtend und ließ sich bis zu einem gewissen Grad ins eigene Weltbild integrieren. Daher ist es nachvollziehbar, dass die Mehrheit der Indianer im nördlichen Ontario auch nach wie vor einer christlichen Denomination angehört. Es gibt jedoch auch eine zunehmend größer werdende Gruppe, die sich wieder ganz auf traditionelle Zeremonien fokussiert und geprägt durch die Gräueltaten christlicher Erzieher in Internaten nichts mehr mit der ›Religion der Kolonialherren‹ zu tun haben möchte. Dies ist ebenfalls verständlich. Auch wenn verschiedene Glaubensrichtungen innerhalb der Reservatssiedlungen zu Konflikten unter den Bewohnern geführt haben, bemühen sich inzwischen die meisten um gegenseitiges Verständnis. Entsprechend werden auch Verallgemeinerungen betreffend christlicher Priester grundsätzlich vermieden, ohne dabei das Internatssystem zu verharmlosen, wie aus den Worten eines Elders aus Sandy Lake zu entnehmen war: »Durch das, was in den Residential Schools passiert ist, haben sich viele Leute von der Bibel abgewandt. Sie sagen: ›Oh, das ist die Religion des weißen Mannes.‹ Diese Leute, die in der Residential School waren, wurden wirklich von Priestern missbraucht. Meiner Meinung nach sind nicht alle Priester schlecht. Aber es gibt einige Priester, die es total versaut haben, die Frohe Botschaft zu verbreiten. Viele römisch-katholische und anglikanische Priester haben wirklich großen Schaden verursacht. Aber nicht alle von ihnen sind schlecht. Viele sind auch gut.«[257]

Für die Indianer hatte die, wenigstens teilweise erfolgte, Annahme des Christentums aber auch kulturpolitische Gründe. Zwischen ihnen und den Neuankömmlingen kam es zu zahlreichen Missverständnissen, die meist zu ihren Ungunsten ausgingen. Dadurch, dass sie dem christlichen Gott folgten, konnten sie sich auch gegenüber den Europäern auf ihn berufen. Nun war es nicht mehr nur eine aus eurozentrischer Sichtweise ›primitive Spiritualitätsform‹, mit der sie ihren Anspruch auf ihr Land erhoben, sondern die gleiche Religion, der diejenigen folgten, die ihnen ihr Territorium streitig machten. Gitchi Manitou, der sie gemäß ihrer Weltanschauung auf diesem Stück Erde erschaffen und ihnen die Aufgabe als Hüter dieses Landes anvertraut hatte, wurde nun zum einen allmächtigen Gott, dessen Autorität auch die Kolonialherren akzeptieren mussten. Ein Elder aus KI erklärte es mir so: »Die Bibel war ursprünglich nicht unsere Lehre, denn wir hatten eine eigene Tradition. Die Europäer haben uns jedoch konvertiert, damit wir der anglikanischen, der pfingstlerischen oder der katholischen Religion folgten. Und als wir ihre Heilige Schrift lasen, stand an einer Stelle genau das, was uns der Schöpfer am Anfang aufgetragen hatte. Nie ging es darum, sich die Erde untertan zu machen. Das wäre eine falsche Auslegung. Denn man kann Land gar nicht besitzen, weil es Gott gehört. Es ging darum, sich im Namen des Herrn der Erde als Hüter anzunehmen, sich um die Tiere, die Ozeane und was immer kreucht und fleucht zu kümmern. Trotzdem kamen diese Leute herüber und versuchten uns das Land wegzunehmen, um es auszubeuten.«[258] Dem stimmte auch der Elder Moses Kakekaspan aus Fort Severn zu und verdeutlichte: »Der Grund, warum wir hier sind, ist, weil uns Gott hierhergebracht hat. Er hat uns dieses Land gegeben und jetzt will man es uns nehmen.«[259]

Der Einfluss der Missionare im nördlichen Ontario blieb bis ins 19. Jahrhundert nicht sonderlich groß. Eine große Veränderung fand ab den 1840er-Jahren statt, als sich die Silbenschrift und damit die Bibel rasant verbreiteten. Doch wie das Beispiel des Cree-Propheten Abishabis deutlich machte, war es möglich, einige Komponenten aus der neuen Religion mit der eigenen Glaubensvorstellung zu kombinieren. Dabei konnten die Indianer frei entscheiden, was sie als wichtig erachteten und was sie lieber bleiben ließen. Durch neu konzipierte Rituale suchten sie Antworten auf die Veränderungen in ihrer Welt. Wenn sie ihnen nützlich waren, fuhren sie damit fort. Schadeten sie ihnen jedoch, wie Abishabis letztlich, befreiten sie sich wieder davon. Erst als sich die Missionare dauerhaft in den Handelsposten auf indianischem Gebiet niederließen, wurden sie zunehmend kontrolliert. Zwar hatten sie in spiritueller Hinsicht weiterhin große Handlungsspielräume, aber sie mussten vieles im Verborgenen praktizieren. Denn während sie ein inklusives Weltverständnis besaßen und das Christentum als Ergänzung zu ihrer spirituellen Tradition betrachten konnten, traten die europäischen Geistlichen exklusiv auf und verteufelten sämtliche indianischen Zeremonien und Ansichten. Die Indianer nahmen die Missionare ambivalent wahr. Einerseits versuchten sie ihnen zu helfen und die

Auswirkungen des Imperialismus zu mildern. So setzten sie sich etwa für faire Pelzpreise ein oder unterstützten sie, wenn die Nahrung knapp wurde. Andererseits versuchten sie die Indianer immer stärker an ihre Kirche zu binden, sie dadurch sesshaft zu machen und ihnen ihre Werte aufzuzwingen. Schließlich arbeiteten sie daran, die indianische Kultur mit ihrer Sprache, ihrem spirituellen Weltbild, ihren Familienbeziehungen, ihrer eigenen Bildungsvermittlung und der Verbundenheit mit dem Land zu untergraben.[260] Mit verheerenden Konsequenzen wurde dieses ›Zivilisierungsprogramm‹ dann in den Residential Schools fortgesetzt.

»Dieser erste Schnee bleibt nicht lange liegen, auch wenn es der Menge wegen den Anschein macht«, meinte Roy Morris. Die weiße Pracht auf dem Schulhof in Muskrat Dam glitzerte noch unberührt unter der inzwischen wieder strahlenden Sonne. Es war kurz vor Mittag. Plötzlich drang Kinderlärm durch den Gang in Roys Büro. Aufgeregt und als hätten sie es kaum mehr erwarten können, stürmten die ersten paar kleinen Wirbelwinde nach draußen und hüpften freudig ins verlockende Weiß. Dann verstreuten sie sich in alle Himmelsrichtungen, bis es wieder ganz still war. Zurück blieben nur zahlreiche winzige Fußabdrücke, deren Spuren zu den kleinen Häusern der Reservatssiedlung führten. Roy blickte weiterhin zum Fenster hinaus. Was mochte in diesem Moment durch seinen Kopf gehen? Er selbst hatte während seiner Schulzeit über Mittag nie nach Hause gekonnt. Denn er besuchte eine Residential School Hunderte Kilometer von seinen Eltern entfernt. »Ich will dir noch von einem persönlichen Erlebnis erzählen«, sagte er, »ich erinnere mich, dass ich vor etwa 50 Jahren auf der Jagd mit dem Kanu weit weg gepaddelt bin. Als ich auf meinem Rückweg zur Gemeinde war, habe ich zwei Elders getroffen. Sie fragen mich, wohin ich gehe, und meinten: ›Warum bleibst du heute Abend nicht hier? Denn wenn du weiterfährst, kommst du in der Nacht zu den Stromschnellen und es ist nicht gut, in der Dunkelheit dadurch zu navigieren. Das geht einfacher am Morgen.‹ Daher blieb ich bei ihnen und sie haben mir diese Geschichte erzählt. Das Licht, das gekommen war, sei gekommen, um unsere Herzen und unseren Geist zu reinigen, damit wir unsere Gaben erneut aufnehmen und sie für gute Zwecke einsetzen können. Sie sagten mir: ›Du wirst den Anfang davon sehen. Du wirst sehen, wie unser Volk seine Trommeln und Pfeifen wieder aufhebt, um sie für gute Zwecke zu gebrauchen. Deine Enkel werden dies praktizieren.‹ Das haben sie mir erzählt. Heute sehe ich meine Großkinder, die diese Gaben verwenden. Ich sehe, wie sie an Powwows tanzen, wie sie trommeln, wie sie singen und sich zeremoniell mit Rauch von getrocknetem Salbei reinigen.«[261]

Eine koloniale Matrix: Indian Act

»Also eigentlich solltest du mal mit Stan Beardy sprechen. Er ist derzeit Chief in Muskrat Dam, war aber zuvor zwölf Jahre lang unser Grand Chief und anschließend Regional Chief von ganz Ontario«, sagte Travis Boissoneau am Hauptsitz der Nishnawbe Aski Nation (NAN) in Thunder Bay. Wir aßen gerade genüsslich eine Pizza und unterhielten uns über dies und das. Travis ist administrativer Leiter der NAN und in dieser Funktion die rechte Hand von Grand Chief Alvin Fiddler, der wiederum die 49 NAN-First-Nations politisch vor den Regierungen Ontarios und Kanadas vertritt. Als ich Alvin erstmals traf, stellte er mir ihn gleich vor. Seither konnte ich Travis in allen Belangen zur Geschichte oder zum politischen Tagesgeschäft der NAN befragen. Stets konnte er mir weiterhelfen und mir kompetente Gesprächspartner vermitteln. Er gab mir Stans Nummer. Als ich ihn anrief, meinte er, dass er mich gerne treffe, aber ich müsse nach Muskrat Dam kommen. Denn auf dem Land würde man die indianische Geschichte besser verstehen. Ich willigte sofort ein und schon bald flog ich in diese erst 1966 von vier Familien gegründete Oji-Cree First Nation, die heute etwa 300 Mitglieder zählt. Das Reservat liegt etwa 370 Kilometer nördlich von Sioux Lookout im borealen Wald an einem See, der mit dem Severn River verbunden ist.

Die kleine Siedlung gefiel mir sofort. Überall standen Bäume und die Häuser waren in Seenähe. Die Luft war wunderbar klar und erfrischend. Wie in den anderen Reservaten, die ich zuvor besucht hatte, waren die Menschen auch hier gastfreundlich. Stan hieß mich in seiner Gemeinde willkommen. Er nahm sich reichlich Zeit, lud mich einen Tag zum Fischen ein, fuhr tags darauf mit mir weit aufs Land hinaus und antwortete mir ausführlich auf all meine Fragen. Ich merkte, dass er jemand war, der sich sowohl in der indigenen wie auch in der westlichen Welt gut auskannte. Als politischer Anführer mit jahrelanger Erfahrung konnte er mir detailliert und analytisch erklären, weshalb die First Nations im nördlichen Ontario mit derart vielen Problemen konfrontiert sind und warum Außenstehende dies teilweise gar nicht mitbekommen oder nachvollziehen können. Als einer der Hauptgründe für die heute teils prekäre Situation nannte er den Indian Act, der nicht nur historisch bedeutsam sei, sondern nach wie vor großen Einfluss auf das indianische Leben nehme. Ich bat Stan, dies näher auszuführen.

»Mit dem Indian Act von 1876 wurde das Reservatssystem begründet. Für unsere kleinen Reservate wählten die kanadischen Behörden Land aus, in dem sie keine wertvollen Metalle vermuteten. Auch achteten sie darauf, dass dieses weit weg von Wasserfällen lag, damit wir einst nicht im Weg stehen, wenn sie ein Kraftwerk bauen wollen. Die Reservate bescherten uns lauter Nachteile. Und aufgrund des Indian Acts entscheidet das Amt für Indianische Angelegenheiten auch, wer ein Indigener ist und wer nicht. Es hat nichts damit zu tun, wer du bist, wo du geboren wurdest oder wie viel indianisches Blut in dir fließt. Es geht nur darum, was die akademische Definition eines Indianers gemäß Indian Act ist. Schließlich machte uns dieses Gesetz zu Mündeln des Staats. Erst 1960 hat uns die Regierung als vollwertige Menschen betrachtet. Denn dann wurde der Indian Act angepasst und wir erhielten das Wahlrecht. Dadurch wurden wir als Menschen anerkannt. Vorher waren wir einfach Indianer, keine Personen. Bis in die 1940er durften wir nicht einmal Rechtsbeistände konsultieren. Auch durften sich nicht mehr als drei Indigene versammeln. In den 1920er-Jahren brauchten wir eine Erlaubnis, um unsere Reservate zu verlassen – wir benötigten eine schriftliche Genehmigung von einer Person, die man Indianeragent nannte. Darauf stand zum Beispiel: ›Du darfst das Reservat für drei Tage verlassen, um deinen Onkel im benachbarten Reservat zu besuchen.‹ Alkohol durften wir auch nicht trinken. Einem Indianer war es gemäß Indian Act verboten, in eine Bar zu gehen. Viele unserer Leute dienten in den beiden Weltkriegen. Als sie in Übersee für Kanada kämpften, wurden sie wie die anderen Soldaten behandelt und machten auch alles, was Soldaten machten. Aber als die Veteranen, die gekämpft hatten, nach Kanada zurückkehrten, wurden sie wieder als Menschen zweiter Klasse behandelt. Sie durften nicht in eine Bar gehen und hatten kein Wahlrecht. Und sie erhielten nicht dieselben Vorteile wie andere kanadische Veteranen.«[262] Dann ergänzte er, dass die Reservate ursprünglich keineswegs als Dauereinrichtungen konzipiert gewesen seien. Man habe durch die Residential Schools die Menschen so umerziehen wollen, dass sie früher oder später irgendwo Landwirtschaft betrieben oder sich in der Industrie eine Arbeit suchten. Das Ziel sei es gewesen, das ganze indianische

Land für den Abbau von Bodenschätzen zu erschließen. Die Indianer hingegen sollten für immer verschwinden.

Nachdem mir Stan Beardy seine Sicht vom Indian Act dargelegt hatte, war ich sprachlos. Mir war zuvor nicht bewusst gewesen, dass dieses Gesetz, das ausschließlich für die in Kanada lebenden Indigenen konzipiert worden war, derart große Auswirkungen für sie hatte und immer noch hat. Ich konnte es gar nicht fassen. Da kommen Menschen von einem anderen Kontinent, nehmen den bisherigen Bewohnern mit irgendwelchen religiös begründeten Legitimationsansprüchen das Land weg, bilden einen Nationalstaat und kreieren Gesetze, um sie gefügig zu machen und letztlich in ihre Gesellschaft aufzusaugen. Wie viele Kanadier wussten eigentlich darüber Bescheid? Wurde das auch im Schulunterricht thematisiert? Stan meinte: »Du solltest dich ausführlich darüber informieren. Denn der Indian Act ist ein koloniales Schlüsseldokument. Frage auch die Leute in anderen Reservaten, was sie davon halten.« Das musste er mir nicht zweimal sagen. Doch mir war zunächst schleierhaft, weshalb diese, auf den ersten Blick völlig rassistische, Gesetzgebung immer noch gültig war. Auch merkte ich bald, dass vor allem viele Indianer selbst daran festhalten wollten. Denn ironischerweise bildet gerade dieser Indian Act, der mehrmals revidiert wurde, jene gesetzliche Grundlage, die heute den Indigenen gegenüber allen andern in Kanada lebenden Menschen einen Sonderstatus mit eigenen Rechten zugesteht. Daher ist es auch nicht so einfach, diese koloniale Erblast abzuschaffen. Während einige Indianer meinen, es sei höchste Zeit, sich vollständig von diesem Unterdrückungsapparat zu lösen, befürchten andere, die Abschaffung würde das Ende der indianischen Identität bedeuten.

Bob Joseph, der sich eingehend damit auseinandergesetzt hat und Mitglied der Tsawwassen First Nation bei Vancouver ist, plädiert für seine Aufhebung. Er findet, es brauche keine weiteren Änderungen, Bandagierungen oder Anpassungen des Indian Acts mehr. Doch er sei sich bewusst, dass viele Indigene anderer Meinung seien. Dass es aber funktionieren könne, zeige das Beispiel der Nisga'a First Nation im Nordwesten von British Columbia (BC). Diese sei heute selbstbestimmt, selbstregierend und, was am wichtigsten sei, eigenverantwortlich.[263] Die Nisga'a konnten im ausgehenden 20. Jahrhundert geltend machen, dass sie ihr traditionelles Land nie abgetreten hatten, und erhielten nach mehrjährigen Prozessen schließlich vom Obersten Gerichtshof recht. Zwischen ihnen, Kanada und der Provinz kam es zu einem bahnbrechenden Abkommen, das 2000 in Kraft trat und als erstes seiner Art in BC einer indigenen Nation verfassungsrechtliche Selbstverwaltung gewährt. Dieses sicherte ihnen 1930 Quadratkilometer Land mit allen Abbaurechten sowie Reparationszahlungen in der Höhe von 190 Millionen kanadischen Dollar. Im Jahr 2013 privatisierten die Nisga'a, die durch das Abkommen nicht mehr an den Indian Act gebunden waren, als erste First Nation in Kanada Teile ihres Lands. Seither können Mitglieder Grundstücke als Privateigentum erwerben und selbstständig bewirtschaften.[264] Die Idee war, dass dadurch einzelne Nisga'a, im Gegensatz zu Mitgliedern anderer First Nations, Darlehen erhalten konnten, weil ihr Landbesitz Sicherheit garantierte. Dies sollte wiederum die Wirtschaft ankurbeln. Landesweit kritisierten jedoch viele Indigene diese Änderung, da es durch die kapitalistische Struktur dem Gemeinschaftsprinzip der First Nations widerspreche. Zudem drohe weitere Assimilation und Landverlust, wenn sich jemand verschulde oder seinen Besitz an nichtindigene verkaufe.[265]

Die Cree und Ojibwe im nördlichen Ontario hätten jedoch größere Mühe, sich vom Indian Act zu befreien. Zunächst möchten sie die mit Kanada abgeschlossenen, über hundert Jahre alten Treaties endlich in ihrem Sinne umgesetzt sehen. Denn dann würde sich die Abhängigkeit vom Indian Act lösen und sie hätten nach wie vor ihre indigenen Rechte. Zudem sind ihre Reservate im Gegensatz zu demjenigen der Nisga'a, deren Land gute Bodenbeschaffenheiten aufweist, nicht ans Straßennetz angeschlossen und liegen in einem der größten Sumpfgebiete der Erde, wo das Bauen große Herausforderungen stellt und enorm teuer ist. Solange die Treaties also nicht nach ihrem Verständnis umgesetzt werden, können sie auch nicht auf den Indian Act verzichten. Denn dieser sichert ihnen wenigstens die finanzielle Grundversorgung. Für Christopher Metatawabin aus Fort Albany war die Ausgangslage klar, als ich ihn fragte, wie er den Indian Act betrachtet: »Wenn der Indian Act verworfen wird, dann war's das. Wir werden verschwinden. Wir werden in Armut verharren und kein Land haben.«[266] Das entsprechende Dilemma erklärte er mir mit den Worten: »Wir besitzen weder das Wissen und die Fähigkeiten noch die kapitalistische Einstellung, um Ressourcen wie Öl und Mineralien zu fördern. Zwar hatten wir bereits vor 1492 Kenntnis von den Bodenschätzen. Doch wir mussten sie nicht herausholen und sind immer noch am Leben. Es spielt also keine Rolle, ob sie für eine weitere Million Jahre da unten bleiben. Es sei denn, die Kanadier wollen eine echte Partnerschaft mit uns eingehen, bei der die Einkünfte gerecht aufgeteilt werden und wir uns ausbilden lassen können, um von der Anfängerstufe über eine Zwischenstufe auf die höchste Stufe zu kommen. Zuerst Aufsicht, dann Management und schließlich Inhaberschaft. Das ist die Art von Geschäft, die wir wollen. In der modernen Wirtschaft des 21. Jahrhunderts wollen auch wir die Leiter emporsteigen. Wir wollen nicht im Reservat sitzen bleiben oder im Reservat begrenzt bleiben, ohne dass finanzielle Mittel hereinkommen. Diesen Indian Act brauchen wir zwar, da er uns einen gewissen Status verleiht. Und trotzdem blockiert er uns, weil er uns zu Mündeln des Staats gemacht hat. Das bedeutet, wir sind Kinder des Staats, um die man sich kümmern muss. Denn wir sind unfähig geworden, uns um uns selbst zu kümmern.«[267]

Ob man nun den Indian Act abschaffen will oder nicht, er war und ist die Gesetzesgrundlage, mit der die Indigenen von einer fremden Macht und ihrem Rechtsverständnis unterworfen wurden. Maeengan Linklater, der Mitglied der Lac Seul First Nation ist und den ich in Winnipeg traf, verwendete mir gegenüber sogar den Ausdruck ›koloniale Matrix‹ und führte dazu aus: »Der Indian Act ist das gesetzlich verankerte Instrument, das eine Person, die in Kanada als Indianer klassifiziert ist, von der Geburt bis zum Tod überwacht. Er wurde geschaffen, um uns zu kontrollieren. Durch ihn wurde auch das Indian-Residential-School-System legitimiert. Die Kinder wurden gekidnappt. Sie lernten eine Fremdsprache, eine andere Denkweise und auch eine andere Religionsform. All dies wirkt bis heute nach. Dahinter steht das Prinzip des britischen Imperialismus und der damit verbundenen Kolonialisierung.«[268] Der Indian Act ist, gemeinsam mit der staatlichen Auslegung der Treaties, eine ›totale Institution‹, die praktisch alle Bereiche des indianischen Lebens berührt und dadurch die First Nations einer eigenen Rechtskategorie zuordnet, die sich von jener der übrigen Kanadier unterscheidet.[269] Obschon damit die Assimilation der Indianer an die kanadische, zunächst noch weiß geprägte, Dominanzgesellschaft angestrebt wurde, standen eigentlich die Kontrolle über sie und ihre Abhängigkeit im Vordergrund. Denn die Beamten im sogenannten Amt für Indianerangelegenheiten wollten ihre Jobs behalten.[270] Zudem ließ sich mit verschiedenen für die Indigenen konzipierten Hilfs- oder Unterstützungsprogramme auch viel Geld verdienen. Ferner spielten ökonomische Überlegungen eine Rolle, gemäß denen die kanadische Gesellschaft

Arbeitskräfte einer nicht ambitionierten Unterschicht benötigte, die für Billigstlöhne allerlei unbeliebte Jobs erledigten. Die Indianer, die man auch ›rassisch‹ als minderwertig betrachtete, schienen für diese Rolle ideal zu sein. Man brauchte sie nur entsprechend ›umzuerziehen‹ und in der Armutsfalle gefangen zu halten.

Tatsächlich waren die christlichen Konquistadoren seit Jahrhunderten geübt, indigene Nationen zu unterdrücken, auszubeuten oder gar ganz auszulöschen, je nachdem was ihnen jeweils besonders opportun erschien. Legitimationen, die auf ihrem eurozentrischen Weltbild gründeten, schufen sie sich dafür genügend. Frauenfeindlichkeit, Homophobie, Mord, Vertreibungen und Landwegnahme wurden jeweils durch religiöse Konzepte gerechtfertigt und von höchster Instanz abgesegnet. Schon 1452 erließ Papst Nikolaus V. eine erste Bulle, in der er dem portugiesischen König die Erlaubnis erteilte, Ländereien von Nichtchristen, die man ›Ungläubige‹ nannte, zu erobern. 1455 legte er eine zweite Bulle nach, in der er anwies, »Sarazenen, Heiden und andere Feinde Christi zu fangen, zu besiegen und zu unterwerfen«. Nicht christliche Menschen durften versklavt und ihre Besitztümer und Ländereien enteignet werden.[271] Gewiss muss diese Bulle im Zusammenhang mit der zwei Jahre zuvor erfolgten Eroberung von Konstantinopel durch den osmanischen Sultan Mehmed II. und das damit besiegelte Ende von Byzanz betrachtet werden. Doch sie gewährte den portugiesischen Seefahrern freie Hand und reines Gewissen, waren ihre Eroberungszüge in Küstengebieten Afrikas doch vom Stellvertreter Christi selbst legitimiert. 50 Jahre später erhielt auch das spanische Königshaus eine entsprechende Urkunde. Papst Alexander VI. sicherte ihnen damit den legitimen Herrschaftsanspruch auf neu ›entdeckte‹ und ›heidnische‹ Länder in Übersee zu. Die katholische Kirche hat diese Bulle noch nicht offiziell zurückgezogen, trotz der Anstrengungen von kanadischen Indigenen, die Papst Franziskus bewegen wollten, sie zu widerrufen.[272]

Die Unterwerfung nicht christlicher Nationen und die Inbesitznahme ihrer Gebiete entwickelte sich fortan zu einem europäischen Entdeckungsparadigma, dem auch Engländer, Franzosen und Niederländer folgten.[273] In ihrem Rechtsverständnis erachteten sie Territorien in Übersee, die unbewohnt waren oder lediglich von Nomaden durchstreift wurden, als ›Terra Nullius‹. Stieß man auf ein solches Niemandsland und war es noch nicht in Besitz einer anderen europäischen Macht, konnte man es sich einverleiben. Mit diesem völlig einseitigen

Rechtsverständnis übertrug der englische König Karl V. mittels einer Urkunde das vier Millionen Quadratkilometer große Rupert's Land an die Hudson's Bay Company. Oder als der englische Seefahrer James Cook die australische Ostküste für König Georg III. in Besitz nahm, betrachtete er sie ebenfalls als Terra Nullius. In beiden Fällen übersahen die Engländer, dass diese Gebiete seit Jahrtausenden von Zivilisationen bewohnt wurden. Die Nomaden zogen nicht einfach willkürlich durch ihr Land, sondern hatten genaue Routen, die sie zu Jagdgründen, Versammlungsplätzen oder sakralen Orten führten. Auch wenn sie das Land nicht nach britischem Usus kultivierten, so nutzten die indigenen Nationen es auf ihre eigene Art und Weise. Auch hielten sie Grenzen zu ihren Nachbarn ein und befolgten Riten und baten um Erlaubnis, wenn sie durch unvorhersehbare Gründe deren Gebiete betreten mussten. Doch auch wenn die Europäer dies gesehen hätten, konnten sie sich immer noch auf ihre angebliche ›geistige Überlegenheit‹ oder ihre ›vollkommene Religion‹ berufen. Denn letztlich ging es ihnen um Landbesitz, den sie aus ihrer Sicht legal und auf einfache Weise ›erwerben‹ konnten.

Nachdem die USA 1776 unabhängig geworden waren, übernahmen sie ebenfalls das europäische Eroberungskonzept, das ihnen unter dem Rechtsbegriff *Doctrine of Discovery,* also Entdeckungsdoktrin, die gesetzliche Legitimation erteilen und indigene Ländereien, die zuvor von der britischen Krone beansprucht worden waren, zusichern sollte. Das Konzept bildete fortan die Rechtsgrundlage für ihre Beziehungen mit den indianischen Nationen.[274] Gleichzeitig kamen im 19. Jahrhundert sozialdarwinistische Theorien auf, die sich stark auf die ›Indianerpolitik‹ der USA und auch Kanadas auswirkten.[275] Denn europäische Sozialtheoretiker hatten inzwischen die Entwicklung der Menschheitsgeschichte als Fortschritt von der Primitivität hin zur Komplexität beschrieben. Der Anthropologe Lewis Henry Morgan (1818–1881) verfasste eine Theorie, welche den Zivilisationsprozess in die drei Stufen Wildheit, Barbarei und Zivilisation unterteilte. Diese Lehre beeinflusste praktisch alle professionellen Anthropologen des späten 19. Jahrhunderts.[276] Diese gingen davon aus, dass auch ›primitive Gesellschaften‹ entwicklungsfähig waren, und stützten die theologisch begründeten Glaubenssätze von Missionaren über die ›Zivilisierungsfähigkeit der Indianer‹.[277] Diese ideologische Sichtweise hatte für die indigenen Nationen Kanadas einschneidende Konsequenzen. Denn Wissenschaftler, Politiker und Kirchenvertreter waren geschlossen der Meinung, dass einzig die euro-kanadische Zivilisation eine Existenzberechtigung hatte, während indigene Kulturen zum Untergang verurteilt seien. Der Indian Act von 1876 gründet folglich auf genau diesen rassistischen Ideologien und die Protagonisten der kanadischen Indianerpolitik konnten auf zynische Weise das dadurch gesetzlich verankerte ›Zivilisierungsprogramm‹ sogar noch als humanitäre Tat darstellen.

Vom 17. bis 19. Jahrhundert war die indigene Bevölkerung auf dem Gebiet des heutigen Kanadas politisch noch weitgehend autonom und konnte während der Ära des Pelzhandels sogar Forderungen stellen. Danach verlor sie jedoch aus diversen Gründen, wie etwa zunehmende Siedlerströme aus Übersee, immer mehr Kontrolle über ihre traditionellen Gebiete und ihre Gesellschaften.[278] Bis zum zweiten Britisch-Amerikanischen Krieg von 1812 wurden Indianer zudem als wichtige Verbündete gegen den südlichen Nachbarn betrachtet. Aufseiten der Briten hatten damals zahlreiche indianische Nationen wie unter anderem Irokesen, Ojiwbe oder Shawnee gekämpft, um ihr eigenes, von den USA bedrohtes Territorium zu schützen. Die erfolgreiche Verteidigung Britisch Nordamerikas und die darauf folgenden ruhigeren Zeiten stellten für die Beamten im fernen London den militärischen Nutzen der Indianer jedoch bald infrage. 1830 übertrugen sie die Zuständigkeit für Beziehungen zu den indigenen Nationen vom Militär- auf das Zivilministerium. Diese Maßnahme verdeutlicht, dass sich das Verhältnis zwischen Indianern und Briten nun grundlegend verändert hatte.[279] Ab nun ging es nicht mehr um Partnerschaften im Pelzhandel oder um Militärbündnisse mit den Indianern, sondern um deren Land und deren Assimilation. Dabei waren die Behörden von zwei Vorstellungen geleitet. Sie nahmen an, dass die Mehrheit der indigenen Menschen verschwinden würde. Die Verbliebenen sollten dann entweder als isolierte Gemeinschaften von den Euro-Kanadiern ferngehalten oder ›zivilisiert‹ und assimiliert werden. Der ›Zivilisationsprozess‹ sollte durch christliche Bildung erreicht werden, die man den Missionaren anvertrauen wollte.[280]

Ein 1844 vom Generalgouverneur Britisch Nordamerikas, Charles Bagot, herausgebrachter Bericht empfahl, die Kontrolle über indianische Angelegenheiten zu zentralisieren und Indianerkinder in Internate zu schicken. Auch sollte Land, auf das ein indigenes Kollektiv seinen Anspruch geltend machte, in Privatbesitz umgewandelt werden. Im *British North America Act* von 1867 wurde in Paragraf 91(24) die exklusive Gerichtsbarkeit über ›Indianer und indianisches Land‹ auf die neue Bundesregierung übertragen.[281] All dies bildete den ideologischen und gesetzlichen Rahmen für den Indian Act von 1876. Im selben Jahr hielt das Innenministerium Folgendes dazu fest: »Unsere Gesetzgebung für die Indianer beruht im Allgemeinen auf dem Grundsatz, dass die Ureinwohner unter Vormundschaft gestellt und als Mündel oder Kinder des Staats behandelt werden müssen. (…). Die gemeinsamen wahren Interessen der Ureinwohner und des Staats erfordern, dass alle Anstrengungen unternommen werden, um dem Roten Mann zu helfen, sich aus seinem Zustand der Vormundschaft und Abhängigkeit zu befreien. Es ist eindeutig unsere weise Pflicht, ihn durch Bildung und alle anderen Mittel auf eine höhere Zivilisation vorzubereiten, indem wir ihn ermutigen, Privilegien und Verantwortlichkeiten der vollen Staatsbürgerschaft zu übernehmen.«[282] Mit anderen Worten, die indianische Kultur ist ›minderwertig‹, soll durch westliche Bildung sowie andere Mittel zerstört werden und die Indianer sollen einst in der Mehrheitsgesellschaft verschwinden. Dies wiederum entspricht dem Konzept eines kulturellen Völkermords, auch wenn der Begriff im 19. Jahrhundert nicht existierte und aus europäischem Überlegenheitsgefühl davon ausgegangen wurde, dass das Emporsteigen in eine ›höhere Zivilisation‹ auch im Interesse der Indianer liege.

Der erste Premierminister Kanadas, der in Schottland geborene Sir John Alexander Macdonald (1815–1891), war eine treibende Kraft hinter dem ›Zivilisierungsprogramm‹. Er leitete die Regierung in den ersten sechs Jahren nach Gründung des Dominions von 1867 und danach nochmals von 1878 bis zu seinem Tod. Seine paternalistische Einstellung gegenüber den Indianern spiegelte sich in zahlreichen seiner Aussagen, wie etwa jener von 1880, wider: »Unsere Hoffnung beruht darauf, sie langsam von ihrem nomadischen Lebensstil abzubringen, der beinahe zu einem Instinkt geworden ist, und sie schrittweise entweder aufzunehmen oder sie auf dem Land anzusiedeln. In der Zwischenzeit müssen sie ziemlich beschützt werden.«[283] 1885 erhoben sich jedoch Métis unter der Führung von Louis Riel (1844–1885) sowie Plains-Cree und Assiniboine in der sogenannten Nordwest-Rebellion gegen Kanada. Damit machten sie klar, dass ihre Lebensweise einerseits von zunehmenden Siedlerströmen in die kanadischen Great Plains und gleichzeitig drastisch schwindenden Büffelherden akut bedroht war und sie kein Interesse hatten, zu einer ›höheren Zivilisation‹ emporzusteigen, sondern ihre eigene Lebensweise weiterführen wollten. Nachdem der Aufstand, der auf beiden Seiten ein paar Dutzend Tote gefordert hatte, schließlich niedergeschlagen worden war, zeigte sich Macdonald enttäuscht über die Undankbarkeit dieser Indigenen. Man habe alles getan, um die Indianer zu Bauern zu erziehen, ihnen Rinder und landwirtschaftliche Geräte besorgt. Dies sei sehr erfolgreich gewesen. Dann sei jedoch bei einigen von ihnen und den Métis der ›wilde Instinkt‹ geweckt worden und »der Wunsch nach Plünderung – ja, und vielleicht der Wunsch nach Skalpierung – die wilde Idee einer kriegerischen Herrlichkeit, die die Brust der meisten Männer, ob zivilisiert oder unzivilisiert, durchdringt. Sie vergaßen die ganze Liebenswürdigkeit, die ihnen entgegengebracht worden war, vergaßen all die Geschenke, die ihnen gegeben worden waren, vergaßen alles, was die Regierung, das weiße Volk und das Parlament von Kanada für sie getan hatten, beim Versuch, sie vor der Barbarei zu retten; sie vergaßen, dass wir ihnen die Reservate gegeben hatten und die Mittel, diese Reservate zu kultivieren, und auch die Bildung, wie man sie bebauen kann. All diese Dinge haben sie vergessen und sich gegen uns erhoben.«[284] Gewiss, Macdonald war ein Kind seiner Zeit. Doch er war als Premierminister auch ein Protagonist des kanadischen Dominions und widerspiegelte die grundsätzlich landesweit in der Siedlergemeinschaft verbreitete Einstellung gegenüber den Indianern. 1887 meinte er schließlich: »Das große Ziel unserer Gesetzgebung war es, das Stammes-System abzuschaffen und das indianische Volk in jeder Hinsicht an die anderen Bewohner des Dominions zu assimilieren, so rasch wie sie für diesen Wandel bereit sind.«[285]

Auslöschung per Gesetz

Der Indian Act von 1876 wurde mehrmals abgeändert und angepasst, blieb aber die entscheidende Rechtsgrundlage, um das Leben der Indianer in Kanada zu regeln.[286] Wie wirkte sich dieses Gesetz aber auf die indianische Bevölkerung aus? Der Indian Act definierte, wer als Indianer galt und wer nicht. In der ersten Version von 1876 wurde festgehalten, dies sei »jede männliche Person mit indianischem Blut, die nachweislich zu einer bestimmten indianischen Gruppe gehört, deren Kinder und jede Frau, die mit einer solchen Person rechtmäßig verheiratet ist«. So verloren beispielsweise Frauen, die einen nicht-indianischen Mann heirateten, ihren Status, während dies umgekehrt nicht der Fall war. Damit diskriminierte das Gesetz die Indianerinnen, die innerhalb ihrer Familien traditionell eine zentrale Stellung hatten. Einige Gesellschaften wie die Irokesen oder Nisga'a waren sogar matriarchal geprägt. Dabei spielten Frauen eine wichtige Rolle bei Regierungsgeschäften und der Durchführung spiritueller Zeremonien. Allein im Zeitraum zwischen 1958 bis 1968 verloren 100 000 Frauen und ihre Kinder in Kanada den Indianerstatus. Diese Ungleichbehandlung wurde erst 1985 aufgehoben. Dennoch besteht die Geschlechterdiskriminierung weiterhin. Frauen, die vor 1985 ihren Status verloren haben, können diesen an ihre Kinder weitergeben, aber nicht an ihre Großkinder. Während ihre Brüder, die eine nicht-indigene Frau geheiratet haben, ihren Status auch auf ihre Großkinder übertragen lassen können.[287]

Das Hauptziel des Indian Acts bestand darin, die Zahl der rechtlich anerkannten Indianer stetig zu reduzieren. Allein Ottawa bestimmte dabei, wer gesetzlich als Indianer gilt, und nicht die indigene Gesellschaft selbst. Wenn indianische Nationen also Selbstbestimmung fordern, dann auch in dieser Hinsicht. Adam Fiddler, der ehemalige Chief aus Sandy Lake, zeigte sein Unverständnis darüber an einem Beispiel: »Wenn zwischen Deutschland und der Schweiz ein Vertrag geschlossen wird, dann hat Deutschland nicht plötzlich das Recht zu sagen, welche Menschen Schweizer sind und welche nicht. Doch der Indian Act definiert, wer ein Status-Indianer ist und wer nicht. Die kanadischen Behörden haben die volle Kontrolle. Es gibt viele Menschen, die daher von den Treaty-Rechten ausgeschlossen sind. Beispielsweise hat Robert Fiddler, der den Treaty unterzeichnete, Urgroßkinder, die diese Rechte nicht mehr haben. Es gibt also heute Menschen, die keinen Status mehr als Indianer besitzen, selbst wenn sie Nachkommen von Treaty-Unterzeichnern sind. Die eine Nation diktiert also, denn sie hat die Richtlinien erstellt.«[288] Was Adam hier thematisierte, hatte für die Betroffenen, die den Status verloren haben, schwerwiegende Folgen. Erstens wurden sie gesetzlich ihrer Geschichte, ihrer Kultur und letztlich ihrer Identität beraubt, da sie als nicht-indigene Kanadier galten. Dabei hatten beispielsweise die Vorfahren der Oji-Cree aus Sandy Lake mit Kanada den Treaty Nummer 5 unterzeichnet. Darin verpflichtete sich der Staat, weil er ihr traditionelles Land beanspruchte, zu verschiedenen Gegenleistungen. Auf diese hatten jedoch nur Status-Indianer Anspruch. Wer also seinen Status verlor, der hatte weder das Recht, in einem Reservat zu leben, noch konnte er von den damit verbundenen Vertragsleistungen wie

Zahlungen oder Gesundheitsvorsorge profitieren. Auch konnte er nicht dort seine letzte Ruhe finden, wo seine Vorfahren begraben waren.[289] Diese gesetzlich verankerten Maßnahmen sollten die totale Einschmelzung in die kanadische Dominanzgesellschaft fördern. Zusätzlich gab es noch andere Gründe, weshalb ein Indianer seinen Status verlieren konnte. Dies war etwa der Fall, wenn er sein Reservat verließ und Land kaufte, er den kanadischen Streitkräften beitrat oder die Universität besuchte. Wenn eine indigene Person zudem auf Bundesebene wählen wollte, musste sie ebenfalls ihren Status abtreten und auf alle damit verbundenen vertraglichen Rechte verzichten. Erst 1960 wurde den Indigenen das Wahlrecht ohne Statusverlust eingeräumt.[290] Schließlich konnte auch jeder Indianer ab einem Alter von 21 Jahren, sofern er als ›trocken‹ und ›fleißig‹ galt, freiwillig seinen Status aufgeben. Dafür erhielt er eine Parzelle Land, die man von seinem Reservat abzwackte. Davon machten jedoch bis 1920 nur 250 indianische Männer Gebrauch. Im gleichen Jahr wurde der Indian Act angepasst und die kanadischen Behörden konnten einem Indianer unter Umständen auch gegen seinen Willen den Status aberkennen.[291]

Obwohl man den First Nations versprochen hatte, die Reservate seien für Außenstehende unantastbar, schuf der Indian Act die Voraussetzung, deren Land im öffentlichen Interesse etwa für den Bau einer Straße oder der Eisenbahn zu enteignen. Dieses Gesetz gilt bis heute. Als im ausgehenden 19. Jahrhundert immer mehr Siedler in die Great Plains strömten, forderten sie von Ottawa, dass man ihnen unkultiviertes Land für Ackerbau und Viehzucht zur Verfügung stellte. 1894 wurde der Indian Act entsprechend geändert. Fortan durfte Land von Indianern, die verwaist, verwitwet oder behindert waren und nicht mehr landwirtschaftlich tätig sein konnten, auch ohne Einverständnis der First Nation, die dieses als Kollektiv besaß, veräußert werden. Auf diese Weise gingen bis 1911 in den Provinzen der Great Plains 21 Prozent indianischen Reservatslands zugunsten der Westexpansion verloren.[292] Der von 1905 bis 1911 amtierende kanadische Innenminister Frank Oliver erweiterte den Indian Act mit einem Gesetz, mit dem eine First Nation, deren Reservat in der Nähe einer Stadt mit 8000 Einwohnern lag, zwangsumgesiedelt werden durfte. Voraussetzung für diese als *Oliver Act* bekannt gewordene Maßnahme war, dass ein Gericht sie zweckmäßig erachtete. Wenn nun Indianer Kanada anklagen wollten, weil ihr Land beschlagnahmt oder ihr Status aufgehoben worden war, hatten sie keine Chance. Denn es war ihnen bis 1951 unter Androhung einer Gefängnisstrafe verboten, einen Anwalt zu engagieren, der sie dafür vor Gericht vertrat. Den First Nations wurde dadurch eines jener Grundrechte verwehrt, die in demokratischen Rechtsstaaten als selbstverständlich gelten. Zudem verweigerte ihnen die koloniale Gesetzgebung das Recht auf ihr ursprüngliches Land, das sie seit Menschengedenken besiedelt hatten.[293]

Der Indian Act untersagte auch spirituelle Zeremonien. Die Missionare hatten das Praktizieren der indigenen Spiritualität, die sie als ›zivilisationsfeindlich und teuflisch‹ erachteten, bereits seit Längerem mit allen Mitteln zu verhindern gesucht und für eine entsprechende Gesetzesgrundlage plädiert. Ab 1884 wurde es den First Nations an der Westküste nicht mehr gestattet, ihr traditionelles Potlatch abzuhalten, und ein Jahr später stand der Sonnentanz in den Great Plains unter Strafe. Dies wurde erst 1951 mit der Revision des Indian Acts wieder aufgehoben. Hintergrund dafür bildete die drei Jahre zuvor von der UNO verabschiedete Allgemeine Erklärung der Menschenrechte. In den über 70 Jahren des Verbots wuchsen jedoch praktisch drei indianische Generationen ohne die kulturellen Bräuche ihrer Vorfahren auf. Da zudem ab den 1920er-Jahren Vergehen gegen dieses Gesetz streng geahndet wurden, gingen Tausende von unersetzlichen zeremoniellen Masken, Gewändern, Decken und anderen sakralen Gegenständen für immer verloren. Von der Royal Canadian Mounted Police konfisziert, wurden sie an Sammler in Kanada oder in den USA verkauft. Einige davon wanderten in Museen, wo sie mit dem Hinweis ›Aufnahme in die Sammlung 1920‹ versehen wurden. Heute geht es darum, diese für die indianischen Kulturen wichtigen Objekte zurückzuerstatten.[294]

Wer die Rechte eines Status-Indianers wahrnehmen wollte, musste registriert sein. Dies ist bis heute der Fall. Jeder Indianer, der im Register eingetragen ist, erhält eine Status-Karte, auf der neben biografischen Angaben auch seine persönliche Nummer und die zugehörige First Nation vermerkt sind. Bei der Registrierung im ausgehenden 19. Jahrhundert wurden viele indianischen Namen durch englische ersetzt. Dies hatte mehrere Gründe. Einerseits wussten die Beamten nicht, wie sie die für sie schwer verständlichen Namen schreiben sollten. Andererseits gab es auch Missionare, die sich für christliche Familiennamen wie Joseph oder Thomas aussprachen, um dadurch ein Zeichen zu setzen. Einige Familien im nördlichen Ontario konnten ihre ursprünglichen Namen wie Achneepineskum, Metatawabin oder Koostachin zwar behalten.

Viele wurden bei der Registrierung jedoch neu benannt und dadurch eines Teils ihrer Identität beraubt. Denn die indigenen Bezeichnungen erzählten ganze Geschichten, wie mir Christopher Metatawabin berichtete: »Dieser alte Typ, einer unserer Vorfahren, informierte die Leute und sagte: ›Ich gehe hinaus, um meine Traplines zu überprüfen. Ich werde zehn Tage fort sein.‹ Dann war er weg. Nachdem zehn Tage vergangen waren, fehlte jedoch jede Spur von ihm. Die Leute sorgten sich und hielten Ausschau nach ihm. Doch er tauchte nicht auf. Ich weiß nicht, wie lange er fort war. Plötzlich kam er zurück. Ihm ging es gut. Vermutlich war er beschäftigt gewesen und hatte die Zeit vergessen. Die Leute habe ihn fortan ›Metatawabin‹ genannt. Das heißt ›zehn Tage fort sein‹. Wir wurden unter diesem Namen bekannt und daher hat ihn die Familie angenommen. All diese Namen haben solche Geschichten.«[295]

Auch englisches Vokabular ging in Familiennamen ein. Die Familie Yesno aus Fort Hope erhielt ihren Namen, weil einer ihrer Vorfahren lediglich die beiden englischen Wörter ›Yes‹ und ›No‹ konnte, die er in jeder Kommunikation verwendete.[296] Jemand, der gut kochte oder die Fidel spielte, wurde zu Cook oder Fiddler.[297] Hatte eine Indianerin einen britischen oder französischen Händler in einem Pelzhandelsposten geheiratet, erhielt ihre ganze Familie oftmals den Namen ihres Gatten, wie etwa Linklater, Louttit oder Spence. Manchmal nahmen die Beamten auch einfach einen englischen Namen, der ähnlich klang wie der traditionelle. Dazu erzählte mir Wally McKay, ein ehemaliger Grand Chief der NAN, Folgendes: »Bevor mein Vater starb, bat er mich, ihn zu besuchen. Daher kümmerte ich mich um ihn, bis er aus dem Leben schied. Zuvor sagte er mir: ›Ich möchte dich über etwas in Kenntnis setzen, über das ich nie wirklich gesprochen habe.‹ Darauf sagte ich: ›O. k.‹ Dann fuhr er fort: ›Weißt du, unser Name war nicht McKay.‹ Ich fragte: ›Wie hießen wir denn?‹ Er sagte: ›Unser Name war Mac-Kay-Shey.‹ ›O. k.‹ Erst nach seinem Tod habe ich darüber nachgedacht und mit meinem ältesten Bruder telefoniert, der jedoch auch nichts Genaueres wusste. Als ich weitere Nachforschungen machte, erfuhr ich, dass der Clan, dem wir angehörten, Mac-Kay-Shey hieß. Mac-Kay-Shey bedeutet Fuchs. Wir waren also Mitglieder des Fuchs-Clans. Du wirst im nördlichen Ontario, also in diesem ganzen Gebiet, Leute finden, deren Nachname Fox ist. Auch die gehören zu diesem Clan. Aus Mac-Kay-Shey wurde McKay, als damals der Indian Agent unsere Familie registrierte. Er fragte uns: ›Was ist euer Name?‹ Wir sagten: ›Mac-Kay-Shey.‹ Und dann hat man uns als

McKay eingetragen. Ich thematisiere dies, denn durch das, was die Kirchen und die Regierungen im Norden machten, ist es schwierig für die Leute, ihren Clan-Namen und Clan-Systemen auf den Grund zu gehen. Denn diese wurden unterdrückt.«[298] Die Beamten, die das Namensregister führten, waren seit 1880 durch einen Zusatzartikel im Indian Act angehalten worden, den Indianern englische Namen zu geben. Dies erleichterte ihnen gewiss die Arbeit, weil es für sie die einfachste Variante war, sich die Namen zu merken. Dennoch stellte die Umbenennung der indianischen Bevölkerung einen weiteren Aspekt des Assimilationsprozesses dar. Die Beseitigung der traditionellen Selbst- oder Fremdbezeichnungen von Personen brachte auch die damit verbundenen Geschichten zum Verschwinden. Daher ist in einigen Reservaten auch der Bezug zum ehemaligen Clan-System nicht mehr vorhanden. Zudem hatten die Indianer ursprünglich weder einen Vor- noch einen Nachnamen, sondern besaßen einen Ruf- und Spitznamen, der sich im Laufe des Lebens ändern konnte, einen Clan-Namen, einen Erbnamen, einen Tiernamen oder einen spirituellen Namen.[299]

Die politische Führungsstruktur der First Nations wurde ebenfalls durch den Indian Act bestimmt und sorgt auch heute regelmäßig für Unmut und Spannungen in den indianischen Gemeinden. Anstelle der traditionellen Chiefs, die aufgrund besonderer Fähigkeiten, wie Verhandlungsgeschick und Kommunikationsfähigkeiten, oder durch Vererbung ihre Führungsrollen ausübten, wurden seit dem ausgehenden 19. Jahrhundert durch ein gesetzlich verankertes Wahlsystem Leute eingesetzt, die eigentlich die kanadischen Interessen verwalten sollten. Denn sie mussten für alle Mittel, die sie vom Staat erhielten, Rechenschaft ablegen und durften sie nur gemäß den in Ottawa formulierten Vorgaben einsetzen. Zunächst wurde einmal im Jahr gewählt und ab 1898 alle drei Jahre. Wahlberechtigt waren nur Männer ab einem Alter von 23 Jahren. Mit der Revision des Indian Acts von 1951 wurden auch Frauen zugelassen. Seither halten die meisten First Nations alle zwei Jahre ihre Wahlen ab. Der Chief und seine Councillors, also Gemeinderäte, hatten nur beschränkte Befugnisse, weil viele Bereiche des Reservatshaushalts, wie Landnutzung, Ressourcen und Finanzen, direkt vom Amt für Indianerangelegenheiten verwaltet wurden. Die zweijährige Amtszeit verhinderte es zudem, dass Chiefs entscheidende Prozesse für eine längerfristige Entwicklung einleiten konnten beziehungsweise können. Auch war dies hinderlich für die Bildung einer reservatsübergreifenden politischen Organisation, wie einen Tribal Council. Denn durch die stetigen Wechsel der Führungspersonen mussten immer neue Ansprechpartner gefunden werden, die wieder von Neuem eingearbeitet werden mussten. Die alle zwei Jahre stattfindenden Wahlkämpfe in den Reservaten brachten auch Familienmitglieder gegeneinander auf, was sich negativ auf den Zusammenhalt der Gemeinschaft auswirkte.[300]

Die Chiefs im nördlichen Ontario, die ich kennengelernt hatte, versuchten sich zwar mit aller Kraft für ihre First Nation einzusetzen und die Lebensbedingungen zu verbessern. Doch sie beklagten sich auch, dass ihnen oft finanzielle Mittel fehlten und Ottawa ihnen die Hände binde. Einige bezeichneten sich sogar als Verwalter eines Armenhauses. Alles, was sie tun könnten, sei schließlich ein Tropfen auf den heißen Stein. Solange die Treaties nicht in ihrem Verständnis umgesetzt, sprich die Ressourcen aus ihrem traditionellen Land nicht gerecht verteilt würden, blieben sie in der Armut stecken. Der Indian Act und die totale Kontrolle über die First Nations, die er seit 1876 über sie ausübte, ist meines Erachtens eine der Hauptursachen für die indigene Misere. Denn die zu ständigen Bittstellern sozialisierten Menschen nahmen mit der Zeit eine entsprechende Mentalität an, die sie in der Armutsfalle gefangen hält. Da können auch die Chiefs und ihre Gemeinderäte nur bedingt dagegen ankämpfen. Auch haben diese manchmal einen schweren Stand, weil sie sich sowohl gegenüber Ottawa wie auch ihren eigenen Leuten für gewisse Entscheidungen rechtfertigen müssen.

Ein Cree aus Attawapiskat erklärte mir, dass man für die Chiefs, die aufgrund des Indian Acts gewählt wurden, ein spezielles Wort verwende: »Wir nennen sie ›Okimachan‹, das heißt aber nicht wirklich ›Chief‹. Für ›Chief‹ gebrauchen wir in unserer Sprache ›Okimaw‹. Das ist jemand, der natürliche Führungseigenschaften hat. Aber ein Okimachan ist lediglich eine Marionette des Systems und kann daher auch nicht viel bewirken.«[301] Ein anderer Cree im selben Reservat pflichtete dem bei und ergänzte: »Durch das Indian-Act-Modell können die Chiefs nicht mehr der traditionellen Regierungsform folgen. Denn sie werden von Ottawa diktiert und kontrolliert. Auch die indigenen Organisationen erhalten Geld von den staatlichen Bürokraten und brauchen dieses für sich selbst, damit sie einen Job haben. Und die First Nations leben immer noch in verarmten Verhältnissen. Die Regierung ehrt auch den Treaty nicht, weil sie nicht mit den Leuten zusammenarbeitet, sondern lediglich mit den Chiefs. Doch diese sind eigentlich gar nicht berechtigt, über irgendein

Abkommen zu sprechen, es sei denn, sie haben die Erlaubnis von den Leuten oder einer bestimmten Familiengruppe in einer Nation. Denn wir als Nation besitzen gemeinsam unser Land, daher müssen alle mitreden können, wenn es um wichtige Entscheidungen geht. Es ist also höchste Zeit, das Regierungssystem, wie es vor der Kolonialisierung war, zurückzubringen. Denn wir hatten eigene Strukturen, eigene Modelle und unsere eigene Weise, unsere Kinder zu lehren. Und die basierten auf Respekt und bedingungsloser Liebe.«[302]

In KI schlug ein Oji-Cree in dieselbe Kerbe: »Wenn wir uns als jüngere Generation nicht mehr bemühen, zu verstehen, woher wir alle kommen, dann werden wir es vergessen. Dann werden wir alles einfach nur hinnehmen, wie es derzeit ist, ohne die Ursachen zu kennen. Und das kotzt mich einfach nur an. Zum Teufel mit dieser Doctrine of Discovery und so weiter. Und jetzt gibt es Kanada, das sagt: ›Das ist unser Land. Wir sind im Einhalten der Menschenrechte Weltklasse.‹ Das ist ein Haufen Scheiße! Es tut mir leid, dies zu sagen, aber viele unserer gewählten Führungspersonen, auf nationaler und regionaler Ebene, kämpfen nicht für unsere Treaty-Rechte und für die geerbten indigenen Rechte. Die versuchen mehr oder weniger ins staatliche Schema zu passen. Wenn sie sich widersetzen, fließt kein Geld mehr, das ja vom Staat kommt. Weil das meine Positionen sind, werde ich nie als Anführer gewählt. Denn die Regierung mag das nicht.«[303] All diese Befindlichkeiten machen eines klar: Das westliche Konzept der Machtausübung und des Grundbesitzes, das auf dem Individualismus gründet, ist nicht mit dem flexiblen und basisdemokratischen Verständnis der First Nations kompatibel. Traditionell akzeptieren Letztere einen Chief nicht allein infolge einer Wahl, sondern nur situationsbedingt. Letztlich bestimmte immer das Kollektiv. Wenn man zum Beispiel mit einer außenstehenden Partei ein bestimmtes Geschäft tätigte, dann wurde jener als Chief auserkoren, der am meisten davon verstand und die Interessen der Gemeinschaft am besten vertreten konnte. Bei einer anderen Sachlage wurde wieder jemand anderes ausgewählt. Die kanadischen Beamten, die sich ausschließlich auf ihren eigenen kulturellen Referenzrahmen bezogen, realisierten nicht, wie das indigene System funktionierte. Es hätte sie gewiss auch nicht sonderlich interessiert, weil sie jeweils pro Reservat nur eine Ansprechperson haben wollten. Damit diese aber nicht zu einflussreich wurde, musste sie sich regelmäßig einer Neuwahl stellen. Damit schwächte der Indian Act die Gemeinschaft, was Ottawa entgegenkam. Denn solange die Mitglieder der First Nations gespalten blieben, ließen sie sich kontrollieren und bevormunden.

Wally McKay legte mir dar, wie er die Funktionsweise des kanadischen Kolonialsystems vor dem Hintergrund des Indian Acts beurteilte: »Wir haben nun 150 Jahre Kolonialisierung hinter uns. Um uns zu kolonialisieren, hat der Staat bewusst ein Abhängigkeitsverhältnis geschaffen. Dieses war darauf ausgelegt, dass die Chiefs bei ihren Entscheidungen stets um Erlaubnis bitten mussten. Dieses Stigma haftet weiterhin an unseren Anführern. Denn der Indian Act zwang sie, beim Minister um Erlaubnis zu bitten. Daher muss dieses koloniale Dokument endlich demontiert werden. Wenn man während über hundert Jahren von Generation zu Generation unter kolonialer Herrschaft lebt, dann wird dies zu einem Glaubenssystem. Ich würde sogar von einem Befangenheitssystem sprechen. Und Menschen, die kolonialisiert sind, tun sich schwer, ihr Denken darüber zu ändern. Denn Generationen wurden dazu gezwungen, um Erlaubnis zu bitten. Sie haben verinnerlicht, dass sie selbst nicht imstande sind, Entscheidungen zu treffen. Und wenn nun jemand versucht, selbst zu denken und zu handeln, dann ist es nicht mehr der Staat, der Einspruch erhebt, sondern die eigenen Familienmitglieder, die sagen: ›Das darfst und kannst du nicht machen!‹ Wenn ich die Geschichte meines Volkes betrachte und die Werkzeuge, mit denen wir vom Staat bearbeitet wurden, dann wurde bei jedem einzelnen Schlag beschwichtigt: ›Es ist zu deinem Wohl und jenem deines Volkes.‹ Dieser Kolonialisierungsprozess hat uns bis zum heutigen Tag gewaltig im Griff. Es ist schwer, über den begrenzten Raum, in den wir eingezwängt wurden, hinaus zu denken. Daher glauben die Leute auch nicht, dass sie Souveränität und Gerichtsbarkeit besitzen.«[304]

»Manuel? Manuel, bist du noch da?« Donny Morris, langjähriger Chief von KI und politischer Aktivist, suchte mich in meiner Unterkunft auf. Es war etwa zehn Uhr morgens und ich packte gerade meine Siebensachen, weil ich bald vom Reservat nach Sioux Lookout zurückfliegen musste. Am Vorabend hatte ich mich noch bis spätnachts mit ihm unterhalten. Er hatte mich zu sich eingeladen und wir saßen die ganze Zeit am Ufer des Großen Forellensees. Dort lebte er in einer winzigen Hütte, ohne Strom und fließend Wasser. Doch er hatte alles, was er brauchte. Denn er konnte aus dem See trinken und Fische fangen. »Ja, hier bin ich.« »Komm, ich habe etwas für dich.« Donny streckte mir seine Status-Karte entgegen. »Hier, die ist für dich.« »Ja, brauchst du die denn nicht, um dich auszuweisen?« »Nein. Denn ich weiß, wer ich bin und dass ich aus Kitchenuhmaykoosib Inniniwug (KI) stamme.« Ich nahm die Karte. Oben war ein dünner roter Balken mit dem kanadischen Wappen. Darunter stand auf Englisch und Französisch: ›Indianer Status-Zertifikat‹. Neben Donnys Passfoto war rechts zu lesen: »Dies ist eine Bescheinigung, dass Morris Donald Ian gemäß Indian Act und dem 27. Kapitel der Gesetzgebung Kanadas (1985) ein Indianer ist.« Zudem war seine Registrierungsnummer aufgeführt. Donny meinte: »Zeig sie deinen Bekannten in Europa und frage mal, was sie darüber denken. Ich finde es eigenartig. Müssten nicht die Kanadier einen solchen Ausweis bei sich tragen, wenn sie in unser traditionelles Land kommen?« Ja, dachte ich, eigentlich müsste es umgekehrt sein. »Und jetzt dreh die Karte mal um!« Da standen Donnys Geburtsdatum, der Name seines Reservats, seine Unterschrift und jene eines Beamten sowie Ausstellungs- und Ablaufdatum. »Du siehst also, diese Karte läuft am 31. Dezember 2019 ab.« »Ja, genau.« »Weißt du, was das bedeutet?« »Dass du sie vorher verlängern musst?« »Nein, ich habe sie dir ja geschenkt und brauche sie nicht mehr.« »Was bedeutet es dann?« »Dass ich am 1. Januar 2020 ein Weißer bin.« Wir mussten beide laut lachen.

So lange die Sonne scheint: Treaty

»Nationen machen Verträge, aber Verträge machen keine Nationen.« Dieser prägnante Satz stand im Einladungsschreiben für das National Treaty 1–11 Gathering von Ende August 2017. Der indianische Großanlass, der eine Woche dauerte, fand auf dem traditionellen Land der Taykwa Tagamou Nation in der Nähe von Cochrane in Ontario statt. Es waren Vertreter von First Nations aus mehreren Provinzen und einige kanadische Politiker anwesend. Reden hielten unter anderem National Chief Perry Bellegarde, NAN-Grand Chief Alvin Fiddler, Mushkegowuk-Grand-Chief Jonathan Solomon, die kanadische Ministerin Carolyn Bennett und Ontario-Minister David Zimmer. Ich durfte als Beobachter teilnehmen. Bei den sogenannten elf chronologisch nummerierten National Treaties handelt es sich um Abkommen, die ab 1871 zwischen der britischen Krone und indianischen Nationen abgeschlossen wurden. Sie regeln die Landnutzungsrechte und politischen Beziehungen auf einem

Gebiet der Größe halb Kanadas, das weite Teile der heutigen Provinzen Alberta, British Columbia, Manitoba, Ontario und Saskatchewan sowie der Nordwest-Territorien umfasst.

Am Kongress wurde über die Geschichte der Vertragschließungen, die Umsetzung mit ihren Auswirkungen, die aktuelle Situation und die Zukunftsperspektiven diskutiert. Begleitet wurde der Anlass von spirituellen Zeremonien und einem abschließenden Cree-Fest mit Powwow und traditionellen Speisen, zu dem die Gastgeber der Taykwa Tagamou Nation geladen hatten. Damit wurde auch der aus indianischer Sicht sakralen Bedeutung der elf nationalen Abkommen Rechnung getragen. Bei der Veranstaltung wurde mir glasklar vor Augen geführt, wie tief der Graben zwischen den First Nations und der kanadischen Dominanzgesellschaft hinsichtlich Weltanschauung und kultureller Identität ist. Denn beide Seiten interpretieren die Treaties ganz unterschiedlich, was fundamentale Gegensätze offenlegt. Mir hatte bereits ein paar Wochen zuvor Grand Chief Jonathon Solomon, den ich in Thunder Bay interviewen konnte, über diese Abkommen erzählt. Aber mir war damals noch nicht vollständig bewusst, wie zentral sie für das indianische Geschichts-, Gegenwarts- und Zukunftsverständnis sind. Wer die Cree und Ojibwe im nördlichen Ontario besser verstehen möchte, sollte neben der staatlichen Interpretation auch ihre Auslegung der beiden für diese Region geltenden Treaties Nummer 5 und 9 sowie ihre Erfahrungen mit deren Umsetzung kennen. Folglich ist es enorm wichtig, dass die Menschen mit Migrationshintergrund, die heute Ontario als ihre Heimat betrachten, ein historisch richtiges Verständnis davon haben. Denn der Grund und Boden, auf dem sie sich eingerichtet haben oder den sie sogar ihr Eigen nennen, ist ursprüngliches Indianergebiet, das nicht durch Kriege erobert, nicht mit Geld gekauft, sondern aufgrund von Verträgen in Besitz genommen wurde. Die stark einseitige Auslegung eines Treaty, wie es offiziell der Fall ist, legitimiert aus globaler Perspektive betrachtet keinesfalls den alleinigen Grundbesitz des beanspruchten Landes.

Bis zur Gründung des kanadischen Dominions 1867 hatte Britisch Nordamerika mit indianischen Nationen bereits 123 Verträge betreffend Landnutzungsrechten ausgehandelt. Im Jahr 1975 belief sich deren Zahl auf 500. Diese Abkommen sind folglich von enormer Bedeutung. Die verfassungsgemäßen Grundlagen dafür beruhen auf der Königlichen Proklamation der britischen Krone von 1763. Sie wurde von König Georg III. nach dem Ende des Siebenjährigen Kriegs durch den Vertrag von

Paris festgeschrieben. Nach dem Friedensschluss trat die französische Regierung ihre Gebiete im heutigen Kanada sowie jene um die Großen Seen und östlich des Mississippi in den heutigen USA ans British Empire ab. Georg III. wollte umgehend den Handel, die weitere Ansiedlung und den Landerwerb im bedeutend größer gewordenen britischen Nordamerika neu regeln und die Westexpansion kontrolliert vorantreiben. Dafür schuf er mittels Proklamation eine temporäre Grenzlinie zwischen den britischen Siedlungen an der Atlantikküste und den indianischen Gebieten westlich der Appalachen. Niemand außer der Krone hatte fortan mehr das Recht, indianisches Land zu erwerben und weiterzuverkaufen. Daher schlossen britische Beamte im Westen der Provinz Quebec im Auftrag des Königshauses mit den auf einem jeweiligen Gebiet lebenden indianischen Gruppen offizielle Verträge ab.[305] Der Krone ging es mit diesen Abkommen darum, sich das Land gemäß eigenem Rechtsverständnis legal anzueignen und dadurch sämtliche indianische Ansprüche darauf für alle Zeiten zum Erlöschen zu bringen. Zudem sollten mit dieser friedlichen Inbesitznahme Konflikte vermieden werden. Nach 1867 verpflichtete sich das Dominion, diese Praxis beizubehalten und auch für das von der Hudson's Bay Company 1870 erworbene Rupert's Land und Nordwestliche Territorium mit den dort lebenden Indigenen Abkommen abzuschließen. Der erste der nummerierten Verträge wurde 1871 und der elfte 1921 unterzeichnet, wobei Erweiterungen einzelner Treaties bis in die 1950er-Jahre zustande kamen.[306]

Aus der Sicht Kanadas waren die aufgrund der Königlichen Proklamation zugestandenen Landrechte der Indianer ein großes Hindernis für die Besiedelung und die wirtschaftliche Weiterentwicklung des Landes durch Eisenbahnbau, Industrie, Ackerbau und Viehzucht. Um kriegerische Auseinandersetzungen wie in den USA oder weitere Aufstände, wie die Red River Rebellion von 1869 unter dem Métis-Anführer Louis Riel, zu vermeiden, erschienen Treaties als die besten Mittel. Dadurch konnte man auf diplomatischem Weg den Indianern gegenüber friedlichen Absichten bekunden und ihnen Geschenke unterbreiten, wie sie dies in den vorausgegangenen Jahrhunderten gewohnt gewesen waren.

Im Frühjahr 1871 gelangte eine große Siedlerwelle aus Ontario nach Manitoba. Die dortige Provinzregierung schien davon überrumpelt, denn es gab weder einen Beauftragten für Siedlungsland, noch hatten die Indianer ihre Gebiete abgetreten. Daher bereitete die Regierung in Ottawa rasch den ersten Treaty vor, der im August von den im südlichen

Teil der Provinz lebenden Cree und Ojibwe unterzeichnet wurde.[307] Doch auch die Indianer hatten Interesse an diesem Abkommen. Sie fühlten sich durch die Siedlerströme bedroht und gingen davon aus, dass die Krone sie durch klare Regeln hinsichtlich der Landnutzung beschützen würde. Denn die in den Verhandlungen erklärte Aussicht auf Ländereien, die kein Weißer betreten durfte, war für sie vielversprechend. Dass dies einst zu kleinen Reservaten führen sollte, konnten sie zu diesem Zeitpunkt noch nicht ahnen. Nachdem die HBC ›ihr Land‹ an Kanada verkauft hatte, fühlte sie sich auch nicht mehr für das Wohlergehen ihrer indianischen Handelspartner verantwortlich. Aufgrund verschiedener Restriktionen, wie etwa die Aufgabe der Kreditvergabe an Indianer, wurde das Verhältnis zunehmend getrübt. Die Krone betrachtete man daher, vor allem durch die verheißungsvollen Worte ihrer Vertreter in Kanada, als willkommene neue Partnerin in einer belasteten Zeit.

Durch die Dezimierung der Biber und anderer Pelztiere drohten an verschiedenen Orten Hungersnöte. Besonders hart traf es die indianischen Nationen in den kanadischen Great Plains, die von der Büffeljagd abhängig waren. Die riesigen Herden gingen ab den 1870er-Jahren drastisch zurück und die Spezies stand bald am Rand der Ausrottung. Dies rührte daher, dass vor allem auf dem Gebiet der USA neben den Indianern auch zahlreiche weiße Büffeljäger die Bisons erlegten, die sich nicht für das Fleisch, sondern lediglich für deren Häute interessierten. Denn diese konnten durch ein neu entwickeltes Gerbverfahren elastischer gemacht werden. Dadurch wurde das Leder für die Herstellung von Stiefeln oder Antriebsriemen in der Industrie attraktiv und erzielte hohe Marktpreise. Auch Rancher schossen Büffel ab, um Platz für ihre Rinderherden zu schaffen. Die US-amerikanischen Behörden ließen sie gewähren, da dies den aus ihrer Sicht unbeugsamen Plains-Indianern, wie etwa Sioux oder Cheyenne, die Existenzgrundlage entzog und ihrer Kultur das Genick brach.[308] Auch die kanadische Regierung profitierte vom Rückgang der Bisons. Denn diese kamen immer seltener auf das von ihr beanspruchte Gebiet. Dies wiederum war unter anderem für die Plains-Cree und Blackfoot verheerend. Zu Beginn der 1870er-Jahre waren sie bereits durch Hunger, Krankheiten und viele Todesfälle stark geschwächt. Wollten sie nicht verhungern, mussten sie die Forderungen aus Ottawa akzeptieren. Die Treaties erachteten die Plains-Indianer als eine Art Brücke, die vom nomadischen Leben hin zur Sesshaftigkeit mit Landwirtschaft hinüberführen sollte. Die Regierung in Ottawa stellte ihnen Gerätschaften und Vieh in Aussicht, wollte aber im Gegenzug, dass sie die Rechte über ihr traditionelles Land abtraten.[309] Zudem instrumentalisierte sie die Hungersnot, um ihre Interessen durchzusetzen und indianische Gebiete zu erhalten. Wenn sich Chiefs nicht kooperativ zeigten, wurden Lebensmittelrationen einfach zurückgehalten, bis diese einlenkten. Dadurch hatte die Regierung die Menschen im Würgegriff und konnte sie in die Abhängigkeit treiben.[310]

Die Vorfahren der heutigen First Nations Pikangikum und Poplar Hill im Nordwesten Ontarios unterzeichneten 1876 eine Adhäsion, also einen Beitrittsvertrag, des Treaty Nummer 5. Diejenigen ihrer Nachbarn der First Nations Sandy Lake, Deer Lake, North Spirit Lake, Keewaywin und Koocheching schlossen sich denselben Vertragsbestimmungen 1910 an. Die Vorfahren der anderen First Nations, wie unter anderem Mishkeegogamang, Eabametoong, Fort Albany, KI oder Fort Severn, im Norden Ontarios sind Partner des Treaty Nummer 9 von 1905/06 oder dessen Adhäsion von 1929/30. Diese Abkommen weichen in einigen Punkten voneinander ab. Die Nachkommen des Treaty Nummer 5 erhalten zum Beispiel jährlich fünf Dollar ausbezahlt, jene des Treaty Nummer 9 lediglich vier. Auch wurde ersteres Abkommen ausschließlich von der Regierung in Ottawa unterzeichnet, während beim anderen die Provinz Ontario als weiterer Vertragspartner zugegen war. Trotz dieser Unterschiede weisen diese beiden Verträge sowie ihr Zustandekommen eine ähnliche Grundstruktur auf.[311] Daher wird im Folgenden der Fokus auf den Treaty Nummer 9 von 1905/06 gelegt, der auch als James Bay Treaty bekannt ist.

Zunächst kann festgehalten werden, dass die indigenen Menschen die Krone um Unterstützung und Schutz baten, und zwar in einigen Fällen bereits Jahrzehnte bevor die Vertragskommissare auf ihrem Land auftauchten.[312] Sie hatten Kenntnis davon, dass die weiter südlich lebenden benachbarten Nationen Verträge abgeschlossen hatten, die ihnen Vorteile, etwa in Form von jährlichen Zahlungen und Proviantlieferungen, verschafften. Die schwierige Situation des Pelzhandels, Nahrungsmittelknappheit und die getrübten Beziehungen zur HBC machten es nötig, nach Allianzmöglichkeiten Ausschau zu halten. Zu Beginn des 20. Jahrhunderts war auch den beiden Regierungen von Kanada und der Provinz Ontario daran gelegen, bald mit den nördlich lebenden Indianern einen Treaty zu unterzeichnen. Denn die Bundesbehörden planten eine neue transkontinentale Eisenbahnlinie und die Provinzregierung befasste sich mit der Planung einer Bahnstrecke nach Nordosten an die James Bay. Beide Projekte tangierten indianisches, noch nicht abgetretenes Gebiet.[313] Zudem hatten sich um 1900 technologische Innovationen bewährt, wie etwa die Wasserturbine, der Generator und ein Verteilersystem. Damit ließ sich aus fließendem Wasser Strom erzeugen und über Hunderte Kilometer transportieren. Diese Entwicklungen waren entscheidend für das industrielle Wachstum Kanadas. Denn genau wie Quebec besaß auch die Provinz Ontario praktisch keine Kohlenvorkommen. Dafür existierte aber im Norden Richtung Hudson und James Bay ein riesiges Flussnetz, das genutzt werden konnte.[314] Schließlich versprach man sich in diesem Gebiet auch allerlei Bodenschätze. 1903 war beim Eisenbahnbau in der Nähe von New Liskeard, das etwa in der Mitte der Luftlinie zwischen Toronto und der unteren James Bay liegt, Silber entdeckt worden. Die Ortschaft war schon ein Jahr später mit der Bahn erreichbar und zog sofort einen regelrechten Strom von Minen- und Bauarbeitern oder Holzfällern an, die sich mit ihren Familien niederließen. Die Invasion des nördlichen Ontario hatte begonnen. Der spätere Treaty-Unterhändler Duncan Campell Scott versprach sich dadurch eine rosige Zukunft: »Dieses Gebiet enthält viel Ackerland, viele Millionen Fuß Holz, unermesslichen Reichtum an Mineralien und ungenutzte Wasserkraft, die ausreichen, um die Arbeit auf dem halben Kontinent zu verrichten.«[315] Doch noch war dieses Land, das die Aufmerksamkeit von Spekulanten und Bauunternehmern auf sich zog, traditionelles Jagdgebiet der Cree und Ojibwe.

Im beginnenden 20. Jahrhundert beobachteten die Indianer an der Hudson und James Bay, dass Geologen das Land auf Bodenschätze untersuchten. Zuerst konnten sie das Geschehen nicht richtig einordnen. Denn diese weißen Männer waren weder Pelzhändler noch Missionare. Der Cree-Historiker Louis Bird erklärte mir: »Unsere Vorfahren hatten sogar einen Spitznamen für diese sonderbaren Weißen. Sie nannten sie ›Steinfresser‹ und glaubten, dort wo sie herkamen, würde man Steine zermalmen und dann essen. Unsere Leute haben die Goldsucher nämlich schon vor dem Treaty in der Gegend gesehen. Sie waren jung oder mittleren Alters, schlichen überall auf dem Land herum und überprüften das Gestein, das sie ausgruben. Daher dachten unsere Leute: ›Steine? Ach so, die essen Steine!‹«[316] Louis musste herzhaft lachen, als er mir dies erzählte. Doch dann wurde er wieder ernst und fuhr fort: »In York Factory kamen in den 1880er-Jahren regelmäßig Indigene aus Ontario, Manitoba und Saskatchewan zusammen. Selbst Inuit waren anwesend und halfen den Pelzhändlern zum Beispiel dabei, die Schiffe zu entladen.«[317] Dieser Handelsposten an der Hudson Bay war folglich auch eine Nachrichtenbörse, wo die Indianer allerlei Neuigkeiten aus verschiedenen Regionen austauschten und sich über das Weltgeschehen informierten. »Von den Inuit hörten wir, dass die Weißen aus Übersee viele Wale getötet hatten. Die Plains-Cree kamen vom Westen hierher und erzählten von den Amerikanern, die die Indianer dort töteten. Sie berichteten von den Lakota und Dakota, die sie von ihrem Land vertrieben hatten und die in Saskatchewan Zuflucht fanden. Unsere Vorfahren wussten nun, was der weiße Mann wirklich im Schilde führte.« Die Cree und Ojibwe waren also bestens informiert über die blutigen Massaker, die sich im 19. Jahrhundert in den USA abspielten, und hielten eine Ratsversammlung: »Wir sehen, was im Süden passierte. Denkt ihr, wir können Widerstand leisten? Sie werden uns genau gleich behandeln. Sie werden uns ausrotten, wenn wir sie bekämpfen! Warum sagen wir nicht einfach, dass wir das Land gemeinsam nutzen wollen?« Louis hielt kurz inne und fügt dann an: »Daher wollten die Vorfahren einen Treaty. Sie sagten: ›Lasst uns dieses Land friedlich nutzen. Lasst uns das Land und die Ressourcen friedlich teilen.‹«[318]

Diese friedfertige Einstellung kam den Regierungen der Provinz und des Bundesstaats entgegen, auch wenn diese nichts teilen wollten. Denn sie beabsichtigten durch gezielte Umsetzung des Indian Acts die Indianer sowieso früher oder später verschwinden zu lassen. Bis dahin wollte man sie mit Zugeständnissen beschwichtigen und sich zunächst ihr Land aneignen. Im Juni 1905 ernannte die kanadische Regierung Duncan Campell Scott und Samuel Stuart als Vertragskommissare. Ontario bestimmte den Minenexperten Daniel George MacMartin. Diese drei Männer erhielten als Treaty-Kommissare den Auftrag, in den kommenden beiden Sommermonaten den Albany River flussabwärts zu fahren und bei verschiedenen Handelsposten mit den Indigenen den James Bay Treaty, wie der nationale Vertrag Nummer 9 auch genannt wird, abzuschließen. Im nächsten Sommer sollten sie noch die Posten weiter südlich besuchen, um dort ebenfalls Unterschriften der Chiefs einzuholen. Dabei besaß keiner dieser Kommissare Erfahrungen mit solchen Abkommen. Auch hatten die Juristen, die dieses Dokument verfassten, nicht vorgesehen, den Vertragstext auf Ojibwe und Cree zu übersetzen. Man ging davon aus, dass vor Ort jeweils ein Angestellter der HBC als Dolmetscher herangezogen werden konnte.[319]

Der von Scott, Stuart und MacMartin angeführten Treaty-Delegation gehörten ein Arzt, ein HBC-Offizier, der sich um die ganze Logistik kümmerte, und zwei uniformierte Beamte der kanadischen Polizei an. Sie wurde von einer Crew von über einem Dutzend Métis und Indianern begleitet, die sie aufgrund ihrer Erfahrung sicher in den Kanus durch heikle Stromschnellen navigierten. Auch wussten diese genau, wo man den Fluss verlassen musste, um die gefährlichsten Stellen am Ufer zu umgehen.[320] Am 11. Juli 1905 erreichte die Delegation den HBC-Posten Osnaburgh, das heutige Mishkeegogamang. Die meisten Ojibwe, die dort handelten, waren versammelt, da ihnen die bevorstehende Vertragschließung bereits durch Missionare und HBC-Händler mitgeteilt worden war. Die Abgeordneten ließen ihre Zelte aufstellen und hissten den Union Jack. Danach baten sie die Ojibwe, ein paar Männer als Repräsentanten auszuwählen, denen man den Vertrag erklären würde. Wenig später traten neun Ojibwe vor und ein vor Ort beigezogener Übersetzer erläuterte ihnen den Text des Treaty. Danach konnten sie Fragen stellen. Die einzelnen Paragrafen waren jedoch auf Befehl Ottawas nicht verhandelbar. Die Hauptaufgabe der Kommissare bestand lediglich darin, die Unterschriften einzuholen und dann die Reise zum nächsten Handelsposten fortzusetzen.[321]

Der blinde Chief Missabay wollte genau wissen, was die Konsequenzen des Vertrags waren, und fragte, ob man nach der Unterzeichnung gezwungen sei, in einem Reservat zu leben. Zudem interessierte ihn, ob man wie gewohnt überall jagen und fischen könne. Die Kommissare antworteten ihm, nichts würde sich ändern. Das Reservat sei lediglich ein Landstück, das nur für die Indianer vorgesehen sei. Kein Weißer hätte darin etwas zu suchen. Auch versprach man ihm, dass jeder nach wie vor auf seinem traditionellen Gebiet leben könne. Die Ojibwe berieten sich danach und ließen ausrichten, sie bräuchten bis zum nächsten Tag Bedenkzeit. Dies wurde ihnen gewährt und die Sitzung unterbrochen.[322] Eine gewisse Skepsis den Weißen gegenüber war also da. Doch ihre nächsten Nachbarn im Westen, die Ojibwe von Lac Seul, hatten bereits 1873 den Treaty Nummer 3 unterzeichnet. Sie hatten bislang davon profitiert, da sie neben den jährlichen Zahlungen auch Werkzeuge für Ackerbau und Schreinerarbeiten sowie Getreide und Kartoffeln zum Anpflanzen erhielten. So konnten sie zu Beginn der warmen Jahreszeit im Reservat ihre Felder bestellen und trotzdem während der übrigen Monate ihre traditionelle Lebensweise auf dem Land fortführen. Seither ging es ihnen recht gut. Dann war noch dieser König, der sich wünschte, dass alle glücklich und wohlhabend werden, der ihnen jährlich Geld geben wollte und ihnen versprach, sie auf einem ausgewählten Stück Land zu beschützen. Was konnte daran bloß schlecht sein? Durch den Vertrag verhinderte man auch, dass es einst zu brutaler Gewalt gegen sie käme, wie dies ihre Brüder und Schwestern in den USA erfahren hatten. Schließlich konnten sie weiterhin überall fischen, jagen, trappen und hätten jemand, der ihnen in schlechten Zeiten beistand. Einzig das Land musste man mit diesen Weißen zeitweise teilen und einen Ansprechpartner für sie auswählen. Doch dafür erhielt man auch etwas zurück und hatte einen starken Bündnispartner. Nein, eigentlich gab es keine Gründe, den Treaty abzulehnen.[323]

Am nächsten Morgen, es war der 12. Juli 1905, traten Chief Missabay und acht weitere Ojibwe vor die Kommissare und erklärten sich bereit, das Abkommen mit Seiner Majestät abzuschließen. Sie nannten ihre Namen, die auf das Treaty-Pergament übertragen wurden, und setzten dann jeweils ein X daneben. Gleich danach wurden allen anwesenden Indianern als Geschenk acht Dollar ausbezahlt und darauf hingewiesen, dass sie fortan jedes Jahr vier Dollar erhielten. Im Anschluss mussten die Ojibwe einen Chief und zwei Councillors, also Gemeinderäte, wählen. Sie machten ihren bisherigen Anführer Missabay zum Chief. John Skunk und George Wawaashkung wurden Councillors. Die Kommissare überreichten dem frisch gewählten Chief eine britische Flagge und dieser hielt eine Dankesrede. Der Tag endete mit Feierlichkeiten und alle wurden von den Kommissaren zu einem Festmahl eingeladen. Tags darauf erklärten die Ojibwe, welches Landstück sie als Reservat haben wollten.[324] Danach verabschiedete sich die Treaty-Delegation und reiste auf dem Albany River flussabwärts zu den Ojibwe in Fort Hope, dem heutigen Eabametoong, weiter. Dort spielte sich das Prozedere ähnlich ab, wie in der Folge auch bei den Ojibwe in Marten Falls und den Cree in Fort Albany, Moose Factory und New Post, dem heutigen Taykwa Tagamou.

An dieser Stelle drängen sich wichtige Fragen auf. Wussten die Cree und Ojibwe tatsächlich, was genau auf dem Pergament stand, das sie unterzeichneten? Denn die Kommissare konnten keine indigene Sprache. Sie mussten daher jeweils vor Ort einen Dolmetscher einsetzen. Doch hatte dieser überhaupt genügend Fachkenntnisse, um den Text adäquat zu übersetzen? Oder gab es juristische Begriffe und allgemeine Prinzipien, die aufgrund kultureller Unterschiede gar nicht problemlos erklärt werden konnten? Viele Ojibwe und Cree konnten zwar die Silbenschrift lesen, aber sie verstanden weder Englisch, noch waren sie mit dem lateinischen Alphabet vertraut. Sie konnten daher nicht überprüfen, ob die Versprechungen, die ihnen gemacht wurden, tatsächlich mit dem bereits festgelegten und unabänderbaren Text des Treaty übereinstimmten. Wie muss dieser Vertrag folglich als historische Quelle und als juristisches Dokument betrachtet werden? Gilt einzig die schriftliche Version oder müsste nicht auch die mündliche Form des Vertrags berücksichtigt werden? Und welche Konsequenzen ergeben sich daraus, wenn man davon ausgeht, dass es letztlich keinen eindeutigen James Bay Treaty gibt, sondern es sich eigentlich um zwei unterschiedliche Verträge handelt, nämlich einen schriftlichen und einen mündlichen?[325]

Für die Regierungen Kanadas und Ontarios war klar, dass einzig der auf Pergament festgehaltene Text rechtsgültig war, den die Indianer unterzeichnet hatten. Damit hatten Letztere auch ihr Land und alle damit verbundenen Rechte abgetreten. Im fünften Abschnitt des Treaty ist zu lesen: »Die genannten Kommissare haben einen Vertrag mit den Ojibeway, Cree und anderen Indianern, die den nachstehend definierten und beschriebenen Bezirk bewohnen, ausgehandelt, der von den jeweiligen Gruppen an nachstehend genannten Daten vereinbart und abgeschlossen wurde. Die genannten Indianer überlassen durch Abtretung, Kapitulation und Übergabe der Regierung des kanadischen Dominions zu Händen Seiner Majestät, dem König, und seiner Nachfolger für immer alle ihre Rechte und Privilegien auf die Länder, die innerhalb folgender Grenzen liegen.«[326] Dann folgt die geografische Bestimmung des 90 000 Quadratmeilen großen Territoriums im nördlichen Ontario, das im Westen zur James Bay führend an Quebec grenzt und dessen vorläufige Obergrenze der Albany River bildete. Weiter hält der Vertrag fest, dass die Indianer zwar nach wie vor trappen, jagen und fischen dürfen, doch die Regierung behalte sich vor, mit Berufung auf die Autorität des Königs, gewisse Gebiete von Zeit zu Zeit für die Besiedelung, Minenabbau, Holzwirtschaft, Handelsgeschäfte und andere Zwecke zu benutzen. Die Größe der Reservate wurde mit einer Quadratmeile pro fünfköpfige Familie berechnet. Obschon diese den Indianern allein gehören sollten, dürfe die Regierung dort aber im Namen des Königs Straßen, Eisenbahnlinien oder Gebäude errichten. Dafür sollten die Indianer jedoch Kompensationen erhalten. Ferner wird erwähnt, dass der Chief nach der Unterzeichnung sowohl eine Flagge als auch eine Kopie des Vertrags erhält. Zudem würde den Indianern ab nun für immer vier Dollar einmal jährlich ausbezahlt. Schließlich sorge die Regierung auch dafür, Schulen zu bauen, Lehrmittel zur Verfügung zu stellen und Lehrerlöhne zu entrichten. Für all diese Leistungen müssten die Indianer »versprechen und sich hiermit feierlich verpflichten, diesen Vertrag strikt einzuhalten und sich auch als gute und loyale Untertanen Seiner Majestät, des Königs, zu verhalten«.[327]

Für einen Deutschsprachigen mit guten Englischkenntnissen, aber ohne Dolmetscherausbildung dürfte es eine Herausforderung darstellen, den Wortlaut des James Bay Treaty exakt auf Deutsch wiederzugeben. Es ist daher schwer vorstellbar, dass der Vertrag von einem mehr oder weniger guten, jedoch letztlich unausgebildeten Dolmetscher adäquat in die Sprachen der Ojibwe und Cree, die linguistisch nicht mit Englisch verwandt waren, übertragen werden konnte. Sowohl juristische Begriffe wie etwa die britische Vorstellung von ›Recht‹ als auch ökonomische Definitionen wie ›Landbesitz‹ waren schlichtweg fremde Konzepte für die Indianer und in ihren polysynthetischen und direkt aufs Land bezogenen Sprachen nicht existent. Sie kannten zwar ein eigenes Rechtssystem, aber keine geschriebenen Gesetze. Dasjenige Ojibwe-Wort, das am nächsten an den euro-kanadischen Rechtsbegriff herankommt, lautet ›Onaakonigewin‹. Es bedeutet jedoch ›Plan‹ oder ›Entscheidung‹. Die meisten indigenen Gesetze waren durch Werte hinsichtlich des Teilens, der Zusammenarbeit und andere kulturelle Verhaltensweisen definiert, die das Überleben und Wohlbefinden der Gemeinschaft sicherten. Dabei handelte es sich letztlich um die ›Gesetze des Landes‹.[328]

Indianische Gruppen kamen beispielsweise im Frühjahr und im Herbst zusammen, um Entscheidungen über Jagdgebiete oder die Fischerei zu treffen.[329] Sowohl die Grenzen eines von einer Familie beanspruchten Territoriums als auch die entsprechenden Vereinbarungen waren flexibel und passten sich den auf dem Land durch unterschiedliche Witterungen, Waldbrände oder Hochwasser verursachten Veränderungen an. Von den Euro-Kanadiern definierte Grenzziehungen, wie etwa jene der Provinzen Ontario und Manitoba, waren im indianischen Verständnis nicht nachvollziehbar und wirkten absurd. Völlig unmöglich für die Cree und Ojibwe war es jedoch zu verstehen, was Landbesitz bedeutet. Denn das Land war wie das Wasser, die Luft und die Wälder, etwas, das alle zum Leben brauchten und daher mit allen geteilt wurde. Der ehemalige NAN-Grand Chief Wally McKay stellte diesbezüglich relevante Fragen: »Wie kann es sein, dass ein Siedler hereinkommt und seine Version von Land, das man kaufen und verkaufen und mit dem man allerhand Sachen machen kann, für allein gültig erklärt? Warum sollte die indigene Weltanschauung der First Nations, gemäß der man Land nicht besitzen kann, nicht auch gelten? Man kann das Land nicht kaufen oder verkaufen. Wir kennen nur eine kollektive Inhaberschaft des ganzen Clan-Lands. Was immer man kauft, kann man mit sich nehmen. Doch wie kann man Land mitnehmen?«[330] Da die Cree und Ojibwe stets zwischen ihren einzelnen Jagdgebieten hin- und herzogen, konnte man letztlich auch nur etwas besitzen, das man transportieren konnte: ein Gewehr, einen Hundeschlitten oder die Kleider, die man trug. Land konnte nicht im Sinne der westlichen Vorstellung besessen werden und folglich war es auch nicht möglich, es abzutreten oder zu verkaufen. Die Indianer konnten es lediglich, so wie sie dies auch untereinander taten, mit den Neuankömmlingen zur gemeinsamen Nutzung teilen.

Der kanadische Historiker John Long, der sich eingehend mit dem James Bay Treaty auseinandersetzte, kam zum Schluss, dass sich die Cree und Ojibwe beim Abschluss des Abkommens auf die seit Beginn des Pelzhandels etablierten Rituale mit den Europäern bezogen, die die Fortsetzung der Koexistenz in einer gemeinsamen Kontaktzone bekräftigten. Zudem gebe es keine historischen Beweise, die belegen könnten, dass sich die Indianer bewusst waren, 99 Prozent ihres Territoriums aufzugeben und stattdessen mit ein paar winzigen Reservaten vorliebzunehmen. Sie hätten weder ihr Land noch ihre indigenen Rechte veräußert und abgetreten, sondern lediglich, wie aus der Zeit des Pelzhandels gewohnt, Geschenke angenommen. Dadurch sei in ihrem Verständnis das Bündnis für eine gemeinsame Zukunft, von der beide Seiten voneinander profitieren konnten, besiegelt worden.[331]

Obschon die Elders immer darauf verwiesen, dass während der Vertragsabschließung Versprechungen gemacht wurden, die, wie sich später herausstellte, nichts mit den schriftlichen Festlegungen gemein hatten, wurde dies weder in der Forschung noch in der Politik ernsthaft zur Kenntnis genommen. Als relevant galten, neben dem originalen Pergament, einzig die schriftlichen Berichte der beiden kanadischen Treaty-Kommissare Duncan Campbell Scott und Samuel Stewart. Diese Dokumente konnten im Nationalarchiv eingesehen werden. Das Reisejournal des von der Provinz Ontario entsandten Delegationsmitglieds Daniel G. MacMartin blieb jedoch außer Acht. Es war erst 1968 durch

Schenkung ins Archiv der Queen's University in Kingston gelangt. Bis zu seiner Wiederentdeckung durch Forscher sollten jedoch nochmals fast 30 Jahre vergehen.[332] Als aus indianischer Sicht absoluter Glücksfall stellte sich heraus, dass durch MacMartins Aufzeichnungen die wichtigsten mündlichen Überlieferungen der Elders nun auch schriftlich belegt werden konnten. Beispielsweise hielt der Kommissar fest, man habe den Indianern erklärt, das Reservat sei einfach ein Ort, der von keinem Weißen ohne Erlaubnis betreten werden dürfe. Sie müssten aber nicht darin leben, sondern könnten sich weiterhin überall auf dem Land aufhalten und traditionell jagen und fischen, wo immer sie wollten. Es gebe für sie keine territorialen Einschränkungen.[333] Das Journal zeigte zudem, dass die Ojibwe und Cree genau wissen wollten, was sie unterzeichneten. Erst als sie aufgrund der Erklärungen annahmen, dass es für sie keine Restriktionen hinsichtlich Landnutzung gab, willigten sie in den Vertrag ein. Denn das Land war die Quintessenz ihrer gesamten kulturellen Identität. Es aufzugeben, lag jenseits jeder Imagination. Der Historiker John Long zeigte sich nach der Lektüre des Dokuments sichtlich betroffen: »Bis ich das Journal von MacMartin gelesen hatte, ging ich naiv davon aus, dass der Vertrag Nummer 9 vollständig erklärt wurde; ich dachte nicht, dass eine derartige Täuschung in meinem Geburtsland passieren könnte.«[334]

Der James Bay Treaty existiert also in zwei unterschiedlichen Versionen: in einer euro-kanadischen, schriftlichen Fassung und in einer indianischen, mündlich überlieferten Tradition. Die Cree und Ojibwe konnten nur dem zustimmen, was sie gehört haben. Dies waren Zusagen, die ihnen die Treaty-Kommission in Aussicht stellte. Das Cree-Wort für Vertrag lautet ›Shatamakaywina‹ und wird mit ›Versprechungen‹ übersetzt.[335] Wie bereits erwähnt, hatten die Kommissare keinerlei Befugnisse, den vorgefertigten Vertrag abzuändern. Wenn sie den Indianern genau erklärt hätten, welche Konsequenzen dieses Rechtsdokument letztlich für sie hatte, wären sie Gefahr gelaufen, dass diese nicht eingewilligt hätten. Daher wurden meines Erachtens bei den Erklärungen die positiven Aspekte in Form von Zugeständnissen besonders hervorgehoben und die Einschränkungen wie auch ›Zivilisierungsabsichten‹, wie sie im Indian Act von 1876 konzipiert waren, nicht oder für die indianische Seite nur unverständlich ausgeführt.

Man muss sich auch vor Augen führen, dass die Kommissare die indianische Lebensweise und Kultur grundsätzlich als ›primitiv‹ einstuften. Besonders Duncan Campbell Scott, der ab 1913 fast zwanzig Jahre das Amt für Indianerangelegenheiten leitete, wollte die Indigenen, die er nur als Hindernisse für den Fortschritt Kanadas betrachtete, in der weißen Gesellschaft verschwinden sehen. Für ihn war es keine Frage, dass sie ihr nomadisches Leben aufgeben und von Missionaren und Staatsbeamten ›zivilisiert‹ und zu Farmern ausgebildet werden mussten. Er selbst drückte es folgendermaßen aus: »Die glücklichste Zukunft für die indianische Rasse ist ihre Absorbierung in der Gesamtbevölkerung und das ist das Ziel der Politik unserer Regierung. Die wirkungsvollsten Mittel dafür sind Mischehen und Bildung. Sie werden schließlich die verbliebenen Spuren indianischer Bräuche und Traditionen verwischen.«[336] In seinen Texten über Indianer beschrieb er sie regelmäßig mit den Adjektiven ›barbarisch‹, ›wild‹, ›hoffnungslos‹, ›hinterhältig‹, ›abergläubisch‹ und ›brutal‹.[337] Auch erachtete er sie als ›aussterbende Rasse‹, die man in der weißen Dominanzgesellschaft einfach ›wegzüchten‹ konnte. Warum sollte einem Mann mit einer solchen Einstellung überhaupt daran gelegen sein, den Cree und Ojibwe fair gegenüberzutreten? Und wen würde es später, nachdem sie das Pergament unterzeichnet hatten, noch interessieren, was man ihnen mündlich zugesichert hatte? Maßgebend für ihn war einzig der schriftliche Text. Alles andere war minderwertig und daher irrelevant. Doch darin sollte er sich letztlich täuschen. Auch hatte er die Kraft der mündlichen Überlieferung der Indianer unterschätzt. Denn diese verbreitete sich im ganzen nördlichen Ontario und bestimmt noch immer die Art und Weise, wie die Cree und Ojibwe den James Bay Treaty tatsächlich betrachten.

Die damaligen indianischen Vertragsunterzeichner versprachen sich vom James Bay Treaty wirtschaftlichen Aufschwung, Wohlstand, Unterstützung in schweren Zeiten und Schutz vor der Übermacht der Siedler. Auch durften sie aufgrund der mündlichen Erklärungen der Kommissare annehmen, dass sich die Regierungen Kanadas und Ontarios der dauerhaften und untrennbaren Verbundenheit der Indigenen mit ihrem Land bewusst waren. Sie hatten ihnen mitgeteilt, dass die Jagd und das Trappen im hohen Norden aufgrund der klimatischen Voraussetzungen besser geeignet sei, um ihre Grundversorgung zu sichern, als die Umstellung auf Landwirtschaft. Die Cree und Ojibwe konnten also ihre kulturelle Lebensweise auch in Zukunft fortsetzen und ihre Identität als eigenständige Nation bewahren. Denn schließlich hatte man ihnen zugesichert, dass dieser Vertrag so lange gültig bleibt, wie die Sonne scheint, Flüsse fließen und das Gras wächst.[338]

Doch Politiker und Behörden verfolgten eine andere Agenda. Schon bald führte die Provinz Ontario verschiedene Gesetze ein, die den Cree und Ojibwe das Leben massiv erschwerten. Bereits im Sommer 1905, also unmittelbar nach der Unterzeichnung, kontrollierten Polizisten und Wildhüter entlang der Eisenbahnlinie der Canadian Pacific Railway einige Handelsposten und beschlagnahmten Biber- und Otterpelze, die die Indianer angeblich in Gebieten getrappt hatten, in denen das Fallenstellen nach neuen Richtlinien untersagt war. Auch wurde es den Indianern künftig verboten, vom Land erworbene Nahrung an die kanadischen Pelzhändler zu verkaufen. 1925 richtete Ontario das Chapleau Game Reserve, also ein Wildschutzgebiet, ein, in dem die Jagd untersagt war. Dadurch brachten sie die dortigen Indianer um über 15 500 Quadratkilometer traditionelles Land.[339] Acht Jahre zuvor hatte Kanada zudem mit dem *Migratory Birds Convention Act* ein Gesetz in Kraft gesetzt, das die Zugvögel schützen sollte. Es verbot den Cree und Ojibwe, ohne behördliche Bewilligung die für sie wichtigen Gänse und andere Zugvögel zu jagen. Bald darauf zogen die ersten Minengesellschaften nach Norden und es folgten weitere Gesetze, die die Fischerei und die Holzwirtschaft regulierten. All diese Neuerungen auf dem traditionellen Land brachten der indigenen Bevölkerung zahlreiche Nachteile. Das aufgezwungene fremde Recht, das plötzlich auf dem Land galt und mit Polizeigewalt durchgesetzt wurde, war dazu konzipiert, die indianische Lebensweise auszulöschen. Der James Bay Treaty hatte sich als Trojanisches Pferd entpuppt, aus dem sich der Indian Act zunächst unbemerkt herausschlich und die indianische Gesellschaft immer stärker bedrängte.[340]

Mit den schriftlich und mündlich zugesicherten Verpflichtungen ließ sich die kanadische Regierung jedoch Zeit. Eine Kopie des Treaty wurde ihnen nicht unmittelbar nach der Unterzeichnung zugestellt, obwohl dies vertraglich festgehalten war. An vielen Orten wurden die Reservate erst Jahrzehnte später zugeteilt, weil man sichergehen wollte, dass diese nicht auf rohstoffreichem Gebiet zu liegen kamen und auch nicht für Wasserkraftprojekte genutzt werden konnten. Die Indianer sollten zwar die versprochenen Rückzugsgebiete erhalten, aber auf volkswirtschaftlich uninteressantem Territorium. Bis heute warten immer noch einige Ojibwe und Cree First Nations, wie Koocheching oder Hornepayne, auf ein eigenes Reservat. Auch hielten sich die Behörden in vielen Fällen nicht an die Abmachungen hinsichtlich der Größe. Oftmals waren die Reservate viel kleiner als im Treaty vorgesehen. Die Berechnungsgrundlage von einer Quadratmeile pro fünfköpfige Familie wurde oftmals vom Bevölkerungsstand zur Zeit der Vertragsunterzeichnung abgeleitet. Wenn eine First Nation jedoch Zuwachs erhielt, wurde dies nicht berücksichtigt.[341] Obschon sich die indigene Bevölkerung seit 1905 um ein Vielfaches vergrößert hat, wurde die Gesamtfläche der Reservate nicht angepasst.

Die Versprechungen, die man den Cree und Ojibwe hinsichtlich Häusern gemacht hatte, sollten sich ebenfalls nicht erfüllen, wie sich Edmund Metatawabin aus Fort Albany erinnerte: »Als die Kommissare hier auf dem Old Post waren, um über den Treaty zu sprechen, zeigten sie auf das Haus des Managers der Hudson's Bay Company. Sie sagten uns: ›Wenn ihr den Treaty unterzeichnet, dann werdet ihr ein solches Haus erhalten.‹« Dann reichte mir Edmund ein Schwarz-Weiß-Foto vom Old Post und fuhr fort: »Du siehst, das Haus des Managers hat ein Erdgeschoss, das etwa 30 auf 40 misst. Dann gibt es ein Obergeschoss und auch ein Heizsystem. Es sieht wie ein komfortables Haus aus, in dem Kinder spielen und schlafen können. Das war eines der Versprechen, die man uns machte. Natürlich haben wir so etwas nie erhalten.«[342] Die einfachen, einstöckigen, barackenähnlichen und schlecht isolierten Wohnhäuser in den heutigen Reservaten haben tatsächlich nicht viel gemeinsam mit dem stattlichen Gebäude, in dem der HBC-Manager lebte. Außerdem sind sie praktisch alle überbelegt, da der Staat auch nicht mit seinem Versprechen, genügend Wohnraum zur Verfügung zu stellen, nachkommt.

Am härtesten traf die Indianer jedoch, dass die zugesicherten Schulen nicht in den Reservaten errichtet, sondern als weit entfernte Internate zu einem Hauptinstrumentarium des kulturellen Völkermords wurden. Die wiederholten Versprechungen der Kommissare, die Jagd und Fischerei könne wie gewohnt fortgesetzt werden, hatten nämlich impliziert, dass die indianischen Kinder weiterhin traditionell von ihren Elders ausgebildet werden konnten. Von Schulen und Lehrern erhofften sich die Cree und Ojibwe, dass der zusätzliche Unterricht im Reservat stattfinden würde und ihre Kinder dabei ergänzend zu ihrer indigenen Ausbildung noch Englisch lernten. Die Zweisprachigkeit war schließlich für das weitere Zusammenleben notwendig. Nie wären die Indianer davon ausgegangen, dass genau diese Institutionen versuchten, ihre eigene Sprache und Kultur auszulöschen. Als sie nämlich um Lehrpersonal für ihre Kinder baten, ging es ihnen lediglich darum, ihre eigene kulturelle Identität zu erweitern, aber keinesfalls durch die euro-kanadische ersetzen zu lassen.[343]

1954 erhielten alle Nachkommen der Cree und Ojibwe, die den James Bay Treaty unterzeichnet hatten, das Wahlrecht der Provinz Ontario und sechs Jahre später jenes von Kanada. Damit wurden sie zwar erstmals politisch als gleichberechtigt anerkannt, aber waren nun als Staatsbürger Teil eines Systems, das sie jahrzehntelang unterdrückt hatte und immer stärker auf Kosten ihrer eigenen Identität integrieren wollte. Es ist daher nachvollziehbar, wenn viele Indigene betreffend ihrer Staatsangehörigkeit gemischte Gefühle äußern, wie mir gegenüber etwa der ehemalige Grand Chief Stan Beardy zu verstehen gab: »Als wir mit den Kanadiern die Treaties unterzeichneten, geschah dies innerhalb eines internationalen Rechtsverständnisses zwischen zwei souveränen Nationen. Wenn man mit jemandem einen Vertrag schließt, bedeutet dies noch lange nicht, dass man plötzlich Bürger dessen Staats ist. Ich weiß nicht, ob ich ein kanadischer Staatsbürger bin. Denn Kanada kam später. Ich glaube auch nicht, dass wir uns durch irgendein Abkommen damit einverstanden erklärt haben, die Staatsbürgerschaft anzunehmen. Soweit ich weiß, unterzeichneten wir den Vertrag im Sinne einer friedlichen Koexistenz. Aus diesem Grund hat der Treaty eine Bedeutung. Solche Staatsverträge werden auf der ganzen Welt zwischen souveränen Nationen gemacht. Wenn man souverän ist, bedeutet dies, dass man seine eigene Nationalität hat. Dies beinhaltet beispielsweise die Zugehörigkeit zu einer Kultur und einem Land mit Prinzipien, Werten und einer Philosophie. Wenn nun jemand zu uns kommt und sagt: ›Hey, ihr seid auch Kanadier, feiert mit uns!‹ Dann muss ich antworten: ›Für uns gibt es nichts zu feiern.‹ In kanadischen Geschichtsbüchern werden lediglich die Franzosen und Engländer als Gründerväter genannt, aber wir waren die ganze Zeit hier! Wir waren diejenigen, die Kanada errichteten. Wir haben alle Pelze geliefert und die ganze harte Arbeit verrichtet. Alles, was in Kanada geschah, basierte auf unserem Wissen über das Land, die Flusssysteme und so weiter. Aber dafür erhielten wir nie eine

Anerkennung. Stattdessen wurden wir nicht einmal als echte Menschen betrachtet.«[344] Für viele kanadische Indianer ist daher klar: »Wir wurden nicht in Kanada geboren, sondern Kanada wurde auf unserem Land geboren.«

An Stans Aussage wird deutlich, weshalb der Treaty für die Cree und Ojibwe derart wichtig ist, auch wenn die schriftliche Version letztlich zu ihrem Nachteil ausgelegt wurde. Denn für sie handelt es sich dabei um ein bilaterales Abkommen, das zwei souveräne Nationen miteinander geschlossen hatten. Weil auch noch in den Jahrzehnten nach der Gründung der kanadischen Konföderation von 1867 die britische Krone mit den Indianern Treaties unterzeichnete, steht für Letztere fest, dass dadurch ihre Souveränität und ihre Landtitel verfassungsmäßig anerkannt worden waren. Bestätigt sehen sie dies auch darin, dass die bestehenden indigenen Rechte und die Verträge mit dem kanadischen Constitution Act von 1982 erneut bekräftigt wurden. Es geht ihnen folglich nicht um den schriftlichen Vertragstext, sondern um die Geschichte des Treaty. Die Tatsache, dass die Krone bemüht war, mit den Indigenen ein Abkommen zu schließen, beweist für sie, dass sie als eigenständige Nation anerkannt wurden. Auch ist das, was das Pergament symbolisiert, für sie heilig, weil darauf die Zeichen ihrer Ahnen stehen. Diese stimmten nicht dem schriftlichen Text zu, sondern dem, was sie gehört und verstanden hatten. Zudem kann jeder heute lebende Cree oder Ojibwe einen persönlichen Bezug zum Treaty herstellen. Denn er stammt gewiss von einem Ururgroßvater oder Ururgroßonkel ab, der seine Unterschrift oder ein Kreuz aufs Pergament gesetzt hatte. Es besteht folglich eine direkte verwandtschaftliche, aber auch spirituelle Verbundenheit mit den Vertragsunterzeichnern, die für die Gemeinschaft und ihre Kindeskinder das Beste wollten. Im Gegensatz dazu sind die wenigsten Euro-Kanadier mit einem der drei Treaty-Kommissare verwandt und haben folglich keinen derart emotionalen Bezug zu diesem Dokument.

In allen abgelegenen Reservaten, die ich im nördlichen Ontario besucht hatte, unterhielt ich mich eingehend mit den Cree und Ojibwe über den James Bay Treaty oder den Treaty Nummer 5, den unter anderem die Vorfahren von Sandy Lake unterzeichnet hatten. Überall war der Tenor der gleiche: »Erfüllt den Vertrag so, wie ihn unsere Großväter verstanden hatten. Dann lösen sich viele Probleme.« Besonders aufschlussreich war für mich ein ausführliches Gespräch mit Adam Fiddler, einem ehemaligen Chief von Sandy Lake. Ich hatte mich mit ihm in Thunder

Bay zu einem Kaffee getroffen. Nachdem seine Kinder erwachsen waren, hat er noch ein Jurastudium in Angriff genommen und ist inzwischen Anwalt. Deswegen ist er mit dem indigenen sowie mit dem kanadischen Recht bestens vertraut. Über den Treaty hielt er zunächst fest: »In unserem Gebiet gab es großes Potenzial für Gold- und Silberminen. Unseren Vorfahren wurde daher von den Neuankömmlingen gesagt, mit dem Vertrag sei die Basis gelegt, das Land gemeinsam zu teilen. Als Gegenleistung dafür, dass sie Zugang zu unserem Territorium erhielten und daran teilhaben durften, machten sie uns Zugeständnisse. Sie sagten etwa: ›Wir werden eure Kinder so ausbilden, wie wir das mit unseren Kindern machen. Wir geben euch die gleiche Medizin, die auch unsere Leute erhalten, und auch Zugang zum Gesundheitssystem. Zuerst müsst ihr aber das Land verlassen und euch in der Gemeinde ansiedeln. Dann werdet ihr all das, was wir haben, auch erhalten. Im Gegenzug erlaubt ihr uns, das Land mit euch zu teilen und davon zu leben.‹ Das ist unsere Interpretation des Treaty.«[345]

In zahlreichen Gesprächen mit den Indigenen wurde mir gegenüber ständig darauf hingewiesen, dass sie das Land gar nicht besitzen konnten. Doch wie konnten sie ihren Anspruch darauf legitimieren? Adam antwortete mir diesbezüglich: »Du hast recht, wir besitzen das Land nicht. Doch wir wurden vom Schöpfer damit betraut, auf dem Land zu leben, das dortige Leben zu erhalten, unsere Nahrung zu beschaffen, Unterkünfte zu errichten und unsere Kleider herzustellen. Aber niemand besitzt das Land. Denn es war der Schöpfer, der es uns gab, um darauf zu leben. Gleichzeitig haben wir eine heilige Verpflichtung gegenüber dem Schöpfer, dieses Land zu schützen und es für die zukünftigen Generationen zu erhalten. Es geht also um unsere Kinder, unsere Großkinder und all jene, die in der Zukunft leben werden. Das Land gehört nicht uns, sondern der Zukunft, also den zukünftigen Generationen. Ich hatte oft Mühe, dies zu erklären. Denn wenn Neuankömmlinge hören, dass Indigene das Land nicht besitzen, denken sie sich: ›Fein! Das ist großartig! Ich nehme es mir und werde es besitzen.‹ Doch so funktioniert das nicht. Denn da es uns gar nicht gehört, können wir es auch nicht verkaufen. Es ist das gleiche Konzept wie mit einem Trust. Man hält etwas in Verwahrung. Ich habe das erst auf der Law School begriffen. Wir sind also Treuhänder des Lands für die zukünftigen Generationen. Doch wir haben auch unsere Interessen und können vom Land profitieren. Aber verkaufen dürfen wir es nicht.«[346]

Bei diesen Ausführungen ging mir so einiges durch den Kopf. Ich erinnerte mich an ein Gespräch mit dem ehemaligen Grand Chief Wally McKay, der sagte: »Die einzige Form der anerkannten Kapitulation ist, wenn man in einen Krieg zieht, geschlagen wird und dann alles verliert. Doch das ist uns nicht passiert.«[347] Gewiss, Kanada hatte den Indigenen nicht mit kriegerischer Gewalt ihren Grund und Boden entzogen. Doch es hatte es geschafft, ihnen das Land auf eine subtile und eigentlich hinterhältige Art und Weise zu entreißen. Irgendwie machte es mich betroffen, dass ich selbst die riesige Landmasse im Norden Amerikas völlig unbedarft und unreflektiert mit Kanada bezeichnet hatte. Denn das, was auf einer Weltkarte mit ›Kanada‹ beschriftet ist, müsste irgendwie anders benannt werden. Doch Ottawa beansprucht das gesamte Territorium mit all seinen Ressourcen und behält sich vor, als höchste gesetzliche und richterliche Instanz für alle dort lebenden Menschen zu walten. Dabei wurden riesige Gebiete, wie etwa das traditionelle Territorium der Ojibwe und Cree, das zwei Drittel der Provinz Ontario ausmacht, gar nie abgetreten. Wie war es nur möglich, dass Kanada die Perspektive der indigenen Nationen, die seit Jahrtausenden mit dem Land verbunden waren, nicht berücksichtigt und dieses als legitim erworbenes Staatsgebiet erachtet? Ich dachte, es ist zwar gut und wichtig, dass sich der Staat für die Residential Schools entschuldigt hat. Aber müsste er nicht auch eingestehen, dass es aus übergeordneter Sichtweise keinen rechtmäßigen Alleinanspruch auf das Land gibt? Vor was fürchtet sich Kanada? Denn die meisten Indigenen wollen das Land gar nicht als Grundbesitz zurück. Alles, was sie fordern, ist lediglich, eine gleichberechtigte Koexistenz auf demselben Territorium führen zu können, so wie es die mündlich überlieferten Treaties definieren.

Adam Fiddler gab mir nun ein anschauliches Beispiel zur komplexen Situation: »Zunächst hatte mein Urgroßonkel, der als Chief den Treaty Nummer 5 unterzeichnete, gar kein Recht, das Land zu verkaufen oder abzutreten. Denn es gehörte nicht ihm, sondern den zukünftigen Generationen. Und das wusste er. Daher hätte er nie mit klarem Verstand einen Vertrag unterzeichnet und dadurch das Land aufgegeben. Stattdessen gab er sein Einverständnis, dass man bis zu einem gewissen Grad zusammenlebte und dass die Besucher auf dem Land sein durften. Im Gegenzug sollten diese entsprechende Leistungen erbringen. Es ist das gleiche Konzept wie bei einem Hauskauf. Ich habe zwei Möglichkeiten. Es gehört mir, sobald ich die Hypothek abbezahlt habe. Oder ich kann es mieten und werde dann weiterhin dem Besitzer regelmäßig einen Betrag überweisen. Ich kann nicht plötzlich nach zehn Jahren Mietverhältnis zum Besitzer gehen und sagen: ›Ach, das ist Vergangenheit, das ist doch Jahre her. Ich werde nicht mehr bezahlen. Das ist doch ein altes Abkommen. Ich bleibe weiterhin hier wohnen.‹ Das kann man doch nicht sagen! Denn die Vereinbarung ist, dass ich weiterhin Miete bezahle, während der Vermieter die Verantwortung hat, alles instand zu halten. Denn es gehört ihm immer noch.«[348] Adam nahm einen Schluck seines inzwischen kalten Kaffees und ergänzte: »Es gibt viele Kanadier, die die Verträge nicht verstehen. Sie denken, es gehe einfach um Geld, das umsonst an Indianer verteilt wird. Das finden sie nicht gut, obschon sie den Grund gar nicht verstehen. Denn eigentlich ist es eine heilige Verpflichtung. Unsere Leute erachteten die Bemühungen bei den Vertragsverhandlungen als etwas Heiliges, als eine heilige Verpflichtung zwischen zwei Nationen.«[349]

Selbst wenn die Cree und Ojibwe damals wohl noch keine exakten Vorstellungen von einem Mietvertrag hatten, so war ihnen durchaus bewusst, dass sie die jährlichen Zahlungen Kanadas beziehungsweise der Provinz Ontarios nicht grundlos erhielten. Es war ihnen klar, dass diese Mittel an den Vertrag gebunden waren, mit dem sie sich bereit erklärt hatten, ihr traditionelles Land zur gemeinsamen Nutzung zu teilen. Doch was verstanden sie eigentlich unter diesem ›Teilen‹? Als ich Christopher Metatawabin aus Fort Albany darauf ansprach, entgegnete er mir: »Ihr Weißen habt ein anderes Konzept des Teilens. Während ihr darüber sprecht, machen wir es. Ich denke, ihr erwartet, dass ihr etwas bekommt, wenn ihr etwas geteilt habt. Ihr erwartet eine Gegenleistung. Das ist profitorientiert. Wir wollen bloß mit Leuten zusammen sein. Wir teilen, weil wir miteinander Tee trinken wollen.«[350] Die Euro-Kanadier, wie beispielsweise der Treaty-Kommissar Duncan Campbell Scott, waren aber nicht gekommen, um mit den aus ihrer Perspektive ›minderwertigen Indianern‹ einen Umtrunk in geselliger Runde zu genießen. Sie erweckten zwar einen solchen Eindruck und traten freundlich auf, weil sie die Unterschriften der Chiefs brauchten. Aber hinter den schön klingenden Versprechungen und vorgegaukelten guten Absichten stand das unerbittliche koloniale Konzept, die als Hindernisse für den eigenen Fortschritt und Wohlstand betrachteten Cree und Ojibwe endgültig vom Land zu vertreiben.

Da Christopher Metatawabin merkte, dass ich das indianische Prinzip des Teilens auch nach ein paar Tagen Nachdenken immer noch nicht ganz begriffen hatte, ergänzte er Folgendes: »Für die Indigenen bedeutet ›Teilen‹, alles herzugeben. Man teilt, damit alle auf dem gleichen Fundament stehen. Es gibt kein Elitensystem und keine armen Leute. Alle stehen auf gleicher Basis. Das ist unser Konzept des Teilens.«[351] Jetzt hatte ich endlich verstanden, worum es eigentlich ging. Wie bei so vielem in der indianischen Welt spielte auch hier die Balance eine entscheidende Rolle. Die etwa 40 000 Cree und Ojibwe im nördlichen Ontario leben heute in Reservaten, die Drittweltdörfern gleichen. Wasser muss abgekocht werden, Häuser sind überbelegt, die Menschen sind arm und vom Sozialstaat abhängig und so weiter und so fort. Im Gegensatz dazu ist Kanada zu einem der reichsten Länder aufgestiegen. Hätten die Indianer nur 50 Prozent vom Gewinn der Bodenschätze erhalten, die man aus ihrem traditionellen Land geholt hatte, wäre heute jeder Einzelne reicher als mancher Ölscheich in einem der Wüstenstaaten. Anstatt dessen wurden ihre traditionelle Lebensweise, ihre Rechte und ihre Souveränität in die eine Waagschale geworfen, die rasant nach unten fiel, während auf der anderen Seite der Profit Kanadas und der Provinz Ontario nach oben schnellte. Dabei hätten beide Nationen, die euro-kanadische und die indianische, gegenseitig voneinander profitieren können. Die Cree und Ojibwe hätten ihr Land, ihre entsprechenden Kenntnisse und ihre Arbeitskraft einbringen können. Die Weißen hätten Maschinen und Know-how zur Verfügung gestellt. Eine solche Partnerschaft, wie bereits in Zeiten des frühen Pelzhandels erprobt, wäre durchaus denkbar gewesen, wenigstens im inklusiv orientierten, indianischen Weltbild. Wären die Neuankömmlinge nicht durch rassistische Ideologien geleitet und kapitalistische Gier getrieben worden, dann wäre es auch nie zu einem sogenannten ›Indianerproblem‹ gekommen. Denn wie mir stets bestätigt wurde, waren und sind die Cree und Ojibwe nicht gegen wirtschaftlichen Fortschritt per se, solange ihr Land und die damit verbundene traditionelle Lebensweise nicht gefährdet werden. Gemäß ihrer spirituellen Weltanschauung haben sie das Land vom Schöpfer erhalten, um es als Hüter zu verwalten und den noch ungeborenen Nachkommen tadellos zu übergeben. Dieser tief verankerte Grundsatz gebietet auch verantwortungsbewusstes Handeln und nachhaltige Pflege, damit das Leben so gut wie möglich im Einklang mit der Natur weitergeführt werden kann.

1912 wurde das Territorium Ontarios, das bislang vom Südufer des

Albany River begrenzt war, nach Norden bis zur Hudson und James Bay erweitert und erhielt somit seine heutige Ausdehnung. Die dort lebenden Cree und Ojibwe wurden jedoch nicht konsultiert und vor vollendete Tatsachen gestellt. Erst als Minenunternehmen in dieser subarktischen Region der Provinz nach Bodenschätzen graben wollten, kam es zur Adhäsion des Treaty Nummer 9. Diesmal war die kanadische Treaty-Delegation mit einem Wasserflugzeug unterwegs. Als dieses im indianischen Gebiet landete, sahen die dort versammelten Menschen erstmals ein solches Verkehrsmittel. Am 5. Juli 1929 unterzeichneten die Oji-Cree in Big Trout Lake, dem heutigen Kitchenuhmaykoosib Inniniwug (KI), das Pergament. Im nächsten Sommer flog die Delegation nochmals nach Norden und schloss mit den Chiefs in Windigo River, Fort Severn und Winisk den Vertrag ab.[352]

Mit dem zunächst 1905/06 unterzeichneten Treaty Nummer 9 und der jetzigen Adhäsion kontrollierten Kanada und Ontario einige der reichsten Mineral-, Wasser- und Holzgebiete der Welt. Ontario wurde in den folgenden Jahren von einer ökonomisch unbedeutenden Provinz zu einem regelrechten Wirtschaftsmotor. Gleichzeitig wurden die Ojibwe und Cree immer weiter zurückgedrängt, bis ihnen nichts mehr anderes übrig blieb, als sich spätestens ab den 1960er-Jahren ganz ins Reservat zurückzuziehen und sesshaft zu werden.[353] Spätestens jetzt realisierten sie rückblickend, wie die Euro-Kanadier den James Bay Treaty interpretiert hatten. Die Indianer waren keine freien Menschen mehr, sondern an den Indian Act gekettet, durch Sozialhilfe von Ottawa abhängig und standen unter Vormundschaft eines Indianeragenten.

Der Unterschied zwischen dem reichen, urbanen Süden Ontarios im Grenzgebiet zur USA und den armen Reservatssiedlungen, in deren Nähe die wertvollsten Bodenschätze abgebaut wurden und werden, könnte nicht größer sein. Mit dem indianischen Verständnis eines Gleichgewichts hat diese Lage nichts gemein. Dagegen offenbart sich die ungeschönte Realität des kanadischen Kolonialismus, der in den indigenen Siedlungen nach wie vor den Alltag prägt. Das Weiterwirken dieses kolonialen Systems beschrieb Stan Beardy so: »Der kanadische Staat geht davon aus, dass ihm das Land und die Bodenschätze gehören. Wenn dies nicht so betrachtet würde, müssten sich die Kanadier eingestehen, dass sie den Indigenen unglaublich viel Geld schulden. Wenn man die Kompensationen für sämtliche Ressourcen seit der Treaty-Unterzeichnung von 1905 aufrechnen würde, dann erhielte man einige

Billionen Dollar. Und davor haben sie Angst. Sie haben nämlich alles genommen, ohne dafür zu bezahlen. Sie können deswegen nicht einlenken, auch wenn sie wissen, dass das Land den Indigenen gehört. Die Summen wären unbezahlbar. Aus diesem Grund geben sie uns ständig kleine Dinge. Sie speisen uns mit Spielsachen ab: ›Schaut, hier erhaltet ihr noch ein größeres Spielzeug. Könnt ihr nun unsere Freunde sein?‹«[354]

Doch was ist die Lösung? Gibt es für die Cree und Ojibwe überhaupt einen Weg, aus der kolonialen Gefangenschaft auszubrechen? Stan meinte dazu pragmatisch: »Man müsste einfach den Treaty so einhalten, wie ihn unsere Vorfahren verstanden haben. Erstens haben sie einem friedlichen Zusammenleben zugestimmt. Zweitens waren sie bereit, das Land von Zeit zu Zeit mit den Neuankömmlingen zu teilen. Drittens sollte auch die Wertschöpfung gerecht aufgeteilt werden. Gemeint war damit, dass wir die Hälfte des Geldes erhalten, das aus unseren Ländereien generiert wird. Wäre dies so gehandhabt worden, könnten wir uns um all unsere Bedürfnisse selbst kümmern. Sie müssten uns nichts mehr geben.«[355] Auch für Wally McKay ist der Treaty von zentraler Bedeutung. Dazu hielt er fest: »Eines Tages werden alle staatlichen Unterstützungsprogramme enden und das Einzige, was uns übrig bleibt, ist der Treaty. Deshalb sollten wir unbedingt alles, was wir planen, am Vertrag festmachen. So können wir vorwärtskommen und den zukünftigen Generationen eine Existenzgrundlage sichern.«[356] Er ergänzte zudem, dass man den Treaty nicht neu verhandeln wolle. Es gehe lediglich darum, sicherzustellen, dass die Ressourcen gerecht verteilt würden.

Wenn wir die Cree und Ojibwe wirklich ernst nehmen wollen, dann sollten wir auch ihre Interpretation des James Bay Treaty als gültige Version anerkennen. Gemäß ihrer Weltanschauung erachten sie die Verträge als heilige Bündnisse, die eine Beziehung zwischen jenen Menschen, für die Kanada seit Anbeginn der Zeit eine Heimat darstellt, und jenen, deren familiäre Wurzeln in anderen Ländern liegen, festlegt. Den erhabenen und verbindlichen Charakter sehen sie nicht in der juristisch trockenen Ausdrucksweise der Dokumente, sondern darin, was zur Zeit der Vertragsverhandlungen tatsächlich, und zwar in indigener Sprache, gesagt wurde. Es geht also um die Geschichte der Vertragschließung sowie das gesprochene Wort und nicht um den davon abweichenden, schriftlich festgehaltenen englischen Text, den sie damals weder lesen noch verstehen konnten. Unterzeichnungen von Abkommen wurden zudem immer in rituelle Zeremonien eingebunden. Dabei geht es weder um irgendwelche Abtretungen von Gebieten oder Rechten noch um den Verzicht auf Selbstbestimmung.

Diese Auslegung teilt die kanadische Regierung jedoch nicht. Trotz verfassungsmäßigem Charakter der Treaties sahen die britischen Unterhändler, welche die Verträge ausgearbeitet und unterbreitet hatten, diese keinesfalls als heilige Pakte zwischen unabhängigen Nationen. Für sie waren es lediglich kostengünstige und bequeme Mittel, den indianischen Völkern deren Landtitel zu entziehen, damit die dort in ihren Augen brachliegenden Ressourcen optimal von den Siedlern genutzt werden konnten. Kanada und Ontario interpretieren die Verträge entsprechend dahingehend, dass die Indianer sich einverstanden erklärten, ihre Gebiete abzutreten. In dieser Sichtweise sind die Abkommen kapitalistische Grundstücktransaktionen. Dabei kaufte die Krone beziehungsweise die kanadische Regierung das traditionelle Land der indigenen Gemeinschaften auf, überließ ihnen verhältnismäßig winzige Reststücke als Reservate und erzielte schließlich hohe lukrative Gewinne aus dem Verkauf von Bauland oder Lizenzen für Rohstoffabbaurechte an Unternehmen.[357]

Da hinsichtlich der Treaties zwischen der indigenen und der offiziellen kanadischen Interpretation eine enorme Kluft besteht, sind die politischen Beziehungen stark belastet. Zudem ist dies einer der Hauptgründe, weshalb sich Indianer eben nicht ohne Weiteres in die kanadische Willensnation integrieren lassen. Die Überbrückung der völlig unterschiedlichen Auslegungen der Abkommen zwischen Kanada und den First Nations wird auch in Zukunft eine der größten Herausforderungen für kanadische Gesetzgeber und indianische Rechtsvertreter darstellen.[358] Doch ohne eine für die indianische Seite akzeptable Anerkennung ihrer Souveränität und ihrer Rechte wird Kanada ein tief gespaltenes Land bleiben. Dies zeigt sich vor allem daran, dass es von nicht-indigener Seite oft an einem Verständnis für die indigene Sichtweise mangelt. Bart Meekis, ein ehemaliger Chief aus Sandy Lake, brachte es folgendermaßen auf den Punkt: »Die Weißen denken anders. Sie haben ihr eigenes Verständnis davon, was der Treaty ist. Doch wir Indigenen sehen den Geist des Treaty und was er bedeutet. Wir sind keine eroberte Nation, sondern eine Nation, die durch Verträge aufgebaut wurde. Im 19. Jahrhundert gab es keine Armee, die nach Kanada kam und uns eroberte. Somit wurde auch Kanada durch die Treaties geformt. Seit dieser Zeit sind die Vorteile daraus jedoch nur einseitig.

Während die kanadische Seite enorm davon profitiert, droht die indigene beinahe in Vergessenheit zu geraten.«[359]

Was man dabei ebenfalls nie vergessen sollte, ist, dass die staatliche Deutungshoheit des Treaty die indigenen Menschen direkt und teilweise auf groteske Art und Weise traf. Der Chief aus Fort Albany, Leo Metatawabin, erzählte mir dazu: »Das Geld, das uns als Vertragsleistung ausbezahlt wurde, kam weder vom König oder der Königin noch aus England. Es kam von unserem Land! Wir erhalten vier Dollar pro Jahr. Mein Vater ist ein Trapper. Er ging jagen und stellte seine Fallen. Einmal meinte er: ›Sie geben mir jedes Jahr vier Dollar. Nun will der Staat, dass ich eine Trapper-Lizenz kaufe, die fünf Dollar kostet. Ich bin daher schon einen Dollar im Minus.‹« Leo musste kurz innehalten, da er ein sarkastisches und lautes Lachen, das mich gleich ansteckte, nicht mehr zurückhalten konnte. »Ist das nicht lachhaft? Heute kostet eine Trapper-Lizenz zehn Dollar. Wenn ich also trappen will, bin ich bereits sechs Dollar im Rückstand.«[360]

Das Ende der Welt

»Der See glich einem Biberteich. Überall auf dem Wasser trieben Trümmerteile und Bäume. Das machte das Reisen auf dem See sehr gefährlich. Viele Anishinaabeg starben wegen umherschwimmender Trümmer. Wir setzten ein Netz in der Hoffnung, Fische zu fangen, um die Familie ernähren zu können. Doch wir mussten feststellen, dass sich unser Netz durch schwimmende Baumstämme und Geäst losgerissen hatte. Oder das Netz sank auf den Seegrund wegen des vielen Treibholzes, das sich darin verfangen hatte. Wir haben zahlreiche Verluste erlitten: unsere Netze, unsere Fallen und unsere Lebensweise.«[361] Diese Aussage, die der inzwischen verstorbene Elder Stanley Wesley 1994 machte, war Teil einer Präsentation, die ich im Band Office der Lac Seul First Nations ansehen durfte. Es war Ende Juni 2018. Ein frischer, wolkenloser Sommertag lag vor mir. Ich fuhr gerade vom Städtchen Sioux Lookout ins etwa 40 Kilometer entfernte Frenchman's Head, den Hauptort des Reservats. Aus den Lautsprechern erklang *Ride On* von AC/DC. Dieser Song meiner Lieblingsband, den ich auf Autofahrten durch die nordamerikanischen Weiten gerne hörte, passte gerade gut zu den hügeligen

Waldlandschaften, die immer wieder den Blick auf blaue Seeabschnitte freigaben. Ich wollte kurz nach Lac Seul, das die Einheimischen Obishikokaang nennen, weil es die einzige Gemeinde der Nishnawbe Aski Nation (NAN) war, die auf dem Gebiet des nationalen Treaty Nummer 3 lag. Die Vorfahren der Ojibwe am Lac Seul hatten 1874 eine Adhäsion dieses Abkommens mit der Krone unterzeichnet. Ich hatte vor, mich im Band Office anzumelden, um vielleicht mit dem Chief und den Councillors sprechen zu können. Denn diese könnten mir gewiss einiges über ihre Geschichte im Zusammenhang des Treaty erzählen.

Als ich die schöne Landschaft auf mich wirken ließ, hätte ich nicht im Geringsten daran gedacht, dass ich mich auf den Spuren einer Tragödie befand. Kurz vor Frenchman's Head passierte ich eine kleine Brücke, nach der gleich links ein mit Kieselsteinchen und Sand bedeckter, beigefarbener Platz lag. Darauf sah ich einen kleinen Unterstand aus Holz und dahinter zwei einzelne Sitzbänke sowie eine Tischgarnitur im Freien. Von dort aus hatte man eine schöne Aussicht auf eine kleine Bucht. Der dahinterliegende Wald wurde von einem schmalen Streifen einer üppigen Blumenwiese umsäumt, die gegen das Wasser hin abfiel. Ich hielt an, um ein paar Fotos zu machen, und ging zuerst davon aus, dass es ein gewöhnlicher Picknickplatz war. Erst beim genaueren Hinsehen realisierte ich, dass der kleine Holzunterstand einem Gedenkstein Schutz bot. Darauf war eine Metallplatte angebracht, auf der unter dem Titel *The Flooding of Obishikokaang* zu lesen war: »Im frühen 20. Jahrhundert stieg die Nachfrage nach Elektrizität in Nordwest-Ontario. Das Fluss-Seen-System des Lac Seul wurde zum vielversprechenden Reservoir erklärt, mit dem man Wasserkraft erzeugen und gleichzeitig flussabwärts vor Hochwasser schützen kann. Die entsprechenden Arbeiten begannen Ende der 1920er-Jahre. 1934 wurde der Damm ohne Kenntnis oder Zustimmung der Obishikokaang Anishinaabeg in Betrieb genommen. Darauf stieg der See um 12 Fuß (3,6 m) an. Als die Menschen aus Obishikokaang nach dem Winter von ihren Traplines zu ihrer Sommersiedlung am Ufer zurückkehrten, fanden sie diese unter Wasser. 82 Reservatshäuser waren zerstört, genauso wie Gebäude, in denen Ratsversammlungen stattfanden, Farmen, Scheunen, ein Gelände für Powwows und heilige Plätze der Midewiwin. Hunderte Lac-Seul-Bewohner waren auf einmal obdachlos und viele Familien sahen sich gezwungen, das Reservat zu verlassen, um überleben zu können.«[362]

Der See lag immer noch friedlich vor mir. Er war von schönen Bäumen umgeben. Schmetterlinge gaukelten lautlos über die Blumenpracht am Ufer und hie und da schwirrte eine grünbläulich schimmernde Libelle knapp über dem Wasserspiegel. Diese Idylle wollte gar nicht zu dem passen, was da auf dieser Tafel stand. Dann las ich die letzten Zeilen: »Dieses Denkmal ist denjenigen Mitgliedern der ursprünglichen sieben Clans von Obishikokaang gewidmet, die durch die Überflutung des Lac Seul 1934 obdachlos und mittellos wurden, und jenen, die auf einem durch die Veränderung heimtückisch gewordenen See ihr Leben ließen.«[363]

In der kleinen Ortschaft Frenchman's Head angekommen, erkundigte ich mich nach dem Band Office und fand es bald. Chief Clifford Bull war nicht anwesend, aber dafür nahmen sich die beiden Councilors Samantha Kejick und Raymond Angeconeb sofort Zeit für mich. Wie üblich hatte ich mich als Historiker aus der Schweiz vorgestellt und erklärt, ich sei an der Geschichte der Ojibwe und Cree im nördlichen Ontario interessiert. Eigentlich war ich hier, um mehr über den Treaty Nummer 3 zu erfahren. Doch da ich gerade das an die Flutkatastrophe erinnernde Denkmal gesehen hatte, wollte ich mich mit ihnen zuerst über dieses Ereignis unterhalten. Wir begaben uns ins Ratszimmer. Dort zeigten sie mir eine Medaille, die 1998 für die 125-Jahr-Gedenkfeier an die Unterzeichnung des Treaty Nummer 3 angefertigt worden war. Darauf standen sich ein Ojibwe mit Federnschmuck und ein kanadischer Beamter in Uniform und Hut auf Augenhöhe gegenüber und reichten einander die Hand. Die beiden Councilors Samantha und Raymond berichteten mir aber, dass die damals von der Krone gemachten Versprechungen nicht alle eingehalten wurden. Da ich mich bereits mit den beiden fürs NAN-Gebiet gültigen nationalen Treaties Nummer 5 und Nummer 9 auseinandergesetzt hatte, war dies nichts Neues für mich. Überrascht war ich jedoch, welche verheerenden Folgen die einseitige kanadische Auslegung des Abkommens in einem konkreten Fall für die Indianer haben konnte. Die Flutung des Lac Seul machte klar, dass die Euro-Kanadier das Land nun als alleinige Herren beanspruchten und die Ojibwe keine Mitsprache mehr hatten.

Samantha und Raymond zeigten mir allerhand prähistorische Artefakte, die in der Umgebung gefunden worden waren. Es handelte sich dabei unter anderem um jahrtausendealte Steinwerkzeuge sowie Pfeil- und Speerspitzen, die darauf verwiesen, dass Vorfahren der heutigen Ojibwe von Obishikokaang seit Menschengedenken in dieser Gegend lebten. Im Anschluss an das Gespräch mussten die beiden wieder ihren

Verpflichtungen nachgehen. Sie gaben mir jedoch noch die Kontaktdaten von Chief Clifford Bull. Diesen konnte ich zwar nicht mehr persönlich treffen, dafür aber ein paar Tage später mit ihm telefonieren. Er trug mir auf: »Erzähle die Geschichte von Lac Seul weiter, damit die Menschen in deiner Heimat Kanada besser verstehen.«

Bevor die beiden Councilors gingen, richteten sie mir einen Präsentationsfilm über die Flutung des Lac Seul ein, den ich mir ungestört ansehen konnte. Darin wurde das katastrophale Ausmaß der Flutung deutlich. Es wurde hervorgehoben, dass die Ojibwe an diesem See zuvor eine prosperierende Gemeinde gebildet hatten. Sie betrieben in der warmen Jahreszeit Landwirtschaft, ernteten Wildreis, pflückten allerhand Beeren, stellten Kanus her, fischten, jagten, handelten mit Pelzen oder arbeiteten für die Hudson's Bay Company als Kanufahrer, Reiseführer oder Lastenträger. Dadurch waren sie wirtschaftlich praktisch unabhängig und erzielten auch Überschüsse. Zusätzlich erhielten sie die jährlichen Treaty-Gelder vom Staat ausbezahlt. Unter diesen Voraussetzungen war es ihnen möglich, ein gutes Leben zu führen und sich selbst zu verwalten. Auch das Amt für Indianerangelegenheiten war voll des Lobes für die Gemeinschaft: »Die Lac-Seul-Indianer verdienen unsere größte Anerkennung. Sie haben dem Amt nie zu irgendeinem Zeitpunkt Schwierigkeiten bereitet und waren über einen langjährigen Zeitraum fast vollständig selbstversorgend. Eine unverdorberene, zuverlässigere und vertrauenswürdigere Gruppe wäre wohl im restlichen Dominion nur schwer zu finden.«[364] Ferner hieß es: »Diese Indianer sind fleißig und werden von Jahr zu Jahr reicher. Sie machen beachtliche Fortschritte. Der ehemalige Chief Henry Ackewance ist dabei, eine Ranch zu gründen, mit Rindern, Schweinen und Hühnern.«[365]

Die Oijbwe hatten schon früh vernommen, dass angeblich ein Damm für die Wasserkraft errichtet werden sollte und dieser den Pegelstand ihres Sees verändern würde. Denn bereits Ende des 19. Jahrhunderts war in der Nähe des von ihrem Reservat etwa 150 Kilometer entfernten Red Lake Gold gefunden worden. Auch konnten sie eigenartige Männer sehen, die sich überall auf dem Land sowie an den Gewässerufern herumtrieben und Untersuchungen machten. Die Abgelegenheit des Red Lake verhinderte zwar zunächst einen effizienten Abbau des Edelmetalls, aber es war dennoch absehbar, dass sich dies bald ändern könnte, vor allem wenn ein Wasserkraftwerk die Mine mit Strom versorgen würde. Die Ojibwe beim Lac Seul hatten bereits Kenntnis von der Stromerzeugung und den dafür errichteten Dämmen. Denn seit Anfang des 20. Jahrhunderts gab es weiter südlich einige Kraftwerke. Beispielsweise wurde in der Nähe des heutigen Thunder Bay schon 1906 bei den Kakabeka Falls Strom produziert.

1915 wandte sich der damalige Chief John Ackewance an den Staat, weil er einen Dammbau befürchtete, der negative Auswirkungen auf das Reservat haben könnte. Doch er erhielt keine Antwort. Die Geologen und Ingenieure setzten aber ihre Studien fort und legten den Behörden 1924 konkrete Pläne vor. Diesem zufolge war die beste Option, den Lac Seul bei Ear Falls zu stauen und den dort austretenden English River zur Betreibung einer Wasserkraftanlage zu nutzen. Denn sämtliche Flüsse, die in den Red Lake mündeten, waren zu schwach, um genügend Strom zu produzieren. Die Elektrizität ließ sich dann von Ear Falls über eine 80 Kilometer lange Leitung nach Red Lake transportieren.

Vier Jahre später wurde mit dem Bau begonnen. Finanziert wurde das Projekt von Kanada, Ontario und Manitoba. Das Amt für Indianerangelegenheiten kannte die Pläne und wusste, dass die Flutung das Reservat stark in Mitleidenschaft ziehen würde. H. J. Bury, der Beauftragte für Land- und Holzwirtschaft des Amts, gab 1928 zu bedenken: »Die Überschwemmung wird dieses Reservat für jene Zwecke unbrauchbar machen, für die es aufgrund der Vertragsbestimmungen den Indianern zugeteilt worden war. Sie werden dadurch nicht nur ihrer Häuser, sondern auch aller Mittel für ihre Lebensgrundlage beraubt.«[366] Damit drückte er aus, dass es sich bei der Flutung um einen klaren Vertragsbruch handelte. Das Amt bezifferte die Summe, die man für eine Umsiedlung der 688 Indianer dieses Reservats und damit neu zu errichtende Gebäude benötigte, auf insgesamt 120 000 Dollar. Dieses Geld sollte den Ojibwe in Form eines Trusts als Kompensationszahlung zur Verfügung stehen. Dass dadurch ihre traditionelle Lebensweise ertränkt werden würde, erwogen die Planer nicht. Auch unterließen sie es, die Betroffenen rechtzeitig vor der Inbetriebnahme des Damms zu informieren.

Der Zeitzeuge und Elder Jim Pemmican erinnerte sich 1993 an seine Rückkehr in seine Sommersiedlung am Lac Seul: »Als wir den Punkt erreichten, von dem aus man unser Lager sehen konnte, blieb mein Herz stehen. Unser traditioneller Lagerplatz war weg! Als wir näher hinpaddelten, sahen wir die Spitzen unserer Zelte aus dem See ragen. Der restliche Lagerplatz war unter Wasser. Wir warfen die Zeltklappen auf und sahen, wie Kissen, Vorräte und persönliche Habseligkeiten darin herumschwammen. Das war alles, was von unserem traditionellen Zuhause übrig geblieben war.«[367] Der Elder James Lac Seul ergänzte diese Erfahrung: »Die Anishinaabeg litten in den Jahren nach der Flut unter Hungersnöten und machten viele Strapazen durch. Weil der See überflutet war, konnten sie an den gewohnten Stellen keine Nahrung mehr finden. Denn die Landtiere und Fische hatten ihr Zugverhalten verändert.«[368] Das Leben der Gemeinschaft am Lac Seul sollte sich dramatisch verändern. Viele wanderten ab, um an einem anderen Ort ihr Glück zu versuchen. Die Ojibwe, die noch bis zur Flutung von 1934 ihre Unabhängigkeit gewahrt hatten, waren nun geschwächt und zunehmend auf staatliche Unterstützung angewiesen. Manchen Elders wie Stanley Wesley kam dies wie das Ende der Welt vor.

Auf der Rückfahrt nach Sioux Lookout fühlte ich mich bedrückt. Auf der wunderschönen Landschaft lag ein trauriger Schleier, der wie ein düsterer Nebel emporstieg und selbst die strahlende Nachmittagssonne verblassen ließ. Als mir durch den Kopf ging, dass das Ganze erst 84 Jahre zurücklag, schlug meine Stimmung in Wut um. Mit welchem Recht überflutete der kanadische Staat ganze Landstriche und machte sich die Erde untertan, ohne sich um die Menschen zu kümmern, die mit diesem Land seit jeher verbunden waren? War es die Macht des Stärkeren, mit der sich einfach eine uralte Zivilisation hinwegspülen ließ? Hatte denn niemand dabei ein schlechtes Gewissen? Denn auch den kanadischen Beamten war doch klar, dass es sich hierbei um einen Vertragsbruch handelte! Plötzlich sah ich, wie sich ein Weißkopfseeadler vom nahen Ufer in die Lüfte schwang und der Sonne entgegenflog, die nun wieder kräftiger erstrahlte. Ich hielt am Straßenrand an, stieg aus und beobachtete ihn, wie er immer höher hinauf kreiste und allmählich in der Ferne entschwand. Dieser majestätische Vogel hellte meine Stimmung wieder auf. Die Ojibwe waren schließlich trotz ihrer Leidensgeschichte immer noch da. Auch waren sie wieder stark. Sie konnten ihre Sicht der Dinge darlegen und ihre Rechte einfordern.

Als ich wenig später den Wagen vor dem großen Holzschopf im Wald parkierte, wurde ich lautstark von ein paar bellenden Huskies begrüßt, deren Hütten nebenan unter großen Tannen standen. Ich schritt den kleinen Weg hinunter und sah Werner Stünzi vor dem Eingang seines Blockhauses sitzen. Dieses stand auf einer grünen Lichtung oberhalb des Seeufers. Er rauchte gemütlich eine Zigarette. Ich war am Vortag bei ihm und seiner Frau Heidi eingezogen, da sie mir angeboten hatten, in der nächsten Zeit bei ihnen zu wohnen. Ihre eigenen Kinder waren bereits erwachsen und ausgeflogen. Außerdem waren gerade Sommerferien, sodass keine indianischen Jugendlichen bei ihnen untergebracht waren. Werner und Heidi lebten seit 1982 eine Jahreshälfte in Kanada und eine in der Schweiz. Seit 1991 ließen sie sich definitiv in Sioux Lookout nieder. Als begeisterte Kanufahrer haben sie zahlreiche Touren in den hohen Norden Ontarios gemacht. Diese boten sie zeitweise für Touristengruppen aus Deutschland und der Schweiz an. Im Winter organsierten sie zudem Trekkings mit Hundeschlitten. Auf ihren unzähligen Flussfahrten passierten sie auch Indianerdörfer, in denen sie sich jeweils mit Proviant eindeckten. Dabei lernten sie viele Ojibwe und Cree kennen, die bald zu ihrem Freundeskreis zählten. Werner, der Chemie studiert hat und sich bestens in Mathematik auskannte, kümmerte sich während der letzten beiden Jahrzehnte als Unterstützungslehrer um Jugendliche aus den nördlichen Reservaten, die in Sioux Lookout die Highschool besuchten. Er half ihnen, sich in der für sie neuen Umgebung zurechtzufinden, und stand ihnen mit Rat und Tat zur Seite, damit es ihnen leichter fiel, ihren Schulabschluss zu machen. Zuvor brachen viele Jugendliche die Schule wegen Heimweh, Drogen- oder Alkoholproblemen und anderer Gründe ab. Seit es sein von indianischen Gemeinden finanziertes Unterstützungsprogramm gab, stieg die Erfolgsquote deutlich an. Er war gerade letzte Woche pensioniert worden, kümmerte sich aber nach wie vor um gefährdete Jugendliche, die er in Notsituationen bei sich aufnahm.

Werner drückte seine Zigarette aus: »Und was hast du heute erlebt?« Ich berichtete ihm, dass ich im Lac-Seul-Reservat war und von der Überflutung des Sees erfahren hatte. »Dazu kann ich dir eine Menge erzählen. Komm, wir gehen rein, ich muss dir etwas zeigen!« Ich folgte ihm gespannt. Er bat mich, am langen Küchentisch Platz zu nehmen und kurz zu warten. Dann kam er mit einem runden Kartonbehälter zurück, öffnete den weißen Plastikdeckel und zog große Papierrollen heraus, die er auf dem Tisch ausbreitete. Ich erkannte sofort, dass es sich dabei um jene Karten handelte, von denen Ausschnitte in der Präsentation gezeigt worden waren, die ich im Band Office angeschaut hatte. Daher wollte ich gleich wissen, woher er diese denn hatte. Werner antwortete mir: »Chief und Council der Lac Seul First Nation verlangten vom Staat angemessene Kompensationen für den damals erlittenen Schaden und die Langzeitfolgen. Sie waren bereits in Verhandlungen. Nun mussten sie darlegen, was alles verloren gegangen war. Dafür hatten sie einen Anwalt eingeschaltet und die beiden First-Nation-Angehörigen Renée Southwind und Tom Chisel für die Aufarbeitung der Geschichte engagiert. Da die beiden wussten, dass ich schon Karten für Dörfer im Norden, wie etwa für Bearskin Lake, gezeichnet hatten, fragten sie mich an, ob ich beim Projekt dabei wäre. Wir haben dann ungefähr zwischen 1991 bis 1994 viele Elders besucht, die die Flutung als Kinder oder Jugendliche miterlebt hatten. Zunächst ging es um Ortsnamensforschung. Wir wollten von den Elders die indigenen Bezeichnungen sämtlicher Gewässer und Landschaften erfahren. Dadurch rekonstruierten wir in einem ersten Schritt das traditionelle Territorium der Ojibwe aus Lac Seul. Wir fragten die Elders: ›Wo seid ihr gewesen? Wie hießen die Orte? Wo waren eure Camps und Gräber und so weiter?‹ Renée hat übersetzt und ich habe die Ortsnamen und damit verbundene Geschichten auf die Landkarten übertragen. In der zweiten Phase haben wir uns auf den See fokussiert und auf das, was durch die Überschwemmung alles verschwand. So sind all diese verschiedenen Karten entstanden.«[369]

Ich betrachtete die einzelnen Karten und las einige der darauf stehenden Geschichten. Werner fuhr mit dem Zeigefinger über die Landschaft: »Siehst du, hier waren einst prähistorische Felszeichnungen, hier sakrale Orte, an dieser Stelle befanden sich Grabstätten. Alles wurde weggespült.« Dann legte er eine andere Karte darüber und fuhr fort: »Darauf siehst du, wie viel Land unter Wasser gesetzt wurde. Es sind über 11 000 Hektar. Hier entstand eine Insel. Vorher war das Land mit dem restlichen Reservat verbunden. Die Leute litten furchtbare Hungersnot nach der Flutung. Die Bisamratten und Biber wurden in ihren zusammenbrechenden Bauten eingeschlossen und ertranken und die Weideflächen und Grasfelder für Heu an den Ufergebieten waren weg. Auch Fische änderten ihre Routen. Die Ojibwe konnten sich daher nicht mehr auf ihre Erfahrungen verlassen. Viele wanderten ab, weil sie nicht mehr genügend Nahrung fanden. Zehn Familien zogen nach Red Lake, um dort Arbeit zu finden. Dabei war Lac Seul eine prosperierende Gemeinde gewesen. Im Vergleich zu anderen First Nations galten sie als reich. Die Elders dachten voller Schmerz an die Zeit zurück, als sie jung waren und all das mitansehen mussten. Jeder, den wir interviewten, sagte uns, wie schön es damals vor der Überflutung war. Inzwischen sind diese Elders verstorben – wir haben gerade noch im rechten Moment die Befragungen durchgeführt.«[370]

Auf einer weiteren Karte waren verschiedene Wildreisfelder eingezeichnet. Ich bat Werner, mir mehr davon zu erzählen. Er setzte an: »Zunächst merkten wir, als wir die Leute über Wildreis befragten, dass diese Pflanze gar nicht wild ist oder wenigstens nicht ausschließlich! Die jeweiligen Felder wurden oft seit Generationen von einzelnen Familien bestellt. Man wusste also genau, wer den ›Reis‹ angebaut und gepflegt hatte. Weil der Pegelstand des Lac Seul nach der Flutung ein paar Meter höher war, wurden die Felder zerstört. Die Pflanze konnte im nun tieferen Wasser keine Wurzeln mehr schlagen. Eine Familie zog daher flussabwärts, um in einem kleinen See neue Felder anzulegen. Das war mit großer Mühe verbunden. Denn zuerst musste man geeignete Stellen finden und nach der Bepflanzung einige Jahre warten, bis man ernten konnte. Als es endlich so weit war und die Familienmitglieder das erste Mal den ›Reis‹ einbringen wollten, waren bereits nicht-indigene Kanadier dort. Diese sagten den Ojibwe, sie hätten eine Lizenz erworben, um den Wildreis zu ernten. Für die Regierung galt die Pflanze nämlich als ›wild‹ und die Weißen hatten keine Ahnung, dass die indianische Familie viel Zeit und Arbeit investiert hatte, damit überhaupt etwas wuchs.«[371]

Für die Ojibwe hatte Wildreis, den sie ›Manomin‹ nennen und der noch heute von einigen First Nations in Kanada und den USA kultiviert wird, eine große kulturelle, aber auch spirituelle Bedeutung. Sie betrachteten ihn als ein besonderes Geschenk des Schöpfers, da er direkt aus dem für sie heiligen Element Wasser emporstieg. Daher wurde er nicht nur zum Essen, sondern auch für verschiedene Zeremonien verwendet. Jeden Herbst trafen sich Familienmitglieder an einem bestimmten Ort, den sie seit Generationen aufsuchten, um die von ihnen gepflegten Pflanzen zu ernten. Zuerst sprachen sie am Ufer Gebete, vollzogen ein Trommelritual und ehrten das Gewässer, indem sie etwas Tabak hineinstreuten. Dann fuhren sie mit dem Kanu durch die dichten grünen Felder und sammelten die reife Frucht. In der Regel waren zwei Personen in einem Kanu. Während die eine langsam paddelte, griff die andere mit zwei dünnen Holzstäben nach den Pflanzen, bog sie über den Rand des Kanus und klopfte leicht darauf, sodass sich die Körner aus den Ähren lösten und ins Innere fielen. Wenn die Pflanzen zurückschnellten, gelangte stets auch wertvolles Saatgut ins Gewässer, auf dessen Grund es für die nächste Ernte heranwuchs. Sobald das Kanu gefüllt war, brachten die Ojibwe den Ertrag an Land. Dort legten sie ihn auf Matten aus Birkenrinde, um ihn zu trocknen. Danach wurden die Körner in einem großen Kessel vorsichtig geröstet, damit die Schale spröde wurde und die darin enthaltenen Früchte ihre dunkelbraune Farbe erhielten. Nach der Röstung kam der Wildreis in eine mit Leder ausgekleidete Grube, die als eine Art Mühle diente. Die Ojibwe-Frauen bearbeiteten die Körner nun tanzend mit einer speziellen Technik ihrer Füße, bis sich die Schalen ganz lösten. Abschließend wurden die leichten Schalenüberreste von den dunkelbraunen Körnern befreit, indem man sie in einem Behälter aus Birkenrinde mehrmals in die Luft warf und wieder abfing. Dabei wurden die Schalenüberreste weggeblasen, bis nur noch die reinen Körner übrig blieben.[372]

Die Ojibwe-Filmemacherin Michelle Derosier, die ich in Thunder Bay kennengelernt hatte, erklärte mir, was für sie der Wildreis bedeutete. Sie schenkte mir auch eine DVD des von ihr produzierten Dokumentarfilms *Return to Manomin.* Darin macht sie sich mit ihrer Tochter, ihrer Mutter und im spirituellen Andenken an ihre verstorbene Großmutter auf zum traditionellen Wildreisfeld ihrer Familie und taucht dabei gleichzeitig in ihre persönliche Geschichte ein. Im Film wird deutlich, dass es den Ojibwe bei der Ernte nicht einfach nur um Nahrungsbeschaffung ging, die zwar wichtig war. Der Wildreis versorgte sie zwar in der kalten Jahreszeit mit wesentlichen Nährstoffen. Auch war er ein wichtiges Handelsgut. Doch im Zentrum stand die Gemeinschaft. Denn während beim Trappen oder Jagen die Männer ohne ihre Frauen und Kinder unterwegs waren, führte das Ernten und Bearbeiten von Manomin die ganze Großfamilie zusammen. Dabei spielte auch der spirituelle Bezug zu den Ahnen eine zentrale Rolle. Diese waren nämlich mit dem Ort am Wasser, in dem Manomin gedieh, besonders verbunden und präsent.[373] Doch dafür hatten die kanadischen Ingenieure und Beamten keinen Blick, als sie den Lac Seul fluteten und dadurch zahlreiche Wildreisfelder für immer zerstörten.

Wir begaben uns wieder vor das Blockhaus. Werner zündete sich eine nächste Zigarette an. Ich fragte ihn: »Du bist nun fast drei Jahrzehnte in Sioux Lookout und kennst viele Indianer. Wie hat sich dein Bild von Kanada dadurch verändert?« »Heidi und ich sind in den Norden Ontarios gekommen, weil uns die Wildnis fasziniert hat. Weißt du, diese enorme Weite, diese beeindruckende Leere. Uns haben Gebiete, in denen es keine Straßen gibt, schon immer angezogen. Doch als wir mit dem Kanu auf den Flüssen Richtung Hudson und James Bay unterwegs waren, sahen wir, dass alles gar nicht so leer ist, wie wir uns das vorgestellt hatten. Da lebten Menschen im Busch. In den frühen 1980er-Jahren waren die Leute noch öfter da draußen. Sie konnten damals noch vom Trappen und kommerziellem Fischfang leben. Dadurch waren sie oft im Busch und nur selten im Reservat. Wir trafen auf unseren Touren auf ganze Familien, was heute nicht mehr so der Fall ist. Denn das Trappen hat sich nach dem Pelzboykott einfach nicht mehr gelohnt. So haben wir viele Anishinaabeg und ihre Beziehung zum Land kennengelernt. Sie haben uns immer willkommen geheißen und wir haben nie schlechte Erfahrungen gemacht. Seitdem bin ich etwas vorsichtiger mit dem Begriff ›Wildnis‹. Einmal saßen wir mit Leuten zusammen und wir sprachen über die Wildnis, als eine ältere Dame auf einmal in gebrochenem Englisch sagte: ›Was ihr Wildnis nennt, ist mein Zuhause.‹ Dies veranlasste mich, die Umgebung aufmerksamer zu betrachten. Wir waren manchmal bis zu zehn Wochen auf einer Kanutour unterwegs. Dabei kamen wir immer wieder an Plätze, die ideal zum Campieren waren. Erst seit der Begegnung mit der Frau realisierte ich, dass diese Orte seit Jahrhunderten genutzt worden waren. Auch bei den Portagen, bei denen man wegen Stromschnellen am Ufer entlanggehen muss, erkennt man beim richtigen Hinschauen uralte Wege. Uns wurde plötzlich bewusst, dass hier tatsächlich keine Wildnis war, sondern dass die Gegend für die Leute seit Menschengedenken eine Heimat bot.«[374]

Vom See her war ein lautes Schnattern zu hören und die Hunde im Wald heulten kurz auf. Dann fuhr Werner fort: »Als ich Anfang der 1990er-Jahre im Rahmen dieses Kartografieprojekts den Elders zuhören konnte, habe ich viel über ihr Land gelernt. Auf der einen Landkarte, die ich dir vorhin gezeigt habe, konnten wir etwa 600 indianische Namen eintragen. Jedes Gewässer, selbst jeder Flussabschnitt, jedes Waldstück, jede Wiese, alles hatte eine Bezeichnung und ist mit Erinnerungen verbunden. Das hat mein Interesse an der lokalen Geschichte geweckt. Doch es war traurig und hat mich auch betroffen gemacht. Ich erinnere mich an eine alte Frau, die erzählt hat, dass sie sich auf das Familienleben gefreut hatte. Doch kurz nachdem sie geheiratet hatte, kam die Flut. Ihr Mann und sie wussten nicht mehr weiter ... Es war alles anders. All die Dinge, die sie gelernt hatten, stimmten auf einmal nicht mehr. Sie erzählte uns, wie hoffnungslos es war. Was da geschehen ist, war einfach rücksichtslos. Manche Auswirkungen konnte man damals noch gar nicht erahnen. Denn überschwemmte Bäume geben Quecksilber ins Wasser ab. Also nicht direkt, aber es wird ein chemischer Prozess ausgelöst, der zu einem Quecksilberproblem führt. Fische nehmen diese giftige Substanz vermehrt auf, was sich wiederum negativ auf die Nahrung der Indianer auswirkt.«[375] Ich hielt fest: »Es macht einen wirklich sprachlos, wie viele tragische Folgen die Ojibwe wegen dieser Stromgewinnung auf ihrem traditionellen Land erdulden mussten und wie ihr vertrautes Ökosystem in Mitleidenschaft gezogen wurde. Wie würdest du im Allgemeinen den Umgang Kanadas mit den First Nations im letzten Jahrhundert bezeichnen?« Dazu Werner: »Miserabel. Kanada wollte die Indianer weghaben, um an die Rohstoffe zu kommen. Man hat ihnen das Leben bewusst schwer gemacht.«[376]

Am nächsten Morgen fuhr ich zum Meno-Ya-Win-Gesundheitszentrum in Sioux Lookout. Dort hatte ich ein Treffen mit Renée Southwind vereinbart, die mit Werner Stünzi befreundet war. Ich sah sie durch die halb offene Bürotür am Computer sitzen. Als ich leise an den Türrahmen klopfte, sah sie auf und sagte: »Schön, dass du kommen konntest. Du möchtest also mehr über die Geschichte des Meno Ya Win wissen?« »Genau. Ich bin jetzt schon von der beeindruckenden Architektur angetan. Aber könnten wir uns zuerst noch über etwas anderes unterhalten, das mich gerade beschäftigt? Ich habe nämlich gestern von der Flutung des Lac Seul erfahren. Du bist ja Mitglied dieser First Nation und hast geholfen, die Geschichte aufzuarbeiten, wie mir Werner mitgeteilt hat.« »Genau, das ist schon eine Weile her. Wenn du willst, kannst du dir eine PowerPoint-Präsentation dazu ansehen. Danach können wir uns darüber unterhalten.« Die Präsentation war ähnlich wie jene im Band Office, enthielt jedoch weitere Aspekte.

»Wann hast du eigentlich das erste Mal von der Flutung des Lac Seul erfahren?«, fragte ich Renée. »Das war vermutlich in den 1970ern, als mein Bruder Chief war. Ich lebte damals bereits in Sioux Lookout, weil ich befürchtete, dass kanadische Beamte kommen und meine Kinder wegbringen würden. Weißt du, ich hatte immer noch diese Angst von damals, als ich meiner Familie entrissen und gezwungen wurde, auf die Residential School zu gehen. Ich wollte meine Kinder schützen, dass ihnen nicht dasselbe widerfuhr. Ich wollte ihnen ersparen, was ich durchmachen musste. Daher lebten wir hier in Sioux Lookout und ich schickte sie auf eine Privatschule. Ich wollte nicht, dass sie gemobbt werden. Wie auch immer, das ist eine andere Geschichte. Mein Bruder war 24 Jahre alt, als er Chief wurde. Das muss 1977 gewesen sein. Da übernachtete er einmal bei uns, weil er zu einem dieser großen Meetings im Ort gehen wollte. Und ich erinnere mich, wie er erzählt hat: ›Ich werde einen Vortrag über die Flutung halten und darüber sprechen, wie sie unsere Gemeinschaft und unsere Lebensweise beeinträchtigt hat. Wir werden dann sehen, was gemacht werden kann.‹ Das war das erste Mal, als ich davon hörte.«[377]

»Hat eure Arbeit Früchte getragen? Hat sich Kanada beziehungsweise die Provinz Ontario für die Flutung entschuldigt und Entschädigungszahlungen überwiesen?« »Nein, eine offizielle Entschuldigung des Staats hat es nie gegeben. Angemessen entschädigt wurden wir bis zum heutigen Tag ebenfalls nicht. Es gab zwar bereits einige Zahlungen, doch damit ist die Sache nicht einfach erledigt. Der Staat wollte, dass wir unseren Verlust klar aufzeigten. Doch wie kann man eine Lebensweise, die teilweise ausgelöscht wurde, quantifizieren? Die Elders lebten auf dem Land. Sie kannten es in- und auswendig und waren damit verbunden. Das war Teil ihres Wesens, das nicht einfach materiell ist, sondern Bewusstsein, Seele und Geist zugleich. So betrachten die Nishnawbe die Welt. Alles ist lebendig. Weißt du, die staatliche Sicht auf wirtschaftliche Entwicklung ist so anders als unsere Weltanschauung. Wir haben eine Beziehung mit der Erde, mit Mutter Erde. Aber deren Sicht dreht sich immer nur um Geld, Geld, Geld.«[378]

Renée räusperte sich kurz und meinte abschließend: »Die Leute wurden vor der Flutung nicht konsultiert. Die Kanadier sprachen zwar immer von diesem ›großen weißen Vater‹ und sie sagten, man würde sich um alles kümmern und für uns sorgen. Aber das haben sie nicht gemacht. Als sie diesen Damm bauten, wie du es in der PowerPoint-Präsentation gesehen hast, ging es ihnen nur um ihre eigene wirtschaftliche Entwicklung. Sie haben davon profitiert. Aber was haben wir erhalten? Überhaupt nichts! Wir haben nicht mal Strom erhalten. Das war erst 50 Jahre später der Fall! Sämtliche umliegenden Dörfer und all die Touristen-Camps, die entstanden, hatten Elektrizität. Sie haben alle von diesem Damm profitiert. Und wir lebten mittendrin und hatten all die Jahre lang bis 1985 keinen Strom.« Sie musste darüber fassungslos lachen und meinte dann: »Das ist doch ziemlich bizarr, oder? Da stimmt doch etwas nicht.«[379]

2006 haben die Lac Seul First Nation und die Ontario Power Generation (OPG), ein Nachfolgeunternehmen der für den Betrieb der Kraftwerke bis 1999 verantwortlichen Ontario Hydro, eine Vereinbarung getroffen. Die OPG entschuldigte sich für die historischen Missstände, leistete einen finanziellen Ausgleich und ließ die First Nation mit 25 Prozent an der Stromproduktion teilhaben.[380] Im Gegensatz dazu kam es mit Kanada noch nicht zu einer für beide Seiten akzeptablen Einigung. Ein Berufungsverfahren war 2019 immer noch anhängig. 2017 hatte zwar ein Bundesgericht entschieden, dass Kanada mit der Errichtung des Damms in mehreren Punkten gegen das Gesetz verstoßen hatte, und den Staat zu einer Entschädigungszahlung verpflichtet. Während die Kompensationszahlung auf 30 Millionen Dollar beziffert wurde, versuchten aber die Ojibwe aus Lac Seul aufzuzeigen, dass dieser Betrag um ein Vielfaches höher ausfallen musste, und legten Berufung ein. Allein für den materiellen Verlust eines Teils des Reservatsgebiets machten sie 40 Millionen Dollar geltend. Zudem verwiesen sie auf den Treaty Nummer 3 und ihr Verständnis der Ressourcenteilung. Daher forderten sie zusätzliche 506,6 Millionen Dollar für ihren aus dem Gewinn der Stromerzeugung entgangenen Anteil, den Kanada auf Grund seiner Treaty-Verpflichtung für sie hätte aushandeln sollen.[381] An diesem Beispiel wird deutlich, wie unterschiedlich Kanada und die Ojibwe das Recht interpretieren. Während der Staat lediglich den quantifizierbaren Verlust entschädigen wollte, verwiesen die Indianer zusätzlich auf ihre indigenen Rechte und die durch den Treaty bekräftigte Abmachung der Wertschöpfungsteilung. Dieser Grundsatz wurde nach ihrem Rechtsverständnis völlig verletzt. Denn sie hatten durch die Flutung des Sees und der damit verbundenen Überschwemmung eines großen Teils ihres Reservats das Nachsehen. Im Gegensatz dazu profitierte die andere Partei auf der ganzen Linie. Die Umnutzung des Lac Seul zu einem riesigen Wasserspeicher ermöglichte nicht nur die Stromversorgung von Nordwest-Ontario, sondern auch der Großstadt Winnipeg.

Das Leid, das die Ojibwe am Lac Seul durch die Flutung ihres Sees erlitten, blieb auch anderen First Nations im nördlichen Ontario nicht erspart. Nur wenige Wochen nach meinem Aufenthalt in Sioux Lookout war ich bei einer indianischen Familie im vom Lac Seul 900 Kilometer weiter südöstlich gelegenen Reservat der Mattagami First Nation zu Gast. Dort wurde mir Ähnliches berichtet. Ihr traditionelles Gebiet wurde 1921 durch einen Damm geflutet, ohne dass die Gemeinschaft im Vorfeld konsultiert und über die Auswirkungen ausreichend informiert worden war. Dabei wurden Gebäude, Gräber und heilige Zeremonieplätze überschwemmt und gingen damit für immer verloren.[382] Ein weiteres Beispiel ist Osnaburgh, das heutige Mishkeegogamang. Diese First

Nation hat ihr traditionelles Territorium etwa 150 Kilometer nordöstlich des Lac Seul und war Anfang des 20. Jahrhunderts noch weitgehend unbeeinflusst von Kanada. Das änderte sich jedoch abrupt, als 1929 etwas nördlich von Osnaburgh Gold gefunden wurde. Sofort siedelten sich zwei Minengesellschaften an. Bei Rat Rapids wurde ein Wasserkraftwerk errichtet. Als der Damm 1934 fertiggestellt war, kam es zu Überschwemmungen großer Teile des Reservats. Genau wie in Lac Seul und Mattagami hatte dies verheerende Konsequenzen auf das traditionelle Leben. Die Mishkeegogamang First Nation war im Vorfeld nicht gewarnt worden, obschon den zuständigen Behörden die fatalen Auswirkungen auf ihre Gemeinschaft aufgrund der zuvor stattgefundenen Flutung von Lac Seul bekannt waren. 1936 wurde eine Transportstraße zu den Minen gebaut, die einen weiteren Reservatsteil tangierte. Die Ojibwe verloren dadurch noch mehr wertvolles Land.[383]

Inzwischen haben die beiden First Nations Mattagami und Mishkeegogamang nach langwierigem Kampf um ihre Rechte Entschädigungen erhalten. Mishkeegogamang konnte beispielsweise mit Ontario 1999 eine Einigung erzielen. Fortan wurde Ontario Hydro und seine Nachfolgeorganisation verpflichtet, 17,25 Millionen Dollar in jährlich festgelegten Raten als Abfindung an die Gemeindemitglieder zu bezahlen.[384] Dies war zwar eine gewisse Genugtuung, kam aber für zahlreiche Betroffene, die längst verstorben waren, um Jahrzehnte zu spät. Für die damaligen Ojibwe waren die Überflutungen ihrer Reservate eine existenzielle Bedrohung ihrer Lebensweise. Gleichzeitig führten sie ihnen ungeschönt vor Augen, wie eifrig die Euro-Kanadier nach Bodenschätzen suchten und dass sie dafür ihr ganzes Land zerstören konnten. Am schwerwiegendsten belastete sie jedoch, dass sie keinen Bündnispartner hatten, der sie davor schützen konnte. Die Hoffnungen, der ›große weiße Vater in Übersee‹ und die Vertreter der Krone in Kanada würden ihnen in dieser schwersten Zeit beistehen, hatten sich schon längst zerschlagen. War dies der Anfang vom Ende ihrer Welt?

Wider den Lauf der Natur

»Du bist Wissenschaftler. Weißt du, alle Wissenschaftler, die im letzten Jahrhundert zu uns kamen, haben uns geschadet. Theologen meinten, wir hätten keine Religion und müssten missioniert werden. Philosophen glaubten, wir seien auf einer unteren Entwicklungsstufe und müssten zivilisiert werden. Historiker erkannten unsere Geschichte nicht an. Geologen suchten nach Gold und Bodenschätzen, nur um uns später das Land wegzunehmen. Anthropologen untersuchten uns und dachten, wir seien eine aussterbende Rasse und man könne uns umsiedeln. Ingenieure haben mit Staumauern unser Land überflutet und unsere Flüsse umgeleitet. Siehst du diesen Baum? Wir brauchen keine Wissenschaft, um zu wissen, dass er lebt, dass er beseelt ist.«[385] Ich erinnere mich noch gut an die Worte, die der Elder und ehemalige Chief Edmund Metatawabin zu mir sagte, als wir uns über Wissenschaft unterhielten. Seither habe ich oft darüber nachgedacht, denn es hat mich betroffen gemacht. Je mehr ich den Erzählungen der Elders zuhörte und mich mit der indianischen Geschichte des nördlichen Ontarios auseinandersetzte, desto deutlicher stand mir die Beteiligung von Wissenschaftlern am kolonialen Unterdrückungssystem vor Augen. Die westliche Welt hat für die Eroberung der amerikanischen Erde alle ihre ideologischen und technologischen Waffen eingesetzt, dazu gehörten neben Soldaten, Siedlermilizen und Missionaren auch Wissenschaftler.

Als ich einmal mit Edmund in seinem Boot auf dem Albany River Richtung James Bay unterwegs war, meinte er: »Unser Fluss hier war nie trüb. Vor nicht allzu langer Zeit hätten wir den gleichen Weg befahren können und wir hätten das Gestein auf dem Grund gesehen. Das Wasser war klar und sauber. Irgendetwas geschieht aber jetzt flussaufwärts und macht das Wasser schlammig. Wir wissen aber nicht, was es genau ist. Nun ist es sehr schwer, zu wissen, wo man fährt, denn man kann den Grund nicht mehr sehen.«[386]

Doch nicht nur das trübe Wasser macht den Cree zu schaffen. Der Albany River führt in der warmen Jahreszeit manchmal so wenig Wasser, dass er bei Ebbe vor seiner Mündung in die James Bay nicht mehr mit dem Boot befahrbar ist. Ich habe dies erlebt, als ich im Sommer 2017 Gast an der Zusammenkunft der beiden First Nations Fort Albany und Kashechewan auf dem Old Post war. Das Festgelände lag auf einer Insel mitten im Fluss und teilweise war der Wasserstand so tief, dass die Boote von Fort Albany nur mit guter Navigationskunst um Sandbänke und Felsgestein herum ihr Ziel erreichten. Die Leute aus Kashechewan mussten sogar den Umweg über die James Bay nehmen, um überhaupt zum Old Post zu gelangen. Einer der Gründe, weshalb der Albany River nicht mehr so viel Wasser führt wie vor 100 Jahren, liegt gewiss darin, dass kanadische Ingenieure im 20. Jahrhundert einige wichtige Zuflüsse für die weitere Stromproduktion nach Süden umgeleitet haben. 1939 wurde die Fließrichtung des Kenogami River durch zwei große Dammbauten über den Long Lake zum Oberen See gewendet. Dadurch wurden dem Albany River und somit der James Bay das Wasser eines Einzugsgebiets mit der Fläche von ungefähr 4221 Quadratkilometern entzogen. Die entsprechende Menge Flusswasser, die dadurch neu nach Süden floss, beträgt etwa 41 343 Liter pro Sekunde.[387] Maßgeblich bei diesem Projekt beteiligt war die Wasserkraftbehörde von Ontario, der Vorgängerorganisation von Ontario Hydro. 1943 veranlasste sie, die Fließrichtung des oberen Ogoki River, eines weiteren wichtigen Nebenflusses des Albany River, zu wenden. Das Wasser strömte fortan nach Süden in den Stausee Ogoki Reservoir und gelangte von dort über den Lake Nipigon ebenfalls in den Oberen See. Die Umleitungen dieser beiden Flüsse wurden zur Stromproduktion genutzt. Dadurch dass die Großen Seen nun deutlich mehr Wasserzufuhr erhielten, konnte auch die Stromproduktion bei den Decew Falls in der Nähe der Niagara-Fälle erhöht werden.[388]

Mit der Inbetriebnahme eines neuen Staudamms im Herbst 1957 leitete Ontario Hydro den Root River um, der von nun an über einen Verbindungsfluss das Wasser aus dem Lake St. Joseph in den Lac Seul führte. Dadurch ging dem Albany River, der aus dem Lake St. Joseph entspringt, wiederum eine beträchtliche Menge Wasser verloren. Gleichzeitig wurden der English River und der Winnipeg River je nach Bedarf mit mehr Wasser gespeist, damit die Stromproduktion erhöht werden konnte. Für Ontario Hydro handelte es sich dabei um ein lukratives Geschäft, da es diese Energie an sich neu ansiedelnde Unternehmen, wie weitere Minengesellschaften oder Papierfabriken, in Manitoba verkaufen konnte. Auf der Verliererseite standen wiederum die beiden Ojibwe-First-Nations Lac Seul und Mishkeegogamang. Letztere protestierten dagegen, weil sie nicht wollten, dass das Ökosystem des Lake St. Joseph, nach dessen Flutung vor über 20 Jahren, wiederum in Mitleidenschaft gezogen wurde. Sie fanden jedoch kein Gehör. Die Regierungen Kanadas und der beiden Provinzen Ontario und Manitoba erachteten es nämlich als Selbstverständlichkeit, dass man sich das Wasser zu eigen machen konnte, und ignorierten sämtliche indigenen Ansprüche. Erneut kam es zu schwerwiegenden Folgen für die Ojibwe beider Reservate. Denn die Pegelstände des Lac Seul und des Lake St. Joseph wurden nun regelmäßig künstlich gesenkt oder gehoben. Dadurch wurde Reservatsland abwechselnd trockengelegt und wieder geflutet. Dies wirkte sich negativ auf die Fischerei, die Jagd und den Anbau von Wildreis aus. Die Tiere hatten Mühe, sich an diese stetigen ungewohnten Änderungen anzupassen. Die für die Ojibwe wichtigen Bisamratten verschwanden beispielsweise eine Zeit lang ganz. Die Fischer mussten ihre Netze, die zudem stärker beschädigt wurden und öfter geflickt werden mussten, immer wieder an anderen Orten setzen. Dies war ein zeitraubender Mehraufwand. Schließlich war auch die Fischerei auf einem etwa 300 Kilometer langen Streckenabschnitt des Albany River von seinem Ausfluss aus dem Lake St. Joseph über Fort Hope bis nach Marten Falls stark beeinträchtigt. Der Fluss führte auf diesem Abschnitt manchmal kaum mehr Wasser.[389]

Die Wemistigosiwak hatten mit den Überflutungen der Seen durch Staudämme den Ojibwe schmerzvoll vor Augen geführt, wie respektlos sie das Land behandelten. Sie machten nicht einmal vor den fließenden Gewässern halt, den Lebensadern der indianischen Zivilisationen. Durch die Ableitung von Zubringerflüssen des Albany River waren auch die ein paar Hundert Kilometer entfernten Cree an der James Bay betroffen. Fische laichten nicht mehr an gewohnten Stellen, Tiere wanderten ab. Die Euro-Kanadier waren zwar nicht gekommen, sich auf ihrem Land im Norden Ontarios niederzulassen. Aber sie würden für Bodenschätze alles durchwühlen, Wälder abholzen, ganze Ökosysteme zerstören und letztlich den Indianern die Lebensgrundlage entziehen. Es brauten sich wahrlich finstere Wolken über der Zukunft des ›Nishnawbe Aski‹, des Landes der Menschen, zusammen. Überall verbreitete sich die Angst vor einer unausweichlichen Katastrophe und dem endgültigen Untergang ihrer Welt.

Wenn ich mich mit Elders über Staumdammprojekte und Flussumleitungen unterhielt, erinnerten sich viele daran, dass sie vor ein paar Jahrzehnten Geologen und Ingenieure gesehen hatten, die auf dem Land allerhand Untersuchungen durchführten. Stan Beardy erzählte mir dazu: »Als ich in den 1950er- oder frühen 1960er-Jahren ein kleiner Junge war, sah ich nicht-indigene Leute, die im Winter mit Schneemobilen auf dem gefrorenen Severn River unterwegs waren. Das war das erste Mal, dass ich solche Schneemobile gesehen hatte. Die Leute waren alle gleich angezogen und trugen grüne Parkas, einige von ihnen sogar Pistolen. Sie blieben ein paar Tage in Bearskin Lake. In der Highschool machte ich einige Nachforschungen und fand heraus, dass es Angehörige der US-Army waren. In den 1950er-Jahren hatte Kanada mit den USA Abkommen geschlossen, weil die USA für Notzeiten freien Zugang zu Trinkwasser in Kanada haben wollten. Wenn du dir NAFTA, das Nordamerikanische Freihandelsabkommen, anschaust, siehst du, dass es nicht viele Verweise auf Wasser gibt, denn es gab bereits entsprechende Vereinbarungen. In den 1960er-Jahren sandte die US-Army ihre professionellen Ingenieure, die die Wasserwege in Nordwest-Ontario erforschen sollten. Sie wollten die Fließrichtung nach Süden drehen. Da sie die Flüsse in ihrem Land bereits verschmutzt hatten, waren sie auf der Suche nach sauberem Wasser. Ihr Plan war, eine riesige Staumauer zwischen der Hudson Bay und der James Bay zu errichten, um Letztere mit Süßwasser vollzupumpen. In den 1970er-Jahren haben daher verschiedene amerikanische Universitäten in den USA Anthropologen in unsere Reservate entsandt. Einer kam auch nach Muskrat. Wenn die Amerikaner erfahren hätten, dass man Länder überfluten wollte, wo Menschen wie die Ojibwe lebten, hätte dies zu Protesten geführt. Daher versuchte man wissenschaftlich zu belegen, dass sich die Ojibwe auch an einem anderen Ort gut anpassen könnten. Vor einer möglichen Flutung wollte man durch wissenschaftliche Studien Proteste in den USA verhindern. Wenn man von Sioux Lookout Richtung Norden fliegt, sieht man riesige Gebiete, die kahl geschlagen sind. Große Teile des Nishnawbe-Gebiets sollten gerodet, alle Bodenschätze abgebaut werden und schließlich wollte man alles überfluten. Das war der Plan.«[390]

Ein gravierendes Problem für die Cree und Ojibwe in dieser bedrückenden Situation war, dass sie von den Behörden nicht im Voraus informiert wurden, sondern immer nur vor vollendete Tatsachen gestellt wurden. Von einem Elder wusste ich, dass der Ojibwe Harry Achneepineskum aus Marten Falls Anfang der 1970er-Jahre Recherchen zu dieser geplanten Staumauer, die die James Bay von der Hudson Bay abgetrennt hätte, und zu Umleitungen der größten Flüsse durchführte. Dabei sei er in verschiedene abgelegene Reservate geflogen und habe auch Staudämme auf dem traditionellen Land besucht, um deren negative Auswirkungen auf die dort lebenden Indianer zu untersuchen. Es sei ihm ein Anliegen gewesen, die First Nations im Norden Ontarios in ihrem Kampf gegen weitere solche Projekte zu vereinen. Im Herbst 1976 sei er jedoch bei einem Flugzeugabsturz während seiner Nachforschungen ums Leben gekommen.

Die Nachricht, dass im nördlichen Ontario Angehörige des US Army Corps of Engineers seit Herbst 1967 hydrologische Untersuchungen machten, mit dem Zweck, einst gigantische Wassermengen in die USA umzuleiten, verbreitete sich auch in den nicht-indigenen Siedlungsgebieten am Lake Superior. Besorgte Bürger kontaktierten ihre Repräsentanten in den Parlamenten der Provinz und des Staats. Da diese jedoch keine zufriedenstellenden Antworten liefern konnten, wurde in der Stadt Thunder Bay die Dam-the-Dams-Kampagne ins Leben gerufen. Deren Mitglieder waren Indianer aus dem Norden, die in der Stadt lebten, aber auch nicht-indigene Kanadier, wie etwa Umweltschützer oder Leute aus der Tourismusbranche, die durch weitere Dammbauten die Naturschönheiten der Region gefährdet sahen. Die Vereinigung, die sich mit allen Mitteln gegen weitere Eingriffe in die Gewässersysteme des nördlichen Ontarios einsetzte, lancierte eine Geldsammlung und finanzierte damit eine vierköpfige Expeditionsgruppe. Diese sollte mit einem Wasserflugzeug in die abgelegenen Reservate reisen, um vor Ort Informationen zu beschaffen. Harry Achneepineskum war als Fotograf und Übersetzer mit dabei.[391] Ende August 1971 flog das kleine Team in verschiedene Reservate, sprach mit Indianern und machte Luftaufnahmen von Flussstellen, an denen die Ingenieure ihre Messungen gemacht und die bewaldeten Ufer gerodet hatten. Zudem interviewten sie euro-kanadische Beamte und Geistliche, die sie unterwegs antrafen.

Ihre erste Station war das Reservat Marten Falls. Die Ojibwe bestätigten der Forschungsgruppe, dass 1967 an gewissen Stellen sowohl 29 Kilometer flussabwärts sowie 32 Kilometer flussaufwärts auf beiden Uferseiten Rodungen stattgefunden hatten. Ein Elder berichtete, man hätte davon gehört, dass das Wasser in die USA umgeleitet werden sollte. Auch habe man die Leute gewarnt, dass ihr Land einst überflutet werde und sie sich schon jetzt einen neuen Ort suchen sollten. Dies käme jedoch überhaupt nicht infrage. »Das war der Grund, weshalb die weißen Männer Proben nahmen und unseren Fluss erforscht haben. Doch wir werden keinesfalls, egal für welche Zwecke, einem solchen Dammbau zustimmen.«[392] Man werde sich mit anderen indianischen Gemeinden verbünden und dagegen ankämpfen. Denn wenn es dazu komme, sei dies das definitive Ende ihrer Lebensweise.

Das Team flog weiter nach Pickle Lake, wo ihnen Beamte des Ontario Department of Lands and Forests auf Landkarten mehrere potenzielle Staudämme zeigten und ihnen mitteilten, die Arbeiten würden vom kanadischen Staat organisiert. In Pickle Lake konnten sie auch den anglikanischen Priester A. R. Ohner interviewen, der ihnen sagte: »Viele werden dieses Unternehmen mit Jobs und Geld in Verbindung bringen. Aber die Ureinwohner lassen sich nicht von Dollarzeichen blenden. Ich vermute, wenn sie alle Fakten kennen, werden sie mehr als bloß wütend sein. Das ist ihr Land. Sie werden niemals zulassen, dass es zerstört wird.«[393] Die Reise führte die Männer weiter ins Reservat Kingfisher Lake. Dort meinte ein Councilor zu den kanadischen Plänen: »Wir werden damit nicht glücklich sein. Es wird unsere Jagd- und Fanggebiete zerstören. Wenn das Land vernichtet wird, werden auch wir zerstört. Die Tiere im Wald und die Fische im Wasser erhalten uns am Leben. Wenn sie gehen, was wird dann aus uns werden?«[394]

Nachdem Harry Achneepineskum und seine Begleiter noch zwei weitere Reservate besucht hatten, kehrten sie nach Thunder Bay zurück und setzten ihre Nachforschungen fort. 1972 brachte das Komitee der Dam-the-Dams-Kampagne eine Broschüre mit Hintergrundinformationen heraus. Anhand verschiedener Indizien, die gesammelt worden waren, ging man davon aus, dass im Extremfall sämtliche Flüsse in Ontario, die in die Hudson und James Bay mündeten, in die USA umgeleitet würden. Vielen amerikanischen Politikern und Wissenschaftlern wäre das kostbare Gut Wasser äußerst willkommen. Gemäß Broschüre meinte Tom McCall, der Gouverneur des Staats Oregon: »Lasst uns mal sehen, ob wir nach Kanada gehen können, um herauszufinden, ob es einen Weg gibt, mehr Wasser für Oregon, Washington, Idaho und Montana zu erhalten.«[395] Zitiert wurde darin auch Arthur Pillsbury, ein Professor für Bewässerungstechnik an der Universität von Kalifornien: »Die Dattelpalmen und die Grapefruitbäume weichen, je mehr Menschen in die Region strömen. (...). Der einzige Weg, die größer werdende Bevölkerung zu versorgen, ist durch Erhöhung der Wasserressourcen. Die einzige dafür geeignete Quelle kommt aus Kanada.«[396] Die Autoren der Broschüre wiesen aber auch darauf hin, dass viele Amerikaner völlig anderer Meinung waren. Zum Schluss legten sie dar, dass dieses Mega-Projekt aus folgenden drei Gründen auf gar keinen Fall realisiert werden dürfe: Die Kosten für die ganzen Bauten würden die Einnahmen übersteigen und Kanada würde sich maßlos verschulden, es käme zu einem ökologischen Desaster und schließlich müssten schätzungsweise 30 000 bis 40 000 Menschen, darunter auch viele Weiße, umgesiedelt werden. Daher forderte man die Bürger auf, Druck auf Parlamentarier auszuüben, Leserbriefe zu schreiben, die Kampagne finanziell zu unterstützen und deren Anliegen weiterzuverbreiten.

Harry Achneepineskum engagierte sich unermüdlich gegen die Zerstörung seiner Heimat. Er hielt regelmäßig Vorträge und versuchte dadurch auch urbane Bevölkerungskreise auf das ihnen meist unbekannte Thema aufmerksam zu machen. In einem Referat zeigte er 1972 auf, dass nicht nur die Indianer im Norden Ontarios unter bereits errichteten Staudämmen zu leiden hatten, sondern auch jene in anderen Landesteilen Kanadas. Als Beispiele nannte er etwa den Bennett Dam in British Columbia oder den Bighorn Dam in Alberta. »Ich verurteile die beabsichtigte Wasserumleitung aufs Schärfste«, hielt er darin fest. »Es ist ein hinterhältiges Unterfangen, das im nördlichen Ontario stattfinden und vor allem meinen indianischen Mitmenschen ihr Heimatrecht entreißen würde. Wenn ich daran denke, dass solche Pläne in Kanada bereits umgesetzt wurden oder kurz vor ihrer Realisierung stehen und dadurch indianische Rechte und die Treaties verletzt wurden oder bald abgeschafft werden, dann bekomme ich unweigerlich das Gefühl, dass wir Indianer immer die ersten sind, die schwere und unnötige Leiden erfahren, die uns von europäischen, gedankenlosen und doppelzüngigen Regierungen auferlegt werden.«[397] Weiter hob er in seinem Vortrag auch die ›Unschuld des indianischen Volks‹ hervor: »Ich sage unschuldig, weil wir nicht in das Land anderer Menschen einmarschieren, weil wir nicht die Rechte eines anderen Menschen verletzen, sei er weiß, gelb oder schwarz. Wir vergewaltigen das Land nicht, so wie ihr dies mit eurer Wirtschaft, eurer industriellen Entwicklung und eurer Wissenschaft gemacht habt. Wir verschmutzen die Luft und das Wasser nicht oder drehen den Lauf der Natur um.«[398] Die Weißen dürften es nicht zulassen, dass ›Mammamattawa‹, also der Ort, an dem sich die Flüsse vereinen, zerstört werde. Die Gewässer müssten in Frieden weiterfließen können. Denn wenn ein Fluss umgeleitet und in eine andere Richtung gezwungen würde, dann passiere dies auch mit dem Geist der mit ihm verbundenen Menschen und letztlich auch mit der Seele des Landes. Abschließend mahnte er die Zuhörer: »Wenn die Zeit kommt, in der wir unser Land verteidigen, dann will ich nicht, dass jemand von euch uns jemals wieder als Wilde bezeichnet. Ihr solltet besser jene Leute, die unsere Umwelt, unser Heimatland zerstören, Barbaren nennen.«[399]

1973 ließ die Union of Ontario Indians den gegen 400 Seiten starken Bericht von Harry Achneepineskum zur staatlich geplanten Umleitung der Flüsse im nördlichen Ontario in einer Auflage von 200 Exemplaren drucken. Dieser trug den Titel *Fortschritt auf Kosten von Völkermord* und beinhaltete Hintergrundinformationen, Korrespondenzen des Autors mit Politikern und zuständigen Behörden, transkribierte Interviews sowie Karten und diverse Zeitungsartikel.[400] Die Publikation wurde allen Chiefs im Gebiet des Treaty Nummer 9 zugestellt und an Institutionen in ganz Kanada verschickt. In der Vorbemerkung hielt Achneepineskum fest, dass er als Teenager im Marten Falls Reservat viele Fremde gesehen habe, die die Gewässer erforschten. Genauso wie Stan Beardy und viele andere im nur spärlich besiedelten Norden Ontarios begann auch er sich zu fragen, was diese Männer tatsächlich im Schilde führten und ob dies, wie so manches, das Euro-Kanadier bislang klammheimlich vollzogen hatten, zum Nachteil der indigenen Bevölkerung war. Mit seinen Recherchen in verschiedenen Reservaten und der danach erfolgten Verbreitung seines Reports an die Chiefs leistete er auch einen Beitrag zur allmählichen Herausbildung einer nationalen Identität der Cree und Ojibwe. Denn wenn tatsächlich die mächtigen Flüsse Severn, Winisk, Attawapiskat, Albany und Moose, die die zentralen Lebensadern ihres traditionellen Landes bildeten, umgeleitet würden, dann hätte dies für alle verheerende Folgen. Sie saßen daher als Schicksalsgemeinschaft im gleichen Boot und mussten gemeinsam dagegen ankämpfen. Dieser Umstand förderte ihr Zusammengehörigkeitsgefühl und einte die unterschiedlichen und geografisch teilweise Hunderte Kilometer voneinander entfernten Gruppen zunehmend. Noch gab es zwar keine direkten Kommunikationsmittel wie Telefon, Radio oder Zeitungen, mit denen sie rasch untereinander Informationen austauschen konnten. Doch es wurde klar, dass man nur gemeinsam fortschreiten konnte. Dies war einer der Gründe, weshalb sich im gleichen Zeitraum die Chiefs aus dem Norden Ontarios zum Grand Council Treaty No. 9 zusammenschlossen. Harry Achneepineskum war einer der Ersten aus diesem abgelegenen Gebiet, die öffentlich für ihre Rechte einstanden und begannen, aktiv Widerstand gegen die weitere Ausbeutung und Zerstörung ihres Landes, die staatliche Bevormundung und die Einschränkung ihrer Treaty-Rechte zu leisten. Sein Engagement war ein wichtiger Schritt in Richtung Emanzipation der Cree und Ojibwe.

Die Regierungen der Provinz Ontario und Kanadas bekräftigen zwar, dass es sich bei den Erforschungen der Flüsse Ende der 1960er-Jahre lediglich um Machbarkeitsstudien und nicht um Umsetzungspläne für irgendwelche Umleitungsprojekte gehandelt habe. Doch für die Cree und Ojibwe, die durch massive technische Eingriffe wie Rodungen, Staudämme und Elektrizitätswerke enorme Veränderungen ihres Lands und damit existenzielle Bedrohungen hinnehmen mussten, war die Angst davor real. Unter dem Begriff Great Recycling and Northern Development Canal of North America, kurz GRAND Canal, propagierte der kanadische Ingenieur Thomas Kierans (1913–2013) seit 1959, die James Bay mittels Staumauer von der Hudson Bay zu trennen. Sie sollte als riesiges Becken für Süßwasser dienen, das man über einen Kanal an ihrem unteren Ende Richtung Große Seen und von dort in die USA weitertransportieren könnte. Die Befürworter eines solchen Projekts wollten damit zukünftige Wasserknappheit im südlichen Kanada und in Trockengebieten der USA nachhaltig bekämpfen. Als Vorbild diente Kierans das in den Niederlanden realisierte Zuiderzee-Projekt. Dort wurde 1932 ein 29 Kilometer langer Deich fertiggestellt, der die Nordsee vom nun neu geschaffenen und süßwasserhaltigen Ijsselmeer trennte.[401]

Die Realisierung des GRAND Canal wird zwar derzeit aufgrund enormer Kosten, ökologischer Konsequenzen und der indigenen Treaty-Rechte nicht mehr in Erwägung gezogen. Doch die Pläne sind vorhanden und sie bereiten den Cree und Ojibwe nach wie vor Kummer, wie Stan Beardy festhielt: »Kanada hat alle Daten hinsichtlich Fließrichtung sämtlicher Gewässer unseres traditionellen Landes, ihrer Weite, ihrer Tiefe und der Bodenbeschaffenheit der Ufer. Auch der Plan einer Staumauer zwischen der Hudson und der James Bay kann jederzeit wieder aus der Schublade geholt werden. Wenn das mit der Klimaerwärmung so weitergeht, dann wird dieses Projekt realisiert, koste es, was es wolle. Sie werden es damit begründen, dass man doch nicht Wasser sinnlos nach Norden vergeuden könne, wenn es im Süden von Millionen Menschen gebraucht werde.«[402]

Die Euro-Kanadier veränderten aber nicht nur den Lauf der Gewässer, sondern griffen auch mit breit angelegten Rodungen für die Holzindustrie und die Rohstoffförderung durch Minen massiv in den indianischen Lebensraum ein. Ontario etablierte sich zu Beginn des 20. Jahrhunderts aufgrund der riesigen Waldflächen im Norden der Provinz zu einer Papierproduktionsstätte mit globaler Bedeutung. So war etwa die Abitibi Pulp and Paper Company in Iroquois Falls am Ende der 1920er-Jahre die weltweit größte Papierfabrik.[403] Ihr wurde 1919 vom Ontario Ministerium für Land- und Forstwirtschaft ein Waldreservat von über 3800 Quadratkilometern zur exklusiven Nutzung zugesprochen.[404] Auch andere Holzverwertungsfirmen erhielten Lizenzen zur Bewirtschaftung großer Waldflächen. Dagegen wurden die Indianer immer weiter zurückgedrängt und ihre Treaty-Rechte missachtet.

Doch die Fabriken verschlangen nicht nur Unmengen an Holz, sondern vergifteten auch die Flüsse mit Chemie-Müll. Von 1962 bis 1970 leitete eine Papiermühle, die zum international tätigen Großkonzern Reed gehörte, in der 50 Kilometer südlich des Lac Seul gelegenen Kleinstadt Dryden geschätzte neun Tonnen Methylquecksilberverbindungen in den Wabigoon River ein. Dieses war verwendet worden, um Papier zu bleichen, und gelangte mit anderen Chemieabfällen über verschiedene Gewässer bis zur Hudson Bay. Die hochgiftige Substanz wurde von den Fischen aufgenommen, die wiederum von den Menschen in den beiden abgelegenen Ojibwe-Reservaten Grassy Narrows und White Dog zur Grundnahrung gehörten. Diese schöpften auch ihr Trinkwasser aus den kontaminierten Seen. 1970 wurden die ungefähr 850 Ojibwe gewarnt. Gleichzeitig ließ der Staat die lokale Fischerei schließen. Die Arbeitslosigkeit der Indianer schoss dadurch von lediglich fünf Prozent bis auf 95 Prozent. Noch schlimmer waren aber die gesundheitlichen Folgen. Gemäß einem Bericht litten 79 Prozent aller zwischen 2002 und 2004 untersuchten Menschen in den beiden Reservaten an der durch Quecksilber ausgelösten chronischen Minamata-Krankheit. Deren Symptome sind in der Regel Gefühlsverlust in den Extremitäten, Zittern, Hörbeeinträchtigung, Tunnelblick und Lähmungen. Oft führt sie auch zum Tod.

Die Ojibwe der beiden Reservate wurden zwar 1985 mit ungefähr 17 Millionen Dollar entschädigt. Damit war die Sache aber noch längst nicht bereinigt und ausgestanden. Bei einer Messung im Jahr 2015 war der Quecksilbergehalt in den betroffenen Gewässern nach wie vor doppelt so hoch wie gesetzlich zulässig.[405] Viele Menschen müssen durch das Quecksilber vorzeitig verstorben sein. Denn gemäß einer Vergleichsstudie von 2018 lag die Lebenserwartung in Grassy Narrows bedeutend niedriger als bei anderen First Nations. Auch gab es prozentual viel weniger Elders in der Gemeinde. Im Juli 2019 machten Mitglieder des Reservats mit einem Protestmarsch in Toronto auf die nach wie vor prekäre Situation aufmerksam. Erst kürzlich wurde bekannt, dass Angestellte der Papierfabrik mit Quecksilber gefüllte Fässer im Boden flussaufwärts von Grassy Narrows vergraben und auf diese Weise entsorgt hatten. Nun müssen diese geortet und geborgen werden, da aus ihnen weiterhin die chemische Substanz austritt und das Wasser verunreinigt. Der Chief von Grassy Narrows meinte am Protestmarsch 2019 zur

Beziehung seiner Gemeinde mit Kanada: »Wir wurden von vielen Dingen überrollt. Wir wurden von Quecksilber verseucht, von der Residential School überwältigt, vom Reservatssystem erfasst und wurden umgesiedelt. All diese Dinge haben meine Gemeinde erschüttert.«[406] Am Beispiel des Reservats Grassy Narrows wird deutlich, wie unerbittlich und mit welcher Intensität das kanadische Kolonialsystem mit all seinen verschiedenen Akteuren zugeschlagen hat und weiterhin fortwirkt.

Während die Cree, deren Land näher bei der Hudson und James Bay lag, in den ersten beiden Jahrzehnten des 20. Jahrhunderts noch nicht sonderlich von den Euro-Kanadiern in Mitleidenschaft gezogen wurden, sahen sich die Ojibwe, die weiter südlich siedelten, immer stärker in die Enge getrieben. In ihren traditionellen Wäldern wurde Holz für die Bau- und Papierindustrie geschlagen, an ihren Flüssen und Seen wurde Strom produziert und immer mehr weiße Fischer und Jäger drangen von den neuen Siedlungen in ihren Lebensraum vor. Wenn die Indianer deswegen nicht mehr genügend Nahrung fanden, sahen sie sich gezwungen, als Billigstarbeitskräfte in den kürzlich errichteten Minen anzuheuern. Diese schädigten nicht nur ihren Boden, sondern trugen auch zur weiteren Zerstörung ihrer Kultur bei. Die Entdeckung von Gold in den späten 1920er-Jahren nördlich von Osnaburgh, dem heutigen Mishekeegogamang, erachteten viele Elders des Reservats als entscheidenden Wendepunkt ihres Gemeinschaftslebens. Der Ojibwe Francis Muckuck meinte dazu: »Als die Minenindustrie in Pickle Lake den Betrieb aufnahm, begannen wir unsere Kultur zu verlieren. Denn unsere Leute fanden dort Arbeit. Der Rohstoffabbau hat viele von ihnen verdorben. Sie begannen ein Gefühl für Geld zu entwickeln und erachteten auf einmal käufliche Dinge für wichtiger als das traditionelle Leben.«[407]

Doch nicht alle Indianer fanden eine Stelle bei einer Mine. Der Elder Sidney Fiddler aus der Oji-Cree-Gemeinde Sandy Lake erzählte mir, die Situation sei teilweise so prekär gewesen, dass sich sein Großvater, der sich auch um ihn gekümmert habe, gezwungen sah, mit der Familie in die Nähe des Goldminen-Dorfs Red Lake zu ziehen. Die einzige Möglichkeit, zu überleben, sei gewesen, die Abfalldeponien nach Essensresten abzusuchen. Sidney erinnerte sich nur ungern an diese demütigende Zeit und führte aus: »Mein Großvater war damals arbeitsunfähig und konnte uns nicht mehr ernähren. Er hat im Müll nach Speiseresten von Restaurants oder Privathäusern gesucht. Einige Leute waren sehr freundlich und packten die Nahrung ein, damit wir sie auf der Müllhalde einsammeln konnten. Sie wussten, was wir dort machten und dass wir das Essen finden würden. Mein Großvater suchte es aus dem Abfall heraus und wir aßen es am Abend. Dann waren wir wieder einmal satt und das war gut. So konnten wir überleben. Manchmal fand er im Abfall auch einige Früchte wie Bananen und Orangen. Das war eine harte Zeit. Während die Minenarbeiter Geld verdienten, verhungerten die Indigenen beinahe.«[408]

Auch in etwa 40 Kilometer Entfernung vom Reservat Sandy Lake wurde während einiger Jahrzehnte eine Mine betrieben. Dort ernährten sich ebenfalls Oji-Cree von Speiseresten, die sie auf der Müllhalde fanden. Andere erhielten zwar Arbeit, wurden aber später krank, weil sie, wie Sidney Fiddler vermutet, mit giftigen Chemikalien in Berührung gekommen waren: »Es belastet mich schwer, wenn ich mir veranschauliche, dass einige unserer Leute von Abfällen anderer abhängig waren. Aber es gibt noch eine andere Geschichte im Zusammenhang mit dieser Mine. Etwa vor 50 Jahren starben dort viele Menschen, unter ihnen Elders, aber sogar auch Leute, die jünger als ich waren, kamen auf unerklärliche Weise ums Leben. Das hat mich sehr beschäftigt. Manche waren so jung und plötzlich wurden sie aus dem Leben gerissen. Ich habe einige Menschen sterben gesehen, zum Beispiel einen unserer Gemeinderäte. Der spielte Baseball und auf einmal fiel er tot um. Gleich da drüben auf dem Baseball-Feld. Wir haben das gesehen. Er hat nicht mehr geatmet. Das war's. Und so geschah es häufiger, sodass ich begann, mich zu wundern. Ich fragte bei den staatlichen Behörden nach, ob sie mir mehr über diese Mine sagen konnten. Ich wusste, dass sie eine bestimmte Substanz verwendet hatten, als sie Gold förderten. Sie haben in der alten Mine etwas eingesetzt, um das Gold herauszuwaschen. Ich dachte, dieses Zeugs würde immer noch dort im Boden sein. Der Staat hat Untersuchungen gemacht, aber noch nichts herausgefunden. Ich weiß aber nicht, ob man uns die Wahrheit sagt. Dort ist noch etwas, da bin ich mir sicher. Es macht jedoch den Anschein, als wolle man uns verschweigen, was man herausgefunden hat. Für uns ist es schwer, etwas zu beweisen. Ich bin sicher, es gibt auf dieser Welt Leute, die über solche Sachen Bescheid wissen. Es wäre schön, wenn jemand kommen würde, um uns zu helfen. Denn ich habe mit eigenen Augen gesehen, wie viele Menschen auf sonderbare Weise gestorben sind.«[409]

Für die Indigenen ist es manchmal äußerst schwer, Staatsbeamten überhaupt vertrauen zu können. Zu oft wurden sie hinters Licht geführt oder mit falschen Versprechungen hingehalten. Sie selbst haben meist keine wissenschaftlichen Spezialisten in ihren Reihen, wie etwa Chemiker, die einen als verseucht geglaubten Boden untersuchen könnten. Auch fehlen ihnen die Gelder dazu. Diese Ohnmacht vermischt sich oft mit negativen Erinnerungen daran, wie sich die Wemistigosiwak selbstherrlich das indianische Land angeeignet und zerstört hatten. Sidney meinte ergänzend: »Die Minenbetreiber haben unserem Volk nie ein Gesuch gestellt, um die Bodenschätze auf unserem Land zu bergen. Die weißen Menschen haben nicht einmal gefragt, ob sie sich hier in unserem Territorium niederlassen können. Es ist wirklich schlimm für mich, wenn ich an all diese Dinge denken muss, die in der Vergangenheit passiert sind. Den Menschen, die hier gelebt haben, ist viel Leid widerfahren, besonders meinen Großvätern und Großmüttern. Die hatten eine enorm harte Zeit mit den Immigranten, die als Mineure kamen und deren Sprache sie nicht verstehen konnten. Viele dieser Neuankömmlinge waren gemeine Menschen, so muss man das wohl sagen. Herumgeschubst haben sie uns. Sie wollten ihre Art und Weise durchsetzen, anstatt unsere zu akzeptieren. Das war demütigend für unser Volk. Es ist noch gar nicht so lange her, höchstens 50 Jahre. Ich möchte die Welt wissen lassen, dass wir harte Zeiten durchgemacht haben.«[410]

»Wir nannten sie Diktatoren«

»Du kannst keinen weißen Mann schlagen. Wenn du in einem Konflikt einen von ihnen schlägst, dann schlägst du sie alle. Sie werden alle ihre Leute aussenden, um dich zu finden. Selbst wenn du wegrennst, werden sie dich finden. Sie werden ihre Polizisten senden, dann schicken sie ihre Regierungsangestellten und schließlich ihre ganze Armee. Bloß für eine Ordnungswidrigkeit! Heute ist das immer noch so.«[411] Damit drückte der Elder Edmund Metatawabin das aus, was so viele seiner indianischen Mitmenschen in Kanada empfinden. Denn nachdem die Wemistigosiwak sich das Land unter den Nagel gerissen hatten, zwangen sie den Einheimischen ihre Gesetze auf, versuchten sie von ihren Jagdgründen wegzudrängen und sie schließlich in der europäisch geprägten Dominanzgesellschaft verschwinden zu lassen. Auf dem Land galten nun die Gesetze und Normen des weißen Mannes. Damit diese durchgesetzt und Vergehen sanktioniert werden konnten, sandte der Staat Polizisten und

Soldaten selbst in die abgelegensten Gebiete und schüchterten die Cree und Ojibwe ein. Die neue koloniale Waffe war das Wasserflugzeug, mit dem man von der Luft aus die Lager der Indianer überwachte. Sahen die Beamten, dass eine Familie beispielsweise an einem Ort fischte, an dem es ihr nicht gestattet war, landeten sie und setzten ihre Autorität durch.

Manchmal wurden Menschen, denen man ein Vergehen, wie etwa das Praktizieren der eigenen Spiritualität, anlasten konnte, auch einfach entführt. Edmund Metatawabin hielt in seiner Biografie *Up Ghost River* fest: »Wir waren schuldig. Wir hatten das Gesetz gebrochen: das Potlatch-Verbot, den Indian Act, das Verfassungsgesetz, das Landgesetz. ›Ihr habt das Gesetz des Königreichs Ihrer Majestät verletzt.‹ Konnten wir das verstehen? Mein Urgroßvater, John Metatawabin, wurde von der Royal Canadian Mounted Police wegen ›indianischer kultureller Aktivitäten‹ verschleppt. (…). Die Polizei flog ein, verhaftete ihn und brachte ihn mit dem Wasserflugzeug weg. Das war das letzte Mal, dass wir ihn gesehen haben. Er konnte weder Englisch sprechen noch schreiben. Daher haben wir nie mehr etwas von ihm gehört und konnten auch nie herausfinden, was mit ihm geschah. Ich vermute, dass er im Gefängnis starb.«[412] Das Cree-Wort für Polizei lautet ›Okipwakhayso‹. Übersetzt bedeutet es ›Leute, die dich wegbringen‹.[413]

1947 erließ die Regierung von Ontario aufgrund des im Jahr zuvor verabschiedeten Jagd- und Fischereigesetzes neue Vorschriften und führte zunächst im Süden der Provinz das Trapline-System ein. Dieses wurde 1948 auf den Norden bis an die Hudson und James Bay ausgedehnt. In Rücksprache mit den Cree und Ojibwe wurden nun die jeweils von einer Familie beanspruchten Jagdgebiete als Traplines registriert.[414] Mit dieser Neuerung versuchte die Regierung, den gemeinschaftlichen Zusammenhalt der Indianer zu brechen und sie zu individualisieren. Denn fortan sollte es nur noch demjenigen, der eine entsprechende Lizenz besaß, erlaubt sein, in einem bestimmten Gebiet Pelztiere mit Fallen zu fangen.

Die ursprünglichen Traplines waren Gemeinschaftseigentum und wurden jeweils von den Oberhäuptern der Clans an Familienangehörige zugewiesen. Wenn es jedoch die Situation erforderte, konnte man sich auch auf eine benachbarte Trapline begeben, um dort zu jagen oder Fallen zu stellen. Die Praxis war flexibel und es gab keine festen Grenzen, da man das Land grundsätzlich miteinander teilte. Die Zuweisung bestimmter Landabschnitte diente vielmehr dazu, das gesamte Gebiet gleichmäßig zu nutzen und Überjagungen an einzelnen Orten zu vermeiden. Mit der Registrierung wurde das indianische Land parzelliert und die Staatsbeamten wussten genau, wer wo trappen durfte. Das Trapline-System war folglich ein Kontrollinstrument, mit dem die Provinz Ontario ihren Machteinfluss auf dem von ihr beanspruchten Territorium durchsetzte. Ein Indianer durfte fortan nicht mehr im Gebiet eines anderen seine Fallen stellen, außer er holte eine staatliche Erlaubnis ein. Gleichzeitig kontrollierten die Behörden die Einhaltung der bereits in den 1930er-Jahren erlassenen Fangquoten oder setzten Schonfristen für gewisse Tierarten fest. Diese Bevormundung und der Kontrollverlust auf ihrem Land erschwerten den Cree und Ojibwe das Leben zusätzlich.[415]

Zwischen dem Ministerium für Natürliche Ressourcen und Forstwirtschaft (MNR) und den Cree und Ojibwe entwickelte sich eine äußerst angespannte Beziehung, die nach wie vor belastet ist. Diese Behörde, die im 20. Jahrhundert mehrmals den Namen änderte und beispielsweise von 1920 bis 1972 als Department of Lands and Forests bekannt war, sandte andauernd Beamte ins nördliche Ontario, um die Menschen zu überwachen. Donny Morris, Chief von KI, berichtete Folgendes darüber: »Die MNR-Leute waren alles keine Indigenen. Wir nannten sie damals Diktatoren. Man durfte nur acht Biber pro Jahr töten und ihre Felle nicht mehr verkaufen. Sie machten uns das Leben zur Hölle und gönnten uns keine Erfolge. Die Beamten stürmten in unser Lager und beschlagnahmten unsere Pelze, da das Wild dem König gehöre.«[416] Weshalb sich die Cree und Ojibwe vor den MNR-Beamten fürchteten, begründete Donny wie folgt: »Wir Indigenen hatten immer Angst vor den Weißen, weil sie die Waffen hatten. Mein alter Herr sagte zu mir, diese Menschen töten Menschen. Das war immer in unserem Kopf. Unsere Vorfahren hatten gehört, was im Süden geschah, von all den Kriegen, die sie dort führten.«[417]

Die Elders im Norden Ontarios berichteten über zahlreiche Vorkommnisse mit MNR-Personal. Ihre Erzählungen verdeutlichen, wie einst politisch souveräne und in Freiheit lebende Indianer zunehmend in Bedrängnis gerieten und ihrer Treaty-Rechte beraubt wurden. Der Provinz ging es zwar nicht um neues Siedlungsgebiet im hohen Norden. Doch durch die totale Herrschaft über den indianischen Lebensraum und den dort vorkommenden enormen Ressourcenreichtum wurde die Voraussetzung für eine lang anhaltende erfolgreiche Industrialisierung und Urbanisierung des Hunderte Kilometer weiter südlich gelegenen euro-kanadischen Siedlungsraums geschaffen. Die indianische Lebensweise spielte im wirtschaftlichen Fortschrittsdenken der Behörden keine Rolle. Je rascher die Cree und Ojibwe von ihrem Land verschwanden, desto besser für Kanadas Wohlstand. Diesen Prozess versuchte man mit Fangquoten und anderen lästigen Maßnahmen zu beschleunigen. Dadurch sollte den Menschen das Leben derart erschwert werden, dass sie sich definitiv in den Reservatssiedlungen niederließen. Dort konnte der Staat ihren Alltag entsprechend Indian Act vollständig kontrollieren.

Stan Beardy aus Muskrat brachte dies so auf den Punkt: »MNR war ein Regime, das die Leute auf dem Land ausplünderte. Das Ziel der Staatsangestellten war es, die indigenen Menschen zu verdrängen. Sie pferchten sie in Siedlungen ein, weil sie das Land zwischen den Reservaten bewirtschaften wollten. Jedes Mal wenn wir das Reservat verließen und etwas machten, das ihnen nicht passte, verfolgten sie uns und sagten, wir hätten das Gesetz gebrochen. So machten sie es uns beinahe unmöglich, auf dem traditionellen Land zu leben. Damit sind wir immer noch konfrontiert. Es ist nicht einfach etwas, das vor 100 Jahren passiert ist. Und es ist auch nicht bloß vor 50 Jahren passiert. Sondern es passiert noch heute.«[418] Welchen Eindruck die Beamten hinterließen, beschrieb Stan so: »Als ich das erste Mal Chief wurde, waren die MNR-Leute in unserer Gegend sehr präsent. Sie waren in Uniform gekleidet und trugen eine Pistole. Damit wollten sie demonstrieren, dass sie die Bosse sind. Seit ich ein Kind war, hörte ich viele Horrorgeschichten über sie, wie etwa, dass sie ihre Autorität missbrauchten. Sie kamen hierher, um uns zu sagen, wo wir fischen, trappen und jagen durften.«[419]

Durch die Einführung des Trapline-Systems von 1948 im nördlichen Ontario griff das Ministerium direkt in die Sozialstruktur der Cree und Ojibwe ein. Entsprechend negativ sind auch die Erinnerungen daran, zumal das neue System einst befreundete Familien gegeneinander aufbrachte. Das traditionelle Land der Cree in Fort Severn an der Hudson Bay wurde beispielsweise in ein Dutzend Traplines unterteilt. Durch die seit den 1930er-Jahren geltende Fangquote für Biber nahmen deren Bestände zwar kurzfristig zu. Doch um 1950 wurden die Tiere von einer speziellen Variante der Nager-Krankheit Tularämie heimgesucht und verschwanden an einigen Orten beinahe vollständig.[420] Es drohte eine Hungersnot und einige Cree waren gezwungen, ihre Trapline zu verlassen und andernorts zu jagen. Denn die Tiere zogen weiter und hielten sich nicht an menschengemachte Grenzziehungen, die nur auf Karten existierten. Dies wiederum führte zu Streitigkeiten mit den dort ansässigen Familien, die sich in dieser Notzeit auf das exklusive Jagdrecht in ihrer Trapline beriefen. Das Gebiet, das einst alle miteinander teilten, wurde nun als eine Art Privatbesitz erachtet. Stan Beardy erklärte mir dazu: »Mit der Einführung der Traplines wurde auch das westliche Konzept des ›Mein‹ übernommen. Man sagte den Leuten, das ist nun *deine* Trapline. Und die Leute verinnerlichten es und sagten: ›Das ist jetzt *meine*.‹ Dies führte zu viel Feindschaft, weil jeder plötzlich klare Vorstellungen davon hatte, wo *sein* Gebiet war.«[421]

Ernest Thomas aus Fort Severn erinnerte sich: »Diese Traplines waren wie Krieg. Die Kerle fragten: ›Warum kommst du zu meiner Trapline, warum gehst du zu meiner Trapline?‹«[422] Jemima Gray aus derselben Gemeinde sagte: »Als MNR die Traplines einführte, fingen die Leute an, darüber zu streiten, wer das Recht hatte, zu trappen. Einige zerstörten sogar die Fallen anderer Leute.«[423] An diesen Beispielen zeigt sich, wie das von außen aufgebürdete System den Zusammenhalt der indianischen Gemeinschaft ernsthaft gefährdete. In ihrer durch Hunger verursachten Notlage begannen die Menschen manchmal einander auch Fallen oder Köder zu stehlen. Bei Verdacht wandten sich Familienoberhäupter an MNR-Beamte, welche die Täter aufsuchten und ihnen mit Gefängnis drohten.[424] Dadurch verloren die Cree in Fort Severn allmählich ihre eigene Gerichtsbarkeit. Denn zuvor hatten sie solche Verstöße gegen die Gemeinschaft selbst geregelt und dabei in einem Aussöhnungsprozess Diebe und Bestohlene wieder zu vereinen versucht. Chief Donny Morris aus KI merkte daher kritisch an: »Es war unser Fehler, dass wir das Trapline-System mit seinem Lizenzwesen akzeptierten. Um dort draußen zu leben, zu fischen und zu trappen, sagten uns die MNR-Leute: ›Dafür müsst ihr diese Lizenz kaufen.‹ Und sie teilten uns je ein Landstück zu, auf dem wir trappen konnten, oder ein kleines Gebiet am Fluss, in dem wir fischen konnten. So kam es, dass wir dachten: ›Hey, ich habe das gekauft! Ich habe die entsprechende Lizenz. Verzieh dich von meinem Land!‹ MNR hat einen verdammt guten Job gemacht, uns zu spalten.«[425]

Nachdem sich in der Mitte der 1960er-Jahre die meisten Indianer im nördlichen Ontario in den Reservatssiedlungen niedergelassen hatten, hielten sie sich nicht mehr an das vorgegebene Trapline-System. Sie leisteten Widerstand gegen die Bevormundung, indem sie wieder selbst bestimmten, wer an welchem Ort trappen oder jagen durfte.[426] Heute stellt die Nishnawbe Aski Nation ihren Mitgliedern die entsprechenden Lizenzen aus und die First Nations verwalten die Traplines hinsichtlich der Nutzungsrechte weitgehend selbst. Dennoch ist mir in Gesprächen aufgefallen, dass die einstigen Auseinandersetzungen noch hie und da nachwirken. So monierten beispielsweise Cree aus Fort Severn, dass Trapper aus KI bei der Jagd zu weit nach Norden kämen. Dagegen meinten Letztere, ihre Nachbarn von der Hudson Bay würden zu weit südlich jagen. Zu nennenswerten Konflikten deswegen kommt es aber nicht, da die einzelnen First Nations im Kampf um staatliche Anerkennung ihrer Treaty-Rechte bei Weitem mehr eint, als sie trennt. Die Problematik entstand jedoch dadurch, dass die MNR-Beamten bei der Festlegung der Traplines Gebiete ohne klare Grenzen, die teilweise von mehreren Familien genutzt wurden und folglich überlappend waren, kartografisch eindeutig festlegten. Auch wenn es sich dabei um ein koloniales Kontrollinstrument handelte, möchten die Cree und Ojibwe die auf Landkarten eingetragenen Traplines nicht mehr unbedingt abschaffen. Denn da diese die Jagdgebiete ihrer Vorfahren zeigen, erachten sie dies als handfesten Beweis, dass ihrer Gemeinschaft eigentlich das Land gehört.[427]

Die Drangsalierungen durch MNR-Personal und Polizisten im 20. Jahrhundert traumatisierte die indianische Gesellschaft stark. Wie sie dadurch teilweise in ihrer Existenz bedroht waren, zeigen die folgenden Beispiele. Roy Morris aus Muskrat führte dazu aus: »Wir hatten seit alters her unsere eigenen Praktiken. Als die Beamten von MNR neue Richtlinien erließen, realisierten sie, dass die Indigenen diesen nicht folgten. Es war ein gewalttätiges Vorgehen, wie sie sie durchsetzen wollten. Denn sie kämpften gegen eine Lebensweise, gegen die kulturellen Gepflogenheiten der Menschen an. Mit ihren Flugzeugen gelangten sie in den Norden und kontrollierten genau, was die Leute machten. Wenn sie jemanden ertappten, der außerhalb der von ihnen festgelegten Saison fischte, konfiszierten sie die Netze! Dasselbe machten sie mit den Gewehren, wenn sich jemand nicht an die Jagdzeiten hielt. Sie realisierten nicht, dass die Menschen versuchten, sich selbst zu ernähren. Oder sie wussten es und machten es trotzdem! Die MNR-Beamten sprachen vor Ort mit dem Priester und dem Hudson's-Bay-Manager, die ihnen als Informanten dienten und erzählten, wer in der Gemeinde gerade was machte, wer also am Fischen, am Trappen oder auf der Jagd war. Dann suchten die Beamten die Familien auf und konfiszierten die Fischnetze, die Fallen und die Gewehre.«[428]

Roy Morris erklärte mir, dass die Indianer bereits lange vor der Ankunft der Europäer Schonfristen für die jeweiligen Tierarten eingehalten hatten und Regeln befolgten, die von der Natur vorgegeben waren. Während die Weißen jedoch die Jagdsaisons mit exakten Kalenderdaten festlegten, beobachteten die Cree und Ojibwe die Natur und richten sich danach aus. Je nach Wetterlage kommt die kalte Jahreszeit früher oder später. Während im westlichen Kalender der Winter in der Nordhemisphäre mit dem kürzesten Tag des Jahres, entweder am 21. oder 22. Dezember, beginnt, orientieren sich indianische Nationen am ersten Schneefall. Mit dem Frühling handhaben sie es gleich. Die für die Cree und Ojibwe überlebenswichtigen Kanada-Gänse kehren auch nicht jedes Jahr am gleichen Tag aus dem Süden zurück. Die Indianer wollten sich daher nicht diktieren lassen, von wann bis wann im westlichen Kalender eine Jagdsaison willkürlich definiert wird.

Dass die Fremden zudem kamen und ihnen vorschrieben, wie viele Biber sie in einem Jahr erlegen durften, erachteten sie als unverschämte Bevormundung und konnten es in keiner Weise nachvollziehen. Dazu meinte Roy: »Wenn mein Vater zu einem Biberbau ging, wusste er genau, wie viele Tiere darin lebten. Er konnte die Zeichen der Natur lesen. Wenn er dann Fallen stellte, wollte er nicht alle Tiere fangen, sondern nur eine bestimmte Anzahl. Die restlichen Tiere ließ er in Frieden. Wir hatten Praktiken, die den Lebenskreislauf aufrechterhielten. Es gab natürlich auch hie und da einen Trapper, der in einem Gebiet eine Population auslöschte. Doch dies wurde von den anderen Gemeindemitgliedern nicht gebilligt.« Wie in jeder Gesellschaft gab es auch bei den Indianern Übertretungen der Gesetze. Doch sie hatten eine eigene Rechtsprechung und regelten ihre Angelegenheiten selbstständig. Dazu brauchten sie keine fremden Beamten, die auf ihrem Land mittels statistisch erhobenen Durchschnittszahlen die Anzahl Biber in einem Bau errechneten und damit eine Fangquote festlegten.

Mary Rose Archibald, eine inzwischen verstorbene Cree aus Taykwa Tagamou, erzählte dem Historiker John Long 1995 von einer Begebenheit mit MNR, die sich in den späten 1940er-Jahren zugetragen hatte. Ein Wildhüter sei damals in ihre Unterkunft gekommen, habe das gesamte Elchfleisch der Familie beschlagnahmt und ihren Mann Tom mit einer Geldstrafe von etwa 100 Dollar belegt. Dieser war nämlich außerhalb der von Ontario festgesetzten Saison auf der Jagd gewesen. Mary Rose konnte nur die Cree-Sprache und wartete daher auf ihren zweisprachigen Schwager, damit er ihr erklären konnte, weshalb der Beamte das Fleisch entwendet hatte. Doch selbst als dieser ihr die Umstände in ihrer Muttersprache erläuterte, war es für sie unmöglich, nachzuvollziehen, warum sich dieser ›Amisk Okimaw‹, also der ›Biber-Boss‹ beziehungsweise Wildhüter, so verhalten hatte. Es blieb für sie unverständlich, dass die Nahrungssuche zu einer gewissen Jahreszeit verboten sein sollte, zumal man Elchfleisch, das eine der wichtigsten Nahrungsquellen war, in keinem Geschäft kaufen konnte.[429]

Der 1939 geborene Elder Allan Beardy aus Muskrat berichtete: »Noch bevor MNR die Traplines einführte, setzten sie Fangquoten für die Biber fest. 1945 durfte mein Vater nur fünf Biber erlegen. Dabei waren wir zehn Kinder! Damit wir überleben konnten, benötigte mein Vater mehr Biber als offiziell erlaubt. Das Fleisch konnten wir zwar unbemerkt essen, aber die Felle durfte er nicht verkaufen, weil alles genau kontrolliert wurde. Ein Pelz ließ sich nur veräußern, wenn er mit einem offiziellen Stempel der Regierung versehen war. Jedes Mal, wenn die MNR-Leute in unser Lager oder Dorf kamen, musste mein Vater seine Biberpelze draußen im Busch verstecken. Denn diese Leute waren nicht zimperlich. Wenn du gegen die Regeln verstoßen hattest, konnten sie auch dein Tipi verbrennen. Sie flogen mit dem Wasserflugzeug von Camp zu Camp. Wenn sie uns beim Fischen sahen, kamen sie und fragten, was wir hier machten. Sie hatten eine Schablone dabei, mit der sie die Netze maßen. Denn ein Netz durfte nur eine gewisse Größe haben. Wurde diese überschritten, konfiszierten sie es, bestraften dich oder nahmen dich, wie in einigen Fällen passiert, sogar mit. Charlie Bighead aus Wunnumin Lake hat erzählt, dass sein Vater John mit der Familie fischen war. Die Leute aus der Gemeinde hätten ihn zwar gewarnt, dass derzeit keine Störe gefangen werden durften. Ich denke, sie waren während des Sommers weiter unten am Fluss bei den Stromschnellen und hatten ein kleines Fisch-Camp eingerichtet. Plötzlich tauchte dieses MNR-Flugzeug auf, kreiste umher und landete. Dann überprüften die Beamten die Netze und stellten fest, dass John Bighead die Vorschriften verletzt hatte. Deswegen nahmen sie seine Netze, sein Kanu, seinen gesamten Fang und ihn selbst mit ins Flugzeug und flogen davon. Die Kinder waren nun auf sich allein gestellt und mussten sehen, wie sie durch den Busch nach Wunnumin zurückkamen. Gott sei Dank haben sie es geschafft! Doch sie hatten keine Ahnung, wohin ihr Vater gebracht worden war und ob sie ihn jemals wiedersehen würden. Und das ist vielen Familien passiert.«[430]

In den meisten nördlichen Reservaten, die ich besucht hatte, ist die Erinnerung an die Angst, die die per Wasserflugzeug anreisenden Staatsbeamten verbreiteten und wie sich die Menschen dagegen zur Wehr zu setzen versuchten, noch immer stark präsent. Doug Beardy aus Muskrat Dam sagte: »Meine Eltern erzählten mir, wann immer sie dieses Flugzeug umherkreisen sahen, versteckten sie alles. Sie versteckten ihre Störe, ihre anderen Fische und ihre Netze.«[431] Donny Morris, der Chief von KI, hielt fest: »Wir mussten immer aktiv sein, um unseren Lebensunterhalt bestreiten zu können. Daher zogen wir von Ort zu Ort. Dabei versuchten wir den MNR-Leuten, die wie Spürhunde hinter uns her waren, immer einen Schritt voraus zu sein. Meine Onkels und Tanten hatten mir erzählt, dass diese Beamten der Provinz Ontario hereinkamen und unser Camp durchsuchten. Immer wenn sie etwas fanden, das wir nicht haben durften, nahmen sie es uns weg oder zerstörten es.«[432] Und Ignace Gull, der Chief von Attawapiskat, erzählte mir: »Eine hundertjährige Frau berichtete mir vor Jahren, dass sie als Jugendliche einmal zwei Weiße gesehen habe, die mit einem kleinen Kanu flussabwärts auf dem Attawapiskat River fuhren. Sie waren für das Land- und Waldwirtschaftsministerium, dem Vorläufer des Ministeriums für Natürliche Ressourcen, im Einsatz. Die Frau sah mit eigenen Augen, wie diese beiden Männer alle Pelze der Trapper einsammelten, sie auf einen Haufen legten und verbrannten. Sie sagte mir, zum ersten Mal in ihrem Leben sei sie richtig entsetzt gewesen. Kannst du dir das vorstellen? All unsere Pelze wurden von diesen beiden Weißen vernichtet! Die Nachricht verbreitete sich sofort unter der ganzen Cree-Nation. Ab nun versteckten die Menschen ihre Pelze, wenn sie Weiße auf dem Fluss kommen sahen.«[433]

Für die Cree und Ojibwe waren all diese Vorkommnisse eine schwere Demütigung, die ihnen stark zusetzten. Manchmal kamen die MNR-Beamte auch in Begleitung von kanadischen Polizisten, die die Menschen zusätzlich einschüchterten und ihnen drohten, sie zu verhaften und mitzunehmen. Es muss eine enorme Tortur für einen indigenen Trapper gewesen sein, wenn er mit dem Wasserflugzeug abtransportiert wurde. Denn dann kam er irgendwo im Süden in ein Gefängnis, wo Wärter waren, deren Sprache er nicht verstand und die ihn vermutlich auch nicht wohlwollend behandelten. Völlig den ihm fremden Weißen ausgeliefert, war er weg von seiner Familie, von seinem Land, machte sich Sorgen, ob seine Kinder genügend zu essen erhielten, und hatte Heimweh. Auch wenn die Beamten nicht gleich jeden verhafteten, so konfiszierten sie Fischernetze, Jagdwaffen, Patronen, Fallen oder Werkzeuge und brachten die Indianer dadurch in eine existenzielle Notlage. Doch auch wenn die Menschen wussten, was ihnen drohen konnte, versuchten sie die lästigen Restriktionen zu umgehen und ihre Lebensweise so gut wie möglich aufrechtzuerhalten. Dafür entwickelten sie zahlreiche Widerstandsstrategien.

William Koostachin aus Fort Severn erzählte beispielsweise, dass sein Vater, als er vom Kommen der Wildhüter hörte, die Pelze in einer trockenen Grube versteckte. Bevor er diese zudeckte, streute er Pfeffer auf die Felle, damit die Hunde der Beamten diese nicht riechen konnten.[434] Roy Morris aus Muskrat Dam berichtete über seinen Großvater: »Er trappte Biber außerhalb der festgesetzten Saison, weil er sich gesund ernähren wollte. Sobald er einen Biber gefangen hatte, ging er in den Busch hinaus und versteckte sich weit weg von allen im Wald. Dort kochte er ihn und aß ihn, damit es niemand mitbekam und der Hudson's-Bay-Manager keine Sanktionen verhängte.«[435] Der ebenfalls in Muskrat Dam lebende Sonny Fiddler berichtete: »Immer wenn sie ein Flugzeug herannahen hörten, paddelten sie mit dem Kanu ans Ufer und versteckten sich im Busch. Die Flugzeuge kreisten dann und suchten die Gegend ab. Wenn ich daran zurückdenke, macht mich das wütend. Warum mussten die Leute das durchmachen?«[436] Dann erinnerte er sich noch an eine Begebenheit mit seinem Vater, der es satt war, sich weiterhin vom Hudson's-Bay-Manager schikanieren zu lassen. Als der Manager ihm einmal drohte, ihn bei MNR zu melden, sperrte er ihn umgehend in dessen Laden ein, indem er die Hinter- und Vordertür außen mit einem Seil zugebunden habe. Dann habe er sich ernsthaft mit ihm unterhalten und ihm gesagt, wenn er weiterhin mit den Leuten so umgehe, wüssten sie sich zu wehren. Danach sei der Manager demütig gewesen.[437]

Gelegentlich flohen Trapper auch über weite Strecken, um sich der Strafverfolgung durch MNR-Beamten zu entziehen. Ende 1949 hatte der Cree Alec Wenjino einen Biber erlegt, obwohl es das Gesetz zu jener Zeit nicht gestattete. Als er merkte, dass man ihm auf die Schliche gekommen war, verließ er Attawapiskat an der James Bay in Windeseile und machte sich ins über 500 Kilometer entfernte Fort Severn an der Hudson Bay auf. Allein kämpfte er sich durch die tiefgefrorenen Moorlandschaften und gelangte etwa zwei Monate später in die Gegend des unteren Severn River. Dort hielt er sich einige weitere Monate versteckt.

Schließlich wurde er im Juni von Cree aus Fort Severn etwa 30 Kilometer südlich ihrer Sommersiedlung entdeckt. Sie luden ihn ein, mitzukommen. Der Chief der Gemeinde setzte sich bei den Behörden für ihn ein und er konnte vorerst bleiben. Nachdem er eine Frau aus Fort Severn geheiratet hatte, kehrte er mit ihr nach Attawapiskat zurück.[438]

Selbst für einen erfahrenen Trapper war es lebensgefährlich, allein eine derart weite Reise durch den Busch im subarktischen Winter bei Temperaturen bis zu minus 40 Grad Celsius anzutreten. Er hätte von einem Schneesturm überrascht werden oder nicht genügend Nahrung finden können. Jedenfalls zeigt dieses Beispiel, wie groß die Angst vor der kanadischen Staatsmacht gewesen sein muss, dass jemand nur wegen eines Bibers, den er wegen Hungers angeblich illegal erlegt hatte, solche Strapazen auf sich nahm. Die Leute fürchteten sich nicht nur davor, entführt zu werden, sondern in der unbekannten Fremde umgebracht zu werden und dort zu sterben. Solche Erzählungen waren und sind im ganzen nördlichen Ontario verbreitet.

Nicht jede Geschichte ging so glimpflich aus wie jene von Alec Wenjino. Einigen Cree und Ojibwe kosteten die Restriktionen und deren Ahndung respektive die Angst vor den Konsequenzen tatsächlich das Leben. Der Cree Moses Bluecoat starb im Januar 1936 etwa im Alter von 16 Jahren an den Folgen von Hunger. Wie Elders aus Fort Severn berichteten, hatte er sich derart vor dem weißen Mann, der es verboten hatte, weiterhin Biber zu fangen, gefürchtet, dass er es unterließ, obschon er praktisch nichts mehr zu essen hatte. Geschwächt fiel er einmal in ein Lagerfeuer und verletzte sich schwer. Davon erholte sich sein bereits ausgemergelter Körper nicht mehr.[439] In Fort Severn berichtete man mir auch von einem Vorfall, bei dem eine ganze Familie in einem harten Winter verhungerte. Sie hatte es nicht gewagt, Biber zu fangen, die auf dem Weg zu ihrem Winterlager vorhanden gewesen waren. Folglich hatte sie keine Fleischvorräte. Als sie dann auch noch keine Hasen und Fische fangen konnte, war es zu spät.[440] Wie viele weitere Opfer es wegen ähnlicher Umstände gegeben hat, lässt sich nicht mehr genau eruieren. Tatsache ist jedoch, dass die staatlichen Eingriffe viel Leid verursachten. Donny Morris sagte mir dazu: »Ich weiß nicht, wie viele Menschen durch diese Vorgänge gestorben sind. Aber ich bin ganz sicher, dass Leben verloren gingen. Ganze Familien verschwanden. Besonders in dieser rauen Umwelt, in der es extrem kalt wird, ringen die Menschen damit, stets genügend Fleisch zu beschaffen. Ich denke, jeder indigene Elder, der mir in meiner Jugend begegnete, war einem großen Leiden ausgesetzt und litt Qualen, die eigene Familie zu ernähren und die Kinder aufzuziehen. Wir haben keinen Krieg verloren und mussten daher als Gefangene des Staats in Reservate. Wir wurden durch Hunger hineingezwungen.«[441]

In der mündlichen Überlieferung der Cree und Ojibwe wird hie und da auch von Mord gesprochen. Edmund Metatawabin berichtete mir folgende Begebenheit: »Die Staatsbeamten bezeichneten einen Indigenen als Radikalen, wenn er sich kritisch gegen MNR, die Polizei, die Missionare oder den Hudson's-Bay-Manager äußerte. Einmal wurden zwei dieser Radikalen von Beamten auf einen Anglerausflug eingeladen. Doch sie kehrten nie mehr zurück. Einer der Beamten sagte nach der Rückkehr: ›Oh, die sind ertrunken.‹ Daher haben wir den Fluss, in dem dies passiert ist, Drowning River, Fluss der Ertrunkenen, genannt. Es gibt zwei Flüsse, die so heißen. Natürlich wussten die Leute, weshalb die sogenannten Radikalen nicht zurückgekehrt sind. Aber was wollten sie machen? Die Polizei war ja mit dabei gewesen. Es war hart, keine Gerechtigkeit zu erfahren.«[442] In Fort Severn erzählte man die Geschichte eines Cree, der einem Beamten der Royal Canadian Mounted Police die Unterstützung verweigerte, als er Traplines inspizieren wollte. Der Polizist habe dann den Cree erschossen und sei auf eigene Faust zu seiner Inspektion aufgebrochen. Da er sich im Busch jedoch nicht mehr zurechtfand, sei er verhungert.[443] Selbst wenn diese nicht mehr verifizierbare Erzählung eine Legende wäre, drückt sie aus, wie verhasst die Einmischung des kanadischen Staats oder der Provinz Ontario in die inneren Angelegenheiten der Indigenen war. Sollte sie stimmen, dann führt sie vor Augen, wie ungleich die Cree behandelt worden waren. Sie waren der neuen Gesetzgebung ausgeliefert, waren aber bis 1960 keine Staatsbürger und durften sich keinen Anwalt nehmen, um mit dessen Hilfe die Wahrheit über verschwundene Angehörige zu erfahren.

Das koloniale Machtzentrum in Ottawa und die Provinzregierung in Toronto hatten ihren Einfluss in der Mitte des 20. Jahrhunderts derart ausgebaut und die Richtlinien mit Gewalt durchgesetzt, dass ein Cree, der fast 2000 Kilometer weiter nordwestlich unterhalb der Hudson Bay einen einzelnen Biber fing, eine Straftat beging, die geahndet wurde. Einzelne Missionare und Hudson's-Bay-Manager dienten als Spitzel, Beamte der Provinz Ontario führten ständig Kontrollen durch und teilweise kamen kanadische Polizisten zum Einsatz. Im Gegensatz dazu hatten die Indianer keine Rechte, und es war niemand zur Stelle, der sie gegenüber diesem unerwünscht in ihr Land vordringenden Staat schützen konnte. Dabei gab es doch diese Abmachungen, die sie in einer heiligen Zeremonie bei der Treaty-Unterzeichnung vor nur wenigen Jahrzehnten mit den Vertretern des Königs in Übersee geschlossen hatten. Davon schien nichts mehr übrig zu sein. Alle Versprechungen waren gebrochen worden. Denn die Cree und Ojibwe konnten nicht mehr jagen, fischen und trappen wie ihre Ahnen in früheren Zeiten. Wie sollten sie den Wemistigosiwak in Zukunft überhaupt noch vertrauen können?

Der Staat hatte bereits Lizenzen an Unternehmen vergeben, damit diese auf indianischem Gebiet Forstwirtschaft betreiben oder Bodenschätze wie Edelmetalle fördern konnten. Nun begann er auch Fischerpatente für Seen, die für die Cree und Ojibwe überlebenswichtig waren, an Weiße zu verkaufen. Von 1949 bis 1955 hatte beispielsweise der euro-kanadische Geschäftsmann Ed Tripp das exklusive Recht, im Muskrat Dam Lake zu fischen. Er betätigte sich als kommerzieller Fischer, fing Störe und verfrachtete sie per Flugzeug nach Winnipeg in Manitoba. Während der Wintermonate trappte er in der Region. Obschon zu Beginn seiner Tätigkeit der Stör-Bestand hoch war, hat er gemäß Aussagen der Elders aus Muskrat Dam nicht nachhaltig gehandelt und den See praktisch leer gefischt. Er verbot den Oji-Cree der Gemeinde, ihre Netze im See zu setzen, und verwies auf seine Lizenz. 1955 fischte eine Gruppe indigener Männer aus Bearskin Lake am Windigo River. Ed Tripp suchte sie auf und konfiszierte ihre Netze. Die Männer wussten jedoch, dass er für diesen Fluss keine Lizenz besaß, und meldeten den Vorfall den MNR-Beamten und der kanadischen Polizei. Diese nahmen ihm in der Folge die Lizenz weg. Dies machten sie vermutlich nicht in erster Linie, weil er die Indianer geschädigt, sondern weil er seine vom Staat erworbene Vollmacht überschritten hatte.[444]

Während des Kalten Kriegs errichtete Kanada Mitte der 1950er-Jahre ein Radarfrühwarnsystem auf dem Gebiet der Cree und Ojibwe. Unter der Bezeichnung Mid-Canada Line wurde ein Netzwerk von Radarstationen aufgebaut, das sich weit nördlich der urbanen Siedlungszone von der West- bis zur Ostküste erstreckte. Damit sollten russische Bomber und Raketen, die vom Nordpol her in den nordamerikanischen Luftraum eindringen konnten, rechtzeitig geortet werden. Im Norden Ontarios wurden 17 solche Stationen errichtet. Diese waren etwa knapp zehn Jahre in Betrieb und wurden 1965 aus strategischen und ökonomischen

Gründen geschlossen. Die verlassenen Anlagen wurden jedoch vorerst nicht gesäubert und verseuchten während Jahrzehnten die Umwelt in unmittelbarer Umgebung der Indianer. Behälter, in denen Öl, Gas oder das hochgiftige und krebserregende Polychlorbiphenyl (PCB) aufbewahrt wurden, erodierten und ließen die Substanzen allmählich entweichen.[445] Daneben rosteten die Gebäude, die voller Asbest und Schwermetalle waren, vor sich hin. Wie weit diese Gifte von Pflanzen und Tieren aufgenommen wurden und in die Nahrungskette der Indigenen gelangten, ist schwer abschätzbar. Mir wurde aber von einigen Cree und Ojibwe berichtet, dass Leute, die sich in der Nähe dieser verlassenen Stationen aufhielten, an eigenartige Symptomen litten oder gar frühzeitig starben. Lawrence Bluecoat aus Fort Severn hielt dazu fest: »Dieses PCB, das bei den Radarstationen verwendet wurde, gelangte in den Boden. Viele Menschen sind daran gestorben. Das weiß ich, weil ich es von einer Ärztin gehört habe. Außerdem musste ich als Kind die Elders, die sonderbare Krankheiten hatten, mit einer speziellen Medizin beliefern. Die haben immer mit mir gesprochen. Ich wurde bezahlt, Medizin auszuliefern. Es gab Dinge, von denen man uns nichts erzählt hat.«[446] Diese Aussage zeigt, dass die Cree und Ojibwe die Sachlagen nicht nachprüfen konnten. Es war für sie unmöglich, den Staat für die sonderbaren Krankheiten zur Rechenschaft zu ziehen. Denn in ihren Reihen gab es zu jener Zeit noch keine ausgebildeten Mediziner oder Chemiker, die einen Zusammenhang zwischen den ungewohnten Krankheitssymptomen oder Todesfällen und dem kontaminierten Boden hätten wissenschaftlich belegen können.

Es ist kaum vorstellbar, dass man in der Nähe einer euro-kanadischen Siedlung eine solche Radarstation mit dem ganzen Giftmüll stehen gelassen hätte. Auf abgelegenem indianischem Land, das Kanada wohlverstanden als sein Eigentum betrachtet, schien dies aber außer den Betroffenen niemand zu interessieren. Indigene Aktivisten machten daher unermüdlich auf die massive Umweltbelastung aufmerksam, die auch dem Ministerium für Natürliche Ressourcen der Provinz Ontario (MNR) nicht entgangen war. 2001 wurde in einer Zusammenarbeit zwischen der Fort Albany First Nation, dem Verteidigungsministerium und MNR die erste Station, die unmittelbar neben der Reservatssiedlung stand, gesäubert. 2009 stellte die Regierung Ontarios für die Säuberung der restlichen 16 ehemaligen Anlagen 106 Millionen Dollar zur Verfügung. Bis 2017 hatten verschiedene betroffene First Nations gemeinsam mit Fachleuten der Provinz- und Bundesregierung an der Sanierung gearbeitet. Insgesamt entfernten sie auf den kontaminierten Geländen 6520 Fässer, gefüllt mit 30000 Liter Gas, Öl und weiteren giftigen Flüssigkeiten, 126 Kubikmeter Asbest und andere gefährliche Stoffe, 1640 Liter flüssiges PCB, 3970 Tonnen leicht und 280 Tonnen stark PCB-verseuchte Erde.[447] Diese groß angelegte Aktion verweist darauf, dass die First Nations in jüngster Zeit mehr Gehör finden und sich Politik und Behörden auch zunehmend ihrer Verantwortung für historisches Unrecht bewusst werden.

Schließlich muss noch auf den 1970 eingerichteten Polar Bear Provincial Park am oberen Westufer der James Bay an der Grenze zur Hudson Bay eingegangen werden. Mit der Schaffung dieses etwa 24000 Quadratkilometer großen Nationalparks wollte Kanada die weitere Dezimierung der Eisbären durch die Jagd verhindern. Die Cree in Ontario befürchteten jedoch, dass sie künftig nicht mehr in diesem aus ihrer Sicht künstlich und zu ihrem Nachteil errichteten Park jagen durften, und standen ihm zunächst ablehnend gegenüber. Wiederum sahen sie sich bevormundet. Seit Menschengedenken verwerteten sie, genauso wie die benachbarten Inuit, außer der für den Verzehr giftigen Leber praktisch alle Körperteile dieser Tiere. Besonders wertvoll waren das Fell für Kleidungsstücke und das Fett als Nahrungszusatz oder Brennmaterial. Sie erlegten die Bären, zu denen sie einen besonderen spirituellen Bezug hatten, nie übermäßig. So blieb während des Pelzhandels die Anzahl Felle, die die Cree an die Europäer lieferten, vom 18. Jahrhundert bis zum Ersten Weltkrieg mit jährlich knapp unter 100 Stück relativ konstant. Dies galt nachweislich auch während der intensiven Konkurrenzphase des Handels zwischen der Hudson's Bay Company und der North West Company von 1780 bis 1814.[448] Eisbärfelle erzielten auf dem Pelzmarkt im 20. Jahrhundert zeitweise gute Preise. Dennoch wurden die Tiere auch dann nie in großen Mengen von den Indigenen gejagt. Zur Dezimierung kam es in erster Line durch rücksichtslose Erdölförderung mit einhergehenden Umweltverschmutzungen und durch euro-amerikanische Trophäenjäger, die vom Flugzeug aus die Tiere abknallten. Heute ist die Spezies durch den Klimawandel, der ebenfalls nicht der indigenen Lebensweise angelastet werden kann, bedroht.[449]

1976 konnten sich die Cree-Gemeinden an der Hudson und James Bay mit der Provinz Ontario einigen. Die Indigenen erhielten das exklusive Recht, weiterhin im Park zu jagen, und durften fortan pro Jahr maximal

Die Cree-Siedlung Fort Albany an der James Bay. Sie ist ganzjährig per Kleinflugzeug und im Winter auf einer Eisstraße erreichbar.

Oben Seitenarm des Albany River vor dessen Mündung in die James Bay.
Unten Chris Koostachin mit Quad an der Hudson Bay bei Fort Severn.
Er setzt einen Reflektorstab, der bei Dunkelheit den Rückweg signalisiert.

Oben Eisbärmutter mit zwei fast ausgewachsenen Jungtieren an der Hudson Bay bei Fort Severn.
Unten Biber bei Dämmerung im Kenogamisis Lake, Nordwest-Ontario.

Oben Cree-Trapper mit Hundegespann bei Fort Albany, ca. 1920.
Unten Cree-Mädchen auf Bootsfahrt bei Fort Albany, 1950er-Jahre.

Oben Treaty 9-Kommission in Fort Albany (Old Post), 3. August 1905. Auf Stühlen sitzend v. l. n. r.: Samuel Steward, Daniel George McMartin und Duncan Campbell Scott.
Unten Chief Moonias in Fort Hope anlässlich der Treaty-Nummer-9-Unterzeichnung vom 19. Juli 1905.

Oben Cree-Frauen mit ihren Babys im Tikinagan (Kinderkrippe) in Fort Albany (Old Post), ca. 1925. Das Tikinagan wird heute noch verwendet.
Unten Fort Albany (Old Post) mit Kirche und Gebäude der HBC. Die Tipis und Zelte gehörten Cree-Familien, die sich im Sommer beim Posten aufhielten, ca. 1920.
Rechts Jugendliche Oji-Cree aus Wapekeka zwischen traditioneller Behausung (*oben*) und modernem Wasserflugzeug (*unten*), August 1979.

C-FOEO

Kent Monkman, *The Scoop*, 2018,
Acryl auf Leinwand, 84"× 126".

Oben Schülerinnen mit Nonne, St. Anne's Indian Residential School, Fort Albany, ca. 1950er-Jahre.
Unten Die Cree-Aktivistin und Residential School-Überlebende Angela Shisheesh spricht nach einer Gerichtsverhandlung in Ottawa am 11. Februar 2020 zu den Medien. Bei ihr stehen Chief Edmund Metatawabin (blaue Jacke) und MP Charlie Angus (rechts). Noch immer müssen Residential-School-Überlebende für ihre Rechte kämpfen.

Residential-School-Überlebender Garnet Angeconeb und seine Enkelin, die anhand seiner Erzählungen ein Bild einer Residential School gemalt hat.

Oben Joe Wheesk auf der Bootsfahrt in der James Bay zurück von Akimiski Island nach Attawapiskat.
Unten Chief Stan Beardy auf einem See bei Muskrat Dam.

Oben Chief Edmund Metatabin steuert sein Motorboot auf dem Albany River vom Old Post nach Fort Albany.
Unten Bill Albany mit Tochter beim Fischen auf dem Big Trout Lake bei KI.

Oben Elder Esther Beardy aus Muskrat Dam näht traditionelle Mokassins.
Unten Elder Allan Beardy aus Muskrat Dam versieht Landkarten mit indigenen Ortsbezeichnungen.

Oben Mädchen in Muskrat Dam. Die Autos dienen zum Transport in der Gemeinde und während des Winters für Fahrten auf der Eisstraße in den Süden.
Unten Powwow auf dem Old Post (Fort Albany), Sommer 2017.

Die junge Cree-Aktivistin Shannon Koostachin (1994–2010) aus Attawapiskat im Alter von 14 Jahren an ihrem ersten Powwow im Städtchen New Liskeard. Sie war von zu Hause weggezogen, um auf eine richtige Schule gehen zu können. Unermüdlich setzte sie sich für ein neues Schulhaus in Attawapiskat ein, wo die Kinder in behelfsmäßigen Baracken unterrichtet wurden. 2010 kam sie bei einem tragischen Autounfall ums Leben. Ihr Einsatz für das Recht auf Bildung für alle kanadischen Kinder inspirierte unzählige indigene und nicht-indigene Menschen.

30 Eisbären erlegen. Seit den 1990er-Jahren töten sie jährlich im Schnitt etwa acht Exemplare.[450] Darunter sind auch gelegentlich sogenannte Problembären, die in einer Siedlung nach Nahrung suchen. Mit dem Polar Bear Provincial Park haben sich die Cree inzwischen gut arrangiert. Einige wenige sind dort als Aufseher angestellt und zudem gibt es einen sanften Tourismus mit ein paar Dutzend Besuchern pro Jahr. Die Cree hat aber gestört, dass sie bei der Schaffung des Parks nicht konsultiert wurden und dass man nicht anerkannt hat, dass sie die Tiere stets nachhaltig jagten.[451] Zudem wurden sie auch nie nach ihrem traditionellen Wissen über die Eisbären befragt. Da sie seit Menschengedenken mit den Eisbären den Lebensraum teilen, haben sie durch zahlreiche Beobachtungen, die in die mündliche Überlieferung eingeflossen sind, große Kenntnisse über das Verhalten dieser Tiere. Der Forschung wurde dies erst unlängst bewusst, als die Cree erstmals dazu interviewt wurden. Dabei hat sich herausgestellt, dass sie den Wissenschaftlern beispielsweise viele bislang unbekannte Details über die Nahrungssuche dieser Bären vermitteln konnten.[452] Dies hat auch die Provinz Ontario überzeugt, die in einem Statement von 2008 verlauten ließ: »Die Regierung von Ontario anerkennt die Bedeutung des traditionellen Wissens der Indigenen für die Betreuung der Eisbären. Die Regierung wird künftig in Partnerschaft mit den indigenen Gemeinschaften zusammenarbeiten.«[453]

Ein wesentlicher Grund, weshalb die Cree zuerst auch gegen den Polar Bear Provincial Park waren, liegt in der Erfahrung, die andere indianische Nationen mit der Gründung solcher Naturschutzgebiete gemacht haben. Jährlich besuchen etwa vier Millionen Touristen den Banff National Park in Alberta. Dieser wurde 1885 gegründet und ist der älteste Nationalpark Kanadas. 2017 war ich ebenfalls in den dortigen atemberaubenden Landschaften unterwegs und war beeindruckt, wie viele Wildtiere man auf Wanderungen oder schon von den Durchgangsstraßen aus beobachten konnte. Ich fragte mich jedoch, warum es dort keine Indianersiedlungen oder sonstigen Hinweise auf die indianische Kultur gab. Manchmal fand man zwar zufällig eine versteckte Informationstafel, die eine Legende erzählte oder einen Ortsnamen erklärte. Aber sonst waren die indigenen Spuren verwischt. Obschon die Indianer vor Ankunft der Europäer auch in diesen eindrücklichen Tälern der Rocky Mountains heimisch waren. Sie passten jedoch nicht in das Naturkonzept, das kapitalistische Unternehmer mit der Errichtung der Parks verfolgten. Dabei ging es weniger um eine romantische Vorstellung von Wildnis als vielmehr um einen möglichst naturbelassenen Raum, den Sportfischer, Hobbyjäger und andere Touristen nutzen können und mit dem sich Geld verdienen ließ. Zudem konnten die Tierbestände auch nachhaltig geschützt werden, was wiederum für den Tourismus notwendig war. Die ›unzivilisierten Wilden‹ standen aber wegen ihrer überlebenswichtigen Jagd und Fischerei in direkter Konkurrenz mit den Sportschützen und -anglern. Um dies zu unterbinden, wurden den Indianern Jagdverbote in den Parks auferlegt. Hingegen störten Ortschaften mit riesigen Hotelressorts, von denen aus die Touristen bequem in die Natur ziehen konnten, nicht. Die Folge war, dass die Indianer in der Nähe dieser Naturparks wie unter anderem Banff oder Jasper nicht mehr überleben konnten und sich umsiedeln lassen mussten.[454]

Die Vertreibung der indianischen Nationen aus ihrem ursprünglichen Lebensraum auf Kosten der westlichen Freizeitindustrie wird von einigen Indigenen als ›grüner Kolonialismus‹ bezeichnet. Dabei kam auch Gewalt zur Anwendung, wenn sich eine indigene Gemeinschaft weigerte, ein schützenswertes Gebiet zu verlassen. James Plewak von der Keeseekoowenin Ojibway First Nation erinnerte sich im Jahr 2000 anlässlich einer Anhörung im Zusammenhang mit der 70 Jahre zuvor erfolgten Gründung des Riding Mountain National Park in Manitoba: »Unsere Behausungen wurden abgebrannt, denn Indianer und Parks passten nicht zusammen!«[455] Bis 2020 möchte die Regierung 17 Prozent des kanadischen Territoriums unter Naturschutz stellen. Indigene Nationen wurden zu diesen Plänen jedoch nicht um Zustimmung gefragt.[456]

Das Verhältnis der Cree und Ojibwe mit dem Ministerium für Natürliche Ressourcen und Forstwirtschaft (MNR) hat sich in den letzten drei Jahrzehnten deutlich gebessert. Inzwischen arbeiten auch einige Indianer für diese Behörde. In gewissen Fällen, wie etwa bei der Bekämpfung von Waldbränden oder Überschwemmungen, die regelmäßig die abgelegenen Reservatssiedlungen bedrohen, ist man auch froh, auf die Soforthilfe von MNR zählen zu können. Der Elder Josie McKay aus KI erwähnte, er habe es geschätzt, dass MNR-Wildaufseher an einem Ort, an dem es keine Biber mehr gegeben habe, wieder welche ansiedelten.[457] Im Allgemeinen wird MNR mehr Dialogbereitschaft und ein besseres Verständnis der indianischen Situation attestiert. Dennoch bleiben die Beziehungen durch die Geschichte weiterhin belastet.

Der ehemalige Regional Chief von Ontario Stan Beardy meinte diesbezüglich: »Wenn jemand von uns außerhalb des Reservats eine Jagdhütte errichtet, kommen die MNR-Beamten immer noch und meinen, man brauche dafür ihre Bewilligung. Und dann sagen wir ihnen, dass dies nicht der Fall ist. Es gab dazu einige Gerichtsfälle und die meisten haben wir gewonnen.«[458] Roy Morris, der wie Stan aus Muskrat Dam kommt, pflichtete dem bei und ergänzte: »MNR verteilt immer noch Bußen, wenn jemand etwas macht, das ihnen nicht passt. Doch heute lassen wir uns das nicht mehr gefallen. Wir bringen es vor Gericht. Dann entscheidet der Richter. Früher führten sich die Leute von MNR selbst als Richter auf. Jetzt können sie das nicht mehr machen. Wenn uns eine MNR-Person draußen im Wald auf der Jagd anhält, zeigen wir ihr unsere Identifikationskarte und sagen, dass wir wegen Nahrung jagen. Verstehst du, wir jagen nicht aus Spaß! Nur die westliche Gesellschaft jagt aus reinem Vergnügen. Die jagen wegen Trophäen und so weiter. Wir hingegen jagen, damit Nahrung auf den Tisch kommt.«[459]

Gefängnisse für Kinder: Residential Schools

»Meine Großkinder sind sehr neugierig. Ich kann ihnen zwar nicht alle Details erzählen, die in den Residential Schools passiert sind. Aber sie wissen, dass unser Volk nach wie vor darunter leidet. Die Kinder können damit umgehen und dies ist ein wichtiger Schritt für unsere Heilung. Ich habe meiner Enkelin oft von meinen Erlebnissen als Schüler in der Residential School erzählt. Einmal wollte ich wissen, was ihr haften geblieben ist. Ich bat sie, ein Bild zu malen. Das war erst vor Kurzem. Sie war gerade neun Jahre alt.«[460] Garnet Angeconeb fährt mit seinem Rollstuhl etwas rückwärts und greift nach einem Bild, das auf einer Kommode in seinem Wohnzimmer steht. Er schaut es an und hält es mir dann hin. »Du siehst links oben das blasse Schulgebäude, im Zentrum eine große rote Scheune, davor einen grünen Garten, in dem eigenes Gemüse angepflanzt wird, und oben rechts einen Friedhof. Ich habe meine Enkelin gefragt, ob sie mir das Bild erklären könne. Sie sagte, der Friedhof sei für die verstorbenen und verschwundenen Schulkinder. Die auf dem Bild lebend dargestellten Kinder müssten die Schule besuchen, aber hauptsächlich in der Scheune oder auf dem Feld arbeiten. Das Land, auf dem die Gebäude und der Garten stehen, sei zuvor gerodet worden, weil aus den indianischen Schulkindern Bauern gemacht werden sollten. Mädchen und Knaben seien getrennt und Familien auseinandergerissen worden. So hat sie es mir erklärt. Im unteren Teil der Scheune hat sie zwei Fenster gemalt, hinter denen je ein Kind zu sehen ist. Ich fragte meine Enkelin, was denn diese Schüler dort machen, und sie antwortete: ›Sie weinen.‹« Wir betrachteten die Zeichnung und schwiegen eine Weile. Dann fuhr Garnet fort: »Dieses Bild ist für mich etwas ganz Besonderes. Wenn ich es betrachte und sehe, wie meine Enkelin die Geschichte bereits versteht, dann weiß ich, dass wir eine Zukunft haben. Die junge Generation kennt die Vergangenheit ihrer Großeltern in den Residential Schools und auch den Kolonialismus. Es wird nichts mehr verschwiegen. Dieses Wissen bereitet die indigenen Jugendlichen darauf vor, nach vorne zu schauen und eine bessere Welt zu erschaffen.«[461]

In Fort Albany an der James Bay unterhielt ich mich mit der erst 14-jährigen Kara und wollte von ihr wissen, was sie über die Beziehungen zwischen Indianern und nicht-indigenen Kanadiern denkt. Dabei kam sie gleich auf das Thema der Internate zu sprechen: »Ich weiß nicht sonderlich viel über die Geschichte des weißen Mannes. Aber das Einzige, an das ich denke, wenn es um Weiße geht … Ich habe nichts gegen Weiße, wir sind alle gleich … Ich möchte diese Spannung beenden. Aber wenn ich an die Weißen denke, dann denke ich an die Residential Schools, von denen wir auch eine hier hatten – die St. Anne's Residential School. Es war eine der schlimmsten in Kanada. Meine Großmutter war dort Schülerin. Die Leute denken, wir tragen den Schmerz nicht mehr in uns. Die Leute denken, es beeinflusst uns nicht mehr. Ich bin jetzt die fünfte Generation und ich trage diesen Schmerz immer noch weiter. Ich glaube, ich habe das erste Mal im Unterricht von den Residential Schools gehört. Das hat mein Interesse geweckt. Später fand ich heraus, dass die St. Anne's Residential School hier stand. Ich war sehr neugierig. Da ich noch sehr jung war, hatte ich keine Ahnung, welche Auswirkungen diese Schule auf meine Großmutter gehabt hatte. Als ich sie fragte, erzählte sie mir, wie es in diesem schrecklichen Internat war. Schulkinder wurden nicht beim Namen gerufen, sondern hatten eine Nummer erhalten. Und sie wurden psychisch, körperlich, emotional und sexuell missbraucht.«[462]

Der 29-jährige Xavier Inishinapay, der wie Kara aus der Cree-Gemeinde Fort Albany kommt, berichtete mir, wie stark ihn die Erzählungen der Elders von ihrer Kindheit in der St. Anne's Indian Residential School belasteten. Es sei aber enorm wichtig, darüber Bescheid zu wissen. Denn erst dadurch könne man die vielen Missstände im Reservat nachvollziehen. Auch sehe er nun, dass Drogenmissbrauch, Alkoholismus, häusliche Gewalt, sexuelle Übergriffe und Selbstmorde vor allem mit diesem geschichtlichen Erbe zu tun hätten. Nachdem er als Jugendlicher erstmals von den finsteren Ereignissen, die sich im Internat zugetragen hatten, gehört hatte, wurde er nachts oft vom gleichen Traum heimgesucht: »Ich kannte das Gebäude der alten St. Anne's Residential School, weil es in den 1970er-Jahren zu einer Dorfschule umfunktioniert worden war und ich dort den Unterricht besuchte. Wir hatten keine Nonnen und Priester mehr, sondern gewöhnliche Lehrer. Dennoch erinnere ich mich, dass ich immer ein eigenartiges Gefühl in diesem Gebäude hatte. Mit dem Ort stimmte etwas nicht, das spürte ich. Oft fühlte ich mich bedrückt. Nachdem ich in der siebten Klasse erfahren hatte, was sich tatsächlich in diesen Räumlichkeiten zugetragen hat, träumte ich davon. Ich fürchtete mich schrecklich, als ich in meinen Träumen dort war. Stets wurde ich von diesem Mann in einer schwarzen Robe verfolgt. Und als ich von ihm wegrannte, lief ich auf diese Frauen zu, die wie Nonnen aussahen. Sie waren ganz grau. Dann rannte ich die Treppen zum dritten Stock rauf und plötzlich war ich auf dem Dach. Ich stand auf dem Vorsprung und als ich mich umdrehte, sah ich den Mann in der schwarzen Robe auf mich zukommen. Jedes Mal wenn ich diesen Traum hatte, endete er entweder so, dass ich von ihm vom Dach gestoßen wurde oder selber hinuntersprang. Doch kurz bevor es passierte, sagte ich zum schwarz gekleideten Mann: ›Ich werde diesen Ort nicht verlassen, bis wirklich jeder weiß, was hier passiert ist.‹ Als ich auf dem Boden aufschlug, erwachte ich.«[463]

Nichts belastete und belastet die indianische Gesellschaft in Kanada derart stark wie das staatliche System der Residential Schools. Es stellt durch seine Intensität und Aggressivität alle anderen kolonialen Unterdrückungsformen, wie etwa die Reservatspolitik, in den Schatten. Dennoch ist es nicht davon losgelöst, sondern muss als letzte Konsequenz der totalen Aneignung des kanadischen Territoriums durch die Neusiedler betrachtet werden. Die Residential Schools waren als ›Lösung‹ des aus der Siedleroptik bestehenden ›Indianerproblems‹ konzipiert. Sie sollten sämtliche indianischen Zivilisationen ein für alle Mal auslöschen. In diesem Zwangsassimilationsprogramm wurde auch der Tod von Kindern in Kauf genommen. Duncan Campbell Scott, Leiter des

Amts für Indianerangelegenheiten, äußerte sich 1910 dazu wie folgt: »Es ist allgemein bekannt, dass indianische Kinder durch ihre Eingliederung in den Residential Schools ihre natürliche Widerstandsfähigkeit gegen Krankheiten verlieren und dass sie viel häufiger sterben als in ihren Dörfern. Aber das allein rechtfertigt keine Änderung in der Politik dieser Abteilung, die eine endgültige Lösung unseres Indianerproblems anstrebt.«[464]

Viele Indianer sprechen im Zusammenhang mit den Residential Schools von Genozid, also von Völkermord. Dabei unterscheiden sie den Begriff nicht von Ethnozid, dem kulturellen Völkermord. Wissenschaftlich betrachtet versteht man unter Ethnozid, im Gegensatz zum planvoll begangenen Genozid, die vorsätzliche Vernichtung einer Sprache, Religion oder Kultur, ohne dabei deren biologische Träger physisch zu vernichten.[465] Sowohl in den USA und Kanada galt bezüglich der Internate für indianische Kinder der Grundsatz: »Töte den Indianer, aber rette den Menschen.«[466] Alles Indianische an einem Menschen sollte folglich beseitigt werden, bis er, abgesehen von körperlichen Merkmalen wie der Hautfarbe, einem Weißen glich. Seine Überlebenschance bestand in seinem Aufgehen in der weißen Dominanzgesellschaft. Obwohl dies für die Betroffenen, die ihren Familien entrissen und in einer fremden Welt umerzogen wurden, unbeschreibliches Leid bedeutete, kann aus wissenschaftlicher Perspektive hinsichtlich Residential Schools streng genommen nicht von Genozid, sondern lediglich von Ethnozid gesprochen werden. Dennoch sollte man den Begriff Genozid, der 1948 von der UN-Konvention gegen Völkermord beschrieben wurde und der völkerrechtlich als schlimmstes Verbrechen gilt, auch aus indianischer Sichtweise betrachten. Denn dieser Terminus wurde von westlichen Juristen, wie etwa Raphael Lemkin, definiert, die ein anderes Rechtsverständnis hatten als beispielsweise indigene Gesellschaften. Rechtsphilosophisch stützten sich die Juristen auf die rein physische Vernichtung einer ethnischen Gruppe ab, um den Begriff zu definieren. Bei den Cree und Ojibwe hingegen ist der körperliche Bereich nur eines von vier Elementen des gesamten Seins, das ein Individuum ausmacht. Neben dem physischen existiert in ihrem Verständnis auch ein psychischer, ein emotionaler und ein spiritueller Körper. Diese vier Bestandteile formen den Menschen und er kann nicht überleben, wenn eine diese Komponenten stirbt.[467]

Wenn man diese Betrachtungsweise ernst nimmt, dann ist es auch nachvollziehbar, weshalb in der indianischen Gesellschaft der Genozidbegriff weit verbreitet ist. Zumal die Cree und Ojibwe seit Generationen mit zahlreichen kolonialen Angriffen auf ihre Selbstbestimmung konfrontiert sind, deren Auswirkungen auch heute noch Todesopfer fordern. Die tragischen Selbstmordfälle in den abgelegenen Reservaten und Hunderte ermordeter und verschwundener indigener Frauen in ganz Kanada machen deutlich, dass der Begriff kultureller Völkermord nicht ausreicht, um die ganze Tragik zu beschreiben. Vivian Timmins, eine Cree mit Wurzeln in Fort Albany und Attawapiskat, drückte sich in einer Rede, die sie 2018 im kanadischen Nationalmuseum für Geschichte und Gesellschaft in Gatineau anlässlich einer Gedenkveranstaltung für die Residential Schools hielt, wie folgt aus: »Wenn wir von Überlebenden sprechen, dann sprechen wir über sexuellen Missbrauch, körperlichen Missbrauch, spirituellen Missbrauch. Wir sprechen über emotionalen Missbrauch, kulturelle Ausbeutung und Genozid. Nicht bloß kultureller Genozid, sondern Völkermord als Ganzes. Denn er hat unser spirituelles und unser körperliches Wesen betroffen. Ich bin eine dieser Überlebenden, die gezwungen wurde, ihr Erbrochenes aufzuessen. Ich bin eine der Überlebenden, die von einem Priester missbraucht wurde. Ich verschweige das nicht mehr. Damals hat es mich still werden lassen. Ich litt allein im Stillen. Ich konnte weder mit meinen Brüdern noch mit meiner Mutter darüber sprechen.«[468] Die ehemaligen Schulkinder, welche die Indianerinternate besuchten, werden heute als Überlebende bezeichnet. Dies verweist darauf, dass viele während oder aufgrund von Spätfolgen aus ihrer Schulzeit starben.

Schon Ende der 1960er-Jahre wurden zwar vereinzelte Missbrauchsfälle in den Residential Schools bekannt, aber es sollte noch zwei weitere Jahrzehnte dauern, bis die Thematik erstmals innerhalb der indianischen Gesellschaft den Diskurs bestimmte. Phil Fontaine, der spätere National Chief, sorgte 1990 für Aufsehen, als er öffentlich über seine Erlebnisse berichtete. Seinem Beispiel folgend erzählten ab nun immer mehr Betroffene, was sie in den Residential Schools durchgemacht hatten. Bald stellte sich heraus, dass Missbrauchsfälle nicht die Ausnahme, sondern an der Tagesordnung waren. Durch einige erste Untersuchungen über die Vergangenheit verschiedener Residential Schools kamen immer mehr Details dieses dunklen Kapitels der kanadischen Kolonialgeschichte ans Licht. Schließlich entschuldigte sich Premierminister Stephan Harper 2008 offiziell für das von Staat und Kirchen betriebene

Zwangsassimilationssystem und dessen tragische Auswirkungen. Im gleichen Jahr machte sich auch die von der Regierung eingesetzte Truth and Reconciliation Commission of Canada (TRC) an die Aufarbeitung, indem sie Ausführungen von ca. 7000 ehemaligen Schülerinnen und Schüler sammelte und auswertete. 2015 publizierte sie den erschütternden Abschlussbericht.[469]

Bereits neun Jahre zuvor war es zwischen dem kanadischen Staat und den noch etwa 86000 lebenden ehemaligen Internatskindern zu einer Vereinbarung gekommen. Für dieses Residential Schools Settlement Agreement wurden 1,9 Milliarden Dollar in einem Fonds zur Seite gelegt. Diese Gelder sollten unter anderem als Entschädigungen für erlittenes Unrecht und für Heilungs- beziehungsweise Therapiekosten zur Verfügung stehen. Jedes ehemalige Internatskind erhielt für das erste Jahr in der Residential School 10000 Dollar und für jedes weitere 3000 Dollar zugesprochen. Zudem waren für die Arbeit der TRC 60 Millionen Dollar vorgesehen.[470] Zusätzlich wurden weitere Gelder zur Seite gelegt, um ehemalige Internatskinder, die körperlich und sexuell missbraucht worden waren, zu entschädigen. Davon wurden bis Ende 2014 etwa 2,7 Milliarden Dollar an etwa 31000 Betroffene ausbezahlt.[471] Diese Entschädigungszahlungen gaben zwar den Betroffenen ihre gestohlene Kindheit nicht zurück. Aber sie waren ein konkretes Zeichen für die offizielle Anerkennung des Unrechts, das ihnen von Staat und Kirchen angetan worden war.

Stiller Schmerz

Als ich Vivian Timmins, die mit ihrer Familie in Toronto lebt, im Sommer 2018 besuchte, nahm ich Bezug auf ihre Rede in Gatineau. Ich stellte ihr die Frage, weshalb es so lange dauerte, bis die Menschen, die die Residential Schools überlebten, ihr Schweigen endlich brechen konnten. Sie antwortete: »Dafür gibt es viele Gründe. Was uns passiert ist, ging so tief, dass es uns stilllegte. Die Unterdrückung drang Schicht für Schicht in unsere Persönlichkeit ein und gelangte dorthin, wo nur noch Stille ist. Es ging so tief, dass wir still wurden. Meine Großmutter war eine Überlebende. Meine Mutter war eine Überlebende. Und ich habe nie etwas von ihnen gehört. Meine Mutter hat erst in ihren letzten zehn Lebensjahren langsam begonnen, darüber zu sprechen.«[472] Weiter führte Vivian aus, dass sich die Betroffenen auch schuldig fühlten, sich schämten oder Angst hatten, niemand würde ihnen Glauben schenken. »Du siehst, es gibt viele Gründe. Persönlich wollte ich das alles nicht nochmals auf mich nehmen. Denn der Schmerz steckte zu tief in mir.«[473]

Vivian erinnerte sich zudem an einen Elder, der schilderte, wie er sich fühlte, als alle Kinder ab einem Alter von ungefähr sechs Jahren in die weit entfernte Residential School gebracht wurden. Es sei danach in der Gemeinde sehr ruhig gewesen.[474] Diese Ruhe muss eine bedrückende gewesen sein. Man braucht sich nur ein belebtes, familienfreundliches Wohnquartier in einem Dorf oder einer Stadt vorzustellen. Und dann kommen Polizisten und nehmen alle Kinder mit, die durch ihr Spielen, ihr Lachen und Weinen oder ihr Herumtollen die Umgebung beseelen. Zurück bliebe Leere.

Diese stillen Schmerzen und dieses der indianischen Gesellschaft auferlegte Schweigen bedrückten auch Edmund Metatawabin, der in seiner Autobiografie festhielt: »Die Potlatch-Gesetze haben uns zum Schweigen gebracht, indem sie uns daran hinderten, unsere Spiritualität, Kultur und Religion auszuüben. (…). Der Indian Act ließ uns politisch verstummen, da er uns bis 1960 das Wahlrecht verweigerte. Wir durften auch keine politischen Versammlungen durchführen. Mein eigenes Schweigen begann 1955. Diese Geschichte könnte Ihnen bekannt vorkommen. Ich verbrachte meine Kindheit in der St. Anne's Residential School, die sich inzwischen in den nationalen Medien einen tragischen Ruf erworben hat. Dort wurden wir ausgepeitscht, wenn wir unerlaubterweise sprachen. Es passierten fürchterliche Dinge – das Internat hat den Ruf, eines der schlimmsten in ganz Kanada gewesen zu sein – und Kinder, die ihre Bedenken darüber ausdrückten, wurden bestraft. Nachdem die Kinder blutig geschlagen worden waren, sagte man ihnen, sie dürften ihren Eltern nichts davon erzählen.«[475]

Auch der Elder Louis Bird erinnerte sich an einen der Gründe, weshalb man nicht über die verletzenden Vorkommnisse sprach: »Unsere Erzieher sagten uns: ›Ihr dürft die Kirche nie verurteilen! Das ist eine unverzeihliche Sünde.‹ Das hat uns wirklich abgeschreckt. Wir waren schließlich Kinder, oder? Wir durften also nichts Schlechtes über die Kirche sagen.«[476] Wie mir einige Überlebende mitteilten, wurde ihnen auch mit der Hölle und dem Teufel gedroht, wenn sie erzählen sollten, was ihnen Priester oder Nonnen angetan hatten. Zudem fehlten ihnen die Worte, über sexuellen Missbrauch zu sprechen. Auch ließ sie die Scham verstummen. Besonders schlimm war es, wenn man ihnen, nachdem sie sich jemandem anvertraut hatten, nicht glaubte. Es kam vor, dass sie vom Erzieher selbst dafür verantwortlich gemacht wurden. Auch jene Eltern, die bereits Christen waren, aber selbst nie ein Internat besucht hatten, bekundeten größte Mühe, die Berichte für wahr zu halten. Denn in ihren Augen konnte ein Mann Gottes doch nicht so eine schlimme Tat begehen.[477]

Opfer, die sexuelle Gewalt erfahren haben, sind oft erst nach vielen Jahren überhaupt in der Lage, ihr Schweigen zu brechen.[478] Dies liegt daran, dass die traumatischen und schambesetzten Erfahrungen zunächst unterdrückt werden. Das Verdrängte kann aber durch einen gesellschaftlichen Wandel wieder ins Bewusstsein gelangen. Ein solcher Prozess wird in der Regel ausgelöst, wenn jemand, der Ähnliches erlebt hat, öffentlich darüber spricht.[479] Dies ist in der indigenen Gesellschaft Kanadas zu Beginn der 1990er-Jahre erfolgt, wie oben festgehalten. Vivian Timmins erinnerte sich folgendermaßen daran: »Als wir zum ersten Mal Phil Fontaine über seine Erlebnisse in der Residential School sprechen hörten, hat das etwas ausgelöst. Meine Schwester Mary, die drei Jahre älter ist als ich, hat dann ebenfalls begonnen, davon zu sprechen und zu schreiben. Und als es schließlich zu der Klage vor Gericht kam, haben plötzlich alle begonnen, von ihren Erlebnissen zu erzählen. Danach drangen diese Geschichten in die Gesellschaft hinaus. Viele von uns haben endlich realisiert, dass das, was wir durchgemacht hatten, nicht nur schrecklich für uns, sondern auch für unsere Kinder ist. Dieses Geheimnis wollte Kanada bewahren und wir waren Teil davon.«[480]

Der spätere National Chief Phil Fontaine war Grand Chief der Assembly of Manitoba Chiefs, als er im Oktober 1990 erstmals öffentlich über seine Erlebnisse in der etwa 120 Kilometer nördlich von Winnipeg gelegenen Fort Alexander Residential School sprach. Durch seine Funktion als indianischer Würdenträger war ihm eine große Aufmerksamkeit beschieden. Einer der Ersten, der sich im nördlichen Ontario ebenfalls öffentlich zu seiner Kindheit in der Residential School äußerte, war Garnet Angeconeb. Er ist ein Ojibwe der Lac Seul First Nation und lebt in Sioux Lookout. Seine früheste Kindheit verbrachte er mit seiner Familie auf der Trapline. In seinen Erinnerungen war dies eine glückliche Zeit. Sie sollte jedoch bald überschattet werden. Als Garnet vier Jahre alt war, wurde sein sechsjähriger Bruder Harry geholt und in die Pelican Indian Residential School in der Nähe von Sioux Lookout gebracht. Zwei

Jahre später wurde auch er von seinen Eltern getrennt und kam in dieses Internat, in dem zu dieser Zeit etwa 250 indianische Kinder untergebracht waren. Wie so manches andere Missbrauchsopfer konnte auch Garnet als Erwachsener nicht über das sprechen, was ihm ein angehender Priester im Internat angetan hatte. Wie so viele andere betäubte auch er seine Erinnerungen mit Alkohol. Erst als er am 31. Oktober 1990 auf der Titelseite der Zeitung *Globe and Mail* die Geschichte von Phil Fontaine und dessen Erlebnisse in der Residential School las, versuchte er zum ersten Mal den jahrelang unterdrückten Schmerz in Worte zu fassen und vertraute sich einem Kollegen an, mit dem er gerade unterwegs war.[481]

Die stille Einsamkeit des Leidens war durchbrochen. Garnet Angeconeb trat nun selbst in die Öffentlichkeit. Als ich ihn im Sommer 2018 in Sioux Lookout besuchte, erinnerte er sich, wie schwer dieser Schritt war, sich der eigenen Vergangenheit zu stellen: »Eines der größten Hindernisse, das ich in dieser Zeit erlebte, war die Verdrängung. Denn die Menschen wollten nicht wirklich darüber sprechen. Es war zu schmerzhaft. Einige mochten auch nicht, worüber ich sprach. Doch andere sagten: ›Ja, dasselbe ist mir zugestoßen. Mach weiter! Wir werden mit dir gehen!‹ Es war nicht einfach, damit umzugehen. Denn selbst einige Familienmitglieder sagten mir: ›Schau nach vorne! Vergiss die Vergangenheit und konzentriere dich auf die Zukunft!‹ Es war so schwer, weil mich die Gefühle aus der Vergangenheit oft hinunterzogen.«[482] Einige Leute hätten ihm sogar vorgehalten, er mache das bloß aus politischen Interessen, da er ein Anführer werden wolle. Aber dies sei falsch: »Ich wusste zu diesem Zeitpunkt, wie die Residential School mein Leben zerstört hatte. Es war ein langer, steiniger Weg zur Genesung. Er war nicht finanziert, nicht einfach, aber je länger ich weiterging, desto leichter wurde es. Ich weiß nicht, ob ich je ganz geheilt sein werde. Das denke ich nicht. Aber es wird leichter. Ja, es wird leichter. Und man erhält ein Gefühl von Hoffnung.«[483]

Durch den 2015 veröffentlichten Abschlussbericht der Truth and Reconciliation Commission of Canada (TRC) kam die Trageweite der verheerenden Auswirkungen des Residential-School-Systems auf die indigene Gesellschaft zutage.[484] Diese für die indianische Gesellschaft traumatische Geschichte geht vor die Gründung der kanadischen Föderation von 1867 zurück. Damals waren vor allem Missionare bestrebt, die Indianer zu ›zivilisieren‹, und errichteten erste Schulen. Ein Beispiel dafür ist etwa das 1821 von der anglikanischen Kirche eröffnete Mohawk Institute für Irokesen-Kinder aus dem Grand-River-Gebiet und den umliegenden Reservaten. Schließlich legte der Indian Act die gesetzliche Grundlage für die ›Zivilisierung‹ der Indigenen in Kanada. Der aus Irland stammende kanadische Anwalt und Politiker Nicholas Flood Davin meinte 1879: »Wenn man mit dem Indianer etwas machen will, muss man ihn sehr jung einfangen. Die Kinder müssen ständig in einem zivilisierten Umfeld gehalten werden.«[485] Eine 1884 erfolgte Anpassung des Indian Acts schrieb vor, dass für indianische Kinder der Besuch einer Tagesschule oder die Unterbringung in einem Internat obligatorisch war. Da man sich jedoch von der langzeitigen Trennung der Kinder von ihren ›unzivilisierten‹ Eltern größere Erfolge versprach, hatten die Residential Schools klare Priorität. Landesweit wurden zwischen den 1880er- und 1990er-Jahren insgesamt 139 solcher vom Staat finanzierten und von Kirchenpersonal geleiteten Einrichtungen betrieben. Dafür war die Regierung in Ottawa unter anderem mit der anglikanischen, der katholischen, der methodistischen und der presbyterianischen Kirche eine Partnerschaft eingegangen. Daneben gab es noch weitere Residential Schools, die von einzelnen Provinzen oder religiösen Gemeinschaften finanziert wurden. Erst 1996 wurde in Saskatchewan die letzte staatliche Residential School geschlossen. Bis dahin durchliefen etwa 150 000 Kinder der First Nations, Métis und Inuit im Alter von vier bis in der Regel 16 Jahren diese Assimilationsinstitutionen.[486]

Der indianische Anwalt und Senator Murray Sinclair, der von 2009 bis 2015 die TRC präsidierte, ging in einem Interview davon aus, dass mindestens 6000 Schülerinnen und Schüler in den Internaten ums Leben kamen. Die meisten dieser Todesfälle sind auf Krankheiten und Unterernährung zurückzuführen.[487] Doch Kinder begingen auch Selbstmord, wurden getötet, kamen bei Unfällen um und erfroren oder verhungerten bei ihren Fluchtversuchen. Die genaue Anzahl in den Residential Schools verstorbener Kinder bleibt im Dunkeln. Einerseits sind viele Akten nicht mehr auffindbar, weil sie entsorgt wurden. Andererseits führten die Internatsbetreiber auch nicht genau Buch darüber. Die TRC konnte jedoch aufgrund der Namenslisten mehr als 2000 Todesfälle identifizieren. Diese Anzahl ergänzte sie mit weiteren in Dokumenten vermerkten, aber namenlosen Todesfällen und kam schließlich auf über 3000 verstorbene Kinder. Aufgrund der ausgewerteten Daten konnte die TRC nachweisen, dass in den 1940er-Jahren die Sterblichkeitsrate für indigene Kinder in den Internaten fünfmal höher lag als im Vergleich zu nicht-indigenen Schülerinnen und Schüler in anderen Institutionen. In den 1960er-Jahren war sie immer noch doppelt so hoch.[488] Ende September 2019 organisierte die Nachfolgeorganisation der TRC, das National Centre for Truth and Reconciliation, eine Gedenkzeremonie für die Todesopfer der Residential Schools im Kanadischen Museum für Geschichte in Gatineau. Dabei wurde ein 50 Meter langes rotes Tuch in die große Halle getragen. Darauf waren in Weiß die Namen der 2800 identifizierten indigenen Kinder, die von ihren Eltern getrennt in einer oftmals weit entfernten Residential School ums Leben kamen, aufgelistet.[489]

In den Schulen versuchten die christlichen Erzieher, den Kindern alles Indianische auszutreiben und ihnen westliche Wertvorstellungen zu vermitteln. Staatsbeamte hatten sie aus ihrem vertrauten Umfeld gerissen und sie kamen in eine für sie unbekannte, düstere Welt, in der eine unverständliche Sprache gebraucht wurde. Beamte bedrohten die Eltern auch, wenn sie ihre Sprösslinge nicht freiwillig hergeben wollten. Sie strichen ihnen Lebensmittelrationen, was in gewissen Reservaten, in denen Hunger herrschte, prekäre Folgen hatte. Die Kinder mussten sich gleich nach ihrer Ankunft im großen, kalt wirkenden grauen Gebäude aus Beton einer gründlichen Körperreinigung unterziehen, sich die Haare schneiden lassen, erhielten neue Kleider und in einigen Institutionen eine Nummer, mit der man sie fortan rief. Mädchen und Knaben wurden getrennt, Geschwister auseinandergebracht. Es folgte ein strikter Tagesablauf, der von einer streng christlichen Erziehung mit Messebesuchen und Gebeten umrahmt war. Die Kinder halfen auch im Haushalt mit, um den Betrieb aufrechtzuerhalten. Sie mussten etwa diverse Reinigungsarbeiten verrichten und in Werkstätten sowie auf der Farm arbeiten. Der eigentliche Schulunterricht fokussierte auf Religionskunde, Mathematik-, Englisch- beziehungsweise Französischunterricht sowie auf die Vermittlung westlicher Geschichte mit ihren Errungenschaften seit Kolumbus. Den Kindern war es meist verboten, ihre Muttersprache zu verwenden. Machten sie es trotzdem, risikierten sie, dass man ihnen zur Strafe den Mund mit Lauge auswusch oder sogar Nadeln in die Zunge steckte. Die Erzieher verprügelten sie auch mit Stöcken und peitschten sie mit Lederriemen aus. Manchmal schlugen sie einige Schützlinge mit bloßen Fäusten bewusstlos oder stießen sie die Treppen hinunter. Oft sperrten sie sie auch in dunkle Zellen ein und gaben ihnen nur Wasser und Brot. In einigen Schulen versuchten sie die Schülerinnen und Schüler mit Elektroschocks zu züchtigen. Das Essen war in der Regel miserabel, selten ausreichend und gelegentlich verdorben. Die Kinder der Cree und Ojibwe, die an traditionelle Nahrung wie Wildfleisch und Fisch gewohnt waren, erhielten westliche Speisen wie Grütze oder sonstigen Einheitsbrei vorgesetzt, die sie anfänglich nicht vertrugen. Wenn sie sich übergeben mussten, kam es hie und da vor, dass sie von ihren Erziehern gezwungen wurden, ihr Erbrochenes aufzuessen.[490]

Die wehrlosen Kinder waren völlig ausgeliefert und machten unbeschreibliche Torturen durch. Weit entfernt und ohne Kontaktmöglichkeit zu ihren Eltern plagte die meisten starkes Heimweh. Bettnässer mussten sich in einigen Internaten nackt ausziehen und eine Aufsichtsperson stellte den Betroffenen vor allen bloß. Als wäre dies alles noch nicht genug des Leidens, vergingen sich pädophile Lehrpersonen und Geistliche an vielen Kindern und zerstörten deren junge Seelen.[491] Hinzu kam auch Mobbing. Ältere Schüler ließen oft ihren angestauten Frust an jüngeren aus, ohne dass ein Erzieher dagegen einschritt. Gewiss gab es auch einige gut meinende Lehrer und nicht alle Kinder durchlitten dieselben Qualen. Für einige war das Internat eine Chance, weil vielleicht ihre Eltern verstorben waren oder die Zustände im Reservat ebenfalls bereits unerträglich geworden waren. Doch dies darf nicht darüber hinwegtäuschen, dass die Residential Schools durch die Zwangsumerziehung für eine Mehrheit ein System der Gewalt, Angst, Unterdrückung, Züchtigung und Hoffnungslosigkeit darstellte, das ihnen ihre indigene Identität raubte. Unzählige Leben wurden dadurch ausgelöscht oder ruiniert. Wenn Kinder starben, die aus einem abgelegenen Reservat stammten, ließ der Schulleiter ihre Leichen in der Regel nicht in ihre Heimat überführen, sondern auf dem Schulfriedhof beisetzen. Ihre Eltern erfuhren oft lange nicht, wo ihre Kinder verblieben waren. Schließlich zerbrachen viele ehemalige Internatsschüler in ihrem späteren Leben an den fatalen Auswirkungen der Umerziehung, betäubten sich mit Drogen und Alkohol oder begingen Selbstmord.

All dies und noch viel mehr haben mir Residential-School-Überlebende im nördlichen Ontario in zahlreichen Gesprächen erzählt. Als ich über solche Vorkommnisse in Büchern las, war es zutiefst bedrückend. Doch als ich erstmals denjenigen Menschen gegenübersaß, die die unsäglichen Zustände in den Internaten am eigenen Leib erfahren hatten, löste dies eine unbeschreibliche Betroffenheit aus. Ob ich es wahrhaben will oder nicht, ich bin schließlich in dieser westlichen Kultur sozialisiert worden, deren Protagonisten sich über alle anderen Zivilisationen stellten und ihren eurozentrischen Maßstab anwandten, um indigene Gesellschaften weltweit zu assimilieren und auszulöschen. Gewiss, wir Schweizer hatten nie eigene Kolonien. Doch auch wir haben genauso von der Landwegnahme und der Zurückdrängung indigener Völker profitiert wie die Siedler anderer europäischer Staaten auch. Wer von uns hat denn keine Vorfahren oder Verwandte, die nach Kanada, in die USA, Mittel- und Südamerika, Australien oder Afrika ausgewandert sind? Für das Unrecht, das im Zeitalter des Kolonialismus und Imperialismus geschah und das bis in die Gegenwart als postkoloniale Diskriminierung fortwirkt, können wir freilich nicht persönlich zur Rechenschaft gezogen werden. Selbst wenn die europäische Wirtschaft mit günstig abgebauten Rohstoffen aus angeeigneten indigenen Ländern unermessliche Profite macht und die dadurch etablierten globalen Strukturen der Ungleichheit nach wie vor eine Stütze unseres Wohlstands bilden. Doch wir haben eine historische Verantwortung, wenn wir beispielsweise als Touristen in ein Land wie Kanada reisen. Es ist wichtig, zu verstehen, dass hinter dem, was sich inzwischen als multikulturell präsentiert, die Verbrechen an der indigenen Bevölkerung stehen. Dazu gehört auch, dass man sich der Geschichte der Residential Schools stellt und es auszuhalten versucht, den Indianern, Métis und Inuit einfach einmal zuzuhören, ohne das Wort zu ergreifen. Denn in ihrem Kern waren die Residential Schools dazu konzipiert, die indigenen Zivilisationen komplett ihrer Lebensweise zu berauben und diese zur Fußnote der kanadischen Geschichtsschreibung werden zu lassen. Dass es nicht so weit gekommen ist, liegt am aktiven Widerstand indigener Menschen. Sie haben dafür aber einen enorm hohen Preis bezahlt und viele von ihnen befinden sich weiterhin in einer lebensbedrohlichen Identitätskrise.

Missbrauch hinter Mauern

Wenn ich mich mit Elders in den abgelegenen Reservaten im nördlichen Ontario unterhielt, versuchte ich stets das konkrete Fragestellen zu unterlassen. Dadurch wollte ich vermeiden, dass sie sich aus Höflichkeit genötigt sahen, über Dinge zu sprechen, deren Erinnerungen weiterhin

Schmerzen hervorriefen. Ich bat sie daher, mir Dinge aus ihrem Leben zu erzählen, die sie frei wählen konnten. Einige haben das Thema Residential Schools nicht aufgegriffen, was ich nachvollziehen konnte. Dennoch war ich erstaunt, wie viele mir ausführlich darüber berichteten. Obwohl sie durch die Arbeit der Truth and Reconciliation Commission gewohnt waren, über ihre Vergangenheit in den Internaten zu sprechen, spürte ich dabei, wie weh es ihnen tat, sich weiterhin damit auseinanderzusetzen. Gelegentlich wühlte es sie so auf, dass wir das Gespräch unterbrechen mussten. Eine Zeitzeugin konnte beispielsweise erst fortfahren, nachdem sie eine Adlerfeder in die Hand genommen und etwas getrockenten Salbei für ein Räucherritual in einer Schale angezündet hatte. Oftmals verharrten wir auch in langem Schweigen. In diesen Momenten der Stille wurde mir bewusst, wie schwerwiegend und zerstörerisch all diese Geschichten waren.

Einer Zeitzeugin versagte während einer Erinnerung plötzlich die Stimme. Sie hielt mir dann stumm ihre rechte Hand entgegen und zeigte mit der linken auf den kleinen Finger. Wie ich erst dann erkannte, war dieser verkrüppelt. Als sie die Worte wiederfand, erzählte sie mir, dass sie in der Residential School bei einer strengen Nonne Klavierunterricht hatte. Als sie einmal einen falschen Ton spielte, hätte diese furchtbar erbost den Tastaturdeckel mit voller Wucht zugeknallt. Sie hätte zwar die Hand noch rechtzeitig zurückziehen können, doch der kleine Finger sei eingeklemmt worden. Eine andere Zeitzeugin sagte, sie sei auf einem Ohr taub. Ein Erzieher habe sie einmal dermaßen geohrfeigt, dass ihr Gehör für immer geschädigt wurde. Einmal unterbrach ein Elder das Gespräch und zog sein T-Shirt aus. Denn er konnte es zunächst nicht in Worte fassen, was er mir erzählen wollte. Dann deutete er auf zahlreiche runde Brandnarben auf seiner Brust. Als er das T-Shirt wieder überstreifte, erklärte er mir, dass ein Lehrer jeweils zur Bestrafung seine Zigaretten auf seiner Haut ausgedrückt hatte. Die Vorstellung vom Grauen, das sich sonst noch hinter den Mauern der Internate ereignet hatte, ließ mich erschaudern. Was für Menschen waren diese Erzieher, die sich derart an Kindern vergingen? Doch letztlich war diese Form der Gewalt Teil eines Zwangumerziehungssystems, das nur eine einzige Norm kannte. Alle mussten sich ihm unterordnen und wurden sanktioniert, wenn sie dagegen aufbegehrten. Bestimmt hatten Führungsgremien der Kirchen und des Staats solche Misshandlungen nicht gefordert oder gebilligt. Doch sie nahmen sie wohl stillschweigend um einer aus ihrer Sicht höheren Sache willen in Kauf, nämlich um das ›Indianerproblem‹ endgültig zu lösen.

Ähnlich wie die drei körperlich geschädigten Überlebenden sind viele ehemalige indianische Internatskinder ein Leben lang gezeichnet und werden ständig an das Leid, das ihnen widerfuhr, erinnert. Tief eingeprägt hatte sich bei den Zeitzeugen auch, dass man ihnen Nummern zuteilte, mit denen man sie rief. Wally McKay äußerte sich dazu: »Weißt du, mein Name hatte für das System nie eine Bedeutung. Ich war nur eine Nummer. Auch leide ich darunter, dass die Juden den Holocaust durchmachten. Ihnen wurden Nummern auf ihre Arme tätowiert. Genauso wie sie diese Ziffern nicht mehr loswerden konnten, haben sie sich in mein Gehirn eingeprägt und können nie mehr gelöscht werden. Wenn Holocaustüberlebende die Zahlen auf ihrer Haut sahen, erinnerten sie sich an die Konzentrationslager. Meine Nummer ist ständig in meinem Kopf. Ich kann das nicht abschalten oder sagen, es sei nie passiert. Wir tragen diese Erfahrung mit uns, so traurig sie ist.«[492] Getty Petiquay, die die Pointe Bleue Residential School in Quebec besuchte, erzählte der TRC Folgendes: »Ich erinnere mich, dass 95 die erste Nummer war, die ich in der Residential School erhielt. Ich hatte diese Nummer – 95 – während eines Jahrs. Die zweite Nummer war 4. Ich trug sie während einer längeren Zeit. Die dritte Nummer war 56. Auch diese behielt ich lange Zeit. Wir liefen mit den Nummern an uns umher.«[493] Auch Edmund Metatawabin berichtete in seiner Autobiografie davon, wie eine Nonne den indianischen Kindern am ersten Tag in der St. Anne's Residential School eine Nummer zuwies: »›Wenn ich zweimal klatsche, dann reiht ihr euch der Größe nach auf, so wie ihr jetzt steht‹, sagte sie. Dann ging sie der Reihe nach durch und zählte. Ich war klein für mein Alter und daher erhielt ich die Nummer 4 von 127. ›Diese Nummern sind eure neuen Namen, erinnert euch gut daran‹, sagte sie. Ich probierte die Nummer still in meinem Mund. Sie fühlte sich flach und weit entfernt an. Das ist unfair, dachte ich, denn selbst Hunde haben richtige Namen.«[494]

Viele ehemalige Internatskinder brachten die Residential School mit einem Zuchthaus in Verbindung. Joe Fiddler aus Sandy Lake meinte beispielsweise: »Die Residential School war wie ein Gefängnis, weil alles institutionalisiert war. Vielleicht war es sogar schlimmer, weil man jung war, weißt du. Niemand will im Gefängnis sein.«[495] Auch Roy Morris aus Muskrat Dam hielt dies fest: »Wir nennen es Residential School, aber eigentlich war es ein Gefängnis und keine Schule, denn wir waren nicht freiwillig dort. Wir wurden entführt und an diesen Ort gebracht. Dort wurden wir festgehalten, ohne Möglichkeit, nach Hause zu gehen. Daher war es eigentlich ein Gefängnis. Es war ein Gefängnis für Kinder.«[496]

Es kam gelegentlich vor, dass Eltern nicht informiert waren, wann ihre Kinder abgeholt wurden. Dazu erzählte mir Roy Morris: »Eines Morgens kam das Wasserflugzeug. Alle waren neugierig, was passiert, und wir gingen zum Dock runter. Du weißt ja, wie Kinder sind. Dann stieg der Pilot aus und sagte: ›Hey, ich brauche ein paar Kinder.‹ Die Kinder waren ja alle da und er hat ein paar ins Flugzeug genommen und flog davon. So ist es meinem Bruder im ersten Jahr passiert. Er stand unten in der vordersten Reihe und kam ins Flugzeug, während ich davonkam. Er flog weg und ich kehrte heim. Dann sagte mir meine Mutter: ›Kannst du deinen Bruder holen? Euer Frühstück steht bereit.‹ Ich antwortete ihr: ›Das kann ich nicht.‹ Sie fragte: ›Warum nicht?‹ ›Mein Bruder ist nicht hier.‹ ›Ja, dann hol ihn.‹ ›Das geht nicht.‹ Ich konnte kleine Flecken in ihren Augen sehen und sagte: ›Mein Bruder ist im Flugzeug.‹ So realisierte meine Mutter, dass mein Bruder gegangen war. Und er war ein ganzes Jahr weg. Im nächsten Jahr passierte mir das Gleiche. Wir gingen ans Dock runter, um zu spielen. Dort wurde ich abgeholt und ins Flugzeug geworfen. Ich konnte mich nicht von meiner Mutter verabschieden. Mit heutigen Begriffen muss man sagen: Wir wurden gekidnappt.«[497]

Modina McKay, die wie Roy Morris aus Muskrat Dam kommt, erinnerte sich, wie sie mit ihrer Schwester von ihren Eltern getrennt wurde: »Sie holten uns aus dem Reservat – es war damals noch kein Reservat, sondern bloß eine Niederlassung, ein Lager. Meine Schwester war fünf und ich beinahe sieben. Ich hatte keine Ahnung, wohin sie mich brachten. Ich wusste nicht, dass ich die nächsten sechs Jahre keinen Vater und keine Mutter mehr haben würde. Nur im Sommer kehrten wir für sechs bis sieben Wochen heim. Und ich habe meine Eltern vermisst und sie haben mich vermisst! Es gab nichts, das wir dazu sagen konnten. Nichts! Denn meine Mutter meinte: ›Wenn du zu diesen Leuten, die dich wegnahmen, etwas sagst, also zum Staat, dann werden sie dich wegsperren und uns nichts mehr geben.‹ Ich hatte große Angst. Ich war so verängstigt und wurde erzogen, still zu sein. Ich war verängstigt und zwischen zwei Welten zerrissen.«[498]

Doch nicht alle Kinder konnten in den Sommerferien für ein paar Wochen zurück zu ihren Familien. Joe Crow, ein ehemaliger Chief aus

Fort Severn, erzählte mir seine Geschichte: »Ich wurde in einem sehr jungen Alter meinen Eltern weggenommen. Drei Jahre lang war ich weg und durfte nicht nach Hause. Einmal kamen drei Norseman-Flugzeuge in unsere Gemeinde. Unter anderem waren ein Arzt, ein Zahnarzt, ein Röntgentechniker und einige Arbeiter dabei. Ich kann mich kaum mehr daran erinnern, als sie mich damals röntgten. Ich war erst sechs Jahre alt. Sie sagten mir, ich hätte Tuberkulose, die Krankheit, die es damals hier gab. Ich wurde ins Spital gebracht und blieb zwei Monate dort. Ende August sollte ich entlassen werden. Eines Morgens brachte eine Krankenschwester meine Kleider und die persönlichen Sachen. Sie sagte mir, ich solle mich anziehen. Ich dachte, man würde mich heimbringen. Ich war so glücklich, als ich meine Kleider anzog. Doch sie brachten mich an einen Ort, an dem ich noch nie gewesen war. Ich sah ein großes Gebäude, das fremdartig auf mich wirkte. Es war eine Residential School. Noch waren keine Kinder dort. Die Schüler kehrten erst im September zurück. Es waren Ojibwe und Oji-Cree. Ich war der einzige Cree in dieser Schule. Ich konnte mit niemandem kommunizieren und Englisch konnte ich auch nicht sprechen. Die Kinder machten sich lustig über mich und über die Art, wie ich sprach. Ich war völlig isoliert. Ich hatte niemand, mit dem ich sprechen konnte. Und ich war drei Jahre lang dort.«[499]

Die Erlebnisse der drei Zeitzeugen haben sich in den späten 1940er- und frühen 1950er-Jahren ereignet. Sie verweisen darauf, dass die indianischen Eltern nicht, beziehungsweise nur unzureichend, informiert worden waren, wann genau ihre Kinder abgeholt wurden. Gewiss stellte die Sprachbarriere ein Problem dar, eventuell auch der westliche Kalender, der sich in der indianischen Gesellschaft noch nicht durchgesetzt hatte. Zudem machten es die schwierigen Wetterverhältnisse im subarktischen Norden Ontarios nicht einfach, die Flüge genau zu planen. Dennoch zeigen diese Beispiele auf, mit welchem kolonialen Selbstverständnis der kanadische Staat und seine kirchlichen Partner über die indigenen Menschen verfügten. Für die betroffenen Eltern muss es furchtbar gewesen sein, wenn vom einen Tag auf den anderen ihre Kinder weg waren. Sie sahen sie nun jahrelang höchstens noch ein paar Wochen in den Sommerferien oder allenfalls an Weihnachten. Die Elders konnten ihnen deswegen auch nicht mehr die verschiedenen kulturellen Praktiken und Techniken für das Überleben im Busch beibringen, die jahreszeitlich bedingte Kenntnisse erfordern. Die Kinder wurden aus ihrer vertrauten Umgebung herausgerissen und kamen in eine teilweise Hunderte Kilometer entfernte Residential School, in der nichts mehr an ihre gewohnte Lebenswelt erinnern sollte. Indem der Staat sie ihren Familien und ihrem Land entriss, tat er ihnen das Schlimmstmögliche an. Denn für die indianische Kultur ist das Land alles und die Familie dessen Zentrum. Durch diese Trennung versuchten die staatlichen Umerzieher, die Bindungen der Indianerkinder zu ihrer Herkunft zu lösen, damit sie einst in westlichen Siedlungen als Handwerker oder Farmer ihren Lebensunterhalt verdienen und ihre Heimat für immer verlassen würden. Denn die Residential Schools waren ganz auf ein euro-kanadisches, bürgerliches Berufsleben ausgerichtet. Wenn die Schüler zwischen 16 und 18 Jahre alt waren und das Internat verließen, mussten sie auf die Highschool oder eine Arbeit in oder in der Nähe von urbanen Zentren finden. Der Staat sah die Zukunft also nicht im Reservat, sondern in den kanadischen Siedlungsgebieten.

Christopher Metatawabin aus Fort Albany schilderte mir, wie er die Trennung von seiner Familie erlebt hatte: »Ich war ein kleines Kind, als ich von 1960 bis 1968 in der St. Anne's Residential School war. Mit sechs Jahren kam ich dorthin. Es gab drei Jahrgangsstufen: die Jüngsten, die Mittleren und die Ältesten. Wir Geschwister waren folglich alle voneinander getrennt. Als ich ankam, waren meine Brüder bei den Ältesten und ich bei den Jüngsten. Jedes Mal wenn ich etwas von meinen Brüdern wollte, wurde mir das untersagt. Es war uns nicht erlaubt, als Familie zusammenzukommen. Sie sagten dann: ›Du bist ein Jüngster, also bleibst du in dieser Abteilung.‹ Meine Brüder waren auf der anderen Seite. Wir wuchsen getrennt und als Fremde auf. Wir waren keine Familie mehr.«[500] Auch sein drei Jahre jüngerer Bruder Leo erinnerte sich ähnlich an diese Trennung: »Ich ging etwa zehn Jahre lang auf die St. Anne's Residential School. Damals war ich von meiner Familie getrennt. Man hat uns auseinandergerissen. Meine Schwestern waren zwar auch dort, aber wir durften keinen Kontakt haben. Wir waren in gesonderten Schlafsälen und Bereichen untergebracht. Auch von meinen älteren Brüdern war ich getrennt. Ich gehörte den Jüngsten an und sie waren bei den Ältesten. Wir hatten also keine familiäre Bande mehr. Wir verbrachten nur Weihnachten und die Sommerferien gemeinsam. Das waren die einzigen begrenzten Möglichkeiten, mit der Familie etwas zu unternehmen.«[501]

Kinder wurden also nicht nur von ihrer Großfamilie mit Großeltern, Eltern, Onkeln und Tanten, sondern im Internat selbst auch von ihren

Geschwistern ferngehalten. Garnet Angeconeb formulierte die Auswirkung dieser Familientrennung für die indianische Gesellschaft wie folgt: »Die Gemeinschaft mit den Großeltern war sehr wichtig. Denn sie waren die Hüter des Wissens, das sie an die jüngere Generation weitergaben, und vermittelten auch unsere Werte. Die Familie spielte also in unserer Gesellschaft immer eine zentrale Rolle und wir hatten einen starken Zusammenhalt. So habe ich die ersten paar Jahre meiner Kinderheit erlebt. Doch wie Tausende andere indigene Kinder auch wurde ich von der Familie weggenommen, von meinen Liebsten getrennt, von meiner Gemeinschaft entfernt. Und ich kam an einen Ort, den man Residential School nennt. Damit verbunden ist der Zusammenbruch der Gemeinde, der Kultur, unserer Lebensweise. Denn die staatlichen Richtlinien waren darauf ausgelegt, die Familien zu zersplittern. Man hat dabei aber nicht nur die Familien aufgeteilt und den Kindern die Identität geraubt. Denn wenn man eine Familie trennt, dann spaltet man auch eine Gemeinde. Und wenn man eine Gemeinde spaltet, spaltet man auch die Nation. Heute sind wir daran, dies wiederherzustellen. Was man sieht, ist die Widerstandsfähigkeit so vieler unserer Leute, die zurückkehren. Die Residential School war ein Angriff auf unser Volk.«[502]

Viele Kinder wurden in den Residential Schools von derart heftigem Heimweh geplagt, dass sie fortliefen und versuchten, irgendwie zu ihren weit entfernten Familien heimzukehren. Doch die Internate waren gut beaufsichtigt. In einigen gab es sogar Wachhunde. Daher war es nicht leicht, unbemerkt zu entkommen. Wenn Schüler bei einem Fluchtversuch erwischt wurden, hatten sie härteste Strafen zu befürchten. Man statuierte an ihnen ein Exempel, um eventuelle Nachahmer abzuschrecken. In der katholischen St. Anne's Residential School in Fort Albany kam regelmäßig ein elektrischer Stuhl zum Einsatz. Wurden Kinder beim Stehlen von Nahrung oder beim Fluchtversuch erwischt, gurtete man sie an diesem monströsen Gerät fest und malträtierte sie mit heftigen Stromstößen. Edmund Metatawabin und sein Mitschüler Tony hatten sich einmal unerlaubterweise vom Schulgelände entfernt. Die beiden beabsichtigten aber nicht, wegzulaufen, sondern kehrten wieder zurück. Man hielt sie jedoch für Ausreißer und bestrafte sie vor versammelter Schülerschaft auf dem gefürchteten Stuhl.

Edmund Metatawabin beschrieb die Tortur, die er über sich ergehen lassen musste, in seiner Autobiografie mit den Worten: »Die Ordensschwester Wesley setzte Tony auf den elektrischen Stuhl, der einen Rahmen aus Metall hatte. Der Sitz und die Lehne waren aus Sperrholz. Bruder Goulet schnallte die Arme meines Freundes mit Gurten fest und überprüfte, ob diese eng genug saßen. Als er damit zufrieden war, betätigte er einen Hebel an der Holzkiste. Tony schrie auf. Er begann zu zappeln und biss sich auf die Lippen. Bruder Goulet drehte noch mehr auf. Tonys Körper wurde steif, lockerte sich und verspannte sich erneut. Dann schaltete Bruder Goulet aus. Tony begann zu weinen und Schwester Wesley führte ihn weg. Jetzt war ich an der Reihe. Bruder Goulet setzte mich hin. Meine Beine reichten nicht bis zum Boden. Er schnallte mich an. ›Es wird nie mehr vorkommen, Bruder‹, sagte ich. ›Darauf kannst du wetten, dass es nicht mehr vorkommt.‹ Ich klammerte mich, so fest ich konnte, an die Armlehnen des Stuhls. Ich sah Bruder Goulets Hand an, als er den Hebel betätigte, und fühlte, wie ein brennender Schmerz von meinen Händen zu meinen Beinen strömte. Ich rang nach Luft und versuchte meine Arme herauszuziehen. Doch es ging nicht. Ich merkte, wie meine Beine vor mir zitterten. Der Schmerz ließ nach, dann verstärkte er sich so, als würde man durch Eis brechen. Es hörte auf. Dann durchzuckte ein weiterer Stoß meinen Körper, und zwar genauso hart wie beim ersten Mal. Ich schwankte hin und her und biss auf die Zähne. Meine Augen waren geschlossen. Ich wollte nichts mehr sehen. Ich wusste, dass ich mich zum Narren machte. Alles um mich herum brannte. Ich ließ los und dann wurde alles schwarz.«[503]

An dieses Folterinstrument erinnerten sich viele weitere Zeitzeugen, die auf der St. Anne's Residential School waren. Auch Edmunds jüngerer Bruder Leo wurde einmal damit bestraft, wie er mir erzählte: »Der Stuhl war aus Metall, aber die Lehne aus Holz. Ich wusste nicht, was vor sich ging. Schließlich war ich ein kleiner Junge. Wenn jemand aus der Reihe tanzte, dann wurde er individuell bestraft. Manchmal mussten aber alle dafür büßen. Wie auch immer, dieser Stuhl war der Schock meines Lebens.« Leo zeigte auf seine Handgelenke und sprach weiter: »Du konntest es hier bis zu den Schultern hoch spüren. Danach habe ich nichts mehr empfunden.«[504] Angela Shisheesh stammt aus Attawapiskat und ist gleichen Alters wie Edmund Metatawabin. Sie war ebenfalls auf der St. Anne's und erinnerte sich, dass man ihr nicht glauben wollte, als sie das erste Mal darüber sprach: »Dieser elektrische Stuhl, über den die Überlebenden sprechen, der ist real! Dieses Ding ist real! Und sie sagten, das sei unmöglich. Ich fühlte mich total niedergeschlagen. Ich wusste nicht mehr, was ich denken sollte. Ich konnte in dieser Nacht kein Auge zutun.«[505] Auch die ehemaligen Internatsschüler Leo Ashamock, Louis Knapaysweet, Christopher Metatawabin und Ed Sackenay sprachen öffentlich über den elektrischen Stuhl und haben manchem Kanadier ungeschönt vor Augen geführt, was für Horrorszenen sich hinter den Mauern des Indianerinternats abspielten.[506]

Der Einsatz von Elektroschocks zur Bestrafung indianischer Kinder in der St. Anne's Residential School macht sprachlos. Ich hatte einmal durch eine Unachtsamkeit in meiner Jugend einen Stromschlag erlitten und danach ein paar Tage Mühe, mich wieder auf den Alltag zu konzentrieren. Es ist kaum vorstellbar, wie es den kleinen Schülern ergangen sein musste. Vielleicht ist es gerade die unvorstellbare Härte der Bestrafung, die einen ratlos zurücklässt. Vielen Kanadiern war gar nicht bewusst, was es mit den Residential Schools überhaupt auf sich hatte. Jene, die davon wussten, hatten jedoch meist ein völlig verzerrtes Bild. In den 1950er-Jahren wurden beispielsweise im kanadischen Fernsehen Aufnahmen von der anglikanischen Residential School in Moose Factory an der südlichen James Bay gezeigt. Darin sah man glücklich lachende Indianerkinder, die Seil hüpften, Hockey spielten, zeichneten und fröhlich Englisch lernten. Der kanadischen Öffentlichkeit wurden die Residential Schools als gut geführte ›Zivilisierungseinrichtungen‹ und humane ›Entwicklungshilfe‹ präsentiert, die es den Indigenen ermöglichten, den Anschluss an die westliche Welt zu finden. Die Realität sah hingegen ganz anders aus.[507] So wurde unlängst bekannt, dass in mehreren Residential Schools und auch in Reservaten an der James Bay medizinische Langzeitstudien an indianischen Menschen, ohne deren Kenntnis und Einverständnis, durchgeführt wurden. Dabei haben beispielsweise führende kanadische Ernährungswissenschaftler in Zusammenarbeit mit verschiedenen Bundesbehörden während der 1940er- und 1950er-Jahre Experimente gemacht. Sie wollten unter anderem herausfinden, wie gewisse Vitaminpräparate bei unterernährten Menschen wirkten und welche Nebenwirkungen sie hatten. Statt den hungerleidenden Kindern zu helfen und mehr Nahrung abzugeben, hielten sie sie in ihrem unterernährten Zustand, um die Studien durchführen zu können.[508]

Die katholische St. Anne's Residential School in Fort Albany war von den Oblaten der Unbefleckten Jungfrau Maria 1902 errichtet worden, wurde ab 1906 mit staatlichen Geldern finanziert und war bis 1976 in Betrieb. Für den Unterricht hatten die Oblaten die Grey Nuns, einen Schwesternorden aus Montreal, verpflichtet. In der kollektiven

Erinnerung der Gemeinden an der westlichen James Bay ist St. Anne's äußerst präsent, weil viele Cree-Kinder der Region dort dem ›Umerziehungsprogramm‹ ausgesetzt waren. Sie gilt im Nachhinein betrachtet als eines der schlimmsten Internate, weil die Misshandlungen der Schülerinnen und Schüler dort extreme Ausmaße annahmen. Das Leiden begann bereits auf der Hinreise zur Schule. Viele Kinder kamen nämlich nicht mit dem Wasserflugzeug, sondern mit dem Schiff. Oft wurden sie auf der beschwerlichen Reise entlang der unruhigen James-Bay-Küste seekrank.[509] Doch auch in den anderen Residential Schools in Kanada gehörte das Leiden der Kinder zum Alltag. Die christlichen Missionare, die die Institutionen führten, legitimierten Bestrafungen und Züchtigungen theologisch. Die Schüler sollten lernen, dass fehlbare Handlungen die gottgewollte Weltordnung verletzten. Durch Sühne konnte das ›Böse‹ überwunden werden. Der Erzieher hatte in dieser religiösen Weltanschauung eine direkt von Gott übertragene Richterfunktion. Er konnte also sozusagen im Auftrag des Herrn bereits im Diesseits schlechte Taten bestrafen und dem Beschuldigten die Möglichkeit zur Reue geben, damit dieser nach dem Tod nicht noch viel stärkere Qualen erleiden musste. Problematisch bei dieser Praxis war, dass die Härte der körperlichen und psychischen Bestrafung einzig im Ermessensspielraum der christlichen Pädagogen lag. Dabei überschritten sie die Grenze des gesetzlich Zulässigen oftmals bei Weitem und ließen die Kinder exzessive Gewalt erleiden.[510] Im Gegensatz dazu widersprach es der traditionellen Erziehung der Cree und Ojibwe, körperliche Strafen anzuwenden. Wie mir einige Elders berichteten, sollte ein Kind durch Erfahrung lernen, was richtig und falsch war. Wenn es sich unangebracht verhalten hatte, wurde es geneckt, ausgelacht, aber nicht geschlagen.[511]

Was mich bei den Erzählungen der Zeitzeugen ebenfalls erschütterte, war das Ausmaß des sexuellen Missbrauchs in den Residential Schools. Nicht alle Schülerinnen und Schüler waren dem ausgesetzt. Doch die meisten Menschen, die mir von ihren Erlebnissen erzählten, machten entsprechende Erfahrungen, die sie weiterhin bedrücken. Die Tragik besteht auch darin, dass viele Täter starben, bevor sie von einem Gericht für ihre pädophilen Verbrechen zur Rechenschaft gezogen werden konnten. Die oftmals abgelegenen Internate schufen ideale Bedingungen für Pädophile, die ihre pädosexuelle Neigung ausleben wollten, da die indianischen Opfer praktisch keinerlei Chancen hatten, sich in irgendeiner Weise zu wehren. Dies mag erklären, dass die Einrichtungen pädosexuelle Erzieher regelrecht anzogen. Wie in Edmund Metatawabins Autobiografie nachzulesen ist, fingen die Übergriffe bereits bei der medizinischen Eintrittsuntersuchung an, bei der sich die Kinder nackt einer ausführlichen Leibesvisite unterziehen mussten.[512] Während des Schuljahrs vergingen sich einige der Pädagogen und Aufsichtspersonen schamlos und regelmäßig an den Kindern. Sie wandten allerhand Tricks an, um sie in die Falle zu locken. So machten sie beispielsweise einigen ›Auserwählten‹ schöne Versprechungen und holten sie aus dem Schlafsaal zu sich ins Bett.[513] Der Bäcker von St. Anne's, Bruder Jutras, nutzte aus, dass die Knaben wegen unzureichender Essensabgabe oft Hunger hatten. Er gab ihnen frisches Brot und sie mussten sich dafür im Schambereich berühren lassen.[514] Ein Überlebender, der auf der anglikanischen Pelican Lake Residential School in der Nähe von Sioux Lookout war, erzählte mir: »Wir mussten jeweils vor dem Sonntag duschen. Wir waren zu siebt. Aber dieser Typ hat uns begrabscht, während wir duschten. Das war sexueller Missbrauch! Ich hörte Schreie und schaute umher. ›Oh, nichts passiert‹, sagte mir der Typ. Wir waren eingeseift und meine Hände waren glitschig. Ich konnte mich selbst nicht schützen.«[515]

Angela Shisheesh lernte ich in in der Kleinstadt Timmins im Nordwesten Ontarios kennen. Sie arbeitete als Beauftragte für indigene Sprachen im Ojibway and Cree Cultural Center, in dem ich Ende Juli 2018 eine Woche lang Archivmaterialien durchstöberte. Als Kind kam sie zu Beginn der 1950er-Jahre von Attawapiskat in die St. Anne's Residential School in Fort Albany. Seit ein paar Jahren kämpft sie mit einigen anderen Überlebenden wie Edmund Metatawabin an vorderster Front und vor Gericht dafür, dass der Staat auch jene Dokumente, die zurückgehalten werden und die als weitere Beweismittel für die Misshandlungen und Folterungen der Kinder dienen, zugänglich macht.[516] Ich konnte mit Angela mehrere Interviews führen. Bald merkte ich, wie sie auch zehn Jahre nach der Entschuldigung von Premierminister Stephen Harper von 2008 unter der Vorgehensweise des kanadischen Staats litt. In ihren Augen könnte dieser nämlich noch viel mehr tun, um die gesamten Auswirkungen des Residential-School-Systems transparent darzulegen – zum Beispiel als geheim klassifizierte Akten zugänglich machen. Sie empfand es als entwürdigend, dass sie und andere Überlebende immer noch vor Gericht ziehen mussten, um für ihre Rechte zu kämpfen. Ihrer Meinung nach unternahmen die Behörden alles, um die ehemaligen Residential-School-Kinder weiterhin einzuschüchtern.[517]

Angela hat als junges Mädchen in der St. Anne's ebenfalls fürchterlichen Missbrauch erlebt, wie sie mir in einem Gespräch schilderte: »Einmal kam der Zahnarzt zur Schule und wir mussten alle zur Kontrolle gehen. Dabei half ihm dieser Priester. Ich nehme an, er übersetzte, aber ich weiß es nicht mehr genau. Damals muss ich etwa elf Jahre alt gewesen sein. Sie banden einen Riemen um meine Arme und auch um meine Beine, damit ich mich nicht bewegte, wenn er die Füllung machte. Dann ging der Zahnarzt ins Nebenzimmer, in dem er diese Mischung machte, die er brauchte.« Angela senkte die Stimme und fuhr im Flüsterton fort: »Dann war dieser Priester allein mit mir und begann mich sexuell zu missbrauchen. Und ich konnte mich nicht bewegen. Weißt du, dieses Zeugs, das er machte ... Man will niemanden, der einen berührt ... Als das Maschinengeräusch im Nebenzimmer stoppte, hörte er schließlich auf. Ich weinte. Als der Zahnarzt wiederkam, fragte er mich: ›Weinst du, weil du Angst hast? Ich werde heute nichts machen. Ich werde deinen Zahn heute nicht behandeln, denn ich weiß, du fürchtest dich.‹ Doch er hatte keine Ahnung, was gerade stattgefunden hatte. Ich fühlte mich so elend. Ich fühlte mich so fehl am Platz, so durcheinander. Dann rannte ich hinaus, und mir wurde schlecht auf dem Gang. Eine Nonne fragte mich: ›Was ist mit dir los?‹ Ich versuchte ihr davon zu erzählen und sie sagte: ›Er will doch nur liebevoll mit dir sein!‹ Ich sage dir, in diesem Jahr hätte ich mich beinahe umgebracht. Ich war so verängstigt und hasste, was vor sich ging. Ich wollte mich verstecken, aber mein Körper war zu riesig, um mich irgendwo zu verbergen. Ich wollte niemandem mehr davon erzählen, weil ich mich so genierte. Oh mein Gott, ich war so ... Von Zeit zu Zeit beschäftigt es mich noch immer. Manchmal lache ich darüber. Aber manchmal macht es mich verrückt. Lange Zeit hielt ich mich von Männern fern. Denn ich dachte, man hätte mir alles genommen.«[518]

Am nächsten Tag erzählte mir Angela Shisheesh, wie sie andauernd von einer der Nonnen schikaniert wurde: »Einmal gingen wir mit einigen Mädchen zum Picknick. Diese Nonne rief mir allerhand Namen zu und spottete: ›Meine Güte, du siehst wie eine Negerin aus. Du hast so dunkle Haut. Bist du sicher, dass du keine Negerin bist?‹ Das hat mich wirklich sehr mitgenommen. Nachts habe ich geweint. Was habe ich gemacht? Was habe ich jemandem angetan, damit man mich so fertigmacht? Und beim Mittagessen pflegte die Nonne zu sagen: ›Gebt ihr nur ein wenig!‹ Warum hackte sie ausgerechnet auf mir herum? Das war der Moment, in dem ich mich nach meiner Mutter sehnte. Ich wünschte, sie wäre hier. Meine Mutter hat mich nie so behandelt. Ich hatte eine so gute Mutter. Sie blieb immer zu Hause, um sich um ihre Kinder zu kümmern. Ich erinnere mich an meine Mutter ...« Ihre Stimme versagt kurz. »Sie war so liebevoll zu allen. Sie war so sanft. Nie hätte sie uns geschlagen. Nie hätte sie die Hand gegen uns erhoben. Nie! Sie hat uns nicht einmal angeschrien. Nein. Meine Mutter war nicht so.«[519]

Von Lichtblicken, Widerstandshandlungen und denen, die starben

Obschon viele ehemalige Schülerinnen und Schüler in den Internaten die dunkelsten Stunden ihres Lebens durchmachten, gab es auch einige wenige Lichtblicke. Hin und wieder waren Betreuerinnen und Betreuer zugegen, die sich in die Kinder hineinfühlen konnten. Wenn sie sahen, wie diese litten, schenkten sie ihnen menschliche Wärme. Doch dieses eigentlich selbstverständliche Verhalten war in der Residential School ein rares Gut. Angela Shisheesh erzählte mir von einem der katholischen Erzieher: »Einen Bruder mochte ich. Sein Name war Bruder Lard. Eigentlich hieß er Laravel. Er war mit allen so liebevoll. So liebevoll! Und ich hatte wirklich großes Vertrauen in ihn. Immer wenn ich mich schlecht fühlte und weinte, war er für mich da. Er war zu allen so gut. Einmal lernte ich Schlittschuh laufen. Alle waren bereits auf dem großen zugefrorenen See. Ich fiel hin und konnte nicht mehr aufstehen. Plötzlich taucht er auf und fragt: ›Was ist los?‹ Ich sagte: ›Ich kann es nicht.‹ Er sagte: ›Ich helfe dir. Bitte höre auf zu weinen. Zieh zuerst die Schlittschuhe aus und dann folgen wir den Kids. Zuerst möchte ich aber, dass du zu diesem Weg hinübergehst. Schau dich dort bei den Bäumen um. Du wirst etwas hängen sehen.‹ Ich ging hin und sah dort eine kleine Tasche hängen. Ich nahm sie und fand Süßigkeiten darin. Er sagte: ›Das ist für dich.‹ Das hat er gelegentlich gemacht. Er hat solche Sachen versteckt und dann sagte er: ›Wenn du es findest, gehört es dir.‹ Oder manchmal hat er etwas unter dem Schnee vergraben. Er hat das für alle gemacht. Und die Kinder liebten ihn. Und wir haben ihn ›Nishtesh‹ genannt. Das bedeutet ›unser Bruder‹. Wir riefen ihn ›Hey Nishtesh!‹ und dann kam er. Er hat uns gesagt, was richtig und was falsch ist. Er sagte: ›Wenn du die Sachen von jemandem anderen nimmst, ist das falsch. Nimm es nicht, bevor dir es jemand gibt. Wenn du eine Person beschimpfst, ist das falsch. Und wenn dir jemand etwas Unangebrachtes antut, dann sagst du es mir sofort.‹ Er war ein guter Anführer. Er machte gutes Brot und war ein guter Bäcker. (…). Sein Spitzname war ›Kanachunachet‹, das bedeutet ›Bäcker‹. Ich besuchte ihn so lange, bis er wieder fortging.«[520]

Angela sprach auch von einigen wenigen Nonnen, auf die man sich verlassen konnte. Zudem habe sie einen Priester in bester Erinnerung. Gute Erfahrunge mit angenehmen Erziehern hatte auch Irene Ross aus Muskrat Dam, die über sie sagte: »Es war zwar sehr hart, in der Residential School zu sein. Denn das Leben dort war alles andere als großartig. Doch an einigen Tagen hatten wir eine gute Zeit. Ein paar unserer Lehrerinnen waren gut zu uns. Sie waren immer für uns da, haben uns bei den Hausaufgaben geholfen und nach dem Unterricht betreut.«[521] Es habe aber auch Misshandlungen gegeben und man hätte nach der Schule oft lange arbeiten müssen. Insgesamt sei es eine sehr traurige Zeit gewesen.

Lichtblicke im tristen Internatsalltag waren für viele Kinder etwa die Möglichkeit, etwas Sport zu treiben. Besonders beliebt waren dabei Hockey, Baseball oder Basketball. Viele konnten sich auch mit Musik ablenken, wenn es beispielsweise eine Schulband gab. Andere fanden Trost in der Malerei. Oftmals waren jedoch die Sportanlagen schlecht, da das Geld fehlte, sie instand zu halten.[522] Obschon der Staat die Residential Schools finanzierte, reichten die Mittel meist nicht sonderlich weit. Die Budgets waren nämlich stark begrenzt. Dies wirkte sich neben einer schlechten Infrastruktur der Schulgebäude auch auf die Lehrerlöhne aus, die im Verhältnis zu anderen Schulen deutlich tiefer angesetzt waren. Daher fand man oft nur unqualifizierte Leute, was sich wiederum auf die Qualität des Unterrichts auswirkte. Zudem wechselten die Lehrpersonen ständig, was wiederum negative Folgen auf den Betrieb hatte.[523]

Die indianischen Schulkinder leisteten Widerstand gegen das ihnen aufgezwungene System. Denn auch im strikt organisierten und kontrollierten Alltag der Residenital School gab es Freiräume, die sie nutzen konnten. Sie schlichen sich etwa in Vorratskammern und stahlen trotz der Androhung heftiger Strafen Nahrungsmittel, machten sich über Lehrer lustig und gaben ihnen Spitznamen, erzählten einander traditionelle Legenden und Geschichten, stellten sich taub oder täuschten eine Krankheit vor. Sooft sie konnten, benutzten sie im Geheimen auch weiterhin ihre indigene Sprache. Modina McKay erinnert sich bis heute daran: »Immer wenn der Frühling herannahte, haben wir uns so weit wie möglich vom Spielplatz entfernt, damit wir unsere Sprache unbemerkt gebrauchen konnten. So versuchten wir sie zu bewahren. Denn wir mussten ja sonst die ganze Zeit Englisch sprechen.«[524] Manchmal legten die Kinder auch Feuer und zündeten ein Gebäude an. Größere Schulkinder in den oberen Klassen ließen sich zudem nicht mehr alles von ihren Peinigern gefallen und setzten sich auch körperlich gegen sie zur Wehr.

Wenn die Schulkinder Urlaub hatten, spendeten ihnen oftmals auch ihre Urgroß- oder Großeltern Trost und heiterten sie auf. Viele Überlebende haben mir in ihren Erinnerungen an die Residential Schools von der wichtigen Bedeutung ihrer Ältesten erzählt. Edmund Metatawabin berichtete mir von der liebevollen Zuwendung seiner Urgroßmutter: »Während der Schulzeit konnten jene Schüler aus der St. Anne's, deren Familien in Fort Albany lebten, sonntags für zwei Stunden von ein bis drei Uhr nachmittags heim. In dieser Zeit besuchte ich regelmäßig meine Urgroßmutter. Sie war diejenige, die mir die Geschichten, Erzählungen und Legenden unserer Kultur weitergab. Auch erzählte sie mir von Dingen, die in der unmittelbaren Umgebung geschehen waren, und erklärte mir die Bedeutung der alten Ortsnamen, hinter denen historische Ereignisse standen. Ich erinnere mich, dass ich oft Nasenbluten hatte, wenn ich jeweils um eins bei ihr ankam. Dann machte sie alles, um die Blutung zu stoppen. Und wenn es um drei Uhr Zeit war, zur Schule zurückzukehren, hörte meine Nase auf zu bluten. Ich ging dann allein zur Schule und sagte ihr: ›Komm nicht mit mir! Bleib hier!‹ Doch jedes Mal, wenn ich mich auf dem Weg umdrehte, sah ich, dass sie mir folgte. Als sie merkte, dass ich sie sah, täuschte sie vor, als schaue sie einfach nur in die Luft, um Vögel zu beobachten. Aber sie folgte mir immer bis zur Schule. Ja, sie versuchte ihr Bestes zu geben, um mich zum Lachen zu bringen. Sie hatte eine Mundharmonika, mit der sie spielte und dazu tanzte. Das brachte mich zum Lachen. Und es brachte mich auch zum Sprechen. Denn ich war sonst ganz still. In der Schule wurde ich sehr eingeschüchtert und war immer ruhig. Meine Urgroßmutter versuchte, dies zu bekämpfen, so gut, wie sie es konnte. Ja, das war schön, das hat mir gutgetan.«[525]

Wie ihre Kinder leisteten auch viele Eltern Widerstand. Sie versteckten ihre Söhne und Töchter beispielsweise vor den Behörden im Busch oder ließen sich durch die angedrohten Konsequenzen nicht einschüchtern.

Dies war in den abgelegenen Cree- und Ojibwe-Reservaten noch eher möglich als in der Nähe der großen Siedlungsgebiete im südlichen Kanada. Daher traf ich im nördlichen Ontario auf zahlreiche Elders, die nie eine Residential School besucht hatten und die folglich auch kein Englisch sprachen. Sie gehören zu den letzten Menschen in Nordamerika, die ausschließlich eine jahrtausendealte indigene Sprache verwenden.

Ignace Gull aus Attawapiskat musste nie eine Residential School besuchen. Er hat jedoch später Englisch gelernt und konnte als bald Zwanzigjähriger im Süden auf eine Schule gehen. Er erzählte mir, weshalb ihm das Internat erspart geblieben ist: »Meine Mutter verhinderte, dass ich auf die Residential School gehen musste, weil sie den schlechten Einfluss dieser Institution selbst erlebt hatte. Sie hat mir einmal erzählt, die Schüler hätten sich vor dem Residential-School-Gebäude der Reihe nach aufstellen müssen. Dies sei eine Strafe mitten im eiskalten Winter gewesen. Und zum Essen erhielten sie lediglich ein gefrorenes Stück Brot. Daher untersagte meine Mutter, dass man mich holte und zur Residential School brachte. Obschon man sie damit bedrohte, dass sie keine Unterstützung mehr für die Familie erhalten würde. Sie sagte zu den Beamten: ›Ja, dann macht mal, nehmt es mir weg!‹ Meine Mutter war sehr stark und hat ihre Kinder beschützt. Denn sie hatte es selbst erlebt.«[526]

Auch die beiden Elders Allan Beardy aus Muskrat Dam und Josie McKay aus KI wurden von ihren Eltern zurückgehalten und mussten nicht ins Internat. Allan erinnerte sich wie folgt: »Mein Vater ließ mich nicht in die Residential School gehen. Doch der Indian Agent hat ihm das Leben schwer gemacht und ihm gesagt, er würde ihm sämtliche Unterstützungsleistungen streichen. Aber mein Vater hat mich trotzdem nicht hergegeben. Er war mein Lehrer und hat mir alles beigebracht, damit ich das traditionelle Leben im Busch führen konnte. Er unterrichtete mich auch in der Silbenschrift.«[527] Und Josie sagte: »Meine Eltern und die Elders waren meine Lehrer. Sie haben uns mit aufs Land genommen und uns alles gezeigt, damit wir überleben konnten. Ich hatte daher nur eine traditionelle Ausbildung.«[528]

Als die heute fast neunzigährige Ila Miles aus Fort Severn als junge Mutter erfuhr, wie schlecht es den Kindern im Internat ging, entschied sie sich, ihre Töchter nicht herzugeben. Sie erzählte mir: »Ich habe nie eine westliche Bildung erhalten, weil ich auf dem Land aufgewachsen bin. Doch als ich selbst Kinder hatte, wollte sie mir der Staat wegnehmen und sie in die Pelican Residential School bei Sioux Lookout schicken. Ich kannte diesen Ort jedoch, weil ich ihn einmal besucht hatte, und wusste, was dort vor sich ging. Daher habe ich meine Kinder nicht hergegeben, als man sie holen wollte. Die Schüler in dieser Residential School litten Hunger und ich hatte solche gesehen, die Kratzer und Narben hatten. Daher beschloss ich, meine Kinder niemals dorthin zu senden. Einmal habe ich vernommen, dass ein Schüler dort gestorben war. Man hat den Hinterbliebenen nie genau erklärt, weshalb Kinder in der Residential School starben. Es hieß immer, es sei wegen einer Krankheit. Aber in diesem Fall wusste ich, dass dies nicht stimmte. Es lag an der Art und Weise, wie dieser Schüler behandelt worden war. Heute geht es allen meinen Kindern gut und sie sind am Leben. Doch ich musste hart dafür kämpfen. Ich wurde von den Beamten bedroht. Man hat mir die Kinderzulagen gestrichen.«[529]

Ila Miles konnte ihre Kinder noch ohne staatliche Unterstützung großziehen, da sie in Fort Severn an der Hudson Bay lebte, wo es in den 1950er-Jahren noch genügend Nahrung für die Selbstversorgung gab. Sie erinnerte sich jedoch, dass dies ein strenges Leben war, bei dem harte Arbeit den Alltag bestimmte. Auch wurde sie von den Beamten stets unter Druck gesetzt. Doch ihr Mann war ein ausgezeichneter Jäger und erfolgreicher Trapper. Sie eine erfahrene Fischerin. Daher kam die Familie einigermaßen gut über die Runden.[530] In anderen Reservaten, in denen bereits zu viele Menschen zu nahe beieinanderwohnten, war es nicht ganz so einfach, da es nicht genügend Wild und Fisch für alle gab. Auch wenn ein Elternteil verstorben oder nach einem Unfall behindert war und die Familie viele Kinder hatte, war es praktisch unmöglich, auf die staatlichen Zulagen zu verzichten. Der Staat hatte die Kindergelder übrigens auch bewusst eingesetzt, damit sich die Menschen im Reservat niederließen. Er kontrollierte die Indianer, indem er die Zulagen als Druckmittel einsetzte. Wollten sie nicht Hunger leiden, blieb den Eltern oft keine andere Wahl, ihre Kinder in die Residential School zu schicken.

Es gab auch Eltern, die sich von den Internaten eine gute Ausbildung für ihre Sprösslinge erhofften, damit diese einst je nach Situation auch in der westlichen Welt Fuß fassen könnten. Doch nachdem sie erfahren hatten, wie ihre Kinder darunter litten, behielten sie sie wieder bei sich. Ein Zeitzeuge berichtete mir, dass ihn sein Vater nach den Sommerferien nicht mehr zurückschickte, nachdem er ihm erzählt hatte, wie er missbraucht worden war. Auch Joe Crow aus Fort Severn berichtete mir, wie sein Vater reagierte, nachdem er ihm von seinem Leiden im Internat erzählt hatte: »Er hatte mir zugehört und sagte: ›Ich schicke dich nicht mehr zurück in die Schule. Ich werde dich lehren, wie man vom Land lebt.‹ Das hat er gemacht und mich mit auf die Trapline genommen. Doch nach einem Jahr starb er und ich musste auf die Residential School zurück.«[531]

Die ständigen Drangsalierungen, psychischer, körperlicher und sexueller Missbrauch und das Heimweh konnten so unerträglich werden, dass einige Schüler trotz drohender Strafen ausrissen. Dies war eine der stärksten Widerstandshandlungen. Die Kinder schafften es zwar gelegentlich, das Schulgelände unbemerkt zu verlassen. Doch im nördlichen Ontario durch unwegsames Gelände unter extremen Wetterbedingungen unterwegs zu sein, bedeutete praktisch ihr Todesurteil, sofern sie nicht rechtzeitig umkehrten. Als ich den Elder Emile Sutherland in Fort Albany besuchte, fiel mir vor seinem Haus ein großer schwarzer Gedenkstein auf. Ich hielt an und betrachtete ihn. Links oben war eine Adlerfeder eingraviert und rechts schritt ein kleiner Junge der hellen Sonne entgegen. Darunter stand: »In Erinnerung an Michael Sutherland, 1928–1941. Seine irdische Reise endete abrupt. Aber die Erinnerung an ihn und seinen Geist leben weiter.«

Emile öffnete mir die Türe und bat mich freundlich herein. Er entschuldigte sich, dass er nicht gut Englisch spreche. Doch wir konnten uns recht gut unterhalten. Wie er mir erzählte, hatte ihn sein Vater vor den Behörden versteckt und sich widersetzt, ihn in die Residential School zu schicken. Denn er wollte nicht noch einen weiteren Sohn verlieren. Sein Bruder Michael sei nämlich mit zwei anderen Knaben, John Kioke und Michel Matina, von der St. Anne's Residential School weggelaufen, weil er die Misshandlungen nicht mehr ertragen habe.[532] Die drei zwischen elf und 14 Jahre alten Schüler schlichen sich in der Nacht des 18. April 1941 fort, um zu ihren Familien zurückzukehren. Emiles Bruder kam aus dem 500 Kilometer entfernten Winisk und die anderen beiden aus Attawapiskat, das 100 Kilometer weit weg war. Seither gelten sie als verschollen. Die Priester von St. Anne's informierten zwar den Bischof vom Verschwinden der drei Knaben. Dieser unterließ es jedoch, die Nachricht an die Polizei weiterzuleiten. Erst im Sommer 1942 erfuhr das Amt für Indianerangelegenheiten in Ottawa vom Vorfall und leitete eine Untersuchung ein. Obwohl diese zu keinem Ergebnis führte, gab sich die Polizei zufrieden mit ihrer Arbeit und schloss den Fall ab.[533]

Für Cree-Zeitzeugen aus Fort Albany ist es jedoch nicht glaubwürdig, dass die drei Knaben auf ihrer Heimreise umgekommen sind. Sie gehen davon aus, dass die Schüler wegen Kälte und unwegsamen Geländes wieder zur Residential School zurückkehrten. Der ehemalige Chief der Gemeinde, Edmund Metatawabin, erachtete es, vor dem Hintergrund der bereits bekannt gewordenen Verbrechen gegen Internatskinder und seiner eigenen Erfahrungen im Internat, als plausibel, dass man sie nach ihrer Rückkehr unerbittlich hart bestraft hatte und sie an den Misshandlungen gestorben sind. Anschließend hätte man sie im Geheimen draußen im Busch beigesetzt und versucht, die Sache zu vertuschen. Elders konnten nach langen Verhandlungen erreichen, dass sich die Polizei von Ontario der Sache annahm und im Herbst 2018 vor Ort Untersuchungen durchführte. Diese brachten jedoch keine weiteren Erkenntnisse.[534]

Wenn nicht eines Tages klare Beweise ans Tageslicht kommen, wird Emile Sutherland nie erfahren, ob sein Bruder auf der Reise umkam oder ob er, wie auch er vermutet, tatsächlich ermordet wurde.[535] Das Schicksal des in Ungewissenheit Zurückgelassenen teilt er mit vielen Indigenen in Kanada. Denn Eltern, deren Kinder in weit entfernten Residential Schools ums Leben kamen, wurden oft nicht sofort benachrichtigt oder ausreichend über die Todesursache informiert. Joe Crow, der ehemalige Chief aus Fort Severn und Residential-School-Überlebende, hielt dazu fest: »Manchmal frage ich mich, wie konnte ich in dieser Situation überhaupt überleben? Viele Kinder verschwanden. Bis zum heutigen Tag weiß man nicht, wo sie sind und was ihnen zugestoßen ist.«[536] Die Elder Ila Miles, ebenfalls aus Fort Severn, sagte: »Einige Kinder, die in den Residential Schools draußen waren, kehrten nicht mehr nach Hause zurück. Auch ihre Leichen wurden nie zurückgebracht. Die Eltern wussten oft nicht genau, was mit ihnen passiert war. Alles, was man ihnen mitteilte, war: ›Dein Sohn oder deine Tochter ist gestorben.‹ Es gab keine weiteren Erklärungen. Bei einigen sagte man, sie hätten Tuberkulose gehabt. Das war eine der häufigsten Todesursachen. Andere waren aber einfach schlecht ernährt. Denn die Kinder, die in die Residential Schools geschickt wurden, waren nicht an die Nahrung gewohnt, die man ihnen dort verabreichte. Daheim lebten sie ausschließlich von Wildfleisch.«[537] Ihre Tochter Julie, die beim Gespräch als Übersetzerin anwesend war, ergänzte: »Es gibt Familien in dieser Gemeinde, deren Angehörige dort draußen waren, und sie wundern sich, wo sie geblieben sind. Auch wenn Leute wegen Tuberkulose das Reservat verlassen mussten und ins Krankenhaus kamen, waren sie manchmal bis zu fünf oder sechs Jahre weg, ohne Kommunikationsmöglichkeiten nach Hause. Sie wussten nicht, wie es ihren Familien in Fort Severn geht. Und ihre Angehörigen hatten keine Ahnung, ob sie noch lebten oder ob sie gestorben waren.«[538]

In Sandy Lake erzählte mir der beinahe neunzigjährige Arthur Keno: »Einer meiner Brüder erkrankte an Tuberkulose. Sein Name war John Keno. Ich habe lange Zeit nicht gewusst, was mit ihm geschehen ist. Denn man hatte zu dieser Zeit noch kein Telefon. Wir hatten keine Ahnung, wohin man ihn gebracht hatte. Erst vor Kurzem habe ich endlich herausgefunden, wo er war. Jetzt weiß ich auch, wo er bestattet liegt. Doch ich musste es selbst herausfinden und dorthin reisen. Der Ort, in dem mein Bruder gestorben ist, befindet sich in der Nähe von Winnipeg. Als ich dorthin kam, war der Friedhofswärter abwesend. Ich suchte daher das Grab auf eigene Faust und glücklicherweise fand ich es. Ich möchte dir sagen, viele unserer Leute haben dasselbe durchgemacht und wussten auch nicht, wo ihre Liebsten bestattet waren.«[539] Sidney Fiddler, der als Dolmetscher zugegen war, fügte hinzu: »Ich kenne viele Menschen, die nicht erfuhren, dass ihre Angehörigen in einer Klinik im Süden starben. Das war ein echtes Problem im Norden. Oftmals mussten es die Leute selbst herausfinden, doch dann wussten sie meistens nicht, wo ihre Verwandten bestattet sind.«[540] Arthur meinte darauf: »Viele Leute hier haben dasselbe durchgemacht. Sie waren im Ungewissen. Das ist einer der schlechten Vorfälle, mit denen wir in der Vergangenheit konfrontiert waren. Wenn die Weißen den Menschen des Nordens wirklich hätten helfen wollen, dann hätten sie uns so bald wie möglich informieren müssen. Doch so wie wir es sehen, haben sie ihre Pflicht nicht richtig wahrgenommen. Sie haben uns nicht unterrichtet, wenn eine Person gestorben war.«[541]

Angela Shisheesh schilderte mir, wie ihr Großvater erstmals erfuhr, dass seine Tochter tot war: »Meine Tante war etwa 13 Jahre alt und in der St. Anne's Residential School. Niemand hat meinen Großvater benachrichtigt, nachdem sie an Weihnachten gestorben war. Ende Juni kehrten die Kinder für die Sommerferien in ihre Gemeinden zurück. Wie die anderen Eltern auch rannte mein Großvater voller Freude zum Flussufer hinunter, als er von ihrer Ankunft erfuhr. Doch dort teilte man ihm mit, dass seine Tochter nicht mehr lebte. Es traf ihn so hart, dass er einen

Zusammenbruch erlitt. Sie haben ihm nicht einmal die Todesursache mitgeteilt. So wurden die Menschen hier behandelt.«[542]

Auch wenn die Reservate sehr abgelegen waren, bestanden dennoch Kommunikationsmöglichkeiten. Es gab einige Weiße vor Ort, wie etwa Missionare oder Mitarbeiter des Handelspostens, an die man Briefe schicken konnte und die dann die betroffenen Familien hätten informieren können. Doch offensichtlich hatten nicht alle Verantwortlichen der Residential Schools das nötige Feingefühl. Tragisch für die Cree und Ojibwe in den ganz weit abgelegenen Reservaten war zudem, dass der Leichnam ihrer Kinder oftmals nicht zurücküberführt wurde. So konnten sie nicht persönlich von ihnen Abschied nehmen. Wie bereits im ersten Kapitel beschrieben, kam Charlie Hunter aus Peawanuck an der Hudson Bay 1974 bei einem tragischen Unfall in der St. Anne's Residential School ums Leben. Statt den Leichnam zurückzubringen, wurde er in Moosonee an der südlichen James Bay bestattet. Erst durch den unermüdlichen Einsatz seiner Schwester Joyce konnten Charlies sterbliche Überreste schließlich 2011 exhumiert und im Beisein seiner betagten Eltern in seiner Heimat beigesetzt werden.

Von den über 3000 Kindern, die in den Residential Schools starben und deren Fälle dokumentiert sind, fehlt bei über fünfzig Prozent eine Angabe der Todesursache. Bis in die 1950er-Jahre breitete sich in den Internaten regelmäßig Tuberkulose zu Epidemien aus und forderte zahlreiche Opfer. Erst als danach wirksame Medikamente eingesetzt wurden, ging die Sterblichkeitsrate zurück. Weitere Krankheiten, die zahlreichen indianischen Kindern das Leben kosteten, waren die Grippe und Lungenentzündungen. Die Tuberkulose-Epidemien in den Schulen müssen jedoch auch im Zusammenhang einer indianischen Gesundheitskrise betrachtet werden, die auch zunehmend die Reservatssiedlungen betraf. Eine Hauptursache dafür war die koloniale Politik, die die Indianer von ihrem traditionellen Lebensstil abhielt, sie von ihrem Land trennte und dadurch ihre herkömmliche Nahrungsbeschaffung beeinträchtigte. Die nun in Form von Rationen abgegebenen und oft unausgewogenen westlichen Lebensmittel waren für viele Indigene mangelhaft und schwächten sie. Dies wiederum machte sie anfälliger für Krankheiten.[543]

Wie aber sollten Eltern wissen, ob ihr Kind nun der Tuberkulose, einer anderen Krankheit oder einer unbekannten Ursache zum Opfer gefallen war, wenn man sie nicht darüber in Kenntnis setzte? Bill Albany aus KI erzählte mir: »Ich lebte in den 1970er-Jahren bei meinem Großvater und meiner Tante Rachel, da meine Eltern und Geschwister oft abwesend waren. Meine Tante war auf der einen Seite gelähmt und daher kümmerte sich mein Großvater um sie. Als ich eines Tages fragte, warum sie diese Lähmung hatte, sagte er, sie sei in der Residential School von Erziehern die Treppe hinuntergestoßen worden.«[544] Angenommen, sie hätte sich beim Sturz tödliche Verletzungen zugezogen, wie hätten die Verantwortlichen dies wohl kommuniziert? Auf jeden Fall hätten sie die tatsächlichen Umstände problemlos vertuschen und das Ganze als Unfall darstellen können. Denn der im Reservat lebende Großvater hatte keinerlei Möglichkeiten, eine Untersuchung einleiten zu lassen und es zu überprüfen. Auch die staatlichen Behörden waren zu weit weg und hatten kein Interesse, dem Kirchenpersonal in den Internaten nicht zu glauben. Der Elder Moses Kakekaspan berichtete von einem Mitschüler, der in der Residential School derart heftig mit einer Pferdepeitsche geschlagen wurde, dass er an seinen unbehandelten entzündeten Wunden starb.[545] Andere Zeitzeugen sprachen davon, dass Kinder zur Strafe bewusstlos geschlagen wurden. Wenn man zu alldem auch die oftmals schlechte Ernährung, Heimweh und seelische Qualen in den Internaten berücksichtigt, die den Körper zusätzlich schwächen konnten, dann kann man davon ausgehen, dass der Tod manchen Kindes ein Verschulden der Residential-School-Betreiber war. Nach alldem, was die Indianer durchgemacht haben, ist es nicht erstaunlich, dass sie den Behörden nicht wirklich trauen können. Daher ist es für die Cree-Elders an der James Bay auch denkbar, dass die drei Knaben, die aus der St. Anne's ausrissen, nicht auf der Flucht ums Leben kamen, sondern ermordet wurden.

Als das kanadische Nachrichtenmagazin *Maclean's* am 1. Februar 1967 über den Erschöpfungstod des indianischen Internatschülers Chanie Wenjack berichtete, wurden die unhaltbaren Zustände und die Misshandlungen der Kinder in den Residential Schools erstmals im nicht-indigenen Kanada stärker bekannt.[546] Diese Geschichte und die entsprechenden Untersuchungen haben unter anderem dazu beigetragen, dass die kanadischen Behörden sich zunehmend von den Internatsschulen für Indianerkinder distanzierten und nach Alternativen für ihr ›Zivilisierungsprogramm‹ suchten. Was war vorgefallen?

Der fast 13-jährige Chanie stammte aus der Ortschaft Ogoki Post im Marten-Falls-Reservat. Er war der Cousin von Elder Sam Achneepineskum, der mir bei meinen Recherchen immer mit Rat und Tat zur Seite stand. Wie Sam musste auch er in ein weit entferntes Internat. Im Alter von neun Jahren kam er in die Cecilia Jeffrey Indian Residential School in der Nähe der Ortschaft Kenora in Ontario. Diese wurde von der Frauenmissionsgesellschaft der presbyterianischen Kirche Kanadas geleitet. Auch hier wurden harte körperliche Züchtigungen als Strafe eingesetzt. Am 16. Oktober 1966 ergriff er mit zwei Mitschülern die Flucht. Er wollte zu seinen Eltern zurückkehren, die im etwa 600 Kilometer entfernten Reservat lebten. Die genauen Gründe für Chanies Entschluss können nicht mehr eruiert werden. Seine Schwester vermutete jedoch, dass er sexuell missbraucht worden war. Nachdem seine beiden Kameraden bei der Ortschaft Reddit ihren Onkel getroffen hatten, setzte er seine Heimreise allein fort. Dabei orientierte er sich an der Eisenbahnlinie, die ihn in Richtung Ogoki Post bringen sollte. Er hatte nur wenig Proviant und ein paar Streichhölzer dabei. Zudem trug er nur dünne Kleidung. Die Temperaturen sanken auf minus sechs Grad. Seine Flucht wurde immer lebensbedrohlicher. Schnee und Eisregen gingen nieder. Das bisschen Nahrung war längst aufgebraucht. Chanie starb völlig entkräftet am 23. Oktober 1966, nur eine Woche, nachdem er aus dem Internat weggelaufen war. Ein Eisenbahn-Ingenieur fand seine Leiche neben den Gleisen etwa 60 Kilometer von der Residential School entfernt.[547]

Nachdem das Amt für Indianerangelegenheiten es zunächst abgelehnt hatte, die Überführungskosten des Leichnams zu übernehmen, gaben die Behörden schließlich nach und entsprachen damit der Bitte der verzweifelten Mutter. Chanie Wenjack wurde mit dem Zug und dann per Flugzeug nach Ogoki Post transportiert und dort vier Tage nach seinem Tod bestattet. Durch die mediale Aufmerksamkeit wurde er bald zum Symbol des indianischen Widerstands und gab all den vielen auf der Flucht vor der Residential School geflohenen und ums Leben gekommenen Kindern ein Gesicht.[548] 1973 wurde auf Initiative indigener Studierender an der Trent University in Peterborough das neue Theater nach ihm benannt. Zudem haben sich einige indianische Künstler mit seinem Schicksal auseinandergesetzt. 2016 veröffentlichte der bekannte kanadische Schriftsteller Joseph Boyden ein kleines Büchlein mit dem Titel *Wenjack*. Illustriert wurde es vom Cree-Künstler Kent Monkman.[549]

Schließlich nahm sich im gleichen Jahr auch Gord Downie, Sänger der populärsten kanadischen Rockband, Chanies Geschichte an und erreichte damit große Resonanz. Beim Musiker war kurz zuvor ein unheilbarer Hirntumor diagnostiziert worden. Die Band The Tragically Hip kündigte daher ihre Abschiedstournee an und gab ihr Abschlusskonzert am 20. August 2016 in ihrer Heimatstadt Kingston in Ontario. Die über zweieinhalb Stunden lange Show wurde vom kanadischen Staatssender CBC live übertragen und von etwa zwölf Millionen Menschen mitverfolgt. Besonders eindrücklich war, als Gord Downie in einer Liedansage auf die schlimme Situation der First Nation und die in diesem Zusammenhang beschämende Geschichte Kanadas aufmerksam machte.[550] Wenige Wochen später veröffentlichte er das multimediale Album *The Secret Path,* das Chanies letzte Tage nacherzählte.[551] Es enthielt neben zehn Songs auch ein illustriertes Büchlein und einen Animiationsfilm. Letzterer wurde zu Chanies fünfzigstem Todestag am 23. Oktober 2016 von CBC ausgestrahlt. Zwei Tage zuvor hatte Gord Downie das Album an einem Konzert in Toronto gespielt, bei dem auch die Wenjack-Familie zu Gast war. Es war sein letztes Konzert. Er starb fast auf den Tag genau ein Jahr später. Sämtliche Erlöse aus dem Projekt kommen dem National Centre for Truth and Reconciliation in Winnipeg zugute. Dass sich der bekannte Musiker, der sich schon zuvor für die Rechte der Indigenen eingesetzt hatte, am Schluss seines Lebens für die Opfer der Residential Schools engagierte und dadurch einen wichtigen Beitrag zur Versöhnung leistete, rechneten ihm die Indianer landesweit hoch an. Als Brückenbauer verwies er nicht nur auf die Missstände der Geschichte, sondern arbeitete konkret daran, der kanadischen Mehrheitsgesellschaft ein besseres Verständnis für ihre indigenen Mitmenschen zu ermöglichen. Das Album fand auch an Schulen als Unterrichtsmaterial regen Anklang, da es nicht abstrakt ist, sondern direkt die Lebenswelt der Kinder berührt.[552]

Gesellschaftliches Trauma

Viele nicht-indigene Kanadier haben trotz der breit abgestützten historischen Aufarbeitung des Residential-School-Kapitels noch immer keine klaren Vorstellungen davon, was die Politik der Zwangsassimilation für die Betroffenen bedeutete und auch heute noch bedeutet. Ich habe schon oft in sozialen Medien oder in Kommentarspalten von Newsportalen Sätze gelesen wie: »Was wollt ihr eigentlich noch? Wir haben uns entschuldigt. Ihr habt Geld bekommen. Schaut doch nach vorne und lasst die Geschichte ruhen. Kommt endlich darüber hinweg!«[553] Wer so argumentiert, hat wahrlich nichts verstanden. Denn wie könnte man beispielsweise zu einem New Yorker sagen: »Der 11. September 2001 liegt doch schon zwanzig Jahre zurück. Lasst uns nach vorne schauen und dieses Ereignis vergessen.« Diese Erinnerung ist Teil der kollektiven Identität und sie prägt die Menschen einer ganzen Gesellschaft. Die traumatischen Erlebnisse der ehemaligen indianischen Internatskinder haben sich so tief in ihrem Innersten verhärtet, dass auch ihre Nachkommen unter diesen unfassbaren Schmerzen zu leiden haben. Wer die heutigen indigenen Menschen besser verstehen will, kommt folglich nicht umhin, sich mit der Geschichte der Residential Schools auseinanderzusetzen.

Was viele Überlebende, mit denen ich sprechen konnte, am Schlimmsten fanden, war der Identitätsverlust in den Internaten und auch in der Zeit danach. Garnet Angeconeb hielt dazu fest: »In den Residential Schools herrschte auch spiritueller Missbrauch. Wir mussten einmal täglich, manchmal sogar zweimal, in die Kirche gehen. Dieser Zwang hat uns irritiert. Denn es ging nicht nur um die Frage, ob man christlich oder traditionell sein sollte, sondern es ging um den Geist, der in einem Menschen lebt. Man wusste nicht mehr, wie man ihn ernähren sollte. Daher kam es zu Verwirrung.«[554] Angela Shisheesh äußerte sich ähnlich: »Einmal sagte mir der Priester: ›Deine Großeltern beten die Sonne an. Das ist böse! Man betet die Sonne nicht an! Man betet den Mond nicht an! Es ist böse, was sie tun!‹ Ich war völlig verloren und verängstigt.«[555]

Die gesamte indianische Kultur wurde von den Erziehern schlechtgeredet und als primitiv dargestellt, während täglich die Errungenschaften des Westens gepriesen wurden. Das stürzte die Kinder in eine Identätskrise, die sie innerlich zerreißen konnte. Denn einerseits sehnten sie sich nach ihren Eltern und Verwandten, bei denen sie sich wohlfühlten. Doch angeblich lebten diese ›rückständig‹, während man sie in den Internaten auf ein neues Leben vorbereitete. Andererseits war dieses geprägt von harten Strafen, körperlichem und seelischem Leid. Das brachte die Kinder, die zu Beginn ihrer Internatserfahrung noch gar nicht vollumfänglich realisierten, was mit ihnen tatsächlich geschah, im Laufe ihrer Schulzeit in ein immer schwereres Dilemma.

Eine Zeitzeugin erinnerte sich daran, dass sie als junges Mädchen keine Ahnung hatte, dass sie selbst eine Indianerin war. Denn in ihrer

Sprache existierte das Wort nicht: »Einmal sagte uns die Erzieherin, dass eine Dame zur Schule kommen würde, die aus dem Westen stamme. Sie sei eine Indianerin. Ich dachte, sie müsse eine wunderschöne Frau sein mit Zöpfen und bestickten Kleidern. Weißt du, ein Kind im Alter von sechs oder sieben Jahren kann solche Vorstellungen haben. Ich wusste nicht, dass auch ich eine Indianerin war! Man hat uns in diesen Residential Schools einer regelrechten Gehirnwäsche unterzogen. Ich sagte zu mir: ›Oh mein Gott, ich schätze mich glücklich, dass eine echte, lebendige Indianerin hierherkommt, um sich um uns zu kümmern.‹ Doch das war nicht wahr. Die Dame kam. Gewiss, ihre Haut war braun, aber sie sah aus wie eine weiße Frau. Ich war sehr enttäuscht.«[556]

Nachdem sie mir dies erzählt hatte, kam mir wieder eine Fotografie in den Sinn, die mir Edmund Metatawabin gezeigt hatte. Darauf waren Schüler aus der St. Anne's Residential School zu sehen, die in Indianerkostüme mit Lederfransen und Stirnbändern gesteckt worden waren. Zudem hatte man sie am Kopf mit einer rot oder gelb gefärbten Gänsefeder versehen und ihnen eine Kette um den Hals gehängt. In dieser Kostümierung gaben sie Karikaturen der Plains-Indianer ab und sollten einem gängigen Klischee entsprechen, was rein gar nichts mit der Kultur der Cree an der James Bay zu tun hatte. Während man ihnen im Internat in Fort Albany alles Indianische auszutreiben versuchte, missbrauchte man sie nun als stereotype Maskottchen und ging mit ihnen auf Sammelreisen, um zusätzliche Gelder für die stets unterfinanzierte Schule zu erhalten. Diese führten die Kinder in Großstädte wie Toronto, Ottawa oder Montrael, wo sie einem weißen Publikum vorgeführt wurden. Solche Aktionen fanden in den 1960er-Jahren statt und waren gemäß Edmund eine Tortur für viele Kinder, die von den zahlreichen unbekannten Eindrücken in den urbanen Zentren überfordert waren. Zudem wurden sie aus ihrer Sicht der Lächerlichkeit preisgegeben.[557]

Je älter die Schulkinder wurden, desto stärker realisierten sie, dass die Welt ihrer Herkunft in der sogenannten Moderne keinen Platz haben sollte. Denn alles, was sie in den Internaten lernten, bereitete sie auf ein Leben in der westlichen Zivilisation vor. Darin war kein Platz mehr für ihre traditionelle Kultur, ihre Reservate und die Treaties. Ferner realisierten sie aber auch, dass sie nie so wie die Weißen werden würden. Modina McKay meinte dazu: »Ich wurde aus meiner Welt hinausgedrängt. In den Residential Schools hat man uns allerhand Sachen auferlegt. So lernten wir, dass nur weiße Menschen zählen. Es hieß dann: ›Du musst weiß werden!‹ Aber heiliger Strohsack, das ist nicht geschehen! Auch wenn ich beinahe meine Sprache verloren hätte.«[558]

Auch Michel Sutherland aus Fort Albany durchlebte eine schwere Identitätskrise, wie er mir erzählte: »Als wir in der Schule die kanadische Geschichte durchnahmen, war ich fasziniert von der Entwicklung Kanadas. Es war ein neues Land. Das habe ich realisiert. Gleichzeitig wurde ich dazu erzogen, nicht über meinen eigenen Hintergrund nachzudenken. Man hatte mich bereits davon abgebracht, meine eigene Sprache zu gebrauchen. Unsere indigene Kultur galt aus der Perspektive der anderen als unzivilisiert. Die sogenannten zivilisierten Menschen stellten nur ihre Geschichte ins Zentrum. Ich sagte mir dann, o.k., auch ich bin ein Kanadier und Teil davon. Doch dann wurde mir klar, dass es Unterschiede gab. Ich fragte mich, ob ich ein echter Kanadier oder nur ein Statist bin. Und wie viel muss ich mich ändern? Muss ich mich mit einer Gruppe Leute identifizieren, um zu sagen: ›Ja, wir haben es geschafft, wir sind zivilisiert?‹ Ja, klar, auch wir waren lange vor Ankunft der Weißen zivilisiert. Doch ich konnte das damals nicht schätzen, weil ich anders geschult war. Ich wollte bloß so sein wie jeder andere auch. Ich wollte hübsch und gut gepflegt sein. Einfach dieses Image! Ich wollte wie die Kanadier sein. Als Kind war dies gut, denn der Gedanke fühlte sich für einen Moment gut an. Doch dann merkte ich, dass ich auf besondere Weise mit den Tieren, den Vögeln, den Bäumen und dem Wasser verbunden war. Irgendwie war ich anders, als man sich einen Kanadier vorstellte. Auf einmal wurde es kompliziert und ich musste gegen den Strom schwimmen. Ich habe dann auch realisiert, wie all meine Cousins, in unserer Sprache sind das Brüder, ebenfalls mit ihrer eigenen Identität rangen. Sie waren nämlich auch die ganze Zeit Widersprüchen ausgesetzt, wenn sie etwa von der Residential School kurz im Sommer zu ihren Eltern kamen. Nicht viele hielten das aus. Ich konnte es nicht. Es dauerte Jahre, bis ich zu mir selbst fand.«[559]

Solche oder ähnliche Erfahrungen machten ganze Generationen von Residential-School-Absolventen durch. Sie waren entwurzelt und fühlten sich weder ihrer indigenen Gemeinschaft noch der westlichen Gesellschaft zugehörig. Mary Courchene, die zuerst in Manitoba, dann in Saskatchewan in einem Internat war, erinnerte sich an diese Entfremdung von ihren Eltern mit den Worten: »Ich sah meinen Vater an. Dann blickte ich zu meiner Mutter und wieder zu meinem Vater. Weißt du was? Ich hasste sie. Ich empfand nur noch absoluten Hass gegenüber meinen eigenen Eltern. Und zwar nicht, weil sie mich hergegeben hatten. Ich hasste ihre braunen Gesichter. Ich hasste sie, weil sie Indianer waren.«[560]

Ähnliches erzählte mir Garnet Angeconeb: »Als Knabe wurde ich dazu programmiert, mich für meine eigenen Leute zu schämen. Es gab sogar eine Zeit, in der ich nicht mehr akzeptierte, dass ich ein Anishinaabe war. Es gab eine Zeit, in der ich meine Sprache nicht mehr sprach, denn ich schämte mich dafür. Wenn ich einen indigenen Menschen betrunken auf der Straße sah, dann ging ich auf ihn zu und sagte: ›Wie konntest du nur! Geh fort!‹ Es war diese Zeit, in der ich mich dafür schämte, der zu sein, der ich bin. Das hat mir die Residential School angetan. Nachdem ich die Residential School verlassen hatte, lebte ich in einer Gemeinde, in der es keine Indigenen gab. Ich ging auf eine Schule, die von der Mainstreamkultur geprägt war. Dort merkte ich jedoch, dass ich mit Rassismus konfrontiert war und mich anders fühlte. Schließlich realisierte ich, dass ich weder zu meinen eigenen Leuten noch zu den Weißen passte. Ich war verwirrt und wurde wütend. Ich fragte mich, warum ich all diesen rassistischen Vorfällen ausgesetzt war. Gleichzeitig fühlte ich mich als Fremder in meiner eigenen Gemeinschaft.«[561]

Mir fiel in vielen Gesprächen, die ich mit Elders im nördlichen Ontario führte, auf, dass die Residential-School-Überlebenden fast alle nach ihrer Schulzeit mit schweren Alkohol- und Drogenproblemen und auch Depressionen zu kämpfen hatten. Im Unterschied dazu schienen jene, die nie in einem Internat waren, viel weniger suchtgefährdet gewesen zu sein. In seiner Autobiografie *Up Ghost River* beschrieb Edmund Metatawabin auf eindrückliche Art und Weise seinen Absturz in den Alkoholismus und wie er schließlich nach einigen Jahren davon geheilt wurde.[562] Wenn man das Buch liest, wird der Zusammenhang der Suchtkrankheiten mit den Erlebnissen in und unmittelbar nach der Residential School deutlich.

Vivian Timmins erzählte mir, wie es ihr erging: »Ich habe meinen Schmerz mit Alkohol und Drogen betäubt. Es war der einzige Weg, damit fertigzuwerden und überleben zu können. Dann hörte ich damit auf, als ich kleine Kinder hatte. Ich hörte auf, weil ich nicht wollte, dass sie die gleiche Kindheit durchmachen mussten wie ich selbst. 1992 ging ich wieder aufs College. Dann wurde auf einmal die Geschichte der Residential Schools publik und ich öffnete mich erstmals dazu. Denn ich habe das Thema nie angerührt und darüber gesprochen. Als wir über die Residential School sprachen, bekam der harte Panzer, den ich mir zugelegt hatte, Risse und begann zu bröckeln. Mein Leben fiel in sich zusammen, das Leben, von dem ich dachte, es sei normal. Ich sah, wie meine Freunde heirateten und Häuser bezogen. Ich wusste gar nicht, was zur Hölle ich tun sollte. Ich sah andere und dachte, das muss ich auch machen: heiraten, ein Haus und einen Job haben und so weiter. Ich fühlte mich innerlich leer. Denn ich konnte aufgrund meiner Scham nicht mehr weiter über meine Erlebnisse sprechen. Dann realisierte ich, dass meine Beziehung, von der ich dachte, sie sei normal, missbräuchlich war. Als ich aufs College zurückkehrte, lernte ich, dass meine Beziehung eigentlich gar nicht normal war. Daher fing ich an, mich zu wehren. Nicht physisch, aber ich versuchte mein Leben zu kontrollieren, indem ich sagte: ›Nein, das will ich nicht machen.‹ Oder: ›Das ist nicht richtig!‹ Doch je bestimmter ich dies machte, desto mehr wurde ich von meinem Partner körperlich misshandelt. Schließlich geriet ich wieder an Drogen und Alkohol. Das war hart. Ich wurde drei Monate lang obdachlos. Und ich verlor meine Kinder, weil ich nicht mehr für sie sorgen konnte. Das war der absolute Tiefpunkt meines Lebens, als ich meine Kinder verloren hatte und drei Monate lang in einem Auto wohnte. Und noch immer wusste ich nicht, wie ich damit fertigwerden sollte. Ich war zu diesem Zeitpunkt einfach nur wütend. Und ich trank täglich.«[563]

Was Vivian erlebt hatte, ist ein Aspekt eines generationsübergreifenden Traumas. Dieses wird auch inter- oder transgenerationales Trauma genannt. Vivian betäubte ihren durch die Residential School verursachten Schmerz des Identitätsverlusts mit Alkohol und Drogen. Dies führte dazu, dass sie nicht mehr in der Lage war, ihre eigenen Kinder zu erziehen, sodass diese von ihr weggenommen und in eine Pflegefamilie gegeben wurden. Gleichzeitig war sie sich aufgrund der Gewalterfahrung aus dem Internat nicht bewusst, dass die Beziehung zu ihrem Partner, der sie misshandelte, ebenfalls gestört war. Sie nahm die körperlichen Übergriffe als normal wahr, weil sie es nicht anders kannte. Davon haben mir einige indigene Frauen, die in der Residential School waren, berichtet. Ihnen ist es ähnlich ergangen, weil sie den Missbrauch nicht als solchen erkannten. Doch auch ihre Partner waren in den Internaten ständiger Unterdrückung und Misshandlungen ausgesetzt. Aufgrund wissenschaftlicher Studien lässt sich nachweisen, dass Heranwachsende, die gewalttätig werden, oftmals selbst Gewalt in der Familie erlebt haben, und zwar entweder als Opfer oder als Zeugen.[564]

Erlebte Traumata können an nachfolgende Generationen weitergegeben werden. Dabei wissen die Betroffenen der zweiten Generation meist nichts über das traumatische Erlebnis der ersten, weil darüber meist gar nicht oder erst sehr spät gesprochen wird. Doch sie merken, dass irgendetwas nicht stimmt, und fühlen sich leer, leiden unter Ängsten und Depressionen und greifen rascher zu Drogen und Alkohol. Inzwischen gibt es sogar Studien, die bei Menschen eine epigenetische Veränderung nachweisen. Dabei stellte sich heraus, dass Kinder, die zu Hause verbaler oder körperlicher Gewalt ausgesetzt waren, mit der Zeit gewisse Gen-Anteile verloren, was bei gleichaltrigen Kindern ohne Gewalterfahrung nicht der Fall war. Welche genauen Auswirkungen dies hat, lässt sich jedoch derzeit noch nicht sagen.[565]

Innerhalb der kanadischen Mainstreamgesellschaft betrifft ein generationsübergreifendes Trauma in der Regel nur jeweils einzelne Familien, in denen Eltern oder Großeltern ein traumatisches Erlebnis ungewollt auf ihre Kinder oder Enkel übertragen. In solchen Fällen lässt sich die Ursache des Traumas in der Familiengeschichte orten und betrifft lediglich ein paar Individuuen. Ganz anders verhält es sich mit der indigenen Gesellschaft. Sie wurde in ihrer Gesamtheit während Generationen durch die ›Zivilisierungsbestrebungen‹ des Staats und der Kirchen traumatisiert, wie all die oben dargestellten Beispiele zeigen. Die Residential-School-Überlebenden übertrugen ihr Trauma oft unbewusst auf ihre Kinder, wenn sie ihre Probleme nicht erkannten oder keine Möglichkeit hatten, sie anzusprechen und aufzuarbeiten. Im Laufe der Zeit normalisierten sich diese oft destruktiven Verhaltensmuster innerhalb der Familie und ihrer Gemeinschaft, sodass die nächste Generation wiederum mit den gleichen Problemen konfrontiert wurde.[566] Dies ist einer der Gründe dafür, dass die indigene Gesellschaft neben der Verarmung mit viel größeren sozialen Problemen zu kämpfen hat als das übrige Kanada. 2015 lag die Kindersterblichkeit in einigen First Nations bis viermal höher als in der nicht-indigenen Gesellschaft. Das Risiko, an Alkohol zu sterben, war sechsmal und jenes eines Drogentods dreimal höher. Schießlich begingen indigene Jugendliche zwischen zehn und 29 Jahren sechsmal öfter Suizid.[567]

Wenn ich mich mit Cree oder Ojibwe im nördlichen Ontario unterhielt, die erst nach Abschaffung der Residential Schools zur Schule kamen, aber deren Eltern noch dort gewesen waren, erzählten mir die meisten, dass sowohl ihr Vater als auch ihre Mutter Mühe hatten, ihren

Kindern Zärtlichkeiten und Wärme zu geben. Eine Betroffene aus Fort Severn meinte beispielsweise: »Nachdem die Schulkinder die Residential School verlassen hatten, waren sie nicht darauf vorbereitet, was es heißt, Eltern zu sein. Denn sie hatten nie gelernt, wie man Liebe schenkt. Auch das haben sie verloren. Meine Mutter kann einfach nicht ›ich liebe dich‹ zu mir sagen. Sie hat es noch nie gesagt. Für mich war und ist das hart.«[568] Stan Beardy, der ehemalige Regional Chief von Ontario, fasste es so in Worte: »Du hast wahrscheinlich davon gehört, dass unsere Selbstmordrate sehr hoch ist. Das hat viel mit dem historischen Trauma zu tun, dem unser Volk ausgesetzt war. Das Problem war, dass es bis vor Kurzem überhaupt keine Schulen in den indianischen Gemeinden im nördlichen Ontario gab. Wir waren in unseren Reservaten und gleichzeitig Mündel des Siedlerstaats. In den letzten hundert Jahren hat die große Mehrheit unseres Volks die Fähigkeit verloren, Eltern zu sein. Eine der traurigsten Tatsachen ist, dass man in den Residential Schools seine Gefühle nicht ausdrücken durfte. Wenn man verletzt war, durfte man nicht weinen. Auch Zuneigung durfte man nicht zeigen. Das intergenerationale Trauma basiert darauf, dass die Überlebenden aus den Residential Schools keine Zuneigung zeigen können. Sie können ihren Großkindern nicht zeigen, dass sie sie lieben. Sie können ihren Nachkommen gegenüber auch nicht ausdrücken, dass sie sich um sie kümmern. Infolgedessen fühlen viele junge Menschen, dass sie nicht geliebt werden, und nehmen sich das Leben. Das ist der Teufelskreis, den wir gerade durchlaufen.«

Lawrence Bluecoat aus Fort Severn, der nicht auf einer Residential School war, vermutete, dass die Internatsschüler eine Mentalität geringer Selbstwertschätzung verinnerlichten, die sie später an ihre Kinder weitergaben. Er brachte diesbezüglich folgendes Beispiel: »Als ich in der Schule war, wollte ich Ingenieur werden. Doch meine Verwandten, die auf der Residential School waren, sagten mir: ›Nein, nein. Du greifst zu hoch! Das ist nichts für dich.‹ Ich hätte die Intelligenz gehabt, es zu schaffen, aber sie haben nicht daran geglaubt. Daher haben sie mich daran gehindert. Ich wusste nie, warum sie das machten. Erst später realisierte ich, dass es von den Residential Schools herrührte.«[569] Adam Fiddler, ein ehemaliger Chief aus Sandy Lake, erklärte mir dieses Phänomen der ausbleibenden Unterstützung: »In nicht-indigenen kanadischen Familien fördern Eltern ihre Kinder. Sie fragen sie nach ihrem Befinden und überprüfen ihre Leistungen. Das machen indigene Eltern, die in der Residential School waren, nicht. Weil sie aus ihrem Umfeld herausgerissen wurden, kam es zum Bruch mit ihren Familien und es gab keine Interaktionen mehr. Die Kinder waren in der Schule von ihren Eltern abgeschnitten. Sie wurden so erzogen, dass sich Eltern nicht in die Bildung einmischten. Daher förderten sie später auch ihre Kinder nicht in der Schule und diese wiederum machten es mit ihren Nachkommen genauso. Das ist ein großes Problem. Die Herausbildung dieser Mentalität ist ebenfalls ein Aspekt des generationsübergreifenden Traumas und verhindert, dass Indigene im Schulsystem erfolgreich sind.«[570] Dazu kann man ergänzen, dass der Staat, indem er die indigenen Kinder in Internate steckte, den Eltern absprach, gute Erzieher zu sein.

Nach alldem, was den Überlebenden der Residential Schools und indirekt ihren Kindern und Enkeln angetan wurde, ist es schwer vorstellbar, dass sie dieses Trauma vollständig überwinden können und ganz geheilt werden. Die Last des Erlebten wird ein Teil ihrer Identität bleiben und hin und wieder an die Oberfläche kommen. Dennoch war es ermutigend zu sehen, dass viele ihren Lebensmut durch verschiedene Hilfsangebote, Therapien und spirituelle Praktiken wiedergefunden haben. Einigen gab der christliche Glaube trotz der schlimmen Erfahrung mit den Missionaren weiterhin Halt. Sie versuchten ihren Peinigern zu vergeben und die Balance in ihrem Leben zu finden. Andere wiederum fanden zurück zu ihrer traditionellen Spiritualität, die ihnen Kraft gab und sie dadurch vom Alkohol- und Drogenmissbrauch rettete. Ein Beispiel dafür ist Edmund Metatawabin, der den langwierigen, aber schließlich erfolgreichen Prozess seiner Heilung in seiner Autobiografie ausführlich beschreibt. Für die meisten Traumatisierten war der seit den 1990er-Jahren öffentlich geführte Diskurs über das in der kanadischen Gesellschaft unbekannte Kapitel der Residential Schools ein erster Schritt, die eigene Geschichte aufzuarbeiten. Dies war zwar äußerst schmerzvoll, brachte aber letztlich Linderung und Anerkennung des erlittenen Unrechts.

Vivian Timmins schilderte mir, wie sie im Internat den Glauben an Gott zunächst verloren hatte: »Zuerst hatte ich Angst vor Gott. Er hat mich wirklich sehr eingeschüchtert. Ich fürchtete mich vor ihm. Dann habe ich mich gegen ihn aufgelehnt und sagte mir, Gott wird mich ja sowieso bestrafen, dann kann ich mich auch gegen ihn erheben und es macht keinen Unterschied.«[571] Sie habe sich schon während der Residential School innerlich vom strafenden Gottesbild, das ihr dort vermittelt worden war, distanziert. Später habe sie lange mit jeder Form von Spiriualität Mühe gehabt. Doch vor etwa 20 Jahren sei ihr bewusst geworden, dass ihr Urgroßvater ein bekannter Medizinmann in Attawapiskat gewesen sei, der seine Zeremonien vor den Missionaren versteckt durchgeführt habe. Von ihren Brüdern habe sie schließlich erfahren, dass ihr Vater, bei dessen Tod sie noch sehr jung gewesen sei, stets eine Trommel benutzt habe. Ihre Mutter hingegen sei eine fromme Christin gewesen. Im Alter hätte sie große Angst gehabt, zu sterben, weil sie sich vor der Hölle fürchtete. Dann erzählte Vivian weiter, was ihr stark geholfen habe: »Für mich war die Rückkehr zu meiner traditionellen Spiritualität und Kultur ein Schlüsselerlebnis für meine Genesung. So eröffnete sich mir ein neuer Weg. Zuerst hatte ich Angst davor und lehnte sie ab, wegen allem, was ich in der Residential School darüber gehört hatte. Erst als ich meinen jetzigen Mann Jim kennenlernte, änderte sich das. Er lebte den traditionellen, indianischen Weg und nahm weder Drogen noch Alkohol. Wir waren bereits seit einem Jahr gute Freunde und eines Morgens fragte er mich: ›Liebst du deine Kinder?‹ Ich sagte: ›Ja, das tue ich.‹ Er sagte: ›Wie fest?‹ Ich sagte: ›Sehr fest.‹ Er sagte: ›Und genauso liebt dich der Schöpfer.‹ An diesem Punkt begann ich zu überlegen: ›Vielleicht ist dieser Schöpfer gar nicht so schlecht.‹ Und ich sah Jim an, der freundlich und sanftmütig war. Dann ging ich mit ihm an eine dieser Zeremonien. Mit dem Christentum rang ich aber nach wie vor. Ich habe mich erst damit versöhnt, als ich vier Tage lang eine traditionelle Fastenzeremonie machte. Dabei gelangte ich schließlich zur Erkenntnis, dass das Christentum für andere in Ordnung ist, aber nicht für mich. Meine Mutter hat auf ihre eigene Art diesen Glauben gut gefunden, weil sie in der Residential School aufgewachsen ist. Und weil sie dachte, es sei etwas Gutes, wenn sie ihre Kindern diesen Glauben lehrte.«[572]

In den christlichen Indianerinternaten trichterten die Erzieher ihren Schützlingen ein, wie teuflisch die traditionelle Spiritualität sei. Daher fürchteten sich viele Kinder davor und wollten auch als junge Erwachsene nichts damit zu tun haben. Genauso wie Vivian Timmins ist es auch Angela Shisheesh ergangen, wie sie mir in einem Gespräch darüber mitteilte: »Als ich in der Residential School war, konnte ich zwar meine Sprache behalten. Ich musste aber danach die indigene Lebensweise mit den traditionellen Glaubensvorstellungen wieder lernen. Aus diesem Grund belegte ich an der Laurentian University in Sudbury einen Kurs für indigene Studien. Denn alles, was mir in der St. Anne's hinsichtlich meines kulturellen Erbes beigebracht worden war, war negativ. Die Art und Weise, wie meine Eltern gebetet hatten und ihre Zeremonien durchführten, wurde als Satanismus bezeichnet. An der Laurentian University hatten wir einen Professor, der eine Sonnenaufgangszeremonie durchführte. Später stand auch noch eine Schwitzhütte auf dem Programm. Aber ich täuschte vor, ich sei krank, denn ich wollte auf keinen Fall mitmachen. Ich fürchtete mich. Ich dachte, ich würde gegen meine Religion handeln. Denn so wurde ich in der Schule erzogen. Eines Tages sagte mir der Professor: ›Ich weiß, dass du bloß Ausreden suchst. Wenn du nicht kommst, gebe ich dir eine schlechte Note.‹ Ich sagte: ›Du drohst mir, damit ich hingehe?‹ ›Nein im Ernst‹, sagte er und zeigte mir den Stundenplan. Und dann sagte ich: ›O. k., ich komme.‹ Und ich bin hingegangen. Aber ich folgte danach noch nicht dem traditionellen Weg. Erst als mir mein Sohn sagte, ich solle eine bestimmte Elder besuchen, die mir alles beibringen würde. Ich suchte sie auf und sie fragte mich: ›Willst du in die Schwitzhütte kommen?‹ Ich willigte ein und wir gingen hinein. Und dann wollte ich nicht mehr hinausgehen, denn ich fühlte mich so wohl. Dort drin habe ich mich selbst gefunden. Danach habe ich all die Lehren empfangen, meinen indianischen Namen, meine Farbe und alles Weitere. Und ich fühlte mich so stark.«[573]

Im Mai 2002 brannte das Hauptgebäude der katholischen St. Anne's Indian Residential School in Fort Albany nieder. 2015 fiel auch das Pfarrhaus, als letzter erhalten gebliebener Erinnerungsort an den Missbrauch zahlreicher Indianerkinder, den Flammen zum Opfer. In beiden Fällen geht man von Brandstiftung aus. Seither erinnert kein Stein, keine Mauer und keine Ruine in der indianischen Siedlung an das einstige Internat. Solange noch Überreste des Gebäudes da waren, verkörperten sie für einige Überlebende Reste eines furchtbaren Wendigo. Die einzige Möglichkeit, dieses kannibalistische Monsterwesen zu besiegen, war, es zu zerschlagen und komplett zu verbrennen.

Der Brand der St. Anne's Residential School brachte manchem ehemaligen Schulkind, dem hinter ihren Gemäuern die Kindheit geraubt wurde, gewiss Erleichterung. Die Überlebenden haben ihre Geschichten erzählt und haben dadurch die Schmerzen nochmals erlitten. Im Bewusstsein, dass diese traumatischen Erlebnisse immer ein Teil ihrer Identität bleiben werden, möchten sie nach vorne schauen. Sie kommen zwar nie ganz darüber hinweg, aber es wird leichter. Trost spendet ihnen auch, dass ihre Geschichten weitererzählt werden, Teil der kanadischen

Geschichtsschreibung werden und letztlich auf diese Weise in Erinnerungen bleiben, damit sich ein solches Verbrechen gegen die Menschlichkeit nie mehr wiederholt.

Der 29-jährige Xavier Inishinapay aus Fort Albany, der beeinflusst vom generationsübergreifenden Trauma zu Drogen und Alkohol gegriffen hatte und danach in der traditionellen Spiritualität einen festen Halt fand, erzählte mir von einem weiteren Traum. Dieser habe den bereits eingangs festgehaltenen und stets wiederkehrenden, bei dem er vom Dach des Internatsgebäudes gestoßen wurde oder selber sprang, schließlich beendet: »Einmal ging ich zum Old Post, um dort ein Fastenritual zu vollziehen und mich Visionen hinzugeben. Ein Elder, der mein spiritueller Lehrer ist, begleitete mich. Ich fastete, machte meine Räucherrituale und betete. In der ersten Nacht, bevor wir in unsere Zelte gingen, sagte der Elder zu mir: ›Sprich zum Bären, wenn er zu dir kommt.‹ Ich wusste nicht, was er damit meinte, und schlief ein. Dann kam dieser Traum von der Residential School wieder. Aber er war anders. Ich befand mich zwar im selben Gang, von dem ich immer träumte. Doch dieses Mal gab es Türen. Als ich die erste öffnete, sah ich Kinder, die von Priestern und Nonnen körperlich misshandelt wurden. Nachdem ich das Zimmer betreten hatte, schloss ich die Türe hinter mir und ging durch die nächste. Dort sah ich Kinder, die sexuell missbraucht wurden. Es war schrecklich! Dann schloss ich auch diese Tür und öffnete die dritte. Dahinter sah ich einen Haufen Kinder, die ich kannte. Sie standen alle auf Stühlen und hatten eine Schlinge um ihren Hals, um sich selbst zu erhängen. Wiederum schloss ich die Türe und betrat einen vierten Raum. Darin nahmen Kinder Drogen und Alkohol zu sich. Es waren kleine Kinder. Sie tranken mit ihren Lehrern. Ich war sehr aufgewühlt. Aber ich wusste, weshalb mir die Geister dies alles vor Augen führten. Sie wollten, dass ich die Türen, die alle noch offen standen, jetzt schließe.«[574]

ᐃᐡᑯᓂᑲᐣ

ISHKOONIGAN

Überrest des Landes (Reservat)

Vom Land ins Reservat

»Was willst du? Ich habe keine Zeit! Es kommen regelmäßig Reporter hierher, berichten kurz über die Misere in Attawapiskat, erregen nationale und manchmal sogar internationale Aufmerksamkeit, aber geändert hat sich nichts. Ich habe wirklich Wichtigeres zu tun, als stets dieselben dummen Geschichten zu wiederholen. Kanada unterdrückt das indigene Volk schon so lange und der ganze Apparat ist so konzipiert, dass es keine Lösung gibt.«[575] Chief Ignace Gull war sichtlich genervt, als ich im Band Office, das eine Art überdimensionierter Wohnwagen war, an die Tür seines winzigen Büros klopfte. Ich trat ein und setzte mich ruhig auf den leeren Stuhl, der neben seinem Schreibtisch stand, während er weiter seiner Wut auf das System freien Lauf ließ. Ich konnte einerseits nachvollziehen, weshalb er so aufgebracht war. Andererseits hatte ich ihn informiert, dass ich kommen würde, und er hatte damals nicht ablehnend reagiert. Anscheinend hatte er dies jedoch wegen zahlreicher Geschäfte, mit denen er täglich konfrontiert war, vergessen.

Ich hatte zuvor schon einige der nur auf dem Luftweg erreichbaren Reservate im Nishnawbe-Aski-Gebiet besucht. Doch als ich Ende Juli 2018 von Fort Albany kommend in Attawapiskat eintraf, merkte ich gleich, dass hier ein anderer Wind wehte. Bereits am Flugplatz wurde man streng kontrolliert. Die paar wenigen Passagiere, die aus dem Flugzeug ausgestiegen waren, mussten einen Bauwagen betreten, dort ihr Gepäck abgeben und sich einer Leibesvisite unterziehen. Da das Gelände sonst durch einen hohen Zaun abgeriegelt war, konnte man nur über diesen Trailer zum Ausgang gelangen. Chief Gull hatte diese Maßnahme kürzlich angeordnet, um dem Drogenproblem Einhalt zu gebieten. Er selbst und die Councilors sowie dafür ausgebildete Hilfskräfte aus der Gemeinde führten bei allen Anreisenden Kontrollen durch.

Innert weniger Tage konfiszierten sie Rauschmittel im Wert von mehreren Tausend Dollar. In der kleinen Cree-Siedlung Attawapiskat an der abgelegenen westlichen James Bay waren genauso viele verschiedene Drogensorten im Umlauf wie in der Weltstadt Toronto. Chief und Council wollten das nicht mehr länger hinnehmen, da diese Substanzen die Gemeinde ernsthaft bedrohten. Zwar hatte es schon zuvor Eingangskontrollen gegeben, wie in den anderen Reservaten, die ich besucht hatte. Meistens waren einige Elders dafür zuständig. Sie öffneten jedoch nur kurz das Gepäck, wühlten oberflächlich darin herum und nach fünf Minuten war man durch. Daher konnten die Dealer ihre gut versteckten Waren ungehindert ins Reservat schmuggeln. Im Gegensatz dazu wurde hier alles gründlich untersucht, und es dauerte etwa eine Stunde, bis ich mein Gepäck zurückerhielt.

Kaum hatte ich den Trailer verlassen, wurde ich auf dem Vorplatz Zeuge einer heftigen verbalen Auseinandersetzung. Eine Frau, die Mitte 50 war, beschuldigte einen leicht jüngeren Mann, der auf der Holztreppe vor dem Eingang des Bauwagens saß, er habe ihrem Enkel Rauschgift verkauft. Er reagierte nicht. Die Frau geriet dadurch noch mehr in Rage und schrie ihn an: »Du verdammter Hurensohn lieferst Drogen an Minderjährige!« Der Mann ließ sich jedoch nicht aus der Ruhe bringen und entgegnete ihr: »Kannst du es beweisen? Dann beweise es!« Die Frau wurde schließlich von einer Begleitperson zurückgehalten, stieg in einen Pick-up-Wagen ein und fuhr die Straße hinunter, bis nur noch eine hellbraune Staubwolke zu sehen war.

»Weißt du, wir sind gerade daran, eine schwere Drogenkrise in unserer Gemeinde zu bewältigen«, sagte Chief Ignace Gull, der sich langsam beruhigte. Ich saß immer noch auf dem Stuhl neben seinem Schreibtisch und entgegnete ihm: »Ja, das habe ich am Flugplatz gesehen. Ich wurde durchgecheckt.« Ignace fuhr fort: »Wir mussten das machen, da weder der Staat noch die Polizei uns helfen konnten. Das ist unsere Gemeinde und wir verwalten sie. Daher machen wir alles, was in unserer Macht steht, um die Gemeinde zu schützen. Wenn das jemandem nicht passt und er sich nicht durchsuchen lassen will, dann geht er unverzüglich aufs Flugzeug zurück. So ist das. Denn diese Gemeinde wurde vor allem durch Drogen zerstört. Die Dealer hatten die Gemeinde im Griff. Doch nun kommen wir zum Punkt, an dem sich die Leute wieder sicher fühlen. Auch haben wir mit Canada Post, den Fluggesellschaften und den Behörden Absprachen getroffen. Vorher wurde zu oft und zu lange über das Drogenproblem gesprochen. Doch jetzt halten wir dagegen. Es gibt Gutes hier! Aber das will niemand hören. Wir unterstützen Abhängige, wenn sie einen Entzug machen wollen, wir bringen die Kids vermehrt aufs Land hinaus, wo sie traditionelle Dinge lernen. Sie sollen wieder an die Kultur ihrer Vorfahren anknüpfen und wissen, wie man da draußen überleben kann. All das machen wir. Auch haben wir Zukunftsvisionen.«[576]

Ignace fragte nun, was ich denn genau vorhabe. Er habe meine Nachrichten erhalten, aber er sei nicht dazu gekommen, sie zu lesen. Ich entgegnete ihm, dass wir uns bereits vor einem Jahr in Taykwa Tagamou am Treaty Gathering getroffen hatten. Er habe mir damals gesagt, ich solle mich melden, wenn ich nach Attawapiskat kommen könne. Dann führte ich aus, dass ich ein Buch über die Geschichte und Kultur der indigenen Menschen im nördlichen Ontario schreiben wolle, um im deutschsprachigen Europa ein wenig zu einem besseren Verständnis der First Nations beizutragen. Besonders das nicht durch Straßen erschlossene Gebiet der Nishnwabe Aski Nation sei vielen unbekannt. Zudem kämen jährlich Tausende Touristen und auch viele Auswanderer aus Deutschland, Österreich und der Schweiz nach Kanada, die nichts darüber wüssten. Viele erachteten das Land als ein westliches und hätten keine Ahnung, wie zentral die Beteiligung der Indigenen beim Aufbau war und wie der Staat danach versuchte, sie vollständig um ihr Land und ihre Kultur zu bringen. Daher sei es mir ein Anliegen, auf die Situation der First Nations und die Auswirkungen des kanadischen Kolonialismus aufmerksam zu machen. Zwischen dem Chief und mir entwickelte sich ein interessantes Gespräch. Am Schluss bedankte er sich für meinen Besuch und sagte, ich solle übermorgen wieder vorbeischauen. Er werde sich dann den ganzen Vormittag Zeit nehmen.

Wie so mancher Elder im nördlichen Ontario, der noch im Tipi auf dem Land seiner Ahnen geboren wurde, verbrachte auch der 71-jährige Ignace Gull seine ersten Lebensjahre im Busch. Da seine Mutter schlechte Erfahrungen in der Residential School gemacht hatte, ließ sie ihn, trotz Drohungen der Behörden, nicht gehen und er erhielt eine traditionelle Ausbildung auf dem Land. Damals standen in Attawapiskat, das ein Handelsposten und eine katholische Missionsstation war, nur wenige Gebäude. Es gab die weiße Kirche oberhalb des Flussufers, die 2019 wegen Baufälligkeit geschlossen wurde, das Pfarrhaus, den Laden der Hudson's Bay Company, das Wohnhaus für deren Belegschaft und noch ein paar Lagerschuppen. Wenn die Cree während des Sommers in den Ort kamen, wohnten sie in Zelten oder kleinen Holzhütten.

Wie es Ende der 1940er- und in den 1950er-Jahren in Attawapiskat war, beschrieb mir Ignace Gull so: »Die Leute kamen etwa in der zweiten Juniwoche hierher und blieben bis im September. Dann kehrten sie auf ihre Traplines zurück, wo sie den Winter verbrachten. Jene, deren Jagdgebiete in der Nähe waren, versammelten sich auch an Weihnachten im Ort, um gemeinsam zu feiern. Diejenigen, die ganz in der Nähe ihre Lager hatten, trafen sich zudem an Ostern. Der Chief und die beiden Gemeinderäte waren auch im Busch und sorgten dort für ihren Lebensunterhalt. Ein Stellvertreter des Chiefs blieb aber im Ort zurück, um sich um Angelegenheiten der Leute zu kümmern. Die Sommerzeit war schön. Alle kamen hierher, um zu feiern. Denn die Leute waren den größten Teil des Jahres draußen auf dem Land und sahen einander nicht. Wenn sie im Sommer hierherkamen, besuchten sie die katholische Messe. Auch Baseball und Fußball wurden gespielt. Der Sportplatz befand sich gleich auf der Ostseite der Kirche. Die Leute tauschten Geschichten aus und berichteten einander alles, was draußen auf ihren Traplines passiert war. Kinder und Jugendliche lauschten den Erzählungen der Elders. Ab und zu spielte man auch Karten. Schließlich gab es ein Festessen. Doch die Leute mussten auch arbeiten, um zu überleben. Sie fischten und fingen Zugvögel wie Gänse oder Enten. Die Nahrung wurde stets mit allen geteilt. Einige fanden auch etwas Arbeit hier, etwa bei der Hudson's Bay oder auf der Farm der Missionare. Das Wichtigste war jedoch, dass die Familien wieder für ein paar Wochen vereint waren.«[577]

Im Falle von Fort Albany vertraten die katholischen Missionare den Chief, während dieser auf der Trapline war. Doch sie nutzten seine Abwesenheit zu ihren Gunsten aus, wie Edmund Metatawabin erzählte: »Mein Vater Abraham war ab 1956 etwa zehn Jahre lang Chief unserer Gemeinde. Er konnte kein Englisch und da er keinen anderen Job hatte, musste er trappen gehen. Bevor er jeweils fortging, unterzeichnete er zwanzig leere Formulare mit seiner Unterschrift. Aber er wusste nie, für was die Missionare sie während seiner Abwesenheit brauchten. Sie sagten ihm bloß: ›Dieses Formular ist für Kindernahrung. Dieses für Kleidung.‹ Aber vermutlich haben sie damit ihr Sägewerk eingerichtet und wieder eine Kuh gekauft. Mein Vater konnte es nicht kontrollieren und niemand sonst wusste, was vor sich ging. Auf diese Weise besorgten sich die Missionare Kühe, die eigentlich gemäß Treaty unseren Leuten zustanden.«[578]

An die Sommerzeit, die man mit Verwandten und Freunden in der Nähe eines HBC-Posts verbrachte, erinnerten sich auch andere Elders gerne. Moses Kakekaspan, der 1944 auf der Trapline seines Vaters geboren wurde, erzählte mir, wie man jeweils von Mitte Juni bis Ende September in Fort Severn an der Hudson Bay war und dann wieder auf die Trapline hinauszog: »Ich wuchs auf dem Land auf und meine Familie musste den Tieren nachziehen. Man konnte nicht einfach an einem Ort bleiben.«[579] Der Vater hätte im Sommer jeweils beim Haus des Pfarrers einen kleinen Garten bestellt und sei der Erste gewesen, der Gemüse angepflanzt habe. Auch in Big Trout Lake, dem heutigen Kitchenuhmaykoosib Inniniwug (KI), ging es im Sommer fröhlich zu und her. Dort spielte man oft so lange Fußball, bis man wegen der Dunkelheit nichts mehr sah. Auch Frauen machten mit. Der Pfarrer untersagte dies jedoch gelegentlich aus angeblich moralischen Gründen. Nach dem Fußballspiel wurde musiziert und getanzt. Einige Oji-Cree begleiteten die Tanzenden auf der Gitarre und der Fidel.[580] Die Menschen fühlten sich damals noch frei, wie ein Zeitzeuge festhielt: »Die Cree und Ojibwe, die sich in Big Trout Lake trafen, waren noch 1949 ein äußerst unabhängiges Volk, das sich selbst versorgte und auf dem Land lebte. Die Hudson's Bay Company hatte nur wenig Einfluss auf ihre Lebensweise.«[581]

Nach dem Sommer in der Umgebung von Handelsposten brachen die Familien ihre Zelte ab, um sich in ihre Winterquartiere zu begeben. Ignace Gull erinnerte sich wie folgt daran: »Die Gemeinde zählte Ende der 1940er-Jahre zwischen 150 und 200 Mitglieder. Mitte September verließ ich jeweils mit meiner Mutter und meinem Stiefvater den Ort hier. Wir reisten mit einem kleinen Kanu zu unserer Trapline. Damals hatten wir noch keinen Motor. Wir paddelten, und an einigen Stellen ging mein Stiefvater am Ufer entlang und zog das Kanu an einem langen Seil flussaufwärts. Meine Mutter blieb im Kanu und ich lief ihm mit dem Hundegespann hinterher. Wir hatten vier Huskies. Für die 180 Meilen brauchten wir ungefähr 14 Tage. Dann blieben wir den ganzen Winter in unserem Lager. Etwa 150 Luftmeilen entfernt war ein Hudson's-Bay-Outpost, bei dem man Grundnahrungsmittel wie Zucker, Mehl oder Tee holen konnte. Die Leute kamen aus verschiedenen Richtungen dorthin, um ihre Pelze zu verkaufen. Wenn dir im Busch etwas zustößt, bist du auf dich allein gestellt. Doch die Menschen wussten, wie man die traditionelle Medizin einsetzen konnte. Es gab aber Zeiten, in denen jemand wegen einer schweren Krankheit starb. Denn es gab keine Medikamente,

Ärzte, Krankenschwestern oder Funkgeräte, mit denen man Hilfe anfordern konnte. Dann musste man seinen verstorbenen Angehörigen beerdigen und weiterziehen. Wir haben viele Grabstätten an jedem Fluss. Unsere Leute haben ihre Liebsten überall beerdigt. So war das damals. Aber jetzt ist alles ganz anders.«[582]

Obschon die Behörden mit dem Treaty Nummer 9 von 1905/06, beziehungsweise dessen Adhäsion von 1929/30, vorsahen, dass sich die Cree und Ojibwe in Reservate begaben, blieben sie noch einige Jahrzehnte in ihren Jagdgebieten und besiedelten somit das ganze Gebiet im nördlichen Ontario. Im Gegensatz zu den weiter südwestlich lebenden indianischen Nationen, wie etwa Blackfoot oder Plains-Cree, waren sie nicht mit Siedlerströmen, Eisenbahnen und Landstraßen konfrontiert. Den Indianern in den kanadischen Plains der heutigen Provinzen Manitoba, Saskatchewan und Alberta wurde durch das Verschwinden der Büffel im letzten Drittel des 19. Jahrhunderts die Hauptnahrungsquelle entzogen. Daher konnte sie der Staat von Lebensmittelrationen abhängig machen und in Reservate zwangsumsiedeln. Die Mushkegowuk-Cree und nördlichen Ojibwe hingegen fanden weiterhin genügend Nahrung und versorgten sich so gut wie möglich selbst. Dennoch war auch ihre Lebensweise ernsthaft bedroht. Die kanadischen Behörden hatten in den 1940er-Jahren das Trapline-System eingeführt. Damit kontrollierten sie die Jäger, Fischer und Trapper und machten ihnen das Leben schwer. Auch wurden die Biberbestände durch eine Seuche drastisch reduziert. Rodungen, die Errichtung von Staudämmen und die Umleitungen von Flüssen störten zudem die natürlichen Wanderungen der Land- und Wassertiere, was die Situation verschlimmerte. Hinzu kamen von Europäern übertragene Krankheiten, die die Indigenen schwächten. Ignace Gull erzählte: »Als die erste Masernepidemie hier ausbrach, war ich noch nicht geboren. Aber diese Geschichte hat mir ein Elder mitgeteilt. Als die Masern das erste Mal in Attawapiskat grassierten, starben 36 Menschen innerhalb von weniger als zwei Wochen. Es war kein Arzt da. Jemand, der aus dem Süden hierherkam, hatte die Krankheit eingeschleppt. Dann wurde ein Arzt eingeflogen und half den Leuten mit Medizin. Aber 36 Menschen starben. Das war viel! Dann gab es einmal eine Grippeepidemie. Die Leute starben nicht. Aber alle mussten ins Krankenhaus. Solchen Sachen waren die Menschen ausgesetzt, wenn sie sich im Sommer versammelten.«[583] In den Winterlagern war die Wahrscheinlichkeit, von einer viralen Krankheit heimgesucht zu werden, relativ gering, denn die Gruppen bestanden in der Regel lediglich aus etwa vier bis 16 Personen und hatten meist keinen Austausch mit anderen Familien. Viren konnten sich daher nur schlecht verbreiten. Gefährlicher waren Verletzungen durch Unfälle.

Im Lager gab es gelegentlich ein paar wenige Blockhütten. Meistens aber dienten große Tipis als Behausungen. Diese waren aus langen Ästen gefertigt und mit dickem Moos gegen die Kälte abgedichtet. Auf dem Boden wurden jeweils duftende Fichtenzweige ausgelegt. Sobald das Feuerholz oder die Beute in der Umgebung knapp wurden, verließ man die Tipis und errichtete an einer anderen Stelle ein neues Lager.[584] Wenn die Jäger und Trapper unterwegs waren, hatten sie manchmal kleine Zelte dabei oder sie richteten ihre Schlafplätze im Schnee an einer Feuerstelle ein. Ignace Gull sagte dazu: »Die Leute können es nicht glauben, dass man bei minus 40 Grad überleben kann, wenn man in einem Zelt schläft. Aber wir waren daran gewöhnt.«[585]

Die Zeitzeugen erinnerten sich, dass das Leben draußen auf der Trapline kein leichtes war, als sie mir von ihrer Kindheit berichteten. Stan Beardy, Chief aus Muskrat Dam, meinte: »Soweit ich mich zurückerinnern kann, lebten wir auf dem Land. Wir haben während der Winterzeit in Bearskin Lake in einem Tipi, einem Zelt und einer Blockhütte gewohnt. Damals wurde alles von Hand gemacht. Wir hatten Schneeschuhe für den Winter und einen Hundeschlitten. Es gab keine Motorsäge, sondern nur eine Handsäge und Äxte. Auch gingen wir überall zu Fuß hin. Meine Eltern hatten immer ein Fischnetz dabei. Meine Mutter stellte an den Flüssen und Seen ihre Fallen auf, um Hasen für unser Essen zu fangen. Sie fing auch Nerze und Wiesel, deren Pelze man verkaufen konnte. Wenn mein Vater auf seiner Trapline umherzog, war er jeweils ein paar Wochen lang abwesend.«[586] Irene Ross, die ebenfalls in Muskrat Dam lebt, erzählte Ähnliches von ihrer Kindheit: »Wir waren nie hungrig. Mein Vater war ein guter Versorger. Er war ein guter Jäger. Meine Eltern haben auch nie getrunken. Es war schön zu Hause. Aber wir mussten viel arbeiten, um zu überleben. Meine Brüder waren noch klein und daher mussten wir Mädchen auch Männerarbeiten verrichten. Wir holten Holz und gingen auf die Jagd. Unsere Eltern haben uns beigebracht, wie man auf dem Land überleben kann. Im Winter wurde alles mit dem Hundeschlitten transportiert. Doch man musste sich gut um die Hunde kümmern. Sie mussten ausreichend gefüttert werden, bevor sie sich abends zur Ruhe legten. Das gab einiges zu tun.«[587]

Auch Modina McKay, die aus der gleichen Gemeinde wie Stan und Irene ist, berichtete von jener Zeit: »Es war ein hartes Leben! Mit viel Arbeit. Arbeit, Arbeit, Arbeit! Wir arbeiteten zwölf bis 14 Stunden täglich. Wir mussten die eingebrachten Felle präparieren und Holz machen. Auch mussten die Hunde gefüttert werden, denn unser Vater hatte ein Hundegespann. Der Leithund konnte manchmal ganz schön gemein sein. Man musste Stärke zeigen, damit er einem folgte. Als wir noch in Bearskin waren, hatten wir immer diese großen Schlitten mit Kufen. Wir beluden sie mit Holz und ließen sie von den Hunden ziehen. Man saß aber nicht auf dem Schlitten, sondern schritt nebenher. Auf der Trapline war es anders. Dort benutzten wir schmale Schlitten. Mein Vater hat damit seine Jagdbeute wie Elche und Biber transportiert. Die Vorräte wurden in einem großen Tipi aufbewahrt.«[588]

Die beiden ungefähr neunzigjährigen Elders Elizabeth Mathews und Ila Miles aus Fort Severn sprachen ebenfalls davon, dass man täglich hart arbeiten musste, um zu überleben. Elisabeth erzählte beispielsweise: »Ich wurde in der Nähe von York Factory an der Hudson Bay geboren. Das Leben war sehr hart. Niemand hatte genügend Nahrung. Nichts war einfach so vorhanden. Man musste alles selbst erwerben. 1942 zogen wir in die Umgebung von Fort Severn. Wir hatten Kanus, gingen aber auch zu Fuß. Hier im Ort standen damals nur drei Häuser. Wir lebten von Bibern, Hasen und Karibus. Salz und andere Dinge hatten wir nicht. Europäer, also Weiße, haben wir nur höchst selten gesehen, da wir eigentlich immer auf dem Land lebten. Im Winter waren wir immer draußen auf der Trapline. Wir hatten Zelte und ein Hundegespann. Ich habe mein ganzes Leben lang hart gearbeitet. Schließlich musste ich sechs Kinder und auch Enkelkinder großziehen.«[589]

Ila Miles erinnerte sich so an ihre Jugend: »Alles, was wir machten, war, auf dem Land draußen zu leben. Die ganze Zeit. Wir aßen alles, was uns das Land gab: Elche, Karibus, Rebhühner, verschiedene Fischarten und so weiter. Meine Mutter und mein Vater arbeiteten hart. Daher hatten wir immer genug zu essen. Denn da draußen gab es keinen Einkaufsladen.« Sie lachte kurz laut und erzählte weiter: »Manchmal ging unser Vater zum Hudson's Bay Store, um das Notwendigste wie Mehl oder Tee zu besorgen, wenn sie ausgegangen waren. Für seine Einkaufsreise brauchte er mit dem Hundegespann jeweils zwölf Tage. Wir arbeiteten sehr hart. Doch wir waren gesund und stark. Wir besorgten uns praktisch alles vom Land, auch Medizin. Der Labrador-Tee, den wir pflückten, war besonders gesund. Wenn die Männer die Elche und Karibus brachten, bearbeiteten wir die Felle und stellten Fett und andere Sachen her. Wir kochten die Knochen aus und tranken den Saft, der uns Kraft verlieh. Ich erinnere mich, dass damals niemand krank war. Die Krankheiten kamen erst mit den Reservaten, als man an einem Ort leben musste. Die Leute, die draußen auf dem Land waren, haben nie eine Grippe bekommen. Heute gibt es aber regelmäßig Grippewellen. Früher haben wir alle Abfälle wie Knochen und andere Reste verbrannt. Auch die Hunde wurden gereinigt und festgebunden. Alles war sauber. Wir waren oft unterwegs. Wenn wir einen Lagerplatz verließen, verbrannten wir alles und ließen den Ort so sauber zurück, wie wir ihn vorgefunden hatten. Wir hielten stets Ausschau nach geeigneten Plätzen zum Fischen oder um Hasen zu fangen. Als Kind habe ich viele Netze gemacht und geflickt. Wir hatten nie Zeit, um herumzusitzen, selbst dann nicht, wenn es draußen minus 50 Grad kalt war. Wir konnten nie einfach die Zeit totschlagen. Wenn ich und meine Schwester wieder unsere Hasenfallen gestellt hatten, schliefen wir unter freiem Himmel am Feuer. Wir hatten nicht mal ein Zelt. Fisch war ein Hauptnahrungsmittel. Er wurde getrocknet, um ihn lange haltbar zu machen. Man verwendete ihn auch als Hundefutter. Wir stellten viele Kleider selbst her. Das Elchleder zu behandeln, war eine mühsame Arbeit. Ich bin jetzt 87 Jahre alt, doch ich kann es immer noch.« Erneut musste sie laut lachen und fuhr fort: »Die Kanus waren früher immer überladen und mussten vom Ufer aus gezogen werden. Am anstrengendsten war es, wenn man flussaufwärts mit einem Boot an Land gehen und eine Stromschnelle passieren musste. Wir arbeiteten wirklich hart. Doch wir teilten die Arbeit gut untereinander auf und alle halfen mit. Die Eltern haben uns alles beigebracht.«[590]

Die Erzählungen der Elders machen klar, wie aufwendig es war, in der subarktischen Region unterhalb der westlichen Hudson und James Bay überleben zu können. Erfolg auf der Jagd, beim Trappen oder beim Fischen war niemals garantiert. Zudem mussten die Lebensmittelvorräte haltbar gemacht und die Tierfelle präpariert werden. Hinzu kam das ständige Unterwegssein. All dies war mit großer Mühsal und reichlich Arbeit verbunden. Wenn man dann vernimmt, wonach »Indianer von Geburt aus faul und träge seien«, wird einem klar, wie ignorant solche rassistisch unterfütterten Vorurteile sind. Dabei kommen solche Aussagen nicht einfach in historischen Dokumenten und ethnologischen Studien des ausgehenden 19. und frühen 20. Jahrhunderts vor. Ich habe sie selbst mehrfach in Gesprächen mit einigen Euro-Kanadiern im Friseursalon, an einer Bar, beim Autovermieter oder an einem privaten Fest gehört. Solange die Leute nicht wussten, dass ich mich für die indianische Geschichte interessierte und selbst in einigen Reservaten war, hielten sie mich für einen europäischen Touristen und erzählten mir, wenn ich das Thema ›First Nations‹ ansprach, unverblümt, wie sie die Dinge sahen. Leider hatten einige eine völlig schiefe Sichtweise. Sie beriefen sich auf die aktuellen Zustände in den heutigen Reservaten oder die Obdachlosensituation in den Großstädten, ohne sich die Mühe zu machen, nach den kolonialen Ursachen dieser Miseren zu fragen.

Abhängigkeit durch Sozialhilfe

Die Cree und Ojibwe beziehungsweise deren Vorfahren lebten in einem Raum mit extremen klimatischen Bedingungen. Es war alles andere als ein Schlaraffenland. In diesem für die europäischen Siedler als unwirtlich geltenden Gebiet von Generation zu Generation zu überleben und eine einzigartige, reiche Kultur hervorzubringen, ist eine außerordentliche zivilisatorische Leistung, die gewürdigt werden sollte. Diese Zivilisation war nicht besser oder schlechter als die westliche, sondern einfach nur anders. Doch viele nicht-indigene Kanadier feiern weiterhin bloß einseitig den Aufbau ihrer Nation durch europäische Pioniere, während sie die damit verbundene Zertrümmerung der indigenen Zivilisationen außer Acht lassen. Verzerrt wird das Bild erst recht, wenn die Indigenen für ihr Unglück noch selbst verantwortlich gemacht werden und damit die angeblich kulturelle Überlegenheit der Neusiedler zum Ausdruck gebracht wird. Wenn indigene Menschen heute im öffentlichen Raum lethargisch, obdachlos oder alkohol- und drogenabhängig sind, dann liegt das nicht an irgendeiner angeborenen Minderwertigkeit, sondern an einer ihnen aufgezwungenen Indianerpolitik, die verheerende Folgen zeitigte. Dazu gehören besonders auch die Ansiedlung in den Reservaten und die dortige Perspektivlosigkeit.

Ab 1950 wurde es schließlich für die Indianer im nördlichen Ontario immer schwieriger, ihre traditionelle Lebensweise auf dem Land unabhängig aufrechtzuerhalten. Die kolonialen Eingriffe wie Minenbau, Wasserkraft, Holzwirtschaft, Papierindustrie, Lizenzvergaben an nicht-indigene Berufsfischer sowie Tierseuchen führten zu drastischen

Veränderungen. Die Cree und Ojibwe wurden zwar auf ihrem Territorium nie von einer fremden Armee bedrängt. Doch der ›unsichtbare Feind‹, der Hunger, schlug immer unerbittlicher zu, was den kanadischen Behörden, die die Indianer in ihrer Übergangsphase zwischen ›Wildheit‹ und ›Zivilisation‹ in zeitlich befristete Reservate ansiedeln wollten, in die Hände spielte.[591] Mit der Registrierung der Traplines, dem Einführen von Fangquoten für Biber und den ständigen Kontrollen der Indigenen durch Staatsbeamte, die per Wasserflugzeug überall hinkamen, wurde die Politik zur Durchsetzung der Sesshaftigkeit weiter vorangetrieben.

Der 82-jährige Josie McKay erinnerte sich an die harte Zeit seiner Jugend mit den Worten: »Ich wurde etwa 47 Meilen nördlich von KI geboren. Oft hörten wir von indigenen Menschen, die verhungert waren oder erfroren, während sie auf Nahrungssuche waren. Die Weißen hat das nicht gekümmert. Sie haben nur alles zu ihrem Vorteil ausgenutzt. Doch wir waren arm. Die Leute hatten große Mühe, sich zu versorgen. Man war nie sicher, ob man auf der Jagd noch ein Tier erlegen konnte.«[592] Donny Morris, Chief aus KI, hielt entsprechend fest: »Viele Leute kamen hierher, um auf dieser Insel im See zu leben, weil sie ausgehungert waren. Die Weißen hatten ihnen ein gutes Leben versprochen, doch ihre Unterstützung war sehr begrenzt. Wir leben hier, weil wir grundsätzlich in dieses Reservat, wie man es nennt, hineingezwungen wurden.«[593]

Sidney Fiddler aus Sandy Lake schilderte den Prozess des Sesshaftwerdens wie folgt: »Ich erinnere mich, dass uns das Büro für Indianerangelegenheiten auf einmal mit Sozialhilfe anlockte. Es handelte sich dabei um ›Rationen‹. Doch bald wurden wir davon abhängig. Zuerst noch nicht so stark, denn wir gingen weiterhin aufs Land, um zu trappen oder Hasen mit Schlingen zu fangen. Doch wir errichteten bereits erste Hütten in der Nähe des Reservats. Unsere Camps waren nur noch so weit weg, dass wir gleichzeitig Tiere jagen und im Reservat die monatlichen Rationen beziehen konnten. Dann erhielten wir auch noch Familienzulagen. Das waren vermutlich sechs Dollar. Wir bekamen einen kleinen Scheck, mit dem man Zucker, Milch oder andere Lebensmittel einkaufen konnte. Auf diese Weise schaffte es der Staat, dass wir immer öfter im Reservat zusammenkamen. Mit der Zeit fingen wir an, mit dem bisschen Geld, das man uns gab, zu überleben. Dieses wurde im Verlauf der Jahre aufgestockt und heute erhalten wir noch etwas mehr. Doch wir sind völlig von der Sozialhilfe abhängig geworden.«[594]

Familienzulagen gab es in Kanada seit 1945. Gemeinsam mit Alterszulagen und weiteren staatlichen Zahlungen wurden sie seither auf die Reservate des nördlichen Ontario ausgeweitet. Indigene Eltern erhielten die Zulagen jedoch erst dann, wenn sie ihre Kinder auf eine Residential School oder eine Tagesschule schickten.[595] Mitte der 1960er-Jahre kam schließlich, basierend auf einem Abkommen zwischen Ontario und Kanada, die allgemeine Sozialhilfe für Indianer hinzu. Voraussetzung für den Erhalt von Zahlungen war es, dass man im Reservat lebte. Der Staat, der inzwischen mit der Schließung der ersten Residential Schools begonnen hatte, errichtete nun Tagesschulen in den Reservaten. Zudem wurden Häuser für Betagte und Pflegestationen gebaut. All dies führte dazu, dass sich immer mehr Menschen, die Mühe hatten, auf dem Land die traditionelle Lebensweise aufrechtzuerhalten, in den Siedlungen niederließen.[596] Jene, die selbst in einer Residential School gewesen waren, fühlten sich erleichtert, dass ihre Kinder in die Tagesschule gehen und sie in ihrer Nähe bleiben konnten.

Für die Cree und Ojibwe, die die Treaties in Ehren hielten, war es klar, dass ihnen der Staat in Notzeiten als Vertragspartner helfen musste, weil sie bereit waren, das Land mit den Neuankömmlingen zu teilen. Wenn sie nun endlich einige Jahrzehnte nach der Abkommensunterzeichnung eigene Schulen, Pflegestationen und kleine Häuser in ihren Reservaten erhielten, so sahen sie darin die Einhaltung längst gemachter Versprechen. Dass sie trotz Sesshaftigkeit weiterhin so oft aufs Land hinausziehen wollten, um zu jagen, zu trappen und zu fischen, stand für sie außer Frage. Für die Beamten des Indianerministeriums bedeutete jedoch ihre Niederlassung in den Reservatssiedlungen, die in den 1970er-Jahren größtenteils abgeschlossen war, dass sie ihr traditionelles Land nun definitiv aufgegeben hatten. Zudem konnten sie die Menschen durch Zahlungen und Nahrungsmittelrationen kontrollieren und hielten unter Androhung, diese bei Verstößen zurückzuhalten, auch die nötigen Druckmittel in ihren Händen. Für viele Cree und Ojibwe, mit denen ich über das Reservatsleben sprach, stellt die Sozialhilfe auch eine der Hauptursachen ihrer Abhängigkeit und das Ende ihrer Freiheit dar.

Ignace Gull erklärte mir diesbezüglich: »Bis in die 1960er-Jahre versuchten die Menschen ihre traditionelle Lebensweise auf dem Land beizubehalten. Das Trappen sicherte noch den Großteil des Einkommens. Dann aber veränderte sich einiges und es wurde immer schwieriger. Die Menschen ließen sich nach und nach in Attawapiskat nieder und blieben nun das ganze Jahr in der Siedlung. Das passierte nicht in einem

Jahr, sondern allmählich. Durch das Sozialhilfeabkommen von 1965 sind immer mehr Leute in die Siedlung gezogen, um Unterstützung zu erhalten. Denn das Trappen war nicht mehr einträglich genug. Ab nun blieben ihnen nur noch die staatlichen Zahlungen, um zu überleben. Wenn die Leute aber die Wahl gehabt hätten, wären sie auf dem Land geblieben. Denn sie mochten die Sozialhilfe nicht. Sie wollten selbstständig bleiben, und zwar so, wie sie es gewohnt waren.«[597] Joe Fiddler aus Sandy Lake meinte: »Mitte der 1960er-Jahre kam die Sozialhilfe. Das war ein echter Killer. So denke ich. Denn man musste sein Geld nicht mehr verdienen, sondern erhielt es einfach umsonst.«[598]

Während sich immer mehr Cree und Ojibwe gezwungen sahen, sich im Reservat niederzulassen, versuchten einige, so lange es irgendwie ging, weiterhin auf dem Land zu leben. Leo Metatawabin erzählte mir von seinem hundertjährigen Vater Abraham, der entschieden gegen die Sozialhilfe war, weil er sah, dass sie negative Auswirkungen auf die indianische Gesellschaft hatte: »Mein Vater war der Letzte, der sich in der Gemeinde niederließ. Seine Arbeit war da draußen auf der Trapline. Er arbeitete dort sieben Tage die Woche und kam nur im Sommer nach Fort Albany zurück. Das kleine Haus hier betrachtete er als eine Art Hütte, in der er während ein paar Sommerwochen lebte. Den Rest seiner Zeit verbrachte er auf dem Land. Als er 1965 zurückkam, hörte er, dass die Sozialhilfe eingeführt worden war. Doch er ließ sich erst in den frühen 1970er-Jahren nieder. Unsere verstorbene Mutter hingegen hatte sich entschieden, in der Gemeinde zu bleiben. Sie machte eine Ausbildung und fand danach einen Job in der Residential School.«[599]

Für Abraham Metatawabin muss die Sesshaftwerdung ein schwerer Schritt gewesen sein, wie aus der Aussage von Christopher, einem seiner Söhne, zu entnehmen ist: »Mein Vater wurde flussaufwärts geboren und ist dort aufgewachsen. Er folgte seinem Vater und seinen Brüdern. Sie lehrten ihn das Buschleben. Als er jung war, besuchte er beim Old Post während eines Jahrs die Industrial School. Dann kam sein Vater, holte ihn ab und nahm ihn wieder mit in den Busch. Er war ein Vollzeitbuschmann, der jagte, fischte und trappte. Nachdem er etwa 29 Jahre alt war, denke ich, begann er sich allein durchzuschlagen. Er war das Jahr über oftmals allein auf dem Land. Hie und da kreuzte er bei einem Handelsposten auf, um Vorräte und Munition zu holen. Dann kehrte er wieder in den Busch zurück. Er war auf seine eigene Weise sehr spirituell und glaubte an die Buschreligion. In der Gemeinde besuchte er zwar die Kirche, damit er bei den Leuten sein konnte. Doch er blieb ein Vollzeitbuschmann. Es war für ihn der einzige Weg, die Kultur zu bewahren. Daher ging er, auch als er sich hier angesiedelt hatte, so oft wie möglich aufs Land hinaus. Doch solche Buschindianer gibt es nicht mehr viele. Sie sterben alle weg und sie sind alle zu alt. Mein Vater machte weiter, bis er 78 Jahre alt war. Dann wurde sein Blutdruck zu hoch und ich sagte ihm: ›Du hörst besser damit auf. Du kannst das nicht mehr machen. Du musst dich zur Ruhe setzen.‹ Dann hat er sich zur Ruhe gesetzt. Jetzt ist er hier im Pflegeheim. Ich habe ihn am Sonntag besucht.«[600]

Viele Cree und Ojibwe, die realisierten, dass der Staat durch die Sozialhilfe und Familienzulagen ihre Abhängigkeit ausnützte und sie bevormundete, empfanden dies als schwere Demütigung. Nach und nach wurde ihnen bewusst, dass sie nicht mehr vollständig zur traditionellen Lebensweise zurückkehren konnten. Doch sie wollten ihre Souveränität nicht preisgeben, zumal sie diese durch den Treaty bestätigt sahen. Auch wollte niemand herumsitzen. Draußen auf dem Land hatten sie täglich zu tun gehabt. Daher suchten sie Arbeitsmöglichkeiten. Ignace Gull meinte: »Die letzte Sozialhilfezahlung, die ich vor langer Zeit erhielt, war 50 Dollar pro Monat. Das war die letzte. Ich sagte mir: Nie mehr werde ich etwas vom Staat annehmen! Ich werde Arbeit finden, so gut ich kann.«[601] Anfänglich gab es einige Jobs im Reservat, da man beim Aufbau der Siedlung mithelfen konnte. Einige Leute betätigten sich im Sägewerk, auf der Farm der Missionare oder beim Häuserbau. In einigen Reservaten wie Winisk oder Fort Albany fand man Jobs bei den dort errichteten Radarstationen und Militärbasen. In anderen wie Mishkeegogamang oder KI bestand die Möglichkeit, für eine Fischerei zu arbeiten. Einige Cree und Ojibwe wiederum verließen die Gemeinde, um im Minenbau tätig zu sein.

Schon bald aber machte sich Ernüchterung über die verschiedenen Arbeitsmöglichkeiten breit. Die katholischen Cree aus Fort Albany erhielten für ihre Mithilfe beim Aufbau der neuen Missionsstation lediglich Nahrungsmittel, aber kein Geld: »Die Leute haben auf dem Feld geschuftet«, hielt Edmund Metatawabin fest. »Sie haben alle Steine von Hand weggeräumt, damit gepflügt werden konnte. Die Säuberung des Ackers sorgte zwar für Beschäftigung, aber es gab kein Geld. Die Frauen und Männer erhielten dafür bloß einen Laib Brot und eine Dose Bohnen. Das war der tägliche Lohn. Ständig wurde ihnen eingetrichtert: ›Wir bauen eine Schule für eure Kinder, damit sie eine bessere Zukunft haben.‹ Die ganze Zeit hieß es: ›Für eure Kinder, für eure Kinder.‹ Dabei wurden sie ärmer und ärmer, ihre Kleider wurden abgetragen und vor lauter Feldarbeit von montags bis samstags hatten sie keine Zeit, sie zu flicken. Am Sonntag mussten sie in die Kirche. Während der Arbeit mussten sie gegen die Moskitos ankämpfen und wenn sie älter wurden, konnten sie nicht mehr richtig zupacken. Dann merkten sie, dass sie keine Kontrolle mehr über sich selbst hatten. Denn inzwischen waren es die Leute von außerhalb, die den Ton angaben.«[602]

Jene Menschen, die in den Minen arbeiteten, kehrten oft todkrank zurück. Der Elder Levy McKay aus KI erzählte mir: »Die Mine war zwar wegen der Arbeitsmöglichkeit wichtig. Aber sie verursachte bei den Leuten Atemprobleme und Lungenkrankheiten, an denen viele starben. Doch niemand hat die indigenen Arbeiter davor gewarnt. Daher ist auch mein Vater frühzeitig verstorben. Als er 1975 auf dem Sterbebett lag, sagte mir der Arzt, er vermute, dass er sich diese Lungenkrankheit bei der Minenarbeit zugezogen habe. Ich denke, er hat dort giftigen Staub eingeatmet. Aber zuvor hat uns niemand gesagt, warum unsere Leute erkrankten. Man hat diese Informationen den Indigenen bewusst vorenthalten.«[603]

Auch die indigenen Fischer, die für kommerzielle Unternehmen aus dem südlicheren Kanada arbeiteten, wurden ausgenutzt. »Mein Vater Moses Fiddler und sein Freund wurden von ihrem Reservat Bearskin Lake mit einem Wasserflugzeug an den Sachigo River geflogen, um dort für ein Unternehmen zu fischen«, erzählte Sonny Fiddler. »Nach einiger Zeit kamen diese Typen mit ihrem Flugzeug zurück und luden all die Störe auf. Den beiden Fischern sagten sie, sie würden sie in zwei, drei Tagen abholen. Doch sie kehrten nicht mehr zurück. Die beiden warteten einen ganzen Monat lang. Dann mussten sie den langen Weg flussaufwärts zurück nach Bearskin paddeln, damit sie nicht verhungerten. Als mein Vater dann in Bearskin die Leute der Fluggesellschaft damit konfrontierte, sagte man ihm: ›Wir haben dich vergessen. Wir haben dich ganz vergessen.‹ Das macht mich heute noch wütend! Denn mein Vater wäre fast verhungert. Wenn er gestorben wäre, dann würde ich heute nicht hier stehen. Und es gäbe auch keinen Grand Chief Alvin Fiddler. So ist das!«[604]

Die kommerzielle Fischerei in den beiden Reservaten KI und Mishkeegogamang war zwar zunächst vielversprechend, endete jedoch nach wenigen Jahren in einer herben Enttäuschung für die Indigenen. Im ersten Reservat am Big Trout Lake lieferten seit 1955 etwa 35 bis 45 indigene

Berufsfischer Forellen, Störe und andere Fischarten für den Weiterverkauf. Die ausgenommenen Fische wurden zu einer Eisstation gebracht. Während der Hochsaison flog ein Wasserflugzeug fünf- bis sechsmal täglich den Fang in großen Behältern nach Pickle Lake, wo man ihn für den Verkauf abpackte. Ein Fischer erhielt zunächst sieben Cent pro Pfund Forellen. 1960 stieg der Ertrag auf zehn Cent und Mitte der 1960er-Jahre sogar bis 25 Cent. Danach ging es mit der Fischerei bergab, weil der Preis für Benzin, das für die Motorboote benötigt wurde, und die Netzkosten ständig stiegen, während die Fischpreise fielen.[605]

In Mishkeegogamang gab es 1958 etwa 20 Ojibwe, die als Berufsfischer am Lake St. Joseph tätig waren. Auch andere Mitglieder der Gemeinde profitierten davon, weil sie die Fische für den Transport zubereiteten und verpackten. Als die Gemeinde eigene Kühlhäuser an den verschiedenen Anlagestellen am See errichten wollte, war sie mangels Kapital auf kanadische Investoren angewiesen. Da sich niemand fand, half der Staat aus. Doch die nicht-indigenen Abnehmer erachteten die staatlichen Subventionen als Marktverzerrung und boykottierten das Unternehmen der Ojibwe. Gleichzeitig kamen Berufsfischer und Anglertouristen aus dem Süden in die Region. Sie hatten Lizenzen von den Behörden erworben und konkurrenzierten die indianischen Fischer. Bald stiegen auch die Kosten für die Transportflugzeuge. Als in den 1970er-Jahren bekannt wurde, dass Papierfabriken die nach Norden fließenden Flüsse mit Quecksilber verunreinigt hatten, brach der kommerzielle Fischfang in der Region vollends zusammen. Bereits 1974 gab es keine einzige Ojibwe-Familie mehr, die am Lake St. Joseph kommerziellen Fischfang betrieb.[606]

Gebrochenes Vertrauen

Die indianischen Fischer fühlten sich betrogen, da Zwischenhändler ein paar Jahre lang dank ihrer Arbeit große Gewinne erzielt hatten, in der Gemeinde aber niemand reich geworden war. Tragisch für sie war zudem, dass sich viele nicht mehr aus eigener Kraft selbst versorgen konnten und daher ihre Gemeinschaft von Euro-Kanadiern, die nun im Reservat ihren Alltag regelten, bevormundet wurde. Als ihre Väter vor ein paar Jahrzehnten den Treaty unterzeichnet hatten, gaben sie weder ihr Land noch ihre Souveränität auf, sondern schlossen ein Abkommen, von dem beide Nationen gegenseitig profitieren sollten. Nun sah es aber nicht mehr danach aus. Während die Weißen durch die gewinnbringenden Bodenschätze zu immer mehr Wohlstand kamen, war die Selbstbestimmung der indigenen Gemeinschaft infrage gestellt. Der ehemalige Grand Chief der NAN Wally McKay drückte die Enttäuschung darüber folgendermaßen aus: »Die Indigenen unterzeichneten den Vertrag auch deshalb, weil man ihnen Reservate versprochen hatte. Sie verstanden darunter Landstücke, die ausschließlich ihnen zur Verfügung standen und in denen sie unabhängig bleiben konnten. Ohne ihr Einverständnis sollte darin kein Weißer etwas zu suchen haben. Simeon McKay, der Chief der Gemeinde Wunnumin Lake im nördlichen Ontario, ließ einen großen Zaun um das Reservat errichten. Damit sollte gegen außen demonstriert werden, dass kein weißer Mann mehr hereinkommen durfte, um die Leute in ihrer Lebensweise zu belästigen. Denn die Indigenen hatten eine eigene Regierung, eine eigene Spiritualität, eine eigene Kultur und eine eigene Gerichtsbarkeit. Sie waren überzeugt, dass sie all dies in den Reservaten weiterpflegen konnten. Stattdessen machten sich die Weißen den Hunger der Indigenen zunutze, zwangen sie ins Reservat, weil sie nur dort Rationen erhielten, und trieben sie damit in staatliche Abhängigkeit.«[607]

Roy Morris aus Muskrat Dam erklärte mir, welche Euro-Kanadier vor Ort die Indianer kontrollierten: »Die Mainstream-Gesellschaft wollte alles entfernen, was immer indigen war. Im Reservat bestimmten vier Weiße den Alltag. Der eine war der Hudson's-Bay-Manager. Der führte den Laden. Ein anderer war der Priester. Und ein weiterer war ab und zu hier. Das war der Polizist. Gelegentlich kam noch ein Staatsbeamter. Sie alle diktierten, was wir in der Gemeinde zu tun hatten. Der Hudson's Bay-Manager bestimmte, weil er das Geld hatte. Der Priester machte dasselbe, weil er seine Botschaft verbreiten wollte und uns eine Lebensweise aufzwang, die nach seiner Ansicht nach die richtige war. Dasselbe machte der Polizist. Er wollte die Gesetze durchsetzen. Und der Vertreter des Staats versuchte sicherzustellen, dass die staatlichen Vorschriften Fuß fassen konnten. Sie alle haben die Menschen zu allem Möglichen gezwungen, indem sie ihnen mit Gefängnis drohten. Wir hatten keine Rechte. Überhaupt keine Rechte. Obschon wir seit Jahrtausenden unsere eigenen Gesetze kannten.«[608]

Die wenigen Weißen, die in den Reservatssiedlungen lebten, sonderten sich in der Regel von den Indianern ab und wohnten getrennt. Die

Missionare in Fort Albany wollten beispielsweise nicht, dass die katholischen Cree zu nahe waren, wie Edmund Metatawabin festhielt: »Sobald die Missionsstation fertig war, sagten die Missionare zu den Leuten: ›Ihr zieht jetzt besser auf die andere Seite. Ihr geht besser auf die Insel rüber. Denn ihr macht zu viel Sauerei.‹«[609] Da es damals noch keine Kanalisation gab, waren die Missionare besorgt, ihren Bezirk möglichst rein zu halten, und drängten die Leute dazu, sich auf der Flussinsel niederzulassen. Das Reinhaltungsgebot bezog sich aber nicht nur auf die Umgebung, sondern hatte auch moralische Gründe. Besonders Ordensschwestern und weltliche Lehrerinnen sollten nicht in Versuchung geführt werden, sich auf eine Beziehung mit einem Indianer einzulassen und im schlimmsten Fall noch mit einem ›Mischlingskind‹ schwanger zu werden. Daher war es den Cree verboten, sich im Quartier, in dem die Lehrpersonen wohnten, aufzuhalten.[610] Den Staatsbeamten war es zudem strikt untersagt, sich mit Indianern anzufreunden, auch wenn sich diese untereinander manchmal gut verstanden. Diesbezüglich stellte auch die Sprache eine Barriere dar. Denn die Weißen lernten die indigene Sprache nicht und die älteren Cree und Ojibwe konnten meist nicht gut Englisch.[611]

Mit der Errichtung von Krankenstationen und Tagesschulen siedelten sich weitere Euro-Kanadier im ›weißen Sektor‹ der Reservate an. Sie wollten nicht auf den gewohnten Komfort verzichten und waren daher auf eine bessere Infrastruktur angewiesen als jene, die in den einfachen Blockhütten der Indianer zur Verfügung stand. Der 67-jährige Stan Beardy erinnerte sich an solche Unterschiede, die er in seiner Kindheit in Bearskin Lake wahrnahm: »Ich habe gesehen, wo die Lehrer wohnten. Sie hatten ein Zimmer mit fließendem Wasser. Dasselbe galt auch für den Hudson's-Bay-Manager. Ebenso hatten sie sanitäre Anlagen.«[612] Auch Ignace Gull berichtete, dass die Weißen in Attawapiskat viel besser ausgestattete Häuser bewohnten als die Cree: »Die Wasseranlage wurde 1974 gebaut. Aber diese war nicht für die Gemeinde, sondern lediglich für die Lehrer und Krankenschwestern, die zu uns ins Reservat gezogen waren. Die Indigenen haben erst 1994 fließendes Wasser und sanitäre Einrichtungen in ihren Häusern erhalten. Vorher benutzten sie Latrinen im Freien. Bei Hochwasser kamen jedoch spielende Kinder mit bakterienverseuchtem Wasser in Berührung und wurden krank. Erst nachdem wir jahrelang für eine Kanalisation gekämpft hatten, erhielten wir sie schließlich.«[613]

Die Euro-Kanadier gaben in den Reservaten nicht nur den Ton an, sondern figurierten selbst auch als Vorbilder ›zivilisierter Menschen‹, denen die Indianer nacheifern sollten. Sie versuchten mit verschiedensten Mitteln ihren Lebensstil im Reservat durchzusetzen und die Cree und Ojibwe daran zu gewöhnen. Doch das soziale Gefälle, das sie durch ihre Privilegien verursachten, und ihre ständige Bevormundung führten auch zu Abwehrhaltungen und Unverständnis. Stan Beardy schilderte mir folgende Kindheitserinnerung, die die Problematik verdeutlicht: »Alle Jobs in der Siedlung von Bearskin Lake wurden von nicht-indigenen Personen ausgeübt. Buschpiloten, Lehrer, Krankenschwestern, Zahnärzte und Hudson's-Bay-Manager waren alle weiß. Ich hatte damals den Eindruck, dass im Reservat nur Weiße arbeiteten. Erst als ich später auf die Highschool kam, realisierte ich, dass man mit einer entsprechenden Bildung und Fähigkeiten auch einen Job bekommen kann.«[614]

Die Cree und Ojibwe sahen sich immer stärker vom westlichen Lebensstil bedrängt, der sich ungebeten im Reservat ausbreitete. Ihre traditionelle Arbeit war nicht mehr gefragt und sie mussten sich neu orientieren. Für viele Jobs im Ort, die bislang nur die Euro-Kanadier verrichteten, waren sie nicht qualifiziert. Damit ihre Kinder eine entsprechende Ausbildung erhielten, mussten sie nach der Residential School oder der Tagesschule im Reservat in urbane Zentren im Süden auf eine Highschool und später aufs College. Doch dadurch waren die Kinder bis zum Erwachsenenalter weg von der Gemeinde und verloren auch den Bezug zur indigenen Kultur. Wenn sie dann zurückkehrten und keine Jobs fanden, wanderten sie wieder ab, um ihr Glück in den Städten zu suchen.

Die Elders waren beunruhigt. Sie hatten realisiert, dass die Reservate nicht eingerichtet worden waren, um ihre Kultur und Zivilisation zu bewahren, wie sie es bei den Treaty-Verhandlungen verstanden hatten. Nein, die Reservate waren dazu da, sie gefangen zu halten, bis sie nach dem Vorbild der Weißen ›zivilisiert‹ waren. Sobald dies der Fall war, sollten sie in der Industrie und auf Farmbetrieben im Süden Kanadas eine Arbeit finden und Mitglieder der kanadischen Mehrheitsgesellschaft werden. Die Reservate waren also dazu da, um die Indianer an einen Ort zu binden, sie zu kontrollieren und gleichzeitig den Siedlern freien Zugang zu den Fisch- und Wildbeständen sowie den reichhaltigen Bodenschätzen zu gewähren.[615] Daher drohte ihnen der vollständige Verlust ihres traditionellen Lands. Die enttäuschende Erfahrung drückte sich auch im indianischen Begriff für ›Reservat‹ aus, wie mir Adam Fiddler aus Sandy Lake erklärte: »In unserer Sprache verwenden wir das Wort ›Ishkoonigan‹, wenn wir von ›Reservat‹ sprechen. Dies heißt ›Überrest des Landes‹. Damit verweisen wir auch darauf, dass eines der Versprechen, die man uns beim Treaty gab, gebrochen wurde.«[616]

Einige Male sagten mir Elders, dass sie mir gewisse Sachen keinesfalls erzählt hätten, wenn ich Kanadier wäre. Denn diese hätten ihr Vertrauen mehrfach missbraucht und daher sei man ihnen gegenüber zurückhaltend und misstrauisch geworden. Auch wenn man mich in allen Reservaten mit offenen Armen empfangen und mir eine wunderbare Gastfreundschaft entgegengebracht hatte, gab es doch vereinzelte Stimmen, die meinen Besuch aufgrund der negativen Erfahrungen mit Skepsis betrachteten. Eine Gemeinderätin aus KI teilte mir vor Ort mit, dass sie meine Ankunft im Reservat in der lokalen Facebook-Gruppe angekündigt habe. Jemand habe dann einen Kommentar hinzugefügt, in dem stand, dass die Weißen nie kommen würden, um der Gemeinde etwas zu geben, sondern sie würden nur Dinge mitnehmen. Je mehr Erzählungen ich von den Elders aus der frühen Reservatszeit hörte, desto besser konnte ich diese Aussage, die mir zunächst zu pauschalisierend vorgekommen war, nachvollziehen. Man muss sich nur vor Augen führen, dass das riesige Territorium unterhalb der westlichen Hudson und James Bay heute mit kolonialem Selbstverständnis und ohne indianisches Einverständnis einfach zum kanadischen Staatsgebiet gezählt wird, obschon die meisten nicht-indigenen Kanadier überhaupt keinen Bezug dazu haben. Dagegen bewohnen die Indigenen lediglich ein paar Dutzend Reservate, die ihnen als winzige Inseln ihres einst großen Lebensraums übrig geblieben sind.

Der Elder Sidney Fiddler, der mir während meines Aufenthalts in Sandy Lake als Dolmetscher zur Seite stand, drückte die allgemeine Skepsis gegenüber den Weißen mit den erfahrungsgestützten Worten aus: »Unser Vertrauen wurde schon oft missbraucht. Die Menschen hier sind wirklich verunsichert, denn in der Vergangenheit ist zu viel vorgefallen. Sie wurden viele, viele, viele Male angelogen und betrogen. Daher vertrauen sie nicht mehr. Wenn jemand hereinkommt und etwas vorhat, dann sagen die Leute: ›Vertraut keiner Person, die kommt und euch sagt, sie werde etwas Gutes für euch tun.‹ Die gebrochenen Versprechen lasten seit Jahrzehnten auf unserer Gemeinde. Gegenüber den Firmen, die auf unserem Land Bodenschätze abbauten, hatten wir immer nur das Nachsehen. Daher ist es so schwierig, jemandem noch Glauben zu schenken.«[617]

Der 84-jährige Elder Arthur Keno, ebenfalls aus Sandy Lake, sagte mir gleich zu Beginn des Gesprächs: »Ich bin froh, dass du in mein Haus gekommen bist, und ich gehe davon aus, dass du mir helfen wirst. Ich möchte auch, dass du mir sagst, dass du mir helfen wirst. Denn oft kommen Weiße hierher. Doch sie denken bei allem, was sie für uns tun, nur ans Geld. Sie benutzen uns nur, um reich zu werden. Ich möchte nicht, dass dies wieder geschieht. Daher teile ich dir das jetzt mit. Es kommt kaum jemand hierher, der sich für unsere Kultur und unsere Geschichte interessiert. Ich werde nun unseren Schöpfer bitten, deine Arbeit zu segnen, damit sie uns auch helfen möge. Denn der Grund, weshalb du hierhergekommen bist, ist sehr wichtig. Du kamst nicht zu uns, um Geld zu machen, sondern um herauszufinden, was in der Vergangenheit passiert ist. Daher werden wir für dich beten.«[618] Ich gab Arthur mein Wort, dass ich mit bestem Wissen und Gewissen die Geschichte der Cree und Ojibwe im nördlichen Ontario aufgrund der Dinge, die mir die Menschen erzählten, festhalten wollte. Dann sprach er sein Gebet.

Erlebnisse wie dieses in Sandy Lake hatte ich auch in den anderen Reservaten, die ich im nördlichen Ontario besuchte. Überall litten Indigene darunter, dass ihre Gutmütigkeit ausgenutzt worden war und es ihnen schwerfiel, wieder Vertrauen zu fassen. So sagte Danny Metatawabin aus Attawapiskat: »Aufgrund dessen, was durch den Staat und die Missionare sowie deren Vorgehen in der Vergangenheit und in unserer Geschichte geschehen ist, hat unsere Gemeinde das Vertrauen verloren. Das hat sogar so weit geführt, dass wir uns gegenseitig nicht mehr vertrauen können. Es wird daher lange dauern, dieses Vertrauen wieder gemeinsam aufzubauen.«[619]

Der Vertrauensverlust innerhalb der indianischen Gesellschaft ist eine Folge der durch den Indian Act gesetzlich verankerten kanadischen Kolonialpolitik gegenüber den Indigenen. Bereits durch die Einführung der Traplines, wie im vorherigen Kapitel gezeigt, sollte den Cree und Ojibwe ein Verständnis von Privatbesitz und klar definierten Grenzen indoktriniert werden. Ein weiterer Schritt in diese Richtung war die Zuweisung der Reservatshäuser. Diese waren gemäß dem bürgerlichen Ideal einer Kleinfamilie konzipiert und folglich nicht auf die Bedürfnisse einer indigenen Großfamilie ausgelegt. Durch die Niederlassung in Häusern war es zudem erstmals möglich, auch Dinge wie etwa

Möbel anzuschaffen, die man vorher nicht besaß, weil man diese nicht mit auf die Trapline nehmen konnte. Die Menschen konnten fortan Besitztümer anhäufen und sich dadurch einen gewissen materiellen Status zulegen, den der Nachbar vielleicht nicht hatte. Paul Burke, Chief in Fort Severn, sah eine der Ursachen für ein sich zunehmend ausbreitendes Konkurrenzdenken in der Tatsache, dass die Menschen durch die ganzjährige Sesshaftigkeit zu nahe beieinanderlebten: »Früher waren die Leute die meiste Zeit weit voneinander entfernt. Wir bestanden aus lauter kleinen Familien, die jeweils in einer bestimmten Gegend überlebten. Man kam jeweils im Sommer zusammen, feierte und hatte Spaß. Doch als sich alle an einem einzigen Ort niederließen, änderte sich alles. Jeder schaute nur noch auf seinen eigenen Teller. Man wollte nicht mehr zusammenarbeiten, jeder schubste den anderen. Menschen sind Menschen, nicht wahr? Wir mussten uns entwickeln, wir mussten zuerst lernen, wie man zu einer Gemeinschaft, die das ganze Jahr vereint ist, zusammenwächst.«[620]

Wenn ich mich mit Elders darüber unterhielt, verwiesen sie stets auf das römische Teile-und-herrsche-Prinzip, das die kanadischen Regierungen subtil, aber stetig anwandten, um die indianische Gesellschaft zu kolonialisieren. Durch die Residential Schools wurden Kindern von ihren Eltern getrennt und mussten als junge Erwachsene, weil in den Reservaten fast keine Jobangebote vorhanden waren, in urbane Zentren abwandern. Menschen, die eines der unzähligen Gesetze des neuen Staats gebrochen hatten, kamen in weit entfernte Gefängnisse. Hingegen wurden solche, die mit den Behörden kooperierten, bevorzugt behandelt, was wiederum einen Keil in die Gemeinschaft trieb. Der Cree-Historiker Louis Bird drückte es so aus: »Wenn man ein Fleischstück vor ein Rudel Hunde wirft, werden sie es schnappen und sich gegenseitig bekämpfen; nur die stärksten können es haben. Genau dies ist in allen Gemeinden passiert. Jedes Familienmitglied hat um dieses Fleischstück gekämpft. Dadurch wurde die Zusammenarbeit gestört, die Einheit und die Gemeinschaft zersplittert.«[621]

Durch die kanadische Kolonialpolitik gegenüber den Indigenen wurde beinahe jede Familie auf irgendeine Art und Weise auseinandergerissen. Ein Graben bestand auch zwischen denjenigen, die noch dem traditionellen spirituellen Weg folgten, und den bekennenden Christen. Bald wurden aber auch Letztere gegeneinander aufgebracht. Waren die Reservate zunächst noch in der Hand nur einer christlichen Kirche, so ließen sich bald auch Missionare anderer Glaubensrichtungen nieder und buhlten um neue Mitglieder. Dadurch wurden die kleinen Gemeinden konfessionell aufgeteilt und konnten sich im schlimmsten Fall auch räumlich trennen, wie das bereits erwähnte Beispiel von Fort Albany und Kashechewan an der James Bay zeigt. In einigen kleinen Dörfern mit lediglich ein paar Hundert Einwohnern stehen manchmal sechs verschiedene Kirchen.

Doch nicht nur die Spaltung der Gemeinschaft sollte die Cree und Ojibwe zu Beginn ihrer definitiven Sesshaftigkeit in den neuen Reservatssiedlungen arg belasten. Ihre Kinder, die bereits in den Residential Schools furchtbare Dinge erlebten, waren nun, wenn sie gelegentlich für kurze Zeit nach Hause kehrten, weiteren Gefahren ausgesetzt. Aber auch jene waren betroffen, die im Reservat blieben und dort eine Tagesschule besuchten. Denn der hohe Norden Ontarios zog aufgrund seiner Abgeschiedenheit auch vereinzelte pädosexuelle Geistliche und Lehrpersonen an, deren Übergriffe auf die wehrlosen Opfer ihre dunklen Schatten bis in die Gegenwart werfen. Als ich mit Männern in Fort Severn und KI, die zwischen 40 und 50 Jahre alt waren, Gespräche führte, tauchte immer wieder der Name Ralph Rowe auf. Erst mit der Zeit realisierte ich, welche unfassbare Tragödie dieser anglikanische Priester in etwa zwölf abgelegenen Reservaten wie unter anderem Kasabonika, Wunnumin, Kingfisher, Round Lake, Muskrat Dam, Bearskin, Sachigo, Fort Severn und KI angerichtet hatte. Überall verging er sich unbemerkt an Knaben und zerstörte ihre Kindheit.

Ralph Rowe, der inzwischen über achtzig Jahre alt ist, arbeitete als Polizist der Provinz Ontario und besaß einen Pilotenschein für Kleinflugzeuge. 1966 quittierte er seinen Dienst und zog in die Stadt Kenora im westlichen Ontario. Dort führte er Charterflüge in abgelegene Gemeinden durch. Nach einem Jahr ließ er sich in Manitoba nieder, um Theologie zu studieren. 1975 wurde er zum anglikanischen Priester geweiht und mit dem Seelsorgedienst in den Indianerreservaten im Norden Ontarios betraut. Er lernte die indigene Sprache, um mit den Elders sprechen zu können, und erwarb sich ihr Vertrauen. Sein Interesse galt aber den indianischen Knaben im Alter von etwa zwölf Jahren. Da er auch Pfadfinderführer war, organisierte er für sie regelmäßig Ferienlager.[622]

Rowe konnte während vielen Jahren unbehelligt seine pädokriminellen Taten begehen. Denn in den christianisierten Indianergemeinden war er als Priester hoch angesehen. Zudem verfügte er über ein bestechendes Charisma, war charmant, hilfsbereit und gab vor, sich für die Kinder einzusetzen. Die anglikanische Kirche hatte ihm für seine seelsorgerische Mission ein Flugzeug zur Verfügung gestellt, mit dem er in die isolierten Reservate flog. Zu einer Anzeige von ehemaligen Opfern kam es erst viele Jahre später. 2012 wurde er vor Gericht schuldig gesprochen, sich an 15 Knaben im Alter zwischen acht und 14 Jahren vergangen zu haben. Dafür wurde er mit fünf Jahren Gefängnis bestraft. Eine interne Untersuchung der Nishnawbe Aski Nation (NAN) kam jedoch zum Schluss, dass er fast 500 Knaben sexuell missbraucht hatte.[623] 2017 wurde der Fall daher erneut vor Gericht gebracht. Eine Anwaltskanzlei aus Toronto reichte im Auftrag Hunderter ehemaliger Opfer eine Sammelklage in Höhe von 110 Millionen Dollar ein. Die Anklage richtete sich nicht nur gegen Ralph Rowe, sondern auch gegen seinen Arbeitgeber, die anglikanische Kirche, und die kanadische Pfadfinderorganisation.[624]

Das Leid, das der fliegende Priester den Kindern zufügte, machte der 2015 erschienene Dokumentarfilm *Survivors Rowe* erstmals für ein breiteres Publikum sichtbar.[625] Darin erzählen indigene Männer, die als Kinder von Rowe missbraucht worden waren, ihre Geschichte. Einer berichtet von den auch heute noch zurückkehrenden Albträumen: »Während ich im Bett liege, öffnet jemand die Tür, nähert sich mir, hebt die Decke und steigt zu mir ins Bett. Ich versuche zu schreien. Ich versuche zu kämpfen. Doch ich kann weder schreien noch kämpfen. Ich kann mich nicht verteidigen. Ich kann ihn nicht hindern, ich kann ihn nicht aufhalten, was er mir antut.«[626] Dann schildern die Opfer, dass es jeweils ein großes Ereignis war, wenn der Geistliche mit seinem Flugzeug in ihre Gemeinde kam. Er sei immer von allen empfangen worden. Auch habe er eine Pfadfindergruppe gegründet und den Knaben Abzeichen gegeben, die sie mit Stolz trugen. Doch einmal hätten sie in einem dunklen Raum ein Fangspiel gemacht. Dabei habe er sie auf eigenartige Weise berührt. Einer der Männer erzählt, wie er sich gefreut habe, einmal mit dem Priester mitfliegen zu können. Doch dieser habe während des Flugs seine Hand auf sein Glied gelegt. Das war erst der Anfang. Er beginnt vor laufender Kamera zu weinen. Die Kinder verloren allmählich ihr Selbstwertgefühl, da sie es nicht wagten, jemandem von den Misshandlungen zu erzählen. Denn dieser Mann Gottes war im Reservat äußerst beliebt und alle Erwachsenen zollten ihm Respekt. Die Opfer gerieten schließlich in ihrer Pubertät und als junge Erwachsene in eine Identitätskrise. Ein Mann sagt, er habe nicht gewusst, ob er ein Mädchen oder ein Junge war. Dann bricht er in Tränen aus und schildert, wie er Mühe hatte, später mit Mädchen auszugehen, da er nichts empfand. Denn bei Rowe habe es nur Sex gegeben, keine Passion, keine Liebe. Die Männer gerieten an Drogen und Alkohol, um ihre seelischen Schmerzen zu betäuben. Einer schoss sich mit einem Gewehr in den Bauch, ein anderer versuchte seine Eltern zu ermorden, weil er dachte, sie hätten ihn nicht vor Rowe geschützt.[627]

Die Männer im Film machten diverse Therapien, traten den Anonymen Alkoholikern bei oder wandten sich der traditionellen Spiritualität zu. So versuchte jeder auf seine Weise, Heilung zu finden und das Leben weiterzuführen. Viele ihrer Kindheitsfreunde, die Rowe missbraucht hatte, schafften dies jedoch nicht und begingen Selbstmord oder starben an einer Überdosis Drogen. Was den indigenen Opfern jedoch nach wie vor Mühe bereitet, ist das Gefühl, gegenüber Weißen benachteiligt zu sein. Im Film bringt es einer der Protagonisten wie folgt auf den Punkt: »Wenn dieser Typ das irgendwo im Süden gemacht hätte, ich hasse es zu sagen, aber wenn er es mit einer kleinen Anzahl weißer Kinder gemacht hätte, dann hätte dies Abertausende Aufschreie gegeben. Und auch die Verurteilung, die gesprochen wurde … er wäre immer noch im Gefängnis.«[628]

Welt im Umbruch

»Ich hatte zwei verschiedene Leben. Das traditionelle und dasjenige, das ich heute führe. Es war nie mein Traum, einmal hier in einem Büro zu sitzen, da ich immer auf dem Land draußen war. Es ging ums Überleben im Winter, im Frühling, im Sommer und im Herbst.«[629] Ignace Gull, Chief aus Attawapiskat, erachtete die Niederlassung im Reservat als eine Art Zäsur in seinem Leben. Ähnlich beschrieb es der achtzigjährige Elder Joseph Sutherland aus Fort Albany: »Als ich mich definitiv im Reservat niederließ, wurde meine Lebensgeschichte in zwei Hälften geschnitten. Jetzt ist mein Leben in dieser Gemeinde verankert. Doch der größte Teil meiner Geschichte spielte sich draußen auf dem Land ab. Dort habe ich meinen Lebensunterhalt erworben. Ich pendelte zwischen der Gemeinde und dem Land hin und her.«[630] Und die neunzigjährige Elder Ila Miles aus Fort Severn hielt fest: »Ich vermisse es, auf dem Land draußen zu sein. Doch nur weil wir in ein Haus einzogen, bedeutet das nicht, dass wir auch vollkommen sesshaft wurden. Denn wir waren nach wie vor die meiste Zeit auf dem Land und kehrten nur für kurze Zeit zurück, wenn uns die Vorräte ausgingen oder wir die Pelze verkaufen wollten. Ich war noch als Achtzigjährige draußen auf der Trapline.«[631] Ila erklärte mir zudem, dass man die moderne Technik dafür benutze, um weiterhin an traditionelle Nahrung zu kommen und auf die entfernten Traplines zu gelangen. Dank Motorbooten und Schneemobilen könne man an einem Tag eine Strecke zurücklegen, für die man früher eine Woche gebraucht habe.

Mit der Niederlassung in den Reservaten veränderten sich auch die seit Menschengedenken relativ konstant gebliebenen Transportmittel der Cree und Ojibwe. Das leichte Kanu aus Birkenrinde wurde ab den 1950er-Jahren durch industriell hergestellte Boote ersetzt, die ab den 1960er-Jahren alle auch mit einem Außenbordmotor ausgestattet waren. Etwas zögerlicher ging die Einführung der Schneemobile vonstatten. Der Elder Enos McKay, der aus Wawakapewin stammt und auf der Trapline seines Vaters geboren wurde, meinte dazu scherzhaft: »Mit dem Hundegespann wurde das Benzin nie knapp.«[632] Während man mit den neuen Booten bei einem Motorschaden noch weiterpaddeln konnte, waren die Schneemobile draußen auf der Trapline in einem solchen Fall unbrauchbar. Bis Ende der 1970er-Jahre konnten sich aber auch diese Maschinen durchsetzen und bald besaß jeder Jäger und Trapper in Fort Severn und Winisk an der Hudson Bay eine.[633]

Zu Beginn des 21. Jahrhunderts hielt auch das Quad, ein vierrädriges Geländemotorrad, Einzug in die Reservate. Damit war es möglich, während der schneefreien Jahreszeit in die entfernten Jagdgebiete zu fahren. Gewisse Gemeinden, wie Sandy Lake, besitzen inzwischen sogar eigene Wasserflugzeuge, mit denen sie die Jäger auf die Traplines fliegen. Zudem rüsteten sich die Indigenen auch mit Radiosendern, Funkgeräten, GPS-Navigationsgeräten und Satellitentelefonen aus. Die Kultur der Cree und Ojibwe war nie statisch. Bereits im 17. Jahrhundert hatten sie europäische Produkte wie Gewehre oder Metallkessel in ihren Alltag integriert. Genauso handhabten sie es nun, nachdem sie sich in den Reservaten niedergelassen hatten. Sie investierten nicht in motorisierte Transportmittel, um sich dadurch der westlichen Gesellschaft anzupassen, sondern um die eigene Lebensweise so gut wie möglich weiterführen zu können und dadurch ihre kulturelle Identität zu bewahren. Die Cree und Ojibwe waren also nie einfach passive Konsumenten neuer Technologien, sondern führten sie erst dann ein, wenn sie ihnen hinsichtlich ihrer traditionellen Aktivitäten Vorteile verschafften.[634]

Auch wenn die Indianer mit dem Einsatz motorisierter Transportmittel nach wie vor weit aufs Land hinausfuhren, um sich Nahrung zu besorgen, so blieben sie im Reservat doch zu einem Großteil abhängig von westlichen Lebensmitteln. Dies war ein wesentlicher Einschnitt, weil die etwa in Dosen konservierte Produkte bislang für viele auch wegen zu viel Salz, Zucker oder künstlichen Zusätzen unbekömmlich waren. Der über neunzigjährige Percy Rae aus Sandy Lake erinnerte sich an die sogenannten Treaty Days und verwies darauf, wie ungewohnt westliche Lebensmittel für die Indigenen waren: »Der Indianeragent kam einmal pro Jahr vorbei, um jedem die fünf Dollar, die im Treaty Nummer 5 vereinbart waren, auszuzahlen. Daneben brachte er Tee, Munition, Fett und Speck. Das war immer ein großes Ereignis und die Leute freuten sich darauf. Doch mit dem Speck hatten wir Mühe. Denn der war salzig und die Menschen mochten den Geschmack nicht. Früher haben wir nie zusätzliches Salz für unser Essen verwendet. Die Leute konnten den Geschmack nicht ausstehen. Salz war etwas Neues für die Elders und sie lehnten es ab. Aber heute streuen die Leute selbst Salz auf den Fisch. Man hat uns bekehrt. Alle benutzen Salz und auch Zucker. Doch das schadet uns, das ist nicht natürlich.«[635] Auch fehlte den Indianern der spirituelle Bezug zur neuen Nahrung, da sie sie nicht selbst beschafften und daher keine direkte Verbundenheit mehr dazu hatten.

Seit den 1970er-Jahren wurden die meisten Reservatssiedlungen im nördlichen Ontario mit Dieselgeneratoren für die Stromerzeugung ausgerüstet. Noch heute wird in den meisten abgelegenen Dörfern auf diese Weise Elektrizität erzeugt. Inzwischen sind aber einige wenige Gemeinden an ein Hochspannungsnetz angeschlossen und die Ausweitung auf zusätzliche Reservate ist in Planung. So beziehen Fort Albany und Kashechewan seit 2001 ihren Strom über eine Leitung von Moosonee an der südlichen James Bay, die zwei Jahre später auch Attawapiskat versorgte.[636] In den 1970er-Jahren kamen auch Telefone in die abgelegenen Siedlungen, die ersten Landepisten für den regulären Flugbetrieb wurden gebaut und einige Gemeinden errichteten Radiostationen. Zudem tauchten auch Fernsehapparate auf, mit denen jedoch mangels

Großantennen noch keine Sender empfangen wurden. Sie waren aber mit einem Videoabspielgerät verbunden und standen im Gemeindesaal oder im Band Office. Dort trafen sich die Leute regelmäßig, um gemeinsam Filmaufnahmen zu sehen. Der Elder Garnet Angeconeb aus Lac Seul, der in Sioux Lookout als Journalist für das indigene Newsportal Wawatay gearbeitet hatte, erläuterte dazu: »Im Friendship Center nahm man die Hockeyspiele der NHL auf und dann sandte man die Videokassetten in den Norden. Manchmal waren sie ein oder zwei Wochen, manchmal sogar einen Monat alt. Aber die Leute genossen es, ein Hockeyspiel zu sehen, das bereits längst stattgefunden hatte. Wir scherten uns nicht um die Copyrights und konnten daher in den abgelegenen Reservaten einen Service anbieten. Dadurch wurde der Norden etwas weniger isoliert.«[637]

Schon bald aber waren die technologischen Voraussetzungen auch für den Empfang von TV-Sendern gewährleistet und die Leute schafften sich eigene Geräte an. Ignace Gull erinnerte sich, dass 1978, nach der Errichtung einer großen Antenne, kanadische Fernsehprogramme empfangen werden konnten.[638] Nun waren die bislang isolierten Reservate auch visuell unmittelbar mit dem urbanen Kanada verbunden, was jedoch einen nicht zu unterschätzenden Einfluss auf ihre Kultur hatte. Man sah sich nicht mehr gemeinsam in der Gemeinde eine Aufzeichnung an, sondern schaute die Sendungen in den eigenen vier Wänden. Zudem war die Fernsehwelt nicht indigen, sondern ausschließlich westlich. Modina McKay aus Muskrat Dam meinte dazu: »Die Kinder verloren allmählich ihre Muttersprache. Ich denke, das war in den 1980er-Jahren. Damals haben wir hier zum ersten Mal Fernsehen erhalten. In dieser Zeit konnte man nur ein, zwei Sender sehen. Doch jeder klebte förmlich am Bildschirm. Auch die Babys waren fasziniert davon. Das war ihr Babysitter. Die Sendungen waren jedoch alle auf Englisch.«[639]

Das Aufkommen des Fernsehers als Fenster zur kapitalistischen Welt des Südens beurteilen heute viele Elders im Nachhinein als bedenklich, weil sie darin eine der Ursachen für den ihrer Ansicht nach negativen Gesellschaftswandel sehen. Denn statt sich aktiv im Freien zu betätigen oder miteinander etwas zu unternehmen, saßen viele Leute, die keine Jobs hatten, nun stundenlang auf dem Sofa und guckten in die Röhre. Moses Kakekaspan aus Fort Severn hielt sein Missfallen darüber fest: »Früher stand man um vier auf und um sechs war man bereits draußen auf dem Land. Abends ging man um neun zu Bett. So haben es alle gemacht. Damals sorgte man füreinander. Die Kinder wurden geboren und von ihren Müttern an deren Brust genährt. Gott hatte für alles vorgesorgt. Heute ist das nicht mehr so. Ich spreche manchmal mit den Leuten und erzähle ihnen von früher, als Gott für alles sorgte, was man brauchte. Heute sind wir eine Drittklassengesellschaft. ›Was meinst du damit?‹, fragen mich die Leute. Wenn ein Kind geboren wird, bekommt es eine Babyflasche mit Milch und es hat einen Fernseher. Die Flasche kommt aus der Fabrik, die Milch von der Kuh und der Fernseher steht im Zentrum. Aber wo ist Gott? Wo ist Gott? Früher hörten die Kinder den Alten noch zu. Denn sie waren auf dem Land draußen und haben gesehen, wie die jungen Gänse und jungen Enten ihren Müttern folgten.«[640]

Nachdem ich im November 2017 in Sandy Lake angekommen war, stellte ich mich im Band Office den Gemeinderäten und dem Rat der Elders vor. Sidney Fiddler, der mich als Übersetzer mit Gesprächspartnern bekannt machen wollte, sagte mir: »Nach dem Mittagessen gehen wir ins Radiostudio. Dann werde ich etwas über dich und deine Arbeit erzählen und du kannst dich der Gemeinde vorstellen.« Das Studio befand sich in einem Nebenraum des Jugendzentrums. Der Moderator begrüßte uns. Er unterhielt sich mit Sidney auf Oji-Cree und ich konnte nur hie und da das Wort ›Switzerland‹ verstehen. Sidney setzte sich vors Mikrofon und berichtete beim Ausklang eines Musikstücks in der indigenen Sprache einiges über mich und weshalb ich nach Sandy Lake gekommen war. Danach musste ich mich kurz vorstellen. Ich versuchte stolz die paar wenigen Sätze, die ich auf Oji-Cree gelernt hatte, zum Besten zu geben. Doch bereits nach dem zweiten geriet ich ins Stottern und musste auf Englisch wechseln. Jedenfalls aber hat sich der Besuch im Studio gelohnt. Denn die Elders, die ich anschließend besuchte, erwähnten, sie hätten mich am Radio gehört. Auch wurde ich auf der Straße im Reservat darauf angesprochen.

Im Gegensatz zum Medium Fernsehen, das passiv und individuell beziehungsweise in der eigenen Familie konsumiert wurde, hatte das Radio seit Beginn seiner Einführung eine gemeinschaftsbildende Funktion in den abgelegenen Reservaten. Die Radiostationen versorgten die Cree und Ojibwe mit allerhand Informationen über das aktuelle Ortsgeschehen, aber auch über das, was in Ontario, Kanada und in der Welt vor sich ging. Auch für die Bewahrung der indigenen Sprache spielte und spielt das Radio eine wichtige Rolle. Begonnen hatte die technologische Informationsversorgung im nördlichen Ontario zu Beginn der 1970er-Jahre und ging vom Sioux Lookout Friendship Centre aus. Die ersten

Friendship Centres waren in Kanada bereits in den 1950er-Jahren von Indigenen, die in Städte gezogen waren, gegründet worden. Ihr Zweck war es, sich vor Ort politisch zu organisieren, gesellschaftlich zu vernetzen und gleichzeitig den Kontakt mit den indigenen Herkunftsgemeinden aufrechtzuerhalten. Das Friendship Centre in Sioux Lookout brachte 1972 einen gedruckten Newsletter auf Englisch und Ojibwe heraus und versandte ihn in die Reservate. Dieses Informationsblatt hieß *Keesic,* was auf Ojibwe mit ›Mond‹ übersetzt werden kann. Die Herausgeber gründeten schließlich 1974 das indigene Nachrichtenunternehmen Wawatay und nannten den Newsletter fortan *Wawatay News.*[641]

›Wawatay‹ bedeutet auf Oji-Cree ›Polarlicht‹. Die Idee, diesen Namen für das Nachrichtenunternehmen zu verwenden, geht auf den inzwischen verstorbenen Mason Koostachin zurück. Als er einmal während einer nächtlichen Vorstandssitzung an die frische Luft trat, zogen Nordlichter über den Himmel. Für die Cree, Ojibwe und Oji-Cree war dieses Phänomen, neben vielen anderen Zeichen in der Natur, wichtig, um eine Wetterprognose zu erstellen, wie mir Mike Metatawabin, der ehemalige Direktor von Wawatay, erklärte. Aus den unterschiedlichen Färbungen und Bewegungen dieses Lichtspiels konnten sie die Wetterlage für die kommenden Tage und teilweise auch für Wochen und Monate bestimmen. Erschien das Phänomen rötlich, so standen warme Tage bevor, während weiße Farbtöne auf extrem kaltes Wetter in den kommenden Monaten hindeuteten. Wehende und tanzende Lichter kündigten stürmische Tage an. Aufgrund dieser Informationen, die mit der Interpretation weiterer Wetterzeichen, wie etwa ein Halo um den Mond, ergänzt wurden, legten die Indigenen jeweils ihre Routen für die Jagd fest und bereiteten sich entsprechend darauf vor. Noch heute wenden erfahrene Jäger und Trapper dieses traditionelle Wissen an.[642] Da die Polarlichter genauso wie die modernen Medien wesentliche Informationsträger waren, erschien den Gründern von Wawatay die Namenswahl für ihr Unternehmen naheliegend.

Neben der Herausgabe von *Wawatay News* wollten die indigenen Journalisten auch die Kommunikation der Trapper im nördlichen Ontario modernisieren. Daher sandten sie Hochfrequenzfunkgeräte in die Reservate. Jeder, der aufs Land ging, konnte eines mitnehmen. Dadurch blieb er mit der Gemeinde in Kontakt und konnte auch mit anderen Trappern kommunizieren. Wawatay ging es jedoch nicht nur um einen Sicherheitsaspekt, sondern in erster Linie darum, dass die indigene

Sprache, die auf dem Land draußen verwendet wurde, in der Reservatssiedlung gehört werden konnte. Denn die Sprache der Elders drückte das unmittelbare Geschehen in der Natur aus und war daher direkt mit dem Land verbunden. In den Reservaten drohte die Sprache jedoch zu verkümmern, wenn man nicht Gegensteuer gab. Denn viele Dinge, die man draußen auf dem Land beschreiben konnte, gab es in den Siedlungen nicht mehr. Die Trapper berichteten nun täglich von ihren Jagdaktivitäten, machten Wettervorhersagen oder erzählten Geschichten. Auf diese Weise blieben die Menschen im Reservat mit dem Land verbunden und wussten, was gerade beispielsweise auf einer traditionellen Trapline passierte, welche Tiere in der Nähe waren, wie sich diese verhielten und wie die Bedingungen waren. Sie genossen es, zu Hause am Funkgerät den verschiedenen Geschichten zuzuhören.[643]

Wawatay half den Gemeinden auch dabei, eigene Radiostationen aufzubauen. Die erste wurde 1974 in KI, das damals noch Big Trout Lake hieß, errichtet. Ein Jahr später erhielt Muskrat Dam eine Sendestation und anschließend folgten weitere Gemeinden. Die Nachrichtensendungen wurden in Sioux Lookout produziert und dann als Kassetten in die Reservate geschickt, wo sie von den lokalen Sendern abgespielt wurden. 1984 unterzeichnete Wawatay eine Sendevereinbarung mit TVO, dem Fernsehen der Provinz Ontario. Dadurch wurde das Wawatay Radio Netzwerk begründet, dessen Programm fortan in den isolierten Reservaten empfangen werden konnte. Zwei Jahre später folgte ein eigenes Fernsehstudio, in dem Sendungen aufgezeichnet werden konnten, die auf TVO ausgestrahlt wurden. 1998 schaltete Wawatay die erste Webseite auf und legte damit den Grundstein für die digitale Berichterstattung im nördlichen Ontario.[644]

Bei den Aktivitäten von Wawatay ging es darum, der Anglisierung und der journalistischen Fremdbestimmung entgegenzuwirken und somit die mediale Unabhängigkeit zu bewahren. Die Cree und Ojibwe sahen in den modernen Medien zwar einerseits eine große Gefahr für die kulturelle Identität. Denn die von nicht-indigenen Kanadiern produzierten Sendungen waren auf Englisch und propagierten den westlichen Lebensstil. Andererseits erkannten sie aber die großen Chancen, die sich anboten. Durch die Produktion eigener Sendungen in indigener Sprache, die Herausgabe einer Zeitung in Silbenschrift und die Lancierung einer Webseite stellten sie sicher, dass die Menschen im nördlichen Ontario eine Alternative zu den Medien der Mainstreamgesellschaft hatten.

Zudem baute Wawatay auch einen Dolmetscherdienst auf, damit beispielsweise an Kongressen gehaltene Reden für diejenigen Elders, die kein Englisch verstanden, simultan in eine der drei indigenen Sprachen Cree, Oji-Cree und Ojibwe übersetzt werden konnten.

Die Beispiele machen deutlich, wie die Cree und Ojibwe moderne Technologien für die Stärkung der eigenen kulturellen Identität einsetzten. Denn von außen wurden die Einheit sowie der Bezug zur traditionellen Lebensweise auf der Trapline durch die fortschreitende staatliche Assimilations- und Individualisierungspolitik stark bedrängt. Ihre Situation hatte sich zwar durch die letztlich subtil aufgezwungene Niederlassung in den Reservaten radikal geändert, doch sie reagierten eigenständig und kreativ auf die neuen Herausforderungen. Im Zentrum standen jeweils die innere Gemeinschaftsbildung sowie die Verbindung mit dem Land, die für das Überleben der eigenen Nation unerlässlich waren. Daher waren die Cree und Ojibwe auch bemüht, ihre Gemeinden bald ans Internet anzuschließen, um sich auf diese Weise besser untereinander, aber auch mit der Welt zu vernetzen. Heute besitzen fast alle ein Smartphone und sind auf sozialen Netzwerken aktiv. Ferner betreiben die meisten First Nations im nördlichen Ontario eine eigene, oftmals geschlossene Facebook-Gruppe. Darauf werden bevorstehende Anlässe in der Gemeinde angekündigt und Informationen der Gemeindeleitung verbreitet. Doch auch die einzelnen Gruppenmitglieder können ihre Anliegen veröffentlichen oder Bilder von der Jagd teilen. Das Internet wurde und wird zudem auch rege genutzt, um über Missstände wie Wohnungsnot, Unterfinanzierung der lokalen Schulen oder Suizidkrisen zu berichten und die Außenwelt darauf aufmerksam zu machen. So nutzten Schüler aus Attawapiskat bereits im Februar 2008 die damals noch junge Videoplattform Youtube, um ihren Kampf für ein längst überfälliges, von den kanadischen Behörden versprochenes, aber nicht realisiertes neues Schulhaus bekannt zu machen und Schulklassen in ganz Kanada zur Unterstützung aufzurufen.[645]

Chiefs als Anführer und Verwalter

Mit dem Bezug der Reservate änderte sich auch die Rolle des Chiefs. Traditionell führte dieser aufgrund besonderer Fähigkeiten jeweils nur eine kleine Gemeinschaft, um für sie in einer bestimmten Zeit zu sorgen. Er hatte keinen autoritären Führungsstil, sondern stellte sich temporär in den Dienst seiner nächsten Angehörigen. Dabei fällte er aufgrund seiner Erfahrungen praktische Entscheide auf der Jagd oder bei Versammlungen, die der Gemeinschaft das Überleben sicherten und das Zusammenleben regelten. Auch ließ er sich von den Ältesten beraten oder gab situationsbedingt einem anderen Gruppenmitglied den Vorrang, wenn es auf einem Gebiet erfahrener war. Seit den Unterzeichnungen der Treaties kam dem Chief gemäß kanadischem Indian Act jedoch eine andere Funktion zu. Er wurde fortan Ansprechperson des Amts für Indianerangelegenheiten und dadurch zunehmend zum Verwalter seiner Gemeinde. Solange die Cree und Ojibwe noch die meiste Zeit des Jahres auf ihren Traplines waren, kümmerte es sie nicht sonderlich, wer nun der staatlich anerkannte Chief war. Denn sie verwalteten sich in kleinen Familienverbänden weiterhin selbst. Nach der Niederlassung änderte sich dies jedoch, weil dem Chief staatliche Gelder anvertraut wurden und er als Autoritätsperson diese verwalten musste. Dies führte oftmals zu Missgunst oder Streitigkeiten zwischen einzelnen Familien.

Adam Fiddler, ein ehemaliger Chief aus Sandy Lake, erklärte mir die neue Situation: »Die verschiedenen Clans und Familien wählten nach der Unterzeichnung des Treaty einen einzigen Chief, der für alle verantwortlich war. In der Vergangenheit hingegen hatte der Chief gemäß den traditionellen Gesetzen lediglich eine Verpflichtung gegenüber dem eigenen Clan und seiner Familie. Doch dies änderte sich nun, weil verschiedene Clans und Familien gezwungen waren, in einem Reservat zu leben. Die neue Aufgabe des Chiefs war daher etwas Fremdes. Auch gab es früher kein Wahlsystem. Der Anführer wuchs auf natürliche Weise. Oft wurde das Amt auch vererbt. Aber einen Chief für viele Leute zu wählen, war ein völlig fremdes System. Denn auf einmal musste er auch anderen Clans und Familien vorstehen, was Probleme verursachte. Manchmal klagen die Leute immer noch: ›Der Chief kümmert sich nur um seine Familie.‹ Doch das ist genau die traditionelle Erwartung.«[646]

Oftmals hörte ich von nicht-indigenen Kanadiern in Ontario den Vorwurf, dass die Chiefs in den nördlich gelegenen Reservaten korrupt seien. Gewiss gibt es auch in der indianischen Gesellschaft Korruption, wie überall auf der Welt. Doch es sollte nicht vergessen gehen, dass der Staat die Vetternwirtschaft durch die koloniale Reservatspolitik erst richtig ermöglichte. Denn wenn ein Chief seinen Familienmitgliedern, die ihn gewählt hatten, im Reservat Jobs verschaffte, so war er traditionell dazu verpflichtet. Ein weiteres Problem ist die Dauer einer Legislatur, die durch den Indian Act in den meisten Reservaten auf zwei Jahre begrenzt ist. Kaum ist ein Chief gewählt, muss er sich schon um seine Wiederwahl kümmern. Daher herrscht permanenter Wahlkampf und einzelne Großfamilien stehen ständig in Konkurrenz zueinander. Aus Sicht einiger Cree und Ojibwe, mit denen ich darüber sprach, wurde die kurze Legislatur deshalb eingeführt, damit die Gemeindemitglieder aufgrund der alle zwei Jahre wiederkehrenden Wahlen zu stark mit sich selbst beschäftigt sind und somit keine Zeit mehr finden, sich gegen die Kolonialpolitik zur Wehr zu setzen. Schließlich waren viele Chiefs, besonders zu Beginn der Reservatszeit, mit den neuen Aufgaben als Gemeindeverwalter überfordert. Sie wurden nämlich nicht aufgrund einer höheren westlichen Schulbildung, die sie meist gar nicht besaßen, in ihr Amt gewählt, sondern weil sie wichtige traditionelle Fähigkeiten hatten, aus einer Großfamilie stammten und somit genügend Wählerstimmen erhielten.

Während meiner Recherchen konnte ich mich mit vielen Chiefs ausführlich unterhalten und stellte fest, dass sie ihr Amt in ein regelrechtes Dilemma brachte. Denn einerseits sollten sie die auf der Tradition abgestützten Erwartungen erfüllen, andererseits waren sie dem Staat gegenüber verpflichtet, die Gemeindegelder zweckgebunden einzusetzen. Adam Fiddler drückte die Problematik so aus: »Die Rolle als Chief in einer First Nation ist nicht wie jene eines Bürgermeisters in einer kanadischen Gemeinde, in der man vor allem administrative Aufgaben erledigt. Denn wie ich lernte, verlangt die Sitte, dass man für jeden Einzelnen in der Gemeinschaft persönlich Verantwortung trägt. Es geht um das Wohlbefinden aller. Gleichzeitig muss ich aber auch Verwalter sein. Als ich Chief wurde, gab es ein finanzielles Defizit. Und ich sah mich gezwungen, wie ein Indianeragent zu handeln. Vor der Unterzeichnung des Treaty machten die Vertreter der britischen Krone den Indigenen alle möglichen Versprechungen. Der Indianeragent war verantwortlich dafür, dass diese umgesetzt wurden. Doch dann hat die Krone durch die kanadische Regierung und jene von Ontario all diese Verpflichtungen wie Wohnungsbau, Gesundheitsversorgung, Bildung und Sozialprogramme auf die Chiefs und ihren Gemeinderat abgewälzt. Nun müssen sie all dies selbst verwalten. Daher wird man ein Verwalter. So habe ich es empfunden. Ich wurde folglich in eine Verwaltungsposition gewählt, um im Auftrag der Krone zu arbeiten. Doch das Problem ist, dass wir unterfinanziert sind. Wir erhalten nicht gleich viel Geld wie all die nicht-indigenen Gemeinden. Daher macht man Verluste. Es gibt schlichtweg zu wenig Geld, um die gleichen Dienstleistungen wie in anderen Gemeinden anzubieten. Dies wiederum bringt deine Leute gegen dich auf. Denn du bist der Chief. Sie werden richtig wütend auf dich, weil du nicht die entsprechenden Dienstleistungen anbieten kannst. Folglich fährst du weitere Verluste ein, bis das Geld ganz ausgeht. Dann wird der Staat auf dich wütend, weil du ein Defizit verursacht hast. Schließlich wirst du der Misswirtschaft und Veruntreuung angeklagt. Ich fand mich also in der Rolle eines staatlichen Verwalters wieder. Doch das ist nicht, was ein Anführer sein sollte.«[647]

Adam gelang es in seiner zweiten Legislatur, die Finanzen der Sandy Lake First Nation zu sanieren. Die Gemeinde stand nach 30 Jahren erstmals wieder mit einem soliden Budget da. Aus Sicht des Staats habe er einen großartigen Job gemacht, aber dennoch habe er für gewisse Bereiche wie Gesundheit, Bildung oder Sicherheit nicht die gleichen Mittel zur Verfügung gehabt wie sonst in Kanada üblich.[648] Viele indianische Gemeinden im Norden fahren auch schon wegen ihrer Abgeschiedenheit und der damit verbundenen hohen Kosten große Defizite ein und werden teilweise wegen Überschuldung unter staatliche Aufsicht gestellt. Zudem haben die Chiefs nur einen begrenzten Handlungsspielraum bezüglich der Gelder, die sie für die Gemeinde erhalten. Da diese mehrheitlich zweckgebunden sind, können sie über deren Verwendung nicht frei entscheiden, obschon sie vor Ort die Prioritäten anders beurteilen können als die Beamten in Ottawa. Angenommen, ein Jugendzentrum muss dringend saniert werden, doch dafür wurden keine Gelder zugesprochen, so kann ein Chief nicht einen aus seiner Sicht weniger wichtigen Budgetposten zurückstellen und eine sofortige Sanierung einleiten.

Die Tatsache, dass die Chiefs gesetzlich an den Indian Act gebunden sind, erachten viele indigene Aktivisten als äußerst problematisch. Auch kritisieren sie das Wahlprozedere zur Bestimmung eines Grand Chiefs, wie etwa des Anführers der Nishnawbe Aski Nation, oder des National Chiefs, der der Versammlung der First Nations (AFN) vorsteht. Denn diese werden nicht von der jeweiligen beziehungsweise gesamten indianischen Bevölkerung auserkoren, sondern lediglich von den einzelnen Chiefs, die ihre First Nation vertreten und je eine Stimme haben. Es handelt sich daher um indirekte Wahlen, die, so die Befürchtungen der Aktivisten, vom Staat manipuliert werden könnten. Als Carolyn Bennett, die Ministerin für Beziehungen zwischen Krone und Indigenen, im Juli 2018 an der Wahlveranstaltung der AFN in Vancouver auftauchte, bei der sich National Chief Perry Bellegarde zur Wiederwahl stellte, war der Aufschrei in Teilen der indianischen Gesellschaft groß. Die Ministerin versuchte in ihrer Stellungnahme darzulegen, dass es ihr keinesfalls darum gegangen sei, die Wahlen zu beeinflussen. Sie habe sich lediglich mit Chiefs aus der Provinz Alberta, die sie eingeladen hätten, über deren lokale Angelegenheiten unterhalten.[649] Das Beispiel verdeutlicht aber das Misstrauen gegenüber dem Staat, der gemäß den Aktivisten die Chiefs von der indianischen Basis trenne, weil er sie mit Privilegien ausstatte, sie zu seinen Komplizen mache und dadurch die indianische Politik beeinflusse.

Adam Fiddler führte die Ursache solch innerindianischer Spannungen auf die Struktur des kanadischen Kolonialsystems zurück: »Traditionell war ein Chief das Oberhaupt derjenigen Gruppe, die er vertrat. Nie repräsentierte er eine andere Partei. Wenn zum Beispiel die Schweiz und Kanada miteinander ein Abkommen schließen, dann ist dies eine Sache zwischen zwei souveränen Nationen. Die eine mischt sich nicht in innere Angelegenheiten der anderen ein, sondern hält sich an das Abkommen. Doch in unserem Fall wurde der Chief aufgrund des Indian Acts beinahe zum Repräsentanten der Krone. Er verwaltet die Verpflichtungen, welche die Krone gegenüber seinen Leuten vertraglich eingegangen ist. Das ist aber ein Missverhältnis. Es widerspiegelt das koloniale System, das mit dem Indian Act implementiert wurde.«[650]

Stan Beardy, Chief aus Muskrat Dam sowie ehemaliger Grand Chief der NAN und Regional Chief von Ontario, erachtete die Übertragung kolonialer Verhaltensmuster auf indianische Individuen ebenfalls als nicht zu unterschätzenden Faktor für innerindianische Differenzen: »Wenn man kolonialisiert ist, läuft man oft in Gefahr, selbst wie ein Kolonisator zu denken. Wenn man zudem nie gelernt hat, kritisch zu denken, und keine Bildung besitzt, kann man rasch von Außenstehenden, besonders von den Kolonisatoren, beeinflusst werden. Dann beginnt man unmerklich die gleichen Taktiken gegenüber seinen eigenen Leuten anzuwenden. Dieses Muster war bereits in den Residential Schools verbreitet. Schüler, die misshandelt wurden, begannen wiederum selbst jüngere Schüler zu tyrannisieren. In Kanada haben wir viele Indigene, die in der Residential School waren und nun offensichtlich gegen den

Staat ankämpfen. Doch hinter verschlossenen Türen einigen sie sich mit den Beamten. Das ist ein Verhaltensmuster, das von der speziellen Erziehung in den Residential Schools herkommt und mit einer bestimmten Überlebenstechnik zusammenhängt.«[651]

Die Chiefs befinden sich also oftmals in der misslichen Lage, ungewollt Handlanger des Staats zu sein und gleichzeitig für die Unabhängigkeit sowie die Anliegen ihrer Gemeinde zu kämpfen. Doch da ihnen durch zahlreiche Richtlinien die Hände gebunden sind, verändert sich meist nicht viel in den Reservaten. Einige Chiefs, mit denen ich sprach, bezeichneten sich selbst nicht als Anführer, sondern als Verwalter eines Armenhauses. Man könne für die Menschen nur in ganz kleinen Schritten etwas unternehmen und dies sei frustrierend. Gemäß Adam Fiddler und anderer Chiefs liegt das Hauptproblem darin, dass die Treaties nie so umgesetzt wurden, wie sie von den damals unterzeichnenden Elders verstanden worden waren. In ihrem Verständnis müsste Kanada für die Nutzung des indigenen Lands eine Art Miete bezahlen. Wie die Indigenen dieses Geld verwenden, sei letztlich ihre eigene Angelegenheit. Dazu meinte Adam: »Außenstehende sehen dies jedoch nicht. Die sehen nur: ›Oh, meine Steuergelder fließen in deren Misswirtschaft und sie geben sie unkontrolliert aus.‹ Aber so funktioniert das nicht. Wenn ich für ein Haus Miete bezahle und der Vermieter möchte mit diesem Geld ein schickes Auto kaufen, dann geht mich das nichts an. Das ist seine Sache.«[652]

Joe Crow, der bis 2016 Chief in Fort Severn war, schilderte die Frustration, die er bei der Ausübung seines Amts erlebte: »Wir leben in Drittweltverhältnissen und das hat mich die meiste Zeit beschäftigt. Oft kamen Leute in mein Büro, weil sie in einer Notlage waren. Dann habe ich der Regierung Vorschläge geschickt und Dinge beantragt, was ich für meine Leute brauche. Manchmal wurden sie zurückgewiesen. Zu hören, dass ich nicht dasjenige für meine Leute bekomme, was sie benötigten, war das Härteste für mich. Doch das ist das Los eines indigenen Anführers. Sogar wenn du beweisen willst, dass die meisten Leute in überfüllten Häusern leben, kommst du damit nicht durch. Das sollte nicht so sein und es ist gesundheitsschädigend. Bis heute ist dies so, nicht nur in unserer Gemeinde, auch andere First Nations haben dasselbe Problem.«[653]

Auch Paul Burke, Joes Nachfolger als Chief, kämpfte mit ähnlichen Problemen: »Als ich für das Amt des Chiefs kandidierte, führte ich eine Kampagne. Ich schrieb den Gemeindemitgliedern einen Brief, in dem ich darlegte, was ich machen will und für was ich einstehe. Wichtig waren mir Gleichberechtigung und Fairness. Doch ich war naiv. Denn ich wusste nicht, wie der Staat arbeitet. Ich dachte, ein Haus für die Gemeinde zu bauen ist so einfach, wie einen Brief zu schreiben. Doch dann erhielten wir keine Gelder dafür. Ich hatte meine Pläne im letzten Jahr aufgrund unserer Bedürfnisse gemacht. Doch als mein erster Antrag abgelehnt wurde, konnte ich alle meine großen Pläne, die ich in den kommenden Jahren umsetzen wollte, begraben. In den vergangenen Monaten musste ich alles überdenken. Aber die wichtigste Nachricht, die ich aussenden wollte, war, dass wir arbeiten wollen! Die Mainstreamgesellschaft schaut auf die indigenen Leute, als würden sie mit ausgestreckten Händen dasitzen und darauf warten, bis ihnen jemand etwas gibt, ohne dafür etwas zu tun. Aber es gibt Leute, die wollen auf ihren eigenen Füßen stehen. Einmal konnte ich mit sechs anderen Chiefs die Ministerin für indianische Angelegenheiten treffen. Jeder sagte ihr: ›Wir brauchen Häuser. Auch benötigen wir dies und das.‹ Und ich erinnere mich, dass die Ministerin nicht einmal ihr Notizbuch öffnete, um etwas zu notieren. Nicht ein einziges Mal! Als ich an der Reihe war, sagte ich zu ihr: ›Sie wissen, dass ich Häuser brauche. Sie wissen, dass wir soziale Probleme haben, um die ich mich in der Gemeinde kümmern muss. Doch ich brauche finanzielle Mittel, damit ich die Geschäfte beginnen kann, damit ich mehr Häuser bauen kann, damit ich einen Plan machen kann. Es geht nicht darum, jemandem einen Brief zu schreiben und dann auf dessen Entscheidung zu warten. Ich will, dass wir unser Schicksal selbst in die Hände nehmen können.‹«[654]

In Gesprächen mit Reservatsbewohnern wurde hie und da bemängelt, dass die Chiefs oft ortsabwesend seien und dann in Städten wie Thunder Bay, Toronto oder Ottawa nicht nur Meetings abhielten, sondern auch in schicken Hotels nächtigten und Partys feiern würden, während es den Leuten zu Hause schlecht gehe. Gewiss kann es sein, dass sich ein Chief nach langen Verhandlungen einen Feierabenddrink gönnt. In der Regel, so wenigstens meine Beobachtungen, arbeiten sie aber oftmals bis spät in die Nacht, und zwar meist sieben Tage die Woche. Zudem gehört es zu ihrer Aufgabe, sich mit anderen indigenen Vertretern zu treffen, um gemeinsam nach Lösungen zu suchen, Vorstöße einzubringen oder bei den Behörden auf aktuelle Probleme hinzuweisen. Andrew Solomon, Chief aus Fort Albany, brachte es auf den Punkt: »Es geht nicht nur darum, die Zustände in unserer Gemeinde zu verbessern. Man muss sich auch für die ganze Region engagieren und mit den benachbarten First Nations zusammenarbeiten. Auch müssen wir das Reservat verlassen, um draußen zu lobbyieren und die Gemeinde rechtlich bei der Provinz und dem Bundesstaat zu vertreten. Das ist eine große Aufgabe und Verantwortung. Eine der größten Schattenseiten, Chief zu sein, ist es, gegen die sozialen Probleme anzukämpfen. Damit sind auch die anderen First Nations konfrontiert. Doch wenn die Leute zusammenkommen, dann wird es der Gemeinde besser gehen. Denn je öfter sie sich den sozialen Problemen annehmen, desto eher können Lösungen gefunden werden. Das ist für alle hilfreich.«[655]

Trotz der vielen Meetings, die die Chiefs besuchen müssen, sind sie mehrheitlich in der Gemeinde und kümmern sich persönlich um ihre Leute, was deren Erwartungshaltung entspricht. Denn diese sehen den Chief meist weiterhin in seiner traditionellen Führungsrolle und lassen außer Acht, dass er vor allem mit administrativen Aufgaben eingedeckt ist. »Früher, ja, da kümmerten sich der Chief und die Gemeinderäte um die Leute«, meinte James Cutfeet, der einmal Chief von KI war. »Wenn Pläne entworfen oder Probleme angegangen wurden, machten sie keine Notizen. Sie packten die Sachen einfach an. Sie arbeiteten mit ihren Händen oder hatten Leute, die ihnen folgten und die Arbeiten ausführten. Heute ist es anders. Der Chief kann nicht mehr überall hingehen, auch wenn es die Leute nach wie vor erwarten und ich es ab und zu immer noch mache. Doch eigentlich geht es um Verwaltungsangelegenheiten, also Briefe schreiben und Verhandlungen führen. Die Arbeit der Chiefs ist zunehmend extern. Es geht darum, sich mit Staatsbeamten zu treffen und mit indigenen Organisationen, zu denen wir gehören, zu arbeiten. Und dann müssen wir die Informationen zurück zur Gemeinde bringen. Aber wenn die Leute eine verstopfte Toilette oder ein Problem mit ihrer Wasserleitung haben oder ihnen das Holz ausgeht oder der Strom in ihrem Haus ausfällt, wen rufen sie dann zuerst an? Den Chief! Die Leute haben diesen Wandel noch nicht realisiert. Auch hängen sie noch zu sehr an der mündlichen Tradition und es fällt ihnen schwer, etwas schriftlich festzuhalten. Dies gilt auch für die Gemeinderäte. Immer wollen sie noch etwas regeln oder mündliche Entscheide fällen, ohne etwas niederzuschreiben.«[656]

Paul Burke, der Chief aus Fort Severn, machte ähnliche Erfahrungen: »Es gibt Leute in der Gemeinde, die wenden sich andauernd an mich, damit ich ihre persönlichen Probleme löse. Beispielsweise wenn ein Mann und eine Frau eine Beziehungskrise haben und sich darüber streiten, wer aus dem gemeinsamen Haus ausziehen muss. Dann ruft nicht selten jemand der beiden den Chief und sagt: ›Hey, hilf mir raus! Ich brauche einen Ort, wo ich wohnen kann.‹ Es scheint dann so, als wollten sie nicht mehr selbst für ihre Handlungen verantwortlich sein, sondern schieben das Problem auf den Chief ab, der sich darum kümmern sollte, so wie dies früher einmal der Fall war. Aber ich kann das nicht mehr alles allein machen und muss dann sagen: ›Du wusstest, was dich erwartet, als du diese Entscheidung getroffen hast. Du musst dich da selbst rausholen. Schiebe deine Probleme also nicht auf mich ab!‹ Aber das ist natürlich nicht immer der Fall. Manchmal stecken Leute wirklich in der Klemme, denn die Wohnungslage ist katastrophal, die Häuser sind überbelegt!«[657]

Die Chiefs sind besonders in Krisensituationen stark gefordert und nehmen dann selbstverständlich ihre traditionelle Rolle als Führungsperson einer Großfamilie ein. Wenn beispielsweise jemand in der Gemeinde stirbt, kümmern sie sich um die Trauernden, regeln viele Angelegenheiten und spenden Trost. Besonders belastend ist es jeweils bei einem Selbstmord. Auch die Notlage der Menschen, deren Gesundheit wegen Schimmelbefall in den Häusern ernsthaft gefährdet ist, macht den Chiefs zu schaffen. Paul Burke meinte dazu: »Es kann vorkommen, dass wir pro Woche zweimal von derselben Person angerufen werden und diese sagt: ›Ich muss meine Familie in Sicherheit bringen. Es hat Schimmel im Haus. Ich habe sieben Kinder.‹ Und ich kann nichts machen. Was soll ich denn machen? Ich kann nicht, weißt du. Auch der letzte Todesfall in unserer Gemeinde setzte mir stark zu. Ich konnte mit niemandem darüber reden. Denn das ist Privatleben anderer Leute und darüber muss ich schweigen. Das ist die Bürde, die ich trage. Weißt du, was ich meine? Es ist meine Bürde. Und das ist etwas, was ich auf mich nahm, als ich zu diesem Amt Ja sagte. Ich muss es still annehmen und für die betroffenen Leute da sein. Ich muss mein Bestes geben, um alles so gut wie möglich zu regeln. Und ich will das wirklich. Ich arbeite hart daran. Aber gleichzeitig sind es über 20 Angelegenheiten, um die ich mich kümmern soll. Ich versuche, diesen Schlamassel mit den Häusern in Ordnung zu bringen, ich versuche, mehr Arbeitsplätze zu schaffen, ich muss mich um soziale Angelegenheiten kümmern. Manchmal … manchmal fühle ich mich sehr allein, obwohl ich vier Ratsmitglieder bei mir habe. Das ist echt hart. Und wenn Sachen entgleiten, dann liegt das daran, dass ich nicht an allen Ecken und Enden gleichzeitig wirken kann.«[658]

Die Chiefs, die ich im nördlichen Ontario persönlich kennenlernen durfte, haben mich sehr beeindruckt. Sie engagierten sich mit vollem Einsatz für ihre jeweilige First Nation und schienen rund um die Uhr für die Anliegen ihrer Leute da zu sein. Zudem traten sie bescheiden auf. Das Bild vom korrupten Chief, das teilweise im nicht-indigenen Kanada existiert, kann ich nicht bestätigen. Es mag sein, dass manche aufgrund traditioneller Erwartungen in einigen Fällen ihre Familienmitglieder offensichtlich bevorzugen. Man muss jedoch auch berücksichtigen, dass die meisten Leute in einer First Nation auf irgendeine Art und Weise miteinander verwandt sind. Wenn sich Reservate verschulden, liegt dies meist an einer notorischen Unterfinanzierung. Außerdem sind nicht alle Chiefs genügend ausgebildet, um eine Gemeindeverwaltung zu leiten. Es ist ein Grundproblem in allen Reservaten, dass der Stand betreffend westlicher Bildung sehr tief ist. Indigene Ärzte, Juristen, Wissenschaftler oder Wirtschaftsprüfer sind im Norden rar. Doch zunehmend stellen sich auch bestens qualifizierte Chiefs ihren Gemeinden zur Verfügung. Als Beispiel kann Stan Beardy genannt werden. Eigentlich wollte er seine jahrzehntelange politische Karriere beenden und sich nach einer Amtszeit als Regional Chief von Ontario zur Ruhe setzen. Als jedoch Muskrat Dam, seine Heimatgemeinde, in finanzielle Schieflage geriet und die Elders ihn riefen, ließ er sich zum Chief wählen, um wieder alles ins Lot zu bringen.

Da ich mit den Chiefs, die ich besuchte, engen Kontakt hatte, sah ich vor Ort aus nächster Nähe, mit was sie sich gerade beschäftigten. Paul Burke beispielsweise war immer der Letzte, der das Band Office verließ. Daneben kümmerte er sich um Elders, begleitete Jugendliche mit Suchtproblemen in den Süden zur Therapie, stieg bei jemandem aufs Hausdach, um es abzudichten, führte Verhandlungen mit Unternehmen, um Arbeitsplätze zu schaffen, und sorgte sich in seiner bereits begrenzten Freizeit noch um mich, seinen Schweizer Gast. Er besorgte mir sogar Gummistiefel, weil ich vor meiner Abreise keine Ahnung von der Bodenbeschaffenheit im Sumpfland an der Hudson Bay gehabt hatte und mit meinen Halbschuhen im Morast stecken geblieben wäre. Auch nahm er mich abends oder am Wochenende zu Ausflügen aufs Land hinaus, zeigte mir Jagdtechniken und brachte mir traditionelle Nahrung, wie etwa frisch zubereitetes Karibufleisch, vorbei.

Solche Bescheidenheit und Hilfsbereitschaft erlebte ich auch bei den Chiefs anderer First Nations. Donny Morris lud mich beispielsweise eines Abends zu sich nach Hause ein. Obschon er 22 Jahre lang Chief von KI war und seit 2017 erneut im Amt ist, lebte er in äußerst einfachen Verhältnissen. Er bewohnte lediglich eine kleine Hütte ohne Strom und fließend Wasser. Es sei jedoch ein Privileg, an diesem Ort gleich am Seeufer zu sein. Das Land gebe ihm alles, was er brauche: Wasser, Fische, Holz. Auch Alvin Fiddler, Grand Chief der Nishnawbe Aski Nation (NAN), der 49 Reservaten im nördlichen Ontario vorsteht, zeigte mir durch seine Art und Weise, was es bedeutet, ein indigener Anführer zu sein. 2017 organisierte die NAN an einem heißen Junitag gemeinsam mit dem Shelter House in Thunder Bay eine Benefizveranstaltung. Dabei wurden für das Mittagessen Hamburger gegrillt, die man für eine Spende erhielt. Der Erlös kam Obdachlosen zugute. Schon bald bildete sich vor dem Grill eine lange Warteschlange. Als Alvin sah, dass die Leute schwitzend der prallen Mittagssonne ausgesetzt waren, schulterte er ein großes Paket Trinkwasserflaschen und gab sie an die Wartenden aus. Auch half er überall aus, wo es nötig war; sei es am Grill, beim Abräumen der Tische oder beim Entsorgen der Abfallsäcke.

Ich erwähne diese Beispiele nicht, weil es sich um Einzelfälle handelt, sondern weil ich dies bei meinen Begegnungen mit indigenen Chiefs immer wieder aufs Neue erlebt habe. Auch wenn ich in den Reservaten, die ich besuchte, lediglich männliche Anführer traf, gibt es in anderen Gemeinden auch Frauen, die dieses Amt ausüben. So befand sich etwa Theresa Spence als damalige Chief von Attawapiskat von Dezember 2012 bis Januar 2013 in einem sechswöchigen Hungerstreik in einem Tipi unmittelbar bei Parliament Hill in Ottawa. Mit ihrer Aktion machte sie kanadaweit und über die Landesgrenzen hinaus auf die unhaltbaren Zustände in den First-Nation-Gemeinden und auf die Diskriminierung der indigenen Gesellschaft aufmerksam.[659] Ein weiteres Beispiel ist Rose-Anne Archibald, die zuvor Chief ihrer Gemeinde Taykwa Tagamou und auch einmal Deputy Grand Chief der NAN war. Sie wurde im Juli 2018 als erste Frau zur Regional Chief von Ontario gewählt und vertritt die politischen Anliegen aller 133 First Nations dieser Provinz.[660]

In einem Reservat stand mir jemand als Dolmetscher zur Verfügung und nahm sich viel Zeit für mich, um mir seine Kultur näherzubringen. Er möchte nicht, dass ich ihn in diesem Zusammenhang namentlich erwähne, doch sein Beispiel ist es wert, erzählt zu werden. Als er schließlich für das Amt des Chiefs kandidierte, hatte ich vor, ihm für seinen Wahlkampf ein paar Dollar zu spenden, weil er so viel für mich getan hatte und sich nicht dafür entschädigen lassen wollte. Er hätte das bisschen Geld gewiss für den Druck von Flyern und Wahlplakaten gebrauchen oder es für das von ihm organsierte Wahlessen verwenden können. Auch dachte ich, es sei wohl wie in der Schweiz üblich, dass man Kandidierende finanziell unterstützen darf. Als ich ihm das Geld entgegenhielt, lehnte er dankend ab und sagte: »Nein, hier läuft das anders als im Süden unten. Weißt du, hier oben nehmen wir keine Gelder für den Wahlkampf. Aber wenn du etwas für mich tun willst, dann lege doch einfach am Wahltag etwas Tabak an einem schönen Fleckchen Erde nieder und denke an mich!« Das habe ich getan. Kurz nach der Wahl schrieb er mir: »Es hat geklappt. Ich bin der neue Chief.«

Das harte Leben im Reservat

»Die Chiefs müssen sich stets mit Bürokraten herumschlagen, doch die Gemeinden verharren in Armut. Da stehen wir. Deshalb gehen auch die Selbstmordversuche weiter. Die heutigen Jugendlichen suchen Identität. Aber sie stecken in einer Krise. Denn sie wissen nicht wirklich, wer sie sind. Sie sind von Alkoholismus, Drogen, Armut und Wohnungsnot in den Gemeinden betroffen. Wenn man in einem überbelegten Haus leben muss, hat man keine Zeit für sich selbst. Man kann sich nicht zu einem normalen Jugendlichen entwickeln. Wir müssen uns all dessen annehmen. Wenn wir bloß alle in einem großen Tipi zusammenkommen könnten, um miteinander offen, verbindlich, respektvoll und auf ehrenvolle Art über unsere Probleme zu sprechen! Das wäre ein Anfang, um einen Wandel herbeizuführen. Doch derzeit ringen wir mit uns selbst. Und die Chiefs versuchen hier und in anderen Gemeinden ihr Bestes zu tun. An diesem Punkt stehen wir.«[661] Mit diesen Worten beschrieb Danny Metatawabin aus Attawapiskat die vielen katastrophalen Missstände in den abgelegenen Dörfern und forderte zugleich die konstruktive Zusammenarbeit zwischen Kanada, Ontario und den First Nations.

Im nördlichen Ontario gibt es 30 Reservatssiedlungen, die nur per Kleinflugzeug oder während weniger Winterwochen auf einer Eisstraße erreichbar sind. Diese abgelegenen Gemeinden befinden sich alle nördlich des 50. Breitengrads und liegen an einem See oder Fluss mitten in einem der größten Feuchtgebiete der Erde. Die Cree leben in der Nähe der Hudson und James Bay in Ortschaften wie Fort Severn, Peawanuck, Attawapiskat, Kashechewan, Fort Albany und Moose Factory. Die Oji-Cree, die sich teilweise auch als Cree bezeichnen, und die Ojibwe haben sich weiter im Landesinnern in Reservaten wie unter anderem Pikangikum, Sandy Lake, KI oder Eabametoong angesiedelt. In der Regel stehen die Dörfer dort, wo sich seit Menschengedenken Indigene jeweils im Sommer versammelten und später die europäischen Handelsposten entstanden. Wenn es in einigen Siedlungen zu eng wurde und Spannungen auftauchten, zogen gelegentlich einige Familien weg und errichteten auf ihren traditionellen Traplines weitere Dörfer. Diese blieben aber, solange sie vom Staat keinen offiziellen Reservatsstatus erhielten, Satellitengemeinden ihrer Herkunftssiedlungen. KI gilt diesbezüglich als Muttergemeinde für die Ortschaften Wapekeka, Kingfisher Lake, Wunnummin Lake, Sachigo Lake, Bearskin Lake, Kasabonika Lake und Weagamow. Sie wurden alle ab Mitte der 1970er-Jahre durch den Erhalt eines eigenen Reservatsstatus selbstständig.[662] Von Bearskin Lake zogen schließlich 1966 fünf Familien nach Muskrat Dam und bauten dort ein Dorf auf, das zehn Jahre später ebenfalls zu einem staatlich anerkannten Reservat wurde.[663]

Auf den ersten Blick gleichen sich die indigenen Siedlungen aufgrund ihrer Infrastruktur, wirken aber bei näherem Hinsehen dennoch unterschiedlich, was mit ihrer Gestaltung, Lage und Größe zu tun hat. Die größten Dörfer, wie Sandy Lake oder Pikangikum, haben über 2500 Einwohner und bestehen aus mehreren Ortsteilen. In kleineren Reservaten wie Muskrat Dam oder Fort Severn leben nur wenige Hundert Menschen. Die genaue Einwohnerzahl lässt sich nie genau eruieren, da viele Mitglieder der abgelegenen First Nations in urbanen Gebieten Kanadas wohnen, aber ab und zu für längere Zeit zu Hause sind. Die Straßen in den Ortschaften sind nicht asphaltiert. Sie sind bei Trockenheit staubig und oft voller Schlaglöcher, was dem rauen Klima geschuldet ist. Bei den meisten Häusern handelt es sich um einheitliche Elementbauten, die in Einzelteilen mit Trucks auf der Winterstraße angeliefert und im Reservat zusammengesetzt werden. Sie sind oft rasch sanierungsbedürftig, weil sie den extremen Witterungsbedingungen nicht allzu lange standhalten. Manchmal sinken sie in den weichen Boden ein und geraten in Schieflage. Neben vielen Häusern stehen große Tipis, in denen Wildfleisch und Fisch nach alter Überlieferung über einer Feuerstelle zubereitet oder konserviert wird. Jede First Nation hat ein Band Office.

Es entspricht einem Gemeinde- oder Rathaus und beinhaltet die Büros des Chiefs, des Deputy Chief, der Councilors und der Verwaltungsangestellten. Zudem prägt mindestens eine Kirche das Ortsbild. Die Siedlungen besitzen auch eigene Schulen. In den kleineren und mittleren gibt es jedoch nur jeweils eine für die Primarstufe und die Kinder müssen in Hunderte Kilometer entfernten Städten wie Sioux Lookout, Thunder Bay, Timmins oder North Bay die Highschool besuchen. Schließlich stehen in den meisten Reservatssiedlungen noch ein Polizeiposten, ein Mehrzweckgebäude, ein Pflegeheim beziehungsweise eine Krankenstation und eine große Sporthalle, in der während der kalten Jahreszeit Eishockey gespielt wird.

Im Zentrum der Reservatssiedlungen befindet sich meist der ›Northern‹. Das ist ein Supermarkt, der zur North West Company gehört. Diese geht auf die gleichnamige Handelsgesellschaft zurück, die 1821 mit der Hudson's Bay Company fusionierte. Danach wurde sie als Pelzhandelsabteilung und später als Ladenkette der neuen HBC weitergeführt. 1987 übernahmen Investoren die Läden, die drei Jahre später auf den historischen Namen zurückgriffen. Seither betreibt das Unternehmen unter anderem über 120 Geschäfte im nördlichen, hauptsächlich indigenen Kanada.[664] Einige First Nations monierten, dass sich die North West Company aufgrund ihrer Monopolstellung an ihnen bereichere. Sie boykottierten den Northern und eröffneten eigene Geschäfte. In KI wurde beispielsweise 1996 der Manager der North West Company ausgewiesen. Die Gemeinde betreibt seither mit Erfolg eigene Einkaufsläden. Der leer stehende Northern brannte später nieder, doch das Unternehmen besitzt weiterhin das brachliegende Areal. Daher kann es KI seit 20 Jahren nicht nutzen, um neue Gebäude zu errichten.[665]

In den meisten Reservaten versuchen auch ein paar kleine von Familien betriebene Läden mitzumischen. Diese bieten jedoch lediglich Snacks und Süßgetränke an und stellen keine wirkliche Konkurrenz für die North West Company dar. Speiselokale, die in großen Bauwagen untergebracht oder im Northern integriert sind, gibt es in allen größeren und mittleren Dörfern wie etwa KI, Sandy Lake, Attawapiskat oder Fort Albany. Es handelt sich dabei jedoch lediglich um Imbissbuden, die Burger, Fritten und Pizzas anbieten. Mitunter wird auch Suppe serviert, aber gesund und abwechslungsreich ist das Essen nicht.

Der Manager des Northern ist in der Regel ein nicht-indigener Mann, der in der Gemeinde wohnt. Beim Personal handelt es sich um Indigene aus dem Reservat. Der Laden bietet Haushaltsgeräte, Kleider, Nahrungs- und Arzneimittel an. Das Sortiment entspricht etwa jenem eines mittleren Supermarkts im Süden Ontarios. Da die Ware mit Transportflugzeugen geliefert wird, sind die Preise um ein Mehrfaches höher. Hinzu kommen die mit der Abgeschiedenheit des kanadischen Nordens verbundenen Mehrkosten für Heizung, Kühlung, Licht und den Unterhalt der Ladenlokale. Ich staunte jedenfalls nicht schlecht, als ich in Fort Severn an der Hudson Bay erstmals in einem Northern einkaufte. Nachdem die Kassiererin für die Sachen in meinem halb vollen Einkaufskorb über 100 Dollar verlangte, dachte ich, sie hätte sich vertippt. Ich wollte gleich nachfragen, kam aber nicht dazu, weil sie bereits auf meinen erstaunten Blick reagierte. »Nein, der Betrag stimmt schon«, sagte sie augenzwinkernd und ergänzte: »Willkommen im Norden!«

In Fort Severn kostete 2017 ein Glas Essiggurken etwa zehn Dollar, ein Liter Milch annähernd so viel und eine Flasche Cola sechs Dollar. Frisches Brot gab es nicht. Gemüse und Obst waren rar und besonders teuer. Sich ausgewogen zu ernähren, stellt für viele Reservatsbewohner ein echtes Problem dar. Das Einkommen in Form von Sozialhilfe ist knapp und viele greifen daher im Laden zu den billigeren, kalorienreichen und übermäßig fett- und salzhaltigen Fertigprodukten. Einer Studie von 2016 zufolge gibt eine vierköpfige Familie in Fort Albany an der James Bay über die Hälfte ihres mittleren Einkommens für Grundnahrungsmittel aus. Während sie dort pro Monat 1900 Dollar aufwenden muss, würde sie dieselbe Ware in Toronto für lediglich 950 Dollar erhalten.[666]

Der im Vergleich mit der kanadischen Mehrheitsgesellschaft überdurchschnittlich schlechte Gesundheitszustand vieler Cree und Ojibwe lässt sich zu einem Großteil auf die unausgewogene Ernährung zurückführen, zumal traditionelle Lebensmittel wie Fisch und Wildfleisch nicht mehr ausreichend verfügbar sind. Dies hat nicht nur mit dem Wachstum der indigenen Bevölkerung in den Reservaten zu tun, sondern auch mit den von der Provinz Ontario verfügten Jagd- und Fischereibestimmungen.[667] Das Phänomen der Fettleibigkeit aufgrund chronischer Fehlernährung durch Fertigprodukte und Fast Food ist in ganz Nordamerika verbreitet. Davon sind besonders auch indigene Frauen und Mädchen in den abgelegenen Gemeinden betroffen. Hinzu kommt bei den Reservatsbewohnern eine überdurchschnittlich hohe Rate an Krankheiten wie Diabetes, Asthma oder Depression, die teilweise ebenfalls auf die schlechte Ernährung zurückgeht.[668]

In den Reservaten gibt es keinen stationären Arzt oder Zahnarzt. Letzterer kommt nur alle drei Monate und bleibt jeweils eine Woche, um die Patienten zu behandeln. Der Arzt ist im Schnitt einmal monatlich vor Ort. Bei einem medizinischen Notfall wird der Patient je nach Situation zur Klinik im Dorf gebracht und von einer der anwesenden Krankenschwestern betreut. Sie setzt sich telefonisch mit einem Notarzt in Verbindung, der aufgrund ihrer Auskunft entscheidet, ob ein Rettungsflugzeug aufgeboten wird. In Muskrat Dam, das 370 Kilometer nördlich von Sioux Lookout liegt, ist der Arzt im Notfall beispielsweise in fünf Stunden beim Patienten. Bei schlechten Flugbedingungen kann es aber auch dreimal länger dauern.[669] Wenn jemand ernsthaft erkrankt ist, muss er das Reservat verlassen und sich in einer weit entfernten Stadt in Pflege begeben. Besonders für die alten Menschen, die kein Englisch verstehen, ist es jeweils eine Tortur, wie Danny Metatawabin aus Attawapiskat beschrieb: »Ein Elder leidet sehr, wenn er die Gemeinde verlassen muss, um sich im Spital behandeln zu lassen. Er hat Angst und versteht die Sprache dort nicht. Einige unserer Elders sind durch diese Stressfaktoren wohl auf dem Weg ins Spital verstorben.«[670]

Die Cree und Ojibwe fühlen sich auch hinsichtlich der Gesundheitsversorgung oftmals von den Behörden bevormundet. Sie sind vom Staat abhängig und können meist nicht entscheiden, wie und an welchem Ort etwa ein Patient behandelt werden soll. Ein konkretes Beispiel erhielt ich, als ich in Fort Albany ein Gespräch mit Ed Sackaney führen wollte. Er ist der Gesundheitsbeauftragte der First Nation und kümmert sich um das Wohlbefinden der Familien, psychische Krankheitsfälle und Suchtprobleme. 1954 wurde er auf der Trapline am Albany River geboren. Als er erst wenige Jahre alt war, wurde sein Vater vor den Augen seiner Mutter ermordet und er kam auf die St. Anne's Residential School. Später arbeitete er gut 25 Jahre als Dozent für indigene Studien an verschiedenen Universitäten. Mit seiner Frau, die ebenfalls aus Fort Albany stammt, verbrachte er jedes Jahr mehrere Ferienwochen in dieser Gemeinde, bis sich die beiden 2015 endgültig hier niederließen.

Ed, den ich zuvor als freundlich, humorvoll und besonnen erlebt hatte, telefonierte gerade, wie ich von Weitem durch die halb offene Bürotür hörte. Er war ungewöhnlich laut. Dann knallte er den Hörer auf und bat mich herein: »Es ist doch einfach unglaublich, wie die da unten mit uns umgehen! Aber setz dich doch und schalt dein Aufnahmegerät an. Ich kann dir gleich etwas erzählen.« Nachdem mein Gerät an war, schüttelte er nochmals den Kopf und fuhr fort: »Ich habe einen Patienten mit einem akuten Alkoholproblem. Ich sprach mit ihm und er war bereit, sich behandeln zu lassen. Also suchte ich einen geeigneten Therapieort. Dann füllte ich ein Formular aus und meldete ihn im Behandlungszentrum an. Es wurde geprüft und ich erhielt Bescheid, dass sie ihn annehmen. Dann wollte ich für ihn die Reise organisieren. Doch die zuständige Stelle sagte mir soeben, sie benötige zehn Tage, um alles abzuwickeln. Das gibt's doch gar nicht! Zehn Tage warten, wenn einer in der Krise steckt? Der Patient muss doch jetzt gehen und kann nicht noch zehn weitere Tage warten! Seine Situation ist lebensbedrohlich!«[671]

Anschließend erklärte mir Ed, wie gedemütigt er sich fühle, dass er für jeden einzelnen Fall zahlreiche Formulare ausfüllen müsse und man ihm letztlich die Kompetenz abspreche, selbst Entscheidungen zu treffen. Es gebe eine Stelle in Moosonee und eine in Kingston, wo das Spital sei, die wiederum mit Ottawa in Verbindung stünden. Um einen einzelnen Fall abzuwickeln, müsse er jeweils mit mindestens drei Leuten korrespondieren. Manchmal würden seine Anträge abgelehnt, obschon die Patienten gefährdet seien. Er gab dazu ein weiteres Beispiel, bei dem nach langem Hin und Her ein Drogenabhängiger zunächst nicht für eine von ihm vorgeschlagene Therapie zugelassen wurde: »Nachdem ich den Grund wissen wollte, antwortete mir die zuständige Stelle: ›Wir kennen das Behandlungszentrum nicht und können nicht beurteilen, ob es qualifiziert ist.‹ Mann, wurde ich wütend und sagte: ›Ich sende doch niemanden von hier in ein schlechtes Behandlungszentrum! Ich weiß doch, was ich mache!‹ Dann rief ich die Assembly of First Nations an. Denn ich kenne die Leute dort und sprach mit dem Gesundheitsminister. Das war morgens um neun Uhr und um drei Uhr nachmittags erhielt ich bereits einen Anruf aus Ottawa. Man habe den negativen Entscheid wieder rückgängig gemacht und die Behandlung nun bewilligt. Doch warum müssen wir immer durch all dies hindurch? Es gibt Leute in Moosonee und in Kingston, die dafür bezahlt werden! Ich werde mich nun dafür einsetzen, dass wir alles von hier aus erledigen können. Wir sind schlau genug. Wenn jemand ausgeflogen werden muss, dann werden wir dies in die Wege leiten. Wir können das handeln. Wir brauchen dafür nicht jedes Mal in Moosonee, Kingston oder Ottawa um Erlaubnis zu bitten. Unsere Leute werden zweitklassig behandelt. Das ist eine Schande. Das ist doch unmöglich! Was mich noch dazu wütend macht, ist, dass die Leute hier dressiert sind, all dies hinzunehmen.«[672]

Auf meine Nachfrage, woher diese Einstellung komme, führte Ed aus, es habe mit dem kanadischen Kolonialsystem zu tun. Die Menschen seien zu hilflosen Bittstellern geworden und hätten die fremde Autorität während der jahrelangen Unterdrückung schweigend hinzunehmen gelernt. Dazu käme noch ein weiteres Übel: »Wir wurden konditioniert, den Ärzten immer alles zu glauben. Die Leute nehmen die ganze Zeit verschreibungspflichtige Medikamente. Dadurch haben wir in dieser Gemeinde ein riesiges Problem. Die Medikamentensucht hat inzwischen den Drogen- und Alkoholmissbrauch überholt. Sie ist viel gefährlicher. Die Leute denken, da die Medizin vom Arzt komme, sei sie in Ordnung.«[673] Die Tablettensucht ist auch in anderen Reservaten inzwischen zu einem ernsthaften Problem geworden. So meinte etwa Stan Beardy, der Chief von Muskrat Dam: »Wir haben derzeit mit einem erheblichen Missbrauch von rezeptpflichtigen Medikamenten zu kämpfen. Viele unserer Arbeitskräfte sind danach süchtig. Daher können sie nicht arbeiten. Das stellt unsere Gemeinde vor eine echte Herausforderung. Die Medikamente, die im Umlauf sind, beeinträchtigen die Urteilskraft der Leute und verändern ihr ganzes Wesen. Während sie bei gewissen Drogen oder Alkohol zwischendurch wieder nüchtern waren und einer Arbeit nachgehen konnten, brauchen sie nun täglich ihre Dosis.«[674]

Durch die von Kanada vorangetriebene Assimilationspolitik verloren viele Indigene auch den Zugang zu überlieferten Heilmethoden. Staatsbeamte und Missionare untersagten gesundheitsfördernde Zeremonien, erschwerten den Zugang zu Naturheilmitteln und schon bald wurde die indigene Gesundheitsversorgung von der westlichen Schulmedizin dominiert. Diese entsprach jedoch nicht der ganzheitlich ausgerichteten Heilpraxis der Cree und Ojibwe. Auch konnte sie diese nicht ersetzen. Zwar ließen sich damit viele Symptome bekämpfen, aber in einigen Fällen führten Nebenwirkungen und Begleiterscheinungen zu neuen Krankheitsbildern, wie das Beispiel des Medikamentenmissbrauchs zeigt. Im Reservat kann sich zwar jemand, der ein bestimmtes medizinisches Leiden hat, an einen Elder wenden, der nach traditioneller Heilkunst den Patienten als physisches, emotionales, mentales und spirituelles Wesen behandelt. Aber muss er sich in Spitalpflege begeben, hatte er bis vor Kurzem keine Möglichkeit mehr, ergänzend auf indigene Heilmethoden zurückzugreifen. Bereits das spirituelle Räuchern von Salbei oder Süßgras ist in Krankenhäusern, die in sämtlichen Räumen mit Rauchmeldern ausgestattet sind, strengstens verboten.

Verschiedene Studien wiesen jedoch unlängst nach, dass indigene Menschen durch die Ergänzung von traditionellen Behandlungsweisen in Kombination mit der gewohnten, von ihrem Land gewonnenen Nahrung rascher genesen und sich grundsätzlich wohler fühlen. Deshalb und auf Drängen indianischer Organisationen wie der NAN haben in den letzten Jahren einige Krankenhäuser in Ontario, die viele indigene Patienten aufnehmen, entsprechende Einrichtungen aufgebaut. In Sioux Lookout, Sudbury und Thunder Bay stehen den Cree und Ojibwe in bestimmten Spitälern Übersetzer, Elders und indigene Heiler zur Verfügung. Zudem haben sie Zugang zu verschiedenen Zeremonien und Naturmedizin.[675]

Wenn Angehörige aus einem abgelegenen Reservat einen Patienten im Krankenhaus besuchen wollen, stellt dies für sie jedoch eine große Schwierigkeit dar. Zudem können sich viele den teuren Flug nicht leisten. Das Spital in Sioux Lookout sowie jenes in Moosonee liegen zwar relativ nahe und sind per Flugzeug erreichbar. Doch da dort nicht alle medizinischen Eingriffe durchgeführt werden können, werden die Patienten oft in Spitäler in Thunder Bay, Winnipeg oder Kingston verlegt, die jeweils ein paar weitere Hundert Kilometer entfernt sind. Ed Sackanay meinte: »Angenommen, jemand hat eine tödliche Krankheit und liegt im Spital in Kingston. Wenn Angehörige aus Fort Albany ihn besuchen möchten, müssen sie zuerst nach Timmins fliegen. Von dort müssen sie einen Nachtbus nach Toronto nehmen, der für die Strecke etwa zehn Stunden braucht. Dann müssen sie einen weiteren Bus nach Kingston nehmen, der wiederum sieben Stunden braucht. Die Reise dauert also fast 24 Stunden. Hinzu kommen die hohen Kosten, denn diese werden nicht übernommen. Auch werden Übernachtungsmöglichkeiten benötigt. Und schließlich kommt noch der ganze Stress dazu. Daher müssen wir uns fragen: Warum Kingston? Gibt es nicht eine nähere Möglichkeit?«[676]

Jede abgelegene Reservatssiedlung im nördlichen Ontario ist ein eigenes Soziotop, in dem eine Schicksalsgemeinschaft lebt, die mit dem von der Residential School und der kolonialen Unterdrückungspolitik verursachten generationsübergreifenden Trauma konfrontiert ist. Regelmäßig werden die Dörfer von tragischen Ereignissen heimgesucht, während deren Aufarbeitung sich nicht selten schon das nächste Unglück anbahnt. Manchmal macht es den Anschein, als wechselten sich Drogenepidemien, Suizidkrisen und Umweltkatastrophen wie

Überschwemmungen oder Waldbrände, die eine Evakuierung ganzer Gemeinden notwendig machen, andauernd ab. In solchen Fällen werden die Reservatsbewohner zwar für kurze Zeit von Care-Teams betreut. Aber spätestens nach ein paar wenigen Wochen sind sie wieder auf sich allein gestellt. Ein psychologischer Dienst fehlt genauso im Ort wie ein ständig anwesender Arzt. Für die meisten nicht-indigenen Kanadier ist das kollektive Leid, das die First Nations in den abgelegenen Reservaten ständig ereilt, schlichtweg unvorstellbar.

Kashechewan an der James Bay wurde, wie andere Reservate auch, in den letzten 20 Jahren gleich von mehreren Krisen heimgesucht. 2005 steckten sich einige Hundert Cree durch verseuchtes Trinkwasser mit Kolibakterien an. Die kanadische Regierung ließ darauf alle Erkrankten zur Behandlung ausfliegen.[677] Seither hat sich betreffend der Trinkwassersituation im nördlichen Ontario trotz diverser Versprechen seitens der Behörden nicht viel geändert. Nach wie vor muss das Wasser in den meisten Reservaten abgekocht werden, wie ich bei meinen Besuchen feststellte. Dies mutet ironisch an, liegen doch die Indianersiedlungen im nördlichen Ontario mit seinen über 200 000 Seen in einem der süßwasserreichsten Gebiete der Erde. Doch anscheinend schaffen es die kanadischen Behörden nicht, sichere Wasseraufbereitungsanlagen installieren zu lassen.

Als Justin Trudeau im Januar 2018 in die Ojibwe-Gemeinde Pikangikum kam und somit als erster amtierender Premierminister überhaupt ein isoliertes Reservat besuchte, wurde er von einer Schülerin auf die Trinkwasserproblematik angesprochen. Zuversichtlich antwortete er: »Wir wissen, dass es viel zu viele Gemeinden im ganzen Land gibt, die tatsächlich kein Trinkwasser haben. Die müssen auf in Flaschen abgefülltes Wasser zurückgreifen oder ihr eigenes Wasser abkochen. Für uns ist das nicht akzeptabel. (...). Kanadier in diesem Land haben uns beauftragt, sicherzustellen, dass alle indigenen Gemeinden Zugang zu frischem Trinkwasser haben. Und wir sind auf Kurs, dies in den fünf Jahren zu realisieren, für die wir uns verpflichtet haben, es zu machen. Ich würde es gerne schneller abwickeln, aber es gibt viele Investitionen in die Infrastrukturen, viele Dinge, die geändert werden müssen, um dahin zu kommen. Aber wir sind uns bewusst, dass der Zugang zu Trinkwasser allein nicht genügt. Der nächste Schritt wird sein, sicherzustellen, dass ihr in so vielen Häusern wie nur möglich Trinkwasser habt, damit euer Alltag leichter wird, und dass ihr eine ähnliche Lebensqualität habt wie die Menschen in allen anderen Teilen dieses Landes.«[678] Obschon seiner Aussage Beifall gezollt wurde, vermochte Trudeau damit nicht alle zu überzeugen. Denn wenig später wollte es eine weitere Schülerin noch genauer wissen. Der Premierminister verwies nun darauf, dass er und seine Regierung entschlossen seien, bis im März 2021 die Trinkwasserproblematik in allen Reservaten in den Griff zu bekommen. Ob dies zutrifft, wird sich weisen. Wenn nicht, hat es sich einfach um ein weiteres von zahlreichen Versprechen gehandelt, die den Indigenen von der Regierung gegeben, aber nicht eingehalten wurden.

Kaum waren die durch die Trinkwasserkrise von 2005 erkrankten Cree aus Kashechewan wieder zu Hause, erschütterte ein weiteres Ereignis die Gemeinde. Anfang Januar 2006 kamen zwei junge Männer, die wegen eines Vergehens über Nacht in einer Zelle auf der Polizeiwache inhaftiert waren, ums Leben. Das wegen Unterfinanzierung nur provisorisch ausgestattete hüttenähnliche Gebäude war in Brand geraten. Der diensthabende Polizist versuchte verzweifelt, das Vorhängeschloss zu öffnen, um die beiden Insassen zu befreien, und erlitt dabei schwere Verbrennungen. Gemäß Untersuchungsbericht könnten die Männer noch leben, wenn im Raum eine Sprinkleranlage installiert gewesen wäre, wie dies in allen öffentlichen Gebäuden in Ontario Vorschrift ist. Nur drei Monate später kam es zur nächsten Tragödie. In einem mit 21 Personen überbelegten Haus brach ein Feuer aus. Die Bewohner konnten sich zwar in Sicherheit bringen, aber ein vierjähriges Mädchen wurde bei der panikartigen Flucht vergessen und kam in den Flammen um.[679] Schlechte Infrastruktur und mangelnde Feuerprävention fordern in den Reservaten im nördlichen Ontario leider immer wieder Menschenleben. 2016 starben bei einem Hausbrand in Pikangikum neun Personen, darunter drei Kinder. Drei Jahre später kam in KI eine Mutter mit ihren vier Kindern ums Leben, nachdem in ihrem Haus an einem frühen Morgen ein Feuer ausgebrochen war.[680] Da ich einige Menschen aus KI kenne, habe ich die tiefe Trauer, die die Gemeinde nach dem Unglück durchmachte, direkt erlebt. Es war herzzerreißend. Die Menschen in einem abgelegenen Reservat bilden jeweils eine Großfamilie. Da die meisten miteinander verwandt sind, hatten sie auch eine persönliche Beziehung zu den Opfern.

Kashechewan sollte nach den beiden Bränden im ersten Jahresviertel von 2006 nicht zur Ruhe kommen. Keine zehn Tage nach der Beerdigung des vierjährigen Mädchens wurde die Siedlung im April von einer Flut heimgesucht. Sie setzte auch den Friedhof unter Wasser und spülte die gerade erst niedergelegten Blumen auf dem frischen Kindergrab weg. Die Einwohner wurden erneut in südlich gelegene Ortschaften ausgeflogen und in Notunterkünften einquartiert. Das Dorf liegt an einer neuralgischen Stelle am Albany River, dessen Wasserstand jeweils nach jeder Eisschmelze im Frühjahr bedrohlich ansteigt. Die Elders hätten die Siedlung nie an diesem Ort errichtet, aber die Behörden ließen ihnen keine andere Wahl, nachdem der Old Post 1957, ebenfalls nach einer Überschwemmung, aufgegeben wurde. Das erste Mal musste die gesamte Gemeinde bereits 1976 evakuiert werden. Mitte der 1980er-Jahre wurde nach einer erneuten Evakuierung ein Deich gebaut. Nach der verheerenden Flut von 2006 versprach der damalige Minister für Indianerangelegenheiten, Jim Prentice, in den kommenden fünf bis sieben Jahren 209 Millionen Dollar für die Sanierung des Damms zur Verfügung zu stellen und gleichzeitig die Lebensqualität in der Gemeinde zu verbessern. Doch dieses Versprechen wurde genauso wenig eingehalten wie die Zusage, die Siedlung 30 Kilometer flussaufwärts auf höheren Grund zu verlegen. Seither kam es praktisch jedes folgende Jahr zu Evakuierungen, von denen jede einzelne zwischen 20 bis 40 Millionen Dollar kostete.[681]

2019 wurde Kashechewan letztmals überflutet und die Einwohner wurden ausgeflogen. Ende April fuhren Mitglieder der First Nation von ihren Notunterkünften in Timmins und umliegenden Gemeinden mit vier Bussen zuerst nach Toronto und dann nach Ottawa, um mit einer Protestaktion auf ihre Situation aufmerksam zu machen. 2017 war es zwar zu einem Abkommen zur Verlegung der Gemeinde auf höheren Grund gekommen, das von der First Nation, der NAN, Ontario und Kanada unterzeichnet worden war. Doch bislang sind keine wesentlichen Schritte eingeleitet worden. Tyson Wesley aus Kashechewan sagte anlässlich des jüngsten Protests, dass die Gemeinde bei einer kürzlich abgehaltenen Versammlung beschlossen habe, selbst mit den Vorbereitungen der Umsiedlung zu beginnen, egal ob Bundesgelder zur Verfügung stünden oder nicht: »Die Leute sagten, sie seien es leid, ständig evakuiert zu werden, und sie würden ihre Zeit freiwillig zur Verfügung stellen, um mit dem Bau, den Rodungen und was auch immer nötig ist, zu beginnen. Die Leute haben die Nase voll.«[682] Gemeinderat Stephane Friday meinte: »Wir wollen umsiedeln, damit sich unsere Gemeinde und unsere Leute in eine bessere Richtung entwickeln können. Es ist wichtig für unsere Cree-Werte, unsere Cree-Kultur, unsere Cree-Prinzipien. Wir werden unser eigenes Cree-Schicksal schreiben und wir werden nicht zulassen, dass dies eine kanadische Regierung verhindert. Wir wollen keine Evakuation mehr, wir wollen bloß ein Zuhause, in dem wir uns sicher fühlen, um zu leben, und nicht um zu überleben.«[683]

Auch andere Reservate, beispielsweise Attawapiskat und Fort Albany, werden regelmäßig von Überschwemmungen bedroht. Dies liegt daran, dass das Feuchtgebiet beziehungsweise der Mushkeg, wie die Cree es nennen, im Einzugsgebiet der Hudson und James Bay sowie die dort herrschenden klimatischen Extrembedingungen große Herausforderungen für den Siedlungsbau darstellen. Im Mai 1986 wurde das Cree-Dorf Winisk in Küstennähe der Hudson Bay nach der Eisschmelze durch eine reißende Flut mit treibenden Eisschollen komplett zerstört. Die Einwohner wurden vom rasant ansteigenden Wasser überrascht. Sie konnten sich jedoch mit ihren Fischerbooten in Sicherheit bringen und wurden später mit dem Helikopter gerettet. Viele erlitten jedoch Verletzungen und zwei Menschen starben. Die Cree kehrten im Juli zurück und errichteten ihre neue Siedlung etwa 30 Kilometer flussaufwärts auf höherem Grund. Das Dorf erhielt den Namen Peawanuck. Aufgrund seiner besseren Lage bietet es Schutz während der Eisschmelze.[684]

Notstand

Als wären verseuchtes Trinkwasser, Brandopfer, bedrohliche Überflutungen mit aufreibenden Evakuationen nicht bereits genug, stürzte Kashechewan im Januar 2007 in eine Suizidkrise. Auslöser war die Selbsttötung eines Mannes im Alter von 20 Jahren. Darauf versuchten sich weitere 21 junge Menschen das Leben zu nehmen. Darunter war auch ein neunjähriges Kind.[685] Mit dieser traurigen Krise stand die First Nation an der James Bay jedoch nicht allein da. In allen abgelegenen Reservaten im nördlichen Ontario kommt es regelmäßig dazu. Jede indigene Familie hat mindestens ein Selbstmordopfer zu beklagen. Zwischen 1986 und 2018 gab es in den First Nations der NAN gegen 600 Suizidfälle, darunter waren über 70 Kinder im Alter von zehn bis 14 Jahren und über 200 Jugendliche zwischen 15 und 20. Die Selbstmordrate in diesem indigenen Gebiet liegt damit 50-mal höher als im südlichen Ontario und ist weltweit eine der höchsten.[686] Im 2400 Einwohner zählenden Pikangikum brachten sich von 2006 bis 2008 insgesamt 16 junge Menschen im Alter von zehn und 19 Jahren um. Alle hatten sich erhängt.[687] Unlängst sorgte auch Attawapiskat mit einer Suizidkrise für internationale Schlagzeilen. Zwischen September 2015 und April 2016 versuchten gegen 100 Kinder und Jugendliche Selbstmord zu begehen.[688]

Bereits 1996 hielt der Abschlussbericht eines NAN-Jugendforums, bei dem es um das Thema Suizid ging, fest: »Viele junge Nishnawbe-Aski-Menschen ringen mit der Frage, wer sie sind und wo sie hingehören. Durch Medien, dem Besuch städtischer Highschools und Reisen in größere Zentren werden sie mit einem luxuriösen Lebensstil konfrontiert; aber die Lebensbedingungen ihrer eigenen Familien und Gemeinden sind von extremer Armut geprägt. Sie werden ›Indianer‹ genannt, aber sie wissen, dass sie keine ›Indianer‹ sind. Sie wissen, dass ihre Lebensader mit dem Land und seinen Ressourcen verbunden sein sollte. Aber nichts im Mainstream-Bildungssystem oder in den Medien hilft ihnen, diese Verbindung herzustellen. Sie fragen sich, wer sie sind oder warum sie existieren. Die generationsübergreifenden Auswirkungen des in der Residential School erlittenen körperlichen, emotionalen und/oder sexuellen Missbrauchs und der Identitätsverlust führen dazu, dass einige junge Menschen annehmen, es sei besser, diese Welt zu verlassen, als in ihr zu leben. Selbstmord wird zu einer möglichen Alternative, wenn die Aussicht auf Hilfe oder Erleichterung in einem endlosen Kreislauf von Armut und sozialem, rassischem, körperlichem und sexuellem Missbrauch hoffnungslos erscheint.«[689]

Während meiner Recherchen habe ich das unsägliche Leid, das als dunkler Schatten auf den indianischen Gemeinden lastet, die einen jungen Menschen durch Selbstmord verloren haben, hautnah miterlebt. In stiller Anteilnahme muss ich beim Schreiben dieser Zeilen an eine jugendliche Interviewpartnerin denken, die kurz nach und vor unserem Gespräch sowohl ihre beste Freundin wie auch ihre Cousine durch Suizid verloren hat. Auch denke ich an die mir ans Herz gewachsenen Mitglieder einer kleinen First Nation, die im Herbst 2019 einen jungen Familienvater verloren, da er seinem Leben mit dem Gewehr ein Ende gesetzt hatte. Ich sehe Jugendliche vor mir, mit denen ich sprach, deren Arme die Narben von zahlreichen Schnittwunden aufwiesen. Beim Ritzen der Haut wird der seelische Schmerz für einen kurzen Moment auf den Körper abgelenkt und fassbar. Und ich erinnere mich daran, dass ich im Sommer 2017 eine Gemeinde nicht besuchen konnte, weil sich gerade ein zwölfjähriges Mädchen erhängt hatte. Ihre beiden besten Freundinnen waren bereits sechs Monate zuvor auf dieselbe Art aus dem Leben geschieden.

All diese Tragödien machen nicht nur betroffen. Sie machen sprachlos wütend und ratlos traurig. Gewiss, dies war nie die Absicht der Architekten der kanadischen Indianerpolitik. Doch sie nahmen es in Kauf, weil sie den ersten Menschen des Landes, den Nishnawbe Aski, die westliche Lebensweise aufzwingen und sie in ihrer Mehrheitsgesellschaft aufsaugen wollten. Sie erließen in ihrem paternalistischen Zivilisationseifer und unersättlichen Land- und Ressourcenhunger eigene Gesetze. Damit schufen sie für sich die legitime Grundlage, um Kinder ihren Müttern und Vätern zu entreißen. Auch drängten sie sie kontinuierlich vom Land und zwängten sie in Reservatssiedlungen, ohne sich ernsthaft zu bemühen, dass dort ein menschenwürdiges Leben geführt werden konnte. Denn ein indianisches Dorf durfte kein schöner Ort werden, wo man bleiben wollte. Es war vielmehr als ein zeitlich befristetes Durchgangslager angelegt. Innert zwei, drei Generationen sollte sich das ›Indianerproblem‹ biologisch lösen. Dann würden die Jungen in Städte abgewandert und die Alten im Reservat gestorben sein.

Doch darin hatten sich die Beamten, die für ein geregeltes Gehalt am Schreibtisch die Zukunft der Indianer skizzierten, getäuscht. Die Mehrheit der Cree und Ojibwe blieb in den Reservatssiedlungen, weil diese mitten in ihrem traditionellen Land lagen und von dort aus die Traplines ihrer Vorfahren gut erreichbar waren. Ihre Gemeinschaften wuchsen in den letzten Jahrzehnten stark an und die indianische Geburtenrate ist inzwischen etwa viermal so hoch wie jene im nicht-indigenen Kanada. Kinderreiche Familien und Schwangerschaften bei Teenagern kommen besonders in den abgelegenen Dörfern überdurchschnittlich häufig vor. Gemäß der letzten Volkszählung ist das Wachstum der indigenen Bevölkerung von 2006 bis 2016 auf 42,5 Prozent in Kanada und auf 54 Prozent in der Provinz Ontario angestiegen.[690] Diese stetige Bevölkerungszunahme stellt die kanadischen Behörden schon seit Jahren vor große Probleme, von denen das gravierendste die Wohnungsnot ist.

In allen Reservaten, die ich im nördlichen Ontario besuchte, klagten die Chiefs und Councilors über den prekären Häusermangel. Ignace Gull aus Attawapiskat ließ mich wissen: »Was wir am dringendsten für ein qualitativ gutes Leben brauchen, sind Häuser, sauberes Trinkwasser, eine Kanalisation und andere Dinge. Auch benötigen wir mehr Bauland. Wir haben 320 Leute auf einer Liste, die ein neues Zuhause brauchen!

Ihre Wohnungen sind überbelegt. Viele soziale Probleme haben darin ihre Ursache, zum Beispiel der Missbrauch. Niemand hat mehr eine Privatsphäre. Der Staat finanziert die First Nations aufgrund eines jährlichen Budgets. Unsere Gemeinde erhält jedes Jahr eine Million Dollar für den Wohnungsbau. Aber hier kostet ein durchschnittliches Haus mit drei Schlafzimmern, ohne Keller, etwa 380 000 Dollar. Wir können also höchstens drei Häuser pro Jahr errichten und müssen versuchen, andere Wege zu finden, die Leute unterzubringen.«[691]

Sam Fiddler aus Sandy Lake schilderte es ähnlich: »Als unsere Großväter den Treaty Nummer 5 unterschrieben, sagte man ihnen: ›Ihr dürft ein Landstück auswählen. Rodet genug Land für eure Kinder. Dann kommen wir und bauen euch Häuser.‹ Das hat man den Menschen in Sandy Lake vor mehr als 100 Jahren versprochen. Doch wir warten immer noch auf die Häuser. Wir erhalten jedes Jahr Gelder, um etwa fünf Häuser bauen zu können. Aber auf unserer Warteliste stehen 180 Personen. Und es werden jedes Jahr mehr. Wir haben in der Gemeinde eine Wohnungsnot. Dies verursacht soziale Probleme für unsere jungen Leute. Sie brauchen einen Platz, wo sie wohnen können. Stell dir vor, in einem Fall leben sogar 17 Personen unter einem Dach. Ich würde gerne mehr machen, aber ich kann nicht. Die finanziellen Mittel sind begrenzt.«[692] Die Wohnsituation für Indigene ist in ganz Kanada problematisch. Die Versammlung der First Nations (AFN) bezifferte bereits 2005 die Zahl der neu benötigten Häuser auf 80 000. 45 Prozent der indianischen Familien in den Reservaten lebten in qualitativ ungenügenden oder abbruchreifen Bauten. Je höher im Norden, desto schlimmer waren die Bedingungen. Daran hat sich bislang nicht viel geändert. Wenn die hohe Geburtenrate konstant bleibt und der Wohnungsbau nicht vorangetrieben wird, werden bis 2031 geschätzte 130 000 Häuser fehlen.[693]

Zur Wohnungsnot kommt ein anderes Übel, wie Christopher Metatawabin aus Fort Albany festhielt: »Durch die Kondensation am Dach wird die Decke mit Schimmel befallen, und der zieht dann die Wände runter. Zudem werden die Dusche, die Toilette, die Waschmaschine und die Küche undicht. Alles wird undicht und mehr Schimmel breitet sich aus. Dann kriechen Tiere rein. Eichhörnchen und besonders Mäuse.«[694] Lawrence Bluecoat aus Fort Severn hielt den Schimmel für ältere Menschen für äußerst gefährlich: »Unsere Elders sterben aus, und zwar hauptsächlich durch menschengemachte Probleme. Eines davon ist der Schimmel in den Häusern. Ich habe meinen Dad beerdigt, der erst in seinen Sechzigern war. Auch mein Großvater beklagte sich über schwere Atemprobleme. Das kam bestimmt von diesem schwarzen Schimmel, der sich in unseren Häusern ausbreitet.«[695] Tommy Miles aus derselben Gemeinde kritisierte auch die unzulängliche Bauqualität: »Das sind Standardhäuser. Selbst die Fenster sind für ein Klima gemacht, wie es unten in Toronto vorherrscht. Dann hast du sie hier oben. Das funktioniert nicht. Es wird oft bis zu minus 40 Grad, gelegentlich sogar noch viel kälter. Selbst die alte Schule musste wegen Schimmelbefalls geschlossen werden. Wir müssten Häuser haben, die unserem Klima standhalten. Auch die Wasserleitungen gefrieren andauernd und bersten.«[696] Für Joe Crow, den ehemaligen Chief aus Fort Severn, stellte die schlechten Bausubstanz der Reservatshäuser eine offensichtliche Ungerechtigkeit dar: »Heute sehe ich, dass die meisten Leute in überfüllten und verschimmelten Häusern leben. Das sollte nicht so sein, denn ihr Land ist reich. Es gibt viele Ressourcen in diesem Land. Diese weißen Leute, die hierherkamen, haben sie jedoch nur zu ihrem Vorteil genutzt.«[697]

Erdrückend ist in den Reservaten neben der gravierenden Wohnsituation auch die Perspektivlosigkeit. Jobs gibt es nur im Band Office, im Northern, in der Schule, in der Kranken- oder Pflegestation und auf dem Flugplatz, der täglich in Betrieb ist. Die Löhne werden, abgesehen von den Stellen im Dorfladen, vom Staat bezahlt. Die meisten Lehr- und Pflegepersonen sind zudem keine Indigenen, da es für ihre Stellen zu wenige qualifizierte Einheimische gibt. Hinzu kommen einige saisonale Jobmöglichkeiten, wie etwa beim jährlichen Bau der Winterroad. In den meisten abgelegenen indianischen Dörfern im nördlichen Ontario beträgt die Arbeitslosigkeit ungefähr 80 Prozent. Viele Einwohner haben keine wesentliche Aufgabe und leben von der Sozialhilfe. Das psychische Leiden durch Langeweile, kulturelle Entwurzelung und das von den Residential Schools verursachte generationsübergreifende Trauma werden oft mit Drogen und Alkohol betäubt. Zwar sind sie in den Reservaten verboten, doch es gibt genügend Möglichkeiten, sie etwa auf der Winterroad oder beim Flugplatz hereinzuschmuggeln. Alkoholische Getränke lassen sich zudem leicht selbst herstellen.

Auch wenn es in den Reservaten überdurchschnittlich viele Alkoholiker gibt, ist die angebliche und oftmals erwähnte Alkoholintoleranz bei Indianern weder medizinisch ausreichend belegt noch genetisch pauschal nachweisbar. Es handelt sich daher in erster Linie um einen Mythos, der seinen Ursprung im Indian Act hat und der die durch die koloniale Indianerpolitik tatsächlich verursachte Abhängigkeit verschleiert. Durch eine Änderung dieses Gesetzes von 1884 wurde es Indianern verboten, Alkohol zu konsumieren oder Einrichtungen zu betreten, in denen dieser ausgeschenkt wurde. Auch durfte ihnen niemand Spirituosen verkaufen. Sie mussten daher alkoholische Getränke auf dem Schwarzmarkt beziehen und waren gezwungen, sie rasch in Hinterhöfen oder Büschen zu konsumieren, um einer Verhaftung oder Buße zu entgehen. Dadurch wurden sie schneller betrunken.[698] Der ausgeprägte Alkoholismus in der indigenen Gesellschaft mag zwar in bestimmten Fällen auch auf den Mangel genetischer Schutzfaktoren, wie etwa eine zu tiefe Produktion alkoholabbauender Enzyme, zurückzuführen sein. Viel entscheidender dafür ist jedoch dessen Kombination mit weiteren Faktoren. Dabei spielen äußere Einflüsse, wie posttraumatische Belastungsstörungen oder das frühe Alter bei regelmäßigem Konsum, eine bedeutendere Rolle.[699]

Der Suchtbeauftragte von Sandy Lake, Eddie Kakepetum, schilderte mir die Situation, in der sich manche First Nation befindet, entwaffnend offen: »Viele Leute trinken, brennen nachts ihr eigenes Zeugs und Drogendealer verkaufen verschreibungspflichtige Medikamente. Junge Menschen sterben gelegentlich an einer Überdosis. Kinder leiden Hunger, weil ihre Eltern die Unterstützungsgelder für ihre Sucht ausgeben, anstatt für Nahrung und Kleider. Diese Probleme entstehen, weil es hier nichts zu tun gibt. Auch herrscht Wohnungsnot und die Leute sind frustriert. Vielleicht läuft im Leben und mit ihren Familien nicht alles rund. Manchmal geht es darum, etwas vergessen zu können. Damit du vergessen kannst, nimmst du etwas, das dieses zermürbende Gefühl betäubt. Dann sagen dir deine Freunde: ›Komm, probier das mal aus und du wirst dich gut fühlen.‹ Durch den schlechten Einfluss von Freunden wird man rasch abhängig. Selbst Leute, die loskommen wollen, werden unter Druck gesetzt: ›Komm, ich gebe dir diese Pille umsonst. Hier hast du einen Drink, du brauchst ihn nicht zu bezahlen.‹ Das führt dann zu Rückschlägen und man landet wieder in der gleichen Lebenssituation.«[700] Der Gruppendruck in den Reservatssiedlungen, in denen sich alle kennen, meist miteinander verwandt sind und dicht beisammenwohnen, ist stark ausgeprägt. Viele wollen sich auch nicht eingestehen, abhängig zu sein, oder haben Angst, von anderen verspottet zu werden, wie mir eine Cree aus Fort Severn erzählte: »Niemand will wirklich eine Therapie machen. Wenn sich jemand zur Krankenstation begibt, um sich therapieren zu lassen, dann machen die Leute Bemerkungen wie: ›Oh, diese Person wird verrückt, sie braucht ja eine Beratung.‹«[701]

Besonders Kinder, die von ihren drogensüchtigen Eltern nicht mehr beaufsichtigt werden, gelangen oft an verbotene Substanzen oder schnüffeln selber Benzin. Zudem leiden sie unter häufigem Mobbing. Ich habe mit einem 13-jährigen Cree-Mädchen über ihre Erfahrungen gesprochen und sie sagte mir: »In einem Reservat aufzuwachsen ist hart. Viele Kinder werden gemobbt. Denn sie haben weder ein richtiges Zuhause noch intakte Familien. Und dann sind da all die Drogen. Es ging bergab, als der weiße Mann kam und uns Feuerwasser und Drogen brachte. Als ich etwa neun Jahre alt war, habe ich gesehen, wie andere Kinder Drogen nahmen. Auch ich dachte, das sei cool, und begann, Zigaretten zu rauchen. Doch als mich meine Mutter dabei erwischte, kam ich in große Schwierigkeiten. Denn ich hatte nicht darüber nachgedacht. Jetzt weiß ich, dass das nicht gut ist, und ich rauche und trinke nicht mehr. Doch es gibt viele Kids, die das machen. Es ist wirklich traurig. Es bricht mir das Herz, wenn ich Gleichaltrige sehe, die sich damit schädigen. Es gibt Kids, die rauchen Gras oder nehmen Speed. Andere laufen nachts betrunken herum. Die sind in meinem Alter oder jünger, also zwischen zehn und 13. Aber du kannst nicht einfach hingehen und sagen: ›Hör damit auf!‹ Das nützt gar nichts. Auch kannst du ihnen nicht sagen: ›Oh, ihr braucht Hilfe.‹ Denn dann werden sie auf dich losgehen. Was du machen musst, ist ... Das hört sich etwas seltsam an. Aber du hast fast keine Möglichkeit. Denn vielleicht machen sie etwas durch. Und du kannst ihnen nicht wirklich sagen: ›Oh, ihr solltet diese Person aufsuchen oder euch an jene wenden.‹ Du musst ihnen zuhören. Denn das ist es, was sie wollen. So war's bei mir auch. Wenn Leute mir sagten: ›Du sollst dies oder jenes machen!‹ Nicht zwingend, wenn ich etwas Schlechtes gemacht hatte. Aber wenn ich vielleicht traurig war, wenn ich einen Familienangehörigen verloren hatte. Und wenn jemand sagte: ›Ach, das ist doch in Ordnung. Denke einfach nicht zu viel darüber nach.‹ Dann sagte ich: ›Ich will einfach, dass man mir zuhört. Ich bin Leute satt, die mir die ganze Zeit sagen, was ich machen oder bleiben lassen soll!‹ Ich wollte bloß, dass man mir zuhörte. Das war alles. Alles, was unsere Kids brauchen, ist, dass man ihnen zuhört.«[702]

Doch oftmals sind Personen rar, die zuhören könnten. Viele Eltern kämpfen selbst mit der Drogensucht und es mangelt an ausgebildeten Jugend- und Sozialarbeitern. Auch gibt es durch die hohe Geburtenrate zahlreiche Kinder, von denen viele wegen der Probleme ihrer Eltern bei Verwandten untergebracht sind. Ein jugendlicher Cree aus Fort Albany erzählte mir, wie er als Kind beinahe in den Selbstmord getrieben wurde und wie er glücklicherweise rechtzeitig Hilfe suchte: »Ich bin in einem Umfeld von Alkoholikern aufgewachsen. Als ich ein Kind war, haben meine Eltern viel getrunken. Das war beängstigend. Viele Kinder hier haben Eltern, die Drogen nehmen und Alkohol konsumieren. Dann wurde ich sexuell missbraucht. Und ich habe begonnen, es selbst anderen Kindern anzutun. Ich war etwa zehn Jahre alt und die Kinder, die ich sexuell belästigte, waren ungefähr sechs oder sieben Jahre alt. Ich erhielt aber Hilfe, da ich zunehmend begann, mit Leuten zu sprechen, und ihnen erzählte, was ich alles durchmachte. Ich erzählte auch von den schlimmen Dingen, die ich anderen angetan hatte.«[703]

Die Rauschmittel verursachen große Spannungen im Reservat und bringen Familienmitglieder gegeneinander auf. Junge Süchtige bedrängen beispielsweise ihre Großeltern, um an Geld für ihren Stoff zu kommen, wie mir jemand aus eigener Erfahrung berichtete: »Das ist ein riesiges Problem. Meine abhängigen Neffen missbrauchen die Elders. Daher gehe ich immer zu meiner Mutter rüber, wenn sie auftauchen. Sie betteln bei ihr: ›Gokum, Oma, gib mir etwas Geld!‹ Darauf sage ich ihnen: ›Was wollt ihr? Wie alt seid ihr? Warum geht ihr nicht aus dem Reservat, sucht euch einen Job und verdient euer eigenes Geld?‹ Dann halten sie mir vor, ich sei gemein und denke, ich sei etwas Besseres. Ich entgegne ihnen: ›Nein, ich bin nicht perfekt. Aber ich weiß einfach, wie man leben muss, um glücklich zu sein. Und ich wünsche euch dasselbe.‹ Ich gerate oft mit meinen Neffen in solche Auseinandersetzungen. Und das passiert fast in jedem Haus in unserer Gemeinde. Denn die Elders realisieren nicht, dass sie ausgenutzt werden, weil sie erzogen wurden, alles für ihre Kinder und Enkel zu tun und sie zu lieben. Wenn ich mit meinen Neffen schimpfe, wirft mir meine Mutter immer vor, ich sei zu gemein zu ihnen. Dabei will ich meine Mutter nur schützen, ob sie es will oder nicht.«[704]

Hie und da spitzt sich der Drogenmissbrauch in einer Gemeinde zu einer regelrechten Krise zu, sodass Chief und Council gezwungen sind, den Notstand auszurufen. Dann erliegt das öffentliche Leben im Dorf und Sozialarbeiter werden eingeflogen. Ein Gesprächspartner erzählte mir, wie dies in Fort Severn bereits mehrmals der Fall war: »Viele Eltern gaben ihr Geld für Drogen aus und Kinder litten Hunger, da nicht mehr genügend Essen da war. 2006, 2007 und 2009 brachen richtige Epidemien über die Gemeinde herein. Flugzeuge landeten nicht mehr und niemand war auf den Straßen unterwegs. Fort Severn glich einer Geisterstadt. Wenn jemand ein medizinisches Problem hatte, gab es keine Medikamente mehr. Das war schlimm. Ich verlor alle meine Gewehre und meine Sachen zum Jagen. Bevor mein Vater starb, hatte er mir seine Waffen vermacht. Doch nun sind sie weg, denn man hat sie mir wegen der Drogen gestohlen. Früher konnte man die Haustür immer sperrangelweit offen lassen und niemand kümmerte es. Aber seither muss man abschließen. Wenn wir weggehen, müssen wir alles verstecken. Die Leute stehlen. Und das ist sehr schlimm. Doch es wird allmählich besser. Die Gemeinde wurde wachgerüttelt, weil einige Menschen an den Drogen starben. Wir haben kürzlich auch einen guten Mann verloren. Er hat sich gespritzt und erlag einer Blutvergiftung.«[705]

Besonders schockierend für oft nur wenige Hundert Einwohner zählende Gemeinden ist es, wenn jemand ermordet wird. Das kommt leider immer wieder vor. So war etwa 2016 die Mordrate in den First Nations im nördlichen Ontario fünfmal höher als in der übrigen Provinz.[706] Oft geschehen Tötungsdelikte unter Drogen- oder Alkoholeinfluss. Eine vierzigjährige Cree aus einer Reservatssiedlung mit etwa 350 Einwohnern berichtete mir: »Wir benötigen prinzipiell mehr Ressourcen für Therapien. Ich bin überzeugt, es gibt einige Leute, die unter einer posttraumatischen Belastungsstörung leiden. Auch ich bin davon betroffen. In unserer kleinen Gemeinde gab es nämlich in letzter Zeit drei Morde. Wir hatten jedoch keine professionellen Berater, die uns länger begleiteten und mit uns Nachbesprechungen führten. Es kam zwar ein Therapeut, der mit einigen Leuten sprach. Er war aber nur ein paar wenige Tage hier. Doch wir benötigen mehr Hilfe. Als ich noch ein Kind war, wurde mein Onkel umgebracht. Ich hatte dies lange nicht aufgearbeitet. Erst vor 13 Jahren brach es aus mir heraus. Ich habe damals mit einer Freundin telefoniert. Dann musste ich weinen und sie hat mir zugeredet. Es war wegen meines Onkels und ich weinte und weinte und weinte. Und sie sagte mir: ›Hör nicht auf, lass es raus.‹ Nachdem ich mit ihr gesprochen hatte, wälzte ich mich weinend im Bett, denn ich hatte so starke Schmerzen. Es fühlte sich so an, als wäre mir etwas aus dem Magen gerissen worden. Danach war ich völlig erschöpft. Das war das erste Mal, dass ich den Tod meines Onkels beweinte. Zuvor hatte ich es komplett verdrängt.«[707]

All die sozialen Probleme in den Reservaten wie Armut, Arbeits- und Perspektivlosigkeit, Wohnungsnot, Drogen- und Alkoholabhängigkeit, Mobbing, sexueller Missbrauch, häusliche Gewalt und Mord sind miteinander verknüpft. Auch müssen sie vor dem Hintergrund des generationsübergreifenden Traumas sowie der kanadischen Indianerpolitik, die die indigene Lebensweise durch eine westliche ersetzen wollte, betrachtet werden. Die Familien der Cree und Ojibwe haben im Gegensatz zu den nicht-indigenen Kanadiern nicht vom Reichtum ihres Landes profitiert, sondern wurden zerrüttet. Die schwächsten Opfer der kolonialen Leidensgeschichte sind jene wehrlosen Kinder, die seelischem und körperlichem Missbrauch ausgesetzt sind, die kein sicheres Zuhause haben, die gemobbt werden, deren Eltern drogensüchtig sind und deren Großeltern in den Residential Schools entwurzelt wurden. Traurigerweise sehen viele keinen anderen Ausweg als den Selbstmord. Ihr Schicksal ist eine humanitäre Katastrophe.

Die kanadische Regierung zeigte sich geschockt, als sie 2016 von der Suizidkrise in Attawapiskat erfuhr. Am 10. April twitterte Premiermister Justin Trudeau: »Die Nachricht aus Attawapiskat ist herzzerreißend. Wir werden weiter daran arbeiten, die Lebensbedingungen für alle indigenen Völker zu verbessern.«[708] Auch wurden über acht Milliarden Dollar für First Nations, Métis und Inuit budgetiert. Doch mit Geld allein lassen sich die offenen Wunden der kolonialen Unterdrückung nicht behandeln. Es braucht ein tief gehendes Verständnis für die indianische Kultur, ihren Bezug zum traditionellen Land und wie die eigene Kolonialgeschichte nachwirkt.

Ich wollte von Wayne Turner, dem administrativen Leiter von Attawapiskat, wissen, woran es liegt, dass die Hilfsmaßnahmen nichts fruchten und es stets zu neuen Krisen in den abgelegenen Reservaten kommt. Er gab zur Antwort: »Alle Probleme, die uns in die nationalen und sogar internationalen Schlagzeilen bringen, bescheren uns lediglich kurze Aufmerksamkeit. Viele Menschen aus Kanada und anderen Ländern bieten uns dann ihre Unterstützung an. Dies zeigt ihre Großzügigkeit. Nach der Notstandserklärung aufgrund der Suizidgefahr vieler Kinder und Jugendlicher wurden viele Versprechungen gemacht, die große Erwartungen in der Gemeinde weckten. Doch letztlich scheiterte es daran, dass man nicht hierherkam und sich ein Bild von den tatsächlichen Bedingungen und Herausforderungen machte. Stattdessen wurden bereits vorgefertigte Lösungsvorschläge von außen gebracht. Die

Regierung hat zwar rasch reagiert, nachdem wir den Notstand ausgerufen hatten. Carolyn Bennett, die Ministerin für Indigene Angelegenheiten, schaltete sich sofort ein. Zudem kamen je ein Minister Kanadas und Ontarios auf Besuch. Man machte allerlei Versprechen. Ontario sicherte uns ein Jugendzentrum zu, das wir dringend benötigten und von dem wir schon lange geträumt hatten. Wir stellten dafür ein bereits existierendes Gebäude zur Verfügung. Leider dauerte die Fertigstellung viel länger als ursprünglich vorgesehen. Erst jetzt ist es komplett eingerichtet und kann eröffnet werden. Aber inzwischen sind zwei Jahre und vier Monate nach dem Ausbruch der Krise vergangen! Zudem schickte uns die Regierung ein medizinisches Notfallteam. In den Nachrichten wurde medienwirksam gezeigt, wie Leute in roten Parkas ins Flugzeug stiegen und in den Norden flogen. Das brachte unserer Krankenstation kurzfristige Erleichterung, weil man Spezialisten zur Verfügung hatte. Für eine sehr kurze Zeit hatten wir tatsächlich mehr Hilfskräfte vor Ort, als wir es für eine Gemeinde unserer Größe erwartet hatten. Aber es war genauso, wie wir es ganz am Anfang befürchtet hatten. Als die Aufmerksamkeit der Leute nachließ, verschwand alles, was nach Attawapiskat gesandt worden war, eines nach dem anderen.«[709]

Wayne führte weiter aus, dass die Situation in einem abgelegenen Reservat nicht mit einer Siedlung im südlichen Kanada verglichen werden könne. Dort finde man beispielsweise Lehrkräfte und Jugendarbeiter, während dies für Attawapiskat allein schon wegen der Isolation eine große Herausforderung darstelle. Es kämen zwar regelmäßig Leute, die aus idealistischen Gründen helfen wollten. Wenn sie aber hier mit den tatsächlichen Problemen konfrontiert seien, würden sie es meist nicht lange aushalten und das Reservat wieder verlassen. Ich habe in Thunder Bay eine nicht-indigene Sozialarbeiterin kennengelernt und habe mich mit ihr unterhalten. Sie wurde bei der Selbstmordkrise 2016 nach Attawapiskat geflogen. Nach einer Woche erlitt sie einen Zusammenbruch und musste abreisen. Danach geriet sie in ein Burn-out und konnte ihren Beruf ein paar Monate lang nicht mehr ausüben. Mit dem, was sie vor Ort gesehen habe, sei sie hilflos überfordert gewesen.

Vieles, was die Regierung bei einem Notstand in einem abgelegenen Reservat in die Wege leitet, um die Krise zu bewältigen, ist leider Symptombekämpfung und bringt nur kurzfristige Besserung. Danach bahnt sich bereits das nächste Unheil an. Wayne Turner hielt fest, dass das gegen 2000 Einwohner zählende Attawapiskat jedes Jahr um

40 Neugeborene anwachse. Zudem handle es sich um eine sehr junge Gemeinde. Etwa 60 bis 70 Prozent seien unter 25 Jahre alt. Daher mangle es an Gebäuden, Beschäftigungsmöglichkeiten und Jugendarbeitern. Bis 2030 benötige man 537 neue Häuser, um Stabilität zu gewährleisten. Doch die Behörden hätten allzu lange die Probleme nicht in ihrer Gesamtheit betrachtet, sondern nur jeweils auf ein einzelnes reagiert. Dabei sei der Wohnungsnot, wie in den anderen Reservaten auch, nie effizient entgegengewirkt worden. Doch dies sei das Schlüsselproblem: »Das Wohnumfeld spielt für die Gesundheit eines Menschen eine entscheidende Rolle. Es ist ebenso ein zentraler Faktor hinsichtlich Bildungschancen und weiterer Aspekte. Alles lässt sich mit diesem alten Bild ausdrücken, das alle Kulturen verstehen: Wenn die Häuser in einer Gemeinde sicher sind, dann ist auch die Gemeinde sicher. Wenn die Häuser unsicher sind, dann ist auch die Gemeinde unsicher. Das gilt universell.«[710]

Heimat mit Zukunft

»Es war mir früher egal, dass ich nur als Mensch zweiter Klasse galt. Weißt du, was ich meine? Ich habe das Beste daraus gemacht. Ich hatte es auch nicht anders verdient. Aber auf einmal realisierte ich, dass wir ein Volk sind. Wir sind die Menschen, die sich um dieses Land kümmern. Denn wir sind diejenigen, die hier draußen leben. Ich fühle, dass wir dafür Verantwortung tragen. Früher galt ich einfach als saufender Indianer. So hat man mich wenigstens genannt. Und ich war ganz und gar nicht stolz darauf. Das war ein selbstzerstörerischer Lebensstil. Aber jetzt ist alles anders, weißt du. Ich habe beinahe eine 360-Grad-Wendung vollzogen. Und ich bin stolz darauf, hier zu sein! Ich weiß, dass man über uns sagt, wir Zweitklassenmenschen im Reservat würden es sowieso zu nichts bringen. Aber weißt du, die Wahrheit ist, dass ich gerne hier bin. Ich mag es, auf diesem Land zu leben.«[711] Ähnliche Aussagen wie diese von Lawrence Bluecoat aus Fort Severn an der Hudson Bay, der mir bei Gesprächen mit Elders als Übersetzer zur Seite stand, hörte ich in allen Reservaten. Auch wenn die isolierten Siedlungen im nördlichen Ontario an Drittweltdörfer erinnern, so haben sie die Cree und Ojibwe zu ihrer Heimat gemacht. Trotz all der Tragödien, die sich darin abspielen, ist die unmittelbare Nähe zum traditionellen Land einer der Hauptgründe, weshalb die meisten Menschen nicht abwandern oder sogar wieder zurückkehren, wenn sie einige Jahre in der Ferne waren.

Als sich die Cree und Ojibwe in den 1960er- und 1970er-Jahren in den Reservaten niederließen, gab es allerhand zu tun. Die Siedlungen mussten aufgebaut werden und man fand ohne Schulabschluss einen Job. Der 1944 geborene Elder Moses Kakekaspan aus Fort Severn erinnerte sich: »Ich hatte Glück, ohne große Bildung etwas zu bekommen. Von den Zügeln eines Hundeschlittens wechselte ich ans Steuer einer schweren Baumaschine. Damit machte ich die Straße vom Dorf zum Flugplatz und die Landebahn.«[712] Auch der 15 Jahre später geborene Samuel McKay aus KI fand verschiedene Arbeitsmöglichkeiten: »Als ich 14 war, arbeitete ich in Hearst in der Forstwirtschaft. Das machte ich, bis ich 18 Jahre alt war. Ich pflanzte Bäume und arbeitete für die Feuerwehr. Damals konntest du überall hingehen. Solange du bereit warst, anzupacken, hat dich jeder eingestellt. Du brauchtest weder eine Identitätskarte noch Referenzen. Heute ist das anders. Du bekommst nur noch einen Job, wenn du gewisse Papiere vorweisen kannst.«[713]

Den Elders war klar, dass die jüngeren Generationen für das neue Leben im Dorf, das zunehmend unter westlichen Einfluss geriet, ohne entsprechende Schulbildung bald keine guten Aussichten mehr auf eine Lohntätigkeit hatten. Auch konnten nur noch die wenigsten durch das Trappen ihren Lebensunterhalt verdienen. Die beiden verhassten Internate für Indianerkinder aus dem nördlichen Ontario, Pelikan Lake in Sioux Lookout und St. Anne's in Fort Albany, stellten zwar erst 1969 beziehungsweise 1976 ihren Betrieb ein. Doch in einigen Reservaten gab es bereits gut zehn Jahre zuvor die Möglichkeit, die Kinder auf eine Tagesschule zu schicken. Dort wurde aber wie in den Residential Schools nur die Primarstufe angeboten. Für die Highschool mussten die Schüler weiterhin in den urbanen Süden. Nach alldem, was viele Elders mit dem westlichen Bildungssystem durchgemacht hatten, wollten sie ihre Kinder nur ungern ziehen lassen, sahen aber keine Alternativen.

Stan Beardy, der spätere langjährige Grand Chief der NAN, erinnerte sich, wie ihn sein Vater vor die Wahl stellte: »Ich wurde im Herbst 1950 geboren. Als ich zehn Jahre alt war, eröffnete die Tageschule in Bearskin Lake. Dort lernte ich lesen, schreiben und rechnen. Meine älteren Geschwister waren alle in der Residential School. Mir hatten die Eltern jedoch gesagt: ›Du gehst nicht in die Residential School, denn du musst die traditionelle Lebensweise lernen. Wir werden mit dir viel Zeit auf dem Land verbringen.‹ Wir waren jeden Herbst bis an Weihnachten auf unserer Trapline. Daher habe ich viel über die Kultur meines Volkes gelernt und mir wurde beigebracht, wie man da auf dem Land überlebt. Eines Tages schritt ich wie gewohnt meinem Vater hinterher. Wir hatten unsere Schneeschuhe an. Auf einmal hielt er an. Als ich bei ihm war, sagte er: ‚Weißt du Stan, wenn du keine Ausbildung erhältst, dann ist das alles, was du erwarten kannst. Es ist ein schönes Leben, aber es ist auch ein sehr hartes Leben. Zudem wird es immer schwieriger. Denn wenn du auf dem Land bist und nichts fängst, hast du nichts zu essen. Du trägst nur deinen kleinen Rucksack mit etwas Fett, Zucker und ein paar Teebeuteln sowie einer Decke, die du zum Schlafen brauchst. Mehr kannst du nicht tragen, denn du musst dir den Weg durch den Busch bahnen. Ohne westliche Bildung kannst du nicht mehr erwarten. Vielleicht bekommst du einmal einen Gelegenheitsjob. Aber ohne Ausbildung wirst du keine anständige Stelle erhalten. Wenn du willst, kann ich dich auf die Highschool senden. Aber denk darüber nach. Es ist nicht einfach.«[714]

Stan überlegte es sich in den nächsten Wochen und entschied sich schließlich, den Rat seines Vaters zu befolgen. Wie er den Wegzug aus seinem vertrauten Umfeld erlebte, beschrieb er so: »Mitte der 1960er-Jahre verließ ich Bearskin Lake, ein Dorf mit damals 150 Einwohnern, und zog nach Thunder Bay. In der Highschool waren beinahe 2000 Kinder. Auch war ich zuvor noch nie in einer Stadt und hatte noch nie ein Auto oder eine Ampel gesehen. Alles war völlig anders. Denn bis dahin hatte ich mich auf dem Land traditionell von Fisch, Elch oder Rebhühnern ernährt. Das war sehr gesund. Nun musste ich Nahrung zu mir nehmen, die aus dem Supermarkt kam. Damals gab es in der Highschool auch noch kein Unterstützungsprogramm für indigene Kinder. Die Abbruchquote war folglich enorm hoch. In der Tagesschule im Reservat hatten wir nur ein Klassenzimmer für sämtliche Stufen. Deshalb lagen wir im Vergleich mit nicht-indigenen Gleichaltrigen weit zurück. Naturwissenschaften wurden nicht unterrichtet, denn es gab kein Labor. Zudem hatten wir nur ein paar Grundkenntnisse in Englisch und Mathematik. Im Geschichtsunterricht nahmen wir die sogenannten Entdecker wie Kolumbus durch. Ich kam also auf die Highschool und meine Englischkenntnisse waren etwa auf dem Niveau eines Zweitklässlers, obwohl ich die neunte Klasse besuchte.«[715]

Da sich Stan in den Kopf gesetzt hatte, die Highschool abzuschließen, arbeitete er hart daran, den Rückstand aufzuholen. Dabei kamen ihm die auf der Trapline erworbenen Fähigkeiten zugute, wie er weiter ausführte: »Wenn man auf dem Land aufwächst, lernt man durch aufmerksames Hören und Sehen. Und man lernt, das zu behalten, was man auf diese Weise wahrnimmt. Wir Indigenen haben durch ständiges Beobachten gelernt. Wenn wir die Hände für etwas gebrauchen konnten, begriffen wir es besser. Unsere Kultur basierte zum größten Teil auf mündlicher Überlieferung. Wir machten nie Notizen. Alles, was ich damals wusste, habe ich durch Hören, Beobachten und Einprägen erfahren. Ich hatte die Fähigkeit, alles zu behalten, was ich hörte und beobachtete. Auch konnte ich es sofort analysieren. Auf dem Land ist das überlebenswichtig. Man muss lernen, gefährliche Flussstellen mit dem Kanu zu passieren. In so einer Situation bekommst du keine zweite Chance. Wenn du vorher nicht genau zugehört oder beobachtet hast und einen Fehler machst, dann brichst du durchs Eis, ertrinkst oder knallst in einen Felsen. Ich musste also alles gleich beim ersten Mal gut beobachten, analysieren und verstehen.«[716] Um den im Reservat versäumten Unterrichtsstoff nachzuholen, saß Stan nach der Schule oft in der Bibliothek und lernte. Es gelang ihm und er schloss die Highschool erfolgreich ab. 50 Prozent seiner damaligen indigenen Mitschüler schafften es jedoch nicht und brachen die Schule vorzeitig ab.

Auch heute müssen Kinder ab 14 Jahren aus den Reservaten im nördlichen Ontario in einer Stadt wie Thunder Bay oder Sioux Lookout die Highschool besuchen. Inzwischen gibt es zwar indigene Institutionen mit Unterstützungsprogrammen wie die Dennis Franklin Cromarty Highschool (DFC) in Thunder Bay. Doch die Abbruchrate ist immer noch ausgesprochen hoch. Dies hat mehrere Gründe. Den Wegzug aus ihrem kleinen Indianerdorf in ein urbanes Zentrum, in dem es Ampeln, Leuchtreklamen und Verkehrslärm gibt, erleben die meisten als Kulturschock. Fern von zu Hause werden sie, sofern sie keine Verwandten in der Stadt haben, bei nicht-indigenen Gasteltern untergebracht, die manchmal ihre besondere Situation nicht verstehen. Oft fühlen sie sich allein gelassen und werden von unerträglichem Heimweh geplagt. Es fällt ihnen schwer, sich in dieser für sie zunächst wirren Stadtwelt zu orientieren.

Eine 17-jährige Schülerin der DFC berichtete mir diesbezüglich von ihren Anfangsschwierigkeiten: »Bei Fremden zu leben, kann ganz schön hart sein. Oftmals nehmen sie nur wegen eines Zusatzverdiensts indigene Kinder bei sich auf. Viele Schüler, die ich in meinem ersten Schuljahr kennengelernt habe, erhielten nicht genügend zu essen oder hatten kein richtiges Bett. Einige schliefen sogar in einer Kammer oder im Vorratsraum. Wenn du in der Stadt bist, dann gibt es überall Fast Food. Wir können einfach in einen Laden gehen und etwas zu essen einkaufen. Doch wir vermissen das traditionelle Essen wie Elch, Karibu, Biber oder Fisch, das es im Reservat regelmäßig gibt. Glücklicherweise bereiten einige Elders gelegentlich in der Schulküche solches Essen zu. In der Stadt gelangen wir leicht an Drogen und Alkohol. Wenn du aber beim Konsum erwischt wirst, musst du nach Hause. Denn die Schule ist verpflichtet, uns zu schützen. Es ist schon zu viel passiert. Ich habe zuerst die Queen Elizabeth Highschool in Sioux Lookout besucht. Ich weiß, was es bedeutet, in einem fremden Haus zu leben. Damals hatte ich eine Menge Leute getroffen, die drogen- und alkoholabhängig waren. Ich bin wegen Alkohol von der Schule geflogen. Ich hatte schreckliches Heimweh, und ich habe mir auch selbst Schmerzen zugefügt. Wenn du dann in dein Reservat zurückkehrst, fühlst du dich als Versager. Du bist in der Schule gescheitert, und das war's mit deinen Zukunftsträumen. Glücklicherweise erhielt ich eine zweite Chance und bin nun in Thunder Bay. Das erste Jahr dort habe ich schon hinter mir, obwohl ich nicht gedacht hätte, dass ich es so lange durchhalte. Nach den Sommerferien werde ich versuchen, das nächste Jahr in Angriff zu nehmen.«[717] Inzwischen hat die Jugendliche ihre Highschool erfolgreich abgeschlossen und ist nun am College.

Bis etwa 2010 konnten viele indigene Schüler aus einigen Reservaten, wie etwa Kingfisher Lake oder Pikangikum, nur rudimentär Englisch und fühlten sich in der Stadt auch deshalb in einer fremden Welt. Inzwischen hat sich jedoch das Englisch in den meisten Gemeinden im nördlichen Ontario durchgesetzt und bei der jüngsten Generation die indigene Sprache weitgehend verdrängt. Während die Cree und Ojibwe aufgrund kultureller Gepflogenheiten einander nicht ins Wort fallen, auch lange Redepausen aushalten und sich in gewissen Situationen erst dann melden, wenn es tatsächlich etwas zu sagen gibt, ist der Redefluss bei den englischsprachigen nicht-indigenen Kanadiern geradezu intensiv. Eine ehemalige Schülerin, die im elften Schuljahr die Highschool abbrach, meinte dazu: »Wir sind es nicht gewohnt, dass die Leute die ganze Zeit reden. Die Leute im Süden sprechen einfach zu viel. Es war ein Kulturschock! Auch vermisste ich das Essen und fühlte mich allein.

Meine Gasteltern haben nicht verstanden, was ich durchgemacht hatte. Da draußen zu sein, bedeutet, keine Familie mehr zu haben.«[718]

Gewöhnungsbedürftig für die Schulkinder aus dem Norden sind auch die vielen Zäune, die die Wohnhäuser in städtischen Gebieten umgeben. Andrew Solomon, Chief in Fort Albany, der mit 14 Jahren nach North Bay auf die Highschool kam und das Stadtleben ebenfalls als Kulturschock empfand, erinnerte sich: »Als ich von Fort Albany wegzog, gab es hier keine Straßenschilder. Ich habe so etwas erstmals in der Stadt gesehen. Auch das mit dem Privatbesitz verstand ich zunächst nicht. In der Stadt haben die Leute ein Grundstück um ihr Haus. Und das ist ihr Eigentum. Wie du siehst, gibt es im Reservat keine Zäune um die Häuser. Man kann über alle Vorplätze und Hinterhöfe laufen, ohne dass man beschimpft wird. In der Stadt ist das ganz anders. Ich musste lernen, das Wohneigentum der Leute zu respektieren, und durfte nicht einfach überall hingehen.«[719] Ähnlich erlebte es auch der Elder Roy Morris aus Muskrat Dam, der einige Zeit in der Stadt wohnte: »Im Süden gibt es viel Land, das du nicht betreten darfst, weil es anscheinend jemandem gehört. Irgendwie fand ich das amüsant. Denn ich kann dort nicht in den Busch gehen, weil fast jeder Baum, den ich sehe, ein Namensschild mit der Aufschrift ›Privatbesitz‹ trägt.« Er lachte herzhaft und fügte an: »Hier oben kann man überall hingehen und machen, was man will.«[720]

Über was sich die meisten Gesprächspartner jedoch beklagten, waren rassistische Beschimpfungen oder sogar Angriffe von weißen Kanadiern, denen sie im Süden ausgesetzt waren. Nachdem die 14-jährige Shawnda Mamawka 2014 aus Kingfisher Lake allein nach Thunder Bay gezogen war, um die DFC zu besuchen, litt sie anfänglich sehr darunter. In einem Einkaufszentrum in der Stadt wollte ihr einmal eine Verkäuferin keine Pommes geben und beschimpfte sie mit »dreckige Indianerin«. An einem Volleyballspiel gegen ein nicht-indigenes Highschool-Team wurden sie und ihre Mitspielerinnen von einem Mädchen als ›Wilde‹ bezeichnet.[721] Durch solche Vorkommnisse verstärkte sich ihr Heimweh. Denn die indianischen Kinder aus dem nördlichen Ontario machen erst im urbanen Süden Erfahrungen mit Rassismus. Wenn sie damit konfrontiert werden, ist die Sehnsucht nach der Familie noch größer. Erfreulicherweise überwand Shawnda ihr Heimweh und schloss nach einigen Tiefs 2019 sogar als Jahrgangsbeste die Highschool erfolgreich ab.

Auch Moonias Fiddler aus Sandy Lake, der in Thunder Bay die St. Patrick's Highschool besuchte, war als Schüler rassistischen Provokationen ausgesetzt und erzählte mir: »Es gibt verschiedene Stufen von Diskriminierung und Rassismus. Fast jeder Indigene von hier, der in den Süden geht, fühlt es zu einem gewissen Grad. Ich war mit einem meiner besten Freunde auf der Highschool. Als wir das erste Mal in die Cafeteria gingen, um unseren Lunch zu essen, machten ein paar Schüler neckende Geräusche, als wir an ihnen vorbeikamen. Sie äfften dieses ›Uh uh uh!‹ nach. Ich hätte es nicht einmal realisiert, wenn mich mein Freund nicht darauf aufmerksam gemacht hätte. Wir mussten sogar darüber lachen, denn wir hatten so etwas noch nie gehört.« Auch Paul Burke, der Chief von Fort Severn, berichtete Ähnliches: »Als ich auf der Highshool war, wurde ich verspottet. Im Schulbus machten sie beispielsweise ›Uh uh uh!‹-Rufe zu mir. Sie foppten mich andauernd und es gelang mir nicht, mich mit jemandem meiner Schule anzufreunden. Damals kam ich aus einem Reservat mit bloß 800 Einwohnern. Und in dieser Highschool in London, Ontario, gab es wohl 2800 Schüler.«

Interessanterweise brachten die Gesprächspartner die von Weißen den Indianern zugeschriebenen Kriegsrufe, mit denen man sie verspottete, zunächst gar nicht mit sich in Verbindung. Wie sollten sie auch? Denn in ihren Reservaten waren sie keine ›Indianer‹, sondern Cree oder Ojibwe beziehungsweise in ihrer Sprache Mushkegowuk oder Anishinaabeg. Bei ihren Aussagen musste ich an den kanadischen Dokumentarfilm *Reel Injun* denken, der unter anderem der von Hollywood konstruierten Stereotypisierung der nordamerikanischen Indigenen nachgeht. Darin sagt der Cree-Regisseur Neil Diamond, der aus Waskaganish an der östlichen James Bay kommt, zu Beginn: »Beim Aufwachsen in einem Reservat war die einzige Aufführung im Ort der Filmabend im Untergeschoss der Kirche. Wir wurden mit Cowboys und Indianern groß und begeisterten uns für die Cowboys, ohne zu merken, dass wir die Indianer waren.«[722] Der Alltag in den abgelegenen Dörfern im Feuchtgebiet der Hudson und James Bay hatte überhaupt nichts mit einem Leinwandindianer zu tun, der in der inszenierten Wildwestromantik, meist als hinterhältiger Schurke dargestellt, kriegsbemalt durch die Prärien galoppiert und von einem ehrenhaften Cowboy, wie ihn etwa John Wayne verkörperte, zur Strecke gebracht wird.

Erwachsene und Jugendliche aus dem nördlichen Ontario erzählten mir ihre rassistischen Erlebnisse in den Städten teilweise in allen Details. Die indianische Gesellschaft leidet stark darunter. Einige wurden aufgrund ihrer Hautfarbe diskriminiert, anderen wurde gesagt, alles, was sie berührten, werde schmutzig. Jene, die in Highschools gingen, in denen sie in der Minderheit waren, mussten damit rechnen, auf dem Pausenplatz von weißen Kindern verprügelt zu werden. Bereits etwas ältere Menschen hielten fest, dass die Lehrer bei solchen Vorfällen oftmals weggeschaut hätten. Auch seien sie von diesen manchmal mit Aussprüchen wie ›typisch Indianer‹ oder ›fauler Indianer‹ gedemütigt worden. Eine 15-jährige Schülerin aus Fort Albany erzählte, Kinder in Timmins hätten sie an ihrem ersten Tag in der katholischen Schule lauthals aufgefordert, in ihr Reservat zurückzukehren. Sie sei jedoch zum Rektor gegangen und dies habe Wirkung gezeigt. Doch sie fühlte sich trotzdem nicht mehr wohl und bekam schreckliches Heimweh. Einige Cree und Ojibwe sagten, dass sie bedroht und eingeschüchtert wurden. In Thunder Bay hätte beispielsweise mehrmals ein weißer Geländewagen sein Tempo verringert und sei neben ihnen hergefahren, als sie auf dem Gehsteig unterwegs waren. Ein Mann hätte sie dann aufs Übelste beschimpft. Andere Indigene wurden von Unbekannten aus vorbeifahrenden Autos mit Eiern oder Abfallresten beworfen. 2017 warf ein weißer 18-Jähriger, der mit zwei Jugendlichen in einem Wagen unterwegs war, eine Anhängerkupplung nach einer 34-jährigen indianischen Frau und traf sie in den Bauch. Sie erlag einige Monate später ihren Verletzungen. Der Täter konnte gefasst werden. Wie weit die Tat rassistisch motiviert war, bleibt Gegenstand der Untersuchungen. Die Anklage lautet auf vorsätzliche Tötung. Ein weiterer Prozess ist im Jahr 2020 angesetzt.[723]

Rassismus gegenüber der indigenen Bevölkerung ist ein ernsthaftes Problem in Kanada. Offensichtlich wird dies im Internet, wo unter Nachrichtenseiten oder Youtube-Clips irgendwelche Wutbürger die Indigenen für ihre Unzufriedenheit verantwortlich machen und ungehemmt ihre Hasskommentare veröffentlichen. Diese werden zwar von den Betreibern der Webseiten ständig gelöscht, doch es kommen immer wieder neue hinzu, sodass die Kommentarfunktion ganz gesperrt werden muss. Wie ich bereits geschrieben habe, hatte ich viele Gelegenheiten, nicht-indigene Kanadier über die nach ihrer Meinung ›faulen Indianer‹ herziehen zu hören. Schon fast gebetsmühlenartig wiederholten sie dabei Stichworte wie ›unsere Steuergelder‹, ›unfähige Politiker‹, ›korrupte Chiefs‹, ›von Natur aus arbeitsscheu‹, ›chaotische Lebensweise‹ oder ›alkoholintolerant‹.

An einer Hausparty in Thunder Bay, an der nur Kanadier mit europäischen Wurzeln anwesend waren, fragte mich eine Frau mittleren Alters, die offensichtlich auf Small Talk eingestellt war, wie mir denn die Stadt gefalle. Ich entgegnete ihr, dass ich die Lage toll fände, weil man in wenigen Minuten mitten in der Natur sei. Die Frau stimmte mir zu. Dann sagte sie jedoch allen Ernstes, sie wünschte sich nur, in dieser Stadt gebe es keine Indianer mehr. Dann gäbe es weniger soziale Probleme und es wäre sicherer. Normalerweise kann ich in solchen Situationen ruhig und sachlich bleiben. Doch da gerade der Cousin einer befreundeten, in derselben Stadt lebenden Indianerin ermordet aufgefunden worden war, platzte mir der Kragen. Ich fuhr die Frau an und wollte von ihr wissen, ob sie denn überhaupt eine Ahnung habe, auf welchem traditionellen Territorium dieses Haus stehe, in dem diese Party stattfinde, und seit wie vielen Generationen sie denn hier bereits Vorfahren habe, dass sie sich das Recht nehme, so einen Schwachsinn von sich zu geben. Sie zuckte förmlich zusammen, denn vermutlich war sie davon ausgegangen, ich würde ihr zustimmen.

Nachdem ich mich wieder gefasst hatte, erklärte ich ihr, dass ich mich seit einiger Zeit für die Geschichte und Kultur der hier lebenden Indianer interessiere. Dies sei auch der Grund, weshalb ich überhaupt nach Thunder Bay gekommen wäre. Es tue mir leid, dass ich gerade so aufbrausend reagiert habe. Doch ich hätte viel gesehen und sei auch in den Reservaten im Norden gewesen. Ich bot ihr an, gerne mehr darüber zu erzählen, wenn sie wolle. Sie lud mich tatsächlich zu sich und ihrer Familie ein. Ich zeigte einige Fotos und beschrieb ihnen auch viele positive Erlebnisse mit der indigenen Bevölkerung im hohen Norden. Rasch merkte ich, dass betreffend indigener Geschichte sowie der eigenen kolonialen Vergangenheit nur rudimentäre Kenntnisse vorhanden waren. Das scheint bei vielen Kanadiern mit europäischen Wurzeln der Fall zu sein. Sie wissen weit mehr über ihre ursprünglichen Herkunftsländer als über die Treaties, den Indian Act, die Residential Schools oder irgendein Reservat wie Attawapiskat. Folglich bilden sie sich ihre Meinung aufgrund täglicher Erfahrungen, ohne den Ursachen der Phänomene auf den Grund zu gehen. Sie sehen, dass die Mehrheit der Obdachlosen auf den Straßen von Thunder Bay Indianer sind. Zudem sind die sozialen Probleme wie Armut, Alkoholabhängigkeit und Drogenmissbrauch bei der indianischen Bevölkerung offensichtlich. Doch den genauen Ursachen gehen nur wenige auf den Grund. Es bleibt daher zu hoffen, dass sich, durch die seit den letzten Jahren vor allem von der TRC vorangetriebene Aufarbeitung der Kolonialgeschichte, immer mehr Kanadier mit ihrer eigenen Geschichte kritisch auseinandersetzen und sich eine differenzierte Meinung bilden.

Wünschenswert wäre es auch, wenn sie selbst mehr Kontakte zu Indigenen hätten und ihnen zuhören könnten. Die Frau, die ich an der Party kennengelernt habe, machte jedenfalls einen ersten Schritt. Sie entschuldigte sich sogar im Nachhinein für ihre Ignoranz.

Wie wichtig ein differenziertes und entkolonialisiertes Geschichtsbewusstsein für die gesamte kanadische Gesellschaft wäre, zeigt sich auch daran, dass die Polizei aufgrund von Vorurteilen gegenüber Indigenen Untersuchungen voreilig abschließt. Darum geht es im folgenden Beispiel, das Thunder Bay und die indianische Gemeinde enorm belastet. Denn viele Kinder aus den nördlichen Reservaten sind in der Hoffnung, hier die Highschool zu besuchen, um einst eine bessere Zukunft zu haben, ums Leben gekommen. Und nach wie vor stellt die Stadt eine große Gefahr für sie dar. Sie haben unter Alkohol- und Drogeneinfluss Unfälle oder werden Opfer von Gewaltverbrechen. Allein von 2000 bis 2011 wurden in der Stadt sieben aus einem nördlichen Reservat stammende Schülerinnen und Schüler zwischen 15 und 21 Jahren tot aufgefunden. Fünf von ihnen wurden leblos aus einem der beiden das Stadtgebiet durchquerenden Flüsse Kaministiquia und McIntyre geborgen. Nicht alle Todesfälle konnten zufriedenstellend aufgeklärt werden. Während die Polizei oftmals vorschnell Pressemeldungen herausgab, dass es sich um einen Unfall gehandelt habe und ein Verbrechen ausgeschlossen werden könne, kamen Indianer, die sich ebenfalls mit der Aufklärung befassten, zum Schluss, in gewissen Fällen müsse Gewalt im Spiel gewesen sein und einige der Jugendlichen seien mit Absicht ins Wasser gestoßen worden. Als schließlich im Oktober 2015 die Leiche eines 41-jährigen indianischen Mannes aus dem McIntyre River geborgen wurde, ließ die Polizei wiederum umgehend verlauten, es handle sich keinesfalls um Mord. Wenig später wurde jedoch bekannt, dass jemand die Kreditkarte des Opfers nach dessen Tod verwendet hatte. Für die Polizei wurde es nun eng und indianische Organisationen wie die NAN forderten, jene Todesfälle der Jugendlichen, die nicht zufriedenstellend erklärt worden waren, erneut zu untersuchen.

Die Journalistin Tanya Talaga nahm sich der tragischen Geschichte der sieben Jugendlichen aus dem Norden an. In ihrem 2017 erschienenen Buch *Seven Fallen Feathers* beschreibt sie minutiös die letzten Stunden der Jugendlichen vor ihrem Verschwinden, das Leiden der zwischen Hoffnung und Verzweiflung hin- und hergerissenen Angehörigen während der Vermisstensuche bis zum Leichenfund und die schlampige

Arbeit der Stadtpolizei, die die Aufklärung indianischer Opferfälle nicht richtig ernst nahm.[724] Ihre Publikation vermittelt einen düsteren Blick hinter die Fassaden einer kanadischen Stadt mit etwas mehr als 100 000 Einwohnern, in der Diskriminierung, Rassismus und Gewaltverbrechen in überdurchschnittlich hohem Ausmaß den Alltag prägen. Die sieben Jugendlichen und der 41-jährige Mann sind jedoch nicht die einzigen Indianer, die unter mysteriösen Umständen in Thunder Bay starben. Am 6. Mai 2017 verschwanden erneut ein 14-jähriger Junge und ein 17-jähriges Mädchen, die aus Reservaten im Norden kamen. Auch ihre Leichen wurden im Wasser gefunden. In den ersten beiden Jahrzehnten des 21. Jahrhunderts verloren Dutzende Indigene in Thunder Bay und Umgebung auf unnatürliche Weise ihr Leben. Die von Tanya Talaga und indianischen Organisationen erhobenen Vorwürfe gegenüber der Polizei wurden inzwischen durch eine zivile Aufsichtsbehörde bestätigt. Diese hatte eine unabhängige Untersuchung eingeleitet, die die Polizeiarbeit in 37 Fällen mit indianischen Opfern genau unter die Lupe nahm. Der im Dezember 2018 veröffentlichte Bericht attestierte der Polizei von Thunder Bay systematischen Rassismus: »Unsere detaillierte Überprüfung (…) ergab, dass die Ermittler der Thunder Bay Police bei unakzeptabel vielen Gelegenheiten versagt haben, die Verstorbenen und ihre Familien gleichermaßen und ohne Diskriminierung zu behandeln oder zu schützen, nur weil die Toten indigen waren.«[725] So legte die Polizei etwa außergewöhnliche indianische Todesfälle aufgrund rassistischer Vorurteile ad acta, ohne Resultate der Autopsie abzuwarten oder diese zu berücksichtigen. Der unabhängige Bericht gab folglich 44 Empfehlungen ab. Gemäß diesen sollten neun der Fälle nochmals aufgerollt und bei der Aufklärung ungewöhnlicher Todesfälle indigener Menschen während der nächsten drei Jahre außenstehende Experten beigezogen werden. Die Polizei nahm dies zur Kenntnis und bekräftigte, sie würde sich mit dem internen Problem des systematischen Rassismus und der Vorurteile gegenüber Indianern auseinandersetzen.

Hoffnungen und Perspektiven

Es wird noch eine unbestimmt lange Zeit dauern, bis Menschen in Kanada nicht mehr von offiziellen Stellen diskriminiert werden, nur weil sie indigen sind, zuvor aus der Geschichte verdrängt wurden und man sich nicht bemühte, ihrer Kultur mit Verständnis und Respekt zu begegnen. Doch dass eine unabhängige Kommission mit einer Untersuchung das rassistische Verhalten der Polizei scharf kritisiert und zugleich konstruktive Empfehlungen abgibt, die auf Resonanz stoßen, verspricht Hoffnung. Auch werden zunehmend indigene Menschen in Kanada Anwälte, Politiker, Ärzte oder Sozialarbeiter und setzen sich für das Wohl ihrer Gemeinden ein. Schließlich arbeiten auch die Cree und Ojibwe in den abgelegenen Dörfern daran, ihre Reservate lebenswert zu gestalten, stehen einander in Notzeiten bei und stärken sich gegenseitig. Dies darf bei all den düsteren Ereignissen nie außer Acht gelassen werden. Zwar finden die Indigenen mit einer guten Ausbildung meist keine Stelle im Reservat und sind gezwungen, in urbane Gebiete zu ziehen. Doch sie bleiben mit ihrer Heimat im Norden verbunden und kehren regelmäßig nach Hause zu ihren Verwandten zurück. Viele lassen sich spätestens nach ihrer Pensionierung wieder dort nieder und unterstützen ihre Leute.

Der 1973 geborene Adam Fiddler begann als 40-Jähriger noch ein Jurastudium. Inzwischen ist er Anwalt und berät indigene Gemeinden im nördlichen Ontario. Weshalb er trotz langer Abwesenheit immer wieder in sein Reservat zurückkehrt, erklärte er mir wie folgt: »Gut, ich hörte die Leute sagen: ›Wenn ihr Perspektiven haben wollt, dann verlasst das Reservat und begebt euch in eine Stadt!‹ Aber das wollte ich nie. Ich habe es zwar gemacht, doch ich hatte immer vor, wieder heimzukehren. Denn es war mir ein Anliegen, dass auch meine Kinder diese Verbindung mit dem Land ihrer Ahnen, der Umwelt, den Menschen und der Sprache aufrechterhalten. Es ist eine spirituelle Verbindung. Und genau das spüre ich, wenn ich heimkehre. Du hast, als du in Sandy Lake warst, mit Percy Rae und anderen Elders gesprochen. Ich habe bei Weitem nicht ihr Wissen, sondern betrachte mich lediglich als Anfänger. Denn wenn es ums Land geht, dann bin ich ihr Schüler. Ich gehe so oft wie möglich hinaus aufs Land. Ich jage. Ich fische. Ich gehe raus und hole Heilpflanzen. Aber ich bin erst ein Anfänger. Doch ich wurde auch im westlichen System ausgebildet. Ich habe eine formale Ausbildung und ich möchte sie dazu verwenden, um meinem Volk zu helfen.«[726]

Der 67-jährige Roy Morris aus Muskrat Dam blieb ebenfalls stets mit seiner Gemeinde verbunden, obwohl er im Süden eine Karriere hätte machen können. Heute leitet er die Dorfschule und amtet als anglikanischer Priester. Er erzählte mir, weshalb er schließlich zurückkehrte:

»Jedes Mal, wenn ich auf Besuch war und wieder gehen musste, sagte meine Urgroßmutter: ›Du kommst wieder nach Hause. Vergiss nicht, wer du bist und woher du kommst. Vergiss uns nicht und kehre heim!‹ Und das habe ich gemacht. Ich erinnere mich, als ich die Highschool beendete, lernte ich technisches Zeichnen und hatte ein Angebot im Maschinenbau. Damit hätte ich später in der Industrie Karriere machen können. Doch ich wusste, ein Wegzug nach Toronto würde bedeuten, dass ich nicht mehr zurück in meine Gemeinschaft komme. Denn sobald ich in Toronto bin, wäre dies meine Lebensweise. Dann erinnerte ich mich an meine Urgroßmutter und ihren Ratschlag. Daher ging ich aufs College und kehrte danach nach Hause zurück. Obwohl ich wusste, dass ich hier meine Fähigkeiten aus dem College nicht voll ausschöpfen konnte. Aber es war mir möglich, meine eigene Sprache zu gebrauchen und in meiner Kultur zu leben. Das war sehr gut. Dann ging ich erneut auf die Schule und wurde Lehrer. Danach konnte ich die Kinder in der Gemeinde in der indigenen Sprache unterrichten und ihnen unsere kulturellen Fähigkeiten beibringen.«[727]

Diese Beispiele zeigen, dass Leute mit guter westlicher Ausbildung auch zurückkehren. Leo Metatawabin, Chief in Fort Albany, ließ sich nach längerer Abwesenheit ebenfalls wieder in seinem Reservat nieder: »Ich lebte eine Zeit lang in Toronto. Auch ging ich zweimal nach Edmonton. Und danach sagte mir eine innere Stimme, nach Hause zu gehen. Schließlich hörte ich darauf und kehrte heim. Ich wusste nicht, was mich erwartete. Ich kehrte einfach zurück und versuchte, eine Arbeit zu bekommen.«[728] Auch Cathleen Sutherland aus derselben Gemeinde kam nach einigen Jahren, die sie auswärts war, gerne zurück: »Es tut gut, zu Hause zu sein. Hier kann ich meine Muttersprache jeden Tag gebrauchen. Und ich kann mich auch wieder mit dem Land verbinden. Ich liebe beispielsweise das Fischen mit dem Netz. Als ich wieder zurückkam, war das Erste, was ich machte, im Sommer mit dem Netz fischen zu gehen. Doch ich musste es wieder lernen, weil ich lange weg war. Ich habe meine Familie, meine Sprache und das Land vermisst. Auch die Energie hier oben ist anders. Es ist nicht dasselbe wie im Süden unten. Wenn ich für ein paar Tage hinausfliege, dann fühle ich mich dort gestresst. Zeit, Zeit, Zeit, weißt du? Alles dreht sich um die Zeit. Aber sobald man hierher zurückkommt, fühlt man sich wieder anders. Man fühlt sich wie: ›Ah, o.k. Ich brauche nicht zu eilen.‹«[729]

Aufgrund direkter Nachwirkungen durch Residential Schools und kolonialer Unterdrückung schämten sich noch bis vor zwei Jahrzehnten viele Indigene dafür, aus einem Reservat zu kommen. Heute sind sie zunehmend stolz auf ihre Identität und Herkunft. Die 16-jährige Schülerin Christyn Koostachin aus Fort Severn besuchte in Thunder Bay die Highschool. Sie erzählte mir: »Ich ziehe das Leben hier oben vor, denn es ist friedlicher. Die Luft ist frischer und wir sind mitten in der Natur. Man kann in unserer Gemeinde viele Dinge sehen, die den Leuten aus Thunder Bay verborgen bleiben. Unser Land ist einmalig. Es besteht nicht nur aus Sumpf. Überall lebt es. Es gibt Beeren, Tiere, Fische und zahlreiche Pflanzen, die hier wachsen. Auch haben wir Eisbären und Labrador-Tee. Als ich das erste Mal im Süden war, habe ich realisiert, dass meine Kultur einzigartig ist. Wir sind zwar isoliert, aber unser Land ist reich an allem. Zudem sind wir sofort an der Hudson Bay. Die meiste Zeit des Jahres ist es kalt, besonders im Winter. In der Sommerzeit ist es wunderschön. Denn im Juli geht die Sonne erst spätnachts unter. Du hast vermutlich auch gesehen, wie speziell der Himmel dann leuchtet. Wir hatten zwar eine schwere Zeit. Etwa vor fünf Jahren mussten wir Jugendliche uns aufraffen, um überhaupt etwas zu unternehmen. Doch inzwischen hat sich vieles geändert. Wir haben gelernt, wie wir gemeinsam als Gruppe etwas anpacken können. Diese Gemeinde macht deutliche Fortschritte und vieles bessert sich. Die Anzahl Jugendlicher, die aufs Land hinausgeht, wächst. Unsere Elders führen uns. Sie sagen uns, wohin wir gehen können und wohin nicht. Wir machten aber schwere Zeiten durch, als wir zum Beispiel ein Gemeindemitglied durch Selbstmord und ein anderes wegen Totschlags verloren. Aufgrund der letzten Suizidfälle brach unsere Gemeinschaft beinahe auseinander. Aber wir kamen wieder auf die Beine und ließen uns nicht unterkriegen. Als ich meinem Kunstlehrer in Thunder Bay sagte, ich komme aus Fort Severn, antwortete er mir, wir seien besondere Leute. Wir hätten Sinn für Humor, seien nett und liebenswürdig. Ich glaube, das stimmt. Doch wir sind auch starke Menschen.«[730]

Auch andere Kinder und Jugendliche erwähnten mir gegenüber, dass sie sich, abgesehen von den Schicksalsschlägen, im Reservat wohlfühlten. So der 15-jährige Ian Kakekaspan: »Ich bevorzuge es, in einer kleinen Gemeinde wie Fort Severn zu leben. Es ist viel besser und es gibt keinen Rassismus. Du bist mit jedem verwandt. Du kennst jeden. Ich gehe oft mit meiner Mutter fischen. Unseren Fang geben wir den Elders. Auch wenn wir von der Jagd Fleisch heimbringen, teilen wir es mit ihnen. Wir behalten nur ein bisschen für uns selbst. Ich finde es besonders schön, am Lagerfeuer zu sitzen und den Geschichten der Elders zuzuhören. Manchmal sprechen sie über Dinge, die sie von ihren Elders gehört haben. Das geht dann eigentlich sehr weit zurück.«[731] Kara Knapaysweet, die 14 Jahre alt war und aus Fort Albany kommt, sagte: »Meine Großeltern haben mich aufgezogen. Ich liebe es, mit ihnen zusammen zu sein. Sie haben mich das Cree-Leben gelehrt, also was man auf dem Land macht. Ich kann nun all diese Dinge. Ich weiß, wie ich mein eigenes Feuer machen kann. Das ist natürlich ziemlich einfach, aber ich fühlte mich großartig, als ich es fertigbrachte. Meine Großmutter ließ mich einmal mit einer 22er, also einer dieser Kurzwaffen, schießen. Der Ex-Partner meiner Mutter zeigte mir später, wie man mit einem richtigen Gewehr, also mit einer 12 Gauge, umgeht. Er hat uns gelegentlich aufs Land hinausgenommen. Das war cool! Denn ich fühle mich einfach sehr mit diesem Land verbunden.«[732]

Die Reservate im nördlichen Ontario sind zwar wegen ihrer Abgeschiedenheit in einem riesigen Feuchtgebiet nicht ans Straßennetz angebunden. Doch in der kalten Jahreszeit rücken die Gemeinden jeweils etwas näher zueinander und auch zu den urbanen Zentren im Süden. Verschiedene Winterroads bilden nämlich von Mitte Januar bis zur Frühlingsschmelze etwa zwei bis drei Monate lang die Hauptversorgungsader. Sie werden von Mitgliedern der einzelnen First Nations in einigen Wochen durch Waldschneisen und über gefrorene Gewässer gebaut und anschließend instand gehalten. Wenn das Eis auf den Flüssen und Seen, die sie überqueren, genug dick ist, werden sie zunächst für Personenwagen und später für Trucks freigegeben. Dann transportieren Letztere allerhand Güter wie Benzin, Wohnbauelemente oder Baumaschinen in die Gemeinden. Die Cree und Ojibwe nutzen die Eisstraßen auch, um sich in den städtischen Supermärkten mit deutlich billigeren Lebensmittelvorräten einzudecken. Weil benachbarte First Nations miteinander verbunden sind, kommt es auch zu regem Personenverkehr zwischen den einzelnen Ortschaften. Verwandte und Bekannte, die sich während des Jahres nur wenig oder gar nicht sehen, haben nun Gelegenheit, sich zu besuchen. Zudem werden gemeinsame Sportveranstaltungen, wie etwa Hockeyturniere, ausgetragen.

Die Indigenen im nördlichen Ontario verstehen es, trotz gelegentlicher Rückschläge und Krisen, das Leben in der Gemeinschaft zu feiern, wie ich es mehrmals miterleben durfte. Die First Nations an der James

Bay organisieren beispielsweise jeden Sommer ein Cree-Fest, an dem Mitglieder aus verschiedenen Gemeinden zusammenkommen und ausgelassen singen, tanzen, musizieren, Spiele machen und traditionelles Essen genießen. Alle zwei Jahre kommen auch Oji-Cree aus den umliegenden Reservaten zurück in ihre Muttergemeinde KI am Big Trout Lake, um am sogenannten ›Home Coming‹ vier gesellige Tage zu verbringen und das gemeinsame reiche Kulturerbe zu zelebrieren. Einige First Nations organisieren zudem einmal im Jahr Familien-Tage, an denen weggezogene Verwandte auf Besuch kommen. Auch sonstige Feste, wie etwa Halloween, werden in den Gemeindezentren bunt und zur großen Freude von Jung und Alt ausgiebig gefeiert. Daneben gibt es viele weitere Anlässe, wie etwa Jagd- und Anglerwettbewerbe oder Kanu-Rennen, an denen die Leute begeistert mitmachen und die jeweils mit einem köstlichen Festmahl enden. Schließlich muss auch das regelmäßige Bingo-Spiel in den Dörfern erwähnt werden, bei dem beachtliche Preise zu gewinnen sind. Bei all diesen Gelegenheiten rückt die durch den Kolonialismus geschwächte und zersplitterte Gemeinschaft wieder zusammen, wie Peggy Beardy aus Muskrat Dam folgendermaßen formulierte: »Wir sind ein starkes Volk! Und gemeinsam können wir viel erreichen. Egal, was uns in einem Jahr niedergeschmettert hat, wir stehen wieder auf. Wir haben zwar unsere eigenen Häuser, in denen wir getrennt voneinander wohnen. Aber wenn sich alle versammeln, sind wir immer noch eine einzige Großfamilie.«[733]

Die letzten indianischen Trapper wurden erst vor gut 50 Jahren in den Reservatssiedlungen im nördlichen Ontario sesshaft. Doch nach wie vor zogen sie rege auf ihre Traplines. Um diese gut vom Reservat aus zu erreichen, nutzten sie schon bald moderne Transportmittel wie Motorboote, Schneemobile, Geländefahrzeuge und sogar Wasserflugzeuge. Der Alltag im Reservat hat vieles verändert und großes Unheil über die Cree und Ojibwe gebracht. Aber sie werden bleiben. Sie werden alles daransetzen, dass einst ihre Kinder und Kindeskinder eine lebenswerte Zukunft haben, und zwar mitten im Land ihrer Vorfahren, mit dem sie seit Menschengedenken untrennbar und spirituell verbunden sind. Paul Burke, der Chief von Fort Severn, drückte seine Zuversicht mit folgenden Worten aus: »Oft geht vergessen, wie jung unsere Gemeinde eigentlich ist. Weißt du, was ich meine? Vor 15 Jahren öffnete ich vor einem Elder einen Laptop. Er wunderte sich, was ich mache. Er war völlig erstaunt darüber. Heute haben einige Elders selbst solche Geräte.

Sie benutzen Smartphones und Tablets. Stell dir vor, wo sie noch vor 40 oder 50 Jahren waren! Sie haben alle noch da draußen auf dem Land gelebt. Sie hatten etwas Zucker, Mehl, eine Schusswaffe und noch eine Tasche voller Munition. Viel mehr brauchten sie nicht. Und nun hat sie die Zeit mit unglaublicher Geschwindigkeit hierherkatapultiert! Natürlich hat das alle total umgehauen! Wir mussten Fehler begehen, um da zu sein, wo wir heute stehen. Und daher will ich mich auf all das Positive konzentrieren. Denn wie ich sagte, als Gemeinde sind wir wie ein kleines Kind, das versucht, auf seine eigenen Beine zu kommen. Wir werden stolpern, stolpern, stolpern, aber wir schaffen es. Verstehe mich nicht falsch, aber ich bin sehr stolz darauf, wer ich bin. Ich möchte niemand anderes sein, trotz allem, was ich durchmachen musste. All dies machte mich zu dem Menschen, der ich heute bin. Und genauso wird es der ganzen indigenen Bevölkerung einmal gehen.«[734]

ᒣᓇᐱᒪᑎᑭᐃᐧᐣ

BIMAADIZIWIN

Gutes Leben

Widerstand

»Kanada. Wir werden eine Fremdsprache verwenden, um mit euch zu sprechen. Denn wir sind uns bewusst, dass ihr unfähig seid, unsere Sprache zu verstehen. Einmal mehr fordern wir, dass ihr uns versteht. Seit über 350 Jahren habt ihr die einzigartige Lebensweise der Nishnawbe Aski nicht anerkannt. Es ist so grundlegend wichtig, dass ihr uns heute versteht, weil es morgen vielleicht schon zu spät ist. Wir, das Volk und das Land, verkünden unsere Nationalität. Wir, von der Nation der Cree und Ojibwe, die wir aus dem Innern eurer Grenzen Ontarios, Manitobas und Quebecs kommen und im Norden Ontarios im Land der arktischen Wasserscheide leben, erklären uns zu einer freien und souveränen Nation. Wir überreichen euch eine Unabhängigkeitserklärung. Wir teilen euch mit, dass wir das Recht haben, unsere eigenen spirituellen, kulturellen, sozialen und wirtschaftlichen Angelegenheiten zu regeln. Wir werden euch beschreiben, wie wir unsere Souveränität sichern werden. Wir sind auch deshalb hier, weil wir wollen, dass eure Regierung bei unserer Rückkehr zur Selbstverwaltung eine Rolle spielt. Wir bitten euch, dass ihr euch für unser Recht einsetzt, unsere einzelnen Gemeinschaften zu entwickeln. Wir wollen sie so lebenswert machen, wie sie waren, bevor der weiße Mann kam. Ihr seid das einzige Volk, das unsere Souveränität je infrage gestellt hat. Unsere Rechte und Ansprüche auf dieses Land haben wir von unseren Vorfahren geerbt. Im Gegensatz zu euch haben wir keine Erinnerung an ein Leben in anderen Ländern in Übersee.«[735]

So lauteten die einleitenden Sätze der Unabhängigkeitserklärung der ›Nishnawbe Aski‹, also der Menschen des Landes. Die Chiefs aus dem nördlichen Ontario überreichten sie am 6. Juli 1977 in Toronto dem Premier der Provinz, William Davis, und ein paar Tage später der kanadischen Regierung in Ottawa. Dabei ging es den Cree und Ojibwe nicht darum, sich von Ontario und Kanada abzuspalten und einen eigenen Nationalstaat zu gründen, wie dies zur gleichen Zeit einige Separatisten in Quebec anstrebten. Sie bezogen sich einzig auf ihr Grundverständnis des Treaty Nummer 9. Gemäß diesem Abkommen teilen sich zwei souveräne Nationen, also eine kanadische und eine indianische, ein Gebiet, um voneinander zu profitieren. Seit der ersten Vertragsunterzeichnung von 1905 prosperierte jedoch nur das nicht-indigene Ontario. Dagegen lebten die First Nations im Norden in Armut und waren in staatliche Abhängigkeit geraten. Sie wurden von den Behörden bevormundet, hatten ihr Selbstverwaltungsrecht verloren und mussten sich fremden Gesetzen fügen.

Die Chiefs wollten das nicht mehr länger hinnehmen und machten klar: »Euer kultureller Völkermord steht kurz vor dem Ende. Um unsere Freiheit wiederzuerlangen, müssen wir eigene Kontrolle haben und zu unserer traditionellen Lebensphilosophie zurückkehren. Wir anerkennen über unserer Nation nur einen Herrscher – den Schöpfer. Er hat uns zu einem Teil der Natur gemacht. Wir sind eins mit der Natur und mit allem, was der Schöpfer um uns herum erschaffen hat. Wir leben seit Menschengedenken in Harmonie mit dem Land, den Seen und Flüssen, den Tieren, den Fischen, den Vögeln und der ganzen Natur. Heute sind wir mitten im großen Kreislauf des Lebens Teil des Gestern und Morgen. Im Gegensatz zu euch respektieren wir das Land als etwas Heiliges. Durch die Ausbeutung der natürlichen Ressourcen habt ihr das Leben und das Land entzweit. Als Folge eurer Gier besteht die reelle Gefahr, dass unsere Umwelt zerstört wird. Wenn das der Fall ist, werden auch wir untergehen, weil wir Teil der Natur sind. (…). Dies ist ein trauriger Tag, aber wir sind schon seit vielen Jahren ein trauriges Volk. Heute ist für unser Volk jedoch auch ein historischer Tag. Es kommt nicht oft vor, dass eine Nation ihre Unabhängigkeit erklärt.«[736]

Um sich von der staatlichen Bevormundung zu befreien, kündigten die Chiefs an, dass man die Fischerei- und Jagdgesetze der Provinz Ontario, die die indigene Lebensweise beeinträchtigt hatten, nicht anerkenne. Man werde die Leute ermutigen und sie darin unterstützen, jederzeit in allen Gebieten des Treaty Nummer 9 für den Eigengebrauch zu jagen und zu fischen. Auch müsse das Trappen wieder überall und ohne Besteuerung möglich sein. Falls nötig, werde man die kanadischen Gerichtssäle im Kampf für indigene Rechte füllen. Schließlich habe man unter anderem das Recht auf Selbstbestimmung, Kompensationen für den Rohstoffabbau, mit den Regierungsvertretern auf Augenhöhe zu verhandeln und sich an andere Nationen zu wenden, um die Zielvereinbarungen des Treaty Nummer 9 zu verwirklichen.[737]

Die Geschichte des organisierten indianischen Widerstands reicht in die Zeit des Ersten Weltkriegs zurück. Damals meldeten sich über 4000 Indianer für den Dienst und kämpften für Kanada auf den Kriegsschauplätzen in Europa. Die Gründe, weshalb sie sich rekrutieren ließen, sind unterschiedlich. Sie versuchten der Trostlosigkeit der Reservate zu entfliehen, erhofften sich ein geregeltes Einkommen, versprachen sich Zusatzleistungen nach ihrer Rückkehr oder verspürten Abenteuerlust.[738] Auch zahlreiche Cree und Ojibwe aus dem nördlichen Ontario zogen in den Krieg. Ignace Gull erinnerte sich: »22 Leute aus Attawapiskat kämpften im Ersten Weltkrieg. Sie waren alle zwischen 18 und 20 Jahre alt. Mein Großvater kehrte nach fünf Jahren zurück. Er zog hinaus, um zu sehen, was es dort draußen in der Welt gibt. Er verließ seine Trapline, kam nach Halifax und dann nach England. Auch mein Onkel James Gull ließ sich rekrutieren. Er ist gefallen und liegt in Schottland begraben. Kriegskommissare, die die Soldaten rekrutierten, versprachen ihnen, dass sie nach ihrer Rückkehr genügend Land für eine Farm mit Kühen und Schweinen erhalten würden. Auch ein neues Haus mit fließendem Wasser und Strom sollten sie bekommen. Aber mein Großvater starb Jahre nach seiner Rückkehr in einer Einzimmerhütte. So hat man die Kriegsfreiwilligen für ihren Dienst behandelt.«[739]

Die Enttäuschung der indianischen Kriegsteilnehmer nach ihrer Rückkehr war groß. Sie hatten Seite an Seite mit nicht-indigenen Kanadiern gekämpft, von denen sie respektvoll als Kameraden behandelt wurden. Aufgrund ihrer traditionellen Fähigkeiten dienten sie unter anderem als Späher, Fährtenleser und Scharfschützen. Einige wurden wegen außerordentlicher Verdienste mehrfach mit Medaillen ausgezeichnet. Berühmtheit erlangte der Ojibwe Francis Pegahmagabow (1891–1952) aus dem Parry Island Reservat in Ontario, der sich nach dem Krieg als Chief und Aktivist für indigene Rechte einsetzte. Als erfolgreichster Scharfschütze des Ersten Weltkriegs tötete er 378 Gegner und machte etwa 300 Kriegsgefangene.[740] Genauso wie er hatten auch seine indianischen Kameraden nach Kriegsende auf eine bessere Zukunft in ihrer Heimat gehofft. Als Indianer wurden sie jedoch von den Leistungen, die den anderen Rückkehrern zustanden, weitgehend ausgeschlossen. Sie erhielten beispielsweise keine Möglichkeit, eine Farm zu errichten, während den nicht-indigenen Soldaten dafür sogar Reservatsland zugesprochen wurde. Für die indianischen Veteranen, von denen viele krank oder verletzt heimgekehrt waren, hatte sich trotz ihrer Verdienste für Kanada politisch, wirtschaftlich und sozial nichts geändert.[741]

Ironischerweise hatten Indianer aus allen Landesteilen Kanadas erstmals in Europa direkten Kontakt miteinander. Dabei erfuhren sie, dass die staatliche Unterdrückung nicht nur ihre eigene Nation betraf, und solidarisierten sich miteinander. Nachdem sich die Zustände nach Kriegsende nicht gebessert hatten, kam bei einigen die Idee auf, sich mit anderen Veteranen landesweit zu vereinigen, um dagegen anzukämpfen. Leutnant Frederick Loft (1861–1934), ein Mohawk der irokesischen Six Nations aus dem Grand River Territory in Ontario, gründete daher 1918 die League of Indians of Canada. Er lud Chiefs aus verschiedenen Landesteilen ein, um eine gemeinsame politische Agenda auszuarbeiten. Sprachbarrieren und geografische Distanzen verhinderten aber den längerfristigen Erfolg dieser ersten pan-indianischen Organisation. Die kanadische Regierung sah durch den aufkommenden Aktivismus ihr Assimilationsprogramm für Indianer in Gefahr und untersagte ihnen 1927 gesetzlich, politische Organisationen zu gründen.[742] Wenn auch die Vision einer nationalen Widerstandsbewegung vorläufig gescheitert war, so kam es trotz Verbot regional zu indianischen Vereinigungen, deren Mitglieder sich im Untergrund politisch organisierten. Einige sollen sich sogar als Bibelgruppen getarnt haben.[743]

Aus den Reihen der Irokesen am Grand River machte zeitgleich wie Frederik Loft ein weiterer Aktivist von sich reden. Es handelte sich dabei um den Cayuga-Chief Hi-Wyi-Iss (1883–1925), der auch General Levi oder, mit seinem indianischen Ehrentitel, Deskaheh genannt wurde. Auf einem im Reservat der Six Nations errichteten Gedenkstein steht: »1917 in den Rat der Sechs Nationen gewählt, wurde er 1921 zu dessen Sprecher ernannt. In Ottawa, London und Genf in der Schweiz verteidigte er das Recht der Sechs Nationen (…) auf ihre eigenen Gesetze, in ihrem eigenen Land zu leben und den Schöpfer in ihrer eigenen Weise anzubeten.«[744] Eine Gesandtschaft der Six Nations unter der Führung von Deskaheh reiste 1921 mit eigenen Pässen in die britische Hauptstadt, um der Regierung ihr Anliegen vorzutragen. Kolonialminister Winston Churchill erachtete die Sache jedoch als innerkanadische Angelegenheit und die Delegation musste unverrichteter Dinge zurückkehren. Im

Sommer 1923 überquerte Deskaheh erneut den Atlantik. Dieses Mal blieb er als offizieller Gesandter der Six Nations 18 Monate lang in der Schweiz. Er bezog in Genf ein Büro und versuchte für die staatliche Anerkennung der Irokesenliga bei Mitgliedstaaten des Völkerbunds zu lobbyieren. Obwohl es ihm gelang, Vertreter von Irland, Estland, Panama und Persien für die irokesische Unabhängigkeitsbewegung zu gewinnen, scheiterte sein Vorhaben und er durfte nicht vor der Versammlung sprechen. Der Völkerbund beurteilte die Sache nämlich als innerkanadische sowie britische Angelegenheit und hielt am Prinzip der Nichteinmischung in die Innenpolitik eines Mitgliedstaats fest.[745]

Die Kolonialgeschichte der Irokesen, die sich selbst Haudenosaunee, die Leute des Langhauses, nennen, verlief zwar völlig anders als jene der Cree und Ojibwe im nördlichen Ontario. Doch auch ihnen wurde die nationale Selbstbestimmung von Kanada abgesprochen. Dabei hatten vier der sechs Nationen der Irokesen-Konföderation im Amerikanischen Unabhängigkeitskrieg (1775–1783) auf britischer Seite gekämpft. 1779 äscherten amerikanische Truppen ihre Dörfer und Felder ein, was den Ackerbau betreibenden Haudenosaunee die Lebensgrundlage entzog. Zu ihrer großen Enttäuschung traten die Briten 1783 im Pariser Friedensvertrag zudem ihre traditionellen Gebiete im heutigen Bundesstaat New York an die USA ab. Aufgrund ihrer Loyalität zur Krone erhielten sie von dieser ein Jahr später nördlich des Eriesees in Ontario ein 3800 Quadratkilometer großes Landstück. Es sollte ihnen gehören, solange die Sonne scheint. Aber Landkäufe ließen es drastisch schrumpfen, sodass heute bloß noch 190 Quadratkilometer davon übrig sind. Die Irokesen verstanden sich stets als souveräne Nation und keinesfalls als Mündel irgendeiner europäischen Macht. Zunächst war es ihnen möglich, auf ihrem eigenen Territorium weitgehend autonom ihre Lebensweise fortzuführen. London mischte sich lange Zeit kaum in indianische Angelegenheiten ein, vollzog jedoch nach dem ersten Drittel des 19. Jahrhunderts einen Kurswechsel, der im rassistischen Indian Act von 1876 gipfelte. Dadurch waren auch die Haudenosaunee einer kolonialen Assimilationspolitik ausgesetzt.[746]

Als Deskaheh Anfang 1925 die Schweiz verließ und nach Kanada zurückkehren wollte, verweigerte ihm das Land die Einreise. Deshalb begab er sich im US-Bundesstaat New York ins Exil, wo er bei Freunden Aufnahme fand. Im März desselben Jahres hielt er, bereits von einer schweren Lungenerkrankung gezeichnet, seine letzte Rede, die von einem amerikanischen Radiosender übertragen wurde. Darin rief er nochmals mit Nachdruck zum Widerstand gegen große Nationen auf, die das Recht auf Selbstbestimmung kleiner Völker missachteten. Auch plädierte er für die Gleichheit aller Ethnien und gegen einen auf einer abstrusen Hautfarbenlehre beruhenden, biologischen Rassismus: »Fast jeder, der mir zuhört, ist ein Bleichgesicht, wie ich annehme. Ich bin es nicht. Meine Haut ist nicht rot, aber so werden meine Leute von anderen bezeichnet. Meine Haut ist braun, hellbraun, aber unsere Wangen sind leicht rötlich und deshalb werden wir von anderen Rothäute genannt. Das stört uns nicht. Denn unter unserer Haut gibt es keinen Unterschied, den ein Experte je mit einem Skalpell entdeckt hätte. Mein Zuhause liegt am Grand River. (…). Ihr würdet es Kanada nennen. Das tun wir nicht. Wir nennen das kleine, zehn Quadratmeilen umfassende Landstück, das uns übrig geblieben ist, das Grand-River-Land. Wir haben das Recht dazu. Es gehört uns.«[747]

Zudem hob Deskaheh die Beteiligung indianischer Nationen beim Aufbau der USA und Kanadas hervor. Entsprechend erachtete er es als beschämend, dass die beiden Staaten nun den Indianern ihr letztes Land entreißen wollten, und prangerte die damit verbundene, in euphemistische Begriffe verhüllte Unterdrückungspolitik an: »In Ottawa nennen sie dieses Konzept ›indianischen Fortschritt‹. In Washington nennen sie es ›Assimilation‹. Wir, die wir dabei hilflose Opfer sind, nennen es Tyrannei. Wenn dies bis zum bitteren Ende so weitergehen muss, ziehen wir es vor, dass ihr mit euren Waffen und Giftgasen kommt und uns auf diese Weise loswerdet. Macht es offen und ehrlich!«[748] Am 27. Juni 1925 erlag Deskaheh den Folgen einer schweren Lungenentzündung. In der Geschichtsschreibung der kanadischen Dominanzgesellschaft ist er mehrheitlich in Vergessenheit geraten. Aufgrund seines Kampfs für Freiheit und Unabhängigkeit gilt er den Irokesen und anderen First Nations als leuchtendes Vorbild, an dem sich auch indigene Aktivisten anderer Kontinente orientierten. Der damalige UNO-Generalsekretär Kofi Annan würdigte ihn 2004 in New York mit den Worten: »Chief Deskaheh wurde die Erlaubnis zum Sprechen (vor dem Völkerbund in Genf vor rund 80 Jahren) verweigert und er musste nach Hause zurückkehren, ohne seine Ziele erreicht zu haben. Aber seine Vision hat seither unzählige indigene Anführer dazu inspiriert, die Ziele ihrer Völker zu formulieren und zu verfolgen.«[749]

Nach Deskahehs Tod wurden in Kanada auf regionaler Ebene vereinzelte indianische Organisationen gegründet. Doch erst ab 1960 begann sich allmählich eine ernst zu nehmende nationale Widerstandsbewegung zu formieren. Ab nun durften die Indianer auch auf Bundesebene wählen gehen. 1967 gelang ihnen ein Überraschungscoup, mit dem sie ihre Situation national sichtbar machten und eine heftige Kontroverse in der kanadischen Öffentlichkeit auslösten. Ausgerechnet auf der Weltausstellung in Montreal, die als Höhepunkt der 100-Jahr-Feier Kanadas galt, provozierten sie in einem eigenen Pavillon mit politischen Statements und stellten die Kolonialgeschichte aus ihrer Perspektive dar. Die Veranstalter der Expo 67 waren eigentlich davon ausgegangen, im Indianerpavillon würden lediglich Kunstwerke, Kultgegenstände und Zukunftsvisionen präsentiert. Die meisten Besucher waren verblüfft und wollten nicht glauben, dass Menschen in Kanada derart miserabel behandelt wurden. Viele nahmen auch an, die Indianer würden übertreiben. Andere warfen ihnen Undankbarkeit vor, denn man hatte ihnen doch mit viel Mühe ein gutes Leben in der ›Zivilisation‹ ermöglicht. Auch wenn die Botschaft des Pavillons in der kanadischen Mehrheitsgesellschaft bald wieder verpuffte, war sie für die Indianer selbst von nachhaltiger Bedeutung. Ihre klaren Statements an der kanadischen 100-Jahr-Feier widerspiegelten nämlich ein neues Selbstwertgefühl und den Willen zum gemeinsamen Aktivismus.[750]

Die Bürgerrechtsbewegung in den USA, bei der sich die Afroamerikaner zwischen 1955 und 1968 gegen die Rassendiskriminierung in den Südstaaten wehrten, half indirekt auch den indianischen Widerstandsorganisationen in Kanada. Denn einige Journalisten begannen, die Situation der schwarzen Bevölkerung im Nachbarland mit jener der kanadischen Indianer zu vergleichen. Dies ließ Politiker aus dem linken Lager aufhorchen und nach konstruktiven Lösungen suchen.[751] Die New Democratic Party of Ontario veröffentlichte 1966 eine Broschüre mit dem Titel *Indians. Do We Care?* Darin war eingangs zu lesen: »Seit Generationen waren die Kanadier im Glauben, dass sich ihr ›Indianerproblem‹ von selbst löse. Indianer, die sich keine Mühe gaben, sich still in der weißen Bevölkerung zu integrieren, sollten in den Reservaten aussterben. Doch das passiert nicht. Die Kanadier sind nun gezwungen, den hässlichen Konsequenzen dieses ›versäumten Völkermords‹ ins Auge zu blicken. Sie werden gezwungen, zu verstehen, dass Armut ein Zustand ist, der durch die Gesellschaft geschaffen wird, und dass nur die Gesellschaft eine Lösung bieten kann. Die Indianer weigern sich zu verschwinden. Stattdessen sind sie zu einer der am schnellsten wachsenden Bevölkerungsgruppen Kanadas geworden.«[752]

1968 gründeten die Ojibwe Dennis Banks sowie Clyde und Vernon Bellecourt in Minneapolis im US-Bundesstaat Minnesota das American Indian Movement (AIM). Sie wehrten sich zunächst gegen die Polizeigewalt und die Verarmung der in die Städte abgewanderten Indianer. Der Bewegung schlossen sich zahlreiche Aktivisten aus verschiedenen Bundesstaaten an. Schon bald kämpfte die Organisation auch gegen sämtliche durch die koloniale Indianerpolitik der USA verursachten Benachteiligungen und gegen die Korruption in den Reservaten. Zudem setzte sie sich für die Bewahrung der indianischen Kultur ein. Ganz der Kriegertradition der Plains-Indianer verschrieben, schreckte sie auch vor Gewalt nicht zurück. Das AIM verstand es hervorragend, sein militantes Auftreten medienwirksam zu nutzen. Durch seine Aktionen erregte es sogar internationale Aufmerksamkeit, wie etwa 1973 bei der Besetzung von Wounded Knee im Pine-Ridge-Reservat in Süddakota. Damals bezogen 200 AIM-Mitglieder und Sympathisanten ihr Quartier an jener symbolträchtigen Gedenkstätte, bei der 1890 die US-Kavallerie etwa 300 wehrlose Indianer massakriert hatte. Durch diese Aktion protestierten sie gegen die unhaltbaren Zustände im Reservat. Dabei riefen sie auch die unabhängige Oglala-Nation aus. Nachdem das FBI und gegen 1000 Soldaten der Nationalgarde ihr Lager umstellt hatten und es zum Schusswechsel mit zwei toten Indianern und Verwundeten auf beiden Seiten gekommen war, kapitulierten die Aufständischen schließlich.[753]

Beamte des kanadischen Indianerministeriums beobachteten bereits Jahre vor der Besetzung von Wounded Knee die sogenannte Red-Power-Bewegung in den USA mit Argusaugen und sorgten sich, dass eine militante Organisation wie das AIM auch in ihrem Land Fuß fassen könnte. In der Tat fand diese in der indianischen Bevölkerung Kanadas zahlreiche Befürworter und hatte für viele Aktivisten Vorbildcharakter. Die Regierung in Ottawa verabschiedete 1969 ein Papier, das sie als »atemberaubendes staatliches Rezept für Gleichheit« anpries. Sie wollte damit sämtlichen Widerstandsbestrebungen den Wind aus den Segeln nehmen, goss jedoch erst recht Öl ins Feuer. Das von Premierminister Pierre Trudeau und seinem Minister für Indianerangelegenheiten, Jean Chrétien, vorgeschlagene *Statement of the Government of Canada on Indian Policy*, später als *White Paper* bezeichnet, rief massive Proteste in der indianischen Gesellschaft hervor. Es beinhaltete die Aufhebung des

Indian Acts sowie die Auflösung der Treaty-Rechte und des Indianerministeriums. Dadurch sollten die Indianer allen übrigen Kanadiern rechtlich gleichgestellt werden. Letztlich ging es darum, sämtliche kollektiven Sonderrechte durch individuelle zu ersetzen und aus der indianischen Bevölkerung Kanada-Indianer zu machen, die sich dann wie Italo-Kanadier oder Deutsch-Kanadier mit der Mehrheitsgesellschaft identifizieren sollten.[754]

Unmittelbar nach Veröffentlichung des *White Paper* kam es zur Neugründung mehrerer indianischer Vereinigungen in den Provinzen und einige bestehende formierten sich neu als aktive politische Gruppierungen. Viele dieser Organisationen traten 1970 der bereits seit drei Jahren bestehenden, aber bislang noch nicht zu einem Dachverband strukturierten National Indian Brotherhood (NIB) bei. Daraus entstand 1982 die Assembly of First Nation (AFN), der heute sämtliche 634 staatlich anerkannten First Nations angehören. Führende Chiefs der NIB, etwa der Secwepemc George Manuel (1921–1989) oder der Cree Harold Cardinal (1945–2005), organisierten in ganz Kanada indianische Massenversammlungen und machten Ottawa damit klar, dass das *White Paper* niemals akzeptiert würde. Die NIB wollte jedoch nicht bloß dagegen opponieren, sondern gleich mit einer eigenen politischen Agenda darauf reagieren. Im Juni 1970 legten ihre Anführer bei einem Treffen mit dem gesamten Trudeau-Kabinett das *Red Paper* vor. Dieses forderte, dass der rechtliche Indianerstatus nur mit Zustimmung der Betroffenen geändert werden dürfe. Zudem hielt es fest, dass »ausschließlich Indigene und indigene Organisationen die Möglichkeit und die Verantwortungen haben, die Prioritäten für ihre zukünftige Entwicklung zu setzen«.[755] Der Premierminister zog darauf das *White Paper* zurück, was die in der Hauptstadt versammelten Aktivisten mit einer von Trommeln und Gesängen begleiteten Zeremonie feierten.[756] Ihr politischer Erfolg zeigte den Indianern in ganz Kanada, dass sie gemeinsam einiges erreichen konnten.

Nishnawbe Aski Nation

Auch die Cree und Ojibwe im abgelegenen Norden Ontarios waren durch ihre Informanten in den städtischen Friendship Centres bestens über den indianischen Aktivismus im Süden informiert. Einige junge

Erwachsene, die mit der Red-Power-Bewegung sympathisierten, wollten sich selbst politisch engagieren. Darunter befand sich Andrew Rickard (1942–2006). Er stammte von der Insel Akimiski, die in der James Bay unweit vor Attawapiskat liegt. Auf der Trapline seiner Eltern aufgewachsen, war er tief in der Cree-Kultur verwurzelt. In den 1950er-Jahren musste sich seine Familie in Moose Factory an der südlichen James Bay niederlassen. Sie war von ihrem traditionellen Land weggedrängt worden, weil durch die vordringende Papier- und Wasserkraftindustrie die Wildbestände drastisch geschrumpft waren. Als Andrew Mitte 20 war, wurde er zum Chief von Moose Factory gewählt. Doch noch vor Ende seiner zweijährigen Amtszeit trat er zurück und schloss sich 1969 der gegen das *White Paper* gerichteten Widerstandbewegung an.[757] Jene, die ihn kannten, beschrieben ihn als jemanden, der ständig antizipierte und lieber etwas anstoßen wollte, als herumgestoßen zu werden. Im südlichen Kanada half er schließlich bei der Gründung der NIB mit.[758]

Nachdem die Regierung das *White Paper* zurückgezogen hatte, nahm sich Andrew Rickard mit einigen Mitstreitern wieder der Probleme in seiner Heimat an. Die Gemeinden der Cree und Ojibwe waren zwar bereits Mitglieder der Union of Ontario Indians. Diese war 1965 mit Geldern aus dem Fonds für die 100-Jahr-Feier Kanadas organisiert worden und betrieb ein kleines Büro in Toronto. Die Chiefs aus dem abgelegenen Norden fühlten sich jedoch von der Union nicht ausreichend gegenüber der Provinzregierung vertreten. Das Büro war zu weit entfernt und ein regionales ließ sich nicht finanzieren. Der Hauptgrund war aber, dass die Situation der Menschen im isolierten Nordontario nicht mit jener der Indianer im Süden, die Straßen hatten und nahe von Industriegebieten lebten, vergleichbar war. Nach mehreren Vorbesprechungen versammelten sich alle Chiefs aus dem Gebiet des Treaty Nummer 9 vom 21. bis 24. Februar 1973 im Empire Hotel in North Bay und beschlossen einstimmig, aus der Union of Ontario Indians auszutreten und den Grand Council Treaty No. 9 zu gründen. Sie wählten Andrew Rickard zu ihrem ersten Präsidenten, der später Grand Chief genannt wurde. Der Leitsatz der neuen Organisation lautete ›Einheit, Stärke, Erfolg‹.[759] Als Symbol und späteres Logo diente der an der Hudson und James Bay lebende Eisbär.

Die militanten Aktionen des AIM zur Durchsetzung politischer Ziele hatten Andrew Rickard schon seit Längerem inspiriert. Er und einige indianische Anführer dachten nach der Veröffentlichung des *White Paper* ernsthaft darüber nach, Flughäfen zu besetzen und Kabinettsmitglieder zu entführen.[760] Unmittelbar nach der Gründung des Grand Council, die zeitgleich mit der Besetzung von Wounded Knee zusammenfiel, verwies er darauf, im Notfall auch Gewalt anzuwenden: »Es ist mir bewusst, dass wir im Gebiet des Treaty Nummer 9 nur eine kleine Minderheit der kanadischen Bevölkerung repräsentieren. Ich sehe unsere Stimme als winzigen Funken in der Dunkelheit. Aber vergesst nicht, dass ein winziger Funken eine Explosion auslösen kann, die jede Machtstruktur erschüttert. Ich bete zum Großen Geist, dass nie jemand zu dieser Alternative greifen muss. Das Geschehen in Wounded Knee ist nicht zum Lachen. Dieselbe Situation kann sich rasch in Kanada entwickeln, wenn die Bundesregierung nicht auf unsere legitimen Forderungen eingeht.«[761]

Wally McKay war ein enger Weggefährte von Andrew Rickard. Er arbeitete seit 1974 für den Grand Council und wurde nach dem Rücktritt seines Freundes zum Grand Chief gewählt. Ich wollte von ihm wissen, wie er, Andrew und die übrigen damals jungen Chiefs, wie Dennis Cromarty oder Harvey Yesno, zum AIM standen, und er führte aus: »Die Besetzung von Wounded Knee hat uns auch in Kanada beschäftigt. Das Thema stand im Vordergrund und wir sagten uns: ›Wenn unsere Brüder in den USA so etwas fertigbringen, dann können wir das hier auch.‹ Jedenfalls engagierte ich mich auf kanadischer Seite im American Indian Movement. Viele unserer jungen Leute bewegten sich in dieselbe Richtung. Sie hatten in den Residential Schools furchtbare Erfahrungen gemacht, waren verletzt und verbittert. Sie hatten zwar überlebt, doch sahen das Überleben ihrer Kultur ernsthaft bedroht. Um dies zu ändern, waren sie bereit, gewisse Dinge zu tun. Ein Jahr nach Wounded Knee bewaffneten sich junge Leute aus dem Gebiet von Treaty Nummer 3. Sie besetzten den Anicinabe Park in Kenora. Zum Glück wurde niemand verletzt. Obwohl einige dafür ins Gefängnis mussten, realisierten wir, welch bedeutenden Einfluss wir hatten, wenn wir gemeinsam vorpreschten. Aber dann schritten unsere Elders ein und mahnten uns: ›Leute, seid vorsichtig! Wir haben Treaties hier. Wir haben nie mit Waffen gekämpft. Gewaltanwendung ist nicht unser Weg.‹ Das American Indian Movement hatte uns zwar eine mögliche Widerstandsweise gezeigt. Aber wir befolgten den Rat der Elders und konzentrierten uns auf unseren Treaty und wollten nach dessen Bestimmungen leben.«[762]

Andrew Rickard distanzierte sich Anfang 1978 in einem Zeitungsinterview vom AIM insofern, dass diese Organisation zwar wichtig sei, aber letztlich andere Ziele als die Nishnawbe Aski verfolge. Zudem kritisierte er die Verstrickung mit kommunistischen Aktionsgruppen sowie die damit verbundene internationale Ausrichtung und sagte: »Das AIM hat seinen Sitz in Toronto und ihre Anführer haben sich selbst ernannt. Leute des AIM aus ganz Nordamerika stehen zwar mit uns im Dialog, um zu erfahren, was wir tun, aber das AIM repräsentiert gewiss nicht unser Volk.«[763] Andrew und den Chiefs des Grand Council ging es in erster Linie darum, die eigene Nation im Gebiet des Treaty Nummer 9 zu einen und Identität zu stiften. Dies war sogar der Hauptgrund für die Unabhängigkeitserklärung von 1977, wie Wally McKay erläuterte: »Mit der Deklaration wollten wir nicht einfach eine Botschaft an die Mainstreamgesellschaft senden. Sie war auch an unsere eigenen Leute gerichtet. Wir wollten ihnen damit sagen: ›Wir können etwas bewegen!‹ Es ist schwer, Leute zu überzeugen, die kolonialisiert sind. Die Regierung hat eine Abhängigkeitsmentalität geschaffen. Daher tun sich unsere Leute mit dem Unabhängigkeitsgedanken so schwer. Dies ist eine unserer größten Herausforderungen. Es erinnert mich an die Geschichte der Israeliten, die während langer Zeit in Gefangenschaft lebten. Als sie Moses in die Freiheit führte, beschwerten sie sich bei jedem Problem und sagten ihm: ›Warum führst du uns hierher? Wir wollten das gar nicht. Weißt du, wir hatten zwar unsere Sklaventreiber, die uns die ganze Zeit schlugen, aber wir hatten wenigstens einen Wohnort.‹ Dasselbe passiert mit First Nations, die unzählige Jahre lang kolonialisiert wurden. Es ist nicht leicht, die Vergangenheit hinter sich zu lassen, wenn man nicht weiß, wie die Zukunft aussehen könnte.«[764]

Der Premierminister von Ontario, William G. Davis, hatte Andrew Rickard bereits am 30. Mai 1973 in einem Schreiben sein Interesse an einer Zusammenarbeit mitgeteilt.[765] Der Grand Council stand seither in direktem Kontakt mit Regierungsvertretern. Eine der wichtigsten Forderungen der Cree und Ojibwe war, dass sie künftig über die vom Staat vorgesehenen Gemeindegelder verfügen konnten, ohne jedes Mal als Bittsteller auftreten zu müssen. Zudem wollten sie von der Provinzregierung dieselben Mittel für den Aufbau von Infrastruktur und Bildungseinrichtungen, wie sie auch der nicht-indigenen Bevölkerung zustanden. Schließlich formulierten sie folgende Ziele, um die Arbeits- und Perspektivlosigkeit zu bekämpfen: sozio-ökonomische Entwicklung, bessere Bildungschancen für die Kinder, bessere Wohnmöglichkeiten, Investitionen in die Infrastruktur der Siedlungen und Realisierung von Ortsstraßen, Stromversorgung, Kläranlagen und sanitäre Einrichtungen in den Häusern, bessere allgemein- und zahnmedizinische Dienste, Alkohol- und Drogenprävention, Möglichkeiten für die Freizeitbeschäftigung und bessere Mittel für die Kommunikation mit der Außenwelt.[766]

Der Grand Council forderte von Ontario auch den Bau von sogenannten Eisstraßen, die im Winter allen isolierten Gemeinden einen Anschluss ans bestehende Straßennetz garantieren sollten. Dies sei eine Verpflichtung, da die Provinz auch im Süden den Straßenbau für die Allgemeinheit finanziere. Der Council argumentierte, das nördliche Ontario habe den tiefsten Lebensstandard der ganzen Provinz, aber gleichzeitig die höchsten Unterhaltskosten, weil sämtliche Fracht auf dem Luftweg geliefert werden müsse. Benzin sei beispielsweise im Norden viermal und Kartoffeln seien doppelt so teuer wie in den urbanen Zentren. Durch die Winterroad könnten diese Kosten beträchtlich gesenkt werden und es sei auch möglich, Elemente für den Häuserbau günstiger zu transportieren. Zudem könnten durch die Konstruktion und den Unterhalt Arbeitsplätze für Cree und Ojibwe geschaffen werden, was sich wiederum positiv auf das Selbstwertgefühl auswirke. Interessanterweise lehnte der Grand Council jedoch den Bau von Straßen, die das ganze Jahr befahrbar waren, ab. Es sei ein großer Fehler, anzunehmen, dass dadurch die unmittelbaren Probleme gelöst werden könnten: »Durch unsere Isolation von der allgemeinen Lebensweise der nicht-indianischen Gesellschaft sowie unser eigenes Wertesystem und unsere Art zu leben würden wir nicht damit fertigwerden, plötzlich und total der Außenwelt ausgeliefert zu sein. Permanente Straßen, die zu unseren Gemeinden führen, würden uns eher der Ausbeutung und den negativen statt positiven Charaktereigenschaften und Werten der nicht-indianischen Gesellschaft aussetzen.«[767]

Andrew Rickard und die Chiefs hatten die Probleme im nördlichen Ontario genau analysiert und den staatlichen Behörden konkrete Lösungsvorschläge unterbreitet. Explizit verwiesen sie darauf, dass das »sogenannte Indianerproblem durch die Weißen gemacht wurde und dessen Lösung einzig in der indianischen Selbstbestimmung zu suchen ist«.[768] Allzu lange waren die Cree und Ojibwe vom paternalistischen Staat bevormundet gewesen. Sie wollten sich nun endgültig davon emanzipieren und nahmen dabei auch eigene Fehler in Kauf, wie der Grand Council bekundete: »Als Organisation müssen wir unser Volk in allen sozialen, kulturellen und ökonomischen Belangen unterstützen, die unser Leben und dasjenige unserer Kinder prägen. Uns indianischen Menschen muss eine Gelegenheit gegeben werden, unsere eigene gesellschaftliche und wirtschaftliche Zukunft zu gestalten. Wenn wir dabei Fehler begehen, bitten wir nur darum, das Recht zu haben, unsere eigenen Fehler machen zu dürfen. Denn in der Vergangenheit mussten wir viel zu oft die Fehler anderer ausbaden.«[769]

Der Grand Council schickte auch Vertreter auf Reisen, um sich in anderen Ländern mit indigenen Aktivistengruppen zu vernetzen. Der für den Council als Treaty-Beauftragter arbeitende Ojibwe Fred Plain besuchte im August 1977 den Weltkongress indigener Völker im schwedischen Kiruna. Dort hielt er einen Vortrag, in dem er auf die vor einem Monat eingereichte Unabhängigkeitserklärung der Nishnawbe Aski Bezug nahm. Er betonte, dass es dabei weder um Separatismus noch um Gewaltanwendung gehe, sondern lediglich um Gleichberechtigung: »Wir leben als unglaublich armes Volk in einem Land, das mit Reichtum an Bodenschätzen gesegnet ist. Wir können keinen triftigen Grund unter der Sonne erkennen, weshalb wir von einem Tag zum nächsten von Sozialhilfe leben sollten. Wir sehen keinen berechtigten Grund, weshalb wir die Zukunft nicht selbst schrittweise planen, umsetzen und verwalten können.«[770] Dass sich dieser Weltkongress, der erstmals 1975 in der kanadischen Provinz British Columbia stattfand, weiterentwickelt habe, mache jedoch Hoffnung und sei inspirierend: »Vorbei war es mit dem Gefühl der Isolation, das uns so lange belastete und uns grundlegend daran hinderte, unsere traditionelle Lebensweise wieder aufzunehmen. Durch die National Indian Brotherhood und später durch den ständigen Dialog mit Indianern aus den Vereinigten Staaten sahen wir die Wiedergeburt des ›nordamerikanischen Geists‹ und des ›Geists des freien Menschen‹. Als wir die wirkungsmächtige Deklaration der Indigenen Völker der Welt (…) lasen, sahen wir den freien Geist emporsteigen wie ein Schmetterling aus seinem Kokon.«[771]

Nach seinem Aufenthalt in Europa hielt Fred Plain fest: »Die ganze Reise und die Weltkonferenz waren eine äußerst wertvolle Erfahrung für mich und ich hoffe, dass sie sich in meiner zukünftigen Arbeit im nördlichen Ontario niederschlagen wird. Zu sehen, dass uns das Volk der Sami mit seinen ähnlichen Problemen so nahesteht, überbrückte die meilenweite Entfernung. Die Gefühle des Volks der Koori in Australien, der Indigenen von Hawaii und der indianischen Völker Zentral- und Südamerikas zu hören, hat diesen Graben wirksam überbrückt, der uns vor einer

Konferenz wie dieser isoliert hat dastehen lassen. Wir haben realisiert, dass wir diese Art von Zusammenarbeit zwischen allen Indigenen brauchen und dass die restliche Welt dazu gebracht werden muss, zu verstehen, dass es Völker gibt, die nicht Teil der entwickelten Nationen oder der Dritten Welt sind, und dass diese Völkerwelt gehört und wahrgenommen werden muss.«[772]

Fred trug während seiner Mission bereits selbst zur weiteren Sichtbarkeit der Nishnawbe Aski bei. Denn wie einst Deskaheh und weitere Irokesen reiste er mit einem selbst angefertigten indianischen Pass nach Europa. Da er damit im dänischen Grönland, Finnland und Schweden einreisen und bei der Rückkehr auch den Zoll in Kanada passieren konnte, gab er augenzwinkernd zu verstehen, dass diese vier Staaten die Unabhängigkeitserklärung der Nishnawbe Aski anerkannt hätten. Mit dieser Story schaffte er es sogar auf die Titelseiten einiger Zeitungen.[773] Das Verwenden eigener Reisepässe war für die Indigenen jedoch ein symbolisches Zeichen ihres Widerstands und Ausdruck dafür, dass sie keine andere Macht außer dem Großen Geist über ihrer Nation akzeptierten. Die meisten fühlten sich nicht als Kanadier und wollten es nicht hinnehmen, dass sie bei der Einreise in ein anderes Land einen kanadischen Pass auf sich tragen mussten. In ihrem Verständnis waren Grenzen etwas Menschgemachtes und Künstliches. Sonny Fiddler brachte es so auf den Punkt: »Als Nishnawbe aus Kanada weiß und glaube ich, dass es für uns keine Grenzen gibt. Wir können umherziehen, wie es uns gefällt. Persönlich anerkenne ich keine Grenzen. Weshalb sollte es Grenzen geben? Wir waren die First Peoples und wir sind die First Peoples.«[774] Dass die Realität inzwischen freilich anders aussieht, liegt daran, dass sich ein den Cree und Oijbwe fremdes Nationalstaatsprinzip durchgesetzt hat und ihnen keine andere Möglichkeit blieb, als kanadische Staatsbürger zu werden.

Fred Plain besuchte im Januar 1978 die Navajo Nation in den US-Bundesstaaten New Mexico und Arizona. Danach konnte der Grand Council vorläufig aber keine weiteren Auslandsreisen mehr durchführen, da er sich verschuldet hatte. Neben Kosten für Lohnzahlungen und Büromiete waren vor allem Kampagnenführungen, die mit aufwendigen Recherchen verbunden waren, ins Geld gegangen. Seit Mitte der 1970er-Jahre hatte sich der Grand Council gegen vier wirtschaftliche Großprojekte zur Wehr gesetzt. Erstens stand der international tätige Papierproduzent Reed mit Ontario in Lizenzverhandlungen zur Nutzung einer Waldfläche, die mit 49 000 Quadratkilometer größer als die Schweiz war. Die Abholzung von 360 Quadratkilometer Wald war bereits beschlossen. Zweitens sollte eine Gas-Pipeline das traditionelle Land durchqueren. Drittens war geplant, am Moose River unterhalb der südlichen James Bay ein Wasserkraftwerk zu errichten, um ein nahe gelegenes Kohlebergwerk mit Strom zu versorgen. Viertens schien auch eine Umleitung der Flüsse, die in die Hudson und James Bay mündeten, für die Trinkwasser- und Stromversorgung im südlichen Kanada und den USA nur noch eine Frage der Zeit zu sein. Diese vier Großprojekte hätten für die Cree und Ojibwe erhebliche, sogar existenzbedrohende Auswirkungen gehabt. Tausende Menschen hätten umgesiedelt werden müssen und ihre Heimat verloren.[775]

Die vom Grand Council lancierte Kampagne gegen die Abholzung der riesigen Waldfläche auf Ojibwe-Gebiet fand auch zahlreiche Unterstützer in der nicht-indigenen Bevölkerung. Sie war schließlich erfolgreich und führte dazu, dass Ontario 1977 die Royal Commission of Northern Environment gründete. Diese musste fortan bei geplanten Projekten nördlich des 50. Breitengrads mögliche Auswirkungen auf die Umwelt untersuchen.[776] Doch die teure Kampagne hatte auch dazu geführt, dass der Grand Council sein Budget, das größtenteils durch staatliche Gelder für die Gemeindeentwicklung gedeckt wurde, stark überziehen musste. Ende 1978 wies die Organisation ein Defizit von 250 000 Dollar aus und stand vor dem Konkurs.[777] Andrew Rickard war im Herbst desselben Jahres zurückgetreten und hatte den Stab an Wally McKay übergeben. Diesem gelang es durch diverse Sparmaßnahmen, den Grand Council finanziell zu sanieren und eine solide Ausgangslage für die Zukunft zu schaffen.[778]

Inzwischen interessierten sich auch jene Gemeinden im nördlichen Ontario, die Unterzeichner des Treaty Nummer 5 waren, dem Grand Council Treaty No. 9 beizutreten. Daher wurde der Name 1981 intern in Nishnawbe Aski Nation (NAN) geändert. Nach einer Umstrukturierung des Grand Council wurde die NAN zwei Jahre später als offizielle Nachfolgeorganisation gegründet. Heute hat sie ihren Hauptsitz in Thunder Bay und repräsentiert ungefähr 45 000 Menschen in 49 First Nations, von denen 30 nur auf dem Luftweg erreichbar sind. Die Reservatssiedlungen sind auf dem traditionellen Territorium der Cree und Ojibwe verstreut, das größer ist als die gemeinsame Fläche Deutschlands, Österreichs, der Schweiz, der Niederlande und Belgiens und etwa zwei Drittel der Provinz Ontario abdeckt. Die NAN wird von einem Grand Chief sowie drei Deputy Grand Chiefs geführt. Sie beschäftigt über 100 Mitarbeitende in verschiedenen Abteilungen wie ›Bildung‹, ›Infrastruktur und Wohnen‹, ›Umwelt, Energie und Klimawandel‹ oder ›Regierungsangelegenheiten und Umsetzung des Treaty‹. Ihr Hauptziel besteht darin, die sozialen und wirtschaftlichen Interessen ihrer Bevölkerung aus dem nördlichen Ontario bei den Regierungen Kanadas und Ontarios zu vertreten und ihr dadurch ein besseres Leben zu ermöglichen. Um die Probleme und Herausforderungen, denen die Cree und Ojibwe ausgesetzt sind, wirksam anzugehen, kämpft sie weiterhin für Selbstbestimmung und spirituelle, kulturelle, soziale und wirtschaftliche Unabhängigkeit.[779]

Es mag erstaunen, dass sich auf den ersten Blick seit Gründung des Grand Council vor fast 50 Jahren hinsichtlich Lebensbedingungen im nördlichen Ontario nicht sonderlich viel geändert hat. Nach wie vor ringen die Menschen mit einer schlechten Infrastruktur, verseuchtem Trinkwasser, Arbeits- und Perspektivlosigkeit, bitterer Armut und extrem hohen Lebenskosten sowie Alkohol- und Drogenproblemen. Die Wohnungsnot ist inzwischen sogar gravierend geworden. Auch die indianische Sprache droht vollends vom Englischen verdrängt zu werden. In den meisten Gemeinden können Kinder und Jugendliche mit jenen Elders, die ausschließlich Cree oder Ojibwe sprechen, nicht mehr richtig kommunizieren. Die ganze Tragik der Situation wird zudem regelmäßig von Selbstmordwellen überschattet.

Dennoch gibt es bei genauerem Hinsehen auch einige positive Entwicklungen. Die NAN hat beispielsweise erreicht, dass heute alle abgelegenen Reservatssiedlungen einen eigenen Flugplatz betreiben und mit einer saisonalen Winterroad jährlich einige Wochen mit dem kanadischen Straßennetz verbunden sind. Mit Wasaya Airways existiert seit 1989 eine Fluggesellschaft mit indigener Mehrheitsbeteiligung, die verschiedene Ortschaften im nordwestlichen NAN-Territorium bedient. 2018 wurde sie vollständig von zwölf First Nations übernommen.[780] Auch andere Gesellschaften mischen im Fluggeschäft im nördlichen Ontario mit und die Gemeinden sind täglich erreichbar. 1994 unterzeichneten Kanada, Ontario und die NAN ein Abkommen, auf dessen Grundlage eine indianische Polizeieinheit, der Nishnawbe Aski Police Service (NAPS), geschaffen wurde. In der Folge ersetzten NAPS-Polizisten, die indigener Herkunft sind oder ein grundlegendes Verständnis der Kultur der Cree und Ojibwe mitbringen, die Beamten der Ontario Provincial Police für den Dienst in den Reservaten. Geführt wird die

NAPS von einem Verwaltungsrat, der sich aus Mitgliedern der einzelnen Tribal Councils der NAN zusammensetzt.[781] Auch wurden Bildungsorganisationen gegründete, wie etwa der seit 1979 bestehende Northern Nishnawbe Education Council. Dieser wird von 24 First Nations aus dem Bezirk von Sioux Lookout getragen und führt die Dennis Franklin Cromarty Highschool in Thunder Bay. Dort werden den Schülern aus den abgelegenen Reservaten neben westlicher Bildung auch die wesentlichen Aspekte ihrer indigenen Kultur vermittelt.[782] Schließlich wurde in Timmins das Cree and Ojibwe Cultural Centre realisiert. Es wurde seit 1975 kontinuierlich aufgebaut und beherbergt neben einer Bibliothek mit indigener Literatur auch ein frei zugängliches Archiv mit historischen Dokumenten zur Geschichte der NAN und ihrer Gemeinden. Zudem fördert es, gemeinsam mit anderen Institutionen, wie etwa das Kwayaciiwin Education Resource Centre in Sioux Lookout, die Wiederbelebung der indianischen Sprache.[783]

Aufbegehren gegen Unterdrückung und Diskriminierung

Wenn ich in einer First Nation, die ich besuchte, ins Band Office kam, fielen mir oft die an den Wänden angebrachten Landkarten des traditionellen Territoriums auf. Darauf waren die verschiedenen Nutzungsarten des Landes detailliert dargestellt. Sie wurden teilweise schon in den 1970er-Jahren in Zusammenarbeit mit Elders angefertigt und zeigen etwa die Traplines der einzelnen Familien, Orte für spirituelle Zeremonien, Grabstätten, Lager- und Versammlungsplätze oder wo jemand geboren wurde. Zudem sind auf den Karten verschiedene Tiersymbole eingezeichnet, die festhalten, an welcher Stelle beispielsweise ein Biber oder ein Elch in einem bestimmten Zeitraum erlegt wurde. All dies führt dem Betrachter eindrücklich vor Augen, dass das gesamte Land seit Menschengedenken rege genutzt wurde. Damit treten die Cree und Ojibwe der behördlichen Ignoranz entgegen und verweisen darauf, dass das von Kanada und Ontario beanspruchte Territorium in Wirklichkeit viel mehr beinhaltet als nur biologische und geologische Aspekte wie Artenvielfalt und Rohstoffvorkommen, die auf den staatlichen Landnutzungsplänen erfasst werden. Das Land stellt letztlich die Lebensgrundlage und Identität der indigenen Zivilisation dar.[784] Dazu gehören auch die Geschichten, die es erzählt. Viele Gemeinden haben inzwischen alle

Gewässer und Orte auf ihren Landkarten mit den ursprünglichen indigenen Namen versehen. Die Mehrheit der etwa 200 000 Seen im NAN-Gebiet der Nishnawbe Aski Nation werden offiziell als ›namenlos‹ bezeichnet, was darauf verweist, dass die Behörden im fernen Ottawa überhaupt keinen Bezug zu diesen Gewässern haben. Für die Indigenen hingegen trägt selbst ein Flussabschnitt oder ein kleiner Tümpel einen Namen und berichtet von einem Ereignis, das sich dort zugetragen hat.

Der Elder Allan Beardy aus Muskrat erklärte mir: »Ich verstehe das Wort ›Entdeckung‹ nicht, vor allem wenn man bedenkt, dass sich Kolumbus verirrt hatte. Dabei waren wir schon immer hier. Und jetzt tragen wir all diese Namen ein, um zu beweisen, dass das Land eine Geschichte hat. Siehst du, dieser See hier und selbst diese Stromschnelle erzählen von einem Ereignis! Sie dokumentieren traditionelle Aktivitäten, Legenden und Erlebnisse von Menschen aus der Vergangenheit. Dagegen ergeben die Bezeichnungen der Behörden oder die englischen Übersetzungen von Ortsnamen meist überhaupt keinen Sinn! Wir beabsichtigen, aufgrund dieser Karten ein Buch zu machen, um die Geschichten unseres Landes zu erzählen. Wir wollen das alles drucken und an den Schulen verteilen. Auch ist es wichtig, dass wir uns an die letzten Ruhestätten der Elders, die noch auf dem Land bestattet wurden, erinnern. Wir kartografieren diese Orte, damit später dort niemand nach Bodenschätzen wühlt oder eine Straße baut.«[785]

Überall wo ich im hohen Norden Ontarios hinkam, begegneten mir Menschen, die es nicht mehr länger akzeptierten, wie der Staat mit ihnen umging und die sich gegen die koloniale Unterdrückung zur Wehr setzten. Mit all den einzelnen Geschichten ihres persönlichen Widerstands könnte man ein weiteres Buch füllen. Drei konkrete Beispiele möchte ich im Folgenden kurz wiedergeben. Da wäre zunächst Edmund Metatawabin, ein ehemaliger Chief aus Fort Albany und Überlebender der Residential School. Er errichtete mit seiner Familie ein achteckiges Blockhaus in einem Waldstück oberhalb des Flussufers. Von der Struktur her ist es einem Hogan, einer traditionellen Unterkunft der Navajo, nachempfunden. Da es außerhalb des Reservats steht, drohten ihm die Behörden bereits vor Jahren mit Abriss. Dieses Wohnhaus war ganz anders als die sonst einheitlichen Reservatsbauten, die der Staat anliefern ließ.

Ich fragte Edmund, weshalb er sein Haus außerhalb der Reservatsgrenzen baute, und er antwortete mir: »Ich habe mich nicht um die

Meinung der Behörden gekümmert. Denn ich habe gelernt, aus diesem gedanklichen Gefängnis auszubrechen. Wir müssen wieder unseren eigenen Weg gehen. Man trichtert uns ein, wir müssten auf dem Reservatsgebiet leben, um ein Haus, Sozialhilfe und Bildung zu erhalten. Sie können uns damit drohen, dass uns all dies verwehrt bleibt, wenn wir ihnen nicht folgen. Doch ich scherte mich nicht darum. Warum soll ich mein Haus in einem Reservat aufstellen, das uns der Staat gegeben hat und das nur 88 Acres groß ist? Das ist ein sehr, sehr kleines Landstück. Sollte ich dort glücklich sein? Ich brauche doch Raum für meine Kinder, damit diese spielen können. Es muss frei von Stress und Enge sein. Auch sollte man nicht zu nahe bei anderen bauen. Ich lebe besser so, wie es meine Großväter getan haben, und zwar auf einem guten Landstück mit viel Platz und Privatsphäre. Es ist ein Ort, der zu mir passt. Ich wohne neben dem Fluss, damit ich mein Boot gebrauchen und meiner Lebensweise folgen kann. Dieses Blockhaus hat acht Ecken. Die Türe ist der Ostseite zugewandt. Das sind sehr bedeutende Symbole für mich. Ein kreisförmiger Innenraum zeigt, dass wir nichts zu verbergen haben. Wir sind eine Familie. Alle sehen einander, weil wir alle zusammenleben. Niemand ist in seinem kleinen Zimmer isoliert. Die Kinder können in diesem großen Raum mit uns zusammen sein und tun, was immer sie wollen. Sie gehen nach draußen, um zu spielen, zu arbeiten, Freunde zu treffen, und wir sehen sie immer, wenn sie heimkommen. Und das ist gut. Wir sind glücklich, wenn sie heimkommen. Wir sind auch glücklich, wenn sie Freunde mitbringen.«[786]

In Kitchenuhmaykoosib Inninіwug (KI) unterhielt ich mich mit dem langjährigen Chief Donny Morris und dem administrativen Gemeindeleiter Samuel McKay über eine folgenschwere Protestaktion. Die beiden waren nämlich zusammen mit vier Councilors im März 2008 in Thunder Bay verhaftet und zu sechs Monaten Gefängnis verurteilt worden. Vorausgegangen war ein Rechtsstreit mit Platinex. Das kanadische Bergbauunternehmen wollte auf dem traditionellen Land von KI Sondierbohrungen nach Platin durchführen. Es besaß dafür eine Lizenz von Ontario. Die Gemeinde wehrte sich dagegen und wurde angeklagt. Im Oktober 2007 entschied ein Gericht zugunsten von Platinex. Doch die Gemeindeleitung hinderte die Flugzeuge des Unternehmens weiterhin an der Landung. Einer erneuten Klage von Platinex wurde stattgegeben und es kam zur Verhaftung des Chiefs und der Councilors. Dass fast die gesamte Leitung einer indianischen Gemeinde hinter Gitter kam, nur weil sie sich für den Schutz ihres traditionellen Landes eingesetzt hatte, erregte mediale Aufmerksamkeit. In ganz Kanada und auch in anderen Ländern solidarisierten sich Menschen mit den Oji-Cree aus KI und es kam zu mehreren Kundgebungen in Thunder Bay, Toronto und Ottawa. Ein Appellationsgericht kam Ende Mai 2008 zum Schluss, dass die Strafe unverhältnismäßig hoch angesetzt gewesen sei, und entließ Donny Morris und seine Mitstreiter nach 68 Tagen Haft in die Freiheit.[787]

Samuel McKay erklärte mir die damaligen Umstände aus seiner Sichtweise: »Jahrelang kam es auf unserem Land ohne unsere Zustimmung regelmäßig zur Ausbeutung von Bodenschätzen. Platinex beanspruchte ein Gebiet am Südufer des Big Trout Lake. Die Firma hatte zuvor mit ehemaligen Ratsmitgliedern unserer Gemeinde und auch mit einigen Familienmitgliedern, die dort ihre Traplines haben, Gespräche geführt. Das betrachtete sie als Konsultation. Aber sie hat außer Acht gelassen, dass alles, was in einer First Nation geschieht, kollektiv ist. Es gibt keinen privaten Landbesitz. Als die Gemeinde herausfand, was Platinex vorhatte, protestierte sie und errichtete Blockaden. Wir forderten die Firma auf, zu gehen. Doch sie legte dar, sie hätte mit einzelnen Familien gesprochen und deren Erlaubnis erhalten. Aber das ist doch eine kollektive Angelegenheit. Zudem haben wir herausgefunden, dass sie nur 17 Kilometer vom Südufer entfernt eine offene Mine errichten und dafür zwei Seen trockenlegen wollte. Diese beiden Gewässer sind jedoch mit unserem See verbunden. Daher wären wir von allen Auswirkungen direkt betroffen gewesen und wehrten uns. Wir sind nicht grundsätzlich gegen Entwicklung, doch wir möchten, dass alles verantwortungsvoll geschieht und wir einbezogen werden. Aber Platinex meinte: ›Es handelt sich um Land der britischen Krone und es gehört der Provinz. Ihr habt hier nichts zu melden!‹ Nein, wir haben wohl was zu sagen, denn es ist unsere Heimat. In diesem Gebiet jagen und fischen Menschen, Tiere durchwandern es und Fische laichen in den Gewässern. Zudem wachsen dort wertvolle Heilpflanzen. Und wenn nun an dieser Stelle Bodenschätze abgebaut werden, etwas schiefgeht und das Wasser verseucht wird, dann fließt das ganze Gift über zwei Flüsse direkt in unseren See. Daher werden wir dies niemals zulassen.«[788]

Was dann passierte, schilderte mir Chief Donny Morris: »Wir wurden gebeten, nach Thunder Bay vor Gericht zu gehen. Und als wir zum Gerichtsverfahren gingen, hieß es, wir sollten uns in den unteren Stock begeben. Und das Nächste, was ich weiß, ist, dass ich hinter Gittern war.

Man hatte uns zu sechs Monaten verurteilt. Das Traurige war, dass ich meine Frau lange nicht mehr sehen konnte. Und völlig erniedrigend für mich als Chief war, dass ich mich vor den Gefängniswächtern ausziehen musste. Das war für mich, aber auch für die Menschen, für die ich mich einsetzte, entwürdigend. Als Anführer zu dieser Zeit habe ich Kitchenuhmaykoosib Inniniwug (KI) repräsentiert. Ich fühlte mich sehr gedemütigt. Denn ich weiß nicht, ob es die kanadische Gesellschaft akzeptieren würde, wenn aus irgendwelchen Gründen Justin Trudeau hier wäre und ich ihm befehlen würde, sich zu entkleiden und einer Leibesvisite zu unterziehen. Doch das hat der Staat mit uns gemacht, als er mir das antat. Ich war doch kein Krimineller! Vielleicht habe ich ihre Gesetze übertreten, aber wir haben unser eigenes Recht, dessen erster Grundsatz lautet: Wir sind es, die hier leben!«[789]

Nach der Freilassung erhielten Chief und Council zahlreiche Glückwünsche aus aller Welt wie etwa aus Australien, England oder Palästina. 2012 wurden Donny Morris und seine Frau sogar nach Neuseeland eingeladen, um über ihre Erlebnisse mit Platinex zu sprechen. Die Firma hatte 2009 nochmals erfolglos versucht, mit einem Wasserflugzeug im besagten Gebiet zu landen, wurde aber vom Chief mit einem Motorboot daran gehindert. Darauf verklagte sie die Provinz Ontario auf 70 Millionen Dollar Schadenersatz. Durch eine Vergleichszahlung von 5 Millionen ließ sie die Klage fallen. Ontario reformierte in der Folge die Bergbauvorschriften, vor allem was die Konsultation mit First Nations betraf.[790] Platinex hat seither keine weiteren Sondierungen am Big Trout Lake mehr vorgenommen. Im Januar 2020 gab das Unternehmen jedoch bekannt, mit Chief Donny Morris betreffend Abbau von Platin, Palladium und Rhodium wieder Gespräche führen zu wollen. Man versuche KI für eine Zusammenarbeit zu gewinnen, weil gerade diese Rohstoffe für saubere Katalysatoren im Kampf gegen den Klimawandel eine wichtige Bedeutung hätten.[791] Auch wenn diese Ankündigung mit Verweis auf ein kritisches Umweltbewusstsein des Unternehmens irgendwie ironisch anmutet, so zeigt sie doch, dass die Anliegen von KI nun ernst genommen werden. Wieweit eine faire und umweltverträgliche Kooperation möglich sein wird, bleibt jedoch abzuwarten.

Im letzten Beispiel geht es um die Benachteiligung indigener Kinder im Bildungswesen. Eine gute Ausbildung ermöglicht eine solide Persönlichkeitsentwicklung und ist der Schlüssel für eine erfolgreiche Zukunft. Leider haben im nördlichen Ontario die Schüler verglichen mit jenen im urbanen Süden bei Weitem nicht dieselben Chancen und liegen arg im Rückstand. Nelson Makoop vom indigenen Bildungszentrum Kwayaciiwin in Sioux Lookout erkärte mir die Ursachen dafür: »Das Problem im Bildungssystem des Nordens ist die Unbeständigkeit der Lehrpersonen. Viele geben ihre Stelle sogar mitten im Schuljahr auf. Wenn ein Lehrer drei Jahre bleibt, ist das schon lange. Die meisten kündigen früher. Dies wirkt sich auf die Leistungen der Schüler aus. Sie werden immer schlechter, weil sie keine feste Bezugsperson haben. Lehrpersonen kommen auch wegen der Isolation der Reservate und den extrem hohen Lebenskosten nicht. Außer sie sind wirklich vom Norden und vom Leben im Freien begeistert. Doch wenn jemand ein Großstadtmensch ist, bekommt er einen Kulturschock. Wir erhalten in der Regel nur Lehrkräfte, die gerade das College abgeschlossen haben. Sie sind jung, haben keine Erfahrung und es ist eine Art Experimentierfeld für sie. Es geht also weniger darum, dass die Kinder etwas lernen, sondern dass junge Lehrer Praxiserfahrung sammeln können.«[792] Ferner seien auch die Lehrerlöhne tiefer und die Schulen chronisch unterfinanziert.

Da die Schulgelder für die Reservate vom Ministerium für indianische Angelegenheiten, also von Kanada und nicht von der Provinz, bereitgestellt werden, gibt es große Unterschiede. Auf einen indigenen Schüler im NAN-Gebiet entfielen 2009 beispielsweise lediglich 9000 Dollar pro Schuljahr im Vergleich zu einem im urbanen Süden, für den Ontario 17000 Dollar bezahlte.[793] Wenn man die Bildungsabschlüsse miteinander vergleicht, dann sieht das Ergebnis für das gleiche Jahr wie folgt aus. Zehn Prozent der Menschen aus der nicht-indigenen Bevölkerung Ontarios hatten einen Universitätsabschluss, 18 Prozent ein College-Diplom und 27 Prozent einen Highschool-Abschluss. Bei den Cree und Ojibwe im NAN-Gebiet schlossen lediglich ein Prozent die Universität, sieben Prozent das College und zwölf Prozent die Highschool ab.[794] Gewiss lassen sich diese Zahlen nicht ausschließlich aufgrund von Unterfinanzierung und Unbeständigkeit des Lehrkörpers erklären. Auch andere Faktoren wie soziale Probleme in den First Nations sind mitverantwortlich. Doch den Reservatsschulen fehlt es oft an Unterrichtsmaterialien und einer zufriedenstellenden Infrastruktur.

Ein besonders krasser Fall staatlicher Vernachlässigung stellt die Geschichte der 1976 errichtete Primarschule in Attawapiskat dar.[795] Die Gebäudeheizung wurde mit Diesel, der von einem Großtank in der Nähe der Kirche über eine unterirdische Röhre zugeführt wurde, betrieben.

Wegen eines Lecks trat der Brennstoff bereits in den 1980er-Jahren aus und verseuchte kontinuierlich den Untergrund des Schulhauses. Insgesamt gelangten schätzungsweise 150 000 Liter Diesel in den Boden. Zunehmend stiegen toxische Dämpfe auf und breiteten sich in den Klassenzimmern aus. Jahrelang klagten Schüler regelmäßig über Kopfschmerzen und Übelkeit. Viele litten auch an chronischem Nasenbluten und anderen Krankheiten. Bei so einem Vorfall wäre in jeder nichtindigenen Gemeinde Kanadas sofort durch die Behörden der Notstand ausgerufen und reagiert worden. Doch für die Bürokraten im weit entfernten Ottawa schien das Schicksal einer Schule in einem abgelegenen Indianerreservat keine Priorität zu haben.

Erst als die Situation 2000 unhaltbar wurde, die Eltern und Kinder laut demonstrierten und der Gemeinderat der First Nation die Schule schloss, ließ das Ministerium für Indianerangelegenheiten ein paar Baracken anliefern. Diese konnten jedoch im eiskalten Winter im nördlichen Ontario, in dem minus 40 Grad Celsius keine Seltenheit sind, nicht richtig beheizt werden und boten längerfristig keinen Ersatz für eine schülergerechte Bildungseinrichtung. Für einen Schulhausneubau sprach das Ministerium jedoch kein Geld zu und die Kinder mussten weiterhin mit den überfüllten Baracken vorliebnehmen. 2007 entschied sich die damals 13-jährige Shannen Koostachin, deren zwei Jahre ältere Schwester Serena bereits in Ottawa für eine neue Schule demonstriert hatte, diese Situation nicht mehr länger hinzunehmen. Gemeinsam mit ihren Mitschülern der achten Klasse schickte sie Briefe an die Regierung und weitete den Protest ein Jahr später auf Youtube und soziale Netzwerke aus. Dadurch wurde auch der kanadische Parlamentarier Charlie Angus auf die junge Aktivistin aus Attawapiskat aufmerksam und unterstützte ihre Kampagne. Shannen sprach an Konferenzen zu den Medien und hielt eine Rede auf den Treppen von Parliament Hill in Ottawa. Sie wurde zum Gesicht einer jungen indianischen Generation im nördlichen Ontario, die bislang unsichtbar geblieben war. Im ganzen Land begannen sich Schulklassen mit ihr zu solidarisieren und übten Druck auf die Regierung aus. Was Shannen verlangte, war lediglich, dass alle Kinder in Kanada die gleichen Bildungschancen erhielten. Tragischerweise kam sie 2010 durch einen Autounfall kurz vor ihrem 16. Geburtstag ums Leben. Zwei Jahre später fuhren die ersten Bagger in Attawapiskat auf und begannen ihren Traum zu verwirklichen.

Die Kattawapiskat Elementary School ist schön geworden. Es herrscht eine lernfreundliche Atmosphäre, die Klassenzimmer sind hell und mit modernsten Unterrichtshilfen wie Tablets und Smart Boards eingerichtet. Symbole aus der Cree-Kultur sind in die Innenarchitektur integriert. Oben in der großen Eingangshalle leuchtet ein Glasmosaik. Es zeigt Shannen Koostachin. Sie tanzt in ihrem blau schimmernden, mit Adlern und Sternen verzierten Kleid, das sie an Powwows trug. Darunter steht ihr Motto, mit dem sie als junge Aktivistin den anderen Kindern Mut machte: »Gebt die Hoffnung nie auf. Steht auf. Nehmt eure Bücher und geht zur Schule.« In North Bay traf ich ihre ältere Schwester Serena, die sich an ihrer Seite für die neue Schule engagiert hatte. Sie erzählte mir, weshalb Shannen den Kampf aufnahm: »Sie war immer schon ein lebendiges kleines Mädchen. Sie hatte einfach diese natürliche Stärke und ein großes Herz. Wenn sie für die Schule kämpfte, machte sie dies voller Leidenschaft und dachte dabei immer an die Kinder zu Hause im Reservat. Als sie das erste Mal in New Liskard die Highschool betrat, kam sie aus dem Staunen nicht mehr heraus. Sie fragte mich: ›Wow, sieht so eine echte Schule aus?‹ Denn alles, was sie bislang kannte, waren diese Baracken. Das war der entscheidende Moment. Sie wollte, dass alle Kinder eine Schule hatten, in der sie sich wohlfühlten. Sie war eine ausgezeichnete Rednerin und hat viele Menschen in ihren Bann gezogen. Sie hat auch mich inspiriert.«[796]

Es bleibt zweifellos noch viel zu tun, um all die Benachteiligungen, die die Cree und Ojibwe im nördlichen Ontario tagtäglich erfahren, zu beseitigen. Doch dies darf nicht darüber hinwegtäuschen, dass sich in den letzten Jahrzehnten auch einiges zum Positiven gewendet hat. Die Menschen sind aus der isolierten Peripherie ausgebrochen, haben ihre Stimme erhoben, ihre Anliegen durch Kundgebungen in Städten mitten in die Dominanzgesellschaft getragen und wurden über diverse Medienkanäle zunehmend sichtbarer. Leuchtende Vorbilder wie Edmund Metatawabin, Donny Morris oder Shannen Koostachin haben den dunklen Schatten, den der kanadische Kolonialismus auf ihr traditionelles Land und somit ihre Identität geworfen hat, durch ihr beherztes Einstehen für ihre inneren Überzeugungen ein Stück weit zurückgedrängt.

Inzwischen ziehen in ganz Kanada Indigene oft erfolgreich vor Gericht, um ihre Rechte einzufordern. Nicht-indigene Kanadier unterstützen sie dabei. 2012 gründeten vier Frauen in Saskatchewan die Bewegung Idle No More als Reaktion auf ein Gesetzespaket der kanadischen Regierung, dessen Umsetzung indigene Vertrags- und Landrechte sowie

Umweltschutzbestimmungen außer Kraft setzen wollte. Sie wehrten sich gleichzeitig gegen die allgegenwärtige Diskriminierung indigener Frauen. Denn der koloniale Indian Act ignorierte ursprünglich sämtliche matrilinearen und matriarchalen Gesellschaftsstrukturen und ließ lange Zeit nur Männer für das Amt des Chiefs zu. Dies wirkt bis heute nach. Die Bewegung erhielt raschen Zulauf und organisierte in Dutzenden Großstädten in Kanada und den USA Protestaktionen.[797] Seit 2008, als sich Premierminister Stephen Harper offiziell bei den indigenen Völkern für das Zwangsassimilationssystem in den Residential Schools entschuldigte, wurde auch die entsprechende Geschichte kontinuierlich aufgearbeitet. 2015 erschien der erschütternde Bericht der Truth and Reconciliation Commission. Dieser beschrieb nicht nur die Geschichte des kulturellen Völkermords und dessen Auswirkungen, sondern enthielt zudem 94 konkrete Handlungsaufforderungen. Deren Umsetzung würde auch der indigenen Bevölkerung auf dem Gebiet, das heute Kanada heißt, ein menschenwürdiges Dasein ermöglichen.[798]

Indigene Völker sind weltweit weiterhin durch den rücksichtslosen Abbau von Bodenschätzen auf ihrem Land und damit einhergehenden Vertreibungen bedroht. Doch auch auf der internationalen Ebene konnten sie einiges erreichen. Ein Beispiel dafür ist die Anerkennung der Rechte indigener Völker durch die Staatengemeinschaft. Nach jahrelangen intensiven Debatten und Verhandlungen war es am 13. September 2007 endlich so weit. Die Generalversammlung der Vereinten Nationen verabschiedete die Erklärung der Rechte für indigene Völker. 143 Nationen sagten Ja, vier Nein und elf enthielten sich der Stimme. Kanada war neben den USA, Australien und Neuseeland einer der vier Staaten, die die Erklärung ablehnten.[799] Alle von ihnen waren als Siedlernationen entstanden. Nach einigen Vorstößen der First Nations und sich mehrere Jahre hinziehenden Verhandlungen mit zwei kanadischen Regierungen nahm das Land die Deklaration 2016 endlich doch noch an.[800] Da diese jedoch kein verbindliches Völkerrecht darstellt, muss sich Kanada auch nicht zwingend daran halten und ist frei, sie nur so weit umzusetzen, wie es eine Übereinstimmung mit der eigenen Verfassung zulässt. Es besteht also viel Interpretationsspielraum und Sanktionen sind ebenfalls nicht zu befürchten. Indigene Aktivisten weltweit erachten die Anerkennung ihrer Rechte durch die UNO zwar als bedeutenden Schritt. Viele sehen diesen aber nur als Zwischenstation auf dem Weg zu einer rechtsverbindlichen Konvention, in der ihren Völkern

Souveränität zugestanden wird. Dafür werden sie sich, wie am Beispiel der Cree und Ojibwe gezeigt, weiterhin einsetzen.

Es ist dieses in letzter Zeit erstarkte Bewusstsein, trotz aller kolonialen Unterdrückung immer noch auf dem Land der Ahnen zu leben und spirituell mit ihm verbunden zu sein, das der indianischen Gesellschaft ein neues Identitätsgefühl verleiht. Samuel McKay aus KI drückte es so aus: »Die Leute verstehen mich immer falsch, wenn ich sage, unsere Kultur geht viel tiefer als Jagen, Trappen und Fischen. Denn jeder weiße Mann kann das machen. Auch kann er Techniken erlernen, wie man da draußen auf dem Land überleben kann. Aber unser wahres Sein als indigene Menschen geht weiter und tiefer, als lediglich etwa auf dem Land zu leben. Es sind Dinge wie die Spiritualität, die Werte des Lebens, der Respekt vor jeder Kultur, vor anderen Menschen und vor dem Schöpfer. Was uns genau ausmacht, habe ich noch nicht wirklich herausgefunden. Aber es ist viel mehr als einfach nur Jagen, Trappen, Fischen und auf dem Land zu leben. Es ist wohl eher diese spirituelle Verbindung, die zwischen dem Schöpfer, dem Land und uns besteht. Und ich sage den Leuten auch, dass wir die anpassungsfähigsten Menschen der Welt sind. Der kanadische Staat hat alles Mögliche gemacht, um uns auszulöschen. Wir sind immer noch da. Und wir werden demnächst auch nicht irgendwann irgendwohin gehen. Egal wie unterdrückt wir sind, wir sind immer noch widerstandsfähig.«[801]

Meno Ya Win: Heilung

»Eines Tages im Internat auf der Highschool mussten wir zur Strafe Reinigungsarbeiten verrichten, denn wir waren zu spät nach Hause gekommen. Wir machten einen Rundgang und jeder von uns erhielt eine Aufgabe zugewiesen. Ich musste die dreckigen Fenster putzen. Dabei sah ich diese Fliege. Sie versuchte hinauszufliegen, prallte aber immer wieder an der Scheibe ab. Ich beobachtete sie und dachte: ›Was zum Teufel stimmt mit dir nicht?‹ Plötzlich dämmerte es mir und ich blickte zum Fenster hinaus. Es war schön und ich sagte mir: ›Es ist so herrlich da draußen.‹ Wir waren zu spät ins Internat zurückgekehrt, weil wir gefeiert hatten. Plötzlich wurde mir klar: ›Die Fliege dort bin ich selbst. Der Tag hat so viel zu bieten und ich pralle immer wieder an der Scheibe ab, weil ich trinke. Wenn ich in die Tiefe des Alkoholismus falle, dann werde ich genauso sein. Da draußen gibt es viele Möglichkeiten, aber ich kann sie nicht nutzen, denn der Alkohol hindert mich daran.‹ Das mit dieser Fliege sah ich etwa im Alter von 16 Jahren. Es hat mir geholfen, mich zu zügeln und den Alkohol nicht mein Leben bestimmen zu lassen.«[802]

Von so einem Schlüsselerlebnis, wie es Andrew Solomon, der später Chief von Fort Albany wurde, schilderte, berichteten mir auch viele andere Cree und Ojibwe im nördlichen Ontario. Fast alle meiner Gesprächspartner waren bereits in ihrer Kindheit täglich mit Alkohol und Drogen konfrontiert. Viele wurden abhängig, depressiv, selbstmordgefährdet und sahen oft keinen Hoffnungsschimmer mehr in der Dunkelheit. Doch sie konnten sich alle auf ihre eigene Weise befreien. Die offenen Wunden, die ihnen das kanadische Kolonialsystem einst zugefügt hatte, sind zwar verheilt, hinterließen aber Narben, die sie ständig an die schmerzvollen Zeiten erinnern. Zudem wirken die kolonialen Muster weiterhin fort und prägen ihren Alltag. Daher sprach auch niemand davon, vollständig geheilt zu sein. Auch schon deswegen nicht, weil jeder und jede Angehörige und Weggefährten verloren hat, die an der Last der Entfremdung zerbrochen sind. Die Heilung ist für sie daher eher ein fortschreitender, auf vielen Ebenen stattfindender Prozess, der jedoch das eigene Dasein lebenswert macht. Dies stärkt schließlich die indianische Gesellschaft und eint sie wieder.

Die Cree und Ojibwe waren im Zusammenhang mit ihrer drohenden kulturellen Auslöschung sehr empfänglich für christlich geprägte, besonders von evangelikalen Kreisen verbreitete Vorstellungen von Weltuntergangsszenarien. Das Motiv der bevorstehenden Apokalypse vermischte sich oft mit von Geistlichen vermittelten Höllenvorstellungen, die zu lähmender Angst führen konnten. Davon mussten beziehungsweise müssen sich viele Menschen zuerst befreien. Mike Metatawabin hielt dazu fest: »Priester und Missionare haben unsere Leute dazu gebracht, in Furcht zu leben. Sie haben uns buchstäblich jedes Gefühl von Geborgenheit und Zuversicht genommen. Sie unterwarfen unser Volk, indem sie es verängstigten. Das Hauptthema war jeweils: ›Du fährst zur Hölle! Ihr fahrt alle zur Hölle!‹ Als Kind hatte ich einen furchtbaren Traum. Später erzählte ich ihn einmal meiner Mutter. Sie fuhr zusammen, da unsere Gemeinde streng katholisch war. Im Traum war ich ein kleiner Junge im Alter von vielleicht fünf oder sechs Jahren. Ich ging in die Kirche, kniete mich vor dem Altar nieder und versuchte zu beten. Als ich dabei nach oben blickte, hing dieser Dämon, also der Leibhaftige selbst, am Kreuz. Dieses Bild beschäftigte mich die ganze Zeit, während ich aufwuchs. Was hatte ich als Kind verbrochen, dass ich so etwas träumen musste? Erst später habe ich es verstanden. Es waren diese Menschen, die den Kindern schlimme Sachen angetan hatten. Sie verkörperten das Böse. So habe ich es interpretiert. Doch wenn man im frühen Kindesalter so einen Traum hat, fährt das ganz schön ein und beeinflusst einen. Als ich aufwuchs, dachte ich oft, ich käme in die Hölle, denn ich hatte vom Teufel geträumt. Ich lebte jahrelang in Angst. Erst als ich 1998 Chief wurde, begann ich, Bücher zu lesen. Ich beschäftigte mich mit der Antike und früheren Ereignissen. Auf einmal realisierte ich, dass man unser Volk unterjocht hatte und es in Angst leben ließ. Permanent trichterte man uns die Botschaft vom Ende der Zeit und vom bevorstehenden Weltuntergang ein.«[803]

Paul Burk, der Chief aus Fort Severn, hob hervor, dass auch in seiner Gemeinde eine solche Endzeitstimmung herrschte: »Die Religion hatte einen großen Einfluss darauf, dass wir keine Anstrengungen unternahmen, uns richtig weiterzubilden. Ich wuchs auf und dachte, die Welt würde im Jahr 2000 untergehen. Und ich richtete mein Leben nach dieser Prophezeiung aus. Warum sollte ich meine Zeit verschwenden, um zur Schule zu gehen, wenn die Welt bereits vor ihrem Ende stand? Ja, dieses Feuer-und-Schwefel-Gerede hat uns stark beeinflusst. Diese falsche Botschaft wurde von Kirchenleuten verbreitet. Dabei weiß niemand, wann sein Leben zu Ende geht. Niemand kann es genau vorhersagen. Doch jetzt weiß ich, die Menschheit ist Architektin ihrer eigenen Zerstörung. Es ist nicht eine höhere Macht, die uns zerstören wird, sondern wir sind es selbst. Das hat nichts mit der höheren Macht, an die ich glaube, zu tun.«[804]

Mike Metatawabin versuchte als Chief der in seiner Gemeinde verbreiteten Endzeitangst entgegenzutreten: »Ungefähr um das Jahr 2000 wandte ich mich in einer Rede an unsere Gemeindemitglieder, um ihnen Mut zuzusprechen. Ich sagte ihnen, wir müssen aufhören, diese Untergangs- und Trübsalsbotschaften zu verbreiten. Unsere Kinder sollen ohne Angst aufwachsen können. Wir müssen ihnen Hoffnung mit auf den Weg geben. Nachdem ich gesprochen hatte, kam ein Elder zu mir. Er meinte: ›Mir gefällt, was du sagst.‹ Hey und das war ein Elder! Es ist nicht alltäglich, dass ein Elder zu dir kommt und dir mitteilt, dass es ihm gefalle, was du sagst. Aber bei dieser Gelegenheit kam er zu mir und sagte: ›Schau mich an! Schau, wer ich heute bin und was ich habe. Ich hatte Träume, ich hatte Ziele. Ich wollte die Welt sehen. Aber uns wurde immer wieder gesagt, das Ende der Tage naht, das Ende der Welt steht bevor. Ich blieb zurück, weil ich daran glaubte. Als ich aufwuchs, wartete ich darauf. Ich ging in die Kirche, lebte in Angst und wartete darauf, dass dieser riesige Fels vom Himmel stürzt und uns trifft. Sieh mich an! Ich habe nichts, außer den Kleidern, die ich trage.‹ In diesem Sinne meinte er: ›Ich habe meine Zeit vergeudet, weil ich in Angst lebte. Dabei hätte ich mich weiterentwickeln können.‹ Das war der Grund, weshalb er zu mir kam und meine Rede lobte. Und ich glaube auch heute noch daran, dass wir unsere jungen Leute bilden und ihnen erzählen müssen, dass die Geschichte, die ihnen beigebracht wurde, nicht gut war. Denn unsere eigene Geschichte ist bei Weitem besser, sie ist viel reicher als das. Es geht darum, angstfrei zu leben und die Wahrheit nicht mehr zu verbergen. So sehe ich das.«[805]

Einige Indigene führten aus, dass ihnen vor allem traditionelle Zeremonien geholfen hätten, ihre Identität zu stärken. Doch sie mussten zuerst ihre Furcht davor überwinden, wie eine 40-jährige Cree aus Fort Albany selbst erfahren hatte: »Als ich aufwuchs, hat man mir gesagt, dass traditionelle Zeremonien teuflisch seien. Diese Vorstellung wurde regelrecht in meinen Kopf eingepflanzt. Als ich in meinen Zwanzigern war, ging ich das erste Mal in eine Schwitzhütte. Dort bekam ich es mit der Angst zu tun. Ich dachte, es sei einfach die Hitze und ich müsste beten. Aber ich hatte nicht geahnt, dass ich da drin Sachen sehen und hören würde. Ich wurde beinahe verrückt und sagte zum Leiter: ›Ich brauche eine Pause und werde einen Spaziergang machen.‹ Aber eigentlich wollte ich wegrennen.« Sie lachte laut und fuhr fort: »Ich wollte mein Auto holen und nach Hause fahren. Doch ich konnte nicht, denn ich hatte einen Freund mitgenommen, der noch in der Schwitzhütte war. Als ich wieder hineinging, setzte ich mich ruhig hin, unwissend, was passierte. Ich dachte: ›Sie hatten recht, diese Zeremonien sind böse.‹ Und ich begann zu beten. Was hatte ich gemacht? Ich verletzte mich selbst! Doch am Ende der Zeremonie fühlte ich mich ungewohnt wohl. Und ich sagte: ›Wow, wie kann das schlecht sein? Wenn ich hier rauskomme, fühle ich mich anders. Mein Körper fühlt sich anders an wegen dieser Hitze. Was um Himmels willen sollte daran schlecht sein?‹«[806] Nach dieser ersten positiven Erfahrung machte sie mit den Zeremonien weiter: »Einmal musste ich fast weinen. Ich war traumatisiert, weil ich in einem Umfeld von Alkoholikern aufgewachsen bin. Doch in der Schwitzhütte löste sich die innere Verhärtung. Ich fühlte mich immer leichter und leichter. Ich begann meine Stimme wieder zu entdecken. Weißt du, was ich meine? Ich habe wiederentdeckt, wer ich bin. Daher machte ich weiter und weiter. Jahre vergingen. Und das Nächste war, dass ich selbst Schwitzhüttenzeremonien durchführte. Man muss zuerst wieder mit sich im Reinen sein, bevor man anderen Menschen helfen kann. Und die Leute kamen zu mir.«[807]

Andere wiederum berichteten mir, dass sie durch die Zuwendung zur traditionellen Spiritualität von Drogen und Alkohol losgekommen seien, wie beispielsweise eine weitere Cree aus Fort Albany: »Ich wurde katholisch erzogen. Als Kind sagte man mir: ›Wenn du nicht in die Kirche gehst, dann fährst du zur Hölle!‹ Auch vor den traditionellen Zeremonien wurde ich gewarnt. Daher hatte ich Angst, als ich das erste Mal eine Schwitzhütte betrat. Doch mit der Zeit lernte ich, dort drinnen Dinge loszulassen, über die ich vorher nicht sprechen konnte, wie etwa die sexuellen Misshandlungen, die ich erlebt hatte. Den glühenden Steinen in der Mitte, die die Großeltern symbolisieren, konnte ich alles anvertrauen. Für viele sind die Steine zwar Großväter. Aber als Frau fühle ich mich mehr mit meiner Großmutter verbunden und deshalb betrachte ich sie als Großmütter. Besonders zum Mond habe ich eine enge Verbindung. Man hat mir erzählt, dass der Mond unsere Großmutter ist. Und wenn dann in der Schwitzhütte oder bei einer anderen Zeremonie die Adlerfeder im Kreis herumgereicht wird, kann man nicht mehr lügen, wenn man sie in der Hand hält und den anderen Anwesenden etwas mitteilt. Sie ist heilig. Und als ich sie das erste Mal hielt, spürte ich, wie mächtig sie ist. Sie half mir, zu sprechen und mich von etwas zu befreien. Wenn man diese heilige Feder, diese Adlerfeder, hält, hilft sie. Auch wenn man Tabak opfert. Der Rauch steigt zum Schöpfer empor. Das ist kraftvoll. Ich bin nun seit elf Jahren trocken. Auch hätte ich nie gedacht, dass ich einmal da sein werde, wo ich jetzt bin, besonders mit meinem Hintergrund ohne große Bildung.«[808]

Ich habe in verschiedenen First Nations im nördlichen Ontario Vorrichtungen für die Schwitzhüttenzeremonie oder andere Rituale gesehen. Doch in Fort Albany, in der die berüchtigte St. Anne's Residential School stand, scheint der Rückbezug auf die indigene Spiritualität am stärksten ausgeprägt zu sein. In dieser Gemeinde werden beispielsweise täglich Schwitzhütten durchgeführt und seit ein paar Jahren findet im

Sommer auch ein Sonnentanz statt. Eine der treibenden Kräfte hinter dieser Entwicklung war der Elder und Residential-School-Überlebende Edmund Metatawabin, der durch die sogenannte ›Red Road‹, also die Verinnerlichung indianischer Spiritualität, von seiner Alkoholsucht loskam. In seiner Autobiografie hielt er fest: »Nachdem ich das Amt als Chief 1996 niedergelegt hatte, begann ich alles zu tun, um der Jugend unsere Überlieferungen und unser Wissen nahezubringen. Ich baute eine Schwitzhütte in meinem Hinterhof und brachte Jugendliche mit Elders zusammen, um die durch die Residential Schools verursachte Generationskluft zu schließen. (...). Ich wurde Mitglied der Vereinigung Ontario Chiefs Traditional Knowledge Keepers, um zu erörtern, wie man unsere Traditionen auf respektvolle Weise bewahren und weitergeben kann. Ich führte die Indianer-Tage ein, also einen jährlichen Anlass, an dem wir die Schwitzhütte, das Wackelzelt und andere spirituelle Praktiken feiern konnten.«[809]

Der Sonnentanz in Fort Albany hat für viele in der Gemeinde eine heilende Wirkung. Ein 29-jähriger Cree zeigte mir den Ort, an dem er durchgeführt wird, und erklärte mir den Ablauf. Die Tänzer würden lange darauf vorbereitet und hätten Helfer, die sie betreuten. Er sei seit seinem ersten Sonnentanz clean und könne nun auch andere unterstützen. Dann führte er aus: »Diese Zeremonie ist kraftvoll. Wir fasten zwei Tage und machen nichts, außer um einen zuvor aufgerichteten Baum zu tanzen. Oben ist ein Adlernest angebracht. Man wird am Rücken mit einem Stift durchbohrt und mit einer Schnur verbunden. Dieses Jahr war ich an vier Büffelschädel gebunden. Am Schluss des Tanzes ließ ich mich fallen, sodass meine Haut wegriss. Letztes Jahr habe ich das nicht gemacht, denn die Büffelgeister wollten mich noch nicht gehen lassen. Doch dieses Jahr ließen sie mich wissen, dass ich nun bereit bin, mit Jugendlichen zu arbeiten. Wegen ihnen nehme ich die Leiden des Sonnentanzes auf mich. Wir hatten so viele Probleme mit Alkohol und Drogen. Letztes Jahr haben wir einen 13-jährigen Jungen durch Selbstmord verloren. Das hat unser Dorf erschüttert. Doch diese Zeremonien helfen uns. Ich habe mich mit meinem englischen Namen vorgestellt. Aber ich trage auch einen spirituellen Namen. Ich heiße Weißer Wolf. Und ich stamme vom Adler-Clan. In meiner Spiritualität ist es der Adlergeist, der mir hilft und mich führt. Aber der Bär und der Wolf sind meine anderen Geisthelfer. Denn ich träume oft von ihnen.«[810]

Kritisch könnte man einwenden, dass der Rückbezug auf anscheinend alte Überlieferungen und deren Anpassung an gegenwärtige Gesellschaftsphänomene eigentlich erfundene Traditionen darstellen.[811] So war und ist beispielsweise der Sonnentanz für die indianischen Nationen der Great Plains die bedeutsamste Zeremonie, wurde aber niemals im nördlichen Ontario durchgeführt. Selbst Rituale und Elemente in der Schwitzhütte haben ihren Ursprung viel weiter südlich. Andere Praktiken, wie etwa das Wackelzelt und Fastenrituale, sowie bestimmte Tänze, Gesänge und der rituelle Einsatz der Trommel kommen jedoch schon seit Menschengedenken unterhalb der Hudson und James Bay vor. Sie überlebten auch im Untergrund, wie unter anderem Edmund Metatawabin festhielt: »Meine Urgroßmutter wurde 1890 geboren. Bereits im Alter von etwa 14 Jahren hat sie sich vor den Missionaren versteckt und ging an rituelle Tanzveranstaltungen, also eine Art Powwow. Sie flüsterten einander jeweils zu: ›Heute Nacht findet ein Tanz statt.‹ Danach machten sie sich bereit, legten ihre Tanzkleider in ein Umhängetuch, knüpften es zu und rannten flussaufwärts. Zwischendurch hielten sie an und lauschten. Wenn nichts zu hören war, rannten sie weiter, bis in der Ferne ein ›Domm, domm, domm‹ erklang. Nun wussten sie, dass sie in der Nähe waren. Als die Trommel lauter wurde, wuschen sie sich am Flussufer, legten die Arbeitskleider ab und zogen ihre Tanzgewänder an. Sie richteten ihre Schuhe und ihre Haare, flochten einander Zöpfe und steckten sich Klammern mit Stückchen aus Elchleder in ihr Haupt, um sich zu schmücken. Danach tanzten sie ausgelassen. Wenn alles vorbei war, zogen sie sich wieder um, packten die Tanzgewänder ein und rannten nach Hause. Sie schlichen in ihre Unterkunft, ohne jemandem etwas davon zu erzählen. Sie waren eine besondere Gruppe Leute, die immer noch da waren, um zu tanzen und zu trommeln.«[812]

Der Schweizer Werner Stünzi, der etwa 30 Jahre lang Kanutouren im nördlichen Ontario unternahm, erzählte mir eine Begebenheit, die die Ausführungen von Edmund Metatawabin stützen: »In den 1980er-Jahren übernachteten wir auf einer Tour in Kingfisher Lake. Die Oji-Cree dort sind anglikanisch. Inzwischen ist eine Frau aus dem Reservat sogar Bischöfin. Am späteren Nachmittag kam ein junger Mann zu uns und lud uns ein, bei Sonnenuntergang zum Ufer hinunterzukommen. Er war mit ein paar gleichaltrigen Männern am Fluss und trommelte. Sie haben auch gesungen. Ich dachte, das sind die Jungen, die das wieder machen, und freute mich darüber. Doch auf einmal kamen all die alten Frauen aus dem Dorf herunter und begannen zu tanzen. Das war sehr eindrücklich, denn das hätte man von Kingfisher Lake nicht gedacht. Es war auch ganz anders als die Powwow-Tänze, die man im Süden sieht. Sie sagten, sie hätten es schon immer anders gemacht. Das hätte ich wirklich nicht in Kingfisher Lake erwartet. Doch diese rituellen Tänze haben in vielen Dörfern irgendwie überlebt. Interessant war jedoch, aber ich weiß nicht warum, dass nur Frauen kamen. Sie erklärten, sie hätten das schon immer praktiziert, einfach im Verborgenen draußen im Busch. Eine Frau sagte mir: ›Wir haben es nie vergessen.‹«[813]

Für die Cree und Ojibwe spielen Überlegungen zur Erfindung von Traditionen insofern keine Rolle, da ihre Kultur in spiritueller Hinsicht schon immer inklusiv war und mit einer offenen Weltanschauung einherging. Auch waren gewisse Rituale situationsbezogen auf aktuelle Probleme ausgerichtet und entsprechend wandelbar. Aus diesem Grund hatten sie auch das Christentum, oder anfänglich zumindest Elemente daraus, angenommen und in ihren Alltag integriert. Zudem ist es Teil der eigenen Dekolonialisierung, selbst zu bestimmen, welche spirituellen Praktiken hilfreich sind und welche nicht. Da indianische Nationen in ganz Nordamerika vor allem im 19. und 20. Jahrhundert ähnliche Erfahrungen mit der europäischen Besiedelung gemacht hatten und weiterhin unter den Folgen leiden, bilden sie eine Schicksalsgemeinschaft, aus der sich eine pan-indianische Identität entwickelte. Diese wiederum wurde auch durch weitere Gemeinsamkeiten, wie etwa den kollektiven Bezug zum Land, zum Wasser und zur ganzen Natur, gestärkt. Auch Trommeln, Tänze und Tabak waren auf dem ganzen Kontinent schon seit Menschengedenken verbreitet. Insofern ist es nur verständlich, wenn die Cree und Ojibwe Zeremonien, die ursprünglich von anderen indigenen Nationen praktiziert wurden, auch in ihren Heilungsprozess integrieren.

Viele Gesprächspartner, die ihre Süchte und ihre selbstzerstörerische Lebensweise hinter sich lassen konnten, verwiesen jedoch darauf, dass sie keinen Bezug zur traditionellen Spiritualität hätten und bekennende Christen seien. Wenn ich sie nach ihrer Genesung fragte, bezeichneten sie das Land als zentrale Kraftquelle. Joe Crow, ein ehemaliger Chief aus Fort Severn, sagte dazu: »Meine Heilung kommt vom Land und von all dem, was mir mein Vater dort beigebracht hat, als ich jung war. Nachdem ich von der Residential School zurückkam, half mir das Land. Das Spannendste und Aufregendste, das ich je in meinem Leben gemacht habe, war, aufs Land hinauszugehen, zu jagen und Fallen zu stellen.«[814]

Als ich in der christlichen Gemeinde Waskaganish an der östlichen James Bay war, erzählte mir ein 42-jähriger Cree, wie er vom Alkohol losgekommen sei: »Ich hatte schon mehrere Entzüge hinter mir, doch es hatte alles nichts geholfen. Nach einem weiteren Rückfall suchte ich einen Elder auf. Dieser riet mir, ich solle mich allein in den Busch zurückziehen und von dem leben, was mir das Land schenke. Wenn ich merken würde, dass es mir wieder gut gehe, solle ich ins Dorf zurückkehren und ihn aufsuchen. Nach etwa drei Wochen spürte ich eine wunderbare Kraft in mir. Ich kehrte heim, ging zu diesem Elder und er gab mir Bärenblut zu trinken. Das war vor über zehn Jahren. Seither habe ich keinen Alkohol mehr angerührt.«[815] Als er zu Ende erzählt hatte, zeigte er mir sein Bärenamulett, das an einer Halskette unter seinem Hemd hing. Ein anderer Cree aus derselben Gemeinde wurde nach der Residential School drogenabhängig. Ein Elder habe ihn ebenfalls in den Busch geschickt und ihm gesagt: »Das Land wird für dich sorgen. Bleibe so lange, bis du die Tiere sprechen hörst.« Eines Tages habe er tatsächlich zwei Vögel auf einem Baum gesehen und verstanden, über was sie sich unterhielten. Es sei zwar nicht eine menschliche Sprache gewesen, aber er habe dabei gespürt, dass er nun geheilt sei.

Der zentralen Rolle des Landes für das allgemeine Wohlbefinden wird auch in den Reservatsschulen Rechnung getragen. Ich durfte einer Primarklasse in Fort Albany einen Nachmittag lang beim Beerenpflücken im Wald helfen. Das war ein lustiges Erlebnis, da die Schülerinnen und Schüler für mich äußerst unterhaltsam gegen Moskitos und andere Plagegeister ankämpften, während sie verschiedene essbare Früchte und andere nützliche Pflanzenarten kennenlernten. Obwohl die Kinder miteinander im Wettbewerb standen, wer denn die meisten Beeren zusammentragen konnte, war es am Schluss allen klar, dass das Teilen ein wesentlicher Wert ist. Ohne zu zögern, leerten sie ihre mehr oder weniger vollen Beutel in einen großen Topf. Danach wurde ihnen gezeigt, wie die Beeren auf herkömmliche Weise konserviert werden. Inzwischen ist kulturelle Vermittlung einschließlich indigenem Sprachunterricht fester Bestandteil des Lehrplans und wird von indianischen Lehrpersonen erteilt. Die Kinder lernen dabei im Schulzimmer und meist auch im Freien, in welcher Jahreszeit welche Aktivitäten stattfinden. Regelmäßig kommen auch Elders vorbei, erzählen Geschichten und Legenden oder zeigen, wie man Gänse zubereitet, Elchleder bearbeitet und Mokassins näht. Die Schüler haben auch weitere Gelegenheiten, mit aufs

Land hinauszugehen, beispielsweise wenn im Frühjahr Gänse oder im Herbst Elche gejagt werden. Sie dürfen dann bis zu zwei Wochen die Jäger begleiten, ohne in der Schule Absenzen zu erhalten.

Eine Brücke über den kolonialen Graben

Indianische Heilungsmethoden fokussieren nicht nur auf Körper und Psyche, sondern auch auf Emotionalität und Spiritualität. Die ganzheitlichen Bedürfnisse der Indigenen wurden im kanadischen Gesundheitswesen jedoch lange Zeit nicht berücksichtigt. Die Menschen aus dem nördlichen Ontario wurden bei schweren Krankheiten in westlich konzipierte Spitäler gebracht, in denen keinerlei emotionale Bindung an ihre kulturelle Herkunft möglich war. Sie fühlten sich folglich fremd, hilflos und allein, was ihnen zusätzliche Schmerzen bereitete. Zudem kamen sie als Indigene nicht in Krankenhäuser der Provinz, sondern in staatliche, die schlechter finanziert waren. Sioux Lookout hatte im 20. Jahrhundert zwei Spitäler: das General Hospital für die Einwohner der Ortschaft und das Indian Hospital, ab den 1970er-Jahren Zone Hospital genannt, für die Cree und Ojibwe aus den isolierten Reservaten. Die indianischen Patienten waren mit der dortigen Gesundheitsversorgung, aber auch mit jener in ihren Gemeinden, äußerst unzufrieden. Einerseits herrschten zwischen ihnen und dem nicht-indigenen Personal sowohl sprachliche wie auch kulturelle Verständnisschwierigkeiten. Belastend war es zum Beispiel, wenn sie wegen einer Operation, die das Zone Hospital nicht durchführte, verlegt wurden, aber aufgrund der Sprachbarriere keine genauen Informationen erhielten. Andererseits taten sie sich aufgrund der kolonialen Erfahrung schwer, Vertrauen zur Spitalbelegschaft aufzubauen. Viele kamen sich als Versuchskaninchen vor, weil sie wegen Personalmangel lediglich von Medizinstudenten statt von Fachärzten behandelt wurden. Auch das Gefühl der ständigen Bevormundung spielte eine Rolle. Krankenschwestern wurden häufig als arrogant und als von einer ›Ich-weiß-alles‹-Haltung geprägt wahrgenommen.[816]

Im Januar 1988 traten fünf Oji-Cree aus Sandy Lake in den Hungerstreik. Damit protestierten sie gegen die jahrelange Vernachlässigung der indianischen Gesundheitsversorgung. Die NAN führte sofort mit Vertretern der Regierung Gespräche. Nach zwei Tagen vereinbarten beide Parteien, gemeinsam die Situation im Zone Spital und in den abgelegenen Reservaten zu verbessern. Die Männer beendeten ihren Streik und eine Kommission, bestehend aus dem Mediziner Harry Bain, dem ehemaligen NAN-Grand Chief Wally McKay und dem anglikanischen Erzbischof Edward Scott, führte eine Untersuchung durch. Diese sollte zu besserem gegenseitigem Verständnis beitragen und konkrete Lösungsvorschläge unterbreiten.[817] Im Mai 1989 lag der Bericht vor. In den folgenden Jahren kam es zu weiteren Verhandlungen und zur Bildung verschiedener Arbeitsgruppen. Schließlich fiel der Entscheid, die beiden Spitäler in Sioux Lookout zusammenzulegen und ein neues zu bauen, das auch den indianischen Bedürfnissen entsprach. Die Cree und Ojibwe wurden in die Planungen miteinbezogen. Der bekannte indigene Architekt Douglas Cardinal, der bereits das kanadische Nationalmuseum für Geschichte und Gesellschaft, ein Meisterwerk der Architektur, entworfen hatte, machte sich an die Umsetzung der Gestaltungsvorschläge. Gut 20 Jahre nach dem Hungerstreik erfolgte der feierliche Spatenstich und 2010 wurde der einstige Traum der indianischen Bevölkerung Wirklichkeit. Das Spital erhielt den Namen Meno Ya Win. Dieser Ojibwe-Begriff steht für Gesundheit, Wohlbefinden und persönliche spirituelle, psychische, emotionale und körperliche Ganzheit.[818]

Tom Chapman, der Deputy Chief in KI war und als Übersetzer am Meno Ya Win arbeitet, gab mir eine eindrückliche Führung durch das freundlich gestaltete Gebäude und seine Umgebung. Niemand lässt sich gern als Patient in ein Spital einliefern. Aber wenn dies der Fall ist, dann ist ein solcher Ort ein Segen. Ich habe bisher jedenfalls noch kein Krankenhaus mit einer derart warmen Atmosphäre gesehen. Vom Haupteingang gelangt man zum einladenden Empfangsbereich, der einem großen Tipi nachempfunden ist. Die hohe, nach oben spitz zulaufende Holzdecke wird von acht Baumstämmen getragen. Durch das Dachfenster, das eigentlich ein gläsernes Türmchen mit Holzverstrebungen ist, dringt helles Tageslicht. Im Zentrum des Raums verströmt eine steinerne Feuerstelle sanft glühendes Licht aus kristallartigen Flammen. Zuerst fällt die Rezeption auf, die sich neben dem Dolmetscherdienst befindet. Ferner sind dem Empfangsbereich eine ökumenische Kapelle und ein durch eine Holztür zugänglicher runder Zeremonienraum angegliedert. In seiner Mitte liegt eine große Trommel auf einem Büffelfell. An den Wänden hängen Bilder, auf denen kulturelle Symbole wie Federn, heimische Tiere und die Heilige Pfeife gemalt sind. An der Decke weisen die vier heiligen Farben Gelb, Rot, Schwarz und Weiß in die entsprechenden

Himmelsrichtungen. Tom führte mich in eine Küche hinter dem Zeremonienraum, zeigte mir getrocknete, fein duftende Kräuter und Wurzeln in Behältern aus Birkenrinde und erklärte mir, dass die Patienten neben Ärzten auch traditionelle Heiler konsultieren können. Anschließend geht es weiter durch die Kantine, helle Patientenzimmer und die Geburtenabteilung, deren große Halle ein Kanu darstellt. Wenn die Babys mit ihren Eltern die Klinik verlassen, passieren sie die sieben heiligen Lehren, die sie auf ihrem Lebensweg begleiten sollen. Diese sind hoch oben unter den Dachfenstern neben Tierbildern angebracht. Es handelt sich dabei um Weisheit, Liebe, Respekt, Mut, Ehrlichkeit, Demut und Wahrheit.

Ich folgte Tom in den begehbaren Medizingarten, der von zwei Klinikflügeln flankiert den Blick in die Ferne freigibt. Darin standen zwischen schön angelegten Steinen indianische Heilpflanzen neben bunten Blumen. Danach begaben wir uns in den nahen Wald, an dessen Rand eine Schwitzhütte steht, die regelmäßig in Gebrauch ist. Zum Schluss zeigte mir Tom das Hostel, das gleich neben der Klinik errichtet wurde und 100 Betten für angereiste Angehörige bereithält. Das Meno Ya Win hat mich beeindruckt. Es ist viel mehr als bloß ein architektonisch gelungenes, modern konzipiertes und auf das Wohlbefinden der Patienten ausgerichtetes Krankenhaus. Irgendwie schien es mir, als sei darin die Vision der Elders, die vor ein paar Generationen mit den europäischen Siedlern Treaties unterzeichneten, sichtbar. Elemente aus der indianischen und der westlichen Kultur sind darin harmonisch vereint und weisen ein Stück weit den Weg, wie es aussehen könnte, wenn sich zwei unterschiedliche Welten für gemeinsames Wohlergehen ergänzen und Wertvolles miteinander teilen, ohne ihre jeweilige Identität zu verlieren.

Koloniale Machtausübung hat verschiedene Merkmale. Die zentralsten sind Landraub und autoritäre Kontrolle über die enteigneten Menschen hinsichtlich ihrer Lebensweise, Spiritualität, Ökonomie, Gerichtsbarkeit, Ressourcen, Wissensaneignung oder Geschlechterrollen.[819] Diese Faktoren und ihre Wirkungsmacht sind am Beispiel der Cree und Ojibwe deutlich sichtbar. Im ausgehenden 19. Jahrhundert konzipierte die kanadische Regierung eine koloniale Matrix für die indianische Gesellschaft und nahm mit einer auf dem Indian Act basierenden Indianerpolitik kontinuierlich mehr Einfluss auf ihr alltägliches Leben. Im Gegensatz zum Schicksal, das indianische Nationen in den USA ereilte, wurden die Menschen im nördlichen Ontario zwar nicht mit Waffengewalt niedergerungen und mit Gewalt in Reservate getrieben. Ihre Kolonialisierung und sogenannte ›Zivilisierung‹ verliefen gesitteter und subtil abseits der öffentlichen Wahrnehmung. Bildlich gesprochen könnte man sagen, dass die staatliche Gesandtschaft unter der Führung von Duncan Campbell Scott, während sie die Cree und Ojibwe mit allerlei Versprechungen dazu brachte, den Treaty Nummer 9 zu unterzeichnen, auch eine noch lose und unsichtbare Schlinge um das betreffende Land legte. Doch bald begannen die Behörden in Ottawa ein wenig daran zu ziehen, dann etwas fester und schließlich mit ganzer Kraft. Die Cree und Ojibwe waren gezwungen, ihre Traplines zu verlassen und sich in Siedlungen niederzulassen, ihre Freiräume wurden enger und bald waren sie so fest zugeschnürt, dass ihnen kaum noch Luft zum Atmen blieb. Herzzerreißend ist, dass auch heute noch Kinder diese Schlinge in Form eines realen Stricks um ihren Hals legen und ihrem Leben selbst ein Ende setzen.

Aber es gibt sie dennoch, die vielen Kinderträume in den abgelegenen Reservaten. Sie sind der Balsam einer zerrütteten, aber nicht zerstörten Welt. Diese ist wieder stärker und selbstbewusster geworden. Auch hat sie nie ihre Lebensfreude aufgegeben und feiert es bei vielen Gelegenheiten mit Tänzen und Gesängen, wie einst in alter Zeit, als die Menschen und das Land unzertrennlich waren. Als ich die 14-jährige Kara Knapaysweet aus Fort Albany auf ihre Zukunftspläne ansprach, meinte sie: »Ich will Medizin studieren. Wenn ich Ärztin bin, werde ich im Reservat arbeiten. Unser Arzt kommt nur einmal pro Monat vorbei. Wenn sich jemand in seiner Abwesenheit verletzt, ist das gefährlich. Wir brauchen einen permanenten Arzt, weißt du. Als Ärztin will ich ständig hier sein, damit sich niemand mehr zu sorgen braucht.«[820] Kinder wie Kara sind die Chiefs von morgen, denn sie haben die indianischen Werte verinnerlicht und werden ihrer Nation als Anführer dienen, damit das Leben besser wird. Sie helfen mit, einen bestimmten Traum Wirklichkeit werden zu lassen. Dieser ist, wie mir Maeengan Linklater aus Lac Seul erklärte, ganz bescheiden: »Weißt du, eigentlich möchten wir nur, dass die ganze indigene Familie am Sonntag zum Essen zusammenkommen kann.«[821] Damit verwies er darauf, dass sich Eltern um ihre Kinder sorgen, die in Gefängnissen sitzen, obdachlos sind oder als vermisst gelten. Wenn es gelingt, den jungen Cree und Ojibwe echte Zukunftsperspektiven zu ermöglichen, auf ihre Bedürfnisse einzugehen, westliche und gleichzeitig indigene Bildung in guter Atmosphäre zu garantieren und dadurch ihr Selbstwertgefühl zu stärken, dann kann doch dieser Traum wirklich werden, genauso wie das Meno Ya Win in Sioux Lookout. Dafür setzen sich neben den Indigenen selbst auch immer mehr nicht-indigene Kanadier ein, die ihre eigene Geschichte inzwischen kritisch betrachten und gelernt haben, nicht mehr paternalistisch draufloszuhandeln, ohne nachzufragen, sondern innehaltend zuzuhören.

Bis vor Kurzem hatte ich noch nie etwas von den Cree und Ojibwe im nördlichen Ontario oder der Nishnawbe Aski Nation gehört. Das Gebiet direkt unterhalb der Hudson Bay war für mich eine von Flüssen und Seen durchzogene, bewaldete, sich in Küstennähe zur Tundra ausdehnende Weite, aber letztlich ein unpersönlicher weißer Fleck auf dem Globus, den ich seit meiner Kindheit habe. Wenn ich jetzt auf dieses riesige Gebiet blicke, sehe ich zahlreiche Gesichter von Freunden und eine reichhaltige Geschichte, die so viel älter ist als der Staat mit dem Namen Kanada. Die Menschen haben mich mit herzlicher Gastfreundschaft aufgenommen und Geschichten aus ihrer Sicht erzählt, die ich bislang nicht kannte. Ich durfte stundenlang zuhören, an Festen dabei sein, Zeremonien besuchen, traditionelles Essen kosten und mit aufs Land hinausgehen. Die Schönheit der Stille, die Reinheit der Luft und das allgegenwärtige Wasser waren meine ständigen Begleiter, die mir bei aller Tragik, die ich hautnah erlebte, immer wieder Kraft gaben und Zuversicht spendeten. Denn ich spürte, dass das Land seine Menschen, die es im Auftrag ihres Schöpfers behüten, ebenfalls beschützt.

Während meiner Reise gab es zahlreiche Momente, die mich tief berührten. Als ich an meinem zweitletzten Tag in Sandy Lake im Band Office mit dem Elder Sidney Fiddler gerade die Übersetzungen der Interviews beendet hatte, kam jemand zur Tür herein und sagte: »Chief und Council wollen dich um elf Uhr sehen.« Ich hatte keine Ahnung, was der Grund dafür war, und ging zur besagten Zeit zum Ratszimmer. Der Chief, der Deputy Chief und die Gemeinderäte saßen um den ovalen Tisch und auch der Rat der Elders war zugegen. Ich war etwas verdutzt und blieb vorsichtig unter dem Türrahmen stehen. Dann erhob sich der Elder und Deputy Chief Robert Kakegamic und sprach: »Tritt ein. Wir haben etwas für dich. Du bist ein richtiger Wemistogosh, denn du kommst aus Europa, bist unser Gast und kehrst anschließend wieder in dein Heimatland zurück. Wir schätzen es ungemein, dass du hierhergekommen bist, uns zuhörst und unsere Geschichte in die Welt trägst. Als Zeichen unserer Verbundenheit und Ausdruck dafür, dass wir dich auf deinem Weg begleiten, möchten wir dir diese Mokassins schenken.« Auf einmal dämmerte es mir, weshalb sich ein Mitarbeiter der Gemeinde einmal beiläufig nach meiner Schuhgröße erkundigt hatte. Robert kam auf mich zu, kniete sich vor mich nieder, zog mir die Schuhe aus und passte mir die wunderschön handgefertigten und mit je einem Adlerkopf bestickten Mokassins an. Dann stand er auf und umarmte mich.

ᒥᑫᐧᐨ

MEEGWETCH

Dank

Mein großer Dank geht an die Cree und Oijbwe im Norden Ontarios, die mich auf ihrem Land willkommen geheißen haben. Ihre herzliche Gastfreundschaft, die heiteren Feste, die spirituellen Zeremonien, an denen sie mich teilhaben ließen, die Ausflüge zu ihren Traplines, ihr Humor beim gemütlichen Zusammensein, aber auch die persönlichen und ergreifenden Geschichten, die sie mir anvertrauten, werden mir immer in Erinnerung bleiben. Ein Teil meines Herzens bleibt im ›Nishnabwe Aski‹, im Land dieser Menschen.

Zuerst möchte ich Kristen Anderson von der Kasabonika Lake First Nation danken. Nachdem ich 2015 einen Dokumentarfilm gesehen hatte, schickte ich ihr eine Nachricht und sie öffnete mir die entscheidenden Türen.

Als ich erstmals nach Thunder Bay kam, unterstützten mich viele Menschen aus der indianischen Gemeinde. Einen besonderen Dank richte ich an Joyce Hunter von der Weenusk First Nation an der Hudson Bay. Sie hat mir wertvolle Kontakte vermittelt, wichtige Literaturhinweise gegeben und war immer für mich da, wenn ich ein Anliegen hatte.

Mit Rat und Tat zur Seite standen mir der Elder Sam Achneepineskum, der ehemalige NAN-Grand Chief und Regional Chief von Ontario Stan Beardy, der Geschäftsführer der NAN Travis Boissoneau, Chief und Anwalt Adam Fiddler, der NAN-Treaty-Beauftragte Luke Hunter, der ehemalige NAN-Grand Chief Wally McKay, der Sprach- und Kulturbeauftragte Nelson Makoop und der ehemalige NAN-Deputy-Grand-Chief Mike Metatawabin. Wohlwollend unterstützt haben mich der NAN-Grand Chief Alvin Fiddler, der Mushkegowuk-Grand Chief Jonathon Solomon und die Chiefs Paul Burke (Fort Severn), James Cutfeet und Donny Morris (KI), Ignace Gull (Attawapiskat), Leo Metatawabin und Andrew Solomon (Fort Albany), Robert Kakegamic und Bart Meekis (Sandy Lake). Bill Albany, Doug Beardy, Peggy Beardy, Lawrence Bluecoat, Sidney Fiddler, Leo Metatawabin und Julie Miles haben für mich in den Reservaten die Erzählungen ins Englische übersetzt. Ihnen allen sei herzlich gedankt.

Ein spezielles Dankeschön richte ich an die über 100 Interviewpartner, deren Namen im Literaturverzeichnis stehen. Ihre Geschichten sind die Essenz dieses Buchs. Persönlich erwähnen möchte ich nochmals jene, mit denen ich über einen längeren Zeitraum mehrere Interviews führte oder die mich aufs Land mitnahmen: Bill und Cheyanne Albany, Stan Beardy, Sonny Fiddler, Xavier Inishinapay, Chris Koostachin, Modina McKay, Samuel McKay, Christopher Metatawabin, Danny Metatawabin, Edmund Metatawabin, Donny Morris und Joe Wheesk. Äußerst dankbar bin ich auch dem Cree-Elder und Historiker Louis Bird für seine interessanten Ausführungen sowie der Filmemacherin Michelle Derosier, der Künstlerin Cree Stevens und dem Künstler Darryl Big George für die spannenden Gespräche.

Oft durfte ich im Norden Ontarios ganz überrascht Geschenke entgegennehmen. Nachdem ich von der Sandy Lake First Nation bereits bestickte Mokassins erhalten hatte, überreichten mir die Chiefs Bart Meekis und Robert Kakegamic ein kleines, handgemachtes Modell-Kanu mit der Warnung, damit nicht den Atlantik zu überqueren. Sehr geehrt fühlte ich mich, als mir der über 90 Jahre alte Elder Percy Rae aus derselben Gemeinde eine Schale aus Birkenrinde schenkte, die er gerade angefertigt hatte. In Muskrat Dam bekam ich von Irene Ross und Bradley Morris mit Glasperlen bestickte Lederhandschuhe als Geschenk von Chief und Council. Joe Fiddler ließ mich in seinem Motel in Sandy Lake und Chief und Council von Fort Severn im Niska Inn umsonst wohnen. Freundliche Menschen schenkten mir auch getrocknetes Elchfleisch, Heilpflanzen oder Blaubeerenmarmelade, brachten mir spontan Lebensmittel vorbei und luden mich zum Essen ein. Für all diese schönen Gesten der Verbundenheit möchte ich aufrichtig Danke sagen.

Besonders danken möchte ich Louise Thomas von der Ahnisnabae Art Gallery in Thunder Bay sowie dem Schweizer Ehepaar Werner Stünzi und Heidi Engel. Louise hat mich im Sommer 2016 spontan an eine Vollmondzeremonie in der Fort William First Nation eingeladen und seither hatte ich zahlreiche spannende Gespräche mit ihr. Werner und Heidi boten mir an, während meines Aufenthalts in Sioux Lookout bei ihnen zu wohnen. Dabei haben sie mir auch ihre indianischen Freunde vorgestellt.

Folgenden Personen bin ich dankbar, dass sie sich für persönliche Treffen in Kanada Zeit nahmen und mir wichtige Hinweise gaben: Charlie Angus, Mitglied des kanadischen Parlaments; Michel Beaulieu, Lana Ray, Trudy Russo und Robert Robson von der Lakehead University in Thunder Bay; Ry Moran und Grace Redhead vom National Centre for Truth and Reconciliation in Winnipeg; Renée Southwind und Tom Chapman vom Meno Ya Win Health Centre in Sioux Lookout; Rand Valentine von der University of Wisconsin-Madison; Debra Hookimaw, Kathy Perreault, Kim Piché, Dianne Riopel und Angela Shisheesh vom Ojibway & Cree Cultural Centre in Timmins; Mark Kakekagumick von der Wawatay Native Communications Society in Sioux Lookout; James R. Stevens, Autor.

Ausgangspunkt für meine Reisen in den hohen Norden Ontarios war Thunder Bay. Dort wohnte ich jeweils bei Anna-Marie Dennhardt. Sie machte mich auch mit befreundeten Musikern in der Stadt bekannt, was zu vielen Jamsessions führte. Ihr möchte ich für ihre Gastfreundschaft sowie für ihr Interesse an meiner Arbeit von Herzen danken. Zudem geht mein Dank an folgende Personen, mit denen ich eine tolle Zeit in der mir zunächst unbekannten Stadt am Lake Superior verbringen durfte: Trish Carani, Olivia, Noles und Marek Dennhardt, Michele Gilbert, Dave Jonasson, Barbara Kaye, Suzie und Dave Klages, Frank Pollari, Sonia Rizzo und Esther van Gennip.

Ursprünglich war dieses Buch als Habilitationsschrift an der Kultur- und Sozialwissenschaftlichen Fakultät der Universität Luzern geplant. Durch den Forschungsschwerpunkt ›Geschichte des indianischen Nordamerikas‹, den Prof. Dr. Aram Mattioli 2011 am Historischen Seminar lanciert hat, wurde ich auch für die Situation der Indigenen in Kanada sensibilisiert. Die Forschungskommission der Universität Luzern gewährte mir für meine Recherchen in Kanada 2017 ein sechsmonatiges Sabbatical, wofür ich mich herzlich bedanke. Während des Sabbaticals ergab sich jedoch eine Problematik, die ich bei der Konzeptphase außer Acht gelassen hatte. Während ich mich in meiner bisherigen Forschung mit verstorbenen Individuen und der Vergangenheit beschäftigt hatte, lebte ich auf einmal mit Menschen aus Fleisch und Blut zusammen. Dadurch wurde ich auch mit ihrer unsäglichen Armut und ihrem Leiden konfrontiert. Das Leben in den Reservatsdörfern erinnerte mich an Zustände, die ich von Drittweltländern her kannte. Am meisten betroffen machte mich jedoch die Tatsache, dass sich darin zahlreiche indigene

Kinder im Alter von manchmal nur zehn Jahren das Leben nehmen. Als ich ein Reservat besuchen wollte, hatte sich gerade ein zwölfjähriges Mädchen erhängt. Nach dem ich dies erfahren hatte, konnte ich es mit meinem Gewissen nicht mehr vereinbaren, über diese humanitäre Tragödie, die kaum Beachtung findet, eine nüchterne wissenschaftliche Qualifikationsschrift zu verfassen. Wissenschaft bedeutet, Menschen zu Objekten von Analysen zu machen. Durch das freundschaftliche Verhältnis, das ich mit Cree und Ojibwe pflegte, fehlte mir aber zunehmend die wissenschaftliche Distanz, die für eine Habilitationsstudie erforderlich ist. Daher entschloss ich mich, ein Buch zu schreiben, in dem ich versuchte, wissenschaftliche Erkenntnisse mit meinen persönlichen Empfindungen zu verbinden und die Betroffenen als handelnde Subjekte zu Wort kommen zu lassen. Ich möchte an dieser Stelle Aram Mattioli und Prof. Dr. Christoph Hoffmann, dem Dekan der Fakultät, dafür danken, dass sie für meine Entscheidung Verständnis hatten.

Aram Mattioli gebührt mein großer Dank in weiterer Hinsicht. Seine Art, Geschichte zu betreiben, inspiriert mich seit vielen Jahren. Er unterstützte mich immer wohlwollend in sämtlichen Belangen. So gewährte er mir als seinem Oberassistenten die nötige Freiheit und Entlastung, damit ich dieses Buch abschließen konnte. Auch hat er das Manuskript kritisch gegengelesen und mir weiterführende Anregungen mitgeteilt. Gemeinsam mit ihm und seiner Frau Brigitte Baur, der ich an dieser Stelle ebenfalls herzlich danke, habe ich mehrere Reisen nach Nordamerika unternommen. Im Austausch mit ihnen über das Beobachtete konnte ich meinen Blick auf die ausgeblendeten Geschichten der indigenen Gesellschaft schärfen.

Ein weiteres großes Danke richte ich an Leo Schelbert. Auch er ist mir als Historiker ein Vorbild. Stets hat er mein Projekt mit Interesse mitverfolgt, das Manuskript kritisch gelesen und wichtige Hinweise gegeben. Er hat mich während meiner Reisen geistig begleitet und wir tauschten uns regelmäßig aus. Ihm und Aram Mattioli ist dieses Buch gewidmet. Denn ihnen habe ich mehr zu verdanken, als sich hier mit Worten ausdrücken lässt.

Für anregende Gespräche und praktische Tipps danke ich: Simon Ambühl, Eva Bachmann, Martin Baumann, Bettina Beer, Josef Brun, Tobias Bünter, Yvonne Burger, Anna de Quervain, Edith und Markus Dürr, Lucas Eiholzer, Felice Fehlmann, Elisha Frei, Markus Furrer, Priska Galliker, Peter Gautschi, Vinzenz Graf, Claudia Hermann, Heidy und Franz

Herzog, Max Huber, Rachel Huber, Jörg Huwyler, Marco Jann, Giulia Jung, Veronica und Ronny Karbe, Rahel Lörtscher, Franziska Marfurt, Tom Mathieu, Leonie Mathis, Ellen und Wilhelm Menrath, Johannes Menrath, Helena Nyberg, Marco Polli, Werner Renggli, Marianne und Georg Riedler, Virginia und Kirsten Schelbert, Elisabeth Schubiger, Jürg Stadelmann, Katharina Steiner, Heiko Wegmann, Stefan Welzel, Antje Würzburg und Andrea Zimmermann.

Last but not least möchte ich Wolfgang Hörner und den Mitarbeitenden von Galiani Berlin für das mir entgegengebrachte Vertrauen und die angenehme, stets erfreuliche Zusammenarbeit danken.

Ich hoffe, dass ich den Cree und Ojibwe mit bestem Wissen und Gewissen durch dieses Buch eine weitere Stimme geben konnte, damit ihre Geschichten bei den Leserinnen und Lesern genauso als Teil der Weltgeschichte wahrgenommen werden wie jene der Menschen aus Europa, die erst seit einigen Generationen auf der großen Schildkröteninsel eine neue Heimat gefunden haben. Denn wenn wir unsere eigene Welt besser verstehen wollen, dann müssen wir auch Verständnis für jene Menschen haben, die aus unserer Perspektive anscheinend in der Peripherie sind, die aber dennoch mitten in einer einzigartigen Welt leben. Das und noch vieles mehr habe ich von den Cree und Ojibwe gelernt und sende ihnen ein ›Chi Meegwetch!‹, ein ›großes Danke!‹ über den Atlantik.

Weitere Informationen, Berichte und Bilder unter:
www.unterdemnordlicht.de

Glossar

Aboriginal Peoples / Aboriginals: Siehe ›Indigenous Peoples‹.

Amt für Indianerangelegenheiten: Mit Gründung der kanadischen Konföderation (1867) übertrug die britische Krone die Zuständigkeit für die koloniale Indianerpolitik an die Regierung in Ottawa. Von 1880 bis 1936 war das Amt für Indianerangelegenheiten praktisch ein eigenes Ministerium, gehörte jedoch zum Innenministerium. Es wurde vom Deputy Superintendent-General of Indian Affairs geleitet, der dem Innenminister (Superintendent-General of Indian Affairs) unterstand. Die Angestellten kümmerten sich um die Einrichtung von Reservaten und die ›Zivilisierung‹ der Indianer mit dem Ziel, das frei gewordene indigene Land für die Besiedelung und den Rohstoffabbau zu nutzen. Die gesetzliche Grundlage dafür bildete der Indian Act (1876). Das Amt hatte einen Innendienst in Ottawa (Verwaltung) und einen Außendienst, in dem Indianeragenten und Landwirtschaftsinstruktoren in den Reservaten das ›Zivilisierungsprogramm‹ vorantrieben. Nach 1936 wurde das Amt folgenden Ministerien zugeteilt: Mines and Resources (1936–1950), Resources and Development (1950–1953), Northern Affairs and National Resources (1953–1966). 1966 entstand ein eigenes Ministerium mit dem Namen Department of Indian Affairs and Northern Development, das auch INAC (Indian and Northern Affairs Canada) genannt wurde. Weitere Umbenennungen folgten: Aboriginal Affairs and Northern Development Canada (2011–2015) und Indigenous and Northern Affairs Canada (2016–2019). 2019 wurden daraus die beiden Ministerien Indigenous Services Canada und Crown-Indigenous Relations and Northern Affairs Canada geschaffen.

Anishinaabe / Anishinaabeg: Siehe ›Ojibwe‹.

Assembly of First Nations (AFN): Größte indigene politische Organisation in Kanada; deutsch ›Versammlung der indianischen Nationen‹. Sie ist seit 1982 die Nachfolgeorganisation der 1968 gegründeten National Indian Brotherhood. Die Chiefs der 634 First Nations versammeln sich einmal jährlich, um die politische Agenda zu bestimmen. Dabei stehen folgende Bereiche im Vordergrund: Gesundheitswesen, Bildung, Kultur und Sprache. Der Vorstand der AFN setzt sich aus dem National Chief, den zehn Regional Chiefs der Provinzen und den Vorsitzenden der Ältesten-, Frauen- und Jugendräte zusammen. Der National Chief wird alle drei Jahre von der Versammlung gewählt.

Band Office: Verwaltungsgebäude mit Büros des Chiefs, der Councilors und administrativen Mitarbeiter in einer Indianergemeinde (First Nation).

Bimaadiziwin: Begriff aus der Ojibwe-Sprache; ›Pimaatisiwin‹ bzw. auf Cree. Der Ausdruck bedeutet die Suche nach einem langen Leben auf dem Land, das frei von Hunger, Krankheiten und Feinden ist und auf den eigenen Legenden und Gesetzen basiert.

Busch / Bush: Cree, Oji-Cree und Ojibwe verwenden für das traditionelle Land bzw. ihre Trapline in der englischen Sprache oft das Wort ›bush‹.

Chief and Council: Jede First Nation wird von einem Gemeinderat, bestehend aus einem Chief, einem Deputy Chief und einigen Councilors, geleitet. Gewählt werden diese Führungspersonen in der Regel alle zwei Jahre. Das Wahlverfahren wird durch den Indian Act festgelegt. Einzelnen First Nations, besonders in British Columbia, steht ein Hereditary Chief vor, der das Amt aufgrund seines Erbanspruchs bekleidet.

Cree: Bevölkerungsreichste indianische Nation in Kanada, der etwa 350000 Menschen angehören. Das Siedlungsgebiet der einzelnen Cree-Gruppen erstreckt sich über mehrere Tausend Kilometer in der Subarktis von den Rocky Mountains bis zum Atlantik sowie über weite Teile der Great Plains in Alberta und Saskatchewan. Einige Gruppen leben in Reservaten im US-Bundesstaat Montana. Die Bezeichnung ›Cree‹ stammt von den Franzosen, die die Menschen an der James Bay mit dem Ojibwe-Begriff ›Kiristinon‹ bezeichneten, was ›Menschen im Norden‹ bedeutet. Davon leitete sich ›Cri‹ bzw. ›Cree‹ ab. Es gibt verschiedene Selbstbezeichnungen. Die Plains-Cree nennen sich ›Nehiyawak‹, jene an der östlichen James Bay in Quebec ›Eeyou‹ und jene an der westlichen James und Hudson Bay in Ontario ›Mushkegowuk‹ bzw. ›Omushkegowuk‹. Letzteres bedeutet ›Menschen des Sumpflandes‹ und entspricht dem englischen Begriff ›Swampy-Cree‹.

Department of Indian Affairs: Siehe ›Amt für Indianerangelegenheiten‹.

Elder: Ein Elder nimmt in der indianischen Gesellschaft eine zentrale Rolle ein und wird mit großem Respekt behandelt. Die deutsche Übersetzung ›Ältester‹ wird seinem Ansehen nicht gerecht. Denn jemand wird nicht allein aufgrund seines Alters als ›Elder‹ bezeichnet, sondern vor allem wegen seiner reichen Erfahrung, seines Wissens, seiner Weisheit und seiner bisherigen Taten zum Wohl der Gemeinschaft.

First Nation: Zunächst bezeichnet der Begriff eine politische indianische Gemeinde in Kanada. Die meisten Indianergemeinden führen daher in ihrem Namen den Zusatz ›First Nation‹, der in den 1980er-Jahren den Ausdruck ›Band of Indians‹ ablöste. In Kanada gibt es 634 staatlich anerkannte First Nations. Ferner wird mit ›First Nation‹ auch eine indianische Person bezeichnet. Einige Indianer und Gemeinschaften lehnen den Begriff ab. Sie begründen es damit, dass diese Bezeichnung nicht darauf verweise, einer souveränen Nation anzugehören, sondern lediglich den Sonderstatus innerhalb des kanadischen Nationalstaats beschreibe.

First Peoples: Siehe ›Indigenous Peoples‹.

Gitchi Manitou: Bei den Ojibwe ›Gichi Manidoo‹; bei den Swampy-Cree ›Kihci Manito‹. Der Begriff bedeutet ›Großer Geist‹, ›Schöpfer aller Dinge‹ oder ›Spender des Lebens‹. Die Missionare übersetzten ›Gitchi Manitou‹ mit ›Gott‹. Die Indigenen verstanden darunter vor ihrer Christianisierung jedoch nicht unbedingt eine personifizierte Gottheit, sondern eher ein ›großes Mysterium‹ bzw. eine alles durchströmende ›Urkraft‹.

Grand Chief: Einige politische indianische Organisationen wie die NAN oder Tribal Councils wie der Mushkegowuk Council, denen mehrere First Nations angehören, werden von einem Grand Chief geführt. Dieser wird zusammen mit den kandidierenden Deputy-Grand-Chiefs alle drei Jahre gewählt.

Hudson's Bay Company (HBC): Ältestes Handelsunternehmen in Kanada. Der englische König Karl II. gründete am 2. Mai 1670 die HBC und ernannte seinen Vetter Prinz Ruprecht von der Pfalz zum ersten Gouverneur. Bereits 1668 hatten die Engländer an der südlichen James Bay die Niederlassung Rupert's House errichtet, um mit dort lebenden Cree Handel zu treiben. In der Folge baute die HBC weitere Handelsposten an der James und Hudson Bay und wurde zum dominierenden Unternehmen im nordamerikanischen Pelzhandel. Dabei spielte sie auch eine entscheidende Rolle für die Kolonialisierung Kanadas. Durch eine königliche Charta gestattete Karl II., ungeachtet indigener Landrechte, der HBC das Monopol auf den Pelzhandel mit den Indianern sowie sämtliche Fischerei-, Jagd- und Rohstoffabbaurechte im gesamten Einzugsgebiet aller Gewässer, die in die Hudson und James Bay fließen. Dieses riesige Territorium war fast vier Millionen Quadratkilometer groß und wurde nach dem ersten HBC-Gouverneur ›Rupert's Land‹ genannt.

Indian Act: Gesetz, das die rechtliche Situation der Indianer in Kanada regelt. Der Indian Act trat 1876 in Kraft und vereinte koloniale Verordnungen aus der Zeit vor der Konföderation, die darauf abzielten, die indianische Kultur zugunsten der Assimilation in die westliche Dominanzgesellschaft auszulöschen. Er definiert, wer als Indianer gilt und welche Rechte und Verbote damit verbunden waren und sind. Ferner legte er die Reservatspolitik und das Residential-School-System fest und verbot es Indianern, Alkohol zu trinken oder traditionelle Zeremonien abzuhalten. Der Indian Act wurde mehrmals abgeändert und angepasst, bleibt aber die entscheidende Rechtsgrundlage, mit denen der Staat viele Bereiche des indianischen Lebens regelt.

Indianeragent: Engl. ›Indian Agent‹. Vertreter der kanadischen Regierung in einem Indianerreservat. Bis in die 1960er-Jahren verwalteten Indianeragenten die Reservate und setzten die Regierungspolitik um. Die Indianer waren an den Indian Act gebunden und somit Mündel des Staats. Erst ab 1960, als sie das kanadische Wahlrecht erhielten, wurde ihnen ein beschränktes Selbstverwaltungsrecht zugestanden und die Indianeragenten wurden abgezogen.

Indian Status: Ein im Indian Act beschriebener Rechtsbegriff, der definiert, wer als Indianer gilt. Indianische Nationen können nicht selbst bestimmen, wer diesen Status erhält. Diese Befugnis besitzt allein der kanadische Staat aufgrund der im Indian Act festgelegten Kriterien. 1876 wurde darin festgehalten, ein Indianer sei »jede männliche Person mit indianischem Blut, die nachweislich zu einer bestimmten indianischen Gruppe gehört, deren Kinder und jede Frau, die mit einer solchen Person rechtmäßig verheiratet ist«. Frauen, die einen nicht-indianischen Mann heirateten, verloren ihren Status, während dies umgekehrt nicht der Fall war. Allein im Zeitraum zwischen 1958 bis 1968 verloren 100 000 Frauen und ihre Kinder in Kanada den Indianerstatus. Diese Ungleichbehandlung wurde erst 1985 aufgehoben. Dennoch besteht die Geschlechterdiskriminierung weiterhin. Frauen, die vor 1985 ihren Status verloren haben, können diesen an ihre Kinder weitergeben, aber nicht an ihre Großkinder, während ihre Brüder, die eine nicht-indigene Frau geheiratet haben, ihren Status auch auf ihre Großkinder übertragen lassen können. Nur wer als

Status-Indianer registriert ist, hat Anspruch auf die durch die Treaties festgelegten Privilegien wie Jagd- und Fischereirechte.

Indigenous Peoples: Oberbegriff für die drei vom kanadischen Staat offiziell anerkannten indigenen Ethnien. Es handelt sich dabei um First Nations (Indianer), Métis und Inuit. Im kanadischen Verfassungsgesetz von 1982 wurde zunächst der Begriff ›Aboriginal Peoples‹ verwendet. Die Indigenen bevorzugten jedoch den Begriff ›Indigenous Peoples‹, weil dieser seit der UN Declaration on the Rights of Indigenous Peoples (UNDRIP) von 2007 international verwendet wird. 2017 wurde in diesem Zusammenhang der seit 1996 jährlich gefeierte National Aboriginal Day in National Indigenous Peoples Day umbenannt.

Inuit: Neben Indianern (First Nations) und Métis die dritte vom kanadischen Staat anerkannte indigene Ethnie. ›Inuit‹ bedeutet in ihrer Sprache Inuktitut ›die Menschen‹ bzw. ›das Volk‹. In Kanada leben über 65000 Inuit, davon etwa 70 Prozent auf ihrem traditionellen Land in der Arktis. Die Siedlungsgebiete liegen in Nunavut, in den nördlichen Regionen von Quebec und Labrador sowie in den Northwest Territories und Yukon.

Karibu: Nordamerikanisches Rentier. Die Bezeichnung ›Karibu‹ (engl. ›Caribou‹) stammt von den Mi'kmaq-Indianern, die die Tiere ›Qualipu‹ nennen. Das Wort lässt sich mit ›Schneeschaufler‹ übersetzen und verweist darauf, dass die Karibus im Schnee nach Nahrung wühlen.

Meno Ya Win: Ojibwe-Begriff für ganzheitliches Wohlbefinden, das auf spiritueller, psychischer, emotionaler und körperlicher Gesundheit basiert.

Métis: Nachfahren aus Mischehen zwischen europäischen und indigenen Menschen. Die Partnerschaften bestanden meist zwischen europäischen Pelzhändlern und Indianerinnen. Der Begriff ›Métis‹ als ›gemischte Ethnie‹ verweist auf eine biologische Komponente, die für die Métis sekundär ist. Zentral hingegen ist für sie die damit verbundene historisch gewachsene kulturelle Identität.

Ministery of Forests and Natural Resources (MNR): Ministerium für Natürliche Ressourcen und Forstwirtschaft der Provinz Ontario. Zwischen MNR und den Cree, Oji-Cree und Ojibwe entwickelte sich eine äußerst angespannte Beziehung, die nach wie vor belastet ist. Diese Behörde, die im 20. Jahrhunderts mehrmals den Namen änderte und beispielsweise von 1920 bis 1972 als ›Department of Lands and Forests‹ bekannt war, sandte Beamte ins nördliche Ontario, um Fangquoten zu kontrollieren und die Menschen zu überwachen.

Mushkeg/Muskeg: Das Einzugsgebiet der unteren Hudson Bay und der westlichen James Bay ist eines der größten Feuchtgebiete der Erde. Die Cree und Ojiwbe bezeichnen die bewaldete und von Gewässern durchzogene Landschaft als ›Mushkeg‹ bzw. ›Mashkiig‹. Der indigene Begriff wurde als ›Muskeg‹ Teil des kanadisch-englischen Vokabulars und lässt sich mit ›Sumpflandschaft‹ oder ›Moorgebiet‹ übersetzen.

Mushkegowuk: Siehe ›Cree‹.

National Chief: Siehe ›Assembly of First Nations (AFN)‹.

National Indian Brotherhood: Siehe ›Assembly of First Nations (AFN)‹.

Nishnawbe: Siehe ›Ojibwe‹.

Nishnawbe Aski Nation (NAN): Politische Nachfolgeorganisation des 1973 von Cree, Ojibwe und Oji-Cree aus dem Norden Ontarios gegründeten Grand Council Treaty No. 9. Die NAN hat ihren Hauptsitz in Thunder Bay und wird von einem Grand Chief sowie drei Deputy-Grand-Chiefs geführt. Sie repräsentiert ungefähr 45000 Menschen in 49 First Nations, von denen 30 nur auf dem Luftweg erreichbar sind. Das traditionelle Gebiet der NAN ist größer als die gemeinsame Fläche Deutschlands, Österreichs, der Schweiz, der Niederlande und Belgiens und deckt zwei Drittel der Provinz Ontario ab. Sie beschäftigt über 100 Mitarbeitende in verschiedenen Abteilungen. Ihr Hauptziel besteht darin, die sozialen und wirtschaftlichen Interessen ihrer Bevölkerung bei den Regierungen Kanadas und Ontarios zu vertreten. Dabei setzt sie sich für Selbstbestimmung und spirituelle, kulturelle, soziale und wirtschaftliche Unabhängigkeit ein. ›Nishnawbe‹ bedeutet in der Sprache der Ojibwe ›Menschen‹ und ›Aski‹ in der Sprache der Cree ›Land‹.

Northern Ojibwe: Siehe ›Oji-Cree‹.

Ojibwe: Eine der bevölkerungsreichsten indianischen Nationen Nordamerikas. In Kanada gehören über 160000 Menschen den verschiedenen Ojibwe-Gruppen an. Sie bilden zahlenmäßig nach den Cree die zweitgrößte indianische Ethnie des Landes. In den USA leben über 170000 Ojibwe. Das traditionelle Ojibwe-Gebiet erstreckt sich vom Sankt-Lorenz-Strom über die Großen Seen, den Lake Winnipeg bis in die Plains von Saskatchewan in Kanada sowie über Teile der US-Bundesstaaten Michigan, Wisconsin, Minnesota und Norddakota. Die Ojibwe (auch Ojibwa, Ojibway und Chippewa) bezeichnen sich selbst als ›Anishinaabe‹ bzw. ›Nishnawbe‹. Dies bedeutet ›die Menschen‹ bzw. ›das Volk‹. Auch die mit den Ojibwe nahe verwandten Algonkin, Nipissing, Mississauga, Potawatomi, Odawa, Oji-Cree und Saulteaux verwenden als Selbstbezeichnung ›Anishinaabe‹, das zugleich als Oberbegriff für all diese indigenen Nationen dient.

Oji-Cree: Die über 30000 Oji-Cree gehören 32 indianischen Reservatsgemeinden an, die sich im Nordwesten Ontarios und östlich des Lake Winnipeg in Manitoba befinden. Im Norden ihres Gebiets siedeln Swampy-Cree und im Süden Ojibwe. Die Oji-Cree sind aus Mischehen dieser beiden Nationen hervorgegangen. Kulturell fühlen sie sich mit den Swampy-Cree verbunden. Ihre Sprache, das Anishinaabemowin, wird dem Ojibwe zugeordnet, auch wenn darin zahlreiche Cree-Ausdrücke vorkommen. Auf Englisch identifizieren sie sich meist als ›Cree‹, in ihrer eigenen Sprache bezeichnen sie sich jedoch, wie die Ojibwe, als ›Anishinaabe‹.

Omushkegowuk: Siehe ›Cree‹.

Powwow: Gesellschaftliches Treffen, das von indianischen Gemeinschaften in ganz Nordamerika abgehalten wird. Der Begriff ›Powwow‹ stammt von den Narragansett-Indianern und bedeutet ›spiritueller Führer‹. An Powwows tanzen die Teilnehmer zu traditioneller Trommelmusik und Gesängen und feiern ihre Kultur. Meist finden auch Tanzwettbewerbe statt und traditionelle Zeremonien werden durchgeführt.

Pimaatisiwin: Siehe ›Bimaadiziwin‹.

Regional Chief: In Kanada gibt es 10 Regional Chiefs, die gemeinsam mit dem National Chief im Vorstand der AFN sitzen. Sie werden alle 3 Jahre von den Chiefs ihrer Provinzen bzw. Territorien gewählt und kümmern sich neben ihrem Engagement für die AFN um politische Anliegen der First Nations ihrer Region. Folgende Provinzen und Territorien haben einen Regional Chief: Alberta, British Columbia, Manitoba, New Brunswick/Prince Edward Island, Northwest Territories, Nova Scotia/New Foundland, Ontario, Quebec/Labrador, Saskatchewan, Yukon.

Reservat: Ein vom Staat einer indigenen Gemeinschaft zugewiesenes Landstück, in dem sie mit besonderen Rechten ausgestattet ist. Die koloniale Rechtsgrundlage für die Schaffung von Reservaten ist im Indian Act von 1876 begründet. Der kanadische Staat zwang die Indianer in Reservate, damit sie ihr traditionelles Land und ihre herkömmliche Lebensweise aufgaben. Dort sollten sie ›zivilisiert‹ und anschließend in die westliche Dominanzgesellschaft eingeschmolzen werden. Die Reservate waren nur als Übergangslösung konzipiert, um das sogenannte ›Indianerproblem‹ zu lösen. Doch die Indianer leisteten gegen das ›Zivilisierungsprogramm‹ Widerstand und hielten an ihren Reservaten fest, die sie zu ihrer Heimat machten. Heute gibt es in Kanada über 3000 Reservate, die 634 indianischen Gemeinden gehören. Die Gesamtfläche aller Reservate liegt jedoch unter einem Prozent ihres ehemaligen traditionellen Territoriums in Kanada.

Residential School: Internat für indigene Menschen; in den USA ›Boarding School‹ genannt. In Kanada wurden zwischen 1880 und 1996 insgesamt 139 vom Staat finanzierte und von Kirchenpersonal geleitete Residential Schools betrieben. Etwa 150000 Kinder der First Nations, Métis und Inuit im Alter von vier bis 16 Jahren durchliefen diese Assimilationsinstitutionen, in denen sie getrennt von ihren Familien ›zivilisiert‹ werden sollten. Viele Kinder erlitten seelischen, körperlichen und sexuellen Missbrauch. Mindestens 6000 Schülerinnen und Schüler kamen in den Internaten ums Leben. Die Entwurzelung von ihrer Kultur löste ein furchtbares Trauma aus, das bis heute generationsübergreifend nachwirkt.

Rupert's Land: Siehe ›Hudson's Bay Company (HBC)‹.

Schwitzhütte: Spirituelle indianische Zeremonie; engl. ›Sweat Lodge‹. Schwitzhütten sind weit verbreitet. Eine kleine Gruppe versammelt sich in einem abgedichteten Wigwam um glühende Steine. Zwischendurch streut der Zeremonienmeister heilige Kräuter auf die Steine und gießt Wasser darüber, damit heißer Dampf aufsteigt. Die Zeremonie dient u. a. zum gemeinsamen Gebet, Singen und der Kontaktaufnahme mit den Geistern der Ahnen und der Tiere, die jemandem beistehen. Die Schwitzhütte dient auch als rituelle Reinigung, mit der man sich auf nachfolgende Zeremonien, wie etwa den Sonnentanz, vorbereitet.

Severn Ojibwe: Siehe ›Oji-Cree‹.

Shaking Tent: Siehe ›Wackelzelt‹.

Sixties Scoop: Die Kinderfürsorgebehörden der kanadischen Provinzen gaben zwischen 1960 und 1984 etwa 20000 Indianerkinder zur Zwangsadaption frei und platzierten sie in weißen Mittelklassefamilien in Kanada, den USA, Westeuropa und Neuseeland. Mit dieser Maßnahme wollten die Behörden die Armut in den Reservaten bekämpfen und den Kindern eine ›Chance‹

in der westlichen ›Zivilisation‹ ermöglichen. Für die Betroffenen bedeutete sie jedoch totale Entwurzelung. Die Bezeichnung ›Sixties Scoop‹ verweist darauf, dass die Kinder vor allem in den 1960er-Jahren ihren Familien entrissen und in den Reservaten ›eingesammelt‹ bzw. ›aufgeschaufelt‹ (engl. ›scoop up‹) wurden.

Smudging: Traditionelles Räucherritual. Das Smudging wird von vielen indigenen Nationen Nordamerikas vor Gebeten und Zeremonien praktiziert. Ein Zeremonienmeister verbrennt heilige Pflanzen, meist getrockneten Salbei, oder Harze in einer Schale (Tongefäß oder Muschel) und geht mit dieser zu den Teilnehmenden. Diese führen den aufsteigenden Rauch mit beiden Händen zu ihrer Brust und ihrem Kopf, um sich spirituell zu reinigen.

Sonnentanz: Bedeutendste Zeremonie der Plains-Indianer wie etwa Lakota (Sioux). Die Tänzer lassen sich kleine Holzstücke, die an einer Schnur befestigt sind, in die Brust stechen. Dann werden sie an einen in der Mitte eines Platzes errichteten Baum angebunden und tanzen vier Tage, ohne zu essen und zu trinken. Am Schluss der Zeremonie lassen sie sich nach hinten fallen, sodass Stücke ihrer Brusthaut weggerissen werden. In diesem Zustand erhalten sie Visionen. Der schmerzvolle Akt ist eine Danksagung an die Gemeinschaft und an die alles durchströmenden Kräfte der Natur. Der Sonnentanz stärkt die Tänzer spirituell und vereint alle Anwesenden mit dem Universum. Die heilende Wirkung der Zeremonie gegen seelische Schmerzen ist einer der Gründe, weshalb sie sich im ausgehenden 20. Jahrhundert auch zunehmend bei indianischen Nationen außerhalb der Great Plains verbreitete.

Status Card: Identitätskarte für Status-Indianer. Sie enthält ein Passfoto, persönliche Daten, die staatliche Registrierungsnummer und den Namen der zugehörigen First Nation. Indianer müssen sich damit ausweisen können, wenn sie beispielsweise auf ihrem traditionellen Land jagen.

Survivor: Bezeichnung für ›Überlebende‹ des Residential-School-Systems bzw. des Sixties Scoop. Der Begriff ›Survivor‹ wurde auch in der Entschuldigungsrede von Premierminister Stephan Harper (2008) und im Abschlussbericht der TRC (2015) verwendet.

Swampy-Cree: Siehe ›Cree‹.

Tipi: Indianisches, kegelförmiges Zelt. Die Bezeichnung ›Thípi‹ stammt von den Lakota-Indianern (Sioux) und bedeutet ›Behausung‹. Die Indianer im Norden Ontarios verwendeten in der warmen Jahreszeit Holzpfähle und Tierhäute für ihre Tipis. Im eiskalten Winter banden sie jedoch mehrere Holzstangen mit Wurzelschnüren zusammen, dichteten die Zwischenräume mit Moos ab und verkleideten das Gerüst mit wasserdichter Birkenrinde.

Trading Post: Handelsposten; auch ›Trading House‹, ›Trading Station‹ oder ›Factory‹ genannt. Im 17. Jahrhundert entstanden die ersten Handelsposten an der Hudson und James Bay. Englische Händler tauschten dort mit den Indianern Pelze gegen europäische Waren. Bereits im 16. Jahrhundert betrieben die Franzosen am Sankt-Lorenz-Strom solche Posten. Sie wurden an Orten errichtet, die sich an Wasserwegen und in der Nähe indianischer Sommerlager befanden.

Trapline: Die Route, entlang der ein Trapper seine Fallen stellte, um Pelztiere zu fangen. Bereits vor Kontakt mit Europäern entschieden indianische Anführer bei den Zusammenkünften im Sommer, welche Familie oder Gruppe für ein weiteres Jahr in einem jeweiligen Gebiet jagen, fischen und Früchte ernten durfte. Oft blieben die Traplines mehrere Generationen in den Händen derselben Familie. Als in den 1940er-Jahren zunehmend nicht-indigene Trapper in die nördlichen Indianergebiete drängten, führte die Provinz Ontario 1947 ein Trapline-System ein. Dadurch erhielten indianische Familien kartografisch genau zugeordnete Gebiete, in denen nur sie ihre Fallen stellen durften. Diese Maßnahme kam jedoch bei den Betroffenen nicht nur gut an, weil es das Land, das ursprünglich alle miteinander geteilt hatten, in quasi-eigentumsrechtliche Parzellen zerstückelte. Dies war mit ihrer kulturellen Tradition nicht vereinbar und führte zu Konflikten. Zudem sahen sie sich strikten Kontrollen der kanadischen Behörden unterworfen.

Trapper: Fallensteller. Die indianischen Trapper verwendeten vor Kontakt mit den Europäern verschiedene Tierfallen wie u. a. Gruben, Schlingen oder Tötungsfallen, bei denen ein schwerer, an einem Ast befestigter Gegenstand wie ein Stein durch einen Auslöser auf die Beute fiel und sie tötete. Während der Ära des Pelzhandels wurden zunehmend mechanische Fallen aus Metall eingesetzt.

Treaty: Bis zur kanadischen Konföderation (1867) hatte Britisch Nordamerika mit Indianern bereits 123 Verträge betreffend Landnutzungsrechten ausgehandelt. Zwischen 1871 und 1921 unterzeichneten kanadische Treaty-Beauftragte im Namen der britischen Krone elf Abkommen mit indianischen Nationen, die sogenannten ›National Treaties‹. Adhäsionen dieser Verträge wurde noch bis in die 1950er-Jahre unterzeichnet. Kanada wollte sich damit die Landrechte, die den Indigenen aufgrund der Königlichen Proklamation von 1763 zugesichert waren, aneignen. Denn solange Indianer noch Land besaßen, war dies ein Hindernis für die weitere Besiedelung und die wirtschaftliche Entwicklung. Ottawa erachtete die Verträge als diplomatisches Mittel, um friedliche Absichten zu bekunden und mit Geschenken sowie Zahlungen an die Indianer günstig und ›legal‹ an Land zu kommen. Sobald ausgewählte Vertreter einer indianischen Gruppe einen Treaty unterzeichnet hatte, erachtete der Staat ihr traditionelles Gebiet als Eigentum. Für die Indianer hingegen war ein Treaty ein heiliges Bündnis, das eine Beziehung zwischen jenen Menschen, für die Kanada seit Urzeiten eine Heimat darstellt, und jenen, deren familiäre Wurzeln in anderen Ländern liegen, festlegt. Sie erklärten sich damit einverstanden, ihr traditionelles Land mit den Neuankömmlingen zu teilen, und erhielten im Gegenzug Geschenke dafür. Auf diese Weise sollten beide Parteien voneinander profitieren. Aus indianischer Sicht ist ein Treaty ein Abkommen, das zwei souveräne Nationen miteinander schließen, ohne dass die eine danach die andere bevormundet oder sich in innere Angelegenheiten einmischt.

Tribal Council: Im Norden Ontarios haben sich jeweils ein paar benachbarte oder derselben Ethnie zugehörige First Nations mit gleichen politischen Interessen zu Tribal Councils zusammengeschlossen. Sie setzen sich u. a. für die politischen Ziele ihrer Mitgliedergemeinden ein, betreiben Bildungsinstitutionen und koordinieren den Unterhalt der Eisstraßen im Winter.

Truth and Reconciliation Commission of Canada (TRC): Wahrheits- und Versöhnungskommission Kanadas. Die TRC wurde von der kanadischen Regierung 2008 eingesetzt, um die Geschichte des Residential-School-Systems aufzuarbeiten. 2015 publizierte sie ihren Abschlussbericht, der die Ausmaße des kulturellen Völkermords an der indigenen Gesellschaft in Kanada festhielt.

Vollmondzeremonie: Ursprünglich bei den Ojibwe ein Heilritual für Frauen, das heute in vielen indianischen Gemeinschaften unterschiedlich praktiziert wird. Die Frauen versammeln sich bei Vollmond um ein Heiliges Feuer und bitten ›Großmutter Mond‹ um Kraft, Gesundheit und das Wohlergehen der Versammelten. Dabei wird getrommelt, getanzt und gesungen. Auch werden Räucherrituale durchgeführt und Tabak und Nahrung geopfert, um den Mond zu ehren.

Wackelzelt: Engl. ›Shaking Tent‹. Kleines, geschlossenes Zelt, in dem ein Schamane sitzt. Die Zeremonie wurde und wird teilweise noch heute im Norden Ontarios von den Cree praktiziert. Die um das Zelt versammelten Menschen singen und trommeln, bis der in Trance geratene Schamane mit der Geisterwelt Kontakt aufnimmt. Tierstimmen kündigen die Geisterwesen an und das Zelt bewegt sich rasch hin und her. Die Außenstehenden können dann ihre Fragen stellen und erhalten meist eine Antwort. Die Zeremonie kann auch nur von einer Einzelperson durchgeführt werden. Sie kann auf diese Weise zum Beispiel mit weit entfernten Menschen kommunizieren. Das Wackelzelt wird auch zur Heilung von Krankheiten und zum Schutz gegen Zauberei eingesetzt.

Wemistigosh: ›Europäer‹; Plural Wemistigosiwak bzw. Wemitigowuk. In der Sprache der Cree und Ojibwe bedeutet dieser Ausdruck eigentlich ›Holzbootmensch‹. Die Europäer wurden so genannt, weil sie im Gegensatz zu den Indianern des nördlichen Ontarios keine leichten Kanus aus Birkenrinde hatten, sondern Schiffe und Boote aus massivem Holz.

Wendigo: Bei den Cree und Ojibwe gefürchtetes Monster, das großes Unheil unter die Gemeinschaft brachte. Ein Wendigo war ein Geisterwesen, das von einem Menschen Besitz ergriff und ihn derart in den Wahnsinn trieb, dass er zum Kannibalen wurde. Er konnte außerdem die Gestalt eines furchterregenden Tierwesens annehmen. Der zum Wendigo gewordene Besessene musste getötet und sein Herz verbrannt werden.

Wigwam: Ovale indianische Behausung. ›Wiigiiwaam‹ bedeutet in der Ojibwe-Sprache ›Haus‹. Für den Bau eines Wigwams bogen die Indianer im Norden Ontarios elastische Äste, verankerten sie im Boden, banden sie aneinander fest und überzogen das Gerüst mit Birkenrinde.

Anmerkungen

Wachyie – Willkommen

1 Long John S.: Treaty no. 9. Making the Agreement to Share the Land in Far Northern Ontario in 1905, Montreal 2010, S. 371.

2 Patrick Schellenberg: *Stünzi und die Indianer,* Reporter, SRF, Schweiz 2014, www.srf.ch/sendungen/reporter/stuenzi-und-die-indianer (23.02.2020).

3 Hannah James: *Failing Canada's First Nations Children,* 16x9, Global Television Network, Kanada 2016, www.youtube.com/watch?v=xhEh-D7IRQc (23.02.2020).

4 Manuel Menrath: *Mission Sitting Bull. Die Geschichte der katholischen Sioux,* Paderborn 2016.

5 Charlie Angus: *Children of the Broken Treaty. Canada's Lost Promise and One Girl's Dream,* Regina 2015.

6 Edmund Metatawabin, Alexandra Shimo: *Up Ghost River. A Chief's Journey Through the Turbulent Waters of Native History,* Toronto 2014.

7 Angus (2015): *Children of the Broken Treaty,* Kap. ›One Little Boy‹.

8 Michelle Derosier: *The Walk a Mile Film Project,* in Zusammenarbeit mit der Stadt Thunder Bay, Kanada 2014. Weitere Infos: www.thunderbay.ca/en/city-hall/walk-a-mile-film-project.aspx (23.02.2020).

9 www.canada.ca/en/immigration-refugees-citizenship/corporate/publications-manuals/discover-canada/read-online/canadas-history.html (25.12.18).

10 www.trc.ca/assets/pdf/Honouring_the_Truth_Reconciling_for_the_Future_July_23_2015.pdf (23.02.2020).

11 https://sixtiesscoopnetwork.org (23.02.2020).

12 Vgl.: National Inquiry into Missing and Murdered Indigenous Women and Girls (Hg.): *Our Women and Girls Are Sacred, Interim Report,* Kanada 2017, S. 7f.; dies.: *Reclaiming Power and Place. The Final Report of the National Inquiry into Missing and Murdered Indigenous Women and Girls,* Kanada 2019 und John Paul Tasker: *Confusion Reigns over Number of Missing, Murdered Indigenous Women,* CBC News, 16.02.2016.

13 Ursula Lehmkuhl: Einleitung – Kanada das bessere Nordamerika, in: Dies. (Hg.): *Länderbericht Kanada,* Bonn 2018, S. 10–21, hier 13f.

14 Vgl.: www.canada.ca/en/canadian-heritage/campaigns/sound-light-show.html und Ottawa Parliament: ›Northern Lights Show‹, Sommer 2017, www.youtube.com/watch?v=sT65ReYuwuw, (23.02.2020).

15 Vgl.: Roland D. Gerste: *Bloß nicht zu amerikanisch,* Neue Zürcher Zeitung, 28.06.2017 und Andreas Ross: *150 Jahre Kanada. Stolz auf den Mangel an Stolz,* Frankfurter Allgemeine Zeitung, 30.06.2017.

16 Ursula Lehmkuhl, Laurence McFalls: *150 Jahre Ambiguität. Die kanadische Glücksformel,* Neue Zürcher Zeitung, 18.06.2017.

17 Ebd.

18 Perry Bellegarde, Rede am ›National Treaty 1–11 Gathering‹, Cochrane ON, 28.–31.08.2017, gehalten am 29.08.2017.

19 Kunstwerk von Elizabeth Buset mit der Bezeichnung ›Why I'm over Canada 150‹, 2017, Ausstellung ›The Perspective From Here: 150 Artists From the North‹, Thunder Bay Art Gallery, 22.06.–24.09.2017.

20 Dan George: Lament for Confederation, in: Laura Moss, Cynthia Sugars (Hg.): *Canadian Literature in English. Texts and Contexts,* Bd. 2, Toronto 2008, S. 251 f.

21 Ebd.

22 Charlie Angus, Interview, Privathaus, Cobalt, 15.08.2016.

23 Ebd.

24 Kommentar von M. Matheson zu einem Video-Post betreffend Entschuldigung der Provinz Saskatchewan für die Sixties-Scoop-Überlebenden, Facebook-Profil von Scott Moe, Premier von Saskatchewan, 07.01.2019.

25 www.reuters.com/article/columns-us-g20-canada-advantages/every-g20-nation-wants-to-be-canada-insists-pm-idUSTRE58P05Z20090926 (17.05.2020).

26 E. Brian Titley: *A Narrow Vision. Duncan Campbell Scott and the Administration of Indian Affairs in Canada,* Vancouver 1986, S. 50.

27 Indianische Zeitzeugen, die in der Residential School waren, werden als ›Survivors‹ (Überlebende) bezeichnet. Dies gilt auch für jene Kinder, die während des ›Sixties Scoops‹ ihren Familien entrissen wurde. Der Begriff ›Survivor‹ wurde auch in der Entschuldigungsrede von Premierminister Stephan Harper (2008) und im Abschlussbericht der Truth and Reconciliation Commission of Canada (2015) verwendet.

28 Truth and Reconciliation Commission of Canada (Hg.): *Calls to Action,* Winnipeg 2015, hier Nr. 62. i., S. 7. Online als PDF abrufbar: https://nctr.ca/assets/reports/Calls_to_Action_English2.pdf (21.01.2019).

29 Royal Canadian Geographical Society (Hg.): *Indigenous Peoples Atlas of Canada,* Ottawa 2018. Online unter: https://indigenouspeoplesatlasofcanada.ca (21.01.2019).

30 Aaron Hutchins: *Few Canadians Ever Set Foot on a First Nations Reserve, and*

That's a Problem, Maclean's, 08.06.2018, online unter: www.macleans.ca/news/canada/ever-visited-a-first-nations-reserve-probably-not/ (22.01.2018).

31 Charlie Angus, Interview, Privathaus, Cobalt, 15.08.2016.

32 Aaron Hutchins: *Few Canadians Ever Set Foot on a First Nations Reserve, and That's a Problem,* Maclean's, 08.06.2018.

33 *Prime Minister Justin Trudeau Is Visiting the Remote Pikangikum First Nation,* Videoaufnahme des Gesprächs mit Schulkindern von Pikangikum, APTN National News, 19.01.2018.

Aski – Land

34 Carl Ray, James R. Stevens: *Sacred Legends,* Newcastle 1995, S. 20f.

35 Ebd. S. 23.

36 Ebd. S. 23f.

37 Ebd. S. 24. Eine weitere Version dieser mythischen Geschichte findet sich in: James R. Stevens (Hg.): *Legends from the Forest. Told by Chief Thomas Fiddler,* Newcastle 1999, S. 22f.

38 Ebd. S. 24f.

39 Vgl.: Stevens (1999): *Legends from the Forest,* S. 17.

40 Vgl.: Marj Heinrichs, Diane Hiebert, with the People of Big Trout Lake: *We Are One with the Land. A History of Kitchenuhmaykoosib Inninuwug,* Kelowna 2007, S. 21; OCCC (Hg.): *Nishnawbe Aski Nation. A History of the Cree and Ojibway of Northern Ontario,* Timmins 1986, S. 1–3; Louis Bird: *Ehep Legend,* www.ourvoices.ca/filestore/pdf/0/0/2/4/0024.pdf (06.03.2020).

41 Die folgenden Ausführungen beruhen auf meinem Tagebucheintrag vom 13.08.2017.

42 Die folgenden Ausführungen beruhen auf meinem Tagebucheintrag vom 04.09.2017.

43 Edmund Metatawabin, Interview 2, Privathaus, Fort Albany, 04.09.2017.

44 Ebd.

45 Adam Fiddler, Interview 1, Seattle Coffee House, Thunder Bay, 28.11.2017.

46 www.independent.co.uk/life-style/history/rare-4600-year-old-ontario-burial-lifts-lid-on-prehistoric-canada-2008310.html (07.03.2020).

47 Vgl.: Olive Patricia Dickason, David T. McNab: *Canada's First Nations. A History of Founding Peoples from Earliest Times,* Don Mills 2009, S. 40.

48 Christopher Metatawabin, Interview 3, Band Office, Fort Albany, 05.09.2017.

49 Christopher Metatawabin, Interview 9, Band Office, Fort Albany, 12.09.2017.

50 Peggy Beardy, Interview, Learning Center, Muskrat Dam, 01.11.2017.

51 Ignace Gull, Interview, Band Office, Attawapiskat, 01.08.2018.

52 Marj Heinrichs, Dianne Hiebert, with the People of Mishkeegogamang: *Mishkeegogamang. The Land, the People and the Purpose. The Story of Mishkeegogamang Ojibway Nation,* Altona 2003, S. 49.

53 Ebd.

54 Adam Fiddler, Interview 2, Seattle Coffee House, Thunder Bay, 28.11.2017.

55 Lawrence Bluecoat, Interview 3, Niska Inn, Fort Severn Ontario, 05.08.2017.

56 Joe Wheesk, Interview, Privathaus, Attawapiskat, 02.08.2018.

57 Ebd.

58 Roy A. Morris; Interview 1, Schule, Muskrat Dam, 27.10.2017.

59 Stan Beardy, Interview Car 3, auf dem Land zwischen First Lake und Muskrat Dam, 31.10.2017.

60 Vgl.: Heinrichs, Hiebert (2003): *Mishkeegogamang,* S. 219 f., Thomas Fiddler, James R. Stevens: *Killing the Shamen,* Newcastle 2012, S. 6, Stevens (1999): *Legends from the Forest,* S. 16.

61 Vgl.: Dickason, McNab (2009): *Canada's First Nations,* S. 57.

62 Vgl.: Priska Friedli: *Restoring (the) Balance. Die Rechtspraxis der Yurok und ihre anthropologischen Grundlagen unter Berücksichtigung der Scham,* Masterarbeit Universität Bern, Bern 2019; https://nanlegal.on.ca/restorative-justice/ (13.03.2020).

63 Cathleen Sutherland, Interview 1, Band Office, Fort Albany, 08.09.2017.

64 Allan Beardy, Interview 1, Learning Center, Muskrat Dam, 30.10.2017, Übersetzerin: Peggy Beardy.

65 The Crees of Waskaganish First Nation (Hg.): *Search and Rescue Protocol,* Waskaganish o. J., S. 3.

66 Vgl.: Heinrichs, Hiebert (2003): *Mishkeegogamang,* S. 54.

67 Ebd. S. 64.

68 Ebd. S. 60 ff.

69 Cathleen Sutherland, Interview 2, Band Office, Fort Albany, 08.09.2017.

70 Diese Informationen basieren auf Aussagen von Elders, wie etwa Louis Bird aus Peawanuck, mit denen ich mich 2017 und 2018 über das ›Wackelzelt‹, das auf Englisch ›Shaking Tent‹ genannt wird, unterhalten habe. Vgl. dazu auch: www.nametauinnu.ca/en/culture/spirituality/cosmogony/60/136 (12.03.2020).

71 www.legendsofamerica.com/mn-wendigo/ (12.03.2020).

72 Roy A. Morris, Interview 2, Schule, Muskrat Dam, 30.10.2017.

73 Wie mir Norman Wesley erklärte, wurde das ›Blanket Exercise‹ vor allem dazu konzipiert, nicht-indigenen Kanadiern die indianische Perspektive der Geschichte zu vermitteln. Aber auch für Indigene ist es eine wichtige Erfahrung. Denn letztlich geht es um Dekolonialisierung und den Aufbau gemeinsamer Beziehungen. Entwickelt wurde das Konzept 1997 von KAIROS, einer Vereinigung von elf nationalen kanadischen Kirchen und religiösen Institutionen, die sich für Menschenrechtsbildung einsetzen. Eine Vorlage des ›Blanket Exercise‹, aus der auch einige der oben zitierten Passagen stammen, ist als PDF online erhältlich: https://teacherlauragroome.files.wordpress.com/2015/05/kairos_blanketexercise_afn_version-revised_aug2012_lowresolution.pdf (23.02.2020).

74 Es handelt sich hierbei um eine sinngemäße Übersetzung aus der von Papst Alexander VI. ausgegebenen Bulle Inter Caetera Divinae vom 4. Mai 1493. Der lateinische Text ist einsehbar unter: https://la.wikisource.org/wiki/Inter_caetera_(quarto_nonas_Maii_1493) (02.08.2019).

75 Vgl.: Denevan William (Hg.): *Native Population of the Americas 1492,* Madison 1992, S. 3 und S. 291; Rudolf Oeser: *Epidemien. Das große Sterben der Indianer,* Norderstedt 2008, S. 12 und 50f.; US Census Bureau (Hg.): *Statistical Abstract of the United States,* Washington D. C. 1912, S. 27; Trovato Frank, Laura Aylsworth: Demography of Indigenous Peoples in Canada, in: The Canadian Encyclopedia, www.thecanadianencyclopedia.ca/en/article/aboriginal-people-demography (03.08.2019).

76 Long John S.: *Treaty No. 9. Making the Agreement to Share the Land in Far Northern Ontario in 1905,* Montreal 2010.

77 Stan Beardy, Interview 1, Privathaus, Muskrat Dam, 30.10.2017.

78 Vgl.: Long (2010): *Treaty No. 9,* S. 37.

79 Aram Mattioli: *Verlorene Welten. Eine Geschichte der Indianer Nordamerikas, 1700–1910,* Stuttgart 2017.

80 Beispielsweise Victor Lytwyn bedauerte, dass er in seinen ersten Studien in den 1980er- und frühen 1990er-Jahren über die Swampy-Cree und den Pelzhandel deren mündliche Überlieferungen, etwa zur Geschichte von York Factory, nicht einbezogen habe. Um diesem Versäumnis entgegenzuwirken, empfahl er die Sammlung von Cree-Narrativen aus der Hudson Bay und deren Publikation. Zudem ließ er fortan Erkenntnisse aus mündlichen Erzählungen in seine Studien einfließen. Vgl.: Flora Beardy, Robert Coutts: *Voices from Hudson Bay. Cree Stories from York Factory,* Montreal 1996; Victor P. Lytwyn:

Muskekowuck Athinuwick. Original People of the Great Swampy Land, Winnipeg 2002, hier S. xiv.

81 Die biografischen Angaben zu Louis Bird basieren auf folgenden Quellen: Louis Bird, Interview 1 und 2, Westway Motel, Cochrane ON, 31.08.2017; Louis Bird: *Telling Our Stories. Omushkego Legends & Histories from Hudson Bay,* Toronto 2005, Kap. ›Preface & Acknowledgements‹; www.ourvoices.ca/index/louisbirdbio (02.04.2020).

82 www.ourvoices.ca/index (02.04.2020).

83 Olive Patricia Dickason: When Europeans and Indians Met in Canada, in: Ontario History, Volume XCVI, Number 1, Spring 2004, S. 107f.

84 R. David Edmunds, Frederick E. Hoxie, Neal Salisbury: *The People. A History of Native America,* Belmont 2007, S. 49.

85 William R. Iseninger: *Cahokia Mounds. America's First City,* Charleston 2010 und www.cahokiamounds.org (02.04.2020).

86 Vgl.: Arthur J. Ray: Fur Trade History as an Aspect of Native History, in: Ian A. L. Getty, Donald B. Smith (Hg.): *One Century Later. Western Canadian Reserve Indians Since Treaty 7,* Vancouver 1978, S. 7–19.

87 Vgl.: Dickason, Olive Patricia: When Europeans and Indians Met in Canada, in: Ontario History, Volume XCVI, Number 1, Spring 2004, S. 107f.; Carolyn Podruchny: *Making the Voyageur World. Travelers and Traders in the North American Fur Trade,* Toronto 2006; Philippe Jacquin: *Les Indiens blancs. Français et Indiens en Amérique du Nord, XVIe-XVIIIe siècle,* Montreal 1996.

88 John Douglas Belshaw: *Canadian History: Pre-Confederation,* o. O. 2015, S. 180.

89 Ebd. S. 78 und www.historymuseum.ca/virtual-museum-of-new-france/colonies-and-empires/founding-sites/ (09.08.2019).

90 Dickason, McNab (2009): *Canada's First Nations,* S. 79.

91 Belshaw (2015): *Canadian History,* S. 140.

92 Kirsten Odber: *Trading with the Hudson's Bay Company. A Case Study of Nipigon House Post 1828–1838,* Thunder Bay 2012, S. 13.

93 Dickason, McNab (2009): *Canada's First Nations,* S. 100–109.

94 Daniel P. Barr: *Unconquered. The Iroquois League at War in Colonial America,* London 2006; Gilles Havard: *The Great Peace of Montreal of 1701. French-Native Diplomacy in the Seventeenth Century,* Montreal 2001.

95 Alfred A. Cave: *The French and Indian War,* Westport 2004.

96 Louis Bird, Interview 1 und 2, Westway Motel, Cochrane ON, 31.08.2017.

97 Vgl.: Bird (2005): *Telling Our Stories,* Kap. ›The Omushkego Captive and the Na-to-way-wak: A Remarkable Escape‹.

98 Lytwyn (2002): *Muskekowuck Athinuwick,* S. 74 ff.

99 Vgl.: Bird (2005): *Telling Our Stories,* Kap. »»I Cannot Have Anything from these We-mis-ti-go-si-wak«‹.

100 Louis Bird, Interview 1, Westway Motel, Cochrane ON, 31.08.2017.

101 Ebd.

102 Ebd.

103 Ebd.

104 Ebd.

105 Vgl.: Lytwyn (2002): *Muskekowuck Athinuwick,* S. 115–118; Jennifer S. H. Brown: Introduction, in: Bird (2005): *Telling Our Stories,* Kap. ›Omens, Mysteries, and First Encounters‹; John Long: The Reverend George Barnley, Wesleyan Methodism, and the Fur Trade Company Families of James Bay, in: Ontario History, Volume LXXVII, Number 1, March 1985, S. 43–64; Edward Butts: *Henry Hudson. New World Voyageur,* Toronto 2009, Kap. 8 und 9, S. 164–187.

106 John Long: Narratives of Early Encounters between Europeans and the Cree of Western James Bay, in: Ontario History, Volume LXXX, Number 3, September 1988, S. 227–245, hier S. 231.

107 Jennifer S. H. Brown: Introduction, in: Bird (2005): *Telling Our Stories,* Kap. ›Omens, Mysteries, and First Encounters‹.

108 Dickason, McNab (2009): *Canada's First Nations,* S. 111.

109 Belshaw (2015): *Canadian History,* S. 260.

110 Long (1985): George Barnley, S. 44.

111 Vgl.: Odber (2012): *Hudson's Bay Company,* S. 16 f.

112 www.cbc.ca/news/canada/montreal/artifacts-in-northern-quebec-could-be-7-000-years-old-1.1306784?cmp=rss (13.08.2019).

113 Vgl.: Lytwyn (2002): *Muskekowuck Athinuwick,* S. 132–135.

114 Arthur J. Ray: Hudson's Bay Company, in: The Canadian Encyclopedia, www.thecanadianencyclopedia.ca/en/article/hudsons-bay-company (14.08.2019).

115 Arthur Ray, Donald Freeman: *Give Us Good Measure. An Economic Analysis of Relations Between the Indians and the Hudson Bay's Company before 1763,* Toronto 1978.

116 Dickason, McNab (2009): *Canada's First Nations,* S. 116 f.

117 Vgl.: Heinrichs, Hiebert (2007): *One with the Land,* S. 60.

118 Long (2010): *Treaty No. 9,* S. 19 f.

119 Vgl.: Heinrichs, Hiebert (2003): *Mishkeegogamang,* S. 58 und 98.

120 Vgl.: Lytwyn (2002): *Muskekowuck Athinuwick,* S. 170.

121 James Wesley, zitiert in: Long (1988): Early Encounters, S. 232 f.

122 Vgl.: Belshaw (2015): *Canadian History,* S. 141.

123 www.hbcheritage.ca/history/fur-trade/standard-of-trade (15.08.2019).

124 Ebd.

125 Vgl.: Dickason, McNab (2009): *Canada's First Nations,* S. 113.

126 Vgl.: Lisa Philips Valentine: *Making It Their Own. Severn Ojibwe Communicative Practices,* Toronto 1995; Raynald Harvey Lemelin, Michel S. Beaulieu: The Technology Imperative of the Cree. Examining Adaptability and Livelihood in Northern Ontario, Canada, in: Journal of Northern Studies, Vol. 7, No. 1 2013, S. 31–47.

127 Bird (2005): *Telling Our Stories,* Kap. ›Omens, Mysteries, and First Encounters, Wa-pa-mo-win, the Mirror‹.

128 Louis Bird, Interview 1, Westway Motel, Cochrane ON, 31.08.2017.

129 Vgl.: Dickason, McNab (2009): *Canada's First Nations,* S. 80; Heinrichs, Hiebert (2003): *Mishkeegogamang,* S. 58.

130 Heinrichs, Hiebert (2003): *Mishkeegogamang,* S. 77.

131 Bird (2005): *Telling Our Stories,* Kap. ›Arrows and Thunder Sticks Technologies Old and New‹.

132 Ebd.

133 Charles A. Bishop, Victor P. Lytwyn: »Barbarism and Ardour of War from the Tenderest Years«. Cree-Inuit Warfare in the Hudson Bay Region, in: Richard J. Chacon, Rubén G. Mendoza (Hg.): *North American Indigenous Warfare and Ritual Violence,* Tucson 2007, S. 31–57.

134 Kerry Abel: *Drum Songs. Glimpses of Dene History,* Montreal 1993, S. 47–54.

135 Vgl. ebd.; Heather Conn: Thanadelthur, in: The Canadian Encyclopedia, www.thecanadianencyclopedia.ca/en/article/thanadelthur (16.08.2019); Lytwyn (2002): *Muskekowuck Athinuwick,* S. 71 f.

136 Heinrichs, Hiebert (2003): *Mishkeegogamang,* S. 18.

137 Charles A. Bishop: The Emergence of the Northern Ojibwa. Social and Economic Consequences, in: American Ethnologist, Vol. 3, No. 1 (Feb., 1976), S. 39–54, hier S. 43.

138 Ebd.

139 Ebd. S. 41: Karte, auf der die Ausbreitung der Ojibwe von 1615 bis 1775 eingezeichnet ist. Dieser zufolge ist die Region von Lac Seul etwa um 1745 von Ojibwe und jene von Big Trout Lake um 1776 besiedelt gewesen.

140 Lytwyn (2002): *Muskekowuck Athinuwick,* S. 42.

141 James Daschuk: *Clearing the Plains. Disease, Politics of Starvation, and the Loss of Aboriginal Life,* Regina 2013, S. 21.

142 Lytwyn (2002): *Muskekowuck Athinuwick,* S. 51–54.

143 Ebd. S. 157 ff.

144 Daschuk (2013): *Clearing the Plains,* S. 14 ff.

145 Vgl.: Fenn Elizabeth A.: *Pox Americana. The Great Smallpox Epidemic of 1775–82,* New York 2002.

146 Lytwyn (2002): *Muskekowuck Athinuwick,* S. 160–193.

147 Vgl.: Bird (2005): *Telling Our Stories,* Kap. ›An Omushkego Storyteller and His Book‹.

148 Ebd.

149 Brown Jennifer S. H.: North West Company, in: The Canadian Encyclopedia, www.thecanadianencyclopedia.ca/en/article/north-west-company (17.08.2019).

150 Joseph M. Mauro: *A Golden Gateway of the Great Northwest. History of Thunder Bay,* Thunder Bay 1981, S. 21 ff.

151 Bei den anderen Posten handelte es sich um Split Lake House und Fort Nelson, die zwischen 1740 und 1760 im Norden des heutigen Manitobas errichtet wurden, und das 1774 gebaute Cumberland House im heutigen Saskatchewan. Eine gute Übersicht betreffend der zahlreichen historischen Handelsposten der North West und der Hudson's Bay Company findet sich in folgender Publikation, die auszugsweise auch online verfügbar ist: Ernest Voorhis: *Historic Forts and Trading Posts of the French regime and of the English Fur Trading Companies,* Ottawa 1930, www.enhaut.ca/voor1/voorhis.html#f127 (18.08.2019).

152 Daschuk (2013): *Clearing the Plains,* S. 46.

153 Lytwyn (2002): *Muskekowuck Athinuwick,* S. 175 ff.

154 Ebd. S. 185.

155 Ebd. S. 182.

156 Zu ersten wissenschaftlichen Erklärungsansätzen und deren Debatte vgl.: Shepard Krech III (Hg.): *Indians, Animals and the Fur Trade. A Critique of Keepers of the Game,* Athens 1981; Calvin Martin: *Keepers of the Game. Indian-Animal Relationship and the Fur Trade,* Berkely 1978.

157 Lytwyn (2002): *Muskekowuck Athinuwick,* S. 187.

158 Joe Crow, Interview 2, Pentecostel Church, Fort Severn, 14.08.2017.

159 Shepard Krech III: *Ecological Indian. Myth and History,* New York 1999, S. 180 und 194.

160 Lytwyn (2002): *Muskekowuck Athinuwick,* S. 181.

161 Bishop (1976): Northern Ojibwa, hier S. 46.

162 Heinrichs, Hiebert (2003): *Mishkeegogamang,* S. 96.

163 Lytwyn (2002): *Muskekowuck Athinuwick,* S. 147.

164 Ebd. S. 156.

165 Michael Payne: *The Most Respectable Place in the Territory. Everyday Life in Hudson's Bay Company Service, York Factory, 1788–1870,* Ottawa 1989, S. 136.

166 Dickason, McNab (2009): *Canada's First Nations*, S. 115.

167 Heinrichs, Hiebert (2003): *Mishkeegogamang*, S. 162.

168 Carol Judd: Native Labour and Social Stratification in Hudson's Bay Company's Northern Department, 1770–1870, in: Canadian Review of Sociology and Anthropology, 17 (4), November 1980, S. 305–314.

169 Ebd. S. 98.

170 Gwen Reimer, Jean-Philippe Chartrand: *Historical Profile of the James Bay Area's Mixed European-Indian or Mixed European-Inuit Community*, Ottawa 2014, S. 150.

171 Jennifer S. H. Brown: *Stranger in Blood. Fur Trade Families in Indian Country*, Norman 1996, S. 11.

172 Chris Andersen hat auf die Problematik des Begriffs ›Métis‹ hingewiesen und dekonstruiert das kanadische Verständnis von ›Métis‹ als einer ›gemischten Ethnie‹. Wenn biologische Komponenten im Vordergrund stehen, so spricht man einer Gruppe die eigene kulturelle Entwicklung ab, die ihre nationale Identität ausmachen. Denn auch nicht-indigene Menschen in Kanada stammen biologisch aus vielen unterschiedlichen Ethnien ab. Andersen Chris: *›Métis‹. Race, Recognition, and the Struggle for Indigenous Peoplehood*, Vancouver 2014.

173 Dickason, McNab (2009): *Canada's First Nations*, S. 120.

174 Long (1985): George Barnley, S. 45.

175 Vgl. ebd. S. 45; Reimer, Chartrand (2014): *Historical Profile of the James Bay*, S. xiv.

176 Reimer, Chartrand (2014): *Historical Profile of the James Bay*, S. x.

177 Vgl. zur unterschiedlichen Unternehmenskultur der beiden Gesellschaften: K. G. Davies: From Competition to Union, in: Minnesota History, Winter 1966, S. 166–177.

178 Siehe ferner: John Morgan Gray: Douglas, Thomas, Baron Dear and Shortgleuch, 5th Earl of Selkirk, in: Dictionary of Canadian Biography, Vol. 5, Toronto 2003, online: www.biographi.ca/en/bio/douglas_thomas_5E.html (21.08.2019) und www.northwestcompany.de/pages/history/NWC-FtWilliam.htm (21.08.2019).

179 Daschuk (2013): *Clearing the Plains*, S. 59.

180 Heinrichs, Hiebert (2007): *One with the Land*, S. 67.

181 Martha Saxton: Interview, in: A Company for the Future, www.pbs.org/empireofthebay/broadcast4.html (21.08.2019).

182 Long (2010): *Treaty No. 9*, S. 10.

183 Daschuk (2013): *Clearing the Plains*, S. 62.

184 Heinrichs, Hiebert (2003): *Mishkeegogamang*, S. 91.

185 Odber (2012): *Hudson's Bay Company*, S. 74 f.

186 Long (2010): *Treaty No. 9,* S. 21.

187 Heinrichs, Hiebert (2007): *One with the Land,* S. 68.

188 Daniel Francis, Toby Morantz: *Partners in Furs. A History of the Fur Trade in Eastern James Bay, 1600–1870,* Kingston 1983, S. 158 f.

189 Für eine differenzierte Interpretation des Vorfalls, die sowohl schriftliche Dokumente wie auch verschiedene Varianten der indianischen mündlichen Überlieferung miteinbezieht, siehe: Cecil Chabot: Reconciling Amerindian and Euroamerican (Mis)Understandings of a Shared Past: Cross-Cultural Conflict Histography and the 1832 Hannah Bay ›Massacre‹, in: The Canadian Journal of Native Studies XXX, 2(2010), S. 229–265.

190 Vgl.: Elizabeth Arthur: Far From the Madding Crowd: Hudson's Bay Company Managers in the Country North of Superior, in: Ontario History, Volume LXXXII, Number 1, March 1990, S. 9–27, hier S. 17 f.

191 Daschuk (2013): *Clearing the Plains,* S. 64.

192 Reimer, Chartrand (2014): *Historical Profile of the James Bay,* S. 42.

193 Lytwyn (2002): *Muskekowuck Athinuwick,* S. 200.

194 Ebd.

195 Odber (2012): *Hudson's Bay Company,* S. 84.

196 Long (2010): *Treaty No. 9,* S. 215.

197 Heinrichs, Hiebert (2003): *Mishkeegogamang,* S. 89.

198 Daschuk (2013): *Clearing the Plains,* S. 72.

199 Vgl.: Long (2010): *Treaty No. 9,* S. 23.

200 Louis Bird, Interview, Westway Motel, Cochrane ON, 31.08.2017.

201 Arthur Manuel, Ronald M. Derrickson: *Unsettling Canada. A National Wake-Up Call,* Toronto 2017, S. 4.

202 Edmund Metatawabin, Interview 3, Privathaus, Fort Albany, 11.09.2017.

203 Ebd.

204 Metatawabin, Shimo (2014): *Up Ghost River,* Kindle-Version, S. 23.

205 Zitiert in: Heinrichs, Hiebert (2007): *One with the Land,* S. 67.

206 Martin Defalco, Willie Dunn (Regie); George Manuel (Erzähler): *The Other Side of the Ledger. An Indian View of the Hudson's Bay Company,* Kanada 1972.

207 Ebd.

208 Ebd.

209 Heinrichs, Hiebert (2003): *Mishkeegogamang,* S. 93.

210 Vgl.: Heinrichs, Hiebert (2003): *Mishkeegogamang,* S. 93.

211 Samuel Misteli: *Die falschen Gutmenschen,* Neue Zürcher Zeitung, 13.05.2017.

212 Vgl. ebd.; www.theguardian.com/inequality/2017/nov/01/animal-rights-activists-inuit-clash-canada-indigenous-food-traditions (23.08.2019).

213 Julia V. Emberley: *Venus and Furs. The Cultural Politics of Fur,* London 1998, S. 2f.

214 Ignace Gull, Interview 2, Band Office, Attawapiskat, 01.08.2018.

215 Ebd.

216 www.cbc.ca/news/canada/manitoba/a-modern-day-monopoly-on-northern-people-1.2868972 (26.08.2019).

217 www.peta.de/lieber-nackt-als-im-pelz-neuauflage-kultmotiv-1994 (23.08.2019).

218 Ignace Gull, Interview 2, Band Office, Attawapiskat, 01.08.2018.

219 Stan Beardy, Interview 1, Privathaus, Muskrat Dam, 29.10.2017.

220 Vgl.: Hugh Brody: *Living Arctic. Hunters of the Canadian North,* Washington 1990.

221 Misteli (2017): *Die falschen Gutmenschen.*

222 Louis Bird: *The Spirit Lives in the Mind. Omushkego Stories, Lives, and Dreams,* Montreal 2007; Bird (2005): *Telling Our Stories;* www.ourvoices.ca (23.08.2019).

223 Roy A. Morris, Interview 1, Schule, Muskrat Dam, 27.10.2017.

224 Ebd.

225 Menrath (2016): *Mission Sitting Bull.*

226 Roy A. Morris, Interview 1, Schule, Muskrat Dam, 27.10.2017.

227 Ebd.

228 Adam Fiddler, Interview 2, Seattle Coffee House, Thunder Bay, 28.11.2017.

229 Reimer, Chartrand (2014): *Historical Profile of the James Bay,* S. v und 15.

230 John Long: Education in the James Bay Region during the Horden Years, in: Ontario History, Volume LXX, Number 2, June 1978, S. 75–89, hier S. 77.

231 Long (1985): George Barnley.

232 Elizabeth Arthur (1990): Far From the Madding Crowd.

233 Long (1985): George Barnley.

234 John Long (1978): Horden Years.

235 Angus (2015): *Children of the Broken Treaty,* Kap. ›Mission School‹.

236 Vgl.: Dickason, McNab (2009): *Canada's First Nations,* S. 107.

237 Jennifer S. H. Brown: The Track to Heaven. The Hudson Bay Cree Religious Movement of 1842–1843, in: William Cowan (Hg.): *Papers of the Thirteenth Algonquian Conference,* Ottawa 1982, S. 53–63, hier S. 58.

238 Jo Anne H. Bennett, John W. Berry: *The Future of Cree Syllabic Literacy in Northern Canada.* Paper Presented at the Fifteenth Algonquian Conference, Winnipeg 1986.

239 Louis Bird, Interview 1, Westway Motel, Cochrane ON, 31.08.2017.

240 Nola Keno, Interview, Privathaus, Sandy Lake, 04.11.2017, Übersetzer: Sidney Fiddler.

241 Timothy E. Williamson: Abishabis, in: Phyllis G. Jestice (Hg.): *Holy People of the World. A Cross-cultural Encyclopedia,* Bd. 3, Santa Barbara 2004, S. 4 f. und Brown (1982): The Track to Heaven.

242 Vgl.: Menrath (2016): *Mission Sitting Bull,* S. 155–158.

243 Brown (1982): The Track to Heaven.

244 Metatawabin, Shimo (2014): *Up Ghost River,* Kindle-Version, S. 10–16.

245 Bird (2005): *Telling Our Stories,* Kap. ›Mi-Te-Wi-Win Versus Christianity Grand Sophia's Story, Grand Sophia's Near-Death Experience‹.

246 Ebd.

247 Ebd.

248 Ebd.

249 Roy Morris, Interview 1, Schule, Muskrat Dam, 27.10.2017.

250 Heinrichs, Hiebert (2007): *One with the Land,* S. 56.

251 Donny Morris, Interview 4, am Seeufer bei seinem Haus, Kitchenuhmaykoosib Inninuwug, 18.08.2017.

252 Ila Miles, Interview, Privathaus, Fort Severn, 08.08.2017, Übersetzerin: Julie Miles.

253 Heinrichs, Hiebert (2007): *One with the Land,* S. 82–86.

254 Percy Rae, Interview, Privathaus, Sandy Lake, 06.11.2017, Übersetzer: Sidney Fiddler.

255 Ebd.

256 Adam Fiddler, Interview 2, Seattle Coffee House, Thunder Bay, 28.11.2017.

257 Anonymisierte Aussage eines Elders, aufgezeichnet in Sandy Lake.

258 Anonymisierte Aussage eines Elders, aufgezeichnet in Kitchenuhmaykoosib Inninuwug.

259 Moses Kakekaspan, Interview 2, Pentecostel Church, Fort Severn, 10.08.2017.

260 Truth and Reconciliation Commission of Canada (Hg.): *A Knock on the Door. The Essential History of Residential Schools from the Truth and Reconciliation Commission of Canada,* Winnipeg 2016, S. 22.

261 Roy Morris, Interview 1, Schule, Muskrat Dam, 27.10.2017.

262 Stan Beardy, Interview 1, Privathaus, Muskrat Dam, 29.10.2017.

263 Bob Joseph: *21 Things You May Not Know About the Indian Act. Helping Canadians Make Reconciliation with Indigenous Peoples a Reality,* Port Coquitlam 2018, S. 5.

264 J. v. Powell, Vickie D. Jensen: Nisga'a, in: The Canadian Encyclopedia, www.thecanadianencyclopedia.ca/en/article/nisgaa (04.09.2019).

265 www.cbc.ca/news/canada/british-columbia/b-c-s-nisga-a-becomes-only-first-nation-to-privatize-land-1.2355794 (04.09.2019).

266 Christopher Metatawabin, Interview 6, Band Office, Fort Albany, 05.09.2017.

267 Christopher Metatawabin, Interview 8, Band Office, Fort Albany, 07.09.2017.

268 Maeengan Linklater, Interview 1, Stella's, Winnipeg, 12.07.2018.

269 Dickason, McNab (2009): *Canada's First Nations,* S. 254.

270 Long (2010): *Treaty No. 9,* S. 348.

271 Karren Baird-Olson: Retraditionalism and Revitalization Movements, Plains, in: Suzanne J. Crawford, Dennis F. Kelly (Hg.): *American Indian Religious Traditions. An Encyclopedia,* Volume 1, Santa Barbara 2005, S. 917–924, hier S. 918.

272 Thomas J. Courchene: *Indigenous Nationals. Candian Citizens. From First Contact to Canada 150 and Beyond, Kingston 2018,* S. 5 und 44.

273 Ebd.

274 Steven T. Newcomb: *Pagans in the Promised Land. Decoding the Doctrine of Christian Discovery,* Golden 2008.

275 Susanne von Karstedt: *Akteure, Ideologien, Instrumente. Grundzüge der US-amerikanischen und argentinischen Indianerpolitik (1853–1899) im Vergleich,* Berlin 2006, S. 234.

276 Hoxie Frederick E.: *A Final Promise. The Campaign to Assimilate the Indians, 1880–1920,* Lincoln 2001, S. 17f.

277 Karstedt (2006): *Akteure, Ideologien, Instrumente,* S. 255.

278 David Michael Finch: *It Is Only the Beginning. An Ethnohistory of Mid-Twentieth Century Land Tenure in Fort Severn, Ontario,* Thunder Bay 2013, S. 3.

279 Titley (1986): *A Narrow Vision,* S. 2.

280 Dickason, McNab (2009): *Canada's First Nations,* S. 193.

281 Joseph (2018): *21 Things,* S. 7.

282 Department of the Interior (Hg.): Annual Report for the Year Ended 30th June, 1876, in: Parliament of Canada, Sessional Papers, No. 11, 1877, S. xiv.

283 John A. Macdonald, 1880, zitiert in Donald B. Smith: Macdonald's Relationship with Aboriginal Peoples, in: Patrice Dutil, Roger Hall (Hg.): *Macdonald at 200. New Reflections and Legacies,* Toronto 2014, S. 58–93, hier S. 64.

284 John A. Macdonald: Speech before the House of Commons, July 6, 1885, www.collectionscanada.gc.ca/primeministers/h4-4090-e.html (05.09.19).

285 John A. Macdonald in: Sessional Papers, Vol. 20b, Session of the 6th Parliament of the Dominion of Canada, 1887, S. 37.

286 Joseph (2018): *21 Things.*

287 Ebd. S. 21f.

288 Adam Fiddler, Interview 2, Seattle Coffee House, Thunder Bay, 28.11.2017.

289 Courchene (2018): *Indigenous Nationals,* S. 61.

290 Tanya Talaga: *Seven Fallen Feathers. Racism, Death, and Hard Truths in a Northern City,* Toronto 2017, S. 59.

291 TRC (2016): *A Knock on the Door,* S. 28.

292 Joseph (2018): *21 Things,* S. 31 und 69.

293 Joe Mathias, Gary R. Yabsley: Conspiracy of Legislation. The Suppression of Indian Rights in Canada, in: BC Studies, No. 89, Spring 1991, S. 34–45, einsehbar unter: www.vancouverbiennale.com/wp-content/uploads/2014/07/Resende-Unit-Plan-Mathisas-Yabsley.pdf

294 Bob Joseph: Vortrag zum Thema ›21 Things You Didn't Know About the Indian Act‹, St. Andrew's Wesley Church, Vancouver 2008, www.youtube.com/watch?v=nnZGQ5qb_nw (02.04.2020).

295 Christopher Metatawabin, Interview 9, Band Office, Fort Albany, 12.09.2017.

296 Long (2010): *Treaty No. 9,* S. 185.

297 Joyce Hunter, Interview, Thunder Bay Art Gallery, Thunder Bay, 22.11.2017.

298 Wally McKay, Interview 1, Best Western Hotel, Cochrane ON, 30.08.2017.

299 Joseph (2018): *21 Things,* S. 35.

300 Ebd., S. 15–20.

301 Anonymisierte Aussage eines Cree, aufgezeichnet in Attawapiskat.

302 Anonymisierte Aussage eines Cree, aufgezeichnet in Attawapiskat.

303 Anonymisierte Aussage eines Oji-Cree, aufgezeichnet in Kitchenuhmaykoosib Inniniwug.

304 Wally McKay, Interview 1, Best Western Hotel, Cochrane ON, 30.08.2017.

305 Vgl.: Dickason, McNab (2009): *Canada's First Nations,* S. 241.

306 Ebd.

307 Daschuk (2013): *Clearing the Plains,* S. 79 und 93.

308 Taylor M. Scott: *Buffalo Hunt. International Trade and the Virtual Exstinction of the North American Bison, Cambridge 2007;* Albert C. Jensen: Bison Slaughter, in: Carol A. Barrett (Hg.): *American Indian History,* Pasadena 2003, S. 55–60; Andrew C. Isenberg: *The Destruction of the Bison. An Environmental History, 1750–1920,* New York 2001.

309 Daschuk (2013): *Clearing the Plains,* S. 183.

310 Vgl. ebd. S. 114.

311 Vgl.: Nishnawbe Aski Nation: *Treaty No. 5. Centennial Commemoration. A Journey to Remember, Honouring Our Treaty,* Timmins 2010; dies.: *The James Bay Treaty, Treaty No. 9. For as Long as the River Flows,* Thunder Bay 2015.

312 Long (2010): *Treaty No. 9,* S. 36.

313 Ebd. S. 60.

314 Titley (1986): *A Narrow Vision,* S. 61.

315 Ebd.

316 Louis Bird, Interview 1, Westway Motel, Cochrane ON, 31.08.2017.

317 Ebd.

318 Ebd.

319 Long (2010): *Treaty No. 9,* S. 66 f.

320 Duncan Campbell Scott: The Last of the Indian Treaties, in: Scribner's Magazine, vol. 40 (1906), S. 573–583.

321 Duncan C. Scott, Samuel Stuart, Daniel G. MacMartin: Bericht über die Vertragsabschließung des Treaty Nummer 9, in: Canada (Hg.): *The James Bay Treaty, Treaty No. 9,* Nachdruck der Ausgabe von 1931, Ottawa 1964, S. 4 f.

322 Ebd.

323 Vgl.: Norm F. Wesley: Vorwort, in: Long (2010): *Treaty No. 9,* S. xv.

324 Scott, Stuart, MacMartin (1931/1964): Treaty No. 9, S. 5 f.

325 Vgl.: Long (2010): *Treaty No. 9,* S. 5.

326 Scott, Stuart, MacMartin (1931/1964): Treaty No. 9, S. 19 f.

327 Ebd. S. 20 f.

328 Long (2010): *Treaty No. 9,* S. 340.

329 Ebd.

330 Wally McKay, Interview 2, Best Western Hotel, Cochrane ON, 30.08.2017.

331 Long (2010): *Treaty No. 9,* S. 251 f.

332 https://guides.library.queensu.ca/treaty-recognition-week-2018-treaty-9/macmartin-diaries (15.09.2019).

333 PowerPoint-Präsentationen von Jonathon Solomon, Grand Chief des Mushkegowuk Council und Luke Hunter, Director, Land, Rights and Treaty Research, Nishnawbe Aski Nation. Diese beiden digitalen Dokumente wurden dem Autor 2017 bzw. 2018 zur Verfügung gestellt.

334 Long (2010): *Treaty No. 9,* S. 363.

335 NAN (2015): *The James Bay Treaty,* S. 14.

336 Duncan Campbell Scott: Indian Affairs, 1867–1912, in: Adam Short, Arthur G. Doughty (Hg.): *Canada and Its Provinces. A History of the Canadian People and Their Institutions by One Hundred Associates,* Toronto 1913, S. 593–626, hier S. 622 f.

337 Titley (1986): *A Narrow Vision,* S. 32.

338 Inschrift auf dem Gedenkstein, der in Kitchenuhmaykoosib Inniniwug an die am 5. Juli 1929 unterzeichnete Adhäsion von Treaty Nummer 9 erinnert.

339 NAN (2015): *The James Bay Treaty,* S. 15.

340 Long (2010): *Treaty No. 9,* S. 363.

341 TRC (2016): *A Knock on the Door,* S. 27.

342 Edmund Metatawabin, Interview 3, Privathaus, Fort Albany, 11.09.2017.

343 Long (2010): *Treaty No. 9,* S. 307 f.

344 Stan Beardy, Interview 1, Privathaus, Muskrat Dam, 29.10.2017.

345 Adam Fiddler, Interview, Seattle Coffee House, Thunder Bay, 28.11.2017.

346 Ebd.

347 Wally McKay, Interview 2, Best Western Hotel, Cochrane ON, 30.08.2017.

348 Adam Fiddler, Interview, Seattle Coffee House, Thunder Bay, 28.11.2017.

349 Ebd.

350 Christopher Metatawabin, Interview 6, Band Office, Fort Albany, 05.09.2017.

351 Christopher Metatawabin Interview 9, Band Office, Fort Albany, 12.09.2017.

352 Long (2010): *Treaty No. 9,* S. 86–89.

353 Angus (2015): *Children of the Broken Treaty,* Introduction.

354 Stan Beardy, Interview 1, Privathaus, Muskrat Dam, 29.10.2017.

355 Ebd.

356 Wally McKay, Interview 2, Best Western Hotel, Cochrane ON, 30.08.2017.

357 Anthony J. Hall: Treaties with Indigenous Peoples in Canada, in: The Canadian Encyclopedia, www.thecanadianencyclopedia.ca/en/article/aboriginal-treaties (08.01.2019).

358 Ebd.

359 Bart Meekis, Interview, Band Office, Sandy Lake, 10.11.2017.

360 Leo Metatawabin, Interview, Privathaus, Fort Albany, 11.09.2017.

361 Stanley Wesley, Aussage von 1994, in: Lac Seul First Nation: *Obishigokaang Ojibwe History,* PowerPoint-Präsentation, Version 2017.

362 Gedenkstein der Lac Seul First Nation.

363 Ebd.

364 Lac Seul First Nation: Videopräsentation zur Überschwemmung des Lac Seul.

365 Ebd.

366 Ebd.

367 Ebd.

368 Ebd.

369 Werner Stünzi, aufgezeichnetes Gespräch, 26.06.2018, Privathaus, Sioux Lookout.

370 Ebd.

371 Ebd. und Lac Seul First Nation: Karte mit der Fallstudie ›Albert Quedent Family Manomin (Wild Rice)‹, ca. 1994.

372 Vgl.: Michelle Derosier: *Return to Manomin,* Kanada 2011 und *Harvesting*

Wild Rice with Sagkeeng Child and Family Services (2012), www.youtube.com/watch?v=2L2DijK6xJ4 (02.04.2020).

373 Ebd.

374 Werner Stünzi, aufgezeichnetes Gespräch, 26.06.2018, Privathaus, Sioux Lookout.

375 Ebd.

376 Ebd.

377 Renée Southwind, Interview, Meno Ya Win, Sioux Lookout, 27.06.2018.

378 Ebd.

379 Ebd.

380 Long (2010): *Treaty No. 9,* S. 142.

381 Lac Seul First Nation v Canada, 2017 FC 906, in: Native Law Centre, 07.02.2019, https://words.usask.ca/nativelaw/2019/02/07/lac-seul-first-nation-v-canada-2017-fc-906/ (01.10.2019).

382 Wabun Sun, Vol. 5, No. 2, June 2004, S. 1f. http://wabunsun.com/archive/ws_vol5-iss2.pdf (02.10.2019)

383 *Janet Armstrong: A Political Economy of Native Marginalization. A Study of the Appropriation of Aboriginal Water Rights. The Case of the Mishkeegogamang First Nation,* Dissertationsmanuskript, Kingston 2000, S. 193–229.

384 Heinrichs, Hiebert (2003): *Mishkeegogamang,* S. 135.

385 Diese Ausführungen beruhen auf meinem Tagebucheintrag vom 14.09.2017.

386 Edmund Metatawabin, Interview 7, Privathaus, Fort Albany, 15.09.2017. Edmund fasst in diesem Interview nochmals zusammen, was er mir bereits während der vorausgegangenen Bootsfahrt erzählt hatte.

387 S. E. Peet, J. C. Day: The Long Lake Diversion. An Environmental Evaluation, in: Canadian Water Resources Journal, Vol. 5, No. 3, 1980, S. 34–48, DOI: 10.4296/cwrj0503034, hier S. 36.

388 Long (2010): *Treaty No. 9,* S. 194.

389 Armstrong (2000): *Native Marginalization,* S. 239–253; Heinrichs, Hiebert (2003): *Mishkeegogamang,* S. 132f.

390 Stan Beardy, Interview 3, Privathaus, Muskrat Dam, 30.10.2017.

391 Dam the Dams Campaign (Hg.): *The Water Plot,* Thunder Bay 1972.

392 Ebd. S. 5.

393 Ebd. S. 6.

394 Ebd. S. 7.

395 Ebd. S. 9.

396 Ebd.

397 Harry Achneepineskum: *A Comparative Study on Dams and Water-Power Di-*

version Projects across Canada, Vortragsmanuskript, Toronto 1973, S. 409. Das Manuskript ist erhältlich im NSRC, Reg. E 78 O5A217 1973.

398 Ebd. S. 409 f.

399 Ebd. S. 416.

400 Harry Achneepineskum: *Progress at the Cost of Genocide. A Study of Government Plans to Flood the Lands of Northern Ontario,* Toronto 1973. Erhältlich im NSRC.

401 Vgl.: Robert Milko: Potential Ecological Effects of the Proposed GRAND Canal Diversion Project on Hudson and James Bays, in: Arctic, Vol. 39, No. 4, Dezember 1986, S. 316–326; https://web.archive.org/web/20091027035958/http://ca.geocities.com/grandcanal2005/proposal.htm; https://web.archive.org/web/20091027035958/http://ca.geocities.com/grandcanal2005/summary.htm; https://www.theglobeandmail.com/report-on-business/thomas-kierans-engineer/article1216119/ (08.10.2019).

402 Stan Beardy, Interview 3, Privathaus, Muskrat Dam, 30.10.2017; ders., aufgezeichnetes Gespräch, Bootsausflug, Muskrat Dam, 04.07.2018.

403 Titley (1986): *A Narrow Vision,* S. 73.

404 Henry Vivian Nelson: *Politics of Development. Forests, Mines, and Hydro-Electric Power in Ontario, 1849–1941,* Montreal 2005, S. 388.

405 Vgl.: Anastasia M. Shkilnyk: *A Poison Stronger Than Love. The Destruction of an Ojibwa Community,* New Haven 1985; www.theglobeandmail.com/opinion/editorials/a-native-crisis-by-water-and-mercury/article24968022/ und http://caid.ca/MerPoiGraNar2010.pdf (09.10.2019).

406 https://pulitzercenter.org/reporting/my-ears-keep-ringing-all-time-mercury-poisoning-among-grassy-narrows-first-nation (09.10.2019).

407 Heinrichs, Hiebert (2003): *Mishkeegogamang,* S. 140.

408 Sidney Fiddler, Interview 1, Band Office, Sandy Lake, 03.11.2017.

409 Ebd.

410 Ebd.

411 Edmund Metatawabin, Interview 3, Privathaus, Fort Albany, 11.09.2017.

412 Metatawabin, Shimo (2014): *Up Ghost River,* Kindle-Version, S. 127 f.

413 Ebd. S. 185.

414 Finch (2013): *It Is Only the Beginning,* S. 75.

415 Vgl.: David Finch: *Fort Severn's Traplines. Recording the History of Changing Control of the Land,* PDF, Fort Severn 2017.

416 Heinrichs, Hiebert (2007): *One with the Land,* S. 98.

417 Ebd.

418 Stan Beardy, Interview 3, Privathaus, Muskrat Dam, 30.10.2017.

419 Stan Beardy, Interview Car 2, auf dem Land zwischen First Lake und Muskrat Dam, 31.10.2017.

420 Finch (2013): *It Is Only the Beginning,* S. 169.

421 Stan Beardy, Interview Car 3, auf dem Land zwischen First Lake und Muskrat Dam, 31.10.2017.

422 Finch (2013): *It Is Only the Beginning,* S. 135.

423 Ebd. S. 135 und 137.

424 Ebd. S. 113.

425 Donny Morris, Interview 1, am Seeufer bei seinem Haus, Kitchenuhmaykoosib Inninuwug, 18.08.2017.

426 Vgl.: Bryan Cummins: *Only God Can Own the Land. The Attawapiskat Cree,* Toronto 2004, S. 99.

427 Finch (2013): *It Is Only the Beginning,* S. 172.

428 Roy A. Morris, Interview 3, Schule, Muskrat Dam, 01.11.2017.

429 Long (2010): *Treaty No. 9,* S. 332 f.

430 Allan Beardy, Interview 2, Learning Center, Muskrat Dam, 30.10.2017, Übersetzer: Doug Beardy.

431 Doug Beardy, Interview, Learning Center, Muskrat Dam, 30.10.2017.

432 Donny Morris, Interview 1, am Seeufer bei seinem Haus, Kitchenuhmaykoosib Inninuwug, 18.08.2017.

433 Ignace Gull, Interview 2, Band Office, Attawapiskat, 01.08.2018.

434 Finch (2013): *It Is Only the Beginning,* S. 142.

435 Roy A. Morris, Interview 1, Schule, Muskrat Dam, 27.10.2017.

436 Sonny Fiddler, Interview 2, Health Center, Muskrat Dam, 01.11.2017.

437 Ebd.

438 Finch (2013): *It Is Only the Beginning,* S. 163 f.

439 Ebd. S. 165.

440 Tommy Miles, Interview, Pentecostel Church, Fort Severn, 09.08.2017.

441 Donny Morris, Interview 1, am Seeufer bei seinem Haus, Kitchenuhmaykoosib Inninuwug, 18.08.2017.

442 Edmund Metatawabin, Interview 3, Privathaus, Fort Albany, 11.09.2017.

443 Vgl.: Finch (2013): *It Is Only the Beginning,* S. 165 f.

444 Stan Beardy, Sr.: *Muskrat Dam. Now and Then,* Muskrat Dam 1989, S. 11.

445 Vgl.: www.ontarioforesthistory.ca/files/Far_North_Article_Final.pdf (16.10.2019).

446 Lawrence Bluecoat, Interview 3, Niska Inn, Fort Severn, 05.08.2017.

447 Vgl.: Tanya Talaga: *Cold War-era Radar Sites to get $103 Million Cleanup,* The Toronto Star, 22.06.2009; www.ontarioforesthistory.ca/files/Far_North_Article_Final.pdf (16.10.2019).

448 Matthew Kakekaspan, Tommy Miles et al.: *Giving Voice to Bear. Cree Observations and Documentation of Wabusk in Ontario,* Research Report, o. O., June 2010, S. 10.

449 Kakekaspan, Miles (2010): *Giving Voice to Bear;* www.fws.gov/endangered/esa-library/pdf/polar_bear.pdf, www.ontarioforesthistory.ca/files/Far_North_Article_Final.pdf (17.10.2019).

450 www.ontario.ca/page/polar-bears (17.10.2019).

451 Vgl.: Kakekaspan, Miles (2010): *Giving Voice to Bear,* S. 13.

452 Ebd. S. 16 f.

453 Ebd. S. 19.

454 Vgl.: Theodore Binnema, Melanie Niemi: »Let the line be drawn now«. Wilderness, Conservation, and the Exclusion of Aboriginal People from Banff National Park in Canada, in: Environmental History, Vol. 11, No. 4, (October 2006), S. 724–750.

455 Robert Jago: Canada's National Parks Are Colonial Crime Scenes, in: The Walrus, 30.06.2017, https://thewalrus.ca/canadas-national-parks-are-colonial-crime-scenes/#.WWyx6x_eFUZ.facebook (17.10.2019).

456 Ebd.

457 Josie McKay, Interview, Privathaus, Kitchenuhmaykoosib Inninuwug, 17.08.2017, Übersetzer: Bill Albany.

458 Stan Beardy, Interview Car 2, auf dem Land zwischen First Lake und Muskrat Dam, 31.10.2017.

459 Roy A. Morris, Interview 3, Schule, Muskrat Dam, 01.11.2017.

460 Garnet Angeconeb, Interview, Wohnung, Sioux Lookout, 29.06.2018.

461 Ebd.

462 Kara Knapaysweet, Interview, Edward's Lodge, Fort Albany, 15.09.2017.

463 Xavier Inishinapay, Interview, Edward's Lodge, Fort Albany, 06.09.2017.

464 Duncan Campbell Scott to D. MacKay: DCS to BC Indian Agent Gen. Major D. MacKay. 12 Apr. 1910. DIA Archives RG 10 Series, zitiert in: https://waynekspear.com/2010/03/10/indian-residential-schools-2/ (25.10.2019).

465 Gunnar Heinsohn: *Lexikon der Völkermorde,* Reinbek bei Hamburg 1999, S. 128; Peter Bolz: Ethnozid, in: Walter Hirschberg, Wolfgang Müller (Hg.): *Wörterbuch der Völkerkunde,* Berlin 2005, S. 112.

466 Jennifer Jones et al. (Hg.): *American Indian Boarding Schools. An Exploration of Global Ethnic & Cultural Cleansing,* Mount Pleasant 2011, S. 5.

467 Joe Wheesk, Interview, Privathaus, Attawapiskat, 02.08.2018.

468 www.nationalnewswatch.com/2018/06/11/long-feds-commemorate-anniversary-of-residential-schools-apology/#.XMlFEi_5x24 (26.10.2019).

469 Ry Moran: Truth and Reconciliation Commission, in: The Canadian Encyclopedia, www.thecanadianencyclopedia.ca/en/article/truth-and-reconciliation-commission und www.trc.ca/assets/pdf/Honouring_the_Truth_Reconciling_for_the_Future_July_23_2015.pdf (26.10.19).

470 Tabitha Marshall: Indian Residential Schools Settlement Agreement, in: The Canadian Encyclopedia, www.thecanadianencyclopedia.ca/en/article/indian-residential-schools-settlement-agreement (13.11.2019).

471 TRC (2016): *A Knock on the Door,* S. 92 f. Für aktuelle Zahlen siehe: www.rcaanc-cirnac.gc.ca/eng/1315320539682/1571590489978 (02.04.2020).

472 Vivian Timmins, Interview, Privathaus, Toronto, 08.08.2018.

473 Ebd.

474 Ebd.

475 Metatawabin, Shimo (2014): *Up Ghost River,* Kindle-Version, S. 23.

476 Louis Bird, Interview 1, Westway Motel, Cochrane ON, 31.08.2017.

477 Vgl.: TRC (2016): *A Knock on the Door,* S. 95.

478 Petra Apfel: *Das lange Schweigen der Missbrauchsopfer. Warum Kinder ihre Peiniger schützen,* Focus online, 27.08.2013, www.focus.de (27.10.2019).

479 Vgl.: Carlos Kölbl, Jürgen Straub: Grundlagen des Erinnerns, in: Harald Welzer, Christian Gudehus, Ariane Eichenberg (Hg.): *Gedächtnis und Erinnerung: ein interdisziplinäres Handbuch,* Stuttgart 2010, S. 11–74, hier S. 35 f.

480 Vivian Timmins, Interview, Privathaus, Toronto, 08.08.2018.

481 Garnet Angeconeb: Speaking My Truth. The Journey to Reconciliation, in: Aboriginal Healing Foundation (Hg.): *Speaking My Truth. Reflections on Reconciliation & Residential School,* Ottawa 2012, S. 11–34.

482 Garnet Angeconeb, Interview, Wohnung, Sioux Lookout, 29.06.2018.

483 Ebd.

484 www.trc.ca/about-us/trc-findings.html (29.10.2019).

485 Union of Ontario Indians (Hg.): *An Overview of the Indian Residential School System,* North Bay 2013, S. 3.

486 Ebd.

487 www.cbc.ca/news/politics/residential-schools-findings-point-to-cultural-genocide-commission-chair-says-1.3093580 (29.10.2019).

488 TRC (2016): *A Knock on the Door,* S. 72–75.

489 Idil Mussa: *Remembering Children Who Died at Residential Schools,* BBC News, 30.09.2019.

490 Vgl. u. a.: Union of Ontario Indians (2013): *An Overview;* TRC (2016): *A Knock on the Door.*

491 Ebd.

492 Wally McKay, Interview 3, Best Western Hotel, Cochrane ON, 30.08.2017.

493 TRC (2016): *A Knock on the Door,* S. 13. Vgl. zum Thema auch: Bev Sellars: *They Called Me Number One. Secrets and Survival at an Indian Residential School,* Vancouver 2013.

494 Metatawabin, Shimo (2014): *Up Ghost River,* Kindle-Version, S. 36.

495 Joe Fiddler, Interview 1, Sandy Lake Motel, Sandy Lake, 04.11.2017.

496 Roy A. Morris, Interview 3, Schule, Muskrat Dam, 01.11.2017.

497 Roy A. Morris, Interview 1, Schule, Muskrat Dam, 27.10.2017.

498 Modina McKay, Interview, Privathaus, Muskrat Dam, 28.10.2017.

499 Joe Crow, Interview 1, Pentecostel Church, Fort Severn, 14.08.2017.

500 Christopher Metatawabin, Interview 2, Band Office, Fort Albany, 05.09.2017.

501 Leo Metatawabin, Privathaus, Fort Albany, 11.09.2017.

502 Garnet Angeconeb, Interview, Wohnung, Sioux Lookout, 29.06.2018.

503 Metatawabin, Shimo (2014): *Up Ghost River,* Kindle-Version, S. 90f.

504 Leo Metatawabin, Interview, Privathaus, Fort Albany, 11.09.2017.

505 Angela Shisheesh, Interview 1, OCCC, Timmins, 24.07.2018.

506 Sue G. Enberg: *In Jesus' Name. Shattering the Silence of St. Anne's Residential School,* Kanada 2017; *Residential School Survivor Talks about the Electric Chair at St. Anne's School,* CBC News, 29.03.2018, www.youtube.com/watch?v=9SFfMnmR-bo; *Recounting the Horrors of St. Anne's Residential School,* CBC News, 03.04.2018, www.youtube.com/watch?v=QJ9qhYATUmo (02.11.2019).

507 Matt Lemay: *The Impact of Colonialism in Canada,* Kanada 2016.

508 Ian Mosby: Administering Colonial Science. Nutrition Research and Human Biomedical Experimentation in Aboriginal Communities and Residential Schools, 1942–1952, in: Social History, Vol. XLVI, No. 91 (May 2013), S. 145–172.

509 Enberg (2017): *In Jesus' Name.*

510 Vgl.: Menrath (2016): *Mission Sitting Bull,* S. 191f.

511 Diese Praxis scheint bei vielen indigenen Nationen Nordamerikas, wie etwa bei den Lakota, die Regel gewesen sein. Vgl.: Gregory O.: *Gagnon Culture and Customs of the Sioux Indians,* Santa Barbara 2011, S. 111; Luther Standing Bear: *Land of the Spotted Eagle* (1933), Lincoln 2006, S. 7.

512 Metatawabin, Shimo (2014): *Up Ghost River,* Kindle-Version, S. 77f.

513 Mike Metatawabin, Interview 2, Lord Elgin Hotel, Ottawa, 24.08.2016.

514 Ebd. S. 49f.

515 Anonymisierte Aussage eines Elders, aufgezeichnet in Fort Severn.

516 www.charlieangus.ca/justice-for-st-annes-survivors (03.11.2019).

517 Vgl.: Lucy Scholey: *›Shot Across the Bow.‹ Federal Government Seeking $25K in Legal Fees from St. Anne's Residential School Lawyer,* ATPN, National News, 07.07.2018;

https://aptnnews.ca/2018/06/07/shot-across-the-bow-federal-government-seeking-25k-in-legal-fees-from-st-annes-residential-school-lawyer/ (03.11.2019).

518 Angela Shisheesh, Interview 3, OCCC, Timmins, 25.07.2018.

519 Angela Shisheesh, Interview 4, OCCC, Timmins, 26.07.2018.

520 Ebd.

521 Irene Ross, Interview, Health Center, Muskrat Dam, 01.11.2017.

522 TRC (2016): *A Knock on the Door,* S. 100 ff.

523 Ebd. S. 49.

524 Modina McKay, Interview, Privathaus, Muskrat Dam, 28.10.2017.

525 Edmund Metatawabin, Interview 4, Privathaus, Fort Albany, 11.09.2017.

526 Ignace Gull, Interview 1, Band Office, Attawapiskat 01.08.2018.

527 Allan Beardy, Interview 4, Learning Center, Muskrat Dam, 31.10.2017, Übersetzer: Doug Beardy.

528 Josie McKay, Interview, Privathaus, Kitchenuhmaykoosib Inninuwug, 17.08.2017, Übersetzer: Bill Albany.

529 Ila Miles, Interview, Privathaus, Fort Severn, 08.08.2017, Übersetzer: Lawrence Bluecoat.

530 Ila Miles, Interview, Privathaus, Fort Severn, 08.08.2017, Übersetzerin: Julie Miles.

531 Joe Crow, Interview 1, Pentecostel Church, Fort Severn, 14.08.2017.

532 Emile Sutherland, Interview, Privathaus, Fort Albany, 04.09.2017.

533 Angus (2015): *Children of the Broken Treaty,* Kap. ›Three Boys‹.

534 *Reconciliation Betrayed. The Horrors of St. Anne's,* The Fifth Estate, CBC, 03.03.2019, www.cbc.ca/fifth/episodes/2018-2019/st-anne (05.11.2019).

535 Emile Sutherland, Interview, Privathaus, Fort Albany, 04.09.2017.

536 Joe Crow, Interview 1, Pentecostel Church, Fort Severn, 14.08.2017.

537 Ila Miles, Interview, Privathaus, Fort Severn, 08.08.2017, Übersetzerin: Julie Miles.

538 Julie Miles, aufgezeichnetes Gespräch, Privathaus, Fort Severn, 08.08.2017.

539 Arthur Keno, Interview, Privathaus, Sandy Lake, 04.11.2017, Übersetzer: Sidney Fiddler.

540 Ebd.

541 Ebd.

542 Angela Shisheesh, Interview 3, OCCC, Timmins, 25.07.2018.

543 TRC (2016): *A Knock on the Door,* S. 74–77.

544 Bill Albany, Interview 1, Gartensitzplatz seines Hauses, Kitchenuhmaykoosib Inninuwug, 16.08.2017.

545 Moses Kakekaspan, Interview 2, Pentecostel Church, Fort Severn, 10.08.2017.

546 Ian Adam: *The Lonely Death of Chanie Wenjack,* in: Maclean's, 01.02.1967. www.macleans.ca/society/the-lonely-death-of-chanie-wenjack/ (07.11.2019).

547 Georgia Carley: Chanie Wenjack, in: The Canadian Encyclopedia, www.thecanadianencyclopedia.ca/en/article/charlie-wenjack (07.11.2019).

548 Einige Beispiele von Kindern, die auf ihrer Flucht ums Leben kamen, sind hier zusammengestellt: Tim Fontaine: *TRC Report. 5 Stories of Residential School Escapees Who Died,* CBC News, 14.12.2015.

549 Joseph Boyden: *Wenjack,* Toronto 2016.

550 The Tragically Hip: *A National Celebration,* Live in Kingston ON, 20.08.2016, www.youtube.com/watch?v=CovsFDS4KiY (08.11.2019).

551 Gord Downie: *The Secret Path,* Kanada 2016.

552 Greg Davis: *Peterborough Teacher Incorporates Gord Downie's ›Secret Path‹ for Indigenous History Lessons,* Global News, 02.11.2017.

553 Vgl.: *How Senator Murray Sinclair Responds to Why Don't Residential School Survivors Just ›Get Over It‹,* The Current, CBC Radio, 04.04.2017.

554 Garnet Angeconeb, Interview, Wohnung, Sioux Lookout, 29.06.2018.

555 Angela Shisheesh, Interview 2, OCCC, Timmins, 25.07.2018.

556 Anonymisierte Aussage einer Elder, aufgezeichnet in Muskrat Dam.

557 Gespräch mit Edmund Metatawabin, Privathaus, Fort Albany, 12.09.2017.

558 Modina McKay, Interview, Privathaus, Muskrat Dam, 28.10.2017.

559 Michel Sutherland, Interview 2, Privathaus, Fort Albany, 13.09.2017.

560 TRC (Hg.): *Final Report, Vol. 1, Summary, Honouring the Truth,* Toronto 2015, S. 154.

561 Garnet Angeconeb, Interview, Wohnung, Sioux Lookout, 29.06.2018.

562 Metatawabin, Shimo (2014): *Up Ghost River.*

563 Vivian Timmins, Interview, Privathaus, Toronto, 08.08.2018.

564 https://stopp-gewalt.zh.ch/internet/microsites/stopp_gewalt/de/hintergrund/ursachen.html (12.11.2019)

565 Helwie Braunmiller: *Das weitergegebene Trauma, ein Interview mit der Psychiaterin und Psychotherapeutin Silke Bachmann,* Puls, SRF, 17.02.2016, www.srf.ch/sendungen/puls/psyche/das-weitergegebene-trauma (12.11.2019).

566 Kevin Berube: *The Intergenerational Trauma of First Nations Still Runs Deep,* The Globe and Mail, 16.02.2015.

567 TRC (2016): *A Knock on the Door,* S. 137f.

568 Anonymisierte Aussage einer Cree, aufgezeichnet in Fort Severn.

569 Lawrence Bluecoat, Interview 3, Niska Inn, Fort Severn, 05.08.2017.

570 Adam Fiddler, Interview 2, Seattle Coffee House, Thunder Bay, 28.11.2017.

571 Vivian Timmins, Interview, Privathaus, Toronto, 08.08.2018.

572 Ebd.

573 Angela Shisheesh, Interview 2, OCCC, Timmins, 25.07.2018.

574 Xavier Inishinapay, Interview, Edward's Lodge, Fort Albany, 06.09.2017.

Ishkoonigan – Überrest des Landes (Reservat)

575 Ignace Gull, aufgezeichnetes Gespräch, 30.07.2018, Band Office, Attawapiskat.

576 Ebd. und Ignace Gull, Interview, Band Office, Attawapiskat, 01.08.2018.

577 Ignace Gull, Interview 2, Band Office, Attawapiskat, 01.08.2018.

578 Edmund Metatawabin, Interview 3, Privathaus, Fort Albany, 11.09.2017.

579 Moses Kakekaspan, Interview, Pentecostel Church, Fort Severn, 10.08.2017.

580 Hiebert, Heinrichs (2007): *One with the Land,* S. 111.

581 Ebd. S. 110.

582 Ignace Gull, Interview 1, Band Office, Attawapiskat, 01.08.2018.

583 Ignace Gull, Interview 2, Band Office, Attawapiskat, 01.08.2018.

584 Hiebert, Heinrichs (2007): *One with the Land,* S. 113.

585 Ignace Gull, Interview 1, Band Office, Attawapiskat, 01.08.2018.

586 Stan Beardy, Interview 3, Privathaus, Muskrat Dam, 30.10.2017.

587 Irene Ross, Interview, Health Center, Muskrat Dam, 01.11.2017.

588 Modina McKay, Interview 2, Privathaus, Muskrat Dam, 28.10.2017.

589 Elizabeth Matthews, Interview, Niska Inn, Fort Severn, 06.08.2017, Übersetzer: Lawrence Bluecoat.

590 Ila Miles, Interview, Privathaus, Fort Severn, 08.08.2017, Übersetzer: Lawrence Bluecoat.

591 Vgl. dazu folgenden Stummfilm: Harry P. Carver: *Der unsichtbare Feind,* USA 1930.

592 Josie McKay, Interview, Privathaus, Kitchenuhmaykoosib Inninuwug, 17.08.2017, Übersetzer: Bill Albany.

593 Donny Morris, Interview 1, am Seeufer bei seinem Haus, Kitchenuhmaykoosib Inninuwug, 18.08.2017.

594 Sidney Fiddler, Interview 1, Band Office, Sandy Lake, 03.11.2017.

595 Dennis Guest: Family Allowance, in: The Canadian Encyclopedia, www.thecanadianencyclopedia.ca/en/article/family-allowance (01.12.2019); Diane Hiebert, Heinrichs (2007): *One with the Land,* S. 141.

596 Ebd.

597 Ignace Gull, Interview 2, Band Office, Attawapiskat, 01.08.2018.

598 Joe Fiddler, Interview 1, Sandy Lake Motel, Sandy Lake, 04.11.2017.

599 Leo Metatawabin, Interview, Privathaus, Fort Albany, 11.09.2017.

600 Christopher Metatawabin, Interview 1, Band Office, Fort Albany, 05.09.2017.

601 Ignace Gull, Interview 2, Band Office, Attawapiskat, 01.08.2018.

602 Edmund Metatawabin, Interview 3, Privathaus, Fort Albany, 11.09.2017.

603 Levy McKay, Privathaus, Kitchenuhmaykoosib Inninuwug, 17.08.2017, Übersetzer: Bill Albany.

604 Sonny Fiddler, Interview, Health Center, Muskrat Dam, 29.10.2017.

605 Hiebert, Heinrichs (2007): *One with the Land,* S. 122.

606 Heinrichs, Hiebert (2003): *Mishkeegogamang,* S. 81 ff.

607 Wally McKay, Interview 1, Best Western Hotel, Cochrane ON, 30.08.2017.

608 Roy A. Morris, Interview 1, Schule, Muskrat Dam, 27.10.2017.

609 Edmund Metatawabin, Interview 3, Privathaus, Fort Albany, 11.09.2017.

610 Metatawabin, Shimo (2014): *Up Ghost River,* Kindle-Version, S. 137.

611 Hiebert, Heinrichs (2007): *One with the Land,* S. 114.

612 Stan Beardy, Interview 3, Privathaus, Muskrat Dam, 30.10.2017.

613 Ignace Gull, Interview 2, Band Office, Attawapiskat, 01.08.2018.

614 Stan Beardy, Interview 3, Privathaus, Muskrat Dam, 30.10.2017.

615 Joseph (2018): *21 Things,* S. 25.

616 Adam Fiddler, Interview, Seattle Coffee House, Thunder Bay, 28.11.2017.

617 Sidney Fiddler, Interview 1, Band Office, Sandy Lake, 03.11.2017.

618 Arthur Keno, Privathaus, Sandy Lake, 04.11.2017, Übersetzer: Sidney Fiddler.

619 Danny Metatawabin, Interview 4, Band Office, Attawapiskat, 31.07.2018.

620 Paul Burke, Interview 3, Band Office Fort Severn FN, 08.08.2017.

621 Bird (2005): *Telling Our Stories,* Kap. ›Conclusion‹.

622 Tanya Talaga: *When You Grow Up Surrounded by Suicide, It Seems Normal. How Do You Heal a ›Broken Spirit‹?,* The Toronto Star, 13.10.2018.

623 Jody Porter: *Class Action Suit Launched against Pedophile Ex-priest Ralph Rowe,* CBC News, 11.05.2017, www.cbc.ca/news/canada/thunder-bay/ralph-rowe-lawsuit-1.4111104 (13.12.2019).

624 https://kmlaw.ca/cases/victims-ralph-rowe/ (14.12.2019).

625 Daniel Rohrer: *Survivors Rowe,* Kanada 2015.

626 Ebd.

627 Ebd.

628 Ebd.

629 Ignace Gull, Interview 1, Band Office, Attawapiskat, 01.08.2018.

630 Joseph Simeon Sutherland, Interview, Band Office, Fort Albany, 06.09.2017, Übersetzer: Leo Metatawabin.

631 Ila Miles, Interview, Privathaus, Fort Severn, 08.08.2017, Übersetzer: Lawrence Bluecoat.

632 Enos McKay, Interview, Band Office, Kitchenuhmaykoosib Inninuwug, 18.08.2017.

633 Lemelin, Beaulieu (2013): Technology Imperative of the Cree, S. 36 f.

634 Ebd. S. 42.

635 Percy Rae, Interview, Privathaus, Sandy Lake, 06.11.2017, Übersetzer: Sidney Fiddler.

636 www.fivenations.ca/index.php/about8/history-of-fnei (17.12.2019).

637 Garnet Angeconeb, Interview, Wohnung, Sioux Lookout, 29.06.2018.

638 Ignace Gull, Interview 1, Band Office, Attawapiskat, 01.08.2018.

639 Modina McKay, Interview, Privathaus, Muskrat Dam, 28.10.2017.

640 Moses Kakekaspan, Interview 2, Pentecostel Church, Fort Severn, 10.08.2017.

641 Garnet Angeconeb, Interview, Wohnung, Sioux Lookout, 29.06.2018; www.wawataynews.ca/about-us (19.12.2019).

642 Mike Metatawabin, E-Mail vom 18.12.2019.

643 Ebd.

644 www.wawataynews.ca/about-us (22.12.2019).

645 *Attawapiskat School Fight,* 25.02.2008, www.youtube.com/watch?v=QzLMuW1N5oI (25.12.2019).

646 Adam Fiddler, Interview, Seattle Coffee House, Thunder Bay, 28.11.2017.

647 Ebd.

648 Ebd.

649 www.cbc.ca/news/indigenous/afn-bennett-election-1.4763483 (27.12.2019).

650 Adam Fiddler, Interview, Seattle Coffee House, Thunder Bay, 28.11.2017.

651 Stan Beardy, Interview Car 1, auf dem Land zwischen First Lake und Muskrat Dam, 31.10.2017.

652 Adam Fiddler, Interview, Seattle Coffee House, Thunder Bay, 28.11.2017.

653 Joe Crow, Interview 1, Pentecostel Church, Fort Severn, 14.08.2017.

654 Paul Burke, Interview 2, Band Office Fort Severn, 08.08.2017.

655 Andrew Solomon, Interview 1, Edward's Lodge, Fort Albany, 07.09.2017.

656 James Cutfeet, Interview, Privathaus, Kitchenuhmaykoosib Inninuwug, 21.8.2017.

657 Paul Burke, Interview 2, Band Office Fort Severn, 08.08.2017.

658 Paul Burke, Interview 3, Band Office Fort Severn, 08.08.2017.

659 Alanis Obomsawin: *Trick or Treaty,* Kanada 2014.

660 www.tvo.org/article/ontarios-first-female-regional-chief-is-looking-for-unity-in-divisive-times (30.12.2019).

661 Danny Metatawabin, Interview 4, Band Office, Attawapiskat, 31.07.2018.
662 Hiebert, Heinrichs (2007): *One with the Land,* S. 137 und 141.
663 Beardy (1989): *Muskrat Dam,* S. 20.
664 www.northwest.ca/about-us/history (07.01.2020).
665 www.cbc.ca/news/canada/thunder-bay/ki-property-northwest-com pany-1.4895879 (07.01.2020).
666 Debbie Martin et al.: *Paying for Nutrition. A Report on Food Costing in the North, Food Secure Canada,* o. O., September 2016, S. 4.
667 Ebd. S. 9.
668 Ebd. S. 10.
669 Mündliche Informationen von Sonny Fiddler, Muskrat Dam, 03.07.2018.
670 Danny Metatawabin, Interview 3, Band Office, Attawapiskat, 30.07.2018.
671 Ed Sackaney, Interview 2, Peetabeck Health Centre, Building B, Fort Albany, 07.09.2017.
672 Ebd.
673 Ebd.
674 Stan Beardy, Interview 3, Privathaus, Muskrat Dam, 30.10.2017.
675 Nicole Redversa, Justina Marianayagamb, Be'sha Blondina: Improving Access to Indigenous Medicine for Patients in Hospital-based Settings. A Challenge for Health Systems in Northern Canada, in: International Journal of Circumpolar Health, Vol. 78, No. 2, 2019, S. 1–5.
676 Ed Sackaney, Interview 2, Peetabeck Health Centre, Building B, Fort Albany, 07.09.2017.
677 Angus (2015): *Children of the Broken Treaty,* Kap. ›Water Crises‹.
678 *Prime Minister Justin Trudeau Is Visiting the Remote Pikangikum First Nation,* APTN National News, 19.1.2018.
679 Angus (2015): *Children of the Broken Treaty,* Kap. ›Fire and Flood‹.
680 www.theglobeandmail.com/canada/article-house-blaze-kills-mother-four-children-in-first-nation-community-with/ (11.01.2020).
681 Vgl.: Angus (2015): *Children of the Broken Treaty,* Kap. ›Fire and Flood‹; Alexandra Shimo: *Invisible North. The Search for Answers on a Troubled Reserve,* Toronto 2016, Kap. ›When the Waters Rush In‹, S. 107–117.
682 www.nationalobserver.com/2019/05/01/news/decades-after-1976-flood-kas hechewan-first-nation-still-hopes-relocate (11.01.2020).
683 Ebd. Vgl. auch: www.cbc.ca/news/canada/sudbury/kashechewan-first-nation-relocation-site-5-1.5385097 (11.01.2020).
684 www.cbc.ca/news/indigenous/remembering-winisk-flood-30-years-la ter-1.3588024 (11.01.2020).

685 www.thestar.com/news/2007/02/07/kashechewan_a_community_in_crisis.html (12.01.2020).

686 Vgl.:www.nan.on.ca/upload/documents/backgrounder-communities-in-crisis.pdf und www.tvo.org/article/what-one-childs-suicide-says-about-ontarios-approach-to-first-nations-health (12.01.2020).

687 Bert Lauwers: *The Office of the Chief Coroner's Death Review of the Youth Suicides at the Pikangikum First Nation, 2006–2008,* Toronto 2011.

688 Jörg Michel: *Notstand im Indianergebiet,* Neue Zürcher Zeitung, 16.04.2016; www.spiegel.de/panorama/gesellschaft/kanada-mysterioese-suizidserie-unter-indigenen-in-ontario-a-1086719.html (14.01.2020).

689 Nishnawbe Aski Nation (Hg.): *Horizons of Hope. An Empowering Journey. Youth Forum, Final Report, Nishnawbe Aski Nation Youth Forum on Suicide,* 1996, S. viii-ix.

690 In der Volkszählung von 2016 wurden unter dem Begriff ›Indigene‹ die First Nations, Métis und Inuit zusammengefasst und es ist auch berücksichtigt worden, dass sich immer mehr Menschen als ›indigen‹ identifizieren. Vgl.: www12.statcan.gc.ca/census-recensement/2016/dp-pd/index-eng.cfm (13.01.2020).

691 Ignace Gull, Interview Band Office, Attawapiskat, 01.08.2018.

692 Sam Fiddler, Interview, Band Office Sandy Lake, 07.11.2017.

693 www.afn.ca/uploads/files/housing/afn_national_housing_strategy.pdf (19.01.2020).

694 Christopher Metatawabin, Interview 3, Band Office, Fort Albany, 05.09.2017.

695 Lawrence Bluecoat, Interview 3, Niska Inn, Fort Severn, 05.08.2017.

696 Tommy Miles, Interview 2, Pentecostel Church, Fort Severn, 09.08.2017.

697 Joe Crow, Interview 1, Pentecostel Church, Fort Severn, 14.08.2017.

698 Joseph (2018): *21 Things,* S. 43f. und Marie-Astrid Langer: *Alkohol, die Waffe der Siedler gegen die Indianer,* Neue Zürcher Zeitung, 05.09.2018.

699 Vgl.: Cindy L. Ehlers, Ian R. Gizer: Evidence for a Genetic Component for Substance Dependence in Native Americans, in: The American Journal of Psychiatry, 01.02.2013, https://doi.org/10.1176/appi.ajp.2012.12010113 (13.01.2020).

700 Eddie Kakepetum, Interview, Old Band Office Building, Sandy Lake, 08.11.2017.

701 Anonymisierte Aussage einer Cree, aufgezeichnet in Fort Severn.

702 Anonymisierte Aussage eines 13-jährigen Cree-Mädchens, aufgezeichnet in einem abgelegenen Reservat im nördlichen Ontario.

703 Anonymisierte Aussage eines jugendlichen Cree, aufgezeichnet in Fort Albany.

704 Anonymisierte Aussage einer Oji-Cree, aufgezeichnet in Muskrat Dam.

705 Anonymisierte Aussage einer Cree, aufgezeichnet in Fort Severn.

706 www.macleans.ca/news/canada/im-here-to-protect-my-people/ (14.01.2020).

707 Anonymisierte Aussage einer 40-jährigen Cree, aufgezeichnet in einem abgelegenen Reservat im nördlichen Ontario.

708 www.theglobeandmail.com/news/national/attawapiskat-four-things-to-help-understand-the-suicidecrisis/article29583059/ (14.01.2020).

709 Wayne Turner, Interview, Band Office, Attawapiskat, 30.07.2018.

710 Ebd.

711 Lawrence Bluecoat, Interview 1, Niska Inn, Fort Severn, 05.08.2017.

712 Moses Kakekaspan, Interview 1, Pentecostel Church, Fort Severn, 10.08.2017.

713 Samuel McKay, Interview 1, Band Office, Kitchenuhmaykoosib Inninuwug, 18.08.2017.

714 Stan Beardy, Interview 3, Privathaus, Muskrat Dam, 30.10.2017.

715 Ebd.

716 Ebd.

717 Anonymisierte Aussage einer 17-jährigen Schülerin der Dennis Franklin Cromarty Highschool in Thunder Bay, aufgezeichnet im Sommer 2017.

718 Anonymisierte Aussage einer Schülerin aus einem abgelegenen Reservat im nördlichen Ontario, aufgezeichnet im Sommer 2017.

719 Andrew Solomon, Interview 1, Edward's Lodge, Fort Albany, 07.09.2017.

720 Roy A. Morris, Interview 1, Schule, Muskrat Dam, 27.10.2017.

721 James (2016): *Failing Canada's First Nations Children,* online unter: www.youtube.com/watch?v=xhEh-D7IRQc (23.02.2020).

722 Neil Diamond: *Reel Injun,* Kanada 2009.

723 Vgl.: https://aptnnews.ca/2017/02/03/woman-hit-by-trailer-hitch-thrown-from-vehicle-not-an-isolated-incident-in-thunder-bay/undwww.tbnewswatch.com/local-news/bushby-second-degree-murder-trial-pushed-back-to-april-1968452 (16.01.2020).

724 Talaga (2017): *Seven Fallen Feathers.*

725 Gerry McNelly: *Broken Trust. Indigenous People and the Thunder Bay Police Service,* hg. vom Office of the Independent Police Review Director, Toronto 2018, S. 9. Online als PDF abrufbar: http://oiprd.on.ca/wp-content/uploads/OIPRD-BrokenTrust-Final-Accessible-E.pdf (16.01.2019).

726 Adam Fiddler, Interview, Seattle Coffee House, Thunder Bay, 28.11.2017.

727 Roy A. Morris, Interview 3, Schule, Muskrat Dam, 01.11.2017.

728 Leo Metatawabin, Privathaus, Fort Albany, 11.09.2017.

729 Cathleen Sutherland, Interview 1, Band Office, Fort Albany, 08.09.2017.

730 Christyn Koostachin, Interview 1, Pentecostel Church, Fort Severn, 11.08.2017.

731 Ian Kakekaspan, Interview, Band Office, Fort Severn, 15.08.2017.

732 Kara Knapaysweet, Interview, Edward's Lodge, Fort Albany, 15.09.2017.

733 Peggy Beardy, Interview, 01.11.2017, Learning Center, Muskrat Dam.

734 Paul Burke, Interview 3, Band Office, Fort Severn, 08.08.2017.

Bimaadiziwin – Gutes Leben

735 Eine Erklärung der Nishnawbe-Aski (Das Volk und das Land) von der Ojibwe-Cree Nation des Treaty #9 an das kanadische Volk. Überreicht von den Chiefs des Grand Council Treaty #9 an den Premier von Ontario William Davis und sein Kabinett in der Stadt Toronto, Mittwoch, 6. Juli 1977, www.nan.on.ca/article/a-declaration-of-nishnawbeaski-431.asp (20.01.2020). Vgl. auch: Nishnawbe Aski Nation (Hg.): *35th Anniversary or the Declaration of Unity,* Thunder Bay 2012.

736 Ebd.

737 Ebd.

738 Vgl.: R. Scott Sheffield: Indigenous Peoples and the First World War, in: The Canadian Encyclopedia, www.thecanadianencyclopedia.ca/en/article/indigenous-peoples-and-the-first-world-war# und www.aadnc-aandc.gc.ca/eng/1414152378639/1414152548341 (02.04.2020).

739 Ignace Gull, Interview, Band Office, Attawapiskat, 01.08.2018.

740 Franz M. Kennecke: Francis Pegahmagabow, in: The Canadian Encyclopedia, www.thecanadianencyclopedia.ca/en/article/francis-pegahmagabow (22.01.2020); Adrian Hayes: *Pegahmagabow. Life-Long Warrior,* Toronto 2009; Brian D. McInnes: *Sounding Thunder. The Stories of Francis Pegahmagabow,* East Lansing 2016. Die Geschichte von Pegahmagabow inspirierte auch den kanadischen Schriftsteller Joseph Boyden für seinen Roman *Three Day Road* von 2005.

741 R. Scott Sheffield: Indigenous Peoples and the First World War, in: The Canadian Encyclopedia, www.thecanadianencyclopedia.ca/en/article/indigenous-peoples-and-the-first-world-war# (21.01.2020).

742 Joseph (2018): *21 Things,* S. 71.

743 Thomas King: *Inconvenient Indian. A Curious Account of Native People in North America,* Minneapolis 2013, S. 155.

744 Gedenkstein an Deskaheh, Six Nations of the Grand River, Ontario, Kanada, Foto von Manuel Menrath, 02.08.2014.

745 Aram Mattioli: *Keiner Nation Untertan,* Die Zeit, 28.02.2019.

746 Vgl. ebd.

747 The Last Speech of Deskaheh, in: Akwasne Notes (Hg.): *Basic Call to Consciousness,* Summertown 2005, S. 48–54, hier S. 48.

748 Ebd. S. 49. Willi Wottreng hat über Deskaheh einen Doku-Roman verfasst. Ders.: *Ein Irokese am Genfersee. Eine wahre Geschichte,* Zürich 2018.

749 www.un.org/sg/en/content/sg/statement/2004-05-10/secretary-generals-address-opening-third-session-permanent-forum (01.02.2019).

750 Dickason, McNab (2009): *Canada's First Nations,* S. 369 und Myra Rutherdale, Jim Miller: ›It's Our Country‹. First Nations' Participation in the Indian Pavilion at Expo 67, in: Journal of the Canadian Historical Association, Vol. 17, No. 2, 2006, S. 148–174.

751 Manuel, Derrickson (2017): *Unsettling Canada,* S. 23.

752 New Democratic Party of Ontario (Hg.): *Indians. Do We Care?,* Toronto 1966, S. 1.

753 Dennis Banks, Richard Erdoes: Ojibwa Warrior: *Dennis Banks and the Rise of the American Indian Movement,* Norman 2004.

754 Dickason, McNab (2009): *Canada's First Nations,* S. 371 f.

755 Manuel, Derrickson (2017): *Unsettling Canada,* 2017, S. 32–34 und Indian Chiefs of Alberta (Hg.): *Foundation Document. Citizens Plus,* June 1970, S. 230.

756 Ebd. S. 34.

757 Long (2010): *Treaty No. 9,* S. 93 f.

758 www.wawataynews.ca/home/pushing-forward (23.01.2020).

759 Andrew Rickard: The Structure and Position of Grand Council Treaty No. 9. The Concept of Decentralization, 12. März 1973, NSRC, Sig.: E78 05G735 V.2.

760 Long (2010): *Treaty No. 9,* S. 94.

761 Rickard (1973): Structure and Position of Grand Council Treaty No. 9.

762 Wally McKay, Interview 3, Best Western Hotel, Cochrane ON, 30.08.2017.

763 *No Time for Communism, Indian Leaders Proclaim,* Chronicle Journal, 18.01.1978, OCCC, Ordner: Nishnawbe-Aski Nation (Treaty #9).

764 Wally McKay, Interview 3, Best Western Hotel, Cochrane ON, 30.08.2017.

765 William G. Davis, Brief an Andrew Rickard, Grand Council Treaty #9, Timmins, Ontario, 30.05.1973, OCCC, Grand Council Treaty #9, File #1.

766 Andrew Rickard: The Establishment and Function of the Inter-departmental Committee, 19.07.1973, OCCC, Grand Council Treaty #9, File #1.

767 Grand Council Treaty #9, Brief an Hon. William G. Davis, Q. C., Prime Minister of Ontario, Queen's Park, Toronto, Ontario, S. 9, May 1973, OCCC, Grand Council Treaty #9, File #1.

768 Ebd.

769 Grand Council Treaty #9, Brief an Inter-departmental Committee, Provincial Government, Queen's Park, Toronto, Ontario, S. 8, 19.07.1973, OCCC, Grand Council Treaty #9, File #1.

770 Fred Plain: Presentation to the World Conference of Indigenous Peoples, August 24 to 27, Kiruna, Schweden, OCCC, Indian Act Liaison 1977.

771 Ebd.

772 Fred Plain: The 2nd World Conference of Indigenous Peoples, August 24 to 27/1977, Kiruna, Samiland, Sweden, 26.09.1977, OCCR, Indian Act Liaison 1977.

773 *Indian Enters Canada on a Home-made Passport,* The GAZETTE, Montreal, 01.09.1977.

774 Sonny Fiddler, Interview, Health Center, Muskrat Dam, 29.10.2017.

775 OCCR, Nishnawbe Aski Nation (Treaty #9).

776 Vgl.: Wawatay News, November 1978.

777 *Just a $500,000 Oversight,* NorthSTAR, 24.03.1979.

778 Fred Plain: A Critical Review of the Past and a View of the Future as an Organization of Treaty #9 Chiefs, 23.07.1981, OCCC, Grand Council Treaty #9, File #2.

779 www.nan.on.ca/article/about-us-3.asp (26.01.2020).

780 www.wasaya.com/about/ (27.01.2020).

781 www.naps.ca/history (27.01.2020).

782 www.nnec.on.ca (27.01.2020).

783 www.occc.ca und www.kwayaciiwin.com (27.01.2020).

784 Vgl.: Kayahna Tribal Area Council: The Kayahna Region Land Utilization and Occupancy Study, o. O. 1985 und Fort Severn First Nation (Hg.): ›Hodgepodge Map‹, April 2014.

785 Allan Beardy, Interview 1, MKD Learning Center, Muskrat Dam, 30.10.2017, Übersetzer: Stan Beardy.

786 Edmund Metatawabin, Interview 7, Privathaus, Fort Albany, 15.09.2017.

787 Vgl.: James Thom: *Jailed 6 Months,* Wawatay News, 20.03.2008; Brent Wesley: ›*KI6 Heroes*‹, Wawatay News, 01.05.2008; Brent Wesley: *KI Seeks International Support at United Nations,* Wawatay News, 15.05.2008; James Thom: *KI6 Released from Jail for Appeal,* Wawatay News, 29.05.2008; James Thom: *KI6 Free after Appeal. 68 Days in Jail,* Wawatay News, 12.06.2008.

788 Samuel McKay, Interview 2, Band Office, Kitchenuhmaykoosib Inninuwug, 18.08.2017.

789 Donny Morris, Interview 4, am Seeufer bei seinem Haus, Kitchenuhmaykoosib Inninuwug, 18.08.2017.

790 James Thom: *Platinex Launches $70M Lawsuit against Province,* Wawatay News, 29.05.2008; www.theglobeandmail.com/news/national/mining-company-surrenders-claim-to-native-land-in-5-million-settlement-opening-ontarios-far-north/article1205845/ (28.01.2020); John Borrows, Michael

Coyle: *The Right Relationship. Reimagining the Implementation of Historical Treaties,* Toronto 2017, S. 382–386.

791 www.globenewswire.com/news-release/2020/01/23/1974663/0/en/Platinex-Announces-Update-on-Big-Trout-Lake-Platinum-Palladium-Royalty.html (28.01.2020).

792 Nelson Makoop, Interview 1, Restaurant 5th Avenue, Sioux Lookout, 24.07.2018

793 Courchene (2018): *Indigenous Nationals,* S. 108.

794 Long (2010): *Treaty No. 9,* S. 311.

795 Die folgenden Informationen beruhen auf: Angus (2015): *Children of the Broken Treaty,* darin besonders Part III: ›Attawapiskat School Campaign‹. Siehe ferner: Alanis Obomsawin: *Hi-Ho Mistahey!,* Kanada 2013.

796 Serena Koostachin, Interview 1, North Bay, 26.08.2017.

797 Sonja John: Indigene Aktivistinnen und Feminismen, in: Femina Politica, Nr. 1, 2014, S. 89–102.

798 www.cbc.ca/news/politics/truth-and-reconciliation-94-calls-to-action-1.3362258 (29.01.2020).

799 www.un.org/development/desa/indigenouspeoples/declaration-on-the-rights-of-indigenous-peoples.html (27.01.2020).

800 www.cbc.ca/news/indigenous/canada-adopting-implementing-un-rights-declaration-1.3575272 (27.01.2020).

801 Samuel McKay, Interview 1, Band Office, Kitchenuhmaykoosib Inninuwug, 18.08.2017.

802 Andrew Solomon, Interview 1, Edward's Lodge, Fort Albany, 07.09.2017.

803 Mike Metatawabin, Interview 3, Lord Elgin Hotel, Ottawa, 24.8.2016.

804 Paul Burke, Interview 2, Band Office Fort Severn FN, 08.08.2017.

805 Mike Metatawabin, Interview 3, Lord Elgin Hotel, Ottawa, 24.8.2016.

806 Anonymisierte Aussage einer Cree aus Fort Albany.

807 Ebd.

808 Anonymisierte Aussage einer Cree aus Fort Albany.

809 Metatawabin, Shimo (2014): *Up Ghost River,* Kindle-Version, S. 289.

810 Anonymisierte Aussage eines Cree aus Fort Albany.

811 Eric Hobsbawm, Terence Ranger: *The Invention of Tradition,* Cambridge 1992.

812 Edmund Metatawabin, Interview 4, Privathaus, Fort Albany, 01.09.2017.

813 Werner Stünzi, Interview 2, Privathaus, Sioux Lookout, 28.06.2018.

814 Anonymisierte Aussage eines Cree aus Fort Albany, Tagebucheintrag des Autors, 11.08.2016.

815 Ebd.

816 Harry Bain, Wally McKay, Edward Scott: *From Here to There: Steps Along the Way. Achieving Health for All in the Sioux Lookout Zone,* Sioux Lookout 1989.

817 Ebd.

818 www.slmhc.on.ca/history (01.02.2020).

819 Anibal Quijano: Coloniality of Power, Eurocentrism, and Latin America, in: Views from the South, 1 (3), 2000, S. 533–580.

820 Kara Knapaysweet, Interview, Edward's Lodge, Fort Albany, 15.09.2017.

821 Maeengan Linklater, Interview 4, Stella's, Winnipeg, 12.07.2018.

Bildnachweise

1, 2 o., 2 u., 3 o., 11, 12 o., 12 u., 13 o., 13 u., 14 o., 14 u., 15 o., 15 u.: © Manuel Menrath, Luzern, Schweiz

3 u.: © Klaus Rossler, Sioux Lookout ON, Kanada, www.kr-photography.ca, mit freundlicher Genehmigung

4 o., 6 o., 6 u.: © Privatarchiv Joan Metatawabin, Fort Alabany ON, Kanada, mit freundlicher Genehmigung

4 u.: © Privatarchiv Familie Edmond Eduards, Fort Albany ON, Kanada, mit freundlicher Genehmigung

5 o.: Duncan Campbell Scott Fonds, Reference Code: C 275-2-0-1 (S 7546), Archives of Ontario, Toronto ON, Kanada

5 u.: Duncan Campbell Scott Fonds, Reference Code: C 275-1-0-6 (S 7528), Archives of Ontario, Toronto ON, Kanada

7 o., 7 u.: Fotograf unbekannt, Shibogama Archiv, Sioux Lookout ON, Kanada

8/9: © Kent Monkman, Toronto ON, Kanada, mit freundlicher Genehmigung

10 o.: (Fotograf unbekannt, Quelle unbekannt)

10 u.: © Raul Rincon, Toronto ON, Kanada, mit freundlicher Genehmigung

16: © Charlie Angus, Cobalt ON, Kanada, mit freundlicher Genehmigung

Wir danken den Rechteinhabern für die Erteilung der Rechte. Leider konnten nicht alle ermittelt werden. Wir bitten darum, sich gegebenenfalls beim Verlag zu melden.

Literatur- und Quellenverzeichnis

Abkürzungen

AIM	American Indian Movement
HBC	Hudson's Bay Company
KI	Kitchenuhmaykoosib Inniniwug
MNR	Ministry of Natural Resources and Forestry
MB	Made Beaver
NIB	National Indian Brotherhood
NSRC	Northern Studies Resource Centre, Lakehead University Library, Thunder Bay
NWC	North West Company
OCCC	Ojibway & Cree Cultural Centre, Timmins
TRC	Truth and Reconciliation Commission of Canada

Interviews

Achneepineskum, Sam *(Marten Falls First Nation)*

Albany, Bill *(Kitchenuhmaykoosib Inniniwug)*

Albany, Cheyanne *(Kitchenuhmaykoosib Inniniwug)*

Albany, Jody *(Kitchenuhmaykoosib Inniniwug)*

Angeconeb, Garnet *(Lac Seul First Nation)*

Angus, Charlie *(Cobalt, Ontario)*

Barrett, Darlene *(Thunder Bay, Ontario)*

Beardy, Allan *(Muskrat Dam First Nation)*

Beardy, Doug *(Muskrat Dam First Nation)*

Beardy, Esther *(Muskrat Dam First Nation)*

Beardy, Peggy *(Muskrat Dam First Nation)*

Beardy, Stan *(Muskrat Dam First Nation)*

Big George, Darryl *(Big Island First Nation)*

Bird, Louis *(Weenusk First Nation)*

Bluecoat, Dennis *(Fort Severn First Nation)*

Bluecoat, Lawrence *(Fort Severn First Nation)*

Boissoneau, Travis *(Garden River First Nation)*

Bruyere, Louanne *(Couchiching First Nation)*

Burke, Paul Miles *(Fort Severn First Nation)*

Chapman, Noah *(Kitchenuhmaykoosib Inniniwug)*

Chisle, Tom *(Lac Seul First Nation)*

Crow, Jow *(Fort Severn First Nation)*

Cutfeet, Betty *(Kitchenuhmaykoosib Inniniwug)*

Cutfeet, James *(Kitchenuhmaykoosib Inniniwug)*

Derosier, Michelle *(Eagle Lake First Nation)*
Fiddler, Adam *(Sandy Lake First Nation)*
Fiddler, Alvin *(Muskrat Dam First Nation)*
Fiddler, Joe *(Sandy Lake First Nation)*
Fiddler, Moonias *(Sandy Lake First Nation)*
Fiddler, Morris *(Muskrat Dam First Nation)*
Fiddler, Sam *(Sandy Lake First Nation)*
Fiddler, Sidney *(Sandy Lake First Nation)*
Fiddler, Sonny *(Muskrat Dam First Nation)*
Fox, Derek *(Bearskin First Nation)*
Gull, Ignace *(Attawapiskat First Nation)*
Hartley, Martine *(Kitchenuhmaykoosib Inniniwug)*
Hawker, Brian *(Guelph, Ontario)*
Hunter, Joyce *(Weenusk First Nation)*
Hunter, Luke *(Weenusk First Nation)*
Inishinapay, Xavier *(Fort Albany First Nation)*
Jourdain, Leon *(Lac La Croix First Nation)*
Kakegamic, Elisabeth *(Muskrat Dam First Nation)*
Kakegamic, Robert *(Sandy Lake First Nation)*
Kakekaspan, Ian *(Fort Severn First Nation)*
Kakekaspan, Moses *(Fort Severn First Nation)*
Kakepetum, Eddie *(Sandy Lake First Nation)*
Keno, Arthur *(Sandy Lake First Nation)*
Keno, Mona *(Sandy Lake First Nation)*
Knapaysweet, Kara *(Fort Albany First Nation)*
Koostachin, Alexandra *(Fort Albany First Nation)*
Koostachin, Chris *(Fort Severn First Nation)*
Koostachin, Christyn *(Fort Severn First Nation)*
Koostachin, Serena *(Attawapiskat First Nation)*
Linklater, Charlie *(Sandy Lake First Nation)*
Linklater, Maeengan *(Lac Seul First Nation)*
Linklater, Mary *(Sandy Lake First Nation)*
Loon, Leo *(Fort Albany First Nation)*
Magiskan, Ann *(Lac Seul First Nation)*
Makoop, Nelson *(Bearskin Lake First Nation)*
Mamakwa, Shawnda *(Kingfisher Lake First Nation)*
Matthews, Elizabeth (Fort Severn First Nation)
McKay, Enos *(Kitchenuhmaykoosib Inniniwug)*
McKay, Josie *(Kitchenuhmaykoosib Inniniwug)*
McKay, Levy *(Kitchenuhmaykoosib Inniniwug)*
McKay, Modina *(Muskrat Dam First Nation)*
McKay, Samuel *(Kitchenuhmaykoosib Inniniwug)*
McKay, Wally *(Sachigo Lake First Nation)*
Meekis, Bart *(Sandy Lake First Nation)*
Meekis, Terence *(Sandy Lake First Nation)*

Metatawabin, Christopher
(Fort Albany First Nation)
Metatawabin, Danny
(Attawapiskat First Nation)
Metatawabin, Edmund
(Fort Albany First Nation)
Metatawabin, Leo
(Fort Albany First Nation)
Metatawabin, Mike
(Fort Albany First Nation)
Miles, Ila *(Fort Severn First Nation)*
Miles, Irene *(Fort Severn First Nation)*
Miles, Julie *(Fort Severn First Nation)*
Miles, Tommy *(Fort Severn First Nation)*
Moran, Ry *(Red River Métis)*
Morris, Donny
(Kitchenuhmaykoosib Inniniwug)
Morris, Roy A.
(Muskrat Dam First Nation)
Nanokeesic, Randy
(Kitchenuhmaykoosib Inniniwug)
Rae, Percy *(Sandy Lake First Nation)*
Ranger, Alexander
(Whitesand First Nation)
Redhead, Grace
(Shamattawa First Nation)
Reuben, Nicole
(Fort Albany First Nation)
Ross, Irene *(Muskrat Dam First Nation)*
Sackaney, Ed *(Fort Albany First Nation)*
Scott, Karlson *(Fort Albany First Nation)*
Shisheesh, Angela
(Attawapiskat First Nation)
Solomon, Andrew
(Fort Albany First Nation)
Solomon, Jonathan
(Kashechewan First Nation)
Southwind, Renée
(Lac Seul First Nation)
Stevens, Cree *(Red Rock First Nation)*
Stevens, James R. *(St. Marys, Ontario)*
Stünzi, Werner *(Sioux Lookout)*
Sturgeon, Amelia
(Kitchenuhmaykoosib Inniniwug)
Sutherland, Cathleen
(Fort Albany First Nation)
Sutherland, Emile
(Fort Albany First Nation)
Sutherland, Isaiah
(Fort Albany First Nation)
Sutherland, Joseph Simeon
(Fort Albany First Nation)
Sutherland, Joycelyn
(Fort Albany First Nation)
Sutherland, Mary
(Fort Albany First Nation)
Sutherland, Michel
(Fort Albany First Nation)
Timmins, Vivian
(Constance Lake First Nation)
Turner, Wayne
(Attawapiskat First Nation)
Veeraraghavan, Gigi
(Fort Albany First Nation)
Wawia, Timothy *(Red Rock First Nation)*
Wheesk, Joe *(Attawapiskat First Nation)*

Achneepineskum, Harry: A Comparative Study on Dams and Water-Power Diversion Projects across Canada, Vortragsmanuskript, Toronto 1973, NSRC, Reg. E 78 05A217 1973.

Achneepineskum, Harry: *Progress at the Cost of Genocide. A Study of Government Plans to Flood the Lands of Northern Ontario,* Toronto 1973.

Bain, Harry; McKay, Wally; Scott, Edward: *From Here to There: Steps Along the Way. Achieving Health for All in the Sioux Lookout Zone,* Sioux Lookout 1989.

Dam the Dams Campaign (Hg.): *The Water Plot,* Thunder Bay 1972.

Davis, William G.: Brief an Andrew Rickard, Grand Council Treaty #9, Timmins, Ontario, 30.05.1973, OCCC, Grand Council Treaty #9, File #1.

Department of the Interior (Hg.): Annual Report for the Year Ended 30th June, 1876, in: Parliament of Canada, Sessional Papers, No. 11, 1877.

Deskaheh: The Last Speech of Deskaheh, in: Akwasne Notes (Hg.): *Basic Call to Consciousness,* Summertown 2005, S. 48–54.

Fort Severn First Nation (Hg.): ›Hodgepodge Map‹, April 2014.

Grand Council Treaty #9, Brief an Hon. William G. Davis, Q. C., Prime Minister of Ontario, Queen's Park, Toronto, Ontario, S. 9, May 1973, OCCC, Grand Council Treaty #9, File #1.

Grand Council Treaty #9, Brief an Inter-departmental Committee, Provincial Government, Queen's Park, Toronto, Ontario, S. 8, 19.07.1973, OCCC, Grand Council Treaty #9, File #1.

Indian Chiefs of Alberta (Hg.): *Foundation Document. Citizens Plus,* June 1970.

Indian Enters Canada on a Home-made Passport, The GAZETTE, Montreal, 01.09.1977.

Just a $500,000 Oversight, NorthSTAR, 24.03.1979.

Kayahna Tribal Area Council: *The Kayahna Region Land Utilization and Occupancy Study,* o. O. 1985.

Lac Seul First Nation: Karte mit der Fallstudie ›Albert Quedent Family Manomin (Wild Rice)‹, ca. 1994.

Macdonald, John A. in: Parliament of Canada, Sessional Papers, Vol. 20b, Session of the 6th Parliament of the Dominion of Canada, 1887.

New Democratic Party of Ontario (Hg.): *Indians. Do We Care?,* Toronto 1966.

No Time for Communism, Indian Leaders Proclaim, Chronicle Journal, 18.01.1978, OCCC, Nishnawbe-Aski Nation (Treaty #9).

Plain, Fred: A Critical Review of the Past and a View of the Future as an Organization of Treaty #9 Chiefs, 23.07.1981, OCCC, Grand Council Treaty #9, File #2.

Plain, Fred: Presentation to the World Conference of Indigenous Peoples, August 24 to 27, Kiruna, Schweden, OCCC, Indian Act Liaison 1977.

Plain, Fred: The 2nd World Conference of Indigenous Peoples, August 22–27/1977, Kiruna, Samiland, Sweden, 26.09.1977, OCCR, Indian Act Liaison 1977.

Rickard, Andrew: The Establishment and Function of the Inter-departmental Committee, 19.07.1973, OCCC, Grand Council Treaty #9, File #1.

Rickard, Andrew: The Structure and Position of Grand Council Treaty No. 9. The Concept of Decentralization, 12. März 1973, Special Collections, NSRC, Sig.: E78 05G735 V.2.

Scott, Duncan Campbell to MacKay, D.: DCS to BC Indian Agent Gen. Major D. MacKay. 12 Apr. 1910. DIA Archives RG 10 Series, zitiert in: https://waynekspear.com/2010/03/10/indian-residential-schools-2/.

Scott, Duncan Campbell; Stuart, Samuel; MacMartin, Daniel G.: Bericht über die Vertragsabschließung des Treaty Nummer 9, in: Canada (Hg.): *The James Bay Treaty, Treaty No. 9,* Nachdruck der Ausgabe von 1931, Ottawa 1964.

Scott, Duncan Campbell: Indian Affairs, 1867–1912, in: Short, Adam; Doughty, Arthur G. (Hg.): *Canada and Its Provinces. A History of the Canadian People and Their Institutions by One Hundred Associates,* Toronto 1913, S. 593–626.

Scott, Duncan Campbell: The Last of the Indian Treaties, in: Scribner's Magazine, Vol. 40 (1906), S. 573–583.

US Census Bureau (Hg.): *Statistical Abstract of the United States,* Washington D. C. 1912, S. 27.

Voorhis, Ernest: *Historic Forts and Trading Posts of the French regime and of the English Fur Trading Companies,* Ottawa 1930.

Literatur

Abel, Kerry: *Drum Songs. Glimpses of Dene History,* Montreal 1993.

Andersen, Chris: *›Métis‹. Race, Recognition, and the Struggle for Indigenous Peoplehood,* Vancouver 2014.

Angeconeb, Garnet: Speaking My Truth. The Journey to Reconciliation, in: Aboriginal Healing Foundation (Hg.): *Speaking My Truth. Reflections on Reconciliation & Residential School,* Ottawa 2012, S. 11–34.

Angus, Charlie: *Children of the Broken Treaty. Canada's Lost Promise and One Girl's Dream,* Regina 2015.

Armstrong, Janet: *A Political Economy of Native Marginalization. A Study of the Appropriation of Aboriginal Water Rights. The Case of the Mishkeegogamang First Nation,* Dissertationsmanuskript, Kingston 2000.

Arthur, Elizabeth: Far From the Madding Crowd: Hudson's Bay Company Managers in the Country North of Superior, in: Ontario History, Volume LXXXII, Number 1, March 1990, S. 9–27.

Baird-Olson, Karren: Retraditionalism and Revitalization Movements, Plains, in: Crawford, Suzanne J.; Kelly, Dennis F. (Hg.): *American Indian Religious Traditions. An Encyclopedia,* Volume 1, Santa Barbara 2005, S. 917–924.

Banks, Dennis; Erdoes, Richard: *Ojibwa Warrior: Dennis Banks and the Rise of the American Indian Movement,* Norman 2004.

Barr, Daniel P.: *Unconquered. The Iroquois League at War in Colonial America,* London 2006.

Beardy, Flora; Coutts, Robert: *Voices from Hudson Bay. Cree Stories from York Factory,* Montreal 1996.

Beardy, Stan Sr.: *Muskrat Dam. Now and Then,* Muskrat Dam 1989.

Belshaw, John Douglas: *Canadian History: Pre-Confederation,* o. O. 2015.

Bennett, Jo Anne H.; Berry, John W.: *The Future of Cree Syllabic Literacy in Northern Canada,* Paper Presented at the Fifteenth Algonquian Conference, Winnipeg 1986.

Binnema, Theodore; Niemi, Melanie: »Let the line be drawn now«. Wilderness, Conservation, and the Exclusion of Aboriginal People from Banff National Park in Canada, in: Environmental History, Vol. 11, No. 4, (October 2006), S. 724–750.

Bird, Louis: *Telling Our Stories. Omushkego Legends & Histories from Hudson Bay,* Toronto 2005.

Bird, Louis: *The Spirit Lives in the Mind. Omushkego Stories, Lives, and Dreams,* Montreal 2007.

Bishop, Charles A.; Lytwyn, Victor P.: »Barbarism and Ardour of War from the Tenderest Years«. Cree-Inuit Warfare in the Hudson Bay Region, in: Chacon, Richard J.; Mendoza, Rubén G. (Hg.): *North American Indigenous Warfare and Ritual Violence,* Tucson 2007, S. 31–57.

Bishop, Charles A.: The Emergence of the Northern Ojibwa. Social and Economic Consequences, in: American Ethnologist, Vol. 3, No. 1 (Feb., 1976), S. 39–54.

Bolz, Peter: Ethnozid, in: Hirschberg, Walter; Müller, Wolfgang (Hg.): *Wörterbuch der Völkerkunde,* Berlin 2005, S. 112.

Borrows, John; Coyle, Michael: *The Right Relationship. Reimagining the Implementation of Historical Treaties,* Toronto 2017.

Boyden, Joseph: *Three Day Road,* Toronto 2005.

Boyden, Joseph: *Wenjack,* Toronto 2016.

Brody, Hugh: *Living Arctic. Hunters of the Canadian North,* Washington 1990.

Brown, Jennifer S. H.: *Stranger in Blood. Fur Trade Families in Indian Country,* Norman 1996.

Brown, Jennifer S. H.: The Track to Heaven. The Hudson Bay Cree Religious Movement of 1842–1843, in: Cowan, William (Hg.): *Papers of the Thirteenth Algonquian Conference,* Ottawa 1982, S. 53–63.

Butts, Edward: *Henry Hudson. New World Voyageur,* Toronto 2009.

Cave, Alfred. A.: *The French and Indian War,* Westport 2004.

Chabot, Cecil: Reconciling Amerindian and Euroamerican (Mis)Understandings of a Shared Past: Cross-Cultural Conflict Histography and the 1832 Hannah Bay ›Massacre‹, in: The Canadian Journal of Native Studies XXX, 2(2010), S. 229–265.

Courchene, Thomas J.: *Indigenous Nationals. Candian Citizens. From First Contact to Canada 150 and Beyond,* Kingston 2018.

Cummins, Bryan: *Only God Can Own the Land. The Attawapiskat Cree,* Toronto 2004.

Daschuk, James: *Clearing the Plains. Disease, Politics of Starvation, and the Loss of Aboriginal Life,* Regina 2013

Davies, K. G.: From Competition to Union, in: Minnesota History, Winter 1966, S. 166–177.

Denevan, William (Hg.): *Native Population of the Americas 1492,* Madison 1992.

Dickason, Olive Patricia; McNab, David T.: *Canada's First Nations. A History of Founding Peoples from Earliest Times,* Don Mills 2009.

Dickason, Olive Patricia: When Europeans and Indians Met in Canada, in: Ontario History, Volume XCVI, Number 1, Spring 2004, S. 107f.

Edmunds, R. David; Hoxie, Frederick E.; Salisbury, Neal: *The People. A History of Native America,* Belmont 2007.

Ehlers, Cindy L.; Gizer, Ian R.: Evidence for a Genetic Component for Substance De-

pendence in Native Americans, in: The American Journal of Psychiatry, 01.02.2013, https://doi.org/10.1176/appi.ajp.2012.12010113 (13.01.2020).
Emberley, Julia V.: *Venus and Furs. The Cultural Politics of Fur,* London 1998.
Fenn, Elizabeth A.: *Pox Americana. The Great Smallpox Epidemic of 1775–82,* New York 2002.
Fiddler, Thomas; Stevens, James R.: *Killing the Shamen,* Newcastle 2012.
Finch, David Michael: *It Is Only the Beginning. An Ethnohistory of Mid-Twentieth Century Land Tenure in Fort Severn, Ontario,* Thunder Bay 2013.
Francis, Daniel; Morantz, Toby: *Partners in Furs. A History of the Fur Trade in Eastern James Bay, 1600–1870,* Kingston 1983.
Friedli, Priska: *Restoring (the) Balance. Die Rechtspraxis der Yurok und ihre anthropologischen Grundlagen unter Berücksichtigung der Scham,* Masterarbeit Universität Bern, Bern 2019.
Gagnon, Gregory O.: *Culture and Customs of the Sioux Indians,* Santa Barbara 2011.
George, Dan: Lament for Confederation, in: Moss, Laura; Sugars, Cynthia (Hg.): *Canadian Literature in English. Texts and Contexts,* Bd. 2, Toronto 2008, S. 251 f.
Havard, Gilles: *The Great Peace of Montreal of 1701. French-Native Diplomacy in the Seventeenth Century,* Montreal 2001.
Hayes, Adrian: *Pegahmagabow. Life-Long Warrior,* Toronto 2009.
Heinrichs, Marj; Hiebert, Diane; with the People of Big Trout Lake: *We Are One with the Land. A History of Kitchenuhmaykoosib Inninuwug,* Kelowna 2007.
Heinrichs, Marj; Hiebert, Dianne; with the People of Mishkeegogamang: *Mishkeegogamang. The Land, the People and the Purpose. The Story of Mishkeegogamang Ojibway Nation,* Altona 2003.
Heinsohn, Gunnar: *Lexikon der Völkermorde,* Reinbek bei Hamburg 1999.
Hobsbawm, Eric; Ranger Terence: *The Invention of Tradition,* Cambridge 1992.
Isenberg, Andrew C.: *The Destruction of the Bison. An Environmental History, 1750–1920,* New York 2001.
Iseninger, William R.: *Cahokia Mounds. America's First City,* Charleston 2010.
Jacquin, Philippe: *Les Indiens blancs. Français et Indiens en Amérique du Nord, XVIe–XVIIIe siècle,* Montreal 1996.
Jensen, Albert C.: Bison Slaughter, in: Barrett, Carol A. (Hg.): *American Indian History,* Pasadena 2003, S. 55–60.
John, Sonja: Indigene Aktivistinnen und Feminismen, in: Femina Politica, Nr. 1, 2014, S. 89–102.
Jones, Jennifer; et al. (Hg.): *American Indian Boarding Schools. An Exploration of Global Ethnic & Cultural Cleansing,* Mount Pleasant 2011.
Joseph, Bob: *21 Things You May Not Know About the Indian Act. Helping Canadians Make Reconciliation with Indigenous Peoples a Reality,* Port Coquitlam 2018.
Judd, Carol: Native Labour and Social Stratification in Hudson's Bay Company's Northern Department, 1770–1870, in: Canadian Review of Sociology and Anthropology, 17 (4), November 1980, S. 305–314.
Kakekaspan, Matthew; Miles, Tommy; et al.: *Giving Voice to Bear. Cree Observations and Documentation of Wabusk in Ontario, Research Report,* o. O., June 2010.
Karstedt, Susanne von: *Akteure, Ideologien, Instrumente. Grundzüge der US-amerikanischen und argentinischen Indianerpolitik (1853–1899) im Vergleich,* Berlin 2006.

King, Thomas: *Inconvenient Indian. A Curious Account of Native People in North America,* Minneapolis 2013.
Kölbl, Carlos; Straub, Jürgen: Grundlagen des Erinnerns, in: Welzer, Harald; Gudehus, Christian; Eichenberg, Ariane (Hg.): *Gedächtnis und Erinnerung. Ein interdisziplinäres Handbuch,* Stuttgart 2010, S. 11–74.
Krech, III Shepard (Hg.): *Indians, Animals and the Fur Trade. A Critique of Keepers of the Game,* Athens 1981.
Krech, III Shepard: *Ecological Indian. Myth and History,* New York 1999.
Lauwers, Bert: *The Office of the Chief Coroner's Death Review of the Youth Suicides at the Pikangikum First Nation, 2006–2008,* Toronto 2011.
Lehmkuhl, Ursula: Einleitung – Kanada das bessere Nordamerika, in: Dies. (Hg.): *Länderbericht Kanada,* Bonn 2018, S. 10–21.
Lemelin, Raynald Harvey; Beaulieu, Michel S.: The Technology Imperative of the Cree. Examining Adaptability and Livelihood in Northern Ontario, Canada, in: Journal of Northern Studies, Vol. 7, No. 1 2013, S. 31–47.
Long, John S.: Education in the James Bay Region during the Horden Years, in: Ontario History, Volume LXX, Number 2, June 1978, S. 75–89.
Long, John S.: *Treaty No. 9. Making the Agreement to Share the Land in Far Northern Ontario in 1905,* Montreal 2010.
Long, John S.: Narratives of Early Encounters between Europeans and the Cree of Western James Bay, in: Ontario History, Volume LXXX, Number 3, September 1988, S. 227–245.
Long, John S.: The Reverend George Barnley, Wesleyan Methodism, and the Fur Trade Company Families of James Bay, in: Ontario History, Volume LXXVII, Number 1, March 1985, S. 43–64.
Lytwyn, Victor P.: *Muskekowuck Athinuwick. Original People of the Great Swampy Land,* Winnipeg 2002.
Manuel, Arthur; Derrickson, Ronald M.: *Unsettling Canada. A National Wake-Up Call,* Toronto 2017.
Martin, Calvin: *Keepers of the Game. Indian-Animal Relationship and the Fur Trade,* Berkely 1978.
Martin, Debbie; et al.: *Paying for Nutrition. A Report on Food Costing in the North, Food Secure Canada,* o. O., September 2016.
Mathias, Joe; Yabsley, Gary R.: Conspiracy of Legislation. The Suppression of Indian Rights in Canada, in: BC Studies, No. 89, Spring 1991, S. 34–45.
Mattioli, Aram: *Verlorene Welten. Eine Geschichte der Indianer Nordamerikas, 1700–1910,* Stuttgart 2017.
Mauro, Joseph M.: *A Golden Gateway of the Great Northwest. History of Thunder Bay,* Thunder Bay 1981.
McInnes, Brian D.: *Sounding Thunder. The Stories of Francis Pegahmagabow,* East Lansing 2016.
McNelly, Gerry: Broken Trust. Indigenous People and the Thunder Bay Police Service, hg. vom Office of the Independent Police Review Director, Toronto 2018, http://oiprd.on.ca/wp-content/uploads/OIPRD-BrokenTrust-Final-Accessible-E.pdf.
Menrath, Manuel: *Mission Sitting Bull. Die Geschichte der katholischen Sioux,* Paderborn 2016.

Metatawabin, Edmund; Shimo Alexandra: *Up Ghost River. A Chief's Journey Through the Turbulent Waters of Native History,* Toronto 2014.
Milko, Robert: Potential Ecological Effects of the Proposed GRAND Canal Diversion Project on Hudson and James Bays, in: Arctic, Vol. 39, No. 4, Dezember 1986, S. 316–326.
Mosby, Ian: Administering Colonial Science. Nutrition Research and Human Biomedical Experimentation in Aboriginal Communities and Residential Schools, 1942–1952, in: Social History, Vol. XLVI, No. 91 (May 2013), S. 145–172.
National Inquiry into Missing and Murdered Indigenous Women and Girls (Hg.): *Our Women and Girls Are Sacred, Interim Report,* Kanada 2017.
National Inquiry into Missing and Murdered Indigenous Women and Girls (Hg.): *Reclaiming Power and Place. The Final Report of the National Inquiry into Missing and Murdered Indigenous Women and Girls,* Kanada 2019.
Nelson, Henry Vivian: *Politics of Development. Forests, Mines, and Hydro-Electric Power in Ontario, 1849–1941,* Montreal 2005.
Newcomb, Steven T.: *Pagans in the Promised Land. Decoding the Doctrine of Christian Discovery,* Golden 2008.
Nishnawbe Aski Nation (Hg.): *35th Anniversary or the Declaration of Unity,* Thunder Bay 2012.
Nishnawbe Aski Nation (Hg.): *Horizons of Hope. An Empowering Journey. Youth Forum, Final Report, Nishnawbe Aski Nation Youth Forum on Suicide,* 1996.
Nishnawbe Aski Nation (Hg.): *The James Bay Treaty, Treaty No. 9. For as Long as the River Flows,* Thunder Bay 2015.
Nishnawbe Aski Nation (Hg.): *Treaty No. 5. Centennial Commemoration. A Journey to Remember, Honouring Our Treaty,* Timmins 2010.
Odber, Kirsten: *Trading with the Hudson's Bay Company. A Case Study of Nipigon House Post 1828–1838,* Thunder Bay 2012.
Oeser, Rudolf: *Epidemien. Das große Sterben der Indianer,* Norderstedt 2008.
OCCC (Hg.): *Nishnawbe Aski Nation. A History of the Cree and Ojibway of Northern Ontario,* Timmins 1986.
Payne, Michael: *The Most Respectable Place in the Territory. Everyday Life in Hudson's Bay Company Service, York Factory, 1788–1870,* Ottawa 1989.
Peet, S. E.; Day, J. C.: The Long Lake Diversion. An Environmental Evaluation, in: Canadian Water Resources Journal, Vol. 5, No. 3, 1980, S. 34–48.
Podruchny, Carolyn: *Making the Voyageur World. Travelers and Traders in the North American Fur Trade,* Toronto 2006.
Quijano, Anibal: Coloniality of Power, Eurocentrism, and Latin America, in: Views from the South, 1 (3), 2000, S. 533–580.
Ray, Arthur J.: Fur Trade History as an Aspect of Native History, in: Getty, Ian A. L.; Smith, Donald B. (Hg.): *One Century Later. Western Canadian Reserve Indians Since Treaty 7,* Vancouver 1978, S. 7–19.
Ray, Arthur J., Freeman, Donald: *Give Us Good Measure. An Economic Analysis of Relations Between the Indians and the Hudson Bay's Company before 1763,* Toronto 1978.
Ray, Carl; Stevens, James R.: *Sacred Legends,* Newcastle 1995.
Redversa, Nicole; Marianayagamb, Justina; Blondina, Be'sha: Improving Access to Indigenous Medicine for Patients in Hospital-based Settings. A Challenge for

Health Systems in Northern Canada, in: International Journal of Circumpolar Health, Vol. 78, No. 2, 2019, S. 1–5.
Reimer, Gwen; Chartrand, Jean-Philippe: *Historical Profile of the James Bay Area's Mixed European-Indian or Mixed European-Inuit Community,* Ottawa 2014.
Royal Canadian Geographical Society (Hg.): *Indigenous Peoples Atlas of Canada,* Ottawa 2018.
Rutherdale, Myra; Miller, Jim: »It's Our Country.« First Nations' Participation in the Indian Pavilion at Expo 67, in: Journal of the Canadian Historical Association, Vol. 17, No. 2, 2006, S. 148–174.
Scott, Taylor M.: *Buffalo Hunt. International Trade and the Virtual Exstinction of the North American Bison,* Cambridge 2007.
Sellars, Bev: *They Called Me Number One. Secrets and Survival at an Indian Residential School,* Vancouver 2013.
Shimo, Alexandra: *Invisible North. The Search for Answers on a Troubled Reserve,* Toronto 2016.
Shkilnyk, Anastasia M.: *A Poison Stronger than Love. The Destruction of an Ojibwa Community,* New Haven 1985.
Smith, Donald B.: Macdonald's Relationship with Aboriginal Peoples, in: Dutil, Patrice; Hall Roger (Hg.): *Macdonald at 200. New Reflections and Legacies,* Toronto 2014.
Standing Bear, Luther: *Land of the Spotted Eagle* (1933), Lincoln 2006.
Stevens, James R. (Hg.): *Legends from the Forest. Told by Chief Thomas Fiddler,* Newcastle 1999.
Talaga, Tanya: *Seven Fallen Feathers. Racism, Death, and Hard Truths in a Northern City,* Toronto 2017.
The Crees of Waskaganish First Nation (Hg.): *Search and Rescue Protocol,* Waskaganish o. J.
Titley, E. Brian: *A Narrow Vision. Duncan Campbell Scott and the Administration of Indian Affairs in Canada,* Vancouver 1986.
TRC (Hg.): *A Knock on the Door. The Essential History of Residential Schools from the Truth and Reconciliation Commission of Canada,* Winnipeg 2016.
TRC (Hg.): *Final Report,* Vol. 1, Summary, Honouring the Truth, Toronto 2015.
TRC (Hg.): *Calls to Action,* Winnipeg 2015.
Union of Ontario Indians (Hg.): *An Overview of the Indian Residential School System,* North Bay 2013.
Valentine, Lisa Philips: *Making It Their Own. Severn Ojibwe Communicative Practices,* Toronto 1995.
Williamson, Timothy E.: Abishabis, in: Jestice, Phyllis G. (Hg.): *Holy People of the World. A Cross-cultural Encyclopedia,* Bd. 3, Santa Barbara 2004.
Wottreng, Willi: *Ein Irokese am Genfersee. Eine wahre Geschichte,* Zürich 2018.

Internet (Auswahl)

Assembly of First Nations: www.afn.ca.
Attawapiskat First Nation (Suizidkrise): www.spiegel.de/panorama/gesellschaft/kanada-mysterioese-suizidserie-unter-indigenen-in-ontario-a-1086719.html.

Attawapiskat First Nation (Suizidkrise): www.theglobeandmail.com/news/national/attawapiskat-four-things-to-help-understand-the-suicidecrisis/article29583059/.

Attawapiskat First Nation (Kampagne für neue Schule), 25.02.2008: www.youtube.com/watch?v=QzLMuW1N5oI.

Bird, Louis (Omushkego Oral History Project): www.ourvoices.ca.

Cahokia: www.cahokiamounds.org.

Canadian Encyclopedia: www.thecanadianencyclopedia.ca.

Eisbären (Ontario): www.ontario.ca/page/polar-bears.

Grassy Narrows First Nation (Quecksilber): http://caid.ca/MerPoiGraNar2010.pdf.

Grassy Narrows First Nation (Quecksilber): https://pulitzercenter.org/reporting/my-ears-keep-ringing-all-time-mercury-poisoning-among-grassy-narrows-first-nation.

Grassy Narrows First Nation (Quecksilber): www.theglobeandmail.com/opinion/editorials/a-native-crisis-by-water-and-mercury/article24968022/.

Hudson's Bay Company (Geschichte): http://www.hbcheritage.ca/home.

Indigene Menschenrechte (Kanada): www.cbc.ca/news/indigenous/canada-adopting-implementing-un-rights-declaration-1.3575272.

Indigene Menschenrechte (UNDRIP): www.un.org/development/desa/indigenouspeoples/declaration-on-the-rights-of-indigenous-peoples.html.

Joseph, Bob (Vortrag über den Indian Act): www.youtube.com/watch?v=nnZGQ5qb_nw.

Kashechewan First Nation (Überschwemmung): www.nationalobserver.com/2019/05/01/news/decades-after-1976-flood-kashechewan-first-nation-still-hopes-relocate.

Kashechewan First Nation (Umsiedelungspläne): www.cbc.ca/news/canada/sudbury/kashechewan-first-nation-relocation-site-5-1.5385097.

Kwayaciiwin Education Resource Centre: www.kwayaciiwin.com.

Meno Ya Win Health Centre: www.slmhc.on.ca/history.

Nishnawbe-Aski Legal Services Corporation: https://nanlegal.on.ca/restorative-justice/.

Nishnwabe Aski Nation: www.nan.on.ca.

North West Company (Geschichte): www.northwest.ca/about-us/history.

North West Company (Geschichte): www.northwestcompany.de/pages/history/NWC-FtWilliam.htm.

Northern Nishnawbe Education Council: www.nnec.on.ca.

Ojibway & Cree Cultural Centre: www.occc.ca.

Sixties Scoop: https://sixtiesscoopnetwork.org.

Treaty No. 9 (MacMartin Diaries): https://guides.library.queensu.ca/treaty-recognition-week-2018-treaty-9/macmartin-diaries.

TRC (94 Calls to Action): www.cbc.ca/news/politics/truth-and-reconciliation-94-calls-to-action-1.3362258.

TRC: www.trc.ca.

Walk a Mile Film Project: www.thunderbay.ca/en/city-hall/walk-a-mile-film-project.aspx.

Wasaya Airways: www.wasaya.com.

Wawatay News: www.wawataynews.ca.
Weenusk First Nation (Überschwemmung): www.cbc.ca/news/indigenous/remembering-winisk-flood-30-years-later-1.3588024.
Wildreis-Ernte: www.youtube.com/watch?v=2L2DijK6xJ4.

Zeitungsartikel und News

Adam, Ian: *The Lonely Death of Chanie Wenjack,* Maclean's, 01.02.1967, www.macleans.ca/society/the-lonely-death-of-chanie-wenjack/.

Apfel, Petra: *Das lange Schweigen der Missbrauchsopfer. Warum Kinder ihre Peiniger schützen,* Focus online, 27.08.2013, www.focus.de.

Berube, Kevin: *The Intergenerational Trauma of First Nations Still Runs Deep,* The Globe and Mail, 16.02.2015.

Davis, Greg: *Peterborough Teacher Incorporates Gord Downie's ›Secret Path‹ for Indigenous History Lessons,* Global News, 02.11.2017.

Fontaine, Tim: *TRC Report. 5 Stories of Residential School Escapees Who Died,* CBC News, 14.12.2015.

Gerste, Roland D.: *Bloß nicht zu amerikanisch,* Neue Zürcher Zeitung, 28.06.2017.

How Senator Murray Sinclair Responds to Why Don't Residential School Survivors Just ›Get Over It‹, The Current, CBC Radio, 04.04.2017.

Hutchins, Aaron: *Few Canadians Ever Set Foot on a First Nations Reserve, and That's a Problem,* Maclean's, 08.06.2018.

Jago, Robert: *Canada's National Parks Are Colonial Crime Scenes,* The Walrus, 30.06.2017, https://thewalrus.ca/canadas-national-parks-are-colonial-crime-scenes/#.WWyx6x_eFUZ.facebook.

Jörg, Michel: *Notstand im Indianergebiet,* Neue Zürcher Zeitung, 16.04.2016.

Langer, Marie-Astrid: *Alkohol, die Waffe der Siedler gegen die Indianer,* Neue Zürcher Zeitung, 05.09.2018.

Lehmkuhl, Ursula; McFalls, Laurence: *150 Jahre Ambiguität. Die kanadische Glücksformel,* Neue Zürcher Zeitung, 18.06.2017.

Mattioli, Aram: *Keiner Nation Untertan,* Die Zeit, 28.02.2019.

Misteli, Samuel: *Die falschen Gutmenschen,* Neue Zürcher Zeitung, 13.05.2017.

Mussa, Idil: *Remembering Children Who Died at Residential Schools,* BBC News, 30.09.2019.

Porter, Judy: *Class Action Suit Launched against Pedophile Ex-Priest Ralph Rowe,* CBC News, 11.05.2017, www.cbc.ca/news/canada/thunder-bay/ralph-rowe-lawsuit-1.4111104.

Prime Minister Justin Trudeau Is Visiting the Remote Pikangikum First Nation, APTN National News, 19.01.2018.

Reconciliation Betrayed. The Horrors of St. Anne's, The Fifth Estate, CBC, 03.03.2019, www.cbc.ca/fifth/episodes/2018-2019/st-anne.

Recounting the Horrors of St. Anne's Residential School, CBC News, 03.04.2018, www.youtube.com/watch?v=QJ9qhYATUmo.

Residential School Survivor Talks about the Electric Chair at St. Anne's School, CBC News, 29.03.2018, www.youtube.com/watch?v=9SFfMnmR-bo.

Ross, Andreas: *150 Jahre Kanada. Stolz auf den Mangel an Stolz,* Frankfurter Allgemeine Zeitung, 30.06.2017.
Talaga, Tanya: *Cold War-era Radar Sites to get $103 Million Cleanup,* The Toronto Star, 22.06.2009.
Talaga, Tanya: *When You Grow up Surrounded by Suicide, It Seems Normal. How Do You Heal a ›Broken Spirit‹?,* The Toronto Star, 13.10.2018.
Tasker, John Paul: *Confusion Reigns over Number of Missing, Murdered Indigenous Women,* CBC News, 16.02.2016.
Thom, James: *Jailed 6 Months,* Wawatay News, 20.03.2008.
Thom, James: *KI6 Free after Appeal. 68 Days in Jail,* Wawatay News, 12.06.2008.
Thom, James: *KI6 Released from Jail for Appeal,* Wawatay News, 29.05.2008.
Thom, James: *Platinex Launches $70M Lawsuit against Province,* Wawatay News, 29.05.2008.
Wabun Sun, Vol. 5, No. 2, June 2004.
Wesley, Brent: *›KI6 Heroes‹,* Wawatay News, 01.05.2008.
Wesley, Brent: *KI Seeks International Support at United Nations,* Wawatay News, 15.05.2008.

Filmdokumente

Carver, Harry P.: *Der unsichtbare Feind,* USA 1930.
Derosier, Michelle: *Return to Manomin,* Kanada 2011.
Derosier, Michelle: *The Walk a Mile Film Project,* in Zusammenarbeit mit der Stadt Thunder Bay, Kanada 2014.
Diamond, Neil: *Reel Injun,* Kanada 2009.
Downie, Gord: *The Secret Path,* Kanada 2016.
Enberg, Sue G.: *In Jesus' Name. Shattering the Silence of St. Anne's Residential School,* Kanada 2017.
James, Hannah: *Failing Canada's First Nations Children,* 16x9, Global Television Network, Kanada 2016.
Lemay, Matt: *The Impact of Colonialism in Canada,* Kanada 2016.
Martin, Defalco; Willie, Dunn (Regie); Manuel, George (Erzähler): *The Other Side of the Ledger. An Indian View of the Hudson's Bay Company,* Kanada 1972.
Obomsawin, Alanis: *Hi-Ho Mistahey!,* Kanada 2013.
Obomsawin, Alanis: *Trick or Treaty,* Kanada 2014.
Rohrer, Daniel: *Survivors Rowe,* Kanada 2015.
Schellenberg, Patrick: *Stünzi und die Indianer,* Reporter, SRF, Schweiz 2014.

Nummerierte Verträge zwischen
Arktischer Ocean
Gwich'in
11 (1921)
Tlicho
Tlingit
Slavey
8 (1899)
Haida
Tsimshian
Dene
(Chipewyan)
Wet'suwet'en
Kwakiutl
10 (1906)
Pazifik
Chilcotin
6 (1889)
Secwepemc
Nuu-chah-nulth
6 (1876-78)
5 (1875)
Salish
7 (1877)
Plains Cree
Blackfoot
4 (1874)
2 (1871)
Assiniboine
1 (1871)